上虞年鉴 2024

SHANGYU NIANJIAN

绍兴市上虞区地方志研究室 编

方志出版社
Publishing House of Local Records

图书在版编目（CIP）数据

上虞年鉴. 2024 / 绍兴市上虞区地方志研究室编. 北京：方志出版社，2024. 11. -- ISBN 978-7-5144-6531-0

Ⅰ. Z525.54

中国国家版本馆CIP数据核字第2024T59Q77号

责任编辑：朴　莹
责任校对：张玉霞
责任印制：梅中英
出 版 者：方志出版社
地　　址：北京市朝阳区潘家园东里 9 号（国家方志馆4层）
邮　　编：100021
网　　址：http://www.zgfzcb.cn
发　　行：方志出版社图书营销中心（010-67110500）
印　　刷：绍兴市上虞环球印务有限公司
开　　本：889毫米×1194毫米 1/16
印　　张：25.75
字　　数：835千字
版　　次：2024年11月第1版
印　　次：2024年11月第1次印刷
定　　价：250.00元

《上虞年鉴（2024）》编纂委员会

主　　审：金小军

主　　任：罗灿良

副 主 任：阮永兴　罗兰芬

委　　员：屠月玲　沈瑶圆

《上虞年鉴（2024）》编辑部

主　　编：罗兰芬

执行主编：沈瑶圆

编务人员：屠月玲

编 辑 说 明

一、《上虞年鉴（2024）》以马克思列宁主义、毛泽东思想、邓小平理论、“三个代表”重要思想、科学发展观、习近平新时代中国特色社会主义思想为指导，坚持辩证唯物主义和历史唯物主义的立场、观点和方法，是集地方性、时效性、综合性于一体的大型资料性工具书。

二、《上虞年鉴（2024）》记载时限为2023年1月1日至12月31日，反映上虞区2023年度自然、经济、政治、文化和社会生活的基本面貌及发展状况，如实记录2023年上虞区深入实施“八八战略”，全面建设“青春之城”的形象风采，重点反映当年事关全局的大事、要事、新事、特事，着力体现时代特征、年度特点和地域特色，为各级领导提供决策依据，为区内外人士了解上虞提供参考资料，为研究区情及编修志书积累资料。

三、《上虞年鉴（2024）》遵循年鉴通例分类编排、设条记述，全书主要分3个层次，即类目、分目、条目。全书有卷首彩页，后有附录、索引。

四、《上虞年鉴（2024）》资料由区级各有关部门和单位组织专人撰写，并经各撰稿单位负责人审阅。图片资料由各供稿单位、区融媒体中心等提供，统计资料由区统计局提供。

五、《上虞年鉴（2024）》采用条目体，数字用法、标点符号用法分别采用国家标准《出版物上数字用法》（GB/T 15835—2011）、《标点符号用法》（GB/T 15834—2011），计量单位采用国家技术监督局1993年12月发布的《量和单位》系列国家标准。鉴于使用习惯及专业需要，土地面积“亩”等在个别地方仍保留。由于来源、口径等不同，数据使用时以区统计部门提供的全区经济社会主要指标为准，统计部门未提供的以相关主管部门提供的为准。部分数据因四舍五入等因素，总计和分项之间存在合理范围内的误差。

曹娥江“一江两岸”风光　　（魏新宇 摄）

皂李湖风光　　（朱胜钧 摄）

曹娥江梁湖段两岸水稻成熟美景　　（魏新宇 摄）

岭南乡东澄村的覆卮山千年梯田　　（魏新宇 摄）

丁宅乡漫水桥龙鳞坝　　（丁宅乡 提供）

上浦镇东山景区　　（上浦镇 提供）

《杭州湾上虞经开区赋》　　（杭州湾上虞经开区管委会 提供）

2023年1月3日，上虞区委二届三次全体（扩大）会议暨区委经济工作会议举行　　（刘 盼 摄）

2023年1月30日，上虞区干部大会暨实干担当创变笃行全面建设“青春之城”工作会议召开（刘 盼 摄）

2023年3月18日，“中国最美樱花谷”嘉年华在章镇镇张村村开幕 （魏新宇 摄）

2023年3月19—21日，2023上海·上虞周开幕式在上海举行，开展接沪主旨大会和多场系列专场推介及拜访交流活动 （朱胜钧 摄）

2023年3月26日上午，晶盛机电·迎亚运·2023全国半程马拉松锦标赛（绍兴·上虞站）暨第七届绍兴·上虞曹娥江半程马拉松、第二届绍兴·上虞千名博士和青年人才马拉松在上虞体育中心开跑（魏新宇 摄）

2023年4月9日，以“科技、人才、创新力”为主题的之江科创大会在上虞举行，来自全国各地的200余名院士专家、科学家、企业家参加了大会 （刘 盼 摄）

2023年4月15日，“留·在浙里”中国·绍兴博士后论坛（生命健康和新材料产业）在上虞区举行 （人社局 提供）

2023年5月18日至9月3日，“楚·越文化（荆州）青铜器展”在上虞博物馆开展（区文广旅游局 提供）

2023年5月20日，长三角（上虞）户外休闲旅游节·“青春万帐”国际露营大会开幕，图为崧厦站营地（崧厦街道 提供）

2023年6月26日，上虞区举行“喜迎亚运 舞动青春”首届广场舞大赛　　（朱胜钧 摄）

2023年6月27日，上虞区青年发展型县域试点工作推进会召开　　（朱胜钧 摄）

2023年7月16日，2023中国·绍兴（上虞）中外名校赛艇挑战赛在曹娥江城市阳台水域举行

（魏新宇 摄）

2023年7月21—22日，“青春之城 魅力上虞”2023“女儿红之夜”大型演唱会在上虞体育中心上演

（朱胜钧 摄）

2023年7月30日，第六届“瓷源·莲”文化节举行，游客乘坐“瓷源号”荷塘观光小火车（上浦镇 提供）

2023年7月31日，上虞区委二届四次全体（扩大）会议召开　（刘 盼 摄）

2023年9月11日，杭州第19届亚运会火炬传递绍兴站活动启动，“点亮一盏灯”爱心团队创办人董国光（左二）受邀参加传递　（朱胜钧 摄）

2023年9月13日，上虞区学习贯彻习近平新时代中国特色社会主义思想主题教育动员部署会召开　（刘 盼 摄）

2023年9月15—17日，“迎亚运 共青春”潮起上虞·2023年全国田径接力锦标赛在上虞体育中心举行（朱胜钧 摄）

2023年9月29日，第十五届浙东新商都（上虞）金秋购物节在上百·万悦城开幕（区商务局 提供）

2023年10月，虞南25000余亩晚稻喜迎丰收　（朱胜钧 摄）

2023年11月，故宫博物院举行陶瓷展，1000余件陶瓷藏品展出，上虞越窑青瓷被专门标注为“瓷源”　（朱胜钧 摄）

2023年11月18日，越窑青瓷·中国瓷源首届“上虞窑”开窑节在凤凰山考古遗址公园举行

（区文广旅游局 提供）

2023年11月19日，长三角（上虞）户外休闲旅游节·“踏浪正当燃”2023中国·上虞第十七届攀浪节举行

（岭南乡 提供）

2023年11月20—21日，上虞区举行谢晋诞辰100周年暨“与时代同行”电影发展主题研讨会，图为谢晋青年电影盛典
（朱胜钧 摄）

2023年12月8日，“今在上虞 共创未来”2023年上虞人才发展大会举行
（刘 盼 摄）

绍兴市上虞

钱塘区
海宁市
钱塘
萧山区
柯桥区
曹娥江
九七丘
九三丘
九一丘
八四丘
七七丘
八一丘
七六丘
七五丘
七〇丘
杭州湾上虞经济技术开发区管委会
上虞区杭州湾综合管理办
浙江理工大学科技与艺术学院
东三区
东二区
东一区
浙江邮电职业技术学院
绍兴滨海新区管委会
沥海街道
马鞍街道
马山街道
孙端街道
东湖街道
越
崧厦街道
道墟街道
杭州湾上虞经济技术开发区（南片）
浙江建设职业技术学院上虞分院
上虞区
杭州湾环线高速
杭甬铁路
杭深铁路
杭台高铁
嘉绍大桥
曹娥江大闸
称山

区政区图

海盐县
嘉兴市
宁波市
江
慈
溪
市
余
杭甬高速（在建）
虞港区
高新区
技术开发区（北片）
小曹娥镇
泗门镇
临山镇
黄家埠镇
牟山镇
马渚镇
盖北镇
谢塘镇
小越街道
驿亭镇
天灯舍
小安
建五
双潭
建民
滨海
三江口
人和
镇海
万圣
相公潭
新湖
新塘路
下吴家路
谢家路
夹塘
湖北
小路下
镇北
海南
双乐
梅园
临浦
泗北
大庙周
新新
赵家
熊家街
兰海
邵家丘
湖堤
十六户
横塘
天中
天华
镇南
东蒲
黄家埠
韩夏
高桥
全佳桥
上塘
沿山
回龙
下沙畈
开元
梁堰
西山
华家
方桥
芝山
长泠江
杭深铁路
青港
渚北
丰乐
潘巷
旗山
魏家
新东吴
马渚头
康山
渚山
牟山湖
群立
乐安湖
瑶街弄
斗门
湖山
杭州湾环线高速
云楼
余姚西
夏巷
郭相桥
丰杨河
兰江街道
阳明
泗门
马渚
五车堰
联桥
五夫
白马湖

目 录

特 载

专 记

大 事 记

区情概览

中共绍兴市上虞区委员会

绍兴市上虞区人民代表大会

绍兴市上虞区人民政府

政协绍兴市上虞区委员会

中共绍兴市上虞区纪律检查委员会 绍兴市上虞区监察委员会

民主党派·工商联

人民团体

法 治

军 事

经济管理与监督

财政·税务

农 业

制造业

建筑业

商贸服务业

中介服务业

金融业

旅游业

房地产业

开放型经济

交通运输

水 利

城市建设与管理

乡村振兴

生态环境

科学技术

教　育

文 化

卫生健康

体　育

社会事务

开发区建设

乡镇·街道

人物和荣誉

附 录

索 引

特 载

深入学习贯彻习近平总书记考察浙江重要讲话和考察绍兴重要指示精神在以建设“青春之城”推进中国式现代化新征程上勇当先行者谱写新篇章

——在区委二届五次全体（扩大）会议上

绍兴市副市长、中共绍兴市上虞区委书记　鲁霞光

2024 年 1 月 2 日

一、全面落实区委“1336”战略体系，“青春之城”建设迈出坚实步伐

2023 年是全面贯彻落实党的二十大精神的开局之年，是“八八战略”实施 20 周年，也是我区全面开启“青春之城”建设的起步之年。一年来，区委常委会团结带领全区上下牢记习近平总书记殷殷嘱托，深入学习贯彻党的二十大精神，创造性落实中央和省委、市委决策部署，强力推进创新深化改革攻坚开放提升，统筹推进 3 个“一号工程”，大力实施“十项重大工程”，以“五个十大”为主抓手推动“青春之城”建设落地落实，经济运行稳中向好，社会保持和谐稳定，在特殊之年彰显了特别担当。预计，全年地区生产总值增长 7.5%左右；一般公共预算收入增长 7.2%；规上工业增加值增长 10%；固定资产投资增长 17%；社会消费品零售总额增长 6%；城乡居民人均可支配收入分别增长 5.5%和 6.5%。省级晾晒累计获评“五星”12 次。综合实力跃居全国百强区第 29 位、比上一年上升 4 位。

一年来，我们聚力凝心铸魂，在学思践悟中淬炼了绝对忠诚的政治本色。持续推进党的二十大精神“六学六进六争先”学习实践活动，严格落实“第一议题”制度，及时学习贯彻习近平总书记重要讲话重要指示精神，区委常委会、区委理论学习中心组分别开展集体学习 18 次和 20 次，特别是深入学习贯彻习近平总书记考察浙江重要讲话精神，专题召开区委二届四次全会，全面回顾上虞 20 年来的精彩蝶变，深刻感悟“八八战略”历久弥新的真理力量和实践伟力，推动全区上下坚定拥护“两个确立”、坚决做到“两个维护”。区委常委会带头践行“五个率先垂范”，高质量推进学习贯彻习近平新时代中国特色社会主义思想主题教育，一体推进理论学习、调查研究、推动发展、检视整改、建章立制，彰显了鲜明的政治味、上虞味、实干味。深化“循迹溯源学思想促践行”，举办专题读书班 3 期，深入挖掘总书记 3 次来虞考察宝贵财富，精心打造 5 个循迹溯源点、44 个教学点，组织领导干部赴浙江展览馆、枫桥经验陈列馆、浙东运河文化园开展现场教学，推动全区上下持续兴起见效于学、见效于干的热潮。推进“感恩奋进、创变笃行”五争攻坚和“三联三送三促”走访联系，区领导带头深入一线围绕 30 个重点调研课题、8 个正反面典型案例开展调研 549 次，形成理论成果、制度成果、实践成果 47 个，带动全区党员干部走访群众 7 万余人次、解决问题 7000 余个。

一年来，我们聚力稳进提质，在挺膺担当中巩固了回升向好的发展态势。出台“抢开局、拼经济、稳增长”等系列政策，有效应对多周期叠加下的复杂形

势，全年兑现惠企资金超20亿元，新增市场主体1.45万家、国家级专精特新“小巨人”企业5家，3家企业入选省第一批雄鹰企业。落实项目推进“八大机制”，连续第二年举办项目谋划擂台赛，大力推进基金招商、头部招商、上门招商，新引进100亿元以上项目2个，荣获省十佳招大引强县（市、区），有效投资获省“赛马”激励；新增省重点项目10个、土地戴帽指标2154亩、用能67万吨标煤、专项债50.2亿元，盘活“四未一低”土地7854亩，工业用地出让面积占全市1/3以上。杭州湾经开区新赛道新产业新项目加快布局发展，规上产值、工业税收占全区比重均超75%，经济总量预计突破2400亿元，列入全国减污降碳协同创新试点和全省产业（制造业）金融协同发展改革试点，连续第二年创成省制造业高质量发展“五星级示范园区”，跻身全国高质量发展化工园区第9、全省“万亩千亿”产业平台第7，国家级经开区综合考评晋升33位、挺进全国60强。曹娥江旅游度假区体制机制优化调整，“一江一湖一山三镇”建设扎实推进，瓷源文化小镇建成开园，曹娥里·十三弄历史文化街区加快建设，户外运动休闲等新业态蓬勃兴起，省级考核首次获评良好。曹娥江经开区加快项目招引、腾笼换鸟，泛百官智创青春谷52万立方米征迁顺利完成，成功引进融安控股、中科曙光等项目，泛道墟智能装备生态园储备了百亿级项目。e游小镇新引进数字经济企业36家，实现税收5.9亿元，获省级考核优秀。统筹“一二三产”高质量发展，精细化工、集成电路入选省首批特色产业集群核心区、协同区，夺得首批“浙江制造天工鼎”；“一江两岸”19幢总部楼宇加快建设，获评省夜间经济特色城市、省数字贸易示范区；发布推广“上虞尚品”区域公用品牌，粮食安全责任制考核实现“十连冠”，入选国家农业现代化示范区创建名单。舜江建设捧得鲁班奖，建筑业产值预计增长6%。

一年来，我们聚力勇闯新路，在变革创新中塑造了领先领跑的竞争优势。部署推进新材料产业提质升级省级创新深化试点和“三位一体”高质量示范区建设，与复旦大学、浙江大学开展深度战略合作，曹娥江实验室集聚院士领衔的科研团队15个、科研人员287人，蝉联省“科技创新鼎”。举办人才发展大会、之江科创大会、高端装备制造高质量发展大会，设立“青科创”人才基金，首推980套青春公寓“零元入住房”，新增就业大学生2.6万人，新引进“鲲鹏行动”计划人才2人、总数达4人、居全市第1，获批人才管理改革试验区。高分通过全国青年发展型县域试点中期评估。对标实施优化营商环境“158X”行动，大力推进政务服务增值化改革，探索新材料中试项目全周期管理等2个案例入选省营商环境优化提升“最佳实践案例”，启动建设企业综合服务中心，启用全省首家有外国人签证权限的县级移民事务服务中心。高规格召开全区企业家大会，出台“民营经济31条”，开展“爱企行动”“政企服务直通车”“益企来”，解决涉企问题217个。深入实施“接轨大上海、融入长三角”2.0版，成立上海市上虞商会，举办“上海·上虞周”和“长三角（上虞）户外休闲旅游节”系列活动。组团327家企业出海拓市，大力推进国际化招商，实到外资超2.7亿美元，兴欣新材成功上市，资本市场“上虞板块”增至20家。

一年来，我们聚力一体统筹，在突围破圈中彰显了出新出彩的大美气质。突出年轻化青春化，高站位推进“一江两岸三城多片区”建设，“未来城”“1+3+X”规划体系基本形成、21个总投资150亿元项目谋划生成，生命健康、数字经济产业培育蓄势起航；“活力城”“老城焕新”“新城更新”联动推进，曹娥江人行景观桥成为城市“网红”新地标；“文旅城”夜间经济培育积极破题。杭绍甬智慧高速即将建成通车，南北中心大道高架北延、轨道交通2号线二期启动建设。完成城市征迁80万平方米，老旧小区改造37万平方米，房地产保持稳健发展。迭代深化“千万工程”，13个村社创成省未来乡村、未来社区，虞南山居风情带入选省“新时代富春山居图样板区”，雪花谷有望成为全市首家国家甲级民宿，晋生村入选全国“千万工程”现场会考察点，创成“四好农村路”全国示范县。开展打造最清洁城市“510行动”，推进全国文明城市常态化创建，高质量完成长江经济带生态环境警示片反馈问题整改销号，夺取五水共治“大禹鼎”银鼎、“清源杯”，实现美丽浙江建设考核“三连冠”。实施中华文明上虞标识行动，精心组织“上虞正青春”系列活动，推动“今在上虞、遇见未来”城市品牌融合传播，成功举办纪念谢晋诞辰100周年系列活动，《祝家庄里的年轻人》获省戏剧节兰花奖，获评“全国文旅融合实践区”，荣膺“世界休闲城市”称号。推进公共文化服务提质增效，新增7家五星级文化礼堂、4家城市书房，新建成66个“15分钟品质文化生活圈”。

一年来，我们聚力共建共享，在补短提质中增进了可及可感的民生福祉。深入实施区内“山海协作”，研究推进虞南高质量发展，城乡居民收入倍差缩小至1.71。高质量办好省市区民生实事，投入2.14亿元启动农村饮水共富提质三年行动，财政民生支出预计107亿元、占一般公共预算支出77.9%，新增城镇就业1.5万人，基本养老保险、医疗保险参保率分别达99.46%、99.99%，在全市率先实现门诊慢特病跨省直接结算全覆盖。有序撤并小规模学校8所，高考成绩显著提升，高分通过全国义务教育优质均衡发展区创建省级复评。推进医共体深度融合，村级医疗卫生服务覆盖率达98.2%，实现健康浙江考核“五连冠”，高分通过国家卫生城市复评。启动“孝德乐龄系列”建设，优化生育政策得到国家卫健委推广。扎实推进现代社区建设，党建引领三方协同共治做法得到省委主要领导批示，南丰社区、城市之星小区列入全省推进会现场考察点，3个社区获评省首批现代社区。“‘审、评、验、督、销’化解征迁纠纷工作法”入选省新时代“枫桥式工作法”。聚焦平安护航杭州亚运，健全“大安全、大应急、大减灾”工作体系，率先开展“平安镇街”创建，深入推进安全隐患大排查大整治百日攻坚行动，安全生产事故数和死亡数同比分别下降16.7%、33.3%，刑事治安警情同比下降16.2%，省市两级“十大领域”信访突出问题全部清零，有望夺得“平安一星金鼎”。

一年来，我们聚力管党治党，在崇勤尚廉中营造了干事创业的良好氛围。区委常委会以上率下切实加强自身建设，发挥总揽全局、协调各方作用，专门听取区人大常委会、区政府、区政协、区法院、区检察院五个党组工作汇报，支持和保障人大及其常委会依法履职，有力开展专题调研、专项监督，深化全过程人民民主基层单元建设，开发区人大工作经验全国推广；支持政协打造更具辨识度的协商民主体系，高质量开展课题调研、专题协商等履职活动，“全流程民主监督”“委员联系界别群众”等做法全省推广；扎实做好群团工作，巩固团结奋进的良好局面。积极推进杭州湾经开区武装工作规范化建设试点，创成省“双拥模范区”。严格落实意识形态工作责任制，打响“虞声嘹亮”宣讲品牌。深入开展“之江同心”系列行动，巩固壮大新时代统一战线。区委党校创成省“标杆引领类”县级党校。开展非公企业党建规范化省级试点，创成“红色根脉”强基示范乡镇2个、村社16个，2个党建联建案例、2家“共富工坊”入选第一批省级示范名单，14名村社书记获评省市担当作为好支书。加强干部队伍专业化建设，突出政治标准和实干实绩导向，优化综合考核机制，搭建赛马比拼平台，提拔、进一步使用干部81名，5名干部入选省市担当作为好干部，选树区担当作为好干部12名。靶向做实政治监督，有序推进巡视整改和二届区委巡察，村社巡察整改监督管理平台在全省推广。强力推进正风反腐，突出整治“指尖上的形式主义”“三违”问题，实行酒驾醉驾“五个一律”，协同高效纠治重点领域腐败问题。出台《关于进一步改进作风大抓落实的若干措施》，用好典型分析、正反通报、双向约谈、公众监督、组织调整“工作五法”，召开勤廉上虞建设暨干部作风建设大会，打好容错纠错、澄清查诬、回访教育“组合拳”，对4名干部容错减责，为18名干部澄清正名，对56名干部暖心回访，容错相关做法获得市委主要领导批示。深化王充清廉思想课题研究，分层分类开展“今在上虞 纪法同行”学习教育、清廉家庭“十个一”等活动，全域推进清廉单元建设，形成具有上虞辨识度的清风廉路，新增省级以上示范点6个。

辛勤汗水浇灌累累硕果，创新实践孕育珍贵启示。一年来，我们深深体会到：唯有对标看齐，方能行稳致远。坚持创造性贯彻落实、创新性转化发展，以“青春之城”建设为主战略，走深走实中国式现代化上虞高质量发展之路，凝聚上下同欲、一致同功的强大合力。唯有实干争先，方能勇立潮头。坚定“做极致、干精彩、看实效、争一流”的追求，敢与最优者“对标”、与最强者“比拼”、与最快者“赛跑”，项目化清单化抓落实，以激情担当努力干出第一等工作。唯有排难而进，方能破圈突围。发扬斗争精神，主动求新求变，奔着问题去、迎着困难上、顶着压力干，在创新破难、改革破题、开放破局中打开事业新天地。唯有不忘初心，方能不负人民。树立和践行正确政绩观，立足长远打基础、夯根基，走好新时代党的群众路线，根据群众需求作决策，着眼群众感受抓工作，切实把好事实事做到群众心坎上。

在肯定成绩的同时，我们也清醒地看到存在的问题和不足：外部环境面临较大的复杂性、严峻性和不确定性，部分行业和中小微企业生产经营仍然困难，经济回升向好基础还不稳固；新质生产力培育还需加快，大项目好项目还不够多，高校及研究院作用发挥还不充分，创新链与产业链资本链协同的“化学反应”有待激发；人口集聚、人才引育工作还有短板，教育、医疗、养老、文体等优质公共服务供给与人民群众期盼还有差距，城乡协调发展还需用力，“青春之城”辨识度还不够凸显；安全生产、生态环保等领域风险隐患不容忽视，基层治理现代化任重道远；党员干部能力素质作风与现代化建设要求还有差距，“赢”的志气、“闯”的锐气、“拼”的胆气还需强化，落实全面从严治党要求仍需持续努力。对这些问题，我们一定高度重视，认真研究，切实解决。

二、深学笃行习近平总书记考察浙江重要讲话和考察绍兴重要指示精神，扛起“勇当先行者谱写新篇章”的上虞担当

习近平总书记亲临浙江考察并发表重要讲话，又一次在关键节点上指引浙江开启新征程、谱写新篇章，在浙江发展史上具有重要里程碑意义、标志性意义。我们要用心领会、用情感悟、用力践行习近平总书记重要讲话的丰富内涵、精髓要义和实践要求，坚定不移沿着总书记指引的方向奋勇前进。

（一）深刻领悟习近平总书记对浙江对绍兴精彩蝶变的指路领航，砥砺感恩奋进、紧跟追随的政治自觉。习近平总书记指出，“浙江之所以有成效，就是以‘八八战略’为统领，一张蓝图绘到底、一以贯之二十年”，深刻揭示了浙江 20 年来始终走在前列、未来继续走向辉煌的必由之路、成功之道、制胜之法。习近平总书记在浙江工作期间和到党中央后，先后 29 次到绍兴考察调研，其中有 3 次到上虞考察，作出了一系列重要指示批示，为上虞各项工作提供了全方位指引。这次到绍兴考察，又点到了上虞有关情况，为我们提供了源源不断的精神动力。我们要满怀对习近平总书记的感恩之心、拥戴之情、捍卫之志，把持续推动“八八战略”走深走实作为坚定拥护“两个确立”、坚决做到“两个维护”的具体举措，一步一个脚印把习近平总书记擘画的宏伟蓝图变成美好现实。

（二）深刻领悟习近平总书记对浙江对绍兴发展定位的战略考量，砥砺服务大局、勇开新局的使命自觉。这次考察期间，习近平总书记赋予浙江“中国式现代化的先行者”新定位和“奋力谱写中国式现代化浙江新篇章”新使命，赋予绍兴“谱写新时代胆剑篇”新使命。这是习近平总书记在审视浙江省情、绍兴市情的基础上，着眼国际国内两个大局、发展安全两件大事、当前长远两个时期为浙江和绍兴“量体裁衣”作出的战略部署。区委提出“全面建设‘青春之城’，走深走实中国式现代化上虞高质量发展之路”，与习近平总书记重要讲话蕴含的求新、求进、求变的内在要求高度契合。我们要主动对标新定位新使命，把推进中国式现代化作为最大的政治，凝心聚力把“青春之城”建设好，在区县实践中不断拓展中国式现代化的广度和深度。

（三）深刻领悟习近平总书记对浙江对绍兴赶超突围的精准点题，砥砺攻坚突破、示范引领的行动自觉。习近平总书记从“在以科技创新塑造发展新优势上走在前列，在推动共同富裕中先行示范，在深化改革、扩大开放上续写新篇，在建设中华民族现代文明上积极探索”四个方面，对浙江发展提出了重要要求。在考察绍兴期间，对坚持和发展新时代“枫桥经验”，传承发展中华优秀传统文化也提出了明确要求。我们要用心领悟、深刻把握、坚决贯彻习近平总书记的指引指导，坚定不移打“创新牌”、吃“改革饭”、走“开放路”，在实践中回答好“根本出路如何打通、鲜明标识如何擦亮、推进动力如何激发、底蕴精髓如何彰显”等重大问题，以率先闯关突围的发展成效为全市全省大局多作贡献。

（四）深刻领悟习近平总书记对浙江对绍兴队伍建设的谆谆教诲，砥砺勤廉并重、创变笃行的精神自觉。习近平总书记在重要讲话中，对加强党的全面领导和党的建设、第二批主题教育等作出明确指示，语重心长告诫我们要树立正确政绩观，防止政绩冲动。这些指示要求，蕴含着“治国必先治党、治党务必从严”的深刻内涵，彰显了“江山就是人民、人民就是江山”的根本立场，释放了“谋事重在长远、干事务求实效”的鲜明导向，为我们干事创业提供了指引、确立了标尺。在绍兴考察时，习近平总书记强调“绍

兴是个好地方，你们要好好干，谱写新时代胆剑篇，把绍兴建设得更好”。我们要对标看齐，始终保持“勇敢立潮头”的胆识气魄、“永远立潮头”的境界追求，纵深推进新时代党的建设新的伟大工程，持续创造经得起历史检验、人民考验的新业绩真业绩。

为深入学习贯彻习近平总书记考察浙江重要讲话和考察绍兴重要指示精神，按照省委、市委全会部署，区委《决定》稿明确了今后一个时期贯彻落实的总体要求、主要目标和重点任务。这里，就事关上虞现代化建设和高质量发展的关键性、战略性、牵引性重大问题，再强调4个方面。

一要着眼拓宽现代化建设的基本路径，在一体推进创新改革开放上探路先行。推进中国式现代化，创新是第一动力、改革是关键一招、开放是必由之路。要坚定基本路径，做深一体推进文章，聚焦增强科技创新能力，整体推进高能级科创平台打造、高水平应用型大学建强、高层次人才培育集聚，全面提升曹娥江实验室和在虞大学研究院建设质效，发挥企业创新主体作用，协同实施数字经济创新提质“一号发展工程”，打造各类人才向往的科创新高地。以实施营商环境优化提升“一号改革工程”为引领，撬动重点领域关键环节改革，深化政务服务增值化改革，落实促进民营经济高质量发展的政策措施，大力弘扬企业家精神，打造创业最便利、创新最友好的“创客城市”。以实施“地瓜经济”提能升级“一号开放工程”为引领，主动对接沪浙自贸区、绍兴高能级开放平台，大力推进外资外贸外经“三外”联动工程，深化“接轨大上海、融入长三角”2.0版，全面提升开放型经济发展水平。

二要着眼夯实现代化建设的基础支撑，在持续唱响工业强区产业兴区“主旋律”上积极进取。高质量发展是新时代的硬道理。要把建设现代化产业体系作为中国式现代化的主战场，坚定不移实施“工业强区、产业兴区”战略，扎实推进新型工业化，为我区现代化建设提供强大的物质技术支撑。联动实施先进制造业强区“1215”专项行动、服务业“1855”高质量发展行动、“三农”高质量发展“1366”工程，构建“国家级开发区+省级开发区+特色小镇+链主型企业产业园+小微企业园”高质量平台体系，培育壮大新材料、高端装备两大千亿级主导产业和集成电路装备、合成生物、氢能与储能等“5+4”新兴产业未来产业，锻造以数字经济为核心的现代化产业体系。坚持产业没有“朝阳”“夕阳”之分，锚定“微笑曲线”两端，深挖内生项目潜力，大力推动照明、风机、伞业、汽车零部件、化妆品包装等传统优势产业转型升级，让“老树发新芽”“小树变大树”“独木变森林”。坚持“高大上+链群配”，强化产业链精准招商，压紧压实跨区域共享机制，大力引育“链主型”企业、专精特新和“小巨人”企业，多向发力壮大资本市场“上虞板块”。

三要着眼彰显现代化建设的底蕴气质，在建设中华民族现代文明上守正创新。上虞有深厚的文化底蕴、文旅资源，有基础有条件在建设中华民族现代文明上探索新经验、展现新作为。要深入学习贯彻习近平文化思想，坚持“守正创新、物化活化”，大力推进孝德、瓷源、东山、春晖四大地域特色文化创造性转化、创新性发展，重塑城市文化体系，让文化擦亮“青春之城”的独特气质和魅力。全域践行新时代上虞精神，实施“浙里新风·虞尚十礼”文明实践专项行动，打造一批新时代文化地标，加快建设“书香上虞”，让人民群众在潜移默化中提升文明素养、提高精神境界。丰富高质量文化供给，既要高原造峰，又要做足特色，联动推进文创产业发展、文艺作品攀峰、文旅深度融合，打响“上虞文旅”新品牌。切实办好城市宣传活动，讲好上虞故事，提升文化传播力。

四要着眼擦亮现代化建设的标识底色，在扎实推进共同富裕上示范引领。我们要推进的共同富裕是高质量发展支撑下的共同富裕，是全社会创业创新活力充分迸发的共同富裕。要实事求是、稳扎稳打，积极破解发展不平衡不充分问题，打造更多具有上虞辨识度的共同富裕标志性成果。要推动高水平融合，深化区内“山海协作”，以虞南高质量发展为突破口加快破除制约城乡一体的深层次体制机制障碍，推进以人为核心的新型城镇化建设，打造全域“和美虞村”。推动高品质生活，健全“民呼我为”长效机制，实施“七优享”工程，纵深推进现代社区建设，切实解决“一老一小”、教育就医等急难愁盼问题，促进公共服务更加精准、均衡、可及、优质、公平。推动高效能治理，积极探索基层治理的范式变革，推进全过程人民民主基层实践，建设更高水平的平安上虞法治上虞。

三、坚持一张蓝图绘到底，以建设“青春之城”的实干实效谱写中国式现代化上虞新篇章

2024 年是新中国成立 75 周年，是浙江“勇当先行者、谱写新篇章”、绍兴“谱写新时代胆剑篇”的再出发之年，也是“青春之城”建设从开局起步到加快落地见效的重要一年。做好新一年工作，意义重大，责任重大，需要我们准确把握“时”与“势”，认清“危”与“机”，谋实“计”与“策”。

新的一年，机遇和挑战交织，我们要在危中抢机中推动“青春之城”建设行稳致远。当前，百年变局加速演进，世界经济形势依然低迷，我国发展面临着有效需求不足、部分行业产能过剩、社会预期偏弱、风险隐患仍然较多等困难挑战，但有利条件强于不利因素，经济回升向好、长期向好的基本趋势没有改变。全市经济版图正在重构，拼科创、拼产业、拼人才、拼高质量项目日趋激烈。我区发展面临新的“成长的烦恼”，正处于“爬坡过坎、跃升进位”的关键时期。危与机是同生并存的，失去了机就是危，克服了危就是机。我们要切实增强机遇意识，把国家战略、时代变革与“青春之城”建设贯通起来，以前所未有的决心和力度，抓住用好新机遇，下好“先手棋”，勇闯“新赛道”，昂首站在现代化建设最前沿。

新的一年，压力与动力并存，我们要在“二次创业”中推动“青春之城”建设固本求新。上虞优越的交通区位、合理的产业结构、优质的头部企业集群和良好的创新创业生态，一直以来都是我们引以为傲的资本，但放眼全国，对标先进，我们要正视差距和不足，看到隐忧和风险。在激烈的区域竞争中，上虞要追赶“前方标兵”，甩开“后方追兵”，超越“左右强兵”，在全国综合实力百强区中持续晋位，不仅需要依靠和提升现有的企业、现有的产业、现有的项目，也需要培育和壮大一批支撑未来的企业、未来的产业、未来的项目。面对“不进则退、非进不可”的重要关口，我们必须全面吹响“二次创业”集结号，坚持“换道超车”“换车超车”，更大力度培育发展新产业、新项目、新主体、新业态，让更多在虞和来虞的创二代、新生代企业家们脱颖而出，让干部敢为、地方敢闯、企业敢干、群众敢首创成为上虞的鲜明标识。推进“二次创业”，与中央经济工作会议提出的“稳中求进、以进促稳、先立后破”的要求是一致同向的，与“青春之城”推动人、产业、城市的年轻化青春化的核心导向是一脉相通的。新时代新征程，我们要大力弘扬新时代上虞精神和“四千”精神，树立“二次创业”雄心，点燃“二次创业”激情，掀起“二次创业”热潮，以“二次创业”的进带动高质量发展的“进”，塑造新动能新优势的“立”，夯实内生动力增强的“稳”，推动上虞再攀高峰、再展雄风，再创一个激情燃烧的火红年代。

新的一年，起势向成势挺进，我们要在大抓落实中推动“青春之城”建设破圈出彩。近两年，区委围绕以建设“青春之城”推进中国式现代化这一主战略，集思广益，深入研究，作出了“‘一江两岸三城多片区’主平台、‘六大工程’主载体、‘五个十大’主抓手”等重大决策部署，制定形成了战略体系 1.0 和建设路径 1.0 思维导图。从理论付诸实践、实践形成制度、制度再上升到理论，这是一个螺旋式不断深化、演进和迭代升级的过程。2024 年是“青春之城”建设从开局起势迈向突破成势的关键阶段。我们要放大格局，把“青春之城”建设放到中国式现代化的宏大场景和长三角区域一体化发展的国家战略中审视谋划，在更大范围调动整合资源，加强宣传推介，导入高端要素，焕发青春力量，不断擦亮“今在上虞、遇见未来”城市名片。要保持战略定力，坚持做长期主义者，坚持做难而正确的事，强化“有解思维”，聚焦聚力“五个十大”打造一批彰显“青春之城”的重大标志性成果。要健全区领导牵头的强有力的工作推进机制、“赛马晾晒”机制、综合考核机制，把一大批优秀干部配置到“青春之城”建设的前沿阵地，推动资源力量向“青春之城”落地见效聚焦，形成一体推进、层层放大、倍增裂变的良好格局。

基于上述分析和研判，2024 年工作的指导思想是：坚持以习近平新时代中国特色社会主义思想为指导，深入学习贯彻习近平总书记考察浙江重要讲话和考察绍兴重要指示精神，全面贯彻落实中央经济工作会议精神，按照省委、省政府、市委、市政府决策部署，坚持稳中求进工作总基调，完整、准确、全面贯彻新发展理念，紧紧围绕加快推动“青春之城”建设落地见效、走深走实中国式现代化上虞高质量发展之路这

一主题主线，深入实施三个“一号工程”，扎实开展“三个年”活动，落细落实“五个十大”主抓手，推动经济运行持续回升向好，努力实现质的有效提升和量的合理增长，增进民生福祉，保持社会稳定，在以建设“青春之城”推进中国式现代化新征程上勇当先行者谱写新篇章。

2024年工作的主要预期目标为：地区生产总值增长7%以上，力争增长7.5%；一般公共预算收入增长7.5%；规上工业增加值增长10%以上；固定资产投资增长10%以上；社会消费品零售总额增长7%；外贸出口增长10%；城乡居民人均可支配收入与经济增长基本同步；R&D经费支出占GDP比重达3.4%。

确定这个目标，兼顾了需要和可能，跳一跳够得着，体现了勇于争先的积极态度。全区上下要统一思想认识，把“稳”“进”“立”的指导性要求贯穿始终，凝心聚力大抓落实，确保高质量完成全年目标任务。

重点抓好六方面工作：

（一）突出稳进提质，持续推动经济发展向好走强。加强政策工具创新和协调配合，切实激发有潜能的消费，扩大有效益的投资，增强发展内生动力。要加大政策统筹。按照“有效政策加力提效、低效政策全面缩减、无效政策果断压减”原则，迭代升级“1+9”经济政策体系，推动“民营经济31条”精准落地，为市场主体减负25亿元以上、兑现各类惠企资金20亿元以上。全力争取专项债、特别国债、生态环境导向开发模式（EOD）等政策资金70亿元以上，争取更多重大项目纳入国家和省级盘子。深化融资畅通工程，引导金融机构加大对科技创新、普惠小微、数字经济等方面的支持力度。要扩大有效投资。打好链式招商、驻外招商、以商引商、二次招商、基金招商“组合拳”，力争引进10亿元以上项目14个，其中50亿～100亿元2个、100亿元以上2个。大力推进238个总投资2402亿元的“五个一批”项目，鼓励本地企业加大区内投资、扩能增产、技术改造和上市募投，确保民间投资、制造业投资量质齐升。争取省“千项万亿”项目14个以上，新增重点项目戴帽指标1000亩、用能20万吨标煤，消化利用“四未一低”土地5500亩。要强化平台支撑。杭州湾经开区聚焦优势产业链群，强化延链强链补链建链，既要强筋壮骨、韧性十足，又要充满活力、凸显特色，全面提升产业体系的完整度、先进性、竞争力，打造国家级电子化学品基地，争取有50亿元以上项目谋划启动，加快18个化工跨域集聚提升项目建设，在全国、全省开发区比拼中保位争先，列入省级高能级战略平台。曹娥江旅游度假区重点做好项目引流、活动引流、品牌引流文章，皂李湖区块重大文旅项目落地建设，优化体制机制有序推进“一江两岸”从“未来城”到上浦段全线亮化、活化、景区化，以孝德文化小镇为核心的江南不夜城初具形象，加快瓷源文化小镇和大东山景区整体开发运营，扎实推进丰惠千年古城复兴试点，力争全省度假区考核优秀，争创国家级旅游度假区。曹娥江经开区深化工业全域治理，加快未来产业社区建设，集中精力推进泛百官、泛道墟两大区块重大基础功能项目特别是重大产业项目落地打桩，形成气势，打出品牌，确保全省同类别开发区综合排名进入第一梯队。要破圈青春消费。坚持片区化、街区式、年轻态改造提升重要商圈，建成投用上虞书城，支持各大购物中心像招引重大产业项目一样招引头部商业品牌，积极开发沉浸式、体验式消费新场景，培育发展智能家居、国货“潮品”、演艺赛会、文旅休闲等消费增长点，打造“吃喝玩乐购”一站式高品质消费集聚区。聚焦青年人群尤其是“Z世代”喜好，积极布局夜宵、夜市、酒吧、四点半派对等夜间消费业态，丰富livehouse、脱口秀等产品供给，坚持小众化体验、大众化价位，营造“青春之城”别样的夜间氛围。统筹办好“浙东新商都”购物节、“中国山水”摄影双年展、氧气音乐节等系列活动，加快打造一批“虞味”连锁餐饮，大力发展数字消费、健康消费、绿色消费。

（二）突出科创赋能，持续锻造现代产业硬核支撑。突出“科创+产业”“科创即产业”，以科技创新引领现代化产业体系建设。要前瞻布局发展新质生产力。迭代先进制造业强区“1215”专项行动，全面提速壮大新材料、高端装备两大千亿级产业集群，在高分子材料、半导体材料、新能源电机、核电风机等细分领域打造1—2个具有全国影响力的产业地标；发挥基础优势加快布局“5+4”新兴产业未来产业，再夺“浙江制造天工鼎”。坚持“一产业一方案一平台一基金”，推进“产业链‘链长+链主’协同生态提升”省级试点，精选赛道组建一批基金，强化“以投代引”，产投、创投一起抓，积极推动标杆企业、重大项目、引领性研发机构落地。推进总投资超100亿元的24个重点服务业项目建设，大力发展研发设计、软件信息、检验检测、科技服务等生产性服务业，推动生活性服务业向高品质和多样化升级，确保服务业增加值占比提升1个百分点以上。树立大农业观、大食物观，全链构建“四季仙果+上虞尚品+精深加工+数字化运营”模式，推进国家级农业产业平台和现代农业投资平台建设，粮食生产面积稳定在47万亩以上。推进建筑工业化、数字化升级和绿色低碳转型，大力发展装配式建筑，打造“好房子”样板，力争实现建筑业总产值1400亿元，完成税收15亿元以上。要“三位一体”锻造科创主引擎。以关键指标、重大项目为牵引，大力推进“三位一体”高质量示范区和省级创新深化试点，建设具有全国影响力的新材料科创高地，再夺省“科技创新鼎”。按照“科创策源地、产业加速器、人才孵化池”的定位，进一步完善曹娥江实验室运行体系，共建一批联合实验室，引进集聚一批领军人才团队和科研项目，着力构建“基础研究—应用研究—中试孵化—成果转化—公共服务”的全链条科技创新模式。强化大学研究院本土化、企业化、市场化意识，依托母校资源与上虞建立更紧密合作关系，推动浙大上虞半导体材料联合创新中心、复旦曹娥江创新中心实体化高效运行，天津大学绍兴研究院争创省级工程研究中心。探索制定国科新材料中试基地中试管理标准体系，成立中试产业生态联盟。全力支持3所在虞高校强化应用化学、工业设计等重点学科建设，深化与本地企业、镇村合作，共建见习实习、艺术创作、创业孵化基地。全力支持龙头企业组建创新联合体，推进规上企业“五个全覆盖”行动，推行“揭榜挂帅”，新增高新技术企业50家、科技型中小企业150家、省级以上研发机构8家。要“数实融合”重塑竞争新优势。大力推进数字产业化、产业数字化、数据价值化，以泛百官智创青春谷、e游PARK数创产业园为主阵地，加快数字经济头部意向项目落地，启动建设上虞数创港，聚焦数字赋能，积极引进低代码开发平台，重点培育集聚工业软件和数字内容服务等应用软件，争创国家级“广播电视和网络视听产业基地”。扎实推进化工行业改造提升3.0版，实施“人工智能+”行动，推动工业“智改数转”，培育一批智能工厂（数字化车间）、未来工厂、国家级省级工业互联网平台，数字经济核心产业制造业增加值增长10%，规上工业企业数字化改造覆盖率达85%。战略性布局超算、智算中心，迭代产业大脑，探索建设数据交易平台，拓展场景应用，打造数据价值化探索先试区。要“引育用留”打造人才新高地。全面建设“创客城市”，聚焦外地大学生“怎么引”、虞籍大学生“怎么回”、本地大学生“怎么留”，大力实施青年大学生引留倍增计划，深化虞籍大学生联系服务“六个一”机制，探索建设春晖校友创业园，推出“喊你来开店”创业帮扶计划，常态化举办高校专场招聘、暑期见习实习系列活动，持续推进“零元入住”青春公寓建设，加快打造青年集聚的“百人楼”“千人园”“万人社区”，力争新增青年大学生2.38万人以上、青年博士100人以上、高技能人才2700人以上。深化“1+N”高创园平台体系建设，做大做强人才公司，用足用好“青科创”人才基金，在引进海内外院士、“鲲鹏行动”计划人才等各类高层次人才上取得新突破。高质量办好“万亩千亿”全球创新创业大赛、十大名校校友创业大赛、人才发展大会和人才科技周等活动。在“一江两岸”、美丽乡村等地，创设一批创新创业平台并加大政策支持，加强知识产权保护，培育壮大科创客、农创客、数创客、商创客、文创客队伍。

（三）突出改革开放，持续激发主体活力内生动力。谋深攻坚性改革和提升性开放，加快打造市场化法治化国际化一流营商环境。要打响“虞快办”服务品牌。深化政务服务增值化改革，加快企业综合服务中心“1+2+X”体系建设，谋划建设人才创业、信用管理、新材料中试管理等特色“一类事”场景，积极争取国家药品审评中心长三角分中心落地。坚持“无事不扰，有求必应”，持续开展“爱企行动”“政企服务直通车”“益企来”“小微你好”等活动，多行“雪中送炭”“雨中打伞”之举，以实打实的政策举措让企业信心鼓起来、预期强起来、人心暖起来。统筹推进各领域重大改革，深化国资国企产业化资本化创新、区域性股权市场创新、“大综合一体化”行政执法等改革，力争新增省级以上改革试点20项以上、全省推广重点改革成果3项以上。要提升开放型经济能级。开展长三角“上虞周”系列活动，以虞籍人士为纽带，全面对接以上海为龙头的产业、科创、市场，推进人产城“融圈进群”。全方位参与共建“一带一路”，开展“百团千企拓市场抢订单”行动，支持企业参加新兴市场展会100场次以上，加快崧厦跨境电商园区建设招商，争创国家级外贸转型基地，确保出口占全国份额基本稳定。把招引外资项目摆在突出位置，开展“投资上虞”全球大招商活动，完善国际化招商体系，重点跟进SK、易福门等在谈外资项目，谋划打造中欧产业园，力争实到外资2.5亿美元以上。鼓励有条件的企业走出国门，积极参与国际产能合作，有效规避贸易壁垒，同时推动境外创新成果、高端要素回归上虞。深化东西部协作和对口支援、对口合作。要培育高成长企业梯队。深入开展制造业“单项冠军”、专精特新企业培育工程，统筹推进领航企业、“链主”企业、“雄鹰”企业培育工作和质量强企行动，大力培育世界一流企业，力争新增规上企业65家、亿元以上企业10家、国家级专精特新“小巨人”企业5家。推动北交所上市快速突破、梯队推进，全年确保新增上市（过会）、辅导报会及新三板挂牌企业8家次。

（四）突出一体融合，持续构建共富共美城乡格局。遵循城市发展规律，把推进新型城镇化和乡村全面振兴有机结合起来，促进各类要素双向流动，打造宜居幸福家园。要建设现代化典范城区。坚持“一江两岸三城多片区”总体城市空间布局，深化城市控规、分区规划、各专项规划研究，做深做实重点片区城市设计，彰显国际范、年轻态，把最好的位置留给公共场所，实现公共利益最大化。全面提速轨道交通2号线二期建设，建成329国道北移工程，加快推进104国道南移、南北中心大道高架北延、江东路互通项目，力争新章镇大桥、彩虹桥新建等项目落地建设，加快构建“外联内畅、互联互通”的综合交通网络。“未来城”按照“一年打基础、两年出形象、四年大变样、十年成典范”要求，聚焦生命健康、数字经济两大产业培育，加快“一湾两区三谷”核心区块建设，打通重大科创平台、产业平台、科技人才项目加速孵化转化落地的通道，支持邵逸夫医院绍兴院区建设国内一流研究型医院，引进国际医疗资源，复盛生命科学园、e游PARK影视数创谷上半年开工建设；深化TOD综合开发研究，加快完善路网配套，布局住房、酒店、商贸、智慧出行等业态，推动竺可桢未来学校加快落地，曹娥江文化艺术中心开工建设。“活力城”加快总部楼宇招引建设、业态填充，开工6幢、建成6幢总部楼宇，积极推进老城青春蝶变，提升城市宜居、韧性、智慧水平。“文旅城”突出“慢活休闲”导向，统筹孝德文化小镇和梁湖片区、四十里河开发，建成曹娥里·十三弄历史文化街区，打造国家级夜间经济集聚区、浙江版大唐不夜城。发挥国资国企城市运营商作用，以“一江两岸”为轴线，在人行景观桥等重点区域布局建设运营一批具有网红气质、体现重要功能的特色化场景和业态。高标准改造老旧小区7个，完成城市征迁70万平方米，推进城南交通生活港等民生实事项目建设。深入实施打造最清洁城市“510行动”，推动城市精细管理示范区有序扩面，争创全省生活垃圾分类优秀县（市、区）。支持乡镇街道差异化、品质化、特色化、融合化发展，在盘活闲置资源、引育新质项目、加快转型升级上下更大功夫，破难开新，勇挑大梁，打造一批在全国全省有影响力的新兴工业强镇、生态文旅名镇、现代农业重镇、基层善治新镇。要推动虞南高质量发展。围绕“长三角都市后花园和自驾游目的地、旅居目的地、研学目的地”新定位，坚持片区化景区化品牌化推进，研究建立“一盘棋”领导体制和工作机制，制定和完善虞南高质量发展规划和各专项方案，统筹布局一批突破性标志性项目，谋划重大交通基础设施建设，打通虞南山区大动脉。加强国内头部文旅策划和运营机构的战略合作，坚持“政府+国企+投资商+运营商+在地居民”推进模式，深挖文旅融合新爆款，精心打造一批自带流量、独具韵味的精品民宿群落、青少年研学线路、房车露营基地。迭代深化“千万工程”，启动实施村集体经济增收新三年行动，深化强村富民乡村集成改革，探索实施闲置农房激活3.0版，打造晋生、东澄、丁宅、大善小坞等一批“和美虞村”典范村。要打造生态文明新高地。协同推进降碳、减污、扩绿、增长，探索建立区内山海协作生态补偿机制，争创全国“两山”实践创新基地。推进国家级减污降碳协同创新试点，修改完善节余排污权租赁制度，迭代减污降碳数智平台，推进绿色能源体系建设。积极推动能耗双控逐步转向碳排放双控，以降碳为战略方向倒逼产业转型，推动生态产业化、产业生态化，杭州湾经开区开展新一轮循环化改造，巩固国家生态文明建设示范区创建成果。强化“山水林田湖草”协同治理和生物多样性保护，持续打好碧水、蓝天、净土、清废保卫战，再夺五水共治“大禹鼎”，争创四星级“无废城市”。

（五）突出守正创新，持续提升“青春之城”文化魅力。强化知上虞、为上虞、兴上虞的文化自觉，在“两个结合”中传承发展上虞地域特色文化，打造新时代文化新高地。要擦亮中华文明现代形态上虞标识。深入实施上虞文化研究工程，深度解码上虞四大文化，推动创造性转化、创新性发展。传承发展孝德文化要突出物化活化，聚力践行社会主义核心价值观，以IP化、国际化、产业化的思路打响“孝文化节”品牌，提升在全球全国的影响力，争创省孝德文化传承生态保护区。传承发展春晖文化要以习近平总书记重要指示精神为核心纲领和根本遵循，加快白马春晖区块建设，推动重点项目有序落地，开发春晖文化文创IP，创新筹办“白马湖散文奖”，进一步彰显“民国风、书香味、文艺范、年轻态”，打造现代教育新高地、人文精神朝圣地、汇智聚力集贤地和市民休闲后花园。传承发展瓷源文化要高质量运营瓷源文化小镇，统筹推进文、研、旅、产体系化发展，建成曹娥江流域越窑青瓷基因库，推进“青瓷窑遗址”申遗，全面打响“瓷之源”品牌。传承发展东山文化要凸显家国担当、魏晋风度、唐诗之路元素，策划开展文化研讨、诗词鉴赏、主题研学等系列活动，再现“东山雅聚”场景，实现东山文化的“东山再起”。加强大运河上虞段文化保护传承利用工作。要厚植文化繁荣精神富有上虞底色。全域践行新时代上虞精神，深化全国文明城市常态化创建体系，打造“虞尚十礼”上虞有礼实践标识。加大文化产业项目引育、创新创业扶持力度，加快发展高端文化制造业，拓展数字文化、创意文化产业，培育壮大“文化+”新业态，打造与上虞文化底蕴相匹配的高质量文化产业。创新实施“文化特派员”制度，深入推进文艺作品攀峰、“文艺赋美”“艺术乡建”行动，提升各类文化阵地整体功能和使用实效，扩面提质“15分钟品质文化生活圈”，争创公共文化服务现代化先行区。要打响文旅深度融合发展上虞品牌。把握“一切皆可文旅、文旅赋能一切”的时代机遇，实施“大文旅”发展战略，推进文旅资源大整合、品牌大创建、市场大营销、环境大提升、人才大集聚，加快“文旅+农业、商业、教育、康养、体育、工业”全产业融合。对标国内一流，加快推进文旅集团市场化改革、专业化运营、高效能管理，由保障文旅项目建设向高水平综合运营商转变。积极推进国家级全域旅游示范区创建，以跨界融合的理念继续办好长三角（上虞）户外休闲旅游节系列活动，使人气越来越旺，让“流量”变“留量”，加快打造千万级核心大景区。做好谢晋诞辰百年纪念活动“后半篇文章”，放大“谢晋青年电影扶持计划”品牌效应，研究出台影视产业政策，建设数字影视基地，推动影视拍摄、制作、发行等全产业链发展。

（六）突出民生福祉，持续创造群众向往美好生活。坚持从群众需求出发，尽力而为，量力而行，集中力量抓好办成一批群众可感可及的实事，补短板、强弱项、提品质、保安全，打造最具幸福感城市。要拓宽富民增收渠道。实施稳企拓岗增就业专项行动，做好重点人群就业帮扶工作，稳步发展新就业形态，确保“零就业”家庭动态清零，全年新增城镇就业1.6万人以上，城镇调查失业率控制在5%以内。深化“扩中”“提低”改革，启动实施“虞你共富”三年行动计划，确保低收入农户人均收入年均增长12%，城乡居民收入倍差缩小到1.7以内。构建共富型大社保体系，提标扩面企业职工基本养老保险，推进“越惠保”、长期护理保险制度、因病致贫返贫防范长效机制等改革。健全社会救助体系，发挥临时救助救急解难功能，打造“孝善邻里”探访关爱2.0版。要优化公共服务供给。突出“一老一小”探索整体解决方案，加快区康养中心建设，迭代“孝德乐龄系列”，大力发展银发经济，进一步优化生育激励政策和普惠托育服务体系，用好用活青少年综合活动中心，加快建设AAAAA级婚姻登记中心。深化集团化办学，稳步推进山区“小微”学校撤并和“低小散”幼儿园专项治理，实小集团康居路校区试点建设未来学校，争创全国学前教育普及普惠区、义务教育优质均衡发展区。全面推进卫生健康现代化建设11项行动，推动邵逸夫医院绍兴院区与区内医疗机构协同发展，加强重大疫情防控救治体系和应急能力建设，确保健康浙江考核实现“六连冠”。要严控经济金融风险。扎实做好稳地价、稳房价、稳预期工作，加快构建房地产发展新模式，积极稳妥化解房地产风险。从严落实党政机关“过紧日子”要求，提高财政资金使用效益和政策效果，把钱用在刀刃上。统筹推进政府债务、隐性债务、国有企业债务“三债统管”，严防大型民企流动性风险，坚决防范发生区域性金融风险。要夯实基层治理底座。坚持和发展新时代"枫桥经验"，聚焦基层治理体系和治理能力现代化，加快推进高效能社会治理，深化平安稳定"五色预警"、警源访源诉源"三源治理"，健全社会治安防控体系，总结提炼推广新时代"枫桥经验"上虞城市版和乡村版，推进信访工作标准化法治化和合法性审查、企业合规建设等工作，更好发挥社会组织作用，打响"法治论衡"品牌，确保平安建设"创十六连冠、进第一方阵"。突出重点领域、重点时段、重点场所，深入持续集中开展隐患排查整治专项行动，治本攻坚安全生产，常态用好"隐患曝光台"，强化基层应急消防治理体系建设，牢牢守住不发生较大以上安全生产事故和食品药品安全底线。

四、纵深推进全面从严治党，打造新时代党建高地和勤廉建设高地

加快推动"青春之城"建设落地见效，谱写中国式现代化上虞新篇章，关键在党，核心在人，成败在干。要深入学习贯彻习近平总书记关于党的建设的重要思想，坚持和加强党的全面领导，持续推动政治建设走深走实，把各级党组织建设得更加坚强有力，使广大党员干部的积极性得到充分发挥。

一要旗帜鲜明锤炼忠诚政治品格。把习近平总书记重要指示批示精神和党中央重大决策部署作为行动的"第一信号"、学习的"第一议题"、考核的"第一指标"、督查的"第一项目"，坚决做到"总书记有号令、上级有部署，上虞见行动走在前"。始终把学懂弄通做实习近平新时代中国特色社会主义思想作为首要政治任务，用好理论学习中心组、春晖大讲堂等载体平台，巩固拓展主题教育成效。推进媒体深度融合，持续打响"虞声嘹亮"宣讲品牌，牢牢守住各类阵地，确保意识形态安全和舆情安全。全面加强区委常委会自身建设，支持保障人大、政府、政协和监委、法院、检察院依法依章程履行职能，打响"之江同心·虞你e起向未来"统战品牌，支持民主党派、无党派人士参政履职，发挥群团组织桥梁纽带作用，持续加强党管武装、双拥共建，推动形成全社会共建共享"青春之城"的良好氛围。

二要固本强基构筑基层战斗堡垒。全面开展各领域党组织标准化规范化建设，深化"红色根脉强基"示范三级联创，不断增强党组织政治功能和组织功能。深入实施兴村治社"群雁领航"工程，开展村社书记履职情况届末体检，构建村社后备人才队伍选育管用全链条机制。加强和改进新时代党员队伍建设，探索开展党员模块化教育。推进两新党建"双融双强"、机关党建"双建争先"，统筹加强国企、学校、医院党建工作，持续擦亮党建引领三方协同共治金名片。

三要严管厚爱打造过硬干部队伍。建立健全大抓落实的目标任务、执行推进、政策保障、评估考核的闭环体系。区委带头，从区四套班子做起，从乡镇街道部门"一把手"抓起，对标"四个抓落实"要求，深化落实"四下基层"制度，持续深入开展"六比六争先、勇当排头兵"作风建设专项行动，以提升干部执行力为重点，构建执行力问责体系，坚决整治"把说了当干了、把干了当干好了""机械式执行、选择性执行、象征性执行、应付性执行"等突出问题。完善政绩综合考核评价，健全政绩观教育、践行、考评、审计等全链条闭环管理机制，坚决防止政绩冲动。强化"四个坚持、八个不"选贤任能导向，加强干部专业化能力训练，注重在项目招引建设、创新改革开放、急难险重任务一线考察识别选用干部，选优配强各级领导班子特别是"一把手"。实施新一轮"名校优生集聚计划"，强化各年龄段干部培养使用，持续激发队伍活力。健全"两个担当"良性互动机制，强化干部全方位经常性管理监督，打好能上能下、容错纠错、澄清正名、回访教育、关心关爱"组合拳"，以扎实举措和务实行动激发干部干事创业激情。高质量完成新一轮机构改革任务。

四要标本兼治深化勤廉上虞建设。坚持党性党风党纪一起抓，推动政治监督具体化、精准化、常态化。发挥政治巡察利剑作用，一体推进村（社）巡察，做深做实巡察整改质效评估。持续巩固中央八项规定精神的堤坝，以钉钉子精神纠"四风"树新风，切实为基层减负松绑。一体推进不敢腐、不能腐、不想腐，精准运用监督执纪"四种形态"，坚决查处重点领域和群众身边腐败问题。探索全域"融督联动"基层监督模式，深挖王充、谢晋、春晖等廉洁文化资源，高标准建设清廉示范点，推动"基层监督样本"向"基层监督样板"跃升。

绍兴市上虞区人民代表大会常务委员会工作报告

——在绍兴市上虞区第二届人民代表大会第三次会议上

绍兴市上虞区人大常委会主任　陈　坚

2024 年 1 月 17 日

一、2023 年主要工作

2023 年是全面贯彻落实党的二十大精神的开局之年，也是我区全面开启“青春之城”建设的起步之年。在中共上虞区委的正确领导下，区人大常委会坚持以习近平新时代中国特色社会主义思想为引领，深入学习贯彻党的二十大精神，按照中央人大工作会议精神和区委决策部署要求，围绕高质量发展目标、共同富裕美好期盼和全过程人民民主实践，依法充分履职行权。一年来，累计召开常委会会议 7 次、主任会议 12 次，作出决议决定 15 项，听取审议工作报告 43 项，开展执法检查 20 次，组织视察 11 次，督促问题清单整改落实 17 件，依法任免“一府一委两院”国家机关工作人员 47 名，圆满完成了区二届人大二次会议确定的目标任务。

（一）坚定理想信念，在坚持和发展人民代表大会制度中把牢正确方向

常委会始终把党的全面领导这一最高政治原则贯彻落实到人大工作各方面全过程，确保人大工作沿着正确方向前进。

筑牢思想政治根基。自觉把学习贯彻党的二十大精神作为首要政治任务，第一时间传达学习习近平总书记考察浙江、绍兴重要讲话和对省委关于深入实施“八八战略”20 周年情况报告的重要批示精神，衷心拥护“两个确立”、忠诚践行“两个维护”，不断提高政治判断力、政治领悟力、政治执行力。深入开展学习贯彻习近平新时代中国特色社会主义思想主题教育，牢牢把握“学思想、强党性、重实践、建新功”的总要求，抓深理论学习，抓实调查研究，抓细解难整改，组织开展各类学习调研活动 54 次，累计解决问题 48 个，引领带动人大常委会机关通过主题教育学理论、强本领、增动力，共同开创人大工作新局面。

坚持党的全面领导。坚决维护区委总揽全局、协调各方的领导地位，严格执行请示报告制度，就重大问题、重要事项、重点工作及时向区委请示报告，切实按照区委指示精神开展工作。深入贯彻落实区委二届三次、四次全体（扩大）会议精神，把人大常委会工作置于“青春之城”建设全局工作中去谋划去思考，助力开展“迎亚运”打造最清洁城市“510 行动”，积极视察推动垃圾分类工作，全力参与砂石料加工行业整治，坚决做到区委有要求、人大见行动。高质量完成“加快总部楼宇招商，做大做强城市经济”和推动杭州湾经开区纳入“自贸区联动创新区”等系列专题调研，为区委决策提供重要参考。

强化理论宣传工作。严格落实意识形态工作责任制，丰富拓展人大工作宣传渠道，深化人民代表大会制度宣传工作。完成年度工作宣传片制作，开设“代表联络总站里的接力‘晒’”“代表迎亚运”等宣传专栏，讲好人大故事。全年累计发布人大工作信息 600 余条，省市人大录用信息 75 条，编发《上虞人大》4 期。全国、省人大调研组来虞调研，杭州湾经开区人大工作经验做法在第九届全国人大工作研究会和全省基层人大工作座谈会上作交流，并获全国人大媒体、《人民代表报》、浙江人大信息专刊正面报道。积极发挥人大工作研究会作用，扎实开展人大工作理论研究，编印会刊 4 期，不断助推人大工作理论创新和实践创新。加强对外交流，接待省内外同行学习考察 63 批次。

（二）围绕中心大局，在助推“青春之城”建设中扛起人大担当

常委会牢固树立服务大局理念，坚决扛起法治助力高质量发展的光荣使命，全面融入、全心参与、全力支持建设“青春之城”。

助推三个“一号工程”。围绕数字经济创新提质“一号发展工程”、营商环境优化提升“一号改革工程”、“地瓜经济”提能升级“一号开放工程”，作出关于加强经济工作监督的决定，扎实开展“一月一主题”监督活动，听取和审议深化实施“凤凰行动”助力“青春之城”建设报告，深化推进“工业全域治理”工作，视察全区科技创新赋能产业集群高质量发展工作情况，开展优化营商环境工作代表约见活动，深入学习宣传贯彻《浙江省民营企业发展促进条例》《浙江省促进中小微企业发展条例》，专项督查惠企政策绩效，扎实开展招商引资活动 48 次、“益企来”企业走访帮扶活动 69 次，创新建立基层经济监督联系点，不断优化发展环境，助力经济社会高质量发展。

强化财政预算审查和国有资产管理监督。推进预决算全口径、全过程实时监督，常态化做好财政预算联网监督工作，作出关于加强开发区财政预算审查监督工作的决定，听取和审议上会审查部门预算执行情况报告、中期财政规划，提升财政资源配置效率。制定区人民政府向区人大常委会报告国有资产管理情况制度的规划（2022—2026 年），听取和审议国有资产管理情况综合报告和行政事业性国有资产管理情况报告，批准地方政府债务限额，加强对审计发现问题整改情况的监督。调整优化政府投资项目投资计划，对政府重大投资项目和人大重点监督投资项目实行季度监督、半年度视察，全力助推项目落地。

推动城乡一体协调发展。牢牢抓住规划“牛鼻子”，开展“十四五”规划纲要和工业经济高质量发展、教育体育事业、卫生健康事业、城乡基础设施建设四个子规划中期评估，督促政府进一步优化规划指标，确保“十四五”规划高质量实施。坚持依法依规决定重大事项，审议并通过《上虞区国土空间分区规划（2021—2035 年）》。紧盯未来城开发、交通强区、未来社区建设，持续跟踪章镇小城市培育和丰惠“千年古城”复兴工作推进，视察城市精细化管理工作和海塘安澜工程，不断促进城乡建设品质提升。

促进公共服务优质共享。规范民生实事项目人大代表票决制工作，深化“虞事 e 督”数字化应用，常态化监督项目建设，切实提升群众获得感和满意度。听取和审议区政府区级现代化农事服务中心建设情况报告，全力保障粮食生产和安全。听取区政府培养高素质教师队伍、实施教育高质量发展行动情况报告，上下联动开展《浙江省全民健身条例》《绍兴市居家养老服务条例》执法检查，围绕居家养老工作开展代表约见活动，视察助残促富工作情况，组织召开民宗侨外台工作等民意座谈会，积极传递群众期盼，回应民生关切。持续监督打通农村断头路建设和村级集体经济增收工作，助力推动乡村振兴。听取生态环境保护工作情况报告，落实区镇两级政府向人大报告生态环境状况和环境保护目标完成情况制度，围绕平原河道整治工作首次开展线上线下代表约见活动，促进人居环境质量不断优化。专题听取地铁 2 号线、江东路扩容提质、部分城市节点设计等重点工程方案并提出意见建议，为民生实事工程推进夯实民意基础。

（三）聚焦依法治区，在深化法治上虞建设中发挥一线作用

常委会牢牢把握“让法治这一手真正硬起来”的要求，主动担当作为，聚法治之势、筑法治之基、积法治之力，推动制度优势更好转化为治理效能。

持续推动依法行政。听取和审议全区法治政府建设工作情况报告，视察公安机关规范化执法工作情况，促进严格、公正、规范执法。听取和审议区政府《医疗保障基金使用监督管理条例》《浙江省医疗保障条例》贯彻执行情况报告，助力提升医疗保障能力，确保医保基金安全。对区教体局、水利局开展工作评议，跟踪监督对区综合行政执法局、应急管理局评议整改落实工作，推动政府组成部门提高依法行政能力水平。扎实开展规范性文件备案审查工作，全年审查政府规范性文件 18 件。配合省市人大做好五部法律法规的立法调研工作，反馈意见建议 200 余条。加强和改进人大信访工作，定点和下沉接访 61 批次，督办转办信访件 53 件，有效维护群众合法权益。

不断促提司法效能。听取和审议知识产权保护和促进相关法律法规贯彻实施情况报告，推动深化知识产权司法保护领域改革。组织开展区人民法院法官和区人民检察院检察官的履职评议活动，优化“评人+

评事”的评议模式，对11名员额法官、6名员额检察官进行履职评议，推动“两官”持续改进工作作风，提升业务能力。组织区人大代表进法院旁听法庭庭审，因地制宜助推“共享法庭”建设，让人民群众享受高效便捷的司法服务。

依法规范人事任免。坚持党管干部与人大依法行使选举任免权相统一，确保区委推荐的人选通过法定程序成为地方国家机关领导人员。依法决定任免政府组成人员12人次，任免监委委员2人次，任免审判、检察人员33人次。认真做好任前法律知识考试、任职表态发言、颁发任命书等工作，修改完善区人大常委会组织实施宪法宣誓制度办法，切实增强选举任命干部的法治观念。依法补选市人大代表2名、区人大代表12名。

（四）秉持守正创新，在发展基层民主中保障人民当家做主

常委会坚持人民主体地位，支持和保障代表更好依法履职，完善人大民主民意表达平台，确保人民的知情权、参与权、表达权、监督权落到实处，有效凝聚全区人民团结奋斗建设上虞的磅礴力量。

深入推进基层单元建设。进一步健全全区人大代表联络站体系，发挥各级代表联络站“联”“商”“督”“促”“智”功能。出台代表联络站规范化、标准化建设意见，指导推进百官、道墟、丰惠等镇街代表联络站提档升级，完成全区代表联络站“一码通”建设，继续围绕六大应用场景深入开展基层单元实战实效各项工作，推动区、镇街（开发区）、村（社）三级人大代表联络站（点）上下联动，形成合力。以区人大代表联络总站为龙头，依托基层单元，聚焦乡村振兴、共同富裕等主题，区镇两级人大以常态化的活动和规范化的机制，推动群众反映的急难愁盼问题有效解决，展示人大工作活力，扎实践行全过程人民民主，打造具有上虞辨识度的“虞依共行”标志性成果。

充分发挥代表主体作用。创设“三亮三进一述职”活动载体，组织全区各级人大代表全面开展“助推三个‘一号工程’、建设‘青春之城’”、“局长·代表面对面”、代表迎亚运等活动，各级人大代表进代表联络站达到430批8325人次。全面开展代表进直播间活动，选民群众进直播间观看人数突破10万人次，丰惠镇人大代表进直播间助力文旅经济发展做法获评全省各级人大代表助力三个“一号工程”主题活动典型案例。经常性走访联系人大代表，建立专业代表小组6个，组织代表参加约见、视察、执法检查，列席人大常委会会议、区政府常务会议、听证会等相关会议、活动，代表履职形式更加丰富，成效更加显著。积极支持省十三届人大代表绍兴中心组第三小组、市九届人大上虞代表团各小组开展好闭会期间小组活动。

全力提升建议督办质效。坚持规范办理和加强督办人大代表建议意见“十步工作法”。认真落实区二届人大二次会议期间代表口头建议交办及督办工作，督促抓好197件代表书面建议交办工作。确定12件人大常委会重点联系督办建议，并组织开展专项督办、代表约见活动。对区综合行政执法局、区卫健局、区经信局进行了代表建议办理工作绩效评估和满意度测评活动，开展代表优秀建议和建议办理先进单位“双评选”。区二届人大二次会议交办的197件代表建议中，问题已经解决或基本解决的140件、占总数的71.1%，代表满意率和基本满意率达99.5%。

（五）打造“四个机关”，在深度变革中提升履职能力

常委会坚持贯彻全面从严治党要求，全方位加强自身建设，努力打造让党放心、让人民满意的政治机关、国家权力机关、工作机关、代表机关。

切实加强自身建设。深入学习贯彻习近平总书记关于党的建设的重要思想，扎实开展“全域党建提升年”相关活动，严格执行党组工作条例，切实担起全面从严治党主体责任，努力以高水平自身建设支撑高效能履职，共召开常委会党组会议9次、理论学习中心组专题学习会12次，区人大机关“亮‘徽’路上”党建品牌在全省人大机关党建工作座谈会上作书面交流。坚持“一周一专题夜学”“一月一主题党日”“一季一法律讲座”“一年一系统培训”，不断提升机关干部队伍整体素质和业务能力。出台区人大工委工作考核办法，全力营造比学赶超的良好氛围。改进调查研究工作，9项调研成果获省市区领导批示肯定。注重发挥工青妇等群团组织和人大离退休老干部作用。

凝聚整体联动合力。高标准落实省、市人大重点工作部署要求，上下联动开展好各类执法检查。加强与“一府一委两院”的协调联系，建立人大、政府工作联席会议制度，深入贯彻习近平总书记关于坚持和完善党和国家监督体系重要论述，支持派驻区人大机关纪检监察组开展工作，建立区级层面人大监督与纪检监察监督贯通协调五大工作机制、人大财经监督与审计监督协同联动机制，不断提升人大工作整体质效。加强监察司法、财经、社会建设三个专门委员会建设，累计召开专题会议7次，切实发挥专委会的依法监督和参谋助手作用。

夯实基层工作基础。认真贯彻落实《浙江省乡镇人民代表大会工作条例》《浙江省街道人大工作条例》，深入学习领会省、市基层人大工作会议和市委关于加强新时代基层人大工作文件精神，区委及时转发《中共绍兴市上虞区人大常委会党组关于深入践行全过程人民民主 进一步加强新时代乡镇街道和开发区人大工作的意见》，标准化推进乡镇街道（开发区）人大工作，优化乡镇人代会、街道（开发区）议政会运行机制，持续提升乡镇街道（开发区）人大工作规范化水平。强化对乡镇街道（开发区）人大工作的联系指导，健全每年召开人大工作会议、每季召开工作例会，年初听取报告与年终考核激励等工作机制。杭州湾经开区人大形成了具有鲜明辨识度的“一核一线两心六场景”人大工作法，曹娥江经开区人大组建两个专业监督小组开展日常监督，乡镇街道人大持续打造“一镇一品”特色工作。

站在新的历史起点，我们充分体会到，做好新时代的人大工作，必须深刻领悟“两个确立”的决定性意义，毫不动摇坚持党对人大工作的全面领导，不折不扣落实中央决策和省市区委部署；必须准确把握“中国式现代化”的本质要求，聚焦助力上虞走深走实中国式现代化高质量发展之路，努力发挥人大制度优势和独特功效；必须积极践行全过程人民民主，充分发挥人民代表大会主要渠道作用，不断健全人民当家做主制度体系；必须全面落实依法治国战略部署，更好发挥人大职能作用，始终在法治轨道上推进上虞社会治理体系和治理能力现代化。

各位代表，过去一年成绩的取得，是区委正确领导的结果，是上级人大悉心指导的结果，是常委会组成人员和全体代表共同努力的结果，是“一府一委两院”支持配合的结果，是区政协、各民主党派、人民团体和社会各界热情帮助的结果。在此，我谨代表区人大常委会向大家表示崇高的敬意和衷心的感谢!

在总结成绩的同时，我们也清醒地看到，对照宪法和法律赋予的使命，对照新时代人大工作的要求，对照人民群众对美好生活的期盼，常委会工作还存在一些问题和短板。如监督工作的精准性、实效性还需进一步提高；推动解决民生热点、难点问题的力度还需进一步加大；常委会与人大代表、人民群众的联系还需进一步密切；人大代表、人大干部的履职能力还需进一步提升。对于这些问题，我们将高度重视，切实予以改进。

二、2024年主要任务

2024年是新中国成立75周年，是人民代表大会制度建立70周年，也是本届区人大常委会履职奋进的届中之年。区人大常委会工作的总体要求是：高举中国特色社会主义伟大旗帜，始终坚持以习近平新时代中国特色社会主义思想为指导，深入学习贯彻习近平总书记考察浙江重要讲话和考察绍兴重要指示精神，全面贯彻落实区委二届五次全体（扩大）会议精神，紧扣中心大局、紧贴人民期盼、紧盯依法治区、紧靠代表主体，充分发挥人民代表大会制度优势，积极践行全过程人民民主，守正创新、忠诚履职，为加快推动“青春之城”建设落地见效、走深走实中国式现代化上虞高质量发展之路而努力奋斗。

主要做好以下五方面工作：

（一）以初心如磐的定力，推动人大工作迈上新台阶。深入学习贯彻习近平新时代中国特色社会主义思想和党的二十大精神，深入开展主题教育并不断巩固教育成果，扎实开展庆祝人民代表大会制度建立70周年系列活动，自觉把习近平总书记关于坚持和完善人民代表大会制度的思想和考察浙江重要讲话、考察绍兴重要指示精神贯穿人大工作始终。旗帜鲜明坚持党的全面领导，不折不扣落实区委指示要求，善于将区委重大决策部署，通过法定程序转化为全区人民的共同意志和自觉行动，确保党组织推荐的人选通过法定程序成为国家机关的领导人员，确保党领导人民有效开展基层治理，践行发展全过程人民民主。持之以恒加强政治建设，着眼提升塑造变革能力，一体推进作风、纪律和制度建设，深化运用“四下基层”，加强重大课题调研，全力提升工作质效。始终秉持争先创优意识，聚焦精准监督、全过程人民民主实践、人大与纪检监察审计监督贯通协调等赛道，不断守正创新，夯实基层基础，加强上下联动，着力打造更多硬核成果和工作"金名片"，确保上虞人大整体工作继续干在实处、走在前列。

（二）以唯实惟先的作风，推动区域发展争创新佳绩。坚持以加快推动"青春之城"建设落地见效为己任，立足人大定位、发挥职能作用，在深入实施三个"一号工程"上做贡献，在持续开展"三个年"活动中显担当，在扎实推进"五个十大"建设中建新功。着眼把牢区域发展蓝图，审议国民经济和社会发展计划执行情况报告，助推"一江两岸三城多片区"开发。着眼管好钱袋子，加强对财政预决算、审计发现问题整改和政府性债务管理的监督，审议国有资产管理综合报告、企业对外投资及基金管理情况专项报告，深化财政预算和专项债使用绩效评价。着眼构建现代化产业体系，审议招商引资"招大引强"工作情况报告，视察泛百官区块智创青春谷建设。着眼促进城乡一体发展，监督重大政府投资项目、产业项目、文旅项目有序推进，视察促进共同富裕打通农村公路断头路建设情况，审议危旧房改造提升和农村宅基地改革试点工作情况报告，跟踪章镇小城市培育和丰惠"千年古城"复兴工作，视察区级现代化农事服务中心建设工作，助力乡村振兴和虞南高质量发展。

（三）以善作善成的担当，推动民生福祉实现新提升。紧盯人民群众对美好生活的向往，着力解决好群众急难愁盼问题，努力在发展中保障和改善民生。深化"虞事 e 督"监督系统应用，监督推进民生实事落地落实。围绕上虞地域特色文化创造性转化、创新性发展作出决定。上下联动开展科技进步"一法两条例"执法检查，围绕"打造高素质技能人才聚集示范区"开展监督，审议全区职业教育高质量发展情况报告，推动在虞高校产教融合联合体建设发展，助力建设教育科技人才"三位一体"高质量示范区。审议全区基层医疗卫生机构建设、残疾人托养中心运行管理服务工作情况报告，更好保障人民群众的医疗需求，推动残疾人权益保障。持续监督养老服务工作，专题视察老年食堂建设运行情况。关注"舌尖上的安全"，找准群众关心关注的角度，开展代表约见活动。聚焦改善生态生活环境，审议生态环境和全区幸福河湖建设情况报告。

（四）以踔厉奋发的姿态，推动民主建设呈现新亮点。坚持在继承中发展，在发展中创新，高水平推进全过程人民民主在上虞的生动实践。进一步健全人民当家做主制度体系，确保人民依法行使民主选举、民主协商、民主决策、民主管理、民主监督各项权利。深化基层单元建设，严格按照省人大全面深化人大代表联络站规范化建设要求，坚持以区代表联络总站为龙头，优化"1+21+N"全区联络站体系布局，上下联动开展富有特色的基层单元实战实效各项工作，持续拓展群众民主参与渠道，丰富基层直接民主实践形式和内容，全力打造基层单元建设的上虞样板。扎实组织代表开展好主题活动，常态化开展"局长·代表面对面""三亮三进一述职"等活动。着眼提升代表工作能力，加强代表履职培训，强化履职服务保障，进一步密切代表与人民群众的联系。深化建议办理"十步工作法"，创新全方位督办机制，加强代表建议"提好、办好"全流程闭环管理，推行重点建议督办、部门建议办理绩效评估等做法，将督办与视察、约见、检查、调研相结合，保障口头建议办理及时回应，书面建议办理高质高效。

（五）以久久为功的韧劲，推动法治建设取得新成效。围绕更好发挥法治固根本、稳预期、利长远的保障作用，着力推进法治上虞、法治政府、法治社会一体建设。依法充分行使重大事项决定权，规范做好民生实事项目票决工作，加强对决议决定贯彻落实情况的监督，着力提升重大决策的科学化、民主化、法治化水平。持续助推法治上虞建设，审议法治政府建设情况报告，开展部门工作评议，加强政府规范性文件备案审查，着力提升依法行政水平。支持监察机关依法规范行使监察权，依法有序开展监察工作监督。加强司法工作监督，审议公检法司关于加强中小微企业司法保障优化法治营商环境情况报告，深化法官、检察官履职评议，组织代表旁听法院庭审，努力让人民群众在每一个司法案件中感受到公平正义。

政府工作报告

——在绍兴市上虞区第二届人民代表大会第三次会议上

绍兴市上虞区人民政府区长　金进富

2024年1月16日

一、图强争先 奔跑奋进的2023年

过去一年，殊为不易、极具挑战。一年来，我们坚持以习近平新时代中国特色社会主义思想为指导，以“八八战略”为统领，全面贯彻党的二十大精神和习近平总书记考察浙江重要讲话精神，认真落实中央、省市和区委各项决策部署，团结带领全区人民克难奋进、实干争先，强力推进创新深化改革攻坚开放提升，以“五个十大”为主抓手全面推进“青春之城”建设，继续巩固和保持了上虞高质量发展态势，圆满完成区二届人大二次会议确定的目标任务。2023年全区地区生产总值1318亿元、增长7.6%；一般公共预算收入97.7亿元、增长7.3%；城乡常住居民人均可支配收入分别达到81366元和47567元、增长4.5%和5.8%，综合实力跃居全国百强区第29位。

（一）承压奋进、争先创优，交出了稳中向好的经济高质量答卷。主动应对超预期困难挑战，聚焦三个“一号工程”“十项重大工程”，强化预期管理、过程把控、闭环落实，省级晾晒获评五星12次，GDP增速居全省第一方阵。打好经济高质量发展“1+9”“抢开局、拼经济、稳增长12条”“民营经济31条”等政策组合拳，新增市场主体1.5万家，累计兑现政策资金超20亿元，工业稳增长和稳进提质政策落实两项工作获省政府督查激励。坚持“四链融合”，率先在全省推进教育科技人才“三位一体”高质量示范区建设，曹娥江实验室实体化运行，新设立浙大上虞半导体材料联合创新中心、复旦曹娥江创新中心，新增高新技术企业99家、省科技“小巨人”企业2家、省级以上研发机构16家，承担省级以上重大科技研发项目4个，获省科技奖6项、全市第1，蝉联省“科技创新鼎”。深入实施先进制造业“1215”专项行动，新材料、高端装备制造两大产业规上工业产值分别突破1000亿元、600亿元，精细化工、集成电路产业分别入选省级特色产业集群核心区、协同区，新增国家级专精特新“小巨人”企业5家、销售超亿元企业15家，入选全省首批“雄鹰”企业3家，获省政府质量管理创新奖，获评全市唯一的省小微企业三年成长计划优秀县（市、区），夺取首批“浙江制造天工鼎”。谋划启动“2+X+N”未来产业社区建设，百官、东关、小越、崧厦、永和等镇街率先破题开局，引进2000万元以上项目13个，有效拓展镇街产业发展空间。与省证监局、财通证券开展战略合作，全方位支持企业上市，新增上市1家、过会2家，全市第1，累计上市（过会）22家、全省第7。举办“百团千企拓市场抢订单”“汽车家电畅购”等系列活动，累计拉动消费9亿元，列入省首批国际营销体系创新试点，获评省夜间经济特色城市、省数字贸易示范区。严格落实耕地保护制度，省粮食安全责任制考核优秀实现“十连冠”，粮食产量连续15年保持全省前2，列入国家农业现代化示范区创建名单。坚持“稳预期、稳地价、稳房价”不动摇，出台房地产“7+2”政策及20条新政，商品房销售面积增速全市前列，建筑业总产值超1300亿元。持续推动人才加速集聚，创新推出“零元入住”青春公寓980套，实现“码上申请、智能择房、拎包入住”，新增市级以上领军人才125名、就业大学生2.6万名，高分通过全国青年发展型县域试点中期评估。持续推进政务服务增值化改革，“拿地即开工”“结顶预验收”惠及一大批企业，探索一般工业项目审批“瘦身”，启用

全省首家有外国人签证权限的县级移民事务服务中心，率先在全市实体化运作企业综合服务中心，新材料中试项目管理、新市民“乐居乐业”增值改革入选省营商环境优化提升最佳实践案例。

（二）项目为王、拼搏实干，交出了蓄势聚能的项目高质量答卷。坚持一切围着项目转、一切盯着项目干，“六个一批”双百双千重大项目年度投资完成率108%，实现全区固定资产投资362亿元、增长20%、全市第1。深化双月“赛马晾晒”等项目推进八大机制，累计评选红旗项目275个、黄旗项目51个、蜗牛项目24个，省“千项万亿”、省重大产业、省集中开工、省市县长、省重点开工等项目开工入库率提前实现5个100%，获全省投资“赛马”激励。瞄准北上广深等城市，主攻新材料、高端装备制造等主导产业，大力推进驻点招商、节会招商、上门招商，引进10亿元以上项目14个，其中100亿元以上2个、单年招引落地数历史最多，实到外资2.7亿美元、全市第1，获全省“招大引强”十强县（市、区）。深入开展“爱企行动”、“五创图强、四进争先”大走访大调研大服务、“政企服务直通车”等系列活动，区四套班子领导带队深入一线、现场办公，协调解决各类问题217个，晶盛半导体和时光新能源两个百亿级项目实现当年招引、当年落地、当年开工，总投资183亿元的卧龙智慧新能源装备等14个重大产业项目提前达产，新释放产能120亿元。坚持“要素跟着项目走”，争取政府专项债50.2亿元、全市第1，能耗指标67万吨标煤、出让工业用地3556亩，均占全市1/3以上，列入省重点项目10个，争取土地戴帽指标2154亩，盘活“四未一低”土地7854亩。重大平台能级持续提扩，杭州湾上虞经济技术开发区连续两年获评省制造业五星示范园区，先进高分子材料“万亩千亿”新产业平台跻身全省第7，综合实力跃升至全国化工园区第9，国家级经开区综合考评晋升33位、挺进全国60强。曹娥江旅游度假区成功加入世界休闲组织，瓷源文化小镇艺术引领区全面开园运营，省级考核首次获评良好。上虞曹娥江经济开发区重点区块破题开局，泛百官“智创青春谷”实现当年全域征收、当年打桩建设，总投资42.3亿元的4个项目加快推进，泛道墟“智能装备生态园”完成规划设计、重点区块征收，总投资4.3亿元的产业邻里中心等基础配套启动建设。

（三）全域统筹、品质打造，交出了开放大气的城市高质量答卷。以全域视野编制完成“一江两岸三城多片区”城市设计，未来城开发办挂牌运行，战略规划正式发布，科学划定“一湾两区三谷”空间布局，谋划生成总投资150亿元的21个项目。“活力城”谋划启动老城焕新三年行动计划，总投资301亿元的23个项目加快推进，标准翻番改造老旧小区37万平方米，房屋征收80万平方米，新改建口袋公园10个，新增停车位3100个，更新供排水管道80公里。坚持“北制造、城总部”，谋划启动“一江两岸”总部经济集聚区，创新实施镇街部门招商共享激励机制，总投资65亿元的19幢总部楼宇加快建设。“文旅城”联动城南、皂李湖区块开发，曹娥江“黄金一号水道”完成工程量70%，曹娥庙历史文化街区、皂李湖壹号度假酒店主体结顶，汤姆猫一站式度假酒店、英台古建筑酒店、IP主题乐园等文旅项目招商加快落地，2个民间博物馆谋划启动。总投资600亿元的海塘安澜、主城区防洪堤除险加固等35个重大基础设施项目加快推进，鸿雁未来社区全面建成，曹娥江人行景观桥成为城市新地标。基础性、支撑性、长远性的交通网络体系加快构建，总投资75亿元的杭绍甬智慧高速、新东线上虞段建成通车，总投资27亿元的329国道北移工程路面主干道基本完成，总投资44.6亿元的104国道南移启动建设，总投资28.9亿元的江东路扩容提质、新章镇大桥前期加快推进，杭甬高速崧厦互通、小越互通和104国道东复线（曹娥江风情大道）等项目成功列入省交通“十四五”规划中期调整。总投资130亿元的绍兴轨道交通2号线二期上虞段获批，首个站点动工建设。总投资51亿元的双向六车道南北中心大道全线高架全面建设，有力推动经济大平台与主城区一体融合。扎实推进最清洁城市“510”、迎亚运城市文明大提升行动，改造提升城市驿站10个，创成越美小区176个、越美商业街120条，连续三年获省生活垃圾分类工作优秀县（市、区）。成立上海市上虞商会，精心举办“上海·上虞周”，总投资337亿元的32个项目签约落地，与普陀区、静安区、在沪高校开展深度合作。成功举办长三角（上虞）户外休闲旅游节、“上虞正青春”、谢晋诞辰100周年系列活动，“四季仙果之旅”列入全省文旅IP，首届“上虞窑”开窑节、国际露营节、野藤葡萄节等6个重大文旅活动获央媒报道，文博事业发展水平跃升至全省第11位，“青春之城”影响力持续提升。

（四）民生为本、倾力而为，交出了幸福温暖的共富高质量答卷。坚持把有限财力投向群众最关心、最直接的领域，全年民生支出107亿元、占一般公共预算支出77.9%，其中总投资10.7亿元的山塘水库整治、两慢病免费门诊等10方面31项区级民生实事高质量完成。民生保障普惠兜底，新增城镇就业1.5万人，帮扶重点群体1.3万人，“零就业家庭”动态清零，率先在全市实现跨省异地就医直接结算全覆盖，基本养老保险、医疗保险参保率居全市前列。持续办好人民满意的教育卫生事业，新建改建中小学、幼儿园12所，新增优质学位2970个，鹤琴小学与天香小学成功实施名校集团化办学，实验小学康居路校区主体结顶，培育引进“三名”教师228名，首次引进4名北大等硕博毕业生来虞任教，高考成绩全市领先，与杭州青少年宫合作同质化运营县级首个公益性青少年综合活动中心，有望创成全国学前教育普及普惠区。邵逸夫医院绍兴院区即将完成装修和设备安装，城南医用综合中心二期扎实推进，村级医疗卫生服务覆盖率98.2%，“15分钟医疗急救圈”基本形成，健康浙江考核优秀获“五连冠”，高分通过国家卫生城市复评。主动应对老龄化趋势，推进“孝德乐龄”系列建设，新建“晚晴食堂”10家、“乐龄中心”4家，总投资2.7亿元的康养中心一期主体结顶，医养结合“健康管家”服务工作入选全省共同富裕实践观察点。亚运会、市十运会取得历史最好成绩，举办全国首届田径接力锦标赛等高规格赛事15场次，创成省首批赛事集聚县。美丽乡村品质不断提升，“上虞尚品”农产品公用品牌正式启用，带动优质农产品溢价25%以上，丁宅乡创成首批国家农业产业强镇，晋生村入选全国“千万工程”现场会考察点，桃园、联新桥等8个村创成省未来乡村，新屯南、吕家埠等16个村入选省首批“红色根脉”强基示范村，虞南山居风情带和“瓷源·舜水”2个县域风貌区列入省级样板区，获评省美丽乡村示范县。区内山海协作深入推进，专项安排272亩用地指标，投入6.6亿元开展“飞地”抱团共富引领项目10个，打造共富工坊161个，解决1.3万名群众家门口就业，实现全区行政村年经营性收入达80万元以上。投入2.1亿元启动农村饮水共富提质三年行动，已完成37座单村供水站提升改造，1.2万名虞南山区群众喝上放心水。探索实施路林共建模式，开工建设“断头路”3条，有机串联虞南山区发展大环线。高标准建成基层国防动员站，创成省“双拥模范区”。东西部协作、山海协作任务圆满完成。

（五）系统治理、除险保安，交出了和谐稳定的平安高质量答卷。全面统筹高水平安全和高质量发展，疫情防控平稳转段，深入推进安全隐患大排查大整治百日攻坚集中行动、安全生产“护盘行动”，紧盯“园中园”“厂中厂”“九小场所”，创新推行企业现场管理“10条硬措施”，分12大领域现场整治推进，深入实施化工产业改造提升3.0版，全省率先实现“快响直达”应急救援网镇街全覆盖，生产安全事故起数和死亡人数分别下降16.7%、33.3%，相关经验做法全省推广。生态底色持续擦亮，高质量清零省委生态环保督察交办的榨菜池废水问题，全省率先完成砂石料行业规范化整治提升，全省首创节余排污权租赁管理办法，夺取省五水共治“大禹鼎”银鼎、“清源杯”，创成三星级“无废城市”，实现美丽浙江建设考核优秀“三连冠”。社会治理持续完善，深入开展“枫桥经验”60周年系列纪念活动，扎实开展网格提标、创新提质、矛盾减量“两提一减”行动，深化新时代“四不出村”工作法，创新“党建引领、三方协同、共治化解”矛盾纠纷调处工作机制，南丰社区、城市之星小区列入全省“枫桥经验”城市版推进会考察点位，创成省首批现代社区3个。圆满完成亚（残）运会等重要时段安保工作，刑事治安警情同比下降16.2%，电信网络诈骗发案率、案损数分别下降23.8%和44.5%，66件市级以上信访积案动态清零，获评省食品安全示范区，有望夺取平安一星金鼎。

一年来，我们更加注重政府自身建设，坚持把党的领导贯穿到政府工作全过程各方面，扎实开展学习贯彻习近平新时代中国特色社会主义思想主题教育，始终以奔跑者的姿态，谋在深处、干在实处，依法行政、高效服务，推动区域发展争先领跑、行稳致远。依法接受人大法律监督，自觉接受政协民主监督，高质量办理建议提案407件。持之以恒推进法治政府建设，强化府院府检联动，行政诉讼案件数、败诉率实现“双下降”，法治浙江（法治政府）建设考评全省第9。坚持把中央八项规定精神及其实施细则作为铁规矩、硬杠杠，主动防范重大风险隐患，从严整改巡视巡察、财经、审计、统计、环保、土地督察检查等发现反馈问题。全面实施预算绩效管理，“三公”经费、一般性支出持续下降。

支持工商联、工青妇、科协、文联、红十字会等开展工作。国防、民族、宗教、对台、侨务、外事、邮政、档案、融媒体、史志等工作取得新成绩。老龄、慈善、残疾人、关心下一代等事业健康发展。

各位代表，过去一年，全区上下共同奋斗、接续发力，图强争先、善作善成，成绩来之不易，这是上级党委政府正确领导、科学决策的结果，是区委团结带领全区人民凝心聚力、锐意进取的结果，是区人大、区政协和社会各界有效监督、鼎力支持的结果。在此，我代表区人民政府，向全区人民、广大建设者，向人大代表、政协委员，向各民主党派、工商联、人民团体、无党派人士和离退休老同志，向在虞直属单位和驻虞部队、武警官兵、公安干警、消防救援队伍，向所有关心支持上虞发展的各界人士、海内外朋友，表示衷心的感谢和崇高的敬意！

在肯定成绩的同时，我们也清醒地看到，发展中仍有不少问题和挑战，主要是：受经济运行下行压力和疫情“疤痕效应”影响，传统制造业产值、利润大幅下降，部分中小微企业对市场信心不足，发展面临不少困难；区域发展新增长点亟待培育，链主型、牵引性重大项目招引仍要加码发力，新领域新赛道布局还需加速；有效需求不足、民间投资活力不够强、消费热点和爆款缺乏；科技创新塑造发展新优势不够明显，推进“四链融合”的深度有待加强，科技型骨干企业支撑作用还需进一步发挥，对科技型中小企业支持力度还不够；高品质普惠性公共服务配套还不够均衡，教育、医疗、养老、就业等与群众期盼仍有差距。同时，一些政府工作人员的专业能力、担当精神、拼抢意识、工作作风还不适应新形势新任务新挑战。我们将直面这些问题，采取有效措施切实予以解决。

二、全面建设青春之城 高质量推进中国式现代化区域实践

习近平总书记在浙江考察期间赋予浙江“勇当先行者、谱写新篇章”的新定位新使命，省委市委区委围绕习近平总书记重要讲话精神，先后作出系统谋划、全面部署，政府系统要深刻学习领会、全面贯彻落实，准确把握“时”与“势”、“危”与“机”，紧紧围绕“青春之城”建设主战略，图强争先、敢为善为、奋力拼搏，确保各项工作保持全省第一方阵。具体把握好四个“更加聚焦”：

——更加聚焦科技创新，着力塑造产业竞争新优势。我们必须紧紧抓住科技发展新趋势，瞄准精细化工、半导体、高端装备制造等主导产业布局，强化企业科技创新主体地位，主攻重大设备突破、关键技术革新，培育一批带技术、带项目的科学企业家，不断赋予政策激励支持，千方百计推动企业掌握前沿技术、引领发展潮流，形成更多新质生产力，打造“三位一体”标志性成果。

——更加聚焦共富先行，着力形成民生优享新方案。我们必须把共同富裕作为最大的民生，牢牢树立全区“一盘棋”理念，构建完善虞南高质量发展体制机制，统筹要素安排、项目布局、基础配套、公共服务，坚持和深化新时代“千万工程”，以区内山海协作为牵引，迭代完善“产业飞地”“公建民营”等新模式，让老百姓以生活在上虞为荣。

——更加聚焦图强变革，着力打造投资兴业新高地。我们必须“跳出上虞发展上虞”，以长三角视野、大湾区格局，前瞻谋划、更好联通国内国际两个市场，用好两种资源，全力导入杭绍甬大通道要素为上虞所用，变革重塑招商模式、机制政策、平台载体，继续吃好“改革饭”、打好“创新牌”、走好“开放路”，全面打造长三角改革开放先行区。

——更加聚焦文化赋能，着力绘就“文旅+城市”新封面。我们必须大力弘扬新时代上虞精神，将文化因子根植于城市血脉，以文化力量释放经济活力，提炼好、固化好、彰显好地域特色文化，做深做透曹娥江文章，项目化串珠成链，全力打造孝德传承地、江南不夜城，全面提升“青春之城”辨识度和美誉度。

2024年是新中国成立75周年，是浙江“勇当先行者、谱写新篇章”、绍兴“谱写新时代胆剑篇”的再出发之年，也是“青春之城”建设从开局起步到加快落地见效的重要一年，做好今年政府工作意义重大。

今年政府工作总体要求是：**坚持以习近平新时代中国特色社会主义思想为指导，深入学习贯彻习近平总书记考察浙江重要讲话和考察绍兴重要指示精神，**

全面贯彻落实中央经济工作会议精神，按照省委、省政府、市委、市政府决策部署，坚持稳中求进、以进促稳、先立后破，完整、准确、全面贯彻新发展理念，紧紧围绕加快推动"青春之城"建设落地见效、走深走实中国式现代化上虞高质量发展之路这一主题主线，深入实施三个"一号工程"，扎实开展"三个年"活动，落细落实"五个十大"主抓手，推动经济运行持续回升向好，努力实现质的有效提升和量的合理增长，增进民生福祉，保持社会稳定，在以建设"青春之城"推进中国式现代化新征程上勇当先行者谱写新篇章。

综合考虑各方面因素，建议2024年全区经济社会发展主要预期目标为：地区生产总值增长7%；研发投入强度达到3.4%；一般公共预算收入增长7.5%；规上工业增加值增长10%以上；社会消费品零售总额增长7%；外贸出口增长10%；固定资产投资增长10%以上；城乡居民人均可支配收入与经济增长基本同步；完成上级下达的能源和环境指标计划目标。

为实现上述目标，围绕"青春之城"各项工作任务，重点实施"八大行动"25方面工作：

（一）实施市场信心提振行动，有效增强经济发展活力

1.聚焦政策引导保障稳增长。全面落实省"8+4"、市"1+9"经济政策体系，按照"有效政策加力提效、低效政策全面缩减、无效政策果断取消"原则，全面提高政策精准度和时效性。推动政策直达快享，完善"惠企政策直达"机制，兑现各类惠企资金20亿元，力争全年为企业减负25亿元以上。积极争取和用好国家政策，争取专项债、特别国债、EOD等政策资金70亿元以上。严控一般性支出，大幅压减政府举办的论坛、展会、庆典等活动，把更多财力用在帮企业、促发展、惠民生上。

2.支持民营经济高质量发展。推动"民营经济31条"精准落地，全面落实"2个80%""3张项目清单""7个不准"等措施，探索激活制造业项目"内生动力"、实施重大项目"全生命周期"管理、推行上市企业"五本账"等标志性举措。主动破解企业反映强烈的难点堵点，推进"一类事"政策化解决，"一件事"通过"四下基层""大走访大调研大服务大解题""爱企行动""政企服务直通车"等活动机制化解决，让上虞成为最适合企业成长发展、做大做强的地方。实施民间投资大会战，探索政府和社会资本合作新机制，制定政策、创造条件支持鼓励民间资本扩大产业投资、参与新型基础设施和公共服务投资，实现民间投资260亿元、占固定资产投资65%以上，让社会资本真正"有得投、放心投、投得好"。

3.推进政务服务增值化改革。深入实施营商环境优化提升"一号改革工程"，主攻一批牵一发动全身的重大改革，加快"1+2+X"企业综合服务中心建设，谋划建设人才创业、新材料等特色"一类事"场景，积极争取引入国家药品审评中心长三角分中心，全力打造知识产权保护示范区，打响"虞快办"服务品牌。深化重点领域关键环节改革，谋划探索结余要素再配置、国资国企市场化运行等新模式，深化"工业零地价"投产奖励政策、工业项目审批"瘦身"改革，力争新增省级以上改革试点20项以上。

4.激发潜能推动消费快回暖。以建设区域性消费中心城市为目标，实施新型消费场景、消费业态"出圈行动"，大力发展"四首经济""四美经济"，积极培育数字消费、绿色消费、夜间消费新增长点，加快打造一批"虞味"连锁餐饮。办好"浙东新商都"购物节系列活动，加快推进城南商贸综合体建设，支持各类大型商业综合体积极开发引进沉浸式、体验式消费新业态，发放专项消费券（补贴）2000万元，争创全省首批放心消费示范县（市、区）。适度"松绑"城市管理服务，充分体现制度化人性化融合，让人间烟火味更浓，新培育市场主体1.2万家。

（二）实施产业创新强体行动，加快构建现代产业体系

5.着力强化科技创新。加快构建以曹娥江实验室为主体的区域创新体系，大力推进"三位一体"高质量示范区和省级创新深化试点建设，力争创新指数排名全省前10，再夺省"科技创新鼎"。深化政企校协同共建科创平台，加快建设浙大上虞半导体材料联合创新中心、复旦曹娥江创新中心，天津大学绍兴研究院争创省级工程研究中心。大力支持链主型企业建设创新联合体，成立中试产业生态联盟，打造关键共性技术的产业支撑体系。推动规上工业企业研发机构、研发活动动态全覆盖，更加关注中小微企业科技服务，实施"双尖双领+X"重大科技项目3个，新增高新技术企业50家、科技型中小企业150家、省级以上研发机构8家。建立人才和科技项目融会贯通机制，高质量办好“万亩千亿”全球创新创业大赛、“金蓝领”专列等一批人才赛会活动，更大力度引育科学企业家、科技领军人才和青年科技拔尖人才，推动科技成果转化落地为产业项目，新建院士专家工作站4家，力争新增就业大学生2.4万名、高技能人才2700名，让人才“出彩”成就上虞“精彩”。

6.深入推进新型工业化。实施先进制造业“1215”专项行动，更大力度加快先进制造业集群建设，推进“链长+链主”协同机制，构建“大中小+上下游”产业生态，再夺“浙江制造天工鼎”。聚焦重点产业，像重视招商引资一样重视内生项目和技改项目，创新设立重大项目技改专项基金，实施重点技改项目100个以上。全力培育优质企业梯队，新增“雄鹰”企业1家以上、国家专精特新“小巨人”企业5家、规上企业65家，培育壮大一批销售达10亿元、50亿元、100亿元骨干企业队伍，进一步提升企业根植性和竞争力。推动金融更好服务实体经济，加快杭州湾上虞经开区产业（制造业）金融协同发展改革试点建设，加强与省级金融机构合作，新增金融机构2家，重点培育科创板、服务业拟上市企业，报会辅导及新三板挂牌企业8家次，力争上市3家，其中北交所上市1家以上。持续推进省标准化创新发展试点建设，组织开展首届标准创新贡献奖评选，新增“品字标”企业8家、“浙江制造”标准8项以上，力争省标准创新贡献奖实现零突破。促进建筑业高质量发展，力争实现建筑业总产值1400亿元。

7.大力推动数实融合。深入推进数字经济创新提质“一号发展工程”，实施“人工智能+”行动，积极推进工业“智改数转”，启动上虞数创港建设，实施数字赋能项目30个以上，力争数字经济核心产业增加值增长10%以上。扎实推进数字产业化和产业数字化，以“产业大脑+未来工厂”为实践路径，中小企业数字化改造覆盖率达80%以上，新增省级工业互联网平台项目2个、智能工厂2家以上，电机产业大脑争创国家级工业互联网平台试点示范。e游小镇强化“数字文创+信息科技”双轮驱动，启动e游PARK影视数创谷建设，确保全年引进优质企业30家以上。

（三）实施开放经济提质行动，不断放大区域竞争优势

8.扩大高水平对外开放。深入实施“地瓜经济”提能升级“一号开放工程”，组织企业组团赴东南亚考察，支持企业参加“一带一路”、RCEP成员国等各类展会。构建“产业集群+跨境电商”体系，加快崧厦跨境电商园区建设，争创国家级外贸转型基地。深化与绍兴综保区协同发展，做大进出口实绩，实现外贸出口430亿元、增长10%，占全国份额基本稳定。深度融入长三角一体化，高质量举办长三角“上虞周”系列活动，强化与上海普陀、杭州余杭、宁波慈溪等沪杭甬重点城市合作，加强科创产业跨区域协同、公共服务跨区域共享，招引长三角地区亿元以上项目10个，开展科研人才合作项目60个，在长三角一体化发展中不断扩大“朋友圈”、拓展“合作圈”、延伸“产业圈”。

9.全面提升平台承载力。杭州湾上虞经济技术开发区聚力建设新材料、半导体、高端装备制造产业生态圈，建设具有全国影响力的产业地标1个以上，谋划启动国家级高端电子化学品基地建设，打造更具竞争力的优势产业链群，引进10亿元以上项目10个以上，经济总量力争达到2600亿元，在全国、全省开发区比拼中保位争先，争取列入省级高能级战略平台。曹娥江旅游度假区聚焦争创国家级旅游度假区，招引落地重大文旅项目2个以上，力争全省度假区考核优秀。上虞曹娥江经济开发区一体协同赋能镇街发展，主抓“2+X+N”未来产业社区建设，招引亿元以上项目18个，“智创青春谷”落地建设10亿元以上项目2个以上，“智能装备生态园”落地建设百亿元项目，全省同类别开发区综合排名进入第一梯队。

10.加速总部经济集聚。加快推进城市经济转型，以打造功能定位清晰、空间布局集中、产业特色鲜明、楼楼联动发展的总部经济集聚区为目标，按照“一楼一总部”“一楼一特色”，统筹推进“一江两岸”总部经济集聚区建设，建成龙盛、皇马等总部楼宇6幢，开工建设余坤二期、八亿时空等总部楼宇6幢，再出让4宗，舜江大桥到四环大桥“一江两岸”核心地块全部布局落地。深化镇街包干、擂台比拼、招商共享激励机制，力争引进世界500强公司分总部1家以上，培育信息服务、科技金融、研发设计等生产性服务业企业30家，打造亿元税收楼2幢以上。大力实施服务业高质量发展“百千万”工程，推进总投资超100亿元的24个重点服务业项目建设，生产性服务业增加值增长8%、占比47%以上。

（四）实施重大项目提速行动，持续构筑发展骨干支撑

11.储备招引一批重大项目。围绕科技创新、先进制造业、重大基础设施等重点领域，谋划实施一批战略性、支撑性、引领性的大项目好项目，高质量举办第三届项目谋划擂台赛，储备实施总投资超2400亿元的238个“五个一批”项目，当年完成投资305亿元，确保重大项目接续有力。深入实施招商引资“扬帆行动”，紧扣新能源、第三代半导体、合成生物等新赛道和新材料、生物医药等产业链延链补链需求，前瞻性布局人工智能、光芯片、算力等未来产业，探索重大产业项目基金配套和运行机制，完善尽职免责、激励约束、绩效评价、风险防控等制度，催生一批拥有核心技术和市场竞争力的高成长企业，力争全年引进10亿元以上项目14个以上，其中50亿~100亿元2个、100亿元以上2个，实到外资2.5亿美元以上。

12.开工建设一批重大项目。坚持以重大项目增量来调结构稳投资，建立项目“四榜赛马”机制，实施“黄灯警告、红灯摘牌”动态调整，确保新建项目开工率一季度达到40%、二季度达到70%、三季度达到90%以上，10月底前全部实质性开工，实现固定资产投资400亿元，确保三个投资结构性指标均增长12%以上，新释放产能150亿元。加快重大枢纽型基础设施建设，启动曹娥江中上游标准江堤提标加固工程建设，海塘安澜完成工程量60%，加快推进总投资68亿元的甘电入浙800千伏特高压直流电力项目，完成329国道北移工程，104国道南移完成工程量30%、南北中心大道全线高架完成工程量50%以上，全面开建绍兴轨道交通2号线二期上虞段、江东路扩容提质工程，力争新章镇大桥、新彩虹桥、人民西路与虞中大道交叉口节点快速化改造等项目开工建设，谋划曹娥江过江隧道，全年完成基础设施投资80亿元。

13.要素保障一批重大项目。对准对牢上级跑道赛道，抢抓匹配国家、省市资源要素，全力推动更多项目进入国家、省盘子，列入省“千项万亿”项目14个以上、省重大产业项目3个以上，新增土地戴帽指标1000亩、能耗指标20万吨标煤以上。千方百计挖潜土地供给，支持鼓励企业提高工业用地容积率，实施土地综合整治项目6个，完成低效工业用地改造提升1500亩以上，消化利用“四未一低”土地5500亩，争取跨区域土地指标200亩以上。探索实施要素资源最优配置机制，结合项目投资规模、产业匹配度、产出效益、投资强度等因素，推动资源要素向优质项目直达集中。

（五）实施城市能级跃升行动，全面塑造现代城市形象

14.更高起点谋划全域蓝图。强化全域规划引领，围绕城市品质提升、城乡协调发展，高标准编制完成区级国土空间规划。启动编制活力城城市更新专项规划、虞南山居休闲带发展规划，加快修编TOD站点区域、皂李湖环湖区域等控制性详细规划，完成白马春晖片区城市设计，谋划研究大运河沿线空间利用规划和高铁南站区块业态布局。支持各乡镇街道一体推进“强镇、兴村、融合”，实现与三大平台差异化、协同化发展。大力发展边界经济，探索建立联甬双向交流机制，支持鼓励边界镇街与余姚开展产业发展、资源共享、公建配套等方面深度合作。

15.更高标准提升城市质感。推动“三城”聚势成型，“未来城”聚焦总投资150亿元的21个项目，动工建设曹娥江文化艺术中心、复盛生命科学园、精准医学产业园，推动竺可桢未来学校等重点项目加快落地。“活力城”聚焦总投资301亿元的23个“老城焕新”“新城更新”项目，启动建设“统一管理、统一队伍、统一标准、统一配送”的瓶装燃气储备中心，推动蝶梦广场等重点项目加快落地。探索拆改新模式，高标准改造老旧小区7个，征收改造70万平方米以上，新增停车位2000个、充电桩500个。“文旅城”聚焦重大牵引性文旅项目，推动皂李湖区块IP主题乐园等项目落地建设。

16.更大力度强化城市精细管理。以打造最清洁城市为目标，深入实施“510行动”，完善细化城市管理工作标准和推进机制，加快城南交通生活港等项目建设，推动示范区扩面提质，强化功能性改造和便捷性服务，创建最清洁单元30个、“虞见最美”市容示范街3条，新建城市驿站7个，确保示范区面积达10%。纵深推进环卫“一把扫帚”保洁扩面，新增保洁面积不少于30万平方米。强化生活垃圾分类攻坚，“定时定点”设施实现全域覆盖、高效运行，在主城区推进垃圾分类“物业+”管理模式，加快推广“越美”系列创建，新创成越美小区81个、越美商业街71条，争创全省生活垃圾分类优秀县（市、区）。

（六）实施文旅融合蝶变行动，高标打造全域品质旅游

17.做精做美曹娥江文章。做好曹娥江“水上、岸上、晚上”联动文章，优化体制机制，坚持市场化理念，有序推进“一江两岸”开发建设运营，推动“未来城”到东山全线亮化、活化、景区化。加快推进重点项目，谋划建设曹娥江夜经济集聚区，“黄金一号水道”7月对外开放，曹娥庙历史文化街区12月正式运营、引进知名品牌商户100家，推动江南不夜城初具形象。统筹布局“一江两岸”消费业态，引入国内一流专业运营公司，打造一批融合文化、创意、消费、运动等元素的新场景。

18.提升文旅经济影响力。坚持文旅深度融合，以市场化为导向，精心策划长三角（上虞）户外休闲旅游节，举办“跟着诗词游上虞”等活动，组织开展“百社千团万人”上虞行，力争游客总人次突破500万、旅游总收入75亿元以上，文化产业增加值占GDP比重达7%，“诗画曹娥江”文旅品牌不断提升，让“流量”变“留量”。大力推进“赛事之城”建设，优化完善体育设施场馆向社会开放机制，积极承办国家级体育赛事。繁荣发展文化事业，围绕“15分钟品质文化生活圈”扩面提质，以百姓喜闻乐见的形式举办音乐节、露营节、集市等活动，新增省级“最美公共文化空间”1个以上，送戏下乡100场、“艺术乡建”“文艺赋美”“阳光文化”演出400场，提高农村文化礼堂利用效率，争创省公共文化服务现代化先行区。

19.联动打造文旅“区块链”。围绕大运河文化和“孝德、瓷源、东山、春晖”四张文化金名片，深入实施中华文明上虞标识、旅游景区转型提质两大行动，加快推进丰惠千年古城复兴试点建设，推动孝德文化小镇快出形象、瓷源东山板块联动发展、桃花源景区加速融合。逐步打通跨乡镇虞南断头路，推动雪花潭、覆卮山等文旅区块串珠成链，以要素投入激发民间投资，协同推进提升旅游竞争力。推动青瓷窑遗址申报世界文化遗产。以建设博物馆之城为目标，发布民间博物馆部落规划，启动打造特色鲜明、优势互补、藏品丰富的民间博物馆部落群，开工建设民间博物馆2家，新增规划布局5家以上。

（七）实施民生普惠优享行动，着力打造共富示范样板

20.擦亮千万工程金名片。投入2.5亿元片区化景区化全域推进和美虞村建设，集聚打造大善小坞等6个具有影响力、辨识度的示范片区，争创省和美乡村示范村3个，和美乡村覆盖率达40%。打好农业“双强”组合拳，加快国家农业现代化示范区建设，建成省级大通现代化农事服务中心，深化“上虞尚品”品牌运营，实施“四季仙果”跨界融合培育计划，积极培育国家级农业龙头企业，引育精深加工企业2家，新建高标准农田7400亩，新增“多田套合”面积4000亩，确保粮食种植面积稳定在47万亩以上、产量3.8亿斤以上，夺取省乡村振兴考核“神农鼎”。持续推动绿色发展，严格落实“田长制”“林长制”“河长制”，确保$PM_{2.5}$平均浓度、AQI优良率逐年改善，县控以上断面水质达标率100%，创成全省首批全域幸福河湖示范县（市、区），全力争创国家“两山”实践创新基地、四星级“无废城市”，再夺省五水共治“大禹鼎”。

21.绘好山海协作新画卷。谋深谋实104国道东复线（曹娥江风情大道），打造连接虞南的南北向高能级旅游风情快速通道，全面串联全区东西向路网。谋划启动新一轮区内山海协作，实施“虞你共富”三年行动计划，一体推进住房、教育、路网、畅行、医疗、供水“六大工程”，力争村均年经营性收入达110万元，确保低收入农户人均收入增长12%以上，城乡居民收入倍差缩小到1.7以内。研究建立虞南高质量发展“一盘棋”工作推进机制，制定完善发展规划和各专项方案，统筹资源布局、系统集成项目，大力培育发展黄精、菲油果等“林下经济”，打造共富工坊50个，培育农创客、文创客400人，带动3000名群众实现家门口就业。统筹切块要素支持，优先落实用地指标解决农村住房困难群众建房问题，撤并“小微”学校5所，改造提升农村道路40公里，实现较大自然村“村村通公交”，村级医疗卫生服务规范化率达到100%。加快重点项目建设，深化“飞地”抱团、“片区”组团联动机制，投入1.6亿元建设村集体共富项目9个，全面完成单村供水站改造提升91座，确保30个虞南高山村提前一年彻底告别无自来水时代。

22.做优公共服务品牌化。实施稳企拓岗增就业专项行动，加强困难群体就业兜底帮扶，新增城镇就业1.6万人以上。实施创业“背包客”行动，升级人才创业激励政策，加大创业贴息支持力度，新推出“零元入住”青春公寓500套，打造创业最便利、最友好的“创客城市”。推行医保、社保“24小时不打烊”增值服务，新增保障性租赁住房1500套。加强优质教育资源供给，谋划崧厦中学异地新建，建成投用实验小学康居路校区、道墟街道中心小学、章镇中心幼儿园等中小学、幼儿园5所，新增优质学位4000个以上，扩面提质名校集团化办学，完善名师资源引育交流长效机制，选树“三名”教师130人以上、下沉交流40人以上，创成全国义务教育优质均衡发展区。抢抓国家支持职业教育契机，力争职教园区启动建设，争创省级高水平中职学校1所。整体提升全区医疗水平，以邵逸夫医院绍兴院区全面启用、建设国内一流研究型医院为契机，统筹推进与区级医院协同错位发展，积极争创国家区域医疗中心，努力实现“小病常见病就近看、大病重病不出区”。支持上虞人民医院创建三级甲等综合性医院，完成城南医用综合中心二期、公共卫生科技实验楼建设，加快基层医疗机构设施更新，下沉各类专家4500人次以上，争创全国基层中医药示范区、国家级慢病综合防控示范区，实现健康浙江建设考核优秀“六连冠”。全力聚焦“一老一小”，大力发展银发经济，推广养老服务爱心卡制度，探索“3+2”医养结合养老模式，完成康养中心一期建设，建成“乐龄中心”7家、“晚晴食堂”10家以上，启动建设儿童公园，试点推进“养育协同、优质普惠”托幼一体化，千人托位数达到省级标准。

（八）实施全域平安善治行动，不断提升现代治理水平

23.高效推进经济治理。坚决防止各类风险叠加碰头，主动前置研判、坚持抓早抓小、做到标本兼治，统筹做好产业链供应链安全、大型企业流动性风险、农民工欠薪、电信网络诈骗、私募基金和省外输入型风险等方面排查化解工作，积极回应涉众型利益群体需求，守住不发生区域性系统性风险底线。扎实做好“稳预期、稳地价、稳房价”，动态调整优化房地产政策举措，满足居民刚性、改善型、品质型等不同类型住房需求，加快构建房地产发展新模式。严格落实政府债务、隐性债务、国企债务“三债”统管，确保债务率始终保持在合理区间。

24.系统推进社会治理。坚持和发展新时代“枫桥经验”，总结提炼具有上虞辨识度的治理品牌，健全完善网格智治体系，统筹整合社会各方力量，聚力打造共建共治共享的社会治理共同体。深化合法性审查和企业合规性建设工作，做优公众综合服务平台，完善城市指挥中心、社会治理中心、行政服务中心功能和运行模式，开展“大综合一体化”改革突破行动，打造中心镇街全领域集成化执法新样板，创新探索“三源融合”矛盾纠纷多元化解机制，确保95%以上矛盾纠纷化解在基层。加快推进现代社区建设，强化社区、业委会和物业三方协同共治，建强社区专职工作者队伍，争创省现代社区3个以上。健全社会组织体系，新建区级社会组织服务中心，培育AAA级以上社会组织10家。持续打响“你为国尽忠、我代你尽孝”双拥品牌。

25.扎实推进平安治理。深入推进更高水平的平安上虞建设，实现高质量发展和高水平安全良性互动。深化“1+16”安全生产责任体系建设，聚焦危化品、出租房等重点领域，严格落实“三管三必须”要求，全面启动安全生产治本攻坚三年行动，扎实推进化工集聚区“十有两禁”提升工作，扩面推广企业现场管理“10条硬措施”，加快推进基层应急消防工作融入基层治理“141”体系，确保生产安全事故起数和死亡人数“零增长”。深入推进平安镇街、平安村社创建和平安共同体培育，加强网约行业、电竞酒店、私人影院等新业态管理。全力打好重点时段安保硬仗，常态化推进扫黑除恶，确保平安上虞创建“护鼎加星”。

发挥工会、共青团、妇联、工商联、科协、残联、红十字会等作用，做好退役军人、民族、宗教、对台、侨务、审计、统计、档案、史志、气象、邮政、融媒体、外事、老龄等工作。

各位代表，办好民生实事是推进共同富裕、让群众幸福可感的重要内容。今年我们将继续按照“群众提、委员议、代表定、政府办”的方式，从前期系统谋划的12方面总投资36亿元的民生实事中，投票表决今年实施的10方面民生实事项目，我们将用心用情用力办实办好，实打实解决一批民生热点难点问题，努力提升全区人民的获得感幸福感安全感。

三、牢固树立正确政绩观 加强政府自身建设

实现今年的目标任务，我们要全面贯彻习近平新时代中国特色社会主义思想，坚定拥护“两个确立”，坚决做到“两个维护”，把高站位和实干事结合起来，牢固树立正确政绩观，以“时时放心不下”的责任意识，坚决扛起勇当先行者、谱写新篇章的使命担当。

坚持依法行政，始终做到秉公干事。深入践行习近平法治思想，坚持把依法行政贯穿政府治理全过程，善于用法治思维和法治规则谋划和开展工作，切实提升学法懂法用法的法治素养。依法接受人大法律监督，自觉接受政协民主监督，主动接受监察监督、社会舆论监督，加强审计监督，强化府院府检联动，确保政府工作始终在法治轨道上高效运行。

坚持履责于行，始终做到担当干事。扎实推进政府系统改革，时刻保持“敢闯敢干、善谋会干、真抓实干”的拼劲，坚持高效为上，雷厉风行抓落实，真正把实事办实、好事办好、难事办妥。坚持一张蓝图绘到底，深入践行“四下基层”，实事求是、科学决策，多做补短板、打基础、利长远的事，追求人民群众的好口碑。旗帜鲜明为担当者担当、为干事者撑腰，破除思想束缚、路径依赖、守成不前，推动“二次创业”，营造昂扬向上、心情舒畅的干事创业氛围。

坚持清正廉洁，始终做到干净干事。严格落实全面从严治党主体责任，把纪律和规矩挺在前面，以更大的勇气和决心推进政府系统党风廉政建设，营造风清气正的政治生态。认真贯彻落实中央八项规定及其实施细则精神，全面构建亲清统一的新型政商关系，做到自身正、自身净、自身硬。坚持政府“过紧日子”，有保有压、节用裕民，让有限财力发挥更大绩效。

中国人民政治协商会议
第二届绍兴市上虞区委员会常务委员会工作报告

——在政协第二届绍兴市上虞区委员会第三次会议上

绍兴市上虞区政协主席 赵文中

2024年1月15日

一、2023年工作回顾

2023年是全面贯彻落实中共二十大精神的开局之年，是“八八战略”实施二十周年，也是我区全面开启“青春之城”建设的起步之年。一年来，在中共上虞区委的坚强领导下，区政协常委会深入学习贯彻习近平新时代中国特色社会主义思想，创造性落实中央和省委、市委、区委决策部署，紧紧围绕以建设“青春之城”推进中国式现代化这一主战略，充分发挥专门协商机构作用，积极践行全过程人民民主，坚持发扬民主和增进团结相互贯通、建言资政和凝聚共识双向发力，有效推动政协各项工作迈上新台阶、呈现新气象。一年来，先后三次在省政协会议上作典型发言，三项工作经验获《浙江政协信息》刊发，理论研究成果获省政协优秀论文二等奖，社情民意信息工作居全市第一，区委区政府主要领导对政协履职成果批示肯定29次，新时代协商民主基层实践塑造了新优势、彰显了新气质。

（一）把牢履职方向，党对政协工作的领导实现新加强

把坚持党的领导作为最高政治原则，思想上同心、政治上同向、行动上同步，确保政协事业方向正确、行稳致远。

坚持以党的理论凝心铸魂。深入学习贯彻习近平总书记考察浙江重要讲话精神，团结引领各党派团体和各界人士坚定捍卫“两个确立”、坚决做到“两个维护”。高质量开展学习贯彻习近平新时代中国特色社会主义思想主题教育，一体推进主题教育读书会、专题党课、循迹溯源现场学习、调研成果交流、正反面案例剖析等环节，广泛动员政协系统牢记嘱托、感恩奋进、实干争先。严格落实“第一议题”制度，举办党组理论学习中心组、常委会会议、主席会议、政协讲坛等专题学习58次，常态化开展“书香政协”委员读书活动。

坚持以党的领导定向领航。自觉在区委坚强领导下开展工作，严格执行重大事项向区委请示报告制度，主动将年度协商计划、常委会工作报告、全体会议方案等报请区委批准后实施，始终与区委保持方向一致、目标一致、步调一致。发挥政协党组把方向、管大局、保落实作用，定期研究全面从严治党、党风廉政建设和意识形态工作，修订完善《区政协党组工作规则》，提升党组决策制度化规范化水平。

坚持以党的建设强筋健骨。深入贯彻习近平总书记关于党的建设的重要思想，强化“四级书记”项目化抓党建，完成机关党总支（支部）换届工作，健全党员委员履职临时党组织功能。深化培育“同心向党”党建工作品牌，组织开展“同心跟党走、奋进新征程、建功新时代”系列活动，充分发挥党员委员先锋模范作用。

（二）聚焦协商主业，全面融入“青春之城”彰显新作为

立足专门协商机构性质定位，主动把政协履职放到全区大局中谋划推进，在助力全面建设“青春之城”中显担当尽责任。

提升协商建言含金量。坚持党政交题、政协谋题、多方征题、协商定题，聚焦区委全会重大决策部署，首次召开政府政协联席会议协商对接重点工作，面向部门、界别公开征集履职议题，全年实施重点履职项目 38 项，举行重点协商活动 42 场，形成调研报告、协商纪要 15 份。大兴调查研究之风，首次实行重点调研课题集中开题，以扎实深入调研推进高质量协商建言。聚焦虞南片区发展组织调研协商，区委主要领导作出批示肯定，并参加“请你来协商”活动，整体谋划推动虞南高质量发展。围绕勇做青春消费“弄潮儿”开展深度调研，区政府主要领导参加常委会专题议政，区政府全文转发调研报告，部分建议被区委二届五次全会报告采纳。完善托育服务体系的调研成果被区政府文件采纳转化，挖掘提升东山文化内涵的课题报告为东山文化创造性转化提出对策建议。聚焦吸引留学生归国就业创业、汇聚青年之力共筑“青春之城”、建设和美乡村、发展研学产业、推动未来城建设、培育专精特新企业等主题开展专题协商，为经济社会高质量发展汇智聚力、献计出招。

增强监督助推靶向性。主动从“创新深化改革攻坚开放提升”和“三个一号工程”重点工作中找寻民主监督小切口，深化协商式监督基层实践，在省政协“完善民主监督制度机制”专题座谈会上作经验交流。紧扣深化“千万工程”、优化营商环境、“迎亚运”打造最清洁城市开展委员集体视察，形成一批高质量建议，其中《全区营商环境的社情调研报告》获区委主要领导批示肯定，相关建议由区委改革办梳理落实。紧盯上市企业培育、特色小镇数字产业发展、交通重点工程推进、千年古城复兴等重点工作、重大项目开展助推式监督，围绕特种设备监管、教育网点优化布局、电信网络犯罪打击治理、曹娥江城市防洪、劳动纠纷多元化解等民生关切开展跟进式监督，助力找准短板弱项、打通堵点难点。

拓展参政议政覆盖面。坚持区委有部署、政协见行动，就国土空间分区规划、轨道交通重大投资、文化艺术中心建设、江东路扩容提质等重点工作开展协商座谈，广泛征集委员意见建议。丰富委员知情明政载体，专题听取全区经济社会发展、党风廉政建设、法院检察院工作等情况通报，组织委员列席政府常务会议、参与民生实事、案件庭审监督等 152 人次。创新实施协商议题常委领衔、界别协办、委员领办制度，将 5 项重点协商议题分解给专业委员团队，拓宽了发挥界别特色、委员专长的渠道。区委、区政府高度重视支持政协工作，出台《政协协商成果办理和反馈工作规则》，对政协协商成果的形成、报送、受理、交办、办理等环节提出规范性要求，构建起全流程、闭环式参政议政链条。

（三）践行为民初心，赋能增进民生福祉取得新成效

牢固树立以人民为中心的发展思想，把促进民生改善作为政协履职的重要着力点，真情惠民、服务为民。

打好平台提质增效组合拳。开展“协商平台规范提升年”活动，以民生需求、群众感知为导向，推动平台规范运转、功能拓展、成果转化，培育形成 2 条具有上虞辨识度的基层协商精品线路，2 个乡镇民生议事堂、18 个村社协商驿站获市级优胜单位。围绕“助解急难愁盼，增进民生福祉”主题，各乡镇街道举行互动协商 141 场次，委员参与 465 人次，提出意见建议 481 条，吸收转化率达 70%，获评省、市优秀协商案例 12 个。省政协陈小平副主席来虞调研民生议事堂“三位一体”工作，并参加谢塘镇“助力梨农增收致富”专题协商活动，对我区破解农产品销售难、促进共同富裕相关举措给予批示肯定。

开好下情上达转化直通车。聚焦群众关心关切，综合运用提案、社情民意信息等方式传递民情、建言献策。健全提案工作体系，首次由区政府主导确定提案承办单位，开展平时提案征集、审查、办理工作，探索政协提案与公益诉讼检察建议双向衔接转化工作。区领导领办督办重点提案 10 件，委员集中督办提案 42 件，高质量办结提案 208 件，委员满意率达 100%，推动解决了一批事关群众切身利益的问题。拓宽社情民意信息反映渠道，共编发《社情民意反映》110 期，其中被全国政协采用 15 篇、省政协采用 23 篇，录用数量再创历史新高，走在全省前列，相关做法在全省反映社情民意信息工作座谈会上作典型交流。《绍兴上虞新屯南村打造“千万工程”的“水上版”》获省政协刊发，专报全国政协。

练好联系服务群众基本功。创新提炼委员联系界别群众“十二法”，探索界别联系社会组织工作机制，发挥社会组织“放大器”效应，开辟委员与群众双向联系新通道。开展“到界别群众中去”主题活动，组织现场考察、座谈交流、社会服务等活动38场次，服务群众500余人次。依托委员工作室开展法律、教育、医疗等咨询服务120多场次，解决群众“身边小事”300余件。发挥委员调解工作室“调解+协商”特色，委员参与基层矛盾纠纷调解270件，化解成功率达92%，入选国家信访局新时代“枫桥经验”典型案例。

（四）广泛团结联谊，画好“最大同心圆”书写新答卷

坚持把思想政治引领、广泛凝聚共识作为履职中心环节，着力做好凝心聚力文章，为高质量发展汇聚强大合力。

在深化团结合作中凝结同心。发挥爱国统一战线组织作用，召开各民主党派、工商联、无党派人士协商座谈会，支持以集体名义发表意见、提出建议，全年共收到大会发言13份、集体提案38件、社情民意信息403篇。密切与港澳台侨、少数民族代表人士的团结联谊。组织开展宗教中国化场所建设专项视察活动。

在扩大联谊交流中携手同行。做好“同心会”“五联”工作，主席会议成员积极参与“大走访大调研大服务大解题”“政企直通车”“益企来”等活动，深入基层纾困解难，提振发展信心。走访看望各地虞商联谊会人物，共话家乡变化，凝聚发展共识。

在擦亮文化标识中众口同声。启动《上虞文史·百村赋》编撰工作，已公开推出32期，引发社会共鸣。组建新一届特邀文史员队伍，举办虞舜书画院典藏作品展、东山文化研讨会等活动，完成茶文化研究会换届工作，竺可桢故居入选市政协“同心教育基地”。深化政协宣传工作，立体式传播上虞正能量、政协好声音，在“学习强国”、《人民政协报》、《联谊报》等省级以上主流媒体刊发报道47篇次，上虞政协微信公众号影响力和活跃度走在全省政协系统前列。

（五）深化固本强基，争当协商民主排头兵焕发新活力

主动适应履职能力现代化要求，以一流标准一流作风一流业绩，打造唯实惟先、善作善成的政协团队。

组织体系建设稳步推进。紧扣新时代政协工作新要求，制定全体会议、常委会会议、主席会议工作规则，政协协商议事机制更加完善。深化“专委会主建、界别主抓”工作模式，优化专委会和界别设置，根据专业特长将委员全员编入专委会，在全市率先增设“环境资源界别”，上下衔接、统分结合的履职架构更加成熟，相关做法在《浙江政协信息》推广。

委员履职活力全面迸发。优化专委会、界别、委员履职考评体系，上线政协委员履职建功双指数应用，实现履职成效、建功实绩在线晾晒。高质量举办委员履职能力提升班，常态化开展政协业务专题讲座，高标准选树11位“最美政协人”。强化委员责任担当，动员广大委员参与全国文明城市创建和垃圾分类工作，在示范引领、社会贡献、志愿服务中彰显委员风采。

勤廉干事氛围日益浓厚。加强政协机关制度化建设，优化工作流程，健全运行机制，服务保障功能不断完善。深化政协系统“对标争先”专项行动，强化年轻干部锻炼培养，改进工会和老干部工作，支持派驻纪检监察组履行监督职能，持续巩固风清气正的良好政治生态。

各位委员、各位同志，开启新征程，不忘来时路。过去一年区政协取得的成绩，是中共上虞区委坚强领导的结果，是省市政协有力指导和区人大常委会、区政府大力支持的结果，是各乡镇街道、部门和社会各界密切配合的结果，是历届区政协老领导、老同志热情关心的结果，也是政协各参加单位、广大委员和政协工作者团结奋斗的结果。在此，我代表区政协常委会，向所有关心支持政协工作的同志们、朋友们，致以衷心的感谢和崇高的敬意！

我们也清醒认识到，工作中还存在一些薄弱环节，主要是：专门协商机构制度化规范化程序化建设还需要进一步深化，协商课题的数量质量还不够科学有效，凝聚共识的针对性还不够明显，协商式监督的方式还需要进一步探索，委员联系界别群众的渠道载体还需要进一步畅通，等等。我们将高度重视，切实加以改进。

二、2024年工作任务

2024年是中华人民共和国成立75周年、人民政协成立75周年，也是“青春之城”建设落地见效、出彩出新的关键一年，做好政协工作意义重大。区政协工作的总体要求是：坚持以习近平新时代中国特色社会主义思想为指导，全面贯彻落实中共二十大精神、习近平总书记考察浙江重要讲话精神，认真落实区委各项决策部署，始终锚定走在前列方位坐标，紧扣全过程要求，聚力高质量发展，加强体系化建设，畅通社情民意，做优协商民主，促进政协工作影响力明显提升、服务中心推动力明显提升，为加快“青春之城”建设落地见效，走深走实中国式现代化上虞高质量发展之路贡献政协智慧和力量。

（一）切实强化政治引领，在坚持党的全面领导上更加坚强有力。突出人民政协政治属性，旗帜鲜明讲政治。学深悟透党的创新理论，深学笃行习近平总书记关于加强和改进人民政协工作的重要思想，持续巩固和深化主题教育成果，打造“书香政协”，守好“红色根脉”。始终坚持党的全面领导，健全“两个维护”落实机制，自觉把区委工作部署作为政协履职重点，确保政协工作始终与区委同心同向、同频共振。做实政协党建两个覆盖，压实党建工作、意识形态、党风廉政建设责任制，擦亮项目化抓党建特色，深化“五同五心五大行动”，打造“同心向党”党建工作品牌，以高质量党建引领开创新时代政协工作新局面。

（二）精准开展协商议政，在服务助推中心大局上更加高质高效。把深入协商议政作为践行全过程人民民主的着力重点，为新一年上虞的“稳”“进”“立”倾注政协之能。坚持调研开题，献协商良策。紧扣全面建设“青春之城”主战略，聚焦培育新的经济增长点开展重点课题调研，围绕王充传统法治文化与基层依法治理融合创新、全民健身公共服务体系建设、农业高质量发展、生物多样性保护等主题深入调查研究，在解剖典型、学习先进、归纳论证中提升调研课题含金量，为区委区政府决策提供有益参考。广泛建言资政，汇协商民意。坚持有事好商量、众人的事情由众人商量，围绕市场主体培育、未来产业社区建设、民间博物馆部落群打造、新能源汽车充电设施网络布局等事关长远的问题，开展专题协商，集中委员智慧，努力提出有见地有价值的意见建议。精准定向监督，促协商落实。全面贯彻省委《关于进一步加强和改进人民政协民主监督工作的实施意见》，引导委员开展同心同向式、帮忙助力式、双向发力式监督。围绕大综合一体化改革、审判执行工作、全域土地综合整治试点、工程项目建设“评定分离”等重大改革事项开展视察监督，聚焦曹娥历史文化街区建设、农村饮水共富提质行动、乡村电商发展等民生改善问题开展民主监督，助力党政决策部署更好落地见效。定期听取“一府两院”和纪委监委工作通报，深化政协民主监督与检察法律监督双向衔接机制，探索建立专项工作民主监督小组，加快形成协商式监督新实践。

（三）深入践行协商民主，在推进政协制度化规范化程序化上更加集成完善。准确把握政协性质定位，以系统思维、集成理念、创新意识构建完善协商议政体系。发挥专门协商的优势，坚持协商于决策之前和决策实施之中，完善政府与政协联席会议制度，健全面向更多元主体的履职议题公开征集机制，组织重点调研课题集中开题，深化协商议题常委领衔、界别协办、委员领办制度，以扎实深入调研推进高质量协商议政。体现广泛协商的特色，深化民生议事堂建设，完善协商驿站功能，实施年度“百场协商计划”，组织界别群众走进政协、观摩协商活动，推动更多民生问题在家门口解决。推进专家型、服务型、联谊型“三型”委员工作室建设，开展“我的家乡我建设”等主题活动，为委员和虞籍人物施展才华、报效桑梓提供便捷渠道。注重“请你来协商”常态化运行，用好“协商在线”“同心在线”等数字化平台，不断提升政协履职开放度活跃度。提升闭环协商的质效，开展提案质量提升专题协商，深化闭会期间提案工作，提高集体提案比重和“提、办、督”质量。织密反映社情民意信息网络，完善信息报送、定期督查、及时答复等机制，以办理实效回应社会关切。严格执行《区政协重要活动工作规范》，研究制定《考察调研相关组织协调工作办法》，认真落实协商成果办理和反馈工作规则，进一步完善协商履职链条。

（四）不断创新联系方式，在拓展团结联谊上更加广泛深入。坚持团结和民主两大主题，充分发挥政协统一战线组织功能。扩大政治参与，筑牢团结基础。支持各民主党派、无党派人士在政协履行职能、发挥作用。畅通党外知识分子、非公有制经济人士、新的社会阶层人士、民族宗教界人士诉求表达渠道，加强与港澳台侨委员联络联系，最大限度团结各界、凝聚各方。壮大联系群体，夯实团结底座。深化运用委员联系界别群众“十二法”，创设政协之友社等新的联谊空间，丰富“界别活动月”“委员活动日”载体，开展委员履职“服务为民”活动。擦亮委员调解工作室特色品牌，协助党委政府做好协调关系、理顺情绪、化解矛盾工作。放大宣传效应，汇聚团结共识。发挥政协文史存史资政、团结育人功能，编撰《上虞文史·百村赋》《虞舜文化志》，支持虞舜书画院、茶文化研究会、东山谢安文化研究会开展文化交流活动。开展政协系统“凝共识、聚合力”主题宣传，通过调研成果汇编、协商案例评选、上虞文史挖掘、委员风采展示等形式，生动讲好新时代上虞故事，助推“青春之城”形象出圈出彩。

（五）全面加强队伍建设，在激发担当作为上更加主动争先。紧扣“勇当先行者、谱写新篇章”新定位新使命，以昂扬奋进的姿态，努力干出新时代人民政协新样子。注重协同一体，完善“专委会主建、界别主抓”工作模式，创新设立常委讲坛，提炼专委会、界别履职品牌，推动政协履职更加融合协同高效。深化委员主体，开展委员分类轮训，丰富委员履职实践，推动委员参与协商议政、参加界别活动、列席决策会议、走进民生议事堂“四个全覆盖”。全面实施委员履职建功双指数考评，常态化开展优秀委员评选表彰，充分展示委员时代风采。打造一流集体，按照“五型机关”建设要求，完善机关运行管理机制，实施机关干部暖心关爱工程，注重年轻干部培养历练，用心用情做好老干部工作，不断增强政协团队的责任感、荣誉感和归属感。

三、汇聚全面建设“青春之城”的共识和力量

百舸争流齐奋进，千钧重负共担当。当前，“青春之城”建设正处于从开局起势迈向突破成势的关键阶段，需要团结一切可以团结的智慧力量，为上虞高质量发展注入更强劲动能。人民政协具有联系广泛、代表性强、包容性大的天然优势，在团结各界人士、整合各方资源上具有不可替代的作用。我们要用好统一战线这个法宝，发挥专门协商机构特色优势和职能作用，最大限度地汇聚全面建设“青春之城”的广泛共识和磅礴力量。

（一）以系统性履职汇聚共识和力量。习近平总书记提出政协要“围绕中心、适应大势、研究大事、服务大局”，为我们做好政协工作提供了根本遵循。要坚持工作一起谋划，围绕“1336”战略体系和“五个十大”重点项目主动找题选题，把协商方向对准区委区政府重大谋划部署，努力做到商在需要时、督在关键处、议到点子上。要坚持履职一并推进，把凝心聚力贯穿于政治协商、民主监督、参政议政等各项职能中，落实到课题调研、专题协商、视察监督、提案、反映社情民意等各项履职活动中，串起工作链，打好组合拳。要坚持成果一同显现，以社会满意度、群众获得感、委员成就感来检验政协工作成效，服务助推“青春之城”共建共享，形成凝心聚力的滚雪球效应，更好彰显政协“重要阵地、重要平台、重要渠道”的独特作用。

（二）以多元化路径汇聚共识和力量。新修订的政协章程明确“人民政协要把加强思想政治引领、广泛凝聚共识贯穿履职工作之中”，为我们做好政协工作提出了全新要求。要开拓更宽的联络渠道，推动政协工作向基层、企业、群众延伸，探索政企协商会、专家协商会、跨区域协商、委员直通车等协商新载体，形成从党内到党外、从常委到委员、从委员到界别群众的凝心聚力工作格局。要搭建更优的协商平台，巩固“协商平台规范提升年”活动成果，注重提质增效，强化聚识功能，努力打造具有政协辨识度的凝心聚力平台矩阵。要创设更多的联系机制，不断深化主席委员“同心会”“五联”制度，组织开展“委员联系服务年”活动，建好用好委员联系界别群众的桥梁纽带，努力把更多的人团结凝聚在党的周围。

（三）以先行者姿态汇聚共识和力量。区委二届五次全会号召“在以建设‘青春之城’推进中国式现代化新征程上勇当先行者谱写新篇章”，为我们做好政协工作定位了重要坐标。要强化职责为先的意识，担当起“争取人心，凝聚力量”的职责使命，团结所有人，干好上虞事，助推上虞各项工作持续突围破圈、走在前列。要锤炼图强争先的本领，引导委员提升履职建功能力，点燃“二次创业”激情，在建设人才库、打造智囊团、传递正能量上交出委员“高分作业”，推动形成凝心聚力加油干、与时俱进谱新篇的良好工作局面。要秉持唯实惟先的作风，认真落实“懂政协、会协商、善议政，守纪律、讲规矩、重品行”要求，大兴调研之风、务实之风、勤廉之风，以实干实绩展现履职风采，努力争当新时代最美政协人。

关于绍兴市上虞区2023年国民经济和社会发展计划执行情况及2024年国民经济和社会发展计划草案的报告

——在绍兴市上虞区第二届人民代表大会第三次会议上

绍兴市上虞区发展和改革局

2024年1月16日

一、2023年全区国民经济和社会发展计划执行情况

2023年，在区委的坚强领导下，在区人大、区政协的监督支持下，全区上下全面贯彻习近平新时代中国特色社会主义思想和党的二十大全会精神，坚持以“八八战略”为统领，强力推进创新深化改革攻坚开放提升，大力实施“三个一号工程”“十项重大工程”，围绕“五创图强、四进争先”锻长板、补短板，聚力聚焦“青春之城”建设主战略，认真落实二届人大二次会议通过的国民经济和社会发展计划各项部署要求，开展项目攻坚提速年、科创赋能提质年、全域党建提升年“三个年”活动和“十四五”规划实施中期评估，坚持稳中求进总基调，高质量发展扎实推进，省级晾晒获评五星12次、居全市第2，全国百强区排名提升至29位，有望实现“五鼎连夺”，社会大局保持和谐稳定。预计全年地区生产总值增长7.5%；一般公共预算收入增长7.3%；社会消费品零售总额增长6%；固定资产投资增长17%；R&D经费支出占GDP比达3.34%，居全市第2；外贸出口占全国份额的17.0‰，保持稳定；城乡常住居民人均可支配收入分别增长5.5%、6.5%。

2023年全区国民经济和社会发展主要呈现五个特点。

（一）创新深化势能强劲，重点平台支撑提能提级

1.产创协同夯实发展基础。坚持以产业链、创新链、资金链、人才链“四链融合”，夺得全省首批“浙江制造天工鼎”，蝉联“浙江科技创新鼎”。新质生产力加快形成，精细化工产业集群、集成电路产业集群分别入选省级特色产业集群核心区、协同区，工业稳增长、稳进提质政策落实两项工作获省政府督查激励。数智赋能实施数字经济创新提质“一号发展工程”，新增省级工业互联网平台创建名单2家，列入第二批企业数据管理国家标准贯标工作省级试点区域。大力实施“凤凰行动·凤舞娥江版”，新增上市（过会）3家，兴欣新材成功上市，资本市场“上虞板块”增至20家，居全市第一、全省前列。积极鼓励企业关键核心技术攻关，新增国家级专精特新“小巨人”企业5家，入选省首批“雄鹰”企业3家。打通科技成果向生产力转化“最后一公里”入选省第三批共富试点，入选省“尖兵”“领雁”等重点研发项目3个，获省科技奖6项，居全市第一。强化标准示范引领，新增“浙江制造”标准11项、“品字标”认证企业12家，获评“浙江标准”2项，先进标准数量全市第一，成功争取标准化创新发展省级试点，获评全市唯一的省“小微企业三年成长计划”工作优秀县（市、区）。建筑业高质量发展，8家企业获评省级建筑产业现代化示范企业，建筑业总产值超过1300亿元。农业升级发展，建成农创智谷智慧无人农场，入选农业农村部数字农业农村新技术新模式优秀项目，列入第三批国家农业现代化示范区创建名单、全省首批创意农业试点县，连续三年获评省产粮大县。

2.平台赋能护航创新发展。高质量建设曹娥江科创走廊，曹娥江实验室实体化运行，“曹娥江实验室+在虞高校及大学研究院+企业研究院+创新联合体”的区域创新体系加快构建。高质量打造双创载体，已累

计培育众创空间28家，其中国家级3家，省级19家，在孵企业400余家。杭州湾经开区综合实力提升至全国化工园区第9，先进高分子材料“万亩千亿”新产业平台排名全省第7。谋划启动未来产业社区建设，新增小微企业园2家，推进工业全域治理，曹娥江经开区全力打造制造业“腾笼换鸟”省级示范区，完成工业全域治理企业834家，土地整治面积2971.9亩。e游小镇坚持数字文创和信息经济“双轮驱动”，连续三年获省级特色小镇考核优秀。

3.科教融汇助力人才引育。深化校地企合作，与复旦大学、浙江大学达成全面战略合作，构建教育科技人才“三位一体”列入第一批省级创新深化试点。坚持产学贯通引才，加快推进天大“卓越工程师（研究生）联合培养基地”建设，实施研究生“全时制”培养机制，获批浙江省博士后工作站；高标准建设杭电产教融合创新园，打造“校门对厂门”“讲台对舞台”育人新模式。坚持产业链精准引才，引育顶尖人才2名（总数4名，居全市第1），入选国家级引才计划人才17名、国家特支计划人才2名；推出980套“零元入住”青春公寓；组织招才引智专列、浙大校园推介会、天津人才周等线上线下招聘活动224场；成立虞籍大学生联谊会，开展青年学子“归巢燕”行动，组织虞籍大学生暑期进机关、企业实践学习，新增就业大学生2.6万名，其中博士220名；扎实推进“金蓝领”倍增计划，新增技能人才9000名，其中高技能人才5012名。

（二）改革攻坚多点突破，政府服务效能持续增强

1.营商环境优化提升。深入实施营商环境优化提升“一号改革工程”，全力打造“创客城市”，新材料中试项目管理、新市民“乐居乐业”增值改革入选省营商环境优化提升最佳实践案例，“无感监测”营商指数居全省前30位。开展政务服务增值化改革，率先在全市实体化运作企业综合服务中心，聚焦政务服务事项“快办优办”，24小时不打烊自助服务扩面提标。实施项目审批提效专项行动，开展“屡禁不止、屡罚不改”严重违法失信行为专项治理。优化执法监管，举办全省行政裁决现场推进会，入围省首批优化提升法治环境典型案例2个，开展涉企减负行动，“跨部门联合双随机监管率”提升至39.9%，依申请政务事项高质量“一网通办”率省市考核第1。精准法护营商，组建“民企律师”等助企律师团队，开展法律服务，解决问题4797条，探索涉企矛盾纠纷多元调解闭环机制，创新“园区+产业调解”新模式。深入推进区域公平竞争政策先行先试改革，全省首创社会公平竞争环境观察员单位制度。

2.政策服务精准高效。全面加强政策保障，顶格承接中央和省市惠企政策，深化落实“8+4”政策体系，率先出台区“民营经济31条”，迭代更新“1+9”政策，设立中金曜盛、“青科创”等产业发展基金，全年兑现惠企资金超20亿元，总量全市领先。畅通政企对接交流机制，高规格召开全区企业家大会，打造“益企来”服务品牌，开展“五创图强、四进争先”大走访大调研大服务、“爱企行动”“政企服务直通车”等活动，助力企业纾困解难。践行“有感服务、无感监管”，提升企业开办便利度，新增市场经营主体14785家、“个转企”271家。实施劳动关系和谐促进行动，打响“就业在虞、安薪无忧”品牌。深化推进“质量强区”战略，荣获省政府质量管理创新奖，通风制冷“一站式”服务平台创成省级示范平台。知识产权服务生态持续优化，新增国家知识产权示范企业3家、优势企业1家，省知识产权奖一等奖1项，创建省级商业秘密保护示范点2家。

3.要素保障扎实有力。积极向上争取最大要素支持，发行专项债券项目21个，全年到位专项债券资金50.2亿元，占全市额度的25.1%，体量创历年之最，居全市第1，争取转移支付资金17.8亿元。争取省重点建设项目10个，省重大产业项目3个，累计争取新增建设用地指标4547.8亩；盘活“四未一低”土地7854亩。强化用能保障，加大节能审查力度，开通“绿色通道”，新增用能约67万吨标煤；热力规划已获批。全省首创节余排污权租赁管理办法，为16家企业解决排污权缺口99.8吨，入选营商环境“微改革”省级项目库案例。

（三）开放提升有力推进，协调发展格局加快形成

1.区域发展提速增效。深入推进长三角一体化发展，举办“上海·上虞周”，签约项目32个，总投资额337亿元，与上海普陀区签订战略合作协议；积极融入杭甬都市圈，推动“边界经济”发展；杭绍甬高速公路、新东线公路等重大交通项目建成投用，轨道交通2号线二期上虞段开工建设，329国道北移工程、南北中心大道江东路互通等项目实现全面推进；长三角城市群居住证“跨省互通互认”完成全市推广。锚定“青春之城”建设主战略，开展“上虞正青春”系列活动，打响“今在上虞·遇见未来”城市品牌；挂牌成立“未来城”开发办，“一湾两区三谷”空间布局基本明确，复旦曹娥江创新中心完成注册、浙大半导体联合创新中心启动场地装修；推进“活力城”建设，启动老城焕新三年行动计划，老旧小区改造37万平方米，新改建口袋公园10个，新增停车位3100个。19幢“一江两岸”总部楼宇加快建设；“文旅城”开发加快推进，皂李湖壹号度假酒店、浙东唐诗之路东山区域、曹娥庙历史文化街区等项目有序实施，瓷源文化小镇艺术引领区全面开园运营，谢晋故里·乡村电影博物馆被评为省五星级乡村博物馆。

2.项目推进蹄疾步稳。坚持重大项目推进“八大机制”，创新开展现场“读地”活动，项目投资扩量提速，预计完成固定资产投资350亿元。举办第二届“青春之城”高质量发展项目谋划擂台赛，谋划项目107个，评选获奖项目35个，造浓以赛促谋氛围，实行双月投资赛马晾晒，累计评选红旗项目275个、黄旗项目51个、蜗牛项目24个。省“千项万亿”工程、省重大产业、省集中开工、省市县长、省重点开工等重大项目提前实现开工入库率5个100%，获全省投资“赛马”激励。积极开展外出招商，全区引进10亿元以上项目14个，其中100亿元以上2个，共新增签约项目62个，总投资额480.6亿元，获全省“招大引强”十强县（市、区）。

3.内外循环提振畅通。大力实施“地瓜经济”“一号开放提升工程”，入选“构建国际营销体系建设创新试点”“服务业扩大开放试点”和“产业链‘链长+链主’协同生态提升试点”等3个“地瓜经济”首批创新试点项目，数量居全市第1。抢抓订单、出海拓市，累计组织220个团组560家次企业赴境外参展，达成意向成交金额约2.1亿美元，成功获批广交会品牌摊位32个。积极推进内外贸产品“同线同标同质”工作综合试点建设（全省共8个），女儿红酒、崧厦伞亮相中东欧博览会暨国际消费品博览会“浙江精品”主题展区。鼓励企业设立“触角式”境外营销网络，落实外国人来华入虞“快捷通道”和外来投资服务卡制度。商贸多点发力、文旅农联动发展，曹娥江旅游度假区正式加入世界休闲组织；打响“上虞尚品”农产品区域公用品牌，带动优质农产品溢价25%以上；获评全省夜间经济特色城市、省数字贸易示范区，“文化旅游风情街夜市”入选商务部全国消费典型案例及省级特色商业街（区）试点名单，“一江两岸营造夜消费新时空”入选全省高品质消费集聚区建设十大创新案例。成功举办长三角（上虞）户外休闲旅游节、谢晋诞辰100周年系列活动、第四届“中国服务”·旅游产品创新大会，获“全国文旅融合实践区”。

（四）城乡建设巩固拓展，共同富裕路径更加清晰

1.公共服务切实有感。聚焦“普惠、均衡、可及、优质”，全面落实公共服务“七优享”。“坚持一盘棋一张网一本账”相关做法在省社会服务优质共享工作现场推进会上作经验交流。着力“办有品质的活教育”，获评基础教育国家级教学成果1项，承办全国中小学虚拟实验规模化应用现场会。新建省级基层体育场地设施16个，全区人均体育场地面积达3.1平方米；新建改建中小学、幼儿园12所；实验小学康居路校区主体结顶；县级首个公益性青少年综合活动中心落地运营。随迁子女就读公办学位实现100%全覆盖，社会人员学历技能双提升项目惠及2.6万人。成功举办全国首届田径接力锦标赛、曹娥江半程马拉松等高规格赛事15场次。加快医共体深度融合，公共卫生质量、医疗质量两项提质行动深入推进，健康浙江建设考核优秀“五连冠”；邵逸夫医院绍兴院区即将完成装修和设备安装，城南医用综合中心二期扎实推进；高分通过国家卫生城市复评和全国基层中医药工作示范区、国家慢性病综合防控示范区省级评估，区中医医院通过省级“三甲”医院评审。持续优化医保经办服务，医保定点医疗机构全部开通跨省就医直接结算服务。提质生育、养老服务，优化生育政策体系被国家卫健委专刊推广；完善社区养老设施，新建“乐龄中心”4家，“晚晴食堂”10家；探索开展医养结合“健康管家”服务，相关经验在省《竞跑者》刊发，入选省首批共富实践观察点和“健康浙江”行动优秀样板。启动AAAAA级婚姻登记场所建设，打造“蝶恋青春 情定上虞”婚姻服务品牌。

2.城乡建设互融共进。城乡风貌宜居提升，组织实施未来社区省、市、区三级联创，全面推进文化南社区等16个省级、8个市级未来社区创建工作。加快危旧房治理改造，完成工程措施整治64处，腾空管控213处。推进保障性安居工程，新开工建设保障性租赁住房962套（间）。持续提升农贸市场品质，创成“五化”市场1家，放心农贸市场7家。被列为省首批全域幸福河湖建设县，虞南山居风情带和“瓷源·舜水”2个县域风貌区创成省级样板区。上浦镇东山村等3个村通过美丽宜居示范村省级创建验收；桃园村等8个村列入省第三批未来乡村创建名单；创设“和美虞村”品牌，发布4条精品线路。投入2.1亿元启动农村饮水共富提质三年行动，完成37座单村水站提升改造，1.2万名虞南山区群众喝上放心水；农村生活污水处理设施建设完成10处、新开工2处，纳管率和覆盖率进一步提升；“四好农村路”建设深化，城乡公交一体化发展提升，全区较大自然村公交通达率达到92%。

3.扩中提低积极有为。持续推进共同富裕先行示范区建设，深化“6510”区内山海协作，投入6.6亿元开展“飞地”抱团共富引领项目10个，带动35个村年均集体经济增收25万元，打造共富工坊161个，解决1.28万群众家门口就业，所有行政村年经营性收入达80万元以上。走深走实“千万工程”，“做靓‘鲜果+乡村’双品牌，助推农文商旅深度融合”列入“千万工程”方向试点，在省级会议上作典型交流发言。谢塘镇晋生村入选全国学习运用“千万工程”经验现场推进会考察点，丁宅乡以“数智丁宅”为原型，参与“千万工程”二十年经验成果图片展，上虞“游溪山仙境·赏山居风情”共富风貌游线入选省第一批共富风貌游线名单。推动“共富工坊”建设助力农民增收致富，“童你一起”、管溪“枫”景、伞业大脑入选省电商直播式“共富工坊”典型案例。深化低收入农户精准帮扶，低收入农户人均可支配收入超2万元，预计增长13%。以全国宅基地制度改革试点为牵引，累计激活闲置农房5796幢，面积221.7万平方米，带动农户增收7946万元，带动村集体增收4225.7万元。大力实施农创客培育计划，成立农创客发展联合会，新增农创客401名。

（五）社会治理多元共治，民生保障力度再上台阶

1.基层治理共建共治有温度。坚持和发展新时代“枫桥经验”，加强社会治理能力建设，首创“虞网守护”警企服务模式，执法社会化访评满意率达99.95%，谢塘镇成功创建第三批全国乡村治理示范镇。紧扣高效能治理要求，健全完善网格智治体系，与快递、物流、物业等企业和行业协会合作，深化推广“人民网格员”机制。推进矛盾多元化调处，通过人民调解国家级标准化试点验收深化“虞快调”区域调解品牌，探索“委员调解”“律师调解”新模式，“老书记调解”争创省级金牌调解室，矛盾纠纷调解成功率99.1%，民商事调解诉讼比2∶1。完善知识产权纠纷多元化解机制，结合“共享法庭”建设，健全完善诉调对接、远程开庭、普法宣传等工作机制。盘活建强全区平安综治类社会组织，提升社会组织参与基层治理活跃度，常态化运作的标杆型平安综治类社会组织超过10个，活跃度达100%，群众满意度达90%以上。

2.风险隐患防范化解有深度。立足源头预防，确保政治安全和社会稳定。开展“平安护航亚运百日攻坚大行动”，生产安全事故起数和死亡人数同比分别下降16.7%、33.3%，刑事治安警情下降16.2%。实现风险隐患全链条闭环管控，为唯一县市区代表在全省安全生产隐患大排查大整治行动现场会上作交流发言。强化应急处置能力，防汛防台“1833”联合预警指挥体系县乡村贯通全省试点，举办全省水旱灾害防御演练现场会，完成“千人、百人”避灾安置场所和减灾示范社区建设。全面推广“绍兴电梯智慧码”平台应用，形成覆盖全域“15分钟电梯应急救援圈”。开展房地产市场风险隐患排查，力保房地产市场平稳健康有序。实施砂石料行业问题、榨菜尾水问题整改，生态环保突出问题整改有力推进。始终把确保粮食安全放在突出位置，粮食总产量、亩产实现双增长。食药品领域保障持续增强，获评省食品安全示范区；深化放心消费品牌建设，动态培育放心消费单位3510家，新增放心工厂760家，创建放心消费示范街区（商圈）5个。深化实施“全球二维码迁移计划（GM2D）”，在产食品相关产品生产企业赋码率达100%。

3.节能降碳多措并举有力度。生活环境和谐宜居，夺取五水共治“大禹鼎”银鼎，连续三年获美丽浙江建设、美丽绍兴建设考核优秀区，夺取省五水共治“大禹鼎”银鼎、“清源杯”，创成三星级“无废城市”。减污降碳创新试点列入生态环境部试点，试点经验在全省减污降碳协同创新区建设大会上交流，被全国推广。深入实施特色绿色认证改革，成功争取省绿色认证先行示范区创建试点。全区AQI优良天数比例达到

90.7%，提升8.2个百分点，改善幅度全市第1，22个县控以上断面Ⅰ～Ⅲ类水比例和水质达标率均保持100%。实施“绿色低碳转型”，深化落实碳达峰碳中和的重大决策部署，围绕能源供应安全可靠，新型储能、热源点等项目加速建设。推动公共机构能源资源消费总量和强度“双控”，大力推进节约型机关建设、零碳公共机构建设、生活垃圾分类等行动。

二、2024年全区国民经济和社会发展主要预期目标

为深入贯彻落实中央、省市区委决策部署，认真落实习近平总书记考察浙江重要讲话精神，坚持稳中求进工作总基调，完整、准确、全面贯彻新发展理念，加快构建新发展格局，着力推动高质量发展，确保今年全区经济社会发展各项工作有序推进，提出2024年国民经济和社会发展的主要目标。

（一）主要考虑

一是从容应对复杂宏观环境的需要。在世界经济陷于衰退、外部不确定性因素增加、美西方加紧对华遏制打压的背景下，我国主要经济指标延续恢复态势，仍是世界经济恢复和增长的重要引擎。但经济企稳上升的基础仍不牢固，外部环境仍复杂严峻，预期和市场信心偏弱，宏观政策合力、内生增长动力、微观主体活力不足。应聚焦症结、辨证施治，未雨绸缪为今年做准备、为将来打基础。

二是全面落实重大战略任务的需要。坚持以“八八战略”为统领，强力推进创新深化改革攻坚开放提升，大力实施三个“一号工程”“十项重大工程”；全方位融入长三角，推进更高层次开放和更深层次协作；围绕“五创图强、四进争先”锻长板、补短板，聚力聚焦“青春之城”建设主战略，以“五个十大”为主抓手，高标准打造“一江两岸三城多片区”，推动虞南山区高质量发展，走深走实中国式现代化上虞高质量发展之路。

三是统筹兼顾稳增长与防风险的需要。稳增长是最大的防风险，是提振信心和预期的利器。当前国内经济恢复基础仍不稳固，存在有效需求不足、新动能受“技术瓶颈”约束、风险隐患如房地产风险化解压力较大等现状问题。中央经济工作会议在坚持稳中求进工作总基调基础上，提出“稳中求进、以进促稳、先立后破”，以经济回升向好态势的稳为“进”创造稳定的发展环境，以“进”不断巩固稳中向好的基础，先“立”以培育增量、发展新动能，后“破”来优化存量、淘汰旧动能，以实现稳中求进。

四是牢固树立领先争先意识的需要。抬高标杆、自我加压，按照“跳一跳、够得着”原则，精准谋划各领域2024年工作任务、锚定目标要求，确保主要经济指标、“10+11”省晾晒指标在省市增速进位、总量前移、排名领先。推动各部门、各镇街平台干在实处、走在前列、勇立潮头，全力以赴抓重点破难点树亮点，全力打赢跨越赶超“翻身仗”，集中力量抓好协同攻坚，聚力推动整体工作上水平、单项工作创一流。

（二）重点说明

1.关于地区生产总值增长7%，力争7.5%。区委区政府持之以恒抓项目招引、抓有效投资、抓主体培育，2023年全区新引进10亿元以上项目14个；入库亿元及以上项目67个、增长3.1%；入库“四上”企业112家，增长9.8%。2024年，国际环境仍然严峻复杂，外部不稳定、不确定因素依然较多，我国发展面临着有效需求不足、部分行业产能过剩、社会预期偏弱、风险隐患仍然较多等困难挑战，但有利条件强于不利因素，经济回升向好、长期向好的基本趋势没有改变。今年，我区将把“稳”“进”“立”的指导性要求贯穿始终，凝心聚力大抓落实，全力建设“青春之城”。提出2024年GDP增速目标7%，力争7.5%。

2.关于一般公共预算收入增长7.5%。我区经济总体平稳较快发展，将进一步聚焦“稳收支”，在财政运行上更加行稳致远，强化税收征管，做大税收基数，持续抓好非税收入征管，加大经营性土地出让力度，及时启动矿产资源开发，提升地方可用财力。提出2024年一般公共预算收入增速目标7.5%。

3.关于固定资产投资增长10%以上。基建投资是拉动经济重要抓手，在地方政府债务严控、融资趋紧的背景下，牢固树立“项目为王”理念，统筹谋划“五个一批”重大项目盘子，突出“招商引一批、新建开工一批、实施预备类一批、续建推进一批、投产达效一批”，促进项目建设可持续良性发展。提出2024年固定资产投资增速目标10%以上。

4.关于规上工业增加值增长10%以上。我区传统

产业仍在转型阶段，新能源、电子化学品等新兴产业仍在起步阶段。但时光新能源电池材料，皇马开眉客新材料，方华含氟新材料等一批大项目、好项目将陆续投产达产，增量引擎持续壮大，新动能将逐渐集聚，企业对经济复苏的信心预期将得以修复。提出 2024 年规上工业增加值增速目标 10%以上。

5.关于社会消费品零售总额增长 7%。当前消费信心低迷、消费内生动力不足，我区将加快推进“购在上虞”“食在上虞”“住在上虞”“游在上虞”建设，培育发展夜间经济、首店经济、直播经济等消费新模式新业态；办好消费促进月、“浙东新商都”购物节等系列消费促进活动；做大做强“上虞尚品”等特色品牌、“长三角户外休闲节”等特色活动，建设招引汤姆猫乐园等文旅项目，促进消费提升。提出 2024 年社会消费品零售总额增速目标 7%。

6.关于外贸出口增长 10%。世界商品贸易受到供应链分化、持续通胀、紧缩货币政策以及地缘政治的影响不容乐观。为此，我区会进一步实施新一轮外贸主体培育计划，积极落实电商拓市，实施跨境电商“店开全球”“品牌出海”“独立站领航”三大行动，更大力度组织企业参展拓市、更实举措防范贸易风险，尽力拉高出口。提出 2024 年外贸出口增速目标 10%，全国份额保持稳定。

7.关于研究与试验发展经费支出占地区生产总值比重达 3.4%。近年来我区全力构建高质量发展平台支撑，以曹娥江科创走廊为统领，分类推进各层级创新平台建设，蝉联省科技创新鼎。未来以科技创新引领现代化产业体系建设地位更加突出，我们将进一步提高企业研发费归集数量，着重抓好高新技术企业、重点龙头企业的研发数据增量，推动科技创新实现新的突破。提出 R&D 占地区生产总值比重达到 3.4%。

8.关于城镇、农村常住居民人均可支配收入与 GDP 基本同步增长，城乡收入比小于 1.70。在扎实推动共同富裕，深入实施乡村振兴战略，深化完善区内山海协作“6510”行动基础上，聚焦发展需求，一体推进虞南山区高质量发展。城乡差距将进一步减小，人民将享有更充分的就业、更丰厚的收入、更完善的社会服务。提出 2024 年居民人均可支配收入与 GDP 基本同步增长，农村居民人均可支配收入增速高于城镇居民，城乡收入比小于 1.70。

9.关于新增城镇就业人数在 1.6 万人以上。我区将着力夯实高质量就业创业底座，坚持产才融合，打造青春范人才引育品牌；坚持提质培优，打造高能级工匠引育体系；坚持扩面提质，构筑共富型社会保障体系；坚持防治结合，构建高品质和谐劳动关系；坚持守正创新，建设高标准政务服务体系，保证就业形势总体稳定。提出 2024 年新增城镇就业人数在 1.6 万人以上。

10.关于节能减排完成上级下达任务。把碳达峰、碳中和纳入经济社会发展全局，加快形成节约资源和保护环境的产业结构、生产方式、生活方式、空间格局，坚定不移走生态优先、绿色低碳的高质量发展道路。推进工业园区综合能效提升，组织实施余热余压余气利用等节能降碳改造；大力开发利用光伏、生物质等可再生能源，优化能源结构；鼓励建设智慧能源管理系统，推动能源利用高效控制和精准监测。不折不扣完成节能减排是约束性指标。

三、2024 年全区经济社会发展的主要工作措施

2024 年是新中国成立 75 周年，是浙江“勇当先行者、谱写新篇章”、绍兴“谱写新时代‘胆剑篇’、勇闯现代化新路子”的再出发之年，也是“青春之城”建设从开局起步到加快落地见效的重要一年。全区上下将坚持以习近平新时代中国特色社会主义思想为指导，深入学习贯彻习近平总书记考察浙江重要讲话和考察绍兴重要指示精神，按照省委、省政府、市委、市政府决策部署，坚持稳中求进工作总基调，聚力聚焦实施“青春之城”建设主战略，深入实施数字经济创新提质“一号发展工程”、营商环境优化提升“一号改革工程”、地瓜经济提能升级“一号开放工程”，持续开展项目攻坚提速年、科创赋能提质年、全域党建提升年“三个年”活动，谋长远、抢先机、争主动，推动经济运行持续回升向好，努力实现质的有效提升和量的合理增长，走深走实中国式现代化上虞高质量发展之路。

（一）突出战略引领，激发产业创新发展活力

1.推动重大战略落地落实。聚焦“青春之城”主战略，有序推进”三城建设。“未来城”重点谋划打造

未来建筑、智慧交通、低碳节能、未来街区四大未来场景，动工建设曹娥江文化艺术中心、复盛生命科学园、精准医学产业园，持续举办上虞未来城“未来场景·未来产业”创新创业大赛，推动竺可桢未来学校等重点项目加快落地。“活力城”聚焦“老城焕新”“新城更新”项目，持续推进“三改一拆”、“无违建”、老旧小区改造，铺开“越美小区”“越美商业街”建设，推动蝶梦广场等重点项目加快落地。“文旅城”积极打造皂李湖核心区块，推动皂李湖区块IP主题乐园落地；推动孝德文化小镇早出形象，推进曹娥庙历史文化街区12月正式运营；推动东山景区和瓷源小镇联动发展，加速推进瓷源文化小镇研学营地项目建设。

2.推动产业发展提质提速。纵深推进制造强区“1215”专项行动，全面提升先进制造业集群核心竞争力，加速构建新质生产力。大力实施“凤凰行动”“雄鹰行动”“雏鹰行动”，打造雁阵型现代企业梯队，全年新增“雄鹰”企业1家，规上企业65家。深化区域性股权市场创新试点，新增上市（过会）、辅导报会及新三板挂牌企业8家次，力争上市3家，其中北交所1家以上。启动上虞数创港建设，深入推进工业互联网平台创新发展，新增省级以上工业互联网平台2个。杭州湾经开区谋划启动国家级高端电子化学品基地建设，争取列入省级高能级战略平台，经济总量力争实现2600亿元。曹娥江经开区加快建设“智创青春谷”和“智能装备生态园”，招引专精特新企业15家以上，力争工业有机更新“2+X+N”未来产业社区进入省试点示范样板。曹娥江旅游度假区全力争创国家级旅游度假区，攻坚大体量文旅项目招引。

3.推动科技创新增效赋能。坚持创新驱动首位战略，加快构建以曹娥江实验室为主体的区域创新体系，系统推进教育、科技、人才“三位一体”创新发展。加快建设浙大上虞半导体材料联合创新中心、复旦曹娥江创新中心。持续深化产研融合，加快杭电创新园科工研究院、产业创新院、教育培训院“三院两中心”建设，形成“产业研究院+产教融合实习实训基地”产教融合共生路径。加强科技企业梯队培育，新增高新技术企业50家、科技型中小企业150家。围绕化工新材料、半导体、新能源等方向，推动关键核心技术攻关，新增省级以上研发机构8家。完善人才引进培育体系，推进高层次人才创业园等平台建设，新建院士专家工作站4家，市级以上众创空间4家，引进青年博士100名，力争新增就业大学生2.4万名、高技能人才2700名。提升知识产权服务能力，升级完善品牌服务指导站等服务平台，打造创新发展良好生态。

（二）畅通内外循环，增强经济增长持久动力

1.深度融入长三角一体化。进一步建立健全体制机制，加强全方位、多领域、深层次对接交流，强化接轨大上海，积极融入杭州、宁波都市圈；加强与上海普陀、杭州余杭、宁波慈溪等重点城市合作，当好绍兴联甬接沪“桥头堡”。积极发展边界经济，强化与余姚等边界城市在产业发展、资源共享、公建配套等方面深度合作。扩大高水平对外开放，高质量举办长三角“上虞周”系列活动，加速“一江两岸”总部经济集聚区建设。开展长三角（上虞）户外休闲旅游节等活动，联手小红书、爱奇艺等平台开发推广优质文旅产品，力争游客总人次突破500万、旅游总收入75亿元以上。

2.加码加力促消费稳外贸。聚焦消费活动增活力提信心，加快提升“购在上虞”“食在上虞”“住在上虞”“游在上虞”，培育发展夜间经济等消费新模式新业态。组织举办“浙东新商都”购物节等系列活动，发放专项消费券（补贴）2000万元。聚力提升“同线同标同质”产品供给，发展“三同”产品力争突破50种，数量领跑全市。加大跨境电商扶持力度，构建“产业集群+跨境电商”体系，加快崧厦跨境电商园区建设，全年网络零售总额增长5%以上。全力推动外贸稳定，实现全年外贸出口430亿元，持续推进“百团千企拓市场抢订单”行动，确保支持新兴市场展会100场以上。加大广交会等重点展会组展力度，持续鼓励支持和扩大抱团参展范围。

3.持续精准扩大有效投资。牢固树立“项目为王”理念，储备实施总投资超2400亿元的238个“重大产业、科技人才、基础设施、民生实事、招大引强”“五个一批”项目，当年完成投资305亿元。强化项目全生命周期管理，建立项目动态化“四榜赛马”机制，确保新建项目开工率一季度达到40%、二季度达到70%、三季度达到90%以上，10月底前全部实质性开工，实现固定资产投资400亿元。开展全域精准招商，力争全年引进投资10亿元以上项目14个，其中50亿～100亿元2个、100亿元以上2个，实到外资2.5

亿美元以上。全力争取政府专项债、国债等上级资金，争取更多项目纳入国家用地保障范围、能耗单列清单。

（三）坚持服务引领，推动城市能级蝶变跃升

1.聚力优化营商环境。围绕营商环境最优区建设，深化推进政务服务增值化改革，加快“1+2+X”区企业综合服务中心建设，构建多层次涉企服务体系，形成具有上虞辨识度的8个“虞快办”系列改革场景及N项标志性成果。持续实施“爱企行动”系列活动，深化“政企服务直通车”“益企来”等活动。健全落实政府与企业的常态化沟通交流机制，加强政策解读引导，营造尊重、关心、支持民营经济的良好环境。进一步强化政策保障，全面落实省“8+4”、市“1+9”经济政策体系，推动“民营经济31条”精准落地，完善“惠企政策直达”机制，兑现各类惠企资金20亿元，力争全年为企业减负25亿元以上。

2.着力提升城市品质。加快重大枢纽型基础设施建设，全面开建绍兴轨道交通2号线二期上虞段，有序推进104国道南移、南北中心大道、海塘安澜等项目建设，完成329国道北移工程，力争江东路扩容提质等项目开工建设。进一步完善城市基础设施，提升城区地下管网供排水能力，新改市政污水管网15公里、供水管网65公里，曹娥江中上游标准江堤提标加固工程开工建设，推进交通治堵，计划新建停车位2000个。推进国土空间规划编制收尾工作，实施土地征收成片开发。持续推进老旧小区改造，“一楼一策”落实危房治理。全面深化拥江西进高端智造片区等14个网络大城市重点片区开发。完善城乡充电基础设施网络，大力推动新能源汽车下乡。

3.全力推进乡村振兴。扎实推进共同富裕，立足虞南山区发展现状及区域特色，制定完善虞南高质量发展规划和各专项方案。深化完善区内山海协作“6510”行动，实施“虞你共富”三年行动计划，力争村均年经营性收入达110万元以上，确保低收入农户人均收入增长12%以上。完成单村供水站改造提升91座，确保虞南30个高山村提前一年彻底告别无自来水时代。高质量建设“四好农村路”2.0版，实施农村公路改造提升40公里。打好农业“双强”组合拳，加快推进建设国家农业现代化示范区，做大做强特色优势产业，农林牧渔业总产值保持全市第一方阵，新增省级农业龙头企业1家，引育精深加工企业2家，培育做强鲜果、粮食等2条10亿元级农业全产业链，深化“上虞尚品”品牌运营。

（四）聚焦以人为本，促进美好生活共创共享

1.强化基本民生保障。健全就业公共服务体系，实施稳企拓岗增就业专项行动，加强高校毕业生、困难群体等重点人员就业支持，新增开发公益性岗位100个以上。实施创业“背包客”行动，加大创业贴息支持力度，新推出“零元入住”青春公寓500套，打造创业最便利、最友好“创客城市”。实施社保提标提质行动，发挥大社保兜住大民生关键作用，持续扩大基本养老保险、医疗保险参保覆盖面，开展社保、医保政策下基层系列活动。深化惠民型商业补充医疗保险发展，构建因病致贫返贫防范长效机制。健全劳动保障“三支队伍”建设，常态化开展欠薪隐患排查工作，做到欠薪动态清零，确保不发生重大欠薪事件、极端讨薪事件和重大网络舆情。

2.提升公共服务水平。全力推进教育体育现代化、高质效。建成投用道墟街道中心小学、章镇中心幼儿园等中小学、幼儿园5所，新增优质学位4000个以上，创成全国义务教育优质均衡发展区，积极承办国家级体育赛事6场以上。全面推进“健康上虞”和卫生健康现代化建设，争创全国基层中医药示范区、国家级慢病综合防控示范区。稳步推进重点人群疫苗接种、健康体检等民生项目，加强区域医疗协同发展，全面启用邵逸夫医院绍兴院区，确保城南医用综合中心二期如期竣工。聚焦“一老一小”，加强“虞快托”品牌培育，千人托位数达到省级标准；构建“1+2+20+N”养老服务体系，鼓励民间资本参与养老服务，探索和推进公办养老机构国企化改革，完成康养中心项目（一期）建设。

3.巩固美好人居环境。围绕“打造省级生态文明建设县域标杆”目标，把握减污降碳总抓手，实施国家级试点，推进绿色能源体系建设，加快推进总投资68亿元的甘电入浙800千伏特高压直流电力项目，完善节余排污权租赁制度。推进城镇污水管网提升改造五年行动，培育一批污水零直排星级镇街（园区），探索建立跨乡镇流域生态保护补偿机制，县控以上断面水质达标率100%，再夺五水共治“大禹鼎”。开展夏季臭氧、秋冬季秸秆专项治理，实施新一轮“科学治废气”行动，确保$PM_{2.5}$平均浓度、AQI优良率逐年改善。围绕“趋零填埋”，加快推进飞灰资源化项目建设，力争创成四星级“无废城市”。推进生态产品价值实现，全力争创国家“两山”实践创新基地。

（五）坚持底线思维，切实防范化解风险隐患

1.强化精神文明建设。更大力度塑造城市品牌，推进“今在上虞、遇见未来”城市品牌运营传播。围绕大运河文化和“春晖、孝德、瓷源、东山”四张文化金名片，深入实施中华文明上虞标识行动，加快推进章镇小城市培育、丰惠千年古城复兴试点建设。深挖选树一批道德模范、最美人物，推动社会风尚向上向美。深挖王充、谢晋等清廉文化资源，以文化引领、典型引路推动全域清廉。推动公共文化提质增效，启动打造民间博物馆部落群，开工建设青瓷和影像 2 家博物馆，新增规划布局 5 家以上，新建城市书房 4 个，争创省级“最美公共文化空间”1 个以上，争创省公共文化服务现代化先行区，实现“15 分钟品质文化生活圈”扩面提质。

2.完善基层治理体系。紧扣高效能治理要求，健全完善网格智治体系，统筹整合社会各方资源共同参与。围绕“预防在前、调解优先、运用法治、就地解决”的目标，创新探索“三源融合”的矛盾纠纷多元化解机制，确保 95%以上矛盾纠纷化解在基层。坚持和发展新时代“枫桥经验”，创新发展枫桥警务模式，深化“虞网守护”及网安警务室建设。推进“快响直达”综合应急救援网建设，争创 1 个省级以上综合减灾示范社区。全面推进法治“筑基、护航、保障、赋能、铸魂”五大工程，聚力数智赋能，推进跨域式“云上虞”系列司法服务新模式。

3.提升风险防范能力。守好公共卫生安全防线，完善疾病预防控制体系，加强重大传染病综合防控，提升重点人群健康管理水平。紧盯“遏较大、减总量、保安全”目标，全面启动安全生产治本攻坚三年行动，实现 2024 年底前基本消除 2023 年以前排查发现的重大事故隐患存量目标。促进房地产市场平稳健康发展，落实各项房地产政策，更好满足居民刚性和改善性住房需求。进一步统筹保障食品药品安全、特种设备安全、重点工业品安全，深化金融风险整治及其他非法金融活动打击。

2024年上虞区国民经济和社会发展主要目标（草案）

表1

<table>
<tr><th>指标分类</th><th>序号</th><th colspan="2">指标名称</th><th>单位</th><th>绝对值</th><th>增长（%）</th><th>指标属性</th></tr>
<tr><td rowspan="7">经济发展</td><td>1</td><td colspan="2">地区生产总值</td><td>亿元</td><td>/</td><td>7，力争7.5</td><td>预期性</td></tr>
<tr><td>2</td><td colspan="2">一般公共预算收入</td><td>亿元</td><td>/</td><td>7.5</td><td>预期性</td></tr>
<tr><td>3</td><td colspan="2">固定资产投资</td><td>亿元</td><td>/</td><td>10以上</td><td>预期性</td></tr>
<tr><td>4</td><td colspan="2">规上工业增加值</td><td>亿元</td><td>/</td><td>10以上</td><td>预期性</td></tr>
<tr><td>5</td><td colspan="2">社会消费品零售总额</td><td>亿元</td><td>/</td><td>7</td><td>预期性</td></tr>
<tr><td>6</td><td colspan="2">外贸出口</td><td>亿元</td><td>/</td><td>10</td><td>预期性</td></tr>
<tr><td>7</td><td colspan="2">研究与试验发展经费支出占地区生产总值比重</td><td>%</td><td>3.4</td><td>/</td><td>预期性</td></tr>
<tr><td rowspan="3">民生福祉</td><td>8</td><td colspan="2">城镇常住居民人均可支配收入</td><td>元</td><td>/</td><td>与GDP基本同步</td><td>约束性</td></tr>
<tr><td>9</td><td colspan="2">农村常住居民人均可支配收入</td><td>元</td><td>/</td><td>与GDP基本同步</td><td>约束性</td></tr>
<tr><td>10</td><td colspan="2">新增城镇就业人数</td><td>万人</td><td>1.6以上</td><td>/</td><td>约束性</td></tr>
<tr><td rowspan="6">资源环境</td><td>11</td><td colspan="2">单位生产总值能耗下降</td><td>%</td><td colspan="2" rowspan="6">完成上级下达任务</td><td rowspan="6">约束性</td></tr>
<tr><td>12</td><td colspan="2">单位生产总值二氧化碳排放量下降</td><td>%</td></tr>
<tr><td rowspan="4">13</td><td rowspan="4">主要污染物排放</td><td>氨氮排放总量削减率</td><td>%</td></tr>
<tr><td>氮氧化物排放总量削减率</td><td>%</td></tr>
<tr><td>化学需氧量排放总量削减率</td><td>%</td></tr>
<tr><td>二氧化硫排放总量削减率</td><td>%</td></tr>
</table>

（叶　舟）

专 记

上虞区学习贯彻习近平新时代中国特色社会主义思想主题教育纪实

根据中央、省委、市委统一部署，区委决定，在全区各级机关及其直属单位和其他基层党组织开展学习贯彻习近平新时代中国特色社会主义思想主题教育，用党的创新理论统一思想、统一意志、统一行动，弘扬伟大建党精神，牢记“三个务必”，推动全区各级党组织和广大党员在图强争先全面建设“青春之城”，走深走实中国式现代化上虞高质量发展之路上干在实处、走在前列、勇立潮头。

一、工作安排

按照中央、省委、市委统一部署，上虞区主题教育从 2023 年 9 月开始，2024 年 1 月基本结束。主题教育不划阶段、不分环节，把理论学习、调查研究、推动发展、检视整改、建章立制等贯通起来，有机融合、一体推进。

（一）突出抓好区级领导班子和领导干部主题教育

区委常委会对标市委常委会，带头深入开展学习贯彻习近平新时代中国特色社会主义思想主题教育，区人大常委会党组、区政府党组、区政协党组结合各自实际开展。各乡镇、街道和区直部门单位领导班子要按照有关要求，抓好重点措施落实。

1.深化“循迹溯源学思想促践行”抓深理论学习。持续开展“循迹溯源学思想促践行”，在深学细照笃行中提高理论素养、坚定理想信念、升华党悟境界、增强能力本领。一是原原本本系统学。深化党委（党组、工委）“第一议题”制度，用好“春晖大讲堂”“周一夜学”等常态化学习载体，组织党员领导干部通读研读党的二十大报告、党章、《习近平著作选读》、《习近平新时代中国特色社会主义思想专题摘编》等学习材料，深入学习习近平总书记关于主题教育系列重要讲话精神、关于树立和践行正确政绩观的重要论述、关于党的建设的重要思想等，认真学习习近平总书记关于本地区本部门本领域重要讲话和重要指示精神，跟进学习习近平总书记最新重要讲话精神和文章，用党的创新理论指导实践、推动工作。二是追寻足迹溯源学。用好第一批主题教育“循迹溯源学思想促践行”成果、“八八战略”系列理论读本，深入挖掘好、守护好、传承好习近平总书记在上虞考察调研时留下的宝贵理论和精神富矿，开展循迹溯源现场学习，引导领导干部深切感悟伟大思想“源头活水”，在深化、内化、转化上聚力用劲，全面系统掌握习近平新时代中国特色社会主义思想科学体系、核心要义和实践要求。围绕红色印记、和美乡村、现代社区、两新党建、文化传承、清风廉路等 6 大类挖掘典型，打造可学可看的现场教学点，切实增强学习教育的生动性有效性。三是融会贯通深入学。区委举办读书班，组织区级领导班子成员坐下来静下心，认认真真读、逐段逐句读，并进行研讨交流，时间一般不少于 7 天。党委（党组、工委）理论学习中心组要结合实际列出若干专题，联系思想、工作实际和具体事例，开展专题研讨。组织开展“百名书记上讲台”“千场党课下基层”“万名党员进课堂”活动，领导班子成员结合学习体会和实际工作讲专题党课，主要负责同志带头讲，其他班子成员到分管领域、部门等基层单位或所在党支部讲。强化个人自学，组织领导干部制定学习计划，明确进度安排，确保完成学习任务。各级党组织要结合实际，通过述学讲学、座谈交流等方式，检验理论学习成效。

2.深化“大走访大调研大服务大解题”做实调查研究。按照上级要求和区委关于大兴调查研究工作部署，念好“深、实、细、准、效”五字诀，持续深化“大走访大调研大服务大解题”，推动广大党员干部在调查研究中加深对党的创新理论的理解和运用。一是开展专题调研。区委常委会、区人大常委会党组、区政府党组、区政协党组要聚焦聚力“贯彻落实习近平总书记重要指示批示精神和中央、省委重大决策部署”“落实人才强市创新强市首位战略”等15个方面扎实做好调查研究。承接转化第一批主题教育调研成果，科学确定若干选题，推动政策落地、打通工作堵点，放大整体效应。各乡镇街道和区直部门单位党委（党组、工委）要紧紧围绕“贯彻落实习近平总书记重要指示批示精神和党中央、省委、市委重大决策部署”“‘青春之城’建设主战略”等16个方面深入调研。要深入开展典型案例解剖式调研，各级领导班子确定1个正面和1个反面案例，进行复盘分析，解剖麻雀、举一反三，把问题研究得更深更透、对策提得更准更实，切实提高调研质效。二是深入一线调研。开展部门联村送帮扶促振兴、干部联企送服务促发展、党员联户送关爱促共富的“三联三送三促”专项行动，多采取“四不两直”方式，深入农村、社区、企业、医院、学校、“两新”组织等基层单位，多到困难多、群众意见集中、工作打不开局面的地方和单位调研。加强调查研究工作统筹，与省主题教育调查研究数字平台贯通，出台分层分类调研指导方案，优化统筹安排，规范入企调研，避免扎堆调研、多头调研、重复调研，不增加基层负担。三是做好成果转化。高质量开好调研成果交流会，集思广益研究对策措施，形成指导实践、推动工作的思路办法和机制举措，并抓好组织实施，加强跟踪问效，真正把调研成果转化为解决问题、改进工作、促进发展的实际成效。

3.深化“感恩奋进、实干争先”行动助推高质量发展。紧紧围绕推动党的二十大精神落地见效、持续推动“八八战略”走深走实和“挑大梁、拼经济”，聚焦“青春之城”建设主战略，深入实施“感恩奋进、创变笃行”五争行动，把主题教育成果体现到高质量发展的成效上。一是在实施三个“一号工程”上争前列。以创新深化改革攻坚开放提升和“十项重大工程”为总牵引，认真落实中央、省委关于促进民营经济发展壮大的意见和市委、区委助企纾困各项具体措施，深入实施先进制造业强区“1215”专项行动、优化营商环境“158X”行动、八大提能升级行动，大力推进教育、科技、人才“三位一体”创新深化省级试点，加快打造长三角一体化高质量发展样板区。二是在推动“青春之城”“五个十大”落细落实上争先进。以建设十大示范性区块、推进十大引领性项目、构建十大特色化场景、开展十大青春化行动、打造十大标志性成果“五个十大”为主抓手，全面启动建设一批重点区块、重点项目、重点场景，加快推动“青春之城”建设落地见效。三是在谱写共同富裕美好社会新篇章上争示范。迭代深化“千万工程”，大力推进区内“山海协作”，深化“扩中提低”“强村富民”、助残共富十大行动等改革，着力打造全省共同富裕创新性工作样板区。传承发扬“民情日记”制度，健全落实“三个跑遍”“包乡走村”等直接联系服务群众机制，组织机关企事业单位领导干部到社区报到，统筹办好民生实事。四是在推进基层治理现代化上争一流。坚持和发展新时代“枫桥经验”，突出抓好平安护航杭州亚运会亚残运会百日攻坚，深化开展“网格提标”行动，健全落实领导干部下访接访走访和积案化解制度，常态开展安全生产隐患大排查大整治，迭代升级平安稳定“五色预警”，持续践行新时代“四不出村”工作法，全面提升基层治理现代化水平。五是在激励党员干部“敢为善为、图强争先”上争标兵。推进领导班子政治建设，深化“六比六争先、勇当排头兵”作风建设专项行动，打好干部能上能下、容错纠错、澄清正名、回访教育、综合考核等“组合拳”，继续组织召开乡镇（街道）党（工）委书记等工作交流会、镇街部门中层干部实绩比拼擂台赛，更好以干部敢为推动地方敢闯、企业敢干、群众敢首创，形成始终干在实处、走在前列、勇立潮头的生动格局。

4.深化“政治检视、党性体检”开展检视整改。聚焦习近平总书记和党中央关心关注的问题、影响制约高质量发展的问题、人民群众急难愁盼的问题、防范化解重大风险中的问题、全面从严治党中的问题，深刻检视剖析、深入整改落实。一是对照检视列清单。综合调研发现、群众反映、巡视巡察、“七张问题清单”、审计监督、生态环保督察、作风建设等方面发现和反馈的问题，注重从群众信访诉求中梳理焦点难点问题，形成全面、准确、有分量的问题清单，对照销号标准及流程，实行动态管理、滚动销号。二是深入剖析明根源。结合主题教育，开展区管领导班子和领导干部政治素质调研分析，以政治建设牵引促进整改提升。认真开展党性分析，组织党员领导干部对标党风要求找差距、对标党性要求查根源、对照党纪要求明举措。主题教育结束前，乡科级以上领导班子召开专题民主生活会。三是动真碰硬实整改。紧盯群众反映强烈、长期没有解决的问题，平时工作中最担心、最怕出事的问题，实事求是、量力而行确定专项整治项目，不盲目追求数量。坚持上下联动抓整改整治，前后衔接、上下贯通，整体推进问题解决。健全落实闭环整改工作机制，持续深化正风肃纪，整改整治情况以适当方式向党员群众通报，对效果不理想、群众不满意的回炉补课，确保整到位改彻底。

5.注重抓好建章立制。坚持“当下改”和“长久立”相结合，对主题教育中学习贯彻习近平新时代中国特色社会主义思想的好做法好经验，及时以制度形式固定下来。聚焦深层次体制机制调整、改革攻坚突破事项等，注重与年度计划出台政策相衔接，建立主题教育期间拟出台制度清单，研究出台一批管根本、管长远的制度成果，推动“解决一件事”升格为“解决一类事”。

在一体推进5项重点措施的同时，结合主题教育的特点和实际，突出抓好树立和践行正确政绩观，深入开展“持正确政绩观、建为民新业绩”活动，采取学习培训、先进典型示范、反面案例剖析等方式，教育引导干部“要立志做大事，不要立志做大官”，以进取心对待干事创业，以平常心对待职务变动，从思想深处解决“政绩为谁而树、树什么样的政绩、靠什么树政绩”问题。各级各单位要聚焦树立和践行正确政绩观、提振精神、提升能力、转变作风等方面存在的突出问题进行检视整改。加大对大肆举债、大干快上搞“半拉子工程”“形象工程”“面子工程”，统计造假搞“虚假政绩”和基层治理不良现象等问题的整改整治力度，特别是对形式主义、官僚主义进行深入检视，分析根源，对症下药，切实改出成效。

（二）抓实基层党组织主题教育

基层党组织、基层干部和普通党员参加主题教育，以党支部为单位，采取务实管用、简便易行的措施开展主题教育。

1.开展理论学习。组织党员抓好个人自学，通读党的二十大报告、党章，学习《习近平新时代中国特色社会主义思想专题摘编》，掌握基本内容、基本观点、基本要求。立足机关、学校、医院、农村、社区、企业、社会组织等基层单位实际，引导党员干部结合岗位职责和工作要求，用好“循迹溯源学思想促践行”成果，深学细悟习近平总书记有关重要讲话精神。党支部要制定学习计划，通过党员大会、支委会、党小组会开展学习讨论，基层党委书记、党支部书记要讲1次党课。依托各级党校阵地，采取“书记讲给书记听”等方式，对党支部书记和党员进行轮训培训。运用“学习强国”、共产党员网平台、“之江先锋”、“党课开讲啦”等载体，开展“溯源新思想、虞声更嘹亮”理论宣讲活动，注重发挥“虞声嘹亮”等宣讲团作用，以通俗易懂的语言、具体生动的案例，把党的创新理论讲深讲透讲活。有条件的地方，可就近就便利用红色资源等开展党性教育。

切实加强青年干部思想道德和纪法教育，深入学习习近平总书记关于政治品德、职业道德、社会公德、家庭美德等重要论述，组织开展“明德守法、完善自我”专项行动，通过开展专题讨论、对标检视、廉政警示教育和承诺践诺等，引导青年干部进一步坚定理想信念、提升党性觉悟、涵养道德操守、严守纪法规矩。

2.推动图强争先。紧扣中心工作和重点任务，开展“立足岗位作贡献”活动，通过设立党员示范岗、党员责任区，组建党员突击队，开展承诺践诺、建言献策等，推动党员干部主动作为、担当有为。建立健全“快响激活、平急结合”的党员作用发挥机制，将党员编入基层网格、推动参与基层治理，引导在抗击自然灾害、应对突发事件等关键时刻冲在前、作表率。丰富党员服务群众、奉献社会的载体，广泛开展党员志愿服务，开展党建引领护航亚运“五亮五争先”、在职党员“两地报到、组团回归”等活动，组织党员根据自身实际为群众办实事好事。规范党员网络言行，教育引导党员守好网络阵地、把好舆论关口。开展“学习身边榜样、汲取奋进力量”活动，大力选树宣传担当作为先进典型，推动比学赶超。

3.认真检视整改。基层党组织要围绕执行上级组织决定、严格组织生活、加强党员教育管理监督、联系服务群众、抓好自身建设等方面进行检视分析，找准查实问题短板。党员要对照习近平新时代中国特色社会主义思想，对照党章党规党纪，对照群众提出的意见建议，从政治觉悟、党员意识、为民服务、遵规守纪、道德操守、作用发挥等方面进行党性分析，深入查找自身存在的问题。青年党员干部要将思想作风、纪法道德方面问题列入整改整治问题清单，聚焦“三观”不正、党性不强等问题深入进行检视剖析。基层党组织要组织制定整改措施，逐项整改到位。主题教育结束前，党支部召开1次专题组织生活会，开展民主评议党员。

4.夯实基层基础。深化“红色根脉”强基示范区创建，扎实开展“基层党建争先攀高”行动，不断增强基层党组织政治功能和组织功能。实施“三型争创、强根壮脉”计划，组织开展“夯实基层、服务基层、关爱基层”专项行动，借势借力推进基层党建重点任务。深入实施“百县争创、千乡晋位、万村过硬”工程，深化农村工作指导员、驻社驻企党建工作指导员等制度，做深做实党建联建，持续整顿软弱涣散基层党组织，扎实推进抓党建促乡村振兴。以“和美争创、三百计划”为抓手，纵深推进现代社区建设，抓好党建统领网格智治，建强用好各级党群服务中心，擦亮党建引领社区、业委会、物业三方协同共治新名片，打造新时代“枫桥经验”城市版。全面实施兴村治社“群雁领航”工程，健全完善城乡社区专职工作者制度，大力推进基层骨干队伍建设。深入实施“双融双强”工程，全面开展青春党支部创建，持续健全党组织实质作用发挥机制，推动新兴领域党建攀高跃升。深入实施“进出育管爱”全链条管理，系统加强新时代党员队伍建设。统筹抓好各领域基层党建，推动全区域建强、全领域过硬、全面走在前列。

创新加强流动党员管理，开展“组织为党员服务、党员为群众服务”活动，建立健全“多重纳管、双向共管、数字智管”机制，压实流出地、流入地双方责任，组织流动党员开展主题教育，指导流动党员抓好自学和党性分析，推动积极发挥作用。依托园区、楼宇、商圈党组织和平台企业、物流企业、街道社区党组织，用好党群服务阵地，采取小型分散、灵活简便的方式，组织新经济组织、新社会组织、新就业群体党员参加主题教育。对年老体弱党员，可采取送学上门、结对帮学等方式组织参加主题教育。

（三）全面加强组织领导

主题教育涉及的单位和人员范围广、类型多、规模大，任务艰巨。要高度重视、精心组织、扎实推进，确保抓出高质量、取得好实效。

1.层层压实责任。将主题教育开展情况作为领导班子和领导干部年度考核、党委（党组、工委）书记抓基层党建述职评议考核的重要依据，纳入区委巡察重要内容。党委（党组、工委）要扛起抓主题教育的政治责任，强化组织领导，周密部署实施。党委（党组、工委）书记要切实履行“第一责任人”职责，带头学、带头改、带头抓。基层党组织书记要吃透精神、把握标准，严格落实各项任务要求。坚持条块结合，发挥好行业系统主管部门对本行业本系统的指导作用。

2.强化领导指导。区委主题教育领导小组办公室要加强统筹协调，精心组织实施，强化对主题教育的联络服务和工作指导。各乡镇街道和区直部门单位党委（党组、工委）要配齐配强工作力量，细化压实责任，推动各项任务一贯到底。要充分发挥“三驻”干部、农村第一书记和党建工作指导员等作用，加强对联系基层党组织的督促指导。

3.加强分类施策。党委（党组、工委）要区分不同领域不同对象，细化目标任务和要求，提出切合实际的推进措施。乡镇（街道）要着力解决推动政策落地、强化基层治理、为民办事服务、化解社会矛盾、建强基层组织、增强“浙里兴村治社”应用实战实效等方面突出问题。村（社区）要围绕加快乡村振兴、推进共同富裕、深化新时代“千万工程”、提高基层治理能力、提升服务群众质效等开展主题教育。国有企业要聚焦加强党的建设、提高核心竞争力、增强核心功能，在推动企业不断做强做优做大上用力。学校要紧扣立德树人的根本任务，在提高思想政治工作质量、加强师德师风建设方面下功夫。医院要落实党委领导下的院长负责制，深化清廉医院建设，提高医疗服务水平。新经济组织、新社会组织、新就业群体要提高党的组织和工作覆盖质量，增强基层党组织政治功能和组织功能，推动党员立足岗位多作贡献。

4.力戒形式主义、官僚主义。落实中央、省委、市委和区委部署安排，抓好主题教育规定动作，把功夫下在解决问题、改进工作上，不搞不必要的形式创新，不随意增加“自选动作”，不增加基层负担，坚决防止形式化、套路化、表面化，坚决防止“低级红”“高级黑”。党委（党组、工委）要加强政治把关和政策指导，健全完善防止和克服形式主义审核把关、常态监管机制，对可能出现的形式主义问题提前预判、有效防范，对所属党组织开展的“自选动作”进行认真审核，确保主题教育的政治性和严肃性。对主题教育中搞形式主义，出现“低级红”“高级黑”现象，造成严重影响的，要及时调查核实、依规依纪作出处理。

5.抓好宣传引导。发挥主流媒体和新媒体作用，深入宣传习近平总书记关于主题教育系列重要讲话和重要指示批示精神，深入宣传中央、省委、市委和区委部署要求，全面反映主题教育工作进展和成果成效。要对主题教育重要宣传报道注意加强指导。坚持开门搞教育，注重听取群众评价，将群众评价和上级评价结合起来、过程评价和总结评估贯通起来，以群众满意不满意评判工作质效，持续营造主题教育的良好氛围。

二、具体成效

全区参加第二批主题教育的单位共有 20 个乡镇街道、69 个区直部门单位，涉及县处级领导干部 30 人，基层党组织 3180 个（党（工）委 185 个、党总支 359 个、党支部 2636 个；行政村（改居村）297 个、城市社区 57 个），党员 54864 名。

主题教育启动以来，区委聚焦“青春之城”建设主战略，深入实施“感恩奋进、创变笃行”行动，不断推动主题教育各项工作见行见效。中央和省委、市委对上虞尤为关怀，中央第五巡回指导组、省委第六巡回督导组、王成部长来虞调研时均给予肯定；市委主题教育办第六联络小组全面参与、全程把关，走遍上虞镇街实现全覆盖指导，有力助推我区主题教育走深走实。全区主题教育相关工作 4 次在省市会议发言，有关做法被省委、市委主题教育简报刊登 15 次，省级以上主流媒体报道 35 次。

1.强化示范引领，在以上率下中躬身笃行。区委常委会自觉走在前、作表率，示范带动全区主题教育高质量推进。一是带头抓好研究部署。及时召开领导小组会议、区委常委会，认真学习习近平总书记关于主题教育重要讲话和重要指示批示精神，研究我区贯彻意见和实施方案。区委鲁书记认真履行第一责任人职责，代表常委会作出“五个始终坚持、五个率先垂范”集体承诺，在多个重要会议上对主题教育进行部署强调，推动全区上下持续兴起见效于学、见效于干的热潮。二是带头开展理论学习。第一时间召开区委常委会和全区领导干部会议传达学习习近平总书记考察浙江重要讲话精神，抓实专题辅导、集中自学、研讨交流等环节，举办区委主题教育读书班 3 期、理论学习中心组专题学习会 5 次、春晖大讲堂 2 期，累计集中学习研讨时间 8 天。区四套班子赴浙江展览馆、枫桥经验陈列馆、浙东运河文化园、新屯南村等开展现场学习，在追溯“源头活水”中感悟真理力量、实践伟力。三是带头做到知行合一。区领导带头落实“四下基层”要求，采取“四不两直”方式，结合“八个一”联系制度深入一线走访调研、下访接访、开展宣讲，领办发展难题和民生实事 60 件，累计走访调研 701 次，接待群众 129 批 172 人次，化解市级及以上信访积案 124 件，带动各级干部下基层、察实情、解民忧。区委常委会高质量做好会前学习、谈心谈话、问题梳理等环节任务，高质量开好专题民主生活会。

2.突出循迹溯源，在深学细悟中凝心铸魂。深入开展“循迹溯源学思想促践行”，确保学出真知、学出忠诚、学出担当。一是原原本本深化学。指导基层党组织、党员制定支部学习计划、个人自学计划，全面通读精读规定书目，对基层党组织书记和党员进行全覆盖专题轮训培训，结合工作实际组织专题党课 1571 场次、受众 6.9 万人次，确保每一位党员不掉队、不漏学。二是追寻足迹内化学。系统梳理习近平总书记 3 次来虞考察调研留下的精神富矿，汇编形成循迹溯源导图、案例、调研实录及“八八战略”上虞实践等“一图一例一录一册”作为内部学习资料，用好 5 个循迹溯源点、44 个教学点及本土典型案例和课件，推出 14 个“1+4+X”主题党日指导方案，组织党员开展“牢记嘱托、感恩奋进”现场学习千余场，切实提升学习实效。三是联系实际转化学。严格落实“第一议题”制度，引导基层党组织对照学习习近平总书记关于本单位本领域的重要指示精神，切实抓好学习贯彻习近平总书记考察浙江重要讲话精神落实落地，举办“八八战略在身边、青春之城向未来”等主题宣讲活动，组织党员干部立足岗位职能开展专题研讨交流 8400 余次，切实把理论学习所学所思所悟体现在推进青春之城建设的实际行动中。

3.践行“四下基层”，在调查研究中破题解难。深入开展“大走访大调研大服务大解难”，推动党员干部走进矛盾破难题、走进群众解民忧。一是深入基层体察民情。注重开门搞教育，区领导领衔重点调研课题30个，围绕8个正反面案例开展解剖式调研155次，组织开展“三联三送三促”走访服务活动，发动100个部门结对包联全区100个村，1627名干部联系指导1895家企业，累计走访群众7.3万人次、收集意见建议近5000条次。二是回应关切办好实事。针对虞南山区供水安全、农村养老服务等群众关心关切问题，区领导通过现场直办、部门主办、领导领办，依托重点项目推进解难会、“益企来”、“政企服务直通车”等平台，推动497个问题从“诉求清单”转入“成效清单”。开展“立足岗位作贡献”等活动，发动1.1万名在职党员到社区报到，认领基层治理、“一老一小”、文化服务、安全保障等民生项目2.7万余个，帮助基层解决问题近7000件。三是建章立制固化成果。按照“解决一个问题、健全一项制度、破解一批难题”的思路，区四套班子高质量召开调研成果交流会，建立成果转化运用清单30份，形成21项理论成果、10项实践成果、16项制度成果。围绕经济转型升级、营商环境建设、干部作风、基层治理等方面，研究出台《大力促进民营经济提质升级若干措施》《推进“虞快办”政务服务增值化改革的实施意见》《深化落实“三个区分开来”要求健全审计容错纠错机制激励干部担当作为实施办法》《全面开展“双融双强”青春党组织标准化创建的实施意见》等政策、文件和制度181个，推动调研出成果见实效。

4.护航中心大局，在实干担当中图强争先。全面开展“持正确政绩观、建为民新业绩”行动，推进“感恩奋进、创变笃行”五争攻坚，打好创造性贯彻落实、创新性转化发展的组合拳。一是创变笃行促发展。坚定不移实施“八八战略”，全面落实区委“1336”战略体系，统筹推进三个“一号工程”，大力实施“十项重大工程”，出台“抢开局、拼经济、稳增长”等系列政策，对标实施优化营商环境“158X”行动，以“五个十大”为主抓手推动“青春之城”建设落地落实。统筹开展迎亚运“三大提升行动”和党建引领护航亚运“五亮五争先”活动，设立党员示范岗3123个、党员责任区2131个、党员突击队2120支，顺利完成平安护航亚运各项任务。迭代深化“千万工程”，13个村社创成省未来乡村、未来社区，晋生村入选全国“千万工程”现场会考察点。二是赛马比拼争一流。突出政治标准和实干实绩导向，实施图强争先大比拼专项考核，搭建重大项目攻坚比拼、镇街部门书记交流会、中层干部实绩比拼、中层干部“四评四看”等分类晒绩平台，实现全区干部建设“青春之城”现代化能力提升轮训全覆盖，把主题教育激发出来的热情转化为推进经济社会高质量发展的强大动力，累计提拔、进一步使用干部81名，5名干部入选省市担当作为好干部，选树区担当作为好干部12名。三是强基固本增活力。扎实开展全域党建提升年活动，深入推进“夯实基层、服务基层、关爱基层”、加强和改进流动党员管理两个专项行动，制定出台村社干部队伍建设十条举措、村社后备人才队伍建设指导意见，换届“回头看”以来共调整村社书记55名，春晖中学作为8名基层代表之一在全省基层干部座谈会上作交流发言。探索开展党建引领三方协同共治行动，积极打造“枫桥经验”城市版，圆满完成全省推进会现场考察任务，相关做法在《人民日报》内参刊发，得到省委市委主要领导批示，在省委组织部强基课堂介绍经验做法，获全市十佳“枫桥式工作法”、全市营商环境最佳案例。持续推进抓党建促乡村振兴，“凤凰领航、共富同行”基金增资至1亿元，2个党建联建典型案例、2家“共富工坊”分别入选第一批省级示范名单。贯彻全省新时代党员队伍建设工作推进会精神，加强党员“进出育管爱”全链条管理，推出流动党员“十个一”暖心服务举措，着力破解农村发展党员难题。

5.坚定勤廉追求，在闭环整改中革旧鼎新。把检视整改问题贯穿主题教育始终，着力堵漏洞、补短板、强弱项。一是深刻检视剖析。建立问题清单“四看三审”机制，引导党员干部认真做好政治检视、党性体检，组织开展定向问题征集和两轮问题检视，区领导带头梳理领衔问题31个、专项整治项目3个，带动基层党组织排查问题2608个、制定整改措施3671个。对问题和措施逐一审核“过筛”，对查找浮于表面、目标不切实际、措施空洞无力的及时纠偏，做到不留死角、不留余地。指导乡镇部门领导班子开好专题民主生活会，抓实基层党组织专题组织生活会和民主评议党员工作。二是深入整改落实。把整改整治工作纳入年度落实全面从严治党主体责任检查重点内容，实行问题整改“动态更新、综合评价、跟踪管理、挂账销号”闭环管理，建立问题销号“六对照四审核”机制，一体推进领导领衔、专项整治，指导镇街部门完成检视问题整改263个，12个上下联动问题全部销号，区委主要领导领办的“村社领雁队伍后备人才缺乏”问题整改做法在省委主题教育办简报刊发。三是深化纪法教育。实施青年干部“明德守法、完善自我”专项行动，分层分类开展“今在上虞 纪法同行”学习教育、清廉家庭“十个一”等活动，创设“廉教、廉学、廉说、廉语、廉读、廉行”特色载体，举办“溯源新思想 虞声更嘹亮”青年理论学讲活动暨场景式比赛，累计轮训青年干部2109人次，开展专题讨论1481次、廉政警示教育672次，持续激励青年干部在岗位上比拼业绩、多作贡献。

6.加强严督实导，在全程把控中提质增效。牢牢把握“不划阶段、不分环节”要求，精心做好面上组织协调和服务保障工作，推动各项任务具体化、精准化落实。一是抓统筹推进。区委主题教育办建立周例会、工作提示等机制，梳理24项重点工作和10项重要活动清单，针对基层不同领域及参学对象特点，编发分领域分对象任务清单、支部书记职责清单、现场学习和轮训培训指引等，明确“三驻”干部督学促干“八必”要求，下发54个工作提示和通知、5期问题答复，确保学有方向、做有遵循。坚持党建带团建，围绕在理论学习、教育培养、实践破难中下真功、获真知、见真章，高质量推进团员和青年主题教育工作。二是抓调度指导。抽调36名干部组成9个联络小组分片指导89家参学单位，实行半月调度、全程动态指导等机制，采取现场走访、“四不两直”、随机抽查等方式，第一时间掌握基层党组织主题教育开展情况，累计督查部门单位、镇街村社4轮次、访谈2800余人次，确保主题教育不走样、不走偏。三是抓氛围营造。积极总结提炼好经验好做法，在区级媒体上刊发刊播报道210篇次，编发本级简报21期，挖掘上报特色做法和案例37条篇，组织区镇街三级宣讲500余场次。深入开展“学习身边榜样”等活动，选树宣传阮兴祥等先进典型事迹，10名先进个人、4个先进集体入选市级典型。

（任煌华）

谢晋诞辰 100 周年系列纪念活动

2023 年是著名导演谢晋诞辰 100 周年。11 月 20 日，谢晋青年电影盛典在谢晋故乡上虞启幕。11 月 21 日，谢晋诞辰 100 周年纪念暨“与时代同行”电影发展主题研讨会顺利举办。

一、追忆先锋、致敬经典，高规格举办系列活动。 一是举办纪念活动。由中国文联、中国电影家协会、浙江省委宣传部、上海市委宣传部、绍兴市人民政府共同举办谢晋诞辰 100 周年纪念暨“与时代同行”电影发展主题研讨会，广邀电影艺术家、专家学者、谢晋友人及社会各界人士参加，共话电影时代发展。《人民日报》、新华社、央视等 40 余家媒体聚焦报道，全网传播量逾 6000 万。二是举办青年电影盛典。秉持谢晋“扶新”培育电影新人之理念，中国电影家协会、中国文学艺术基金会、绍兴市人民政府、上海电影集团共同举办谢晋青年电影盛典，现场公布“谢晋青年电影扶持计划”，扶持一批青年导演和青年电影项目。线上直播吸引超 830 万人次观看。三是举办追忆谢晋座谈会。邀请中国报告文学委员会主任何建明、中国戏剧家协会主席濮存昕、著名电影评论家石川、浙江省作家协会主席艾伟等 22 位专家学者和谢晋生前好友，围绕“谢晋的故乡情”“谢晋的电影情缘”“谢晋的电影艺术”等主题，通过视频交流、圆桌座谈等形式，共同追忆谢晋艺术人生。

二、各方联动、全民参与，多形式展现艺术人生。 一是重温艺术经典。浙沪联动，在两地共同举办谢晋百年诞辰纪念特展、“致敬谢晋”电影视觉艺术展，共建“上海电影博物馆谢塘分馆”。在中国电影家协会指导下，开展谢晋经典影片进村社活动，累计展播《牧马人》《高山下的花环》《鸦片战争》等影片 350 场次，惠及观众 3.2 万人次，并遴选多部谢晋经典电影在全国影院巡回展映。二是创作文艺精品。邀请国家一级作家顾志坤创作出版“谢晋三部曲”——《永不谢幕：谢晋传》《让生命燃烧：谢晋评传》《远去的背影：谢晋年谱》，该丛书为国内较为完整记录和研究谢晋的著述。与央视联合摄制纪录片《永远的谢晋》，并在央视纪录片频道和各头部平台播出。三是开设新闻专题。与浙江日报“潮新闻”等合作开设“纪念谢晋诞辰 100 周年”专题专栏，征集展示谢晋经典语录、人生故事和各地纪念活动动态。

三、创新载体、多元融合，特色化打造精神标识。 一是设立“谢晋电影基金”。中国电影家协会、上海谢晋电影艺术基金会、绍兴市上虞区人民政府共同设立“谢晋电影基金”，扶持青年导演和青年电影项目。基金首轮共吸引 105 个项目申报，最终扶持了 10 个“优秀项目”、3 位“新锐导演”。二是打造“晋生星片场”。围绕“谢晋故里 · 邀您入戏”主题，在谢晋故里谢塘镇，投资 8000 万元打造“晋生星片场”，共有 8 个电影主题空间、2200 平方米展陈面积和近 7000 件展品，并邀请谢晋友人、著名艺术家韩美林创作谢晋铜像。“晋生星片场”自开放以来已吸引游客 13 万人次，被评为浙江省首批“影视采风创作基地”，入选全国学习运用“千万工程”经验现场推进会参观点位。下一步，我们将扎实做好谢晋百年系列活动后半篇文章，弘扬谢晋“为时代而歌、为人民创作”的电影艺术精神，扎实开展新时代文艺精品攀峰行动，创作生产更多讴歌新时代、植根人民群众的电影作品；持续放大“谢晋青年电影扶持计划”品牌效应，办好每两年举行的推优盛典及产业推介活动，培育更多青年电影人才；深化影视产业培育政策，成立影视专业服务机构，创新擦亮谢晋文化 IP，讲好中国故事，推动浙江影视产业蓬勃发展。

（王浙炜）

大事记

1月

1日，区推行企业年报“多报合一”改革，采取“一次申报、信息共享”的方式，实现市场监管、税务、海关、商务等多项年度报告事项“多报合一”。

3日，区委二届三次全体（扩大）会议暨区委经济工作会议举行。出席会议的上虞区委委员30名，候补委员5名。上虞区委常委会主持会议。上虞区委书记鲁霞光代表区委常委会作报告，并在会议结束时讲话。上虞区委副书记金进富部署2023年经济工作。会议审议通过《中共绍兴市上虞区委关于全面学习贯彻党的二十大精神，坚定捍卫“两个确立”，坚决做到“两个维护”，对标“两个先行”“五个率先”全面建设“青春之城”，走好中国式现代化上虞高质量发展之路的决定》和《中共绍兴市上虞区委关于深入学习贯彻党的二十大精神，全面建设“青春之城”的行动方案》。

6日，绍兴市上虞区生态文明建设委员会办公室揭牌成立。合并原有的区蓝天办、区治水办、区无废办、区美丽办等临时机构，以专班形式实体化运作，与生态环境分局合署办公。

7—9日，中国人民政治协商会议第二届绍兴市上虞区委员会第二次会议召开。

8—10日，绍兴市上虞区第二届人民代表大会第二次会议召开。

9日，上虞入选浙江省夜间经济特色城市名单。

11日，区委、区政府印发《深入实施区内山海协作促进城乡统筹协调发展实施方案（2022—2025年）》的通知。

17日，以“上虞制造·扬帆出海”为主题的区外贸企业海外出展拓市政策推介会暨战略合作签约仪式举行。

30日，全区干部大会暨实干担当创变笃行全面建设“青春之城”工作会议召开。

是月，上虞区成为绍兴市唯一一个五星达标全域覆盖创建区（县、市）。

2月

3日，上虞区入选省“非遗助力共同富裕”试点地区名单。

是日，区举行“今在上虞·遇见未来”上虞籍大学生新春恳谈会。

5日，“2023年上虞博物馆奇妙夜”系列活动启动，上虞博物馆举办首场沉浸式博物馆夜游文化活动。

7日，区举行第五期“政企服务直通车”活动。活动围绕促消费活市场主题进行沟通交流，提出打造区域性消费中心城市，重塑“浙东新商都”城市品牌新优势。

8日，副省长胡伟到上虞调研督查长江经济带暗访交办问题整改工作。

9日，全区党委（党组、工委）书记抓基层党建、意识形态和人才科技工作述职评议会召开。

16日，百官街道率先启动区“定时定点”投放清运高标准示范小区创建工作。

17日，上虞区未来城开发建设办公室揭牌仪式举行。

18日，全区服务业高质量发展大会召开。

19日，东西部劳务协作专场招聘会在乐山市金口河区举行，区24家企业参加。

23日，区委农村工作会议暨农业高质量发展大会召开。

28日，“上虞翠茗”茶叶区域公用品牌新闻发布会在浙江省人民大会堂举行，启用“上虞翠茗”茶叶区域公用品牌。

是月，区推荐申报的“谢安故事”入选省级“民间文学”项目名录。

是月，区获浙江省第四届“河姆渡杯”粮食生产先进市、县（市、区）银奖。

是月，区启动《上虞区“一江两岸”扩容提质城市设计》优化编制工作，进一步提升城市发展内涵和拓展深度。

3月

1日，区委、区政府印发《关于明确未来城开发建设体制机制的若干意见》的通知。

是日，区举行全面推进“青春之城”建设项目攻坚提速一季度现场推进会。总投资132亿元的32个重大项目开工，总投资83亿元的22个项目投用、投产。

是日，全区招商引智工作例会召开。

11日，为期3天的诗画曹娥江·2023年全国木球系列赛第二届长三角木球争霸赛在上虞开杆。

15日，第四届“中国服务”·旅游产品创新大会在上虞举行。

16日，区举办长三角（上虞）户外休闲旅游节暨2023“上虞翠茗”开茶节。

是日，“之江同心·越联越享”活动启动仪式暨“寻美绍兴”之今在上虞推进会在区召开。

是日，全区生态环境保护大会召开。

19—21日，“2023上海·上虞周”在上海举行。

21日，《2022浙江省上规模民营企业调研分析报告》发布。2022年，上虞区上规模民营企业49家，排名全省第5。

24日，长三角（上虞）户外休闲旅游节·樱花谷嘉年华开幕。中国旅游景区协会授予张村樱花谷“中国最美樱花谷”称号。

是月，2022年“绍兴工匠”百人名单公布，上虞共有11人上榜。

4月

2日，上虞区首座城市专用慢行系统桥梁——曹娥江城市人行桥顺利实现主桥合龙。

8日，长三角（上虞）户外休闲旅游节·“今在上虞，光影覆卮”主题光影夜活动在岭南乡覆卮山景区启动。岭南乡入选文化和旅游部公布的第二批全国乡村旅游重点镇（乡）名单，为全区首个获此殊荣的乡镇。

9日，以“科技、人才、创新力”为主题的之江科创大会在上虞举办。

10—13日，区委副书记、区长金进富率团赴香港、澳门开展招商活动，推介上虞特色优势及营商环境。4月13—15日，招商考察团又赴深圳、广州开展招商考察，对接优质企业项目，学习先进经验做法。

11日，上虞区举行纪念当代茶圣吴觉农诞辰126周年系列活动。

15日，“留·在浙里”中国·绍兴博士后论坛（生命健康和新材料产业）在上虞举行。

18日，全国人大调研组到上虞开展《中华人民共和国科学技术进步法》执法检查前期调研，考察调研杭州湾产业协同创新中心和卧龙集团。

24—25日，全国小微企业质量管理体系认证提升行动区域试点工作现场推进会在上虞区召开。

26日，省委书记易炼红以“四不两直”方式，在上虞区深入企业、园区、医院、商场等检查督导安全生产工作。

是月，上虞区开展“谢晋电影展播月”活动。

5月

4日，区召开文化工作座谈会。

5日，区政府印发《上虞区文旅深度融合高质量发展实施方案（2023—2027年）》，积极打造长三角独具文化辨识度的旅居目的地，争创国家级旅游度假区和国家级全域旅游示范区。

10日，区举行深入实施“八八战略”强力推进创新深化改革攻坚开放提升工作推进会暨镇街部门书记工作交流会。

是日，全省首个有签证受理权限的县级中心——上虞移民事务服务中心启用。

14日，央视《新闻联播》头条以《“千万工程”实施20年 描绘村美人和共富新画卷》为题，报道了浙江大地20年来深入实施“千万工程”取得的成就，其中介绍了区小越街道倪梁村实施“千万工程”以来取得的可喜变化。

16日，全区党管武装工作会议召开。

18日，全省加快建设全球先进制造业基地大会召开，上虞获评首批“浙江制造天工鼎”单位，综合评价考评全省第7、全市第1。

18日，“致敬谢晋”——谢晋百年系列活动新闻发布会在北京举行。

19日，数字化领袖峰会暨数字经济创新提质发展大会在区举行。

27日，绍兴市第四届残疾人运动会提前项目比赛在上虞开赛，为区首次承办绍兴市残运会赛事。

28日，第三届中国·绍兴“万亩千亿”新产业平台全球创业大赛生命健康专项赛暨上虞未来城“未来场景·未来产业”创业大赛在上海正式启动。

29日，“全省对外开放工作成绩突出集体”名单公布，区入选十佳招大引强县（市、区）。

30日，区长三角城市群流动人口居住证“跨省互通互认”业务正式实施。

是日，徐光宪纪念馆入选2023年度科学家精神教育基地。

31日，上虞区疾病预防控制局正式挂牌成立。

是月，杭州湾上虞经济技术开发区国家级循环化改造示范试点通过国家验收。

6月

2日，上浦闸枢纽工程完成不动产权证办理，为全省首例大型水闸枢纽工程不动产确权登记项目。

8日，2023曹娥江高端装备制造产业人才发展大会在区举办。

10日，“上虞翠茗”品牌推介会在北京展览馆举行。

10日至11日，“青春之城 激情卡丁”2023赛季RMCC卡丁车挑战赛绍兴·上虞站比赛在丁宅乡举行。

12日，上虞区召开企业家大会。

13日，长三角（上虞）户外休闲旅游节——“今在上虞·遇见尚品·共享‘梅’好生活”上虞区农产品区域公用品牌发布会暨2023第十七届上虞二都杨梅文化旅游节在驿亭镇举行。

23日，2023全国百名摄影家走进上虞采风暨浙江省摄影之乡上浦镇主题摄影作品展开幕式在城市阳台举行。

27日，全区青年发展型县域试点工作推进会召开。

是月，上虞首批“零元入住”青春公寓上线。

7月

1日，复旦大学——绍兴市全面战略合作签约仪式暨2023曹娥江生命健康产业发展大会在上虞区召开。

3日，上虞区被授予“清源杯”三星级。

4日，泛百官区块“腾笼换鸟·提档升级”行动誓师动员会召开，百官工业园区征收工作正式启动。

5日，“舜达135”入选2023年度超级稻确认品种，为全市首个拥有自主知识产权的超级稻品种。

11日，绍兴市上虞区劳动人事争议联合调解中心设立。

16日，2023中国·绍兴（上虞）中外名校赛艇挑战赛在曹娥江城市阳台水域举办。

21—22日，“青春之城 魅力上虞”2023“女儿红之夜”大型演唱会在上虞体育中心上演。

28日，上虞瓷源文化小镇艺术引领区开园。

31日，区委二届四次全体（扩大）会议召开。会议听取和讨论区委书记鲁霞光受区委常委会委托所作的工作报告，审议通过《中国共产党绍兴市上虞区第二届委员会第四次全体会议关于坚定不移深入实施“八八战略”图强争先全面建设“青春之城”走深走实中国式现代化上虞高质量发展之路的决议》。

8月

6日，“四好农村路”全国示范县创建评估验收组一行到上虞，对区“四好农村路”全国示范县创建进行评估验收。

8日，上虞区获2022年度“五水共治”工作“大禹鼎”银鼎和“美丽浙江建设工作考核优秀区”。

11日，区举行虞籍学子联谊会成立暨第七届“青蓝工程”出征仪式。

15日，百官工业园区房屋征收项目签约工作启动。房屋征收项目建筑面积总计52万平方米，涉及企业或权属主体55家。8月30日圆满收官。

21日，区首个“城市驿站”启用。

25日，第二届工业园区绿色低碳发展大会在上虞召开。

是月，上虞区入选国家农业现代化示范区创建名单，为绍兴首个。

是月，浙江万年人文人历史 Top100 事件揭晓，上虞 3 件大事上榜，分别是：97 年，王充去世，留存重要哲学著作《论衡》；东汉中期，上虞炼制成熟青瓷；376 年，谢安于今上虞东山再起，后主持朝政，赢得淝水之战。

9 月

4 日，浙江省建设宗教中国化场所推进会在区召开。

5 日，第一届浙江省知识产权奖获奖名单公布，上虞区企业获一等奖 1 项，二等奖 2 项，获奖数量与质量居全市第一、全省前列。

9 日，区召开“五创图强、四进争先”重点政府投资项目“大调研、大解难、大比拼”活动推进会议。

11 日，杭州第 19 届亚运会火炬传递绍兴站活动举行。共有 170 名火炬手参与接力传递，其中上虞 16 名。

12 日，区委常委会（扩大）会议暨区委学习贯彻习近平新时代中国特色社会主义思想主题教育领导小组第一次会议召开。

13 日，全区学习贯彻习近平新时代中国特色社会主义思想主题教育动员部署会召开。

15—17 日，2023 年首届全国田径接力锦标赛在上虞体育中心体育场举办。来自全国各省区市的 37 支代表队、617 名运动员将齐聚上虞赛场。

21 日，全区领导班子政治建设推进会暨全区组织工作会议召开。

24 日，由绍兴市上虞区休闲旅游工作领导小组主办的 City Drive“城市巡游记”千车万人游上虞活动在中华孝德园景区门口广场启动。是上虞区内首次举办的千车万人游活动。

29 日，第十五届浙东新商都（上虞）金秋购物节在上百·万悦城开幕。

是月，杭绍甬高速上虞段主线路面全部贯通。

是月，孝德文化小镇·风情街夜市入选商务部典型案例。

10 月

10 日，区委学习贯彻习近平新时代中国特色社会主义思想主题教育读书班专题辅导报告会举行。

12 日，2023 高端装备制造高质量发展大会暨全国工商联高端装备制造与仪器仪表委员会年会在上虞区举行。

12 日，谢晋三部曲《永不谢幕：谢晋传》《让生命燃烧：谢晋评传》《远去的背影：谢晋年谱》在谢晋故乡上虞首发。

14—15 日，2023 年“广州高铁计量”杯全国大学生标准化奥林匹克竞赛决赛在上虞举办。

15 日，“2023 世界女科学家大会平行论坛——女海洋科学家论坛：海洋探测与保护中的‘她’力量”在上虞举行。

是日，区举行猴王馆开馆暨上虞终身文化大使授予仪式，著名表演艺术家、国家一级演员、1986 版《西游记》孙悟空扮演者六小龄童（章金莱）获授“上虞终身文化大使”称号。活动当天，猴王馆在道墟开馆揭牌。

28 日，全区深入实施“八八战略”强力推进创新深化改革攻坚开放提升工作例会暨三季度经济社会形势分析会召开。

是月，区舜井、白马湖、蒿坝清水闸、浙东运河—绍兴段、钱塘江古海塘—绍兴段等 5 处遗产入选浙江省首批重要水利工程遗产资源目录。

是月，全市首家奥运冠军“助残圆梦”工作室在上虞成立。

11 月

4 日，曹娥江城市人行桥开通。大桥全长 777 米，概算总投资 1.6 亿元，桥宽 9 米，是一座全钢异型大曲线结构桥梁。

是日，区举行全面推进“青春之城”建设项目攻坚提速四季度集中系列活动，总投资超 290 亿元的 70 个重大项目集中启动、开工、启用。

10 日，在浙江省创新深化大会上，上虞区被授予 2022 年度“科技创新鼎”称号。

是日，第三届中国·绍兴“万亩千亿”新产业平台全球创业大赛生命健康专项赛暨上虞未来城“未来场景·未来产业”创业大赛总决赛在虞开幕。

15 日，市第四届残疾人运动会在上虞开幕。

17 日，全区年轻干部座谈会召开。

18 日，越窑青瓷·中国瓷源首届“上虞窑”开窑节在凤凰山考古遗址公园举行。

20 日，谢晋青年电影盛典在区举行。

是月，杭州湾上虞经开区“凤凰领航·蓝海红湾”党建品牌入选全国“年度百佳园区党建品牌案例”。

是月，上浦闸灌区总干渠不动产权证书颁发，这是全省确权面积最大的灌区不动产权证书，也是全省首例河渠确权。

是月，2023 年中国中小城市高质量发展指数研究成果发布，上虞区位列 2023 年全国综合实力百强区第 29 位，较上年前进 4 位，首次挺进全国“30 强”。

12 月

2 日，春晖文化研究会成立仪式举行。

4 日，上虞未来城规划发布。

8 日，“今在上虞 共创未来”2023 年上虞人才发展大会开幕。

9 日，上虞区召开镇街部门书记工作交流会暨区领导听取乡镇街道 2024 年思路。

10 日，诗画曹娥江· 2023 年长三角单车山地速降赛暨第六届绍兴（上虞）祝家庄国际单车山地速降赛在丰惠古城祝家庄举行。

15 日，2023 年全国跳绳锦标赛在浙江建设职业技术学院（上虞校区）体育馆开幕。

20 日，上虞区召开经济形势分析会。

21 日，绍兴兴欣新材料股份有限公司成功登陆深圳证券交易所主板，成为绍兴第 100 家、上虞第 20 家上市公司。

29 日，区委召开议军会议。

是月，商务部公布 2023 年国家级经济技术开发区综合发展水平考核评价结果，杭州湾上虞经济技术开发区在全国 230 家国家级经济技术开发区中列 60 位，较上年晋升 33 位。

（沈瑶圆）

区情概览

自然环境

【自然地理】 上虞区位于浙江省东北部，长江三角洲南翼，北濒钱塘江河口，东邻宁波余姚市，南接嵊州市，西连柯桥区，地处北纬 29° 43′ 38″ ~30° 16′ 17″，东经 120° 36′ 23″ ~121° 6′ 9″。全境呈南北向长方形，南北最长 60 千米，东西最宽 46 千米，面积 1365 平方千米。上虞地形南高北低，南部低山丘陵与北部水网平原面积参半，整个地貌呈“五山一水四分田”的格局。南部低山丘陵分属两支，东南系四明山余脉，较为高峻，最高覆卮山海拔 861 米；西南属会稽山余脉，略为平缓，最高点罗村山海拔 390 米。中部为曹娥江、姚江水系的河谷盆地。北部为虞北水网滨海平原，属宁绍平原范畴，地势低平，平均海拔 5 米。境内江河纵横交错，湖泊星罗棋布，水资源丰富；浙江省第四大河曹娥江自南而北纵贯全境（境内长 69 千米），主要支流有小舜江、下管溪、隐潭溪；其他还有四十里河、十八里河、百沥河、上浦闸引水总干渠等人工河，杭甬运河由西向东穿境而过；主要湖泊有小越湖、白马湖、皂李湖、西溪湖、谢憩湖、康家湖、东泊西泊等，其中皂李湖最大，水域面积达 158 公顷。（曹昌磊）

【自然资源】 土地资源。根据 2022 年国土变更调查统计，全区土地总面积 204.78 万亩（1365.17 平方公里），农用地 143.42 万亩，建设用地 34.91 万亩，未利用地 26.45 万亩（以上数据根据国土调查范围，包括绍兴滨海），共划定永久基本农田 33.6960 万亩（上虞 31.3970 万亩，滨海海涂 2.2990 万亩）。现有耕地和基本农田保护面积均超过上级规定面积（耕地保有量不低于 37.7655 万亩，其中上虞不低于 34.5912 万亩，滨海海涂不低于 3.1743 万亩；基本农田保护面积不低于 33.6960 万亩，其中上虞不低于 31.3970 万亩，滨海海涂不低于 2.2990 万亩）。

森林资源。2023 年林草湿图斑监测核定数据（国家口径）显示全区森林面积 703431 亩，同比增加 1236 亩，森林覆盖率 33.36%，同比增加 0.06 个百分点。全区活立木总蓄积 2908257 立方米。

根据 2022—2023 年野生植物本底调查，上虞区至少有野生维管植物 159 科 576 属 1136 种（包括种以下分类单位，下同），占全省野生维管植物科、属和种总数的 66.25%、47.88%和 30.03%，其中蕨类植物有 23 科 45 属 83 种，裸子植物有 4 科 4 属 7 种，被子植物有 132 科 527 属 1046 种，其中单子叶植物有 20 科 108 属 218 种，112 科 419 属 828 种。

列入《国家重点保护野生植物（2021 版）》的有 12 种，分别为九龙山榧、榧树、荞麦叶大百合、春兰、蕙兰、白及、野大豆、中华猕猴桃、金荞麦、大叶榉树、细果野菱和水蕨。这 12 种国家重点保护野生植物中，列入 2019 年通过 CITES 附录Ⅱ的有 3 种；被 2020 年生态环境部和中国科学院联合发布的《生物多样性红色名录》评估为极危（CR）级别的有 1 种，濒危（EN）级别的有 1 种，易危（VU）级别的有 3 科 3 属 3 种。

矿产资源。全区已查明矿种为 14 种（不包括花岗岩），共有矿床（点）32 处，其中金属矿种有铁、锰、铜、铅锌和银矿共 5 种，非金属矿种有叶蜡石、萤石、高岭土、明矾石、饰面石材、石英岩、白云质大理岩、黄砂和矿泉水共 9 种。非金属矿产叶蜡石矿为本区特色矿种，叶蜡石保有矿石量 3308.64 千吨，铅锌保有矿石量 324.44 千吨。泥炭矿、金属矿、金银矿、萤石矿、高岭土、石英矿、白云石矿和黄铁矿等为小储量矿产。全区设有采矿权 5 家，分别为建筑石料 1 家（工程性开采），铅锌矿、叶蜡石矿各 1 家，矿泉水 2 家；探矿权 5 家，分别为丁宅银矿、章镇铜钼多金属矿、丁宅任溪矿泉水、汤浦地热资源和梁湖叶蜡石矿。

野生动物资源。根据 2022—2023 年上虞区野生动物资源本底调查，共记录到野生兽类 8 目 16 科 41 种其中国家一级重点保护野生动物 1 种，为中华穿山甲；国家二级重点保护野生动物 6 种；浙江省重点保护野生动物 5 种。记录到鸟类数量 63465 只，共 18 目 60 科 179 属 270 种。其中，记录到国家一级重点保护野生动物 9 种，即白颈长尾雉、东方白鹳、黑脸琵鹭、黄胸鹀、卷羽鹈鹕、黑嘴鸥、黑鹳、秃鹫、青头潜鸭；国家二级重点保护野生动物 48 种，即半蹼鹬、阔嘴鹬、小鸦鹃、短尾鸦雀、震旦鸦雀、画眉、红隼、燕隼、游隼、红脚隼、白琵鹭、白额雁、小天鹅、鸳鸯、花脸鸭、鹗、白尾鹞、凤头鹰、蛇雕、林雕、黑鸢、普通鵟、雀鹰、松雀鹰、灰脸鵟鹰、凤头蜂鹰、日本松雀鹰、白腹鹞、黑翅鸢、花脸鸭、白鹇、苍鹰、褐林鸮、红嘴相思鸟、勺鸡、水雉、小杓鹬、蓝喉歌鸲、斑头鸺鹠、草鸮、雕鸮、领角鸮、小白额雁、鸿雁、大天鹅、斑头秋沙鸭、黑冠鹃隼、白腹隼雕。调查共记录上虞区爬行类 2 目 10 科 38 种。其中记录到我国特有种 3 种：宁波滑蜥、赤链华游蛇、铅山壁虎；浙江省重点保护爬行类 8 种：舟山眼镜蛇、王锦蛇、尖吻蝮等，没有记录到国家重点保护物种。上虞区共发现新记录爬行类 21 种，包括铅山壁虎、宁波滑蜥、黄链蛇、翠青蛇、福建竹叶青等。调查共记录上虞区两栖类 2 目 9 科 27 种。其中记录到国家二级重点保护野生动物 2 种：大鲵、虎纹蛙；我国特有种 11 种：天目臭蛙、东方蝾螈等；浙江省重点保护两栖类 11 种：秉志肥螈、斑腿泛树蛙等。上虞区共发现新记录两栖类 19 种，包括天目臭蛙、武夷湍蛙、北仑姬蛙、道济角蟾等。（章　樱、俞园松）

气象·水文

【概况】 2023 年全区平均气温 18.4℃，较常年同期偏高 1.0℃，为历史第二高，仅次于 2021 年；总降水量 1407.4 毫米，较常年（1526.1 毫米）偏少 118.7 毫米，降水时空分布极不均匀，灾害性天气气候事件频发。

【气候】 1—2 月冷空气活动频繁，1 月后半月出现 2 次寒潮低温雨雪冰冻天气过程，降温幅度大，部分山区积雪，25 日早晨全区最低气温-4～-6℃、山区-6～-10℃；春夏强对流频发，风雨致灾性强，如 3 月 22 日，4 月 18 日，5 月 4 日，7 月 10 日、16 至 22 日连续出现强对流天气；梅雨不典型，入梅时间偏晚，出梅偏迟，梅雨期较常年明显偏短 6 天（6 月 17 日至 7 月 11 日），梅雨量较常年偏少 11%；夏季高温出现时间早，但高温日数较常年偏少；7 月台风“杜苏芮”路径复杂，最终于福建登陆并影响区中部和南部，造成区部分地区出现暴雨至大暴雨；秋末 12 月上中旬区气温异常偏高，入冬时间较常年偏晚 13 天，入冬后冷空气频繁，12 月 15—16 日寒潮影响，20 至 26 日持续低温冰冻天气，冰冻日数为近十年之最，12 月末又出现连晴静稳天气，28—30 日连续 3 天夜间到次日凌晨全区大部分地区出现大雾天气。

年内主要气象灾害有强对流（强雷暴、冰雹、大风、短时强降水等）、暴雨、连阴雨、高温、台风、大雾和霾等。

气温 年平均气温 18.4℃，比常年同期偏高 1.0℃，较上年偏高 0.2℃，是有气象记录以来第二高，年极端最高气温为 39.3℃（7 月 12 日），年极端最低气温为-5.8℃（12 月 23 日）。极端最高气温≥35.0℃的高温天数为 24 天，日最高气温≥38.0℃的高温天数为 4 天。日最低气温低于 0℃的冰冻天数为 19 天。

2023 年终霜日期出现在 2 月 28 日，比常年（3 月 24 日）早 24 天；初霜日期出现在 11 月 30 日，比常年（11 月 23 日）晚 7 天。

2023 年各月平均气温，8 月与常年持平，12 月比常年偏低，其余月份平均气温比常年同期偏高，其中 3 月、9 月较常年异常偏高 2℃以上。

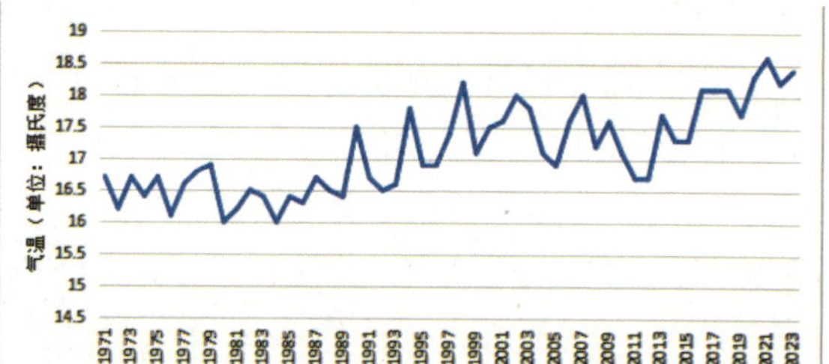

图 1　1971—2023 年上虞区部分年份平均气温

降水 年降水量为 1407.4 毫米，较常年（1526.1 毫米）偏少 118.7 毫米，较上年（1499.4 毫米）偏少 92 毫米。总体呈现南多北少分布，全年最大月降水量出现在 7 月，月降水量达 327.9 毫米。

年雨日为 183 天，比常年（154.9 天）偏多 28.1 天，年暴雨天数为 7 天。

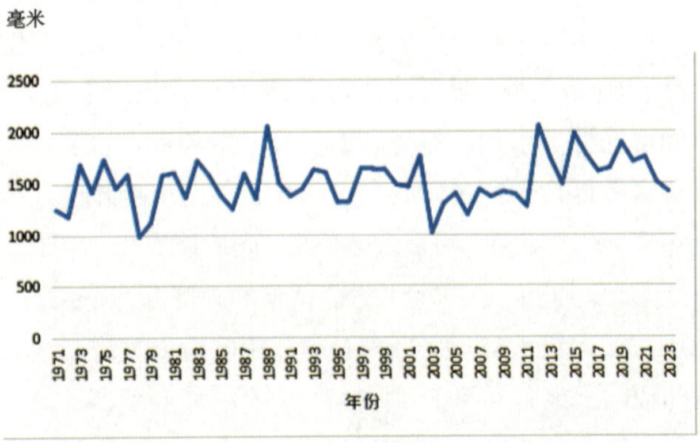

图 2　1971—2023 年上虞区部分年份平均降水量

日照 全区平均年总日照时数为 1739.7 小时，较常年偏多 3.75%。其中 1 月、3 月、10 月、11 月、12 月较常年偏多，其余月份较常年偏少。

风 全区年平均风速 2.3 米/秒。全区极大风速为 19.6 米/秒，出现在 4 月 4 日。最多盛行风向为东北风。

霾 全区年平均霾日数为 41 天，较上年（32 天）增多 9 天。从时间分布上看，第一季度霾日数最少，只有 2 天，第四季度霾日数最多，达 22 天，第二季度霾日为 6 天，第三季度霾日为 11 天。

【异常气候现象】 秋冬气温偏高。秋季（9—11 月）全区平均气温 20.3℃，较常年偏高 1.7℃，创历史同期新高，其中 9 月和 10 月平均气温分别为 26.3℃和 20.1℃，较常年同期偏高 2.3℃和 1.3℃，分别为历史同期第二和第四高。12 月上中旬气温异常偏高，12 月 1 日至 14 日全区平均气温 11.4℃，较常年偏高 3.4℃，12 月 14 日国家站气温 27.1℃，创建站以来 12 月中旬最高纪录。直至 12 月 16 日才进入气象学意义上的冬季，入冬时间较常年明显偏晚（常年平均 12 月 3 日）。秋冬季异常干旱。除 7 月降水偏多外，其余月份均较常年偏少，其中 1 月、3 月、10 月、12 月均较常年偏少 5 成以上。汛期结束后晴多雨少，11 月 17 日至 12 月 3 日、12 月 20 日至 31 日持续 10 天以上连晴天气，全区基本无降水，旱情严重。

春夏强对流。春夏季强对流天气时有发生，5 月 22 日凌晨受强降水云团影响，盖北出现 3 小时 109 毫米的极端短时强降水。进入 7 月后，大气温高能量足，7 月 9 日、10 日、16 至 22 日连续出现短时暴雨、雷暴大风等强对流天气，其中 7 月 16—22 日的持续强对流过程范围广，全区所有乡（镇、街道）均出现对流性强降雨。8 月 17 日出现系统性强对流天气，多站出现小时雨强 70～90 毫米的极端短时强降水，其中最大为下管镇沬凤降水 110 毫米。

高温日数少。4 月 17 日全区最高气温直冲 33℃，虽然今年高温出现早，但夏季（6—8 月）35℃以上的高温日数为 21 天，较常年偏少 8 天，夏季总体不算热。

冬季寒潮。受强寒潮影响，12 月 15 日起全区出现剧烈降温、大风和雨（雪）天气，日平均气温过程降温幅度达 16℃～17℃，其中 17 日早晨最低气温平原地区-1℃左右，山区-2℃～-4℃，15 日夜里至 16 日上午出现雨夹雪，无明显积雪，12 月 15—16 日出现 6～8 级偏北大风。

冷空气。入冬后冷空气不断补充南下，12 月 20—26 日出现持续低温冰冻天气，冰冻日数为近十年 12 月份最长，其中 12 月 21—22 日全区最低气温平原地区-4℃～-6℃，山区-8～-10℃。另外，12 月 18—24 日全区平均气温 0.3℃，较常年同期偏低 5.9℃，为 1990 年以来历史同期最低。

特强浓雾。12 月下旬连晴，天气静稳，风力小，12 月 28—30 日连续三天夜间到次日凌晨全区大部分地区出现大雾天气，其中 29 日夜间到 30 日凌晨上浦镇出现能见度小于 50 米的特强浓雾。

【灾害性天气】 梅雨。2023 年，6 月 17 日入梅，入梅时间比常年偏迟 9 天（常年 6 月 8 日），7 月 11 日出梅，出梅时间比常年偏迟 3 天（常年 7 月 8 日）；梅期 24 天，比常年偏少 6 天（常年 30 天）。上虞国家站梅雨量 243.1 毫米，比常年历史同期偏少。梅雨期间，降水出现两个阶段，其中 6 月 19—24 日出现强降水集中期，6 天全区面雨量 122.6 毫米，占总梅雨量 5 成；6 月 25 日以后以分散性雷阵雨为主，局部伴有强对流天气。

台风。第5号台风“杜苏芮”于7月21日上午在菲律宾以东洋面生成，后向西北方向移动，7月23—27日移动过程中两次加强为超强台风，于28日9时55分前后在福建省晋江市沿海登陆，登陆时为强台风级别。“杜苏芮”虽然在福建登陆，但其外围螺旋云带持续影响浙江沿海和东部地区，在这些地区形成明显的降雨列车效应，配合地形迎风坡抬升作用，造成区中部和南部地区普遍出现大到暴雨，南部山区局部出现大暴雨，全区平均降水96.2毫米，有3个站点累计雨量超过200毫米，其中最大为陈溪乡太平山218.8毫米。（黄颖杰）

【水雨情概况】 2023年降水量主要变化范围在1070.5～1405.5毫米，区平均降水量1209.5毫米，较常年1427.1毫米偏少15.2%。

6月17日入梅，7月11日出梅，梅雨期共24天。梅汛期，最大日降水量为一号闸115.5毫米，次大日降雨量为东进闸93.5毫米。梅汛期全区平均降水量为176.9毫米，与多年平均241.2毫米相比，偏少26.7%。

5号“杜苏芮”台风于7月28日9点55分在福建晋江沿海登陆，台风期间全区平均面雨量为86.3毫米，本次台风降水量较大站为石塘庙站153.0毫米，下管站121.0毫米，童山湖水库站106.0毫米。

以下是主要站点2023年的最高和最低水位：

曹娥江：东沙埠7月29日最高水位6.21米，6月21日最低水位3.18米。上虞东山7月29日最高水位5.68米，实测最大流量1460立方米每秒，6月21日最低水位3.01米。

虞北平原：小越（上）5月22日最高水位3.11米，6月26日最低水位2.64米。

四十里河平原：通明（上）6月24日最高水位4.25米，超警戒水位0.15米，10月22日最低水位3.49米。

东关平原：东关7月22日最高水位4.32米，超过警戒水位0.02米，7月30日最低水位3.74米。（潘　虹）

人文历史

【建置沿革】 上虞历史悠久，史籍记载和出土文物证明，早在4000多年前的新石器时代，就有人类在这里生活。上虞又是传说中虞舜的出生地及其后裔的封地，有许多与虞舜相关的古迹。《水经注》引晋《太康地记》云：“舜避丹朱于此，故以名县。百官从之，故县北有百官桥。亦云禹与诸侯会事讫，因相虞乐，故曰上虞。”

夏帝少康时，属越国。战国时楚灭越，属楚。秦王嬴政二十五年（公元前222），置上虞县，县治百官，隶属会稽郡。新王莽始建国元年（9），废上虞入会稽县，属会稽郡。东汉建武初（25—56），恢复上虞县，属会稽郡。永建四年（129），分上虞南乡入始宁县，属会稽郡，历三国、两晋、南北朝不变。隋开皇九年（589），废上虞、始宁入会稽县，先后属吴州、越州、会稽郡。唐初，上虞境仍为会稽县的一部分，属越州。唐武德四年（621），以剡县与故始宁地为嵊州，八年州废。天宝、至德年间（742—758），属会稽郡。乾元元年（758）后，仍属越州。贞元元年（785），分会稽复置上虞。长庆元年（821）并入余姚，次年复置，县治设今丰惠，属越州。五代，属吴越国东府。北宋仍属越州。南宋绍兴元年（1131）改越州为绍兴府，元至元十三年（1276）改绍兴府为绍兴路，元至正二十六年（1366）复为绍兴府，上虞皆为其属县。清承明制。民国元年（1912）改府制为道制，上虞属会稽道。民国16年（1927），废道制，直属浙江省。民国21年（1932），属浙江省第七行政督察区。民国24年（1935），属浙江省第三行政督察区。民国37年（1948），属浙江省第二行政督察区。中华人民共和国成立初，属绍兴专区。1952年2月起，属宁波专区。1964年9月，复归绍兴专区。1968年6月起，属绍兴地区。1983年8月起，属绍兴市。

中华人民共和国成立后，上虞与绍兴县、余姚县相邻乡（镇）有些许变动。1954年秋，绍兴县东关区及汤浦区的四峰、渔浦、汤霞、四村、胜江5个乡和富盛区的长东、保山、长塘、会胡4个乡划入上虞。1956年11月，丰惠区永兴乡和下管区王家庄、大岭顶村划入余姚县，绍兴县川下村划入汤浦乡。1960年8月和1966年1月，下管公社的大山、隐地、黑龙潭、悬岩、溪山5个村以及陈溪公社戴王、糜家2个村划入余姚县。1954年9月，县治迁至百官镇。1992年4月撤区扩镇并乡，撤销百官、下管、章镇、丰惠、东关、小越、崧厦、海滨8个区公所，原57个乡镇调整为百官、蒿坝、东关、沥东、谢桥、道墟、上浦、汤浦、梁湖、下管、驿亭、小越、永和、谢塘、崧厦、沥海、丰惠、章镇 18 个镇和陈溪、丁宅、岭南、龙浦、大勤、盖北 6 个乡。8 月 24 日，国务院批准上虞撤县建市。10 月 18 日上虞举行撤县设市庆祝活动。2001 年 10 月，撤销百官镇、蒿坝镇和东关镇，设立百官、曹娥、东关 3 个街道办事处，将蒿坝镇全部和东关镇局部划入城区，单独设立长塘镇；撤销沥东镇，崧厦镇和沥东镇的局部合并设立新的崧厦镇，沥海镇和沥东镇的局部合并设立新的沥海镇；撤销谢桥镇和丰惠镇，合并设立新的丰惠镇；撤销龙浦、大勤乡和章镇镇，合并设立新的章镇镇；盖北乡撤乡设镇，道墟镇、上浦镇、汤浦镇、梁湖镇、下管镇、驿亭镇、小越镇、永和镇、谢塘镇、陈溪乡、丁宅乡、岭南乡 12 个乡镇保持不变。调整后，辖百官、曹娥、东关 3 个街道，道墟、上浦、汤浦、梁湖、下管、驿亭、小越、永和、谢塘、崧厦、沥海、丰惠、章镇、长塘、盖北 15 个镇，陈溪、丁宅、岭南 3 个乡。2005 年 10 月 1 日，上虞市人民政府由百官街道市府路 5 号迁入市民大道 987 号。2013 年 11 月 18 日，上虞撤市设区挂牌仪式在区行政中心举行，为绍兴市上虞区。2017 年 10 月，撤销道墟镇、梁湖镇、小越镇，设立道墟、梁湖、小越 3 个街道办事处。2019 年 11 月，撤销崧厦镇、沥海镇，设立崧厦、沥海 2 个街道办事处。2021 年 4 月，沥海街道的管辖区域划归绍兴市越城区。

【历史文化】 上虞不仅是浙江建县最早的县份之一，也是古越文化的核心区域之一，境内有属于河姆渡文化的五星村遗址和牛头山遗址。至春秋时期，上虞即以酿酒、烧瓷、制茶、冶炼著称，东关牛山为当时越国冶炼铸造基地。上虞更是中国青瓷的发源地，以全国重点文物保护单位——汉代上浦四峰山小仙坛窑址为代表，其已发现的古窑址达 300 余处，构成早自商周延续到宋代的庞大窑系，而且时代特征明显，青瓷器皿种类有几百种。

除了青瓷文化，上虞更以虞舜文化、东山文化、白马湖文化闻名海内外。作为虞舜故地，上虞历史上有许多与舜相关的地名，以及有关舜的传说记载与祭祀活动。上虞既是以孝文化为核心的虞舜文化的传承地，亦是谢安“东山再起”之处。东晋的谢安与谢氏家族中的谢道韫、谢灵运、谢惠连、谢朓以及王羲之、孙绰、支遁等，构成了东山文化的高雅品位，使东山成为浙东唐诗之路上的圣地。上虞又是传播“五四”新文化的重要阵地。20 世纪 20 年代初，经亨颐、夏丏尊、丰子恺、朱自清、朱光潜等一大批文化精英集聚上虞白马湖畔，这一现象又被称为白马湖现象，白马湖流派文人荟萃，对中国现代文化的推动具有重要意义。

上虞被誉为“达人杰士、史不绝书”的地方。汉代的王充、魏伯阳和孝女曹娥，魏晋时期的嵇康、谢安，宋代李光，明代“上虞四谏”——叶经、陈绍、谢瑜、徐学诗，清代的章学诚，直至近现代的罗振玉、陈春澜、杜亚泉、王一飞、叶天底、徐懋庸、马一浮、胡愈之、竺可桢、经叔平等，都是上虞历史上的杰出名人。

【名胜古迹】 上虞江海环带，山川盘郁，历史悠久，人文荟萃，历代为浙江望邑，自然人文景观甚多。

曹娥庙 位于曹娥江西岸孝女庙村，距城区 3 千米，为纪念孝女曹娥而立。曹娥庙始建于东汉元嘉元年（151），距今已有 1800 余年历史，几经迁徙、扩建、修葺，奠定了现有庙宇布局严谨、错落有致、气势恢宏的建筑基调，占地面积 6000 平方米，建筑面积达 3840 平方米。曹娥庙文化积淀深厚，艺术品位高雅，尤以庙内雕刻、壁画、楹联和书法“四绝”而饮誉海内外，被誉为“江南第一庙”。庙内现存的曹娥碑系王安石女婿蔡卞重书，已历千年，弥足珍贵。曹娥庙为省级文物保护单位。

英台故里 祝家庄位于上虞区东南，距城区 7.3 千米。三面环山，庄前的玉水河与开凿于西晋的四十里河贯通。现尚存有祝氏祖堂、玉水河、井孔泉、药师寺等与英台文化相关的古迹。

凤鸣山风景区 坐落于丰惠镇东南 4 千米，距上虞城区 17 千米。景区面积 2.4 平方千米，以山陡谷深、急流叠瀑、苍山翠绿、小桥流水的自然美而闻名，其中“悬石飞瀑”“千年古藤”堪称奇观。凤鸣山是道教“第九小洞天”所在地，有东汉道教祖师魏伯阳炼丹遗址。景区内凤鸣真人祠始建于汉初，至今已有 2000 余年历史。

白马湖春晖名人园 位于距城区 4 千米的春晖中

学内，为省级文物保护单位。20 世纪 20 年代，夏丏尊、朱自清、丰子恺等到春晖执教，何香凝、蔡元培、叶圣陶、李叔同、胡愈之等到春晖讲学，享有“北南开、南春晖”之美誉。春晖名人园是当初这些文化名家的暂住生活之处，其中有夏丏尊的“平屋”、丰子恺的“小杨柳屋”、弘一法师李叔同的“晚晴山房”、经亨颐的“长松山房”等。

东山景区 距城区 10 千米，有 200 公顷自然水域与生态林地。东山是东晋政治家谢安的隐居地，也是成语“东山再起”的出典处，景区内有谢安墓、国庆寺及指石等遗迹。唐代李白、贺知章、刘长卿等，宋代苏东坡、陆游等，都曾盘桓东山留下著名诗篇。

称山风景区 位于上虞区西北，离城区 7 千米。相传春秋末期，越王句践为复国雪耻，卧薪尝胆，奋发图强，曾在此山称炭铸剑、锻造兵器，称山由此而得名。景区成立后，为弘扬越王爱国精神，在铸剑遗迹处设立爱国主义教育基地——越王史迹陈列室。景区内还有明代石亭等建筑。

桃花源景区 地处上虞区西南，离城区 13 千米，距离绍兴市约 25 千米。面积为 2.6 平方千米，景区内除内有满目青山和 330 余公顷的桃李竹林外，还有桃源湖、龙潭湖（共 26 公顷水域面积），山明水秀，寺院清净。建有马一浮纪念室。

秀峰寺 位于章镇堆高山景区，距城区 35 千米，南邻嵊州。堆高山上有建于明代的秀峰庵，现扩建为秀峰寺，建筑面积 3.8 万平方米,内有一尊高达 2.8 米的缅甸玉佛。景区苍山翠岭之中多有飞瀑，其中雨娘瀑高 60 米。

普净寺 位于蒿坝卧龙山景区，距城区 7 千米。普净寺始称普净莲社，建于南宋，屡经废兴，清乾嘉年间重新修复。20 世纪 80 年代起陆续扩建。寺庙现占地面积 3 万余平方米，建筑门类齐全，成为佛教活动场所。

峰山道场 位于今曹娥街道，距城区 5 千米。唐初，日本宗教界的高僧最澄法师来华学法，在峰山拜师求教，研修佛理，后回国创立日本第一大教派——日本天台宗，峰山道场由此成为中日文化交流的重要见证，为日本宗教朝拜圣地。

覆卮山冰川 覆卮山位于上虞、嵊州、余姚 3 地交界处，在上虞区的最南端，主峰海拔 861.37 米，为上虞最高峰，因南朝山水诗人谢灵运“登此山饮酒赋诗，饮罢覆卮”而得名。山峰南坡无数巨石顺坡而下，气势壮观，为国内外罕见的第四纪古冰川遗迹。

同兴里 位于上虞区小越镇衡山徐村，是上虞著名人物陈春澜和其侄子出资建造的一处中西合璧的清末民国初江南代表性民居，寓意“兄弟同心，共同兴旺”。主体建筑坐北朝南，分三纵三横轴线布局，占地 10 亩，建筑面积近 4000 平方米。建筑布局严谨、气势恢宏，中西合璧、外雄内秀，为上虞单体独院规模最大的台门式建筑。2010 年，在中轴线布置有“陈春澜生平事迹陈列馆”，展览面积近 2000 平方米，以情景再现的方式生动形象地展示陈春澜一生的奋斗历程。2011 年 1 月，同兴里被列为浙江省文物保护单位。

中华孝德园 坐落于上虞城区西南凤凰山麓，面积 37.5 公顷，是曹娥江省级风景名胜区的核心区块。景区以“孝文化”为主题，以“孝感动天”的远古圣君虞舜和“投江救父”的东汉孝女曹娥为依托，通过对虞舜文化、孝德文化、佛教文化以及民俗文化的挖掘，集中展现上虞悠久的人文历史，传承和弘扬千百年来激励着中华民族不断前进的孝德精神。中华孝德园主要景点包括大舜庙、虞舜宗祠、般若寺、中国孝德文化馆、舜耕群雕、神州舜迹等，以“大象无形”的理念，力求古朴、厚重、大气，完整体现虞舜的孝德品质。景区一期和二期项目分别于 2011 年 6 月 18 日和 2015 年 5 月 22 日相继建成开放。2015 年 11 月 27 日，景区验收，成为上虞区首个国家 AAAA 级旅游景区。大舜庙，原在百官龙山脚下，始建于夏朝，时与绍兴禹庙为浙江两大祀庙。现大舜庙移建于曹娥景区舜耕公园，投资 2.5 亿元，按两汉建筑风格设计，以天然石材砌筑，融原始风格与当代技术为一体，成为国内罕有的大气、古朴、庄严的庙宇建筑。庙前为舜耕群雕，以花岗岩为主材料的象队群雕长 68 米、高 27 米，与大舜庙同为奇观。

区划·人口

【行政区划】 2023 年，全区共设有 7 个街道、10 个镇、3 个乡，分别为百官街道、曹娥街道、东关街道、道墟街道、小越街道、梁湖街道、崧厦街道、章镇镇、丰惠镇、上浦镇、汤浦镇、永和镇、驿亭镇、谢塘镇、盖北镇、长塘镇、下管镇、岭南乡、陈溪乡、丁宅乡。

【群众自治组织】 全区有行政村 279 个，社区 65 个，居委会 18 个。

（一）百官街道

行政村 9 个：百官一村村、外严村、金家岙村、联新村、南一村、南二村、南三村、路东村、新叶家埭村

居委会 7 个：二村居委、四村居委、五村居委、大坝居委、后村居委、新建居委、三村居委

社区居委 31 个：龙山社区、恒利社区、上源闸社区、万和社区、城南社区、西横河社区、文化社区、上棉社区、九浸畈社区、阳光社区、平阳山社区、胜利路社区、高丰社区、半山社区、大通社区、绿城社区、金渔湾社区、星光社区、头甲社区、四甲社区、岭光社区、盛丰社区、星宇社区、梁江社区、星丰社区、后郭社区、悬沙社区、前江社区、三棚桥社区、南丰社区、上德社区

（二）曹娥街道

行政村 7 个：蒿坝村、丽樟村、金村村、朱山头村、漳汀村、蒿东村、董村村

居委会 4 个：里睦桥居委、白米堰居委、新沙居委、狮子居委

社区居委 14 个：大三角社区、舜杰社区、曹娥社区、德济苑社区、金桂苑社区、银河社区、聚英社区、振兴社区、鸿雁社区、和城社区、民丰社区、万祥社区、兴业社区、博文社区

（三）东关街道

行政村 16 个：马家桥村、大西庄村、东塘村、保驾山村、凌江村、三丰村、金鸡山村、红星村（托管）、马山村、前村村（托管）、担山村、彭家堰村、新丰村、联星村、高泾村、东风村

社区居委 2 个：越泉社区、南阳社区

（四）道墟街道

行政村 24 个：中联村、新民主村、庙桥村、国庆村（托管）、茅家村（托管）、积山村、长漤村、云里村、沥泗村（托管）、杜浦村、新里港村、江协村、称海村、联江村、汇联村、肖金村、联浦村、东桑村、大湖村、五四村、韩浜村、新屯南村、钱上村、沽渚村

社区居委会 1 个：道墟社区

（五）小越街道

行政村 14 个：越北村、胜桥村、横山徐村、冯柯山村、新宅村、倪梁村、小越湖村、罗家村、越中村、双堰村、越东村、小越村、田家村、建越村

社区居委 1 个：越兴社区

（六）梁湖街道

行政村 11 个：外梁湖村、潘家陡村、古里巷村、拗花山村、皂李湖村、倪家堡村、任庄村、南穴村、西华瑶村、玩石梁岙村、新花浦村

居委会 6 个：大厍居委、禄泽居委、华山居委、洪山湖居委、华光居委、华东居委

社区居委 1 个：天香华庭社区

（七）崧厦街道

行政村 38 个：时华村、丁泽村、潘韩村、联胜村、东上湖村、双埠村、新光村、共何村、杭郭村、东凌湖村、前庄村、三华村、金中村、庙川村、舜源村、严巷头村、陆家村、任谢村、祝温村、章黎村、万湖村、黄家堰村、港联村、杨凌湖村、章家村、吕家埠村、雀嘴村、蔡林村、西华村、三友村、内五甲村、福海村、新下湖村、外五甲村（托管）、联海村、联塘村、勤联村、寺前村

社区居委 5 个：祝家街社区、顾家弄社区、跃进桥社区、高铁新城社区（托管）、崧城社区

（八）章镇镇

行政村 27 个：笕桥村、花坎村、中兴村、越星村、章家埠村、新南村、龙浦村、龙江村、大钱村、湾头村、清潭村、新魏家庄村、新三联村、大勤村、任叶村、河浮村、张村村、建设村、陈埠村、龙马村、镇南村、新区村、灵运村、新江村、泰山村、秀峰村、陈墩村

社区 2 个：章镇社区、滨笕社区

（九）丰惠镇

行政村 26 个：夹塘村、虞东村、西郊村、东光村、永庆村、西南门村、南门村、渔门村、南源村、西溪

湖村、三溪村、双溪村、丰南村、凤鸣村、后山村、东门村、西湖村、孟尝村、通明村、祝家庄村、盛茂村、夏王村、谢桥村、虞光村、五云村、陈夏谢村

居委会 1 个：北门居委

社区居委 2 个：庙弄社区、启文门社区

（十）上浦镇

行政村 13 个：上浦村、九连村、渔家渡村、戚山村、舜江村、东山村、王湖村、冯浦村、四峰村、夏家埠村、大善小坞村、梅坞村、昆岙村

社区居委 1 个：上浦社区

（十一）汤浦镇

行政村 8 个：汤浦村、霞越村、舜岸村、蒋村村、霞里村、鹤湖村、长山新村、达郭村

社区居委会 1 个：舜水社区

（十二）永和镇

行政村 8 个：永和村、安家渡村、青峰村、大墩村、新岙村、项家桥村、朱巷村、三桥村

（十三）驿亭镇

行政村 14 个：新驿亭村、联桥村、五夫村、西陡门村、春晖村、鲁溪闸村、贾家村、五洲村、新横塘村、二都村、白马湖村、杨溪村、五好村、新杨梅村

（十四）谢塘镇

行政村 14 个：晋生村、铲还湖村、谢家塘村、新戴家村、东联村、丰园村、新章村、东闸村、建塘村、星明村、联民村、东升村、禹峰村、岑仓村

社区 1 个：晋润社区

（十五）盖北镇

行政村 10 个：兴海村、珠海村、夏盖山村、丰富村、新河村、丰棉村、联合村、镇东村、世海村、镇海村

社区 2 个： 盖北社区、澜海社区

（十六）长塘镇：

行政村：8 个：长塘村、桃园村、何家溇村、罗村村、谢憩村、会篁村、湖田村、广陵村

（十八）下管镇

行政村 9 个：东里村、新庄村、联新桥村、兴南村、新民村、振新村、洙凤村、芦山村、前溪岙村

社区 1 个：檀燕山社区

（十七）岭南乡

行政村 8 个：龙山村、丰树坪村、泰岳村、青山村、覆卮村、许岙村、立功村、东澄村

（十九）陈溪乡

行政村 8 个：小陈岙村、虹溪村、夏家岙村、干溪村、陈家岙村、太平山村、陈溪村、塔溪村

（二十）丁宅乡

行政村 7 个：上宅村、缸岙村、下宅村、丁宅村、新任溪村、双桥村、华湾村 （王维诺）

【人口】 2023 年，上虞区行政区域面积 1362.4 平方千米，户籍人口数 71.04 万人，其中男性 34.89 万人，女性 36.15 万人。 （梁潮成）

中共绍兴市上虞区委员会

综　述

【学习贯彻习近平总书记考察浙江重要讲话和考察绍兴重要指示精神】　2023年，中共绍兴市上虞区委旗帜鲜明讲政治，在学思践悟中推动习近平总书记考察浙江重要讲话和考察绍兴重要指示精神在上虞落地生根、开花结果。按照省委、市委部署要求，区委迅速召开常委会会议、全区领导干部会议、区委理论学习中心组专题学习会等，深刻领会、准确把握习近平总书记重要讲话的丰富内涵和精神实质，深刻领悟习近平总书记对之江大地的关心关怀、对浙江发展的战略考量、对人民群众的深厚情谊、对从严治党的论述要求、对上虞工作的殷切嘱托，与党的二十大精神和习近平总书记对浙江、对绍兴、对上虞工作一系列重要指示批示精神一体学习领会、整体贯彻落实。全方位、多角度、立体式做好宣传报道工作，用好宣传宣讲阵地和“报网端微屏播”等媒介，分层次、多形式把习近平总书记重要讲话精神尽快传达到全区每一个党组织、每一名党员干部，传递到农村、社区、企业、学校和广大干部群众中。坚持以学促干，切实把习近平总书记的关心关怀关爱转化为加快推动高质量发展和现代化建设的坚定信念、澎湃动力，在经济发展、乡村振兴、对外开放、社会治理、文化遗产传承保护等领域创新谋划并推动落实一批重大项目、重要载体、重点举措，引领推进各项工作迈上新台阶。

【学习贯彻习近平新时代中国特色社会主义思想主题教育】　2023年，中共绍兴市上虞区委高质量推进学习贯彻习近平新时代中国特色社会主义思想主题教育，一体推进理论学习、调查研究、推动发展、检视整改、建章立制，彰显鲜明的政治味、上虞味、实干味。深化“循迹溯源学思想促践行”，举办专题读书班3期，系统梳理习近平总书记3次到上虞考察调研宝贵财富，精心打造5个循迹溯源点、44个教学点及本土典型案例和课件，组织“牢记嘱托、感恩奋进”现场学习千余场，区镇村三级宣讲500余场次。开展基层党组织、党员全覆盖专题培训，举办专题党课3271场次、受众5.4万人次，立足各级干部岗位职能开展专题研讨交流8400余次，全面提升理论学习实效。推进“感恩奋进、创变笃行”五争攻坚和“三联三送三促”走访联系，区领导带头落实“四下基层”要求，领衔重点调研课题30个，领办发展难题和民生实事60件，走访调研700余次。高质量召开调研成果交流会，研究出台政策、文件和制度成果181个，推动497个问题从“诉求清单”转为“成效清单”，带动全区党员干部认领民生项目2.7万余个，累计走访群众11.3万人次、收集意见建议近1.2万条次、解决问题近7000件，形成了一批群众可感可知可及的惠民成果。建立问题清单“四看三审”、问题销号“六对照四审核”机制，“村社领雁队伍后备人才缺乏”问题整改做法在省委主题教育办简报刊发。相关工作4次在省市会议发言，在央视新闻联播等省级以上主流媒体报道36篇次，10名先进个人、4个先进集体入选市级典型。组织持续造浓学先进、争先进的浓厚氛围。

【政治建设】　2023年，中共绍兴市上虞区委持续推进党的二十大精神“六学六进六争先”学习实践活动，推动全区上下坚定拥护“两个确立”、坚决做到“两个维护”。专题召开区委二届四次全会，全面回顾上虞

20年来的精彩蝶变，深刻感悟“八八战略”历久弥新的真理力量和实践伟力，不断提高政治判断力、政治领悟力、政治执行力，坚定不移在思想上政治上行动上同以习近平同志为核心的党中央保持高度一致，确保“总书记有号令、上级有部署，上虞见行动走在前”。始终坚持把学习贯彻习近平总书记重要讲话和指示批示精神作为“第一议题”，区委常委会、区委理论学习中心组分别开展集体学习18次和20次，区四套班子以上率下加强自身建设，带头学懂弄通做实习近平新时代中国特色社会主义思想，带头践行“两个维护”，带头贯彻民主集中制，带头落实重大事项请示报告制度，带头落实中央八项规定精神和廉洁自律准则，持之以恒当好榜样、树好标杆、做好表率。充分发挥总揽全局、协调各方作用，支持和保障人大及其常委会依法履职，有力开展专题调研、专项监督，深化全过程人民民主基层单元建设，开发区人大工作经验全国推广；支持政协打造更具辨识度的协商民主体系，高质量开展课题调研、专题协商等履职活动，“全流程民主监督”“委员联系界别群众”等做法全省推广；扎实做好群团工作，巩固团结奋进的良好局面。深入开展“之江同心”系列行动，巩固壮大新时代统一战线。积极推进杭州湾经开区武装工作规范化建设试点，创成省“双拥模范区”。

【全面从严治党】 2023年，中共绍兴市上虞区委压紧压实管党治党政治责任，把坚持和加强党的全面领导贯穿各领域、全过程。严格落实意识形态工作责任制，打响“虞声嘹亮”宣讲品牌，建成运行全市首个县级规范化网络安全应急指挥中心，区委网信办被省委、省政府评为新时代浙江产业工人队伍建设改革成绩突出集体。扎实开展“红色根脉”强基示范区三级联创，2个乡镇街道、16个村社获全省首批命名。14名村社书记获评省市担当作为好支书，党建引领三方协同共治做法得到省委主要领导批示。突出政治标准和实干实绩导向，加强干部队伍专业化建设，优化综合考核机制，搭建赛马比拼平台，提拔、进一步使用干部81名，5名干部人选省市担当作为好干部，选树区担当作为好干部12名。持续深化“六比六争先、勇当排头兵”作风建设专项行动，研究出台进一步改进作风大抓落实的10条举措，高规格召开勤廉上虞建设推进会暨干部作风建设大会，打好容错纠错、澄清查诬、回访教育“组合拳”，对4名干部容错减责，为18名干部澄清正名，对56名干部暖心回访，容错相关做法获得市委主要领导批示。有序推进巡视整改和二届区委巡察，村社巡察整改监督管理平台在全省推广，实行酒驾醉驾“五个一律”，协同高效纠治重点领域腐败问题。深化王充清廉思想课题研究，分层分类开展“今在上虞纪法同行”学习教育、清廉家庭“十个一”等活动，全域推进清廉单元建设，形成具有上虞辨识度的清风廉路，新增省级以上示范点6个。

【“青春之城”建设】 2023年，中共绍兴市上虞区委创造性落实中央和省委、市委决策部署，强力推进创新深化改革攻坚开放提升，以建设“青春之城”推进中国式现代化，推动“八八战略”走深走实。制定出台“三个一号工程”实施方案，深入开展项目攻坚提速年、科创赋能提质年、全域党建提升年“三个年”活动，集思广益制定“青春之城”建设思维导图——战略体系1.0和建设路径1.0，部署推进“建设十大示范性区块、推进十大引领性项目、构建十大特色化场景、开展十大青春化行动、打造十大标志性成果”等“五个十大”主抓手，着力推动“青春之城”建设直抵人心熠熠生辉。健全落实每月区党政联席会议、镇街部门书记季度工作交流会、招商引资季度例会等制度，晾晒比拼、全程督考，带动形成一级抓一级、层层抓落实的工作格局。以“做极致、干精彩、看实效、争一流”的追求，攻坚推进重大项目引建、产业变革跃升、科创人才赋能、营商环境优化、共同富裕促进、民生优质均衡、社会平安稳定等各项工作，在特殊之年彰显了特别担当。

【基层减负】 2023年，中共绍兴市上虞区委全面贯彻党的二十大关于锲而不舍落实中央八项规定精神的新部署，持续有力纠治“四风”。巩固文山会海治理成效，区委共印发三类文件7件，数量始终保持在低位区间；纳入“周半无会”制度管理会议党群口96个、政府口141个，合计较2022年下降9%，切实减少会议数量，提升会议实效。坚决整治“指尖上的形式主义”，对本级开发的各类网页端、手机端应用优化提升4个、整合兼并3个、削减取消27个，建立健全

政务 App 长效管理工作制度，严控增加基层负担类应用上架。（杨　澄）

重要会议

【区委全体会议】　7 月 31 日，召开区委二届四次全体（扩大）会议。区委常委会主持会议。区委书记鲁霞光讲话，区委副书记金进富、许建超出席。全会以习近平新时代中国特色社会主义思想为指导，听取和讨论鲁霞光受区委常委会委托作的工作报告，审议并通过《中国共产党绍兴市上虞区第二届委员会第四次全体会议关于坚定不移深入实施“八八战略”图强争先全面建设“青春之城”走深走实中国式现代化上虞高质量发展之路的决议（讨论稿）》。

【区委常委（扩大）会议】　4 月 26 日，召开区委常委（扩大）会议。会议议程：区委副书记、区长金进富通报省委书记易炼红到上虞开展“四不两直”（不发通知、不打招呼、不听汇报、不用陪同接待，直奔基层、直插现场）安全生产检查情况；区委书记鲁霞光传达省委书记易炼红到上虞调研时的指示精神并讲话。

7 月 11 日，召开区委常委（扩大）会议。会议内容：区委书记鲁霞光传达省委十五届三次全会精神和市委常委（扩大）会议精神并讲话。

11 月 4 日，召开区委常委（扩大）会议。会议内容：区委书记鲁霞光传达省委十五届四次全会精神和市委常委（扩大）会议精神并讲话。

【其他重要会议】　1 月 30 日，召开全区干部大会暨实干担当创变笃行全面建设“青春之城”工作会议。会议内容：学习贯彻落实党的二十大精神和上级相关会议精神，深入实施“八八战略”，强力推进创新深化、改革攻坚、开放提升，引导激励全区上下实干担当、创变笃行，干出第一等工作、拼出第一流作风，在全面建设“青春之城”、走好中国式现代化上虞高质量发展之路上起好步、开好局。

5 月 10 日，召开全区深入实施“八八战略”强力推进创新深化改革攻坚开放提升工作推进会暨镇街部门书记工作交流会。会议内容：全面落实全省深入实施“八八战略”强力推进创新深化改革攻坚开放提升大会精神，统筹推进数字经济创新提质“一号发展工程”、营商环境优化提升“一号改革工程”和“地瓜经济”提能升级“一号开放工程”建设，全面增强上虞区中国式现代化建设新动能。

9 月 13 日，召开全区学习贯彻习近平新时代中国特色社会主义思想主题教育动员部署会。会议内容：深入学习贯彻习近平新时代中国特色社会主义思想，贯彻落实习近平总书记关于开展主题教育的重要讲话精神，根据中央、省委主题教育第一批总结暨第二批工作部署会以及全市主题教育动员部署会要求，对全区开展主题教育进行动员部署。（游泽南）

政策调研和督查、信息工作

【政策调研】　围绕区委、区政府重大决策，做好政策研究相关工作。印发《关于深入学习贯彻党的二十大精神全面建设“青春之城”的行动方案（2023—2026 年）》，编制形成“青春之城”战略体系和建设路径思维导图，谋划出台《关于明确未来城开发建设体制机制的若干意见》。制定《上虞区坚定不移深入实施“八八战略”工作方案》，收集整理“八八战略”经典案例。出台《全面建设“创客城市”实施意见》。

【调研活动】　结合上虞经济社会发展实际，制定《关于大兴调查研究 进一步增强调查研究工作的方案》，以制度形式固化调查研究工作推进机制。围绕青春之城、营商环境、产业发展、科技创新等领域开展实地走访调研，撰写《上虞区聚焦“创业成本最低”全力打造“创客之城”的调研报告》《上虞区人口发展情况分析报告》《安吉、姑苏、张家港青年发展型县域试点学习考察报告》《传承发扬春晖文化高质量建设“教育之湖”“青春之湖”》等调研报告。做好都市工业发展相关主题教育课题。充分发挥区委、区政府决策咨询委员会作用，形成《全面推进虞南片区绿色高质量发展 加快实现全域共同富裕目标》等报告建议 17 篇。（徐堃鹏）

【信息工作】　发挥党委信息主渠道作用，畅通信息渠道，优化信息流程，加强信息收集，强化信息研判，做到紧急信息报送“快”、问题信息把握“准”、经验信息探究“深”，提供有价值有见地有意义的信息参考。本年度共向上报送各类信息300余条（篇），其中被省委办采用每日动态11篇，工作交流和增刊6篇、专报2篇（含综合），被绍兴市委办录用100余条（篇），刊发内刊文章11篇（综合），获市领导批示3篇。（金梁锋）

深化改革

【概况】 2023年，区委改革办认真贯彻落实中央和省市区委各项决策部署，围绕建设“青春之城”主战略，大力实施营商环境优化提升“一号改革工程”，全力打造创业最便利、创新最友好的“创客城市”。新增省（厅）级试点40个；新材料中试项目管理、新市民“乐居乐业”增值改革入选省营商环境优化提升“最佳实践案例”，并分别荣获省改革突破奖铜奖和提名奖，是全省唯一2个项目获奖的县市区；现代社区建设工作得到省委易炼红书记批示肯定，全国小微企业质量管理体系认证、知识产权、科技教育人才“三位一体”、文物保护与项目建设等4项工作获省领导批示肯定；承办全国小微企业质量管理体系认证提升行动区域试点工作现场推进会；搬家“一件事”改革、镇域医养结合健康服务综合改革、小微企业园全周期服务、“三个一”改革推进机制、新市民“乐居乐业”增值改革在省《竞跑者》刊发；“文明养犬一件事”入选省群众有感微改革首批项目；节余排污权租赁管理改革、打造“青春之城涉外会客厅”入选营商环境“微改革”省级项目库。改革的针对性和实效性进一步增强，企业群众的满意度得到进一步提升。

【优化提升营商环境】 确立“对标国际一流、锚定区域领先”目标定位和“158X”行动任务，提出把上虞打造成为“办事效率最高、创业成本最低、创新生态最好、生活环境最优、干部作风最实”的营商环境最优区。融合全面深化改革与营商环境优化提升工作体系架构，构建“1+6+8”组织领导体系，成立区工作专班，一体推进。在政务环境方面。全省率先试点实施“特殊人群·医保到家”。区便民服务中心推行延时错时预约服务。在法治环境方面。杭州湾经开区获评省级商业秘密保护示范区。揭牌启用区护企优商服务中心，成立第三方监督评估机制管理委员会。试点伞业企业开展合规工作。在市场环境方面。首创社会公平竞争环境观察员单位制度。为新开办企业发放“创业大礼包”。在经济生态环境方面。设立浙股交上虞专板，组建股权市场培育工作站团队。成功打造“一站式”移民事务服务中心。在人文环境方面。创设企业传承发展奖、企业慈善贡献奖等，弘扬优秀企业和企业家精神。组织60余名领导干部赴深圳开展营商环境专题培训。“零元入住”青春公寓、网络安全应急指挥中心、“枫桥式”医保服务驿站等项目相继落地。

【政务服务增值化改革】 成立区推进“虞快办”政务服务增值化改革工作领导小组和工作专班，调研形成了《推进“虞快办”政务服务增值化改革的实施意见》、体系架构图、操作手册等文件，及时梳理涉企服务“一类事”清单和落实区“民营经济31条”增值化服务清单。谋划构建“1+2+X”组织体系，区企业综合服务中心于7月底挂牌试运行，全力打造“虞快办”系列服务场景。

【深化全领域改革】 在经济领域。“构建教育科技人才一体化平台体系促进新材料产业提质升级”入选第一批省级创新深化试点，相关工作案例入选省首批“三个一号工程”案例以及创新深化改革清单典型案例。建成国科新材料中试基地，推动科技成果向现实生产力转化，列入浙江省高质量发展建设共同富裕示范区第三批试点。开展创业服务“一件事”集成改革，打造“创业一件事”应用。成立人才公司以及“青科创”人才基金，深化“人才贷”“人才保”金融服务。在文化领域。成立春晖文化研究会，与《人民文学》签约设立“白马湖散文奖”。上虞区入选全省“非遗助力共同富裕”试点地区。在民主法制和社会治理领域。《“审、评、验、督、销”五字诀化解征迁纠纷工作法》获评省新时代“枫桥式工作法”，2例工作法入选全市“十佳枫桥式工作法”，3个社区被命名为省首批现代社区。在社会事业领域。镇域医养结合健康服务综合改革入围省级共同富裕实践观察点。迭代“1+5+20+2N”居家养老服务体系相关做法获得副省长王文序批示肯定。保障“山里娃”学有优教做法获副省长卢山批示肯定，创成全国学前教育普及普惠区。在生态文明领域。减污降碳协同相关经验在全省减污降碳协同创新区建设大会上作交流，被生态环境部全国推广，列为国家级试点。在党的建设领域方面。深化推进现代社区建设，创新三方协商议事“五个一”机制、“三方八项公约”、小区资金智慧化监管等举措，相关做法被省市领导批示 6 次。在纪律检查领域。探索纪委+人大“融督联动”相关做法获上级纪委主要领导批示肯定。做好招投标领域（货物与服务采购）、村社巡察数智等场景试点任务，3 个模型入选省级最佳模型。（徐堃鹏）

组织工作

【基层党建】 深入开展村社组织“届中体检”，摸排建立年龄偏大及不胜任书记两类清单，逐村逐社分析研判村社组织运行及后备干部情况，换届“回头看”以来累计调整村社书记 55 名。举办全区首届“8090虞青书记”示范培训班、农村青年优秀人才擂台赛，与开放大学合作开设村社干部学历提升班，3 名村社党组织书记获评省担当作为好支书。常态化抓好后进村社党组织摸排整转工作，新选派 20 名驻村“第一书记”加强帮扶指导。持续抓好“浙里兴村治社”应用推广使用，优化调整涉村（社）事项过筛编码，推进村社考核与应用相融合。

推动两新协会“共富基金”增资至 1 亿元，助力 18 个党建联建共富项目投入运营，晋生村入选全国“千万工程”现场推进会考察点位，“覆卮山共富”“红领绿城微治圈”等 2 个党建联建入选省级典型案例。深入推进“虞理共进”党建引领校地融合发展试点工作，实现镇街与高校职能部门、二级学院联建全覆盖，培育“驿艺生辉”等党建联建子品牌 6 个，共建校外实习教学基地 44 个，社会实践基地 42 个。建成“共富工坊”161 个，帮助农村劳动力就业 1.28 万人，带动村集体增收 2689.63 万元，乐业丰城·宁丰包装、“童你一起”等 2 个“共富工坊”被认定为第一批省级示范，相关做法获《新华每日电讯》《半月谈》杂志报道。

摄制《青春无畏》《1950 我们正青春》等系列电教片 10 余部，同步开展进机关、进影院、进校园等党员教育“五进”活动，累计收看超 100 万人次，其中《1950 我们正青春》被省组推介在杭州主要地铁线路和公交线路播出。扎实推进党群服务中心建设，1 个乡镇、15 个村社、2 家两新组织党群服务中心创成省级示范点，全市党群服务中心形象标识发布仪式在上虞举行。围绕党的二十大精神学习开展春训系列活动，累计参训党员 5.3 万余名。（冯　凝、阮佳波）

【党员发展】 建立调度督促机制，每月开展督促检查，定期通报发展党员情况，结合“红色根脉强基工程”应用日常维护，对发展党员情况及时调度掌握。着眼重点领域，加强指标动态调控，注重向青年和产业工人、农民、知识分子等群体倾斜。严格执行发展党员县域统筹“四个统一”、村书记列席乡镇党委审批预备党员会议、重点人员区委组织部审批等制度，严把党员发展入口关、质量关。2023 年，全区共有党员 55261 名，全年发展党员 550 名，其中 35 岁青年党员 306 名，占 55.6%；大专以上学历 475 名，占 86.4%。（张叶琴）

【干部选拔任用】 全覆盖组织学习贯彻党的二十大精神集中轮训，召开全区领导班子政治建设推进会，开展区管领导班子和领导干部政治建设专题调研分析。持续深化“六比六争先、勇当排头兵”作风建设专项行动，出台改进作风大抓落实十条举措，用好典型分析、正反通报、双向约谈、公众监督、组织调整“工作五法”，组织千企评部门评镇街评站所，向“庸、浮、懒、滑、散、弱”等作风陋习亮剑宣战。深化“耳聪目明”工程，全面从严加强干部监督管理，重视家风家教，开展区管党政正职家属“幸福守望”廉勤教育专题培训。加强与审计监督的贯通融合，建立审前谋划共商、审中协作共联、审后成果共享的工作机制，国有企业总审计师制度改革试点在全省会议上获徐文光常务副省长称赞。采用集中交办、立项督办、进度督查等方式，强化区委巡察发现的涉组涉干问题整改监督。

全年新引进“双一流”高层次党政国企储备人才 64 名（其中博士研究生 14 名），建立 600 名提级培养干部储备库。出台加强干部队伍专业化建设的意见，实现全区干部建设“青春之城”现代化能力提升轮训全覆盖，按照经济金融、城建规划、招商引智、乡村振兴等类别分班，采取长班短训方式，遴选 200 名“90 后”干部参加“青春领航 赋能共进”专业能力培训，获《浙江日报》头版刊发。注重实践练兵，累计选派

223 名干部参加基层“蹲苗”、跟班学习、对口协作。实行图强争先大比拼专项考核，全区 336 名承担行政执法、行政许可和行使管理服务职能的中层正职参加作风效能“四评四看”晾晒评议。分季度举办中层干部实绩比拼擂台赛，63 名干部获通报表扬。实施中层干部平职交流和跨单位竞职上岗，64 名干部交流任职，获王琴英部长批示肯定和《中国组织人事报》报道。

制定以强化组织担当激励干部担当的实施意见，调整综合考核体系，落实“四个坚持、八个不”选贤任能要求，注重在急难险重任务中考察识别和使用干部，2023 年新提任和进一步使用干部 81 名，动真碰硬调整不胜任干部 16 名。落实及时性奖励，推荐入选省市担当作为好干部 5 名，选树区担当作为好干部 12 名，记功嘉奖干部 75 名。以释压减负推动轻装上阵，对 2 名干部容错纠错，首次在全区作风建设推进会上为 8 名受到不实信访举报的干部公开澄清，对 56 名受处理的党员干部开展暖心回访，省委组织部副部长程来节到上虞蹲点调研时给予肯定。常态化开展“向组织说说心里话”活动，与浙江大学共建干部心理健康教育研究基地，6000 余名干部接受心理健康培训和测评。（陈 坤、谢 鹏）

【机关党建】 聚焦中心大局，开展“服务亚运、机关先行”活动，组建区直机关护航亚运“先锋突击队”，积极参与志愿服务工作。深化机关党组织包联社区机制，112 个机关部门单位常态化结对 49 个社区，组团下沉参与文明城市创建、垃圾分类投放等工作。大力推进“活力机关”建设，举办区直机关第四届运动会、机关干部登山赛，开展机关干部应急能力实训、PPT 技能提升大赛等专题学习实践活动，累计参与 1200 余人次。汇编廉政教育地方读本，推动清廉文化教育入脑入心。（田 瑶）

【两新党建】 高质量开展非公企业党建工作规范化建设省级试点，全面开展青春党组织标准化创建，创成达标党组织 651 个，兑现补助资金 408 万元，相关做法获省委组织部部长王成肯定。深入推进“双融双强”十大行动，率先探索“未来工厂”党建，全市两新党建服务保障三个“一号工程”现场推进会在上虞召开，“凤凰领航·蓝海红湾”入选全国年度百佳园区党建品牌案例，杭州湾“蓝海红湾”获评全省示范党群服务中心。新选派 99 名退职领导干部担任驻企党建指导员，办好新生代企业家“青蓝传承”“双管”两新党组织书记专题培训班，新就业群体党建工作在《中国组织人事报》头版刊发。（朱少靖）

【公务员管理】 2023 年，省考招录公务员 74 名，定向招录选调生 5 名，接收军队转业干部。全年共完成公务员日常登记 39 人、转任 169 人、调任 18 人、提前退休 1 人、辞职 1 人。大力推进平时考核示范联系点培育，择优确立 3 家单位为示范联系点。加强正向激励引导，推进职级晋升工作，36 家单位 112 名公务员得到晋升职级，5 家单位获批使用本单位预留职数 8 个。出台《关于进一步加强选调生培养管理的工作意见》，明确选调生在村任职期间的“7+N”任务，构建多维度选调生日常管理机制，定期考察选调生工作表现情况。出台《关于加快构建干部心理健康关爱体系的指导意见》，建立干部心理健康工作联席会议制度，与浙江大学心理与行为科学系合作，共建干部心理健康教育研究基地、博士工作站，开展干部心理素质提升集中轮训和体检，逐步形成全区干部心理数据档案资源。（董桂燕）

人才工作

【人才引育】 成功举办“万亩千亿”全球创业大赛、千名博士和青年人才马拉松、高层次人才中秋联谊会、“虞见青春·名校硕博上虞行”，承办之江科创百人会、第五届天津大学“海棠杯”校友创新创业大赛、中国·绍兴博士后论坛等重大赛会活动，城市招才品牌持续打响。立足产业优势，坚持产业链精准引才，成功引育顶尖人才 2 名（总数 4 名，居全市第一），入选国家特支计划人才 2 名，新增国引、省引人才综合到岗率居全市前列。组织招才引智专列、浙大校园推介会、天津人才周等线上线下招聘活动 94 场，新增就业大学生 26085 名，其中博士 220 名、硕士 1303 名。扎实推进“金蓝领”倍增计划，新增技能人才 8336 名，其中新增高技能人才 4226 名。

【创业平台体系】 加快打造“一个总园+N 个分园”

的创业平台体系，高创园总园完成30%建设目标，4号分园小越新时代产业园启动培育，曹娥江实验室、百官智创青春谷等重点平台加快建设。深入开展校地合作，与浙江大学共建半导体材料联合创新中心，与复旦大学共建生命健康谷，先后引进天津大学、武汉理工等大学研究院12家，建立院士专家工作站49家、博士后工作站33家。“构建教育科技人才一体化平台体系，促进新材料产业提质升级”入选第一批省级创新深化试点，相关做法得到副省长卢山批示肯定，被列入全省数字经济创新提质“一号发展工程”第一批典型案例；新材料中试项目全周期管理入选全省营商环境优化提升第二批“最佳实践”案例；“未来城”获批人才管理改革试验区，天大研究院、晶盛机电、卧龙控股集团入选市人才发展体制机制综合改革试点。

【人才政策】 在人才房票、子女就学等方面持续突破，依托“绍兴人才码”上线“创业一件事”服务平台，全年累计兑现人才政策资金超4亿元。实体化运转人才公司，深化“人才贷”“人才保”金融服务，设立5亿元规模的“青科创”人才基金，优化人才创新创业投融资环境，有效缓解人才科技项目早期社会资本投资空白问题。推出980套“零元入住”青春公寓、200余套求是家园和1040套鸿雁未来社区等人才专购房，谋划推进青春驿站，“短期免费住、中期低价租、长期优惠买”的青年人才住房保障体系逐渐形成，相关做法获《人民日报》《光明日报》报道。（金泽耀）

宣传工作

【概况】 2023年，上虞区宣传系统以习近平新时代中国特色社会主义思想和习近平文化思想为指引，紧紧围绕学习贯彻党的二十大精神和习近平总书记考察浙江重要讲话精神，扎实推进学习贯彻习近平新时代中国特色社会主义思想主题教育，对照图强争先全面建设“青春之城”要求，守正创新、奋楫笃行，实现宣传思想文化工作的新跨越。（方萍萍）

【理论学习中心组】 制定下发《上虞区委理论学习中心组2023年学习安排》等通知文件，开展区委理论学习中心组专题学习会12次；举办“春晖大讲堂”8期。加强对各乡镇（街道）、区直各部门单位学习指导，全年下发《理论学习中心组学习要点提示》共3期；组建7个巡听旁听工作组，对42个乡镇（街道）、部门单位和国企开展巡听旁听，有效提升中心组学习质量。（章　鑫）

【理论宣讲】 开展“‘八八战略’在身边 ‘青春之城’向未来”主题宣讲系列活动。发布“虞声嘹亮”理论宣讲品牌logo、推出宣传短视频和系列衍生宣传品；开展“追光思想之炬 逐梦青春之城”青年理论宣讲大赛，营造“全区总动员、百团大会战、千人齐声讲”良好氛围；举办理论宣讲青训营暨上虞—龙游理论走亲活动，推动理论学习宣讲“山海协作”；举办“青年宣讲达人”VS“青年学习之星”理论知识对抗赛，让理论学习、宣讲双向促进；开设《897朗读者·“八八战略”在身边》广播宣讲10期。举办青年理论宣讲报告会，通过“线下宣讲+线上直播”方式，全面展示上虞区忠实践行“八八战略”、全面建设“青春之城”的生动实践。

结合主题教育，选拔22名选手组成4个宣讲小队，开展“溯源新思想 虞声更嘹亮”青年巡讲活动，分别由“虞声嘹亮”宣讲团导师带队，深入农村、企业、文化场馆、青春市集进行实地调研、座谈研讨，并进行场景式宣讲。同时还举办上虞—诸暨学习贯彻习近平总书记考察浙江讲话精神同学共讲活动，推动两地青年互学共进。

组织宣讲员参加绍兴市“越讲越响”之“八八战略在身边”——第二届青年宣讲新秀选拔大赛、“五创图强 四进争先”青年宣讲大赛暨微型党课决赛和省宣“八八战略在身边”宣讲大赛暨第十四届微型党课大赛，上虞区2名（组）宣讲员获市二等奖、4名（组）宣讲员获市三等奖，钱虹初获省赛金华赛区二等奖，马滨获省赛衢州赛区三等奖，获奖人数创历年最高纪录。（章　鑫）

【春晖文化研究会成立】 12月2日，春晖文化研究会成立。现场启动“文化寻根——浙江文化研究工程与你同行”活动、“寒之友社”恢复落成仪式、并与《人民文学》杂志社合作开设“白马湖散文奖”，推动春晖文化研究传播进入新阶段。（章　鑫）

【"扫黄打非"基层示范点培育】 重点打造以e游小镇为代表的"扫黄打非"行业示范点。7月26日，省委宣传部副部长虞汉胤一行到上虞调研，了解上虞区知识产权保护、网络游戏受理预审及日常监管、"扫黄打非"专项整治等方面工作情况。12月，组织e游小镇参加全省"扫黄打非"进基层现场会，并进行现场交流发言，同时获评第七批全省"扫黄打非"进基层示范点。（王浙炜）

【文化事业】 持续开展文化惠民活动。举办"悦读·越青春"2023年上虞区全民阅读大会，进一步推动充满书香韵味的青春上虞建设。组织承办"我要上村晚"绍兴市农村文化礼堂优秀文艺节目声乐、器乐专场选拔赛决赛，活动直播参与人数超过48万人次。开展"娥江颂"群众文化月才艺大赛，评选出戏曲综合类、音乐器乐类、舞蹈团队类、视觉书法类、视觉摄影类、视觉美术类等各类奖项，不断满足群众高品质精神文化需求，提升"青春之城"文化味、文艺范儿。举行"青春之城、生态之美"——上虞野生鸟类摄影作品展、"青春之城 青春之歌"上虞六人美术展、"曹娥江杯"浙东唐诗之路全国硬笔书法主题创作大赛获奖作品展、省摄影之乡上浦主题摄影展、绍兴市女画家协会美术作品展、"为时代而歌"王国瑞美术作品展、"明德尚贤 创变笃行"上虞城市精神视觉艺术展、"百年谢晋"——电影视觉艺术展等展览。

持续开展文艺精品创作。以《绍兴市上虞区"曹娥江杯"优秀文艺作品和扶持项目激励实施办法》激发文艺界创作热情，《嘉绍大桥》《诗与远方的幻想》入选全国第十五届大画幅摄影作品展，根据实施办法已评选出12个创作扶持项目。编辑出版《在时间深处——上虞文学十年小说卷》《美人弄1号》等书籍，由国家一级作家顾志坤老师创作的《永不谢幕：谢晋传》《远去的背影：谢晋年谱》《让生命燃烧：谢晋评传》"谢晋"三部曲，已在浙江文艺出版社出版。《祝家庄里的年轻人》获评省文化和旅游厅第十五届戏剧节"兰花奖·新剧目大奖"。原创广场舞作品《上虞好地方》入选社会组优秀广场舞作品及示范编导名单。组织选送2件美术作品《春语无言》《新晴》入选浙江省首届传群星中国画（单幅）册页作品展。组织报送8件作品参加2023"我们的村舞"绍兴市农村文化礼堂舞蹈大赛，获金奖3个、银奖5个。组织创作4个原创音乐作品参加绍兴市第六届群众音乐大赛，1个原创舞蹈作品参加绍兴市第六届群众舞蹈大赛。（王浙炜）

【文化产业】 修订《促进文化产业发展的若干政策意见》及实施细则。对接统计部门，年内有规上文化企业62家，其中制造业29家，覆盖贵金属制造、时尚包装行业等。组织文化企业申报市文化龙头企业、创新型企业，上虞区欣昱科技、万升包装2家进入路演。组队参展深圳文博会。6月6—9日，由区委宣传部牵头，组织文广旅游局、e游小镇、文旅集团和文化企业代表，参加第十九届深圳文博会。上虞区越青堂作为参展企业，赴深圳文博会，许多饱含上虞特色的文化创意的青瓷产品精彩亮相，助力上虞向全国传播青瓷文化。高质量推进曹娥江文创走廊建设，22个项目列入绍兴市2023年度文化产业重点建设项目计划。截至12月底，完成投资额22.6亿元，完成率105%。（王浙炜）

【文化区域品牌】 重点推进区级"护苗"中心建设，5月28日，上虞护苗中心启用，同时"虞苗优护"品牌荣获首批省级特色"护苗"工作品牌。在"世界读书日""版权宣传周"之际，举办"青春之声读中国"等宣传活动，发放"扫黄打非"、网络防沉迷、著作权宣传册3000余份，宣传受教育群众达5万余人次。（王浙炜）

【外媒看上虞】 2023年，上虞区在省级以上主流媒体刊播各类报道150余篇（条），在中央级媒体刊播各类报道110篇（条）。其中，《人民日报》27篇（海外版10篇）、央视56篇、《新华每日电讯》15篇、《光明日报》10篇、《经济日报》3篇。在《浙江日报》刊发头版15篇、浙江卫视《新闻联播》24篇。（袁伟江）

网信工作

【第十四届网络文化主题活动】 第十四届网络文化主题活动以"精彩亚运会 青春活力城"为主题，开展"青春之城"城市形象网络传播活动、"云上覆卮 青春共游"抖音短视频大赛、"八八战略在身边"理论宣讲网络传播活动等十余项内容健康、积极向上的网络文化活动。通过直播、短视频、漫画、动画、图文等多种形式聚焦追光铸魂，展现青春元气，推动云上共富，弘扬网络文明。在新华网、光明网、人民网、新蓝网、《绍兴日报》、越牛新闻、百观新闻等媒体发布活动相关报道超200篇，在微博、今日头条、西瓜视频、抖音、小红书等平台发布内容超8800条，全网话题包括#今在上虞 遇见未来#、#不一young的青春#、#上虞区第十四届网络文化主题活动#等，全网阅读量超3.15亿次，互动量超61万次，推动主流思想网上传播，打造亚运全民参与氛围。

【网络安全宣传】 9月11—17日，围绕“网络安全为人民 网络安全靠人民”主题，多角度开展网络安全宣传周系列活动。按照“1+5+6”活动安排，即1场网络安全事件应急演练，5项宣传活动，6个主题日，在全区范围掀起网络安全宣传热潮。以“报、网、端、微、屏”协同发力实现线上多互动。通过举行知识竞答、征集网络作品、开展主题直播等活动吸引网民参与，共有超1.2万名网民加入互动，通过设置专题专栏、推送活动报道、开设热点话题等形式广泛宣传，网民阅读量累计破百万。以下沉基层推动线下宣传全覆盖。开展网络安全进商圈、进社区、进机关、进企业、进校园、进乡村“六进”活动，在城区公交站牌、公交车电子屏、城北商场、社区服务中心等地投放网络安全宣传视频和标语，在“护苗”中心、信义广场、e游小镇、浙建院等点位开展网络安全专题公益展览并发放宣传资料，宣传累计覆盖10万余名市民学生。以创新作品提升宣传生动性。沿用“虞网小信”角色IP，引入“虞小娥”和“吉象”城市IP形象，创新打造《小信的一天》H5动画和《遭遇网络攻击怎么办》网络安全动漫宣传片，开发制作“虞小娥吉象”网络安全表情包，在抖音、微博、头条等平台获得大量网民观看点赞和评论互动，超25家自媒体参与转载，通过生动形象讲故事的方式让老百姓“愿意看、看得懂、记得住”，相关微博话题#绍兴人要警惕这些事情#和#绍兴人遭遇网络攻击怎么办#均登上绍兴同城热搜榜，累计阅读量超1200万次。

【“青春之城”年度正能量网络传播活动】 以走深走实网上群众路线为基础，开展“青春之城”年度网络传播活动，助力打造上虞充满时尚感、年轻度、正能量的城市形象。成立新媒体联盟“上虞新莓派”，有力凝聚新媒体传播力量，汇集36名来自绍兴以及上虞本地的正能量网络达人、城市拍客、自媒体编辑等成员，深入基层一线，走进城市乡村，助力城市宣传、乡村振兴、网络文明、行业自律等内容生态创新，成员累计创作作品超600件，全网阅读量超5000万次，推动传播最新、最美、最好的上虞城市形象。抓住年轻受众，借势“特种兵式旅游”热梗，邀请11位百万级粉丝网络达人线上线下打卡上虞，策划话题#五一逃离城市#、#不一young的青春#，登上微博总榜热搜前5位，话题阅读量累计超8600万次，互动量超14万次，实现城市传播突围突破、极致出彩。紧扣上虞特色文化符号和区域热点，打造1个全网主话题#今在上虞 遇见未来#，在微博、抖音、今日头条等平台阅读量累计超1.63亿，互动量超38.6万次。持续设置网络议题和地区话题，聚焦赛事活动、文旅风景、产业特色、正能量故事等多维角度，解锁“青春之城”的N种玩法，全年共有#上虞小学生探秘亚运场馆#、#浙江有座小城四季鲜果不断#、#青春上虞活力夜市#、#幼童横穿马路外卖小哥一把拉住#等共106个话题登上同城热搜榜，其中超千万阅读量话题共10个，累计全网阅读量超3.94亿次，互动量超43.2万次，推动增进网民共识共情，传播最新、最美、最好的城市形象，讲好上虞江南宝藏小城故事。 （孙　靓）

精神文明建设

【亚运文明城市大提升行动】 制定行动实施方案，分解落实30项重点任务清单，重点部署开展文明典型引领、文明习惯养成、洁美家园建设等九大行动。开设迎亚运专题专栏，推出迎亚运相关报道等670余篇（条），刊播各类亚运公益广告5400余条次。摄制展播上虞迎亚运主题短视频，累计观看人数超10万人次。组织开展亚运线上知识竞赛，累计参与88158人次；精心布置迎亚运景观小品、公益广告、短视频等4000余处、主题画面7000余平方米，发放亚运宣传手册1万余册。组织开展迎亚运·舞动“青春之城”2023舞蹈展演、白马湖青春酷跑、“文明村”村BA篮球赛等活动500余场次，全面营造迎亚运浓厚氛围。

【文明城市创建】 完善创建机制。建立完善日常督查、限时整改、通报曝光等多管齐下的抓落实机制。加强点位长培训指导，夯实点位创建基础；推进网格化管理，建立社区小区创建工作群，责任落实到岗到人。开展常态督查。坚持日常督查与专业测评相结合，重点围绕“五大周边”及老旧小区等区域，常态化开展问题督查工作。2023年，累计下发督查整改单122期，已累计督查发现及媒体曝光问题7433个，完成整改7400个，销号率99.57%。开展专项攻坚。专项整治和示范点位打造联动推进，整体提升创建水平。开展文明出行、违法停车和制止餐饮浪费等专项行动，组织实施“拔钉”行动，“一点一策”“一类一策”破解顽瘴痼疾。开展示范点位创建工作，共打造30个示范点位，以点带面发挥示范引领作用。浓厚创建氛围。开设“创建全国文明城市”专题专栏，累计刊发创建工作动态200余篇。建立媒体监督曝光台，聚焦车辆乱停乱放、农贸市场环境等老大难问题和不文明现象，推出《每周一问》曝光栏目11期。更新设置灯箱大屏、旗幔立架、楼宇幕墙等文明创建公益广告3000余处，累计发送文明创建公益短信10万余条。

【新时代文明实践】 完善机制体制。建立“月提示、季指导、半年评比、年终考核”制度，每月制定下发文明实践工作提示单，发布月度活动预告，召开文明实践管理人员交流会，每季度开展驻点指导，每半年组织晾晒评比，每年度做好市文明办专项测评。开展文明实践工作先进点位及个人表彰活动，评选文明实践示范所5个、示范站20个、最美文明实践管理员10名，予以物质奖励。发挥示范作用。继续发挥“邻居里”文明实践综合体示范效应，通过场地联通、人员联动、社区联谊，向周边6个社区1.27万户家庭提供一站式、互动式的文明实践服务，开展戏迷之夜、亲子讲堂等文明实践活动120余场次，吸引群众超2.4万人次。拓展线上实践。深化有礼实践网络传播，精心打造“虞小娥”文明实践直播间，邀请各领域专家达人开展“高考志愿填报”“儿童心理咨询”等直播互动23场次，培育粉丝1.9万人，直播观看人数超5万人次，点赞量超82万次；精心运营文明实践视频号，制作推出主题短视频45期，播放量达153万次，《等你来》《“证”因“宠”你 牵住文明》《无声“剪”出公益之路》等成为爆款产品。浓厚“有礼”氛围。策划实施“弘扬雷锋精神 遇见青春之城”学雷锋志愿服务月、第十五届“社区邻里月”、第十三届“孝亲敬老月”等主题月活动，常态化开展“浙里新风 虞尚十礼”文明实践活动1145场。开展“有礼小区”“有礼楼道”“有礼窗口”创建活动，组织“爱心冰柜 清凉虞城”文明实践活动，20余家文明单位以及各界爱心人士参与爱心接力，累计捐赠饮品4000余箱，共计6万余瓶，活动期间微博热搜的阅读量达30万+。

【志愿服务】 培育文明实践志愿服务项目，落实50万元志愿服务项目孵化培育专项资金，通过举办有礼文明实践项目大赛、路演汇报评审和《志愿服务项目设计与管理》培训讲座等活动，实现项目精准选拔培育，系统提升文明实践水平。《屋迁心暖——拆迁安置小区治理志愿服务项目》获浙江省志愿服务大赛获优秀项目奖，《浙江：寒潮来袭 弱有众扶 这个冬天很温暖》《浙江上虞志愿服务队促绿色发展》《扮靓美好家园 上虞区推动生活垃圾分类工作提质增效》等新闻在中央电视台、《中国青年报》、《浙江日报》等重要媒体报道。

【公民道德】 加强公民道德阵地建设，充分发挥上虞区最美人物馆宣传、展示、教育等功能，重点展示身边好人、道德模范等上榜人物典型事迹，联合教体局组织学生开展研学活动，全面弘扬正能量。在百官新闻客户端及上虞区新时代文明实践指导中心微信公众号等新媒体设立好人专区，集中进行好人先进事迹展播，点击量超150万次。统筹推进道德模范、最美系列、身边好人等评选工作，全年选入浙江好人7例，绍兴好人13例，上虞好人33例。加强道德典型关怀礼遇，成立闰土关爱基金1200万元，在重大节日开展好人、道德模范走访慰问，全年慰问各级各类好人、道德模范73名。共育文明新风。全面建立完善“一约四会”制度，充分发挥各村红白理事会作用，破除陈规陋习、倡导文明新风，新办简办红白喜事5000余场次。依托文明实践阵地，开展送戏下乡、群众文化月等活动累计500余场，在活动中不断丰富移风易俗内涵，推动形成文明乡风、良好家风、淳朴民风。培育文明细胞。实施全域文明创建工程，2023年评选区级文明村15个、区级文明单位7个、区级文明家庭33户家庭。创建省级文明村镇5个、文明单位3个、文明校园2个、省级文明家庭3户。（黄　霆）

机构编制管理

【概况】　2023年，区委编办坚决贯彻落实区委区政府和上级机构编制部门决策部署，持续推进重大改革、优化编制保障、加强监督管理、抓实队伍建设，不断开拓新时代机构编制工作新局面。2023年，区委编办牵头召开编委会1次，审议38件部门单位机构编制请示事项。办理事业单位设立登记4家、变更登记172家、注销登记12家，对355家事业单位年度报告进行审核、公示。办理出编手续1051人、入编手续1172人，完成区级及乡镇机关事业单位1145名用编计划和552个中层职数使用的审核工作。

【编制审核调整规范】　年内共审核26个部门单位相关机构编制调整事项，新增核定使用行政编制5名、事业编制20名，收回职能弱化事业单位编制15名；新核定区管领导职数6名，股级职数31名，核减职数超标准单位股级职数13名；完成文联等五个群团机关“三定”的重新制定工作；落实省级下放6名教育周转编制分配工作。

深入实施年度用编计划审核，严格空编使用，强化审批管理，有效遏制过度用编和超编进人问题。规范中层职数审核管理，配合做好干部选任服务保障，2023年以来，累计完成中层职数审核552人次。持续加强实名制系统更新维护，确保系统信息真实、有效、准确，年内共开展社保数据比对 2次，维护台账信息119条，人员信息审核3753条。

【“大综合一体化”行政执法改革】　以执法履职与编制资源优化配置为导向，制定出台并组织实施《行政执法队伍履职绩效评估办法》，提高执法机构效能。协同推进镇街“一支队伍管执法”，配合落实乡镇(街道)执法赋权相关的行政检查职能，做好2337项法定外行政检查事项的审核入库工作。强化监管事项动态监管，共清理完善无理由不认领或重复认领事项499个，调整新增、变更、取消事项944个。

【基层管理体制改革】　深化拓展乡镇（街道）管理体制改革，牵头开展岗位设置规定的编制工作，通过“三上三下”指导推动乡镇（街道）梳理明确岗位设置和岗位职责，督促落实具体岗位对应人员信息，推动乡镇（街道）履职体系建设全覆盖、无盲区，进一步为基层赋能增效。调整后，各乡镇（街道）机关岗位平均数为23个，较调整前减少了31个，通过优化岗位设置，为人员力量的有效统筹奠定了基础。

【编制管理体制机制】　对照上级文件，制定出台区《机关事业单位编制使用管理办法》，提高编制管理科学化精细化水平。研究拟定《党政储备人才编制池管理办法》，为区域高质量发展夯实人才引育基础。基于常住人口、地域面积、经济总量、财政收入、法人数量等维度，探索构建绍兴市内各县（市、区）编制指数测算量化指标模型，初步形成编制锚定系数意见，为日常核编用编提供参考依据。

【事业单位改革评估试点】　市县联动做好省级事业单位改革“回头看”试点，分类分级完成对文广旅游、交通运输、市场监管、人力社保等领域以及基层镇街所属事业单位的分析评估，探索优化事业单位布局结构的路径举措，对同类同质事业单位综合设置等新课题开展研究，为全省面上深化事业单位改革提供参考。

【议事协调机构建设】　协同梳理全区240个党委政府议事协调机构设置，为后续清理规范提供决策参考。会同区委组织部制定印发《上虞区重点工作专班管理办法》，全面梳理规范现有专班，固化形成长效管理机制；创新实施区级部门中层职数周转，充实专班人员力量，为更好发挥重点工作专班作用、完成区委区政府重点工作提供相应保障。

【机构编制督查整改】　有序推进机构编制核查，与区委巡察联动对19家部门单位开展专项检查，发现并整改问题40余个。加快推进第一轮机构编制核查进程，提前一年实现全区部门单位核查全覆盖。强化监督协同，以选人用人专项检查、经济责任审计等为契机，同步实施机构编制检查，及时移交问题线索，推动整改落实。创新出台机构编制函告制度，通过宣传引导、预警预告，从源头防范机构编制违规问题发生，加强规范机构编制管理各环节。

【事业单位登记管理】 高质高效完成全区 355 家事业单位年度报告公示审核工作，进度质量始终位于全市前列。精心部署事业单位年度公示信息“双随机”检查，超比例完成 12 家事业单位抽查并督促做好问题整改。加强日常登记管理，及时做好事业单位法人设立、变更、注销登记审批工作，累计办理相关业务 188 件。规范和支持新型研发机构建设，对接指导上虞曹娥江实验室和半导体材料联合创新中心两家单位完成设立登记。

【编外用工管理】 坚持“控制总量、提高素质、合理薪酬”，严控一般岗位编外聘用人员规模，将编外聘用人员向重要领域、重大项目、紧缺急需岗位倾斜，结合体制机制调整、机构编制绩效评估等，核减收回锁定编外控制数 10 名，调整岗位分类 17 人次。推进编外聘用人员管理全周期“一件事”改革，实现对编外聘用人员招聘、入职、离职、信息变更等事务全流程闭环管理，全年共审批事项 328 件。 （陈亚杰）

统战工作

【概况】 2023 年，全区统一战线按照省委统战部、市委统战部工作要求，围绕区委“1336”工作体系部署，深入学习贯彻习近平总书记关于做好新时代党的统一战线工作的重要思想、党的二十大、中央统战工作会议精神，实施六大“同心工程”，制定出台“同心筑梦”工程 13 项举措，不断强化对全区统一战线人士队伍思想政治引领工作；以开展学习贯彻习近平新时代中国特色社会主义思想主题教育为契机，举办全区统战干部培训班，牢固树立统战干部“越是做党外工作，越是心中有党”的政治自觉，增强做好统战工作的政治责任感；组织民主党派人士、非公经济代表人士、民族宗教界人士、港澳台侨界代表人士等热学热议党的二十大精神，凝心聚力画好同心圆，进一步筑牢团结奋斗的共同思想政治基础；召开区委统战工作会议、区委统一战线工作领导小组会议，全面落实中央和省委、市委统战工作精神，以有力有效举措推动新时代上虞统战工作高质量发展；开展“主题式”乡镇统战工作例会，通过典型展示、现场观摩、经验交流等形式，努力开辟基层统战工作新路子，推动基层统战工作在上虞的落地落实；以制度化推进全区统战工作的规范化建设，制定完善《镇、村两级书记抓统战工作清单》《乡镇街道、区直部门统战工作清单》《统战工作巡察建议清单》和《上虞区基层统战工作“360+”考核体系》，进一步完善“党委统一领导、统战部门牵头协调、有关方面各负其责”的大统战工作格局。

【党派工作】 深入推进党外代表人士开展“凝心筑魂强根基、团结奋进新征程”主题教育，举办全区党外代表人士履职能力提升专题培训班、纪念中共中央发布“五一口号”75 周年专题协商座谈会等；完善民主党派“直通车”制度，累计报送社情民意信息 413 条，提交优质提案议案 112 件；加强党外干部队伍建设，发挥组统联席会议作用持续优化党派干部配置，新提任党外区管副职 5 名、区管正职 1 名，轮岗交流 5 名，已配备区管党外领导干部 40 名，其中正科 7 名、副科 33 名，86 后 10 名，全区 10 个政府部门（正职 2 名）、10 个镇街班子配备党外干部，各项配备指标全市领先。

【非公经济工作】 围绕营商环境优化提升“一号改革工程”，牵头抓好“人文营商环境优化提升专项小组”工作，深化清廉民企建设，晶盛机电、上风高科、汤浦镇商会等 13 家单位获评“全市第一批清廉民企（商会）创建标杆”，有序推进“两个健康”集成改革、“亲清直通”暖企专项行动、容错纠错激励担当专项行动三大改革项目，相关工作亮点被《浙江日报》《竞跑者》等刊发报道；举办“政企服务直通车”8 期，共邀请 90 余名企业家现场参与，帮助企业解难 120 余个，建成线上企业互助基金的数字化应用场景“浙里快转”，帮助相对困难企业转贷 1 亿余元，《打造“442”政企恳谈服务新模式》案例获 2023 年度全省工商联服务“两个健康”最佳工作实践创新成果；参与全市“爱企行动”系列活动，上虞区入选绍兴市民营企业“1+4”榜单总数居全市第一，卧龙控股陈建成、龙盛控股阮伟祥入选 2023 风云越商，晶盛机电曹建伟、闰土股份阮静波、亚厦控股丁泽成入选2023新锐越商；经叔平生平事迹陈列馆入选第三批“浙江省民营经济人士理想信念教育基地”，卧龙控股列入2023年定向招工式“共富工坊”省级示范点，协同组织召开2023高端装备制造高质量发展大会暨全国工商联高端装备制造与仪器仪表委员会年会;开展镇街商会全覆盖攻坚行动，联合民政局开展业务指导,已实现全区20个镇街商会100%登记注册。

【民族工作】 以“学习贯彻二十大精神·铸牢中华民族共同体意识”为主题，围绕民族团结进步创建和“之江同心·石榴红”品牌培育，盖北镇小成功创成国家级民族团结进步示范单位，中化蓝天等4家单位被评为“省级民族团结进步重点单位”，建成“石榴红体验馆”1个、“石榴红主题公园”1个；以“铸牢中华民族共同体意识”为主线，讲好民族团结进步上虞故事，组织、参与各级巡回演讲12起，指导民促会成功换届，以“三项计划”为载体，与浙江理工大学科艺学院完成“各族青少年交流计划”，持续做好民族乡村振兴“同心共富·百村结对”行动，助力实现民族团结和共同富裕双成果。

【宗教工作】 召开全区民宗系统除险保安工作会议，与各镇街、宗教活动场所签订目标工作责任状，制定出台《上虞区宗教场所负责人考核办法》，全面夯实宗教场所负责人安全管理责任;全力以赴为杭州亚(残)运会成功举办保驾护航；实现宗教活动场所“三人驻堂小组”全覆盖，做好涉宗养老机构摸排整治工作，坚决守好民族宗教领域意识形态主阵地；坚持宗教中国化方向，全面完成般若寺、道墟基督教堂2个场所的宗教中国化场所试点建设，成功举办全省建设宗教中国化场所推进会并作典型发言。

【港澳工作】 3月29日，举办“之江同心·港澳同乡桑梓行”活动,近200名港澳同胞走进上虞博物馆、晋生星片场等，看故乡山水、尝故乡美食、品故乡人文，进一步了解故乡、关注故乡，对故乡有了更深刻的认识和感悟。7月29日—8月4日，组织近30名上虞旅港同乡会理事举办为期一周国情考察活动。12月22日—28日,近20名港澳青年开展“共享发展机遇 同创青春之城”上虞港澳青春故乡行活动，前往阿里巴巴、杭州湾协同创新中心、新和成、美诺华企业、大通农场等进行学习考察。8月15日至18日，区委常委、统战部部长蔡建红一行赴香港开展联络联谊活动。8月17日，香港梨木树邨居民协会与上虞区曹娥街道德济苑社区进行了结对签约,是绍兴第一个结对社区。

【侨务工作】 组织侨企前往海外拓市场、抢订单，部署实施“激young新侨风采·筑梦青春之城”系列行动,组织留学归国人员助力家乡“青春之城”建设；围绕“地瓜经济”提能升级“一号开放工程”，牵头抓好“做强海外上虞人经济组”工作，依托侨界中秋晚会、G4联盟等引进涉侨目4个，涉及资金6.9亿元；开展“虞侨同心 吾爱侨企”活动，制作《侨企法治体检表》为11家侨企开展法治体检，为企业解决法律问题15个，反馈意见、建议13条；出台《关于对全区侨阵地建设实施奖补的暂行办法》,进一步激发部门镇街对侨阵地建设的积极性和主动性，杭州湾上虞经开区成功创建省侨界创新创业基地，上浦镇侨之家入选省三星级侨胞之家，中华孝德园申报国家级华侨国际文化交流基地，陈春澜故居、谢晋故里等4家入选市级交流基地，伞艺小镇等4家入选市级侨界创新创业基地；打造“千个侨团帮千村”“乡村侨舍”等一批侨助乡村共富的标志性成果，年内成功牵线侨企上虞惠能保温材料厂和崧厦街道寺前村结对，累计共有8家侨团侨企与8个村进行结对，东山雅聚成功创建市级“乡村侨舍”，工作经验《以侨组织阵地建设推进“地瓜经济”提能升级》在全省基层侨联组织建设现场会上作交流发言。

【新的社会阶层人士工作】 探索形成“一个标识、二套制度、三级联动、四类平台”的“1234”楼宇统战新模式，覆盖楼宇内1200余名新的社会阶层人士，承办全省十地新联会会长交流研讨大会、绍兴市“之江同心·越联越享”活动启动仪式暨“寻美绍兴”之今在上虞推进会；持续推进省级实践创新基地“E创园”建设的同时，新创建3个市级实践创新基地，22个区级实践创新基地，不断将阵地建设从城区向乡镇辐射，从“一江两岸”楼宇统战向上市企业蔓延，初步形成“一江两岸新聚落”“灵运山居新基地”“红漫娥江新堡垒”的阵地矩阵。上虞区新的社会阶层人士工作相关做法《“凤凰领航”新阶层 锻造“之江同心”生力军》入选中共浙江省委统战部《“八八战略”实施20周年全省统战工作实践创新成果选编》。

（万国通、赵一波、谢晓锋）

对台事务

【台企最优营商环境打造】 2023年，上虞区大力开展“大走访大调研大服务大解题”活动，深入走访区内台资企业80余家次，宣传中央、省、市相关惠台政策，协调解决问题10个。联合检察院建立台企司法保护工作机制，通过“台商大讲堂”“法律直通车”等形式为台商台企提供全方位的法律指导和司法保障，2023年帮助1家台企完成合规整改。组织上虞台商联谊会赴景宁县景南乡开展“山海一线牵，两岸一家亲”公益活动，让台商以主人翁的身份参与“山海协作”工程，贡献上虞台商力量。

【虞台交流】 组织召开区台胞台属联谊会第二次会员大会，吸引陆配、陆生加入区台联会监事理事，开展片组活动2次。视频连线台北上虞同乡会，开展线上“庆中秋、话团圆”交流活动。做好晶盛机电、闰土股份等民营企业商务赴台资料审核上报工作。积极开展项目入岛交流，在南投县举办“今在南投·遇见上虞”绍台摄影展，成功邀请南投县县长许淑华出席并致辞，吸引5000余名南投市民前来观展。举办两岸（绍兴）青年企业家电子竞技大赛2次，邀请台青参加2023年RMCC卡丁车挑战上虞站积分赛，台湾青年卡丁车运营团队落户上虞。邀请台湾中华民族致公党主席、台湾村里长、民代表、青年师生等到上虞开展基层交流活动，全年共接待台湾参访交流团组8批次，累计接待台胞208人。（赵凯锋）

老干部工作

【概况】 2023年底，全区有离休干部35人。属行政事业单位离休的16人，企业单位离休的19人；享受县处级待遇15人，科局级20人；抗战时期参加革命工作7人，解放战争时期28人。

【离退休干部党建】 以“学习‘党的二十大’”“重温‘八八战略’”为离退休干部全年政治理论学习主题，引导收看中组部老干部局组织的网上专题报告会5场，举办专题学习2次、座谈交流2次，开展小组学习4次、送学上门85人次。在全区113个离退休干部党支部均完成规范化建设的基础上，推动争创省级“三强六好”示范党支部7个。注重老干部优秀典型的培育挖掘，区“银色人才”入库达65人，党内获评省级“银尚达人”3个、市级“银尚达人”50人。

【基层老年学校（学堂）规范化建设】 在区老年教育资源联盟指导委员会的领导下，开展镇街（村社）老年学校（学堂）规范化建设，该项工作纳入上虞区民生实事项目。截至2023年底，上虞区镇街老年学校实现全覆盖，村社老年学堂覆盖率达40%，浙江老年大学开放学院上虞分院、百官街道南丰社区学堂被评为省级老年教育优质学校。

【全区首家设在民营博物馆的老年学堂】 2023年9月11日，上虞老年大学中鑫美术学院（老年学堂）开学，首批开设了越窑青瓷、中国画、收藏品鉴等富有地方文化特色的班级。该老年学堂依托国家级民营博物馆——浙江中鑫艺术博物馆设立，是上虞区首个设在民营博物馆的老年学堂，标志着上虞区老年教育事业在探索多元化发展之路上迈出了可喜一步。

【老干部工作荣誉】 2023年12月29日，“绍兴市上虞区构建‘思政名师工作室’体系 打造立根铸魂的‘红色学府’”被浙江省委老干部局评为2023年全省老干部工作优秀创新案例。

【老年大学】 2023年11月29日，绍兴市上虞区老年大学被浙江省老龄委命名为第四届浙江省“敬老文明号”。

（王菊芳）

信访工作

【概况】 2023年，上虞区信访局全年共受理信访事项48127件次。其中，群众来信388件次，来访704批1943人次，受理政务热线38784件次，受理网上信访 8251 件次，信访事项复查申请 49 件，全年区领导累计下访约访群众 596 批 712 人次。

【《信访工作条例》宣传】 多形式多渠道推动《信访工作条例》宣传进学校、进企业、进农村、进社区，全面开展信访法治宣传,引导群众依法表达信访诉求。围绕“护航精彩亚运，共谱条例新篇”主题，结合“枫桥经验”融合发展加强线下宣传，同时深化与报刊、广播、电视、网络等媒体协作，全面展现信访工作新风貌，2023 年，累计在国家级媒体《光明日报》《法治日报》宣传信访工作 10 次，获国家信访局微信公众号转载 1 次、省信访局微信公众号转载 3 次。

【信访责任落实】 设立“科室长讲坛”，定期集中学习讨论新的业务知识和法律政策。每月召开信访工作现代化例会暨镇街、部门信访工作会议，实体化运作信访工作联席会议机制，实现业务联动，案件联办，矛盾联调，部门联合。持续有力推进“强基行动”和营商环境事项一次性化解工作，印发《绍兴市上虞区疑难复杂信访事项首办负责制实施细则》,上虞区三季度营商环境事项一次性化解率达到 100%，并列全省第一，基层事项化解率、责任单位参评率、责任单位满意率等多项业务指标全市居前。

【人民建议征集工作体系】 积极打造县乡村三级人民建议征集工作网络体系，在全区所有乡镇街道、村（社区）建立人民建议征集（站）点，广泛开展人民建议收集工作。加强人民建议征集宣传,通过短视频、宣传片等形式，推广“有建议、码上办”的基层群众直接参与全过程人民民主新模式,“浙智汇”应用群众端上线以来，共发布专题征集 20 件，收集相关建议 649 条，发布问卷调查 9 件，每月上线专题征集，进一步畅通社情民意反映渠道，从群众意见中寻找社会治理的意见建议。

【信访积案化解】 坚决贯彻省、市两级信联办关于信访积案化解部署要求，持续推进第三批国重件集中治理工作。全年交办的 21 件第三批国重件，已全部化解；交办的 29 件省级“十大领域”信访突出问题，化解率 96.55%；交办的 11 件市级“十大领域”信访突出问题，已全部化解。省级问题清单 4 件，市级问题清单 10 件，区级问题清单 10 件，已全部完成销号，成功创成省“无信访积案县（市、区）”。（徐嘉铭）

档案管理

【概况】 2023 年,区档案馆接收纸质档案 18414 卷、86295 件，照片档案 1645 张，录音磁带、录像磁带、影片档案 83 盘,实物档案 246 件。征集纸质档案 6 卷，资料（家谱）15 册，录音磁带、录像磁带、影片档案 23 盘,实物档案 198 件。本级馆藏档案总量达 587725 卷、1199172 件，馆藏资料总量达 23528 册，馆藏实物档案总量达 9852 件。全年接待查档群众 3930 人次，查档 4896 卷次,出证 4395 份。保管期限 30 年(长期）以上馆藏的传统载体档案数字化率 100%，档案数据化率达 90%以上，政务服务服务事项归档率 100%，查档直通车账号开通率 100%。纸质档案数字化 2706 卷、165864 件，数量为 326.45GB、1133.57GB，照片档案 1.8GB。在全省档案工作指数测评中名列“第一等次”，被省委、省政府通报表扬为“浙江省档案工作成绩突出集体”，基地获评浙江省优秀社科普及基地。完成省档案馆数字资源共享归集试点任务。档案文化展厅全年累计接待 8000 余人次。

【档案数字化工作】 1 月，根据《浙江省档案局关于公布 2022 年全省“示范数字档案室”和省级单位“规范化数字档案室”名单的通知》，上虞区 17 家单位经省档案局审定，达到“示范数字档案室”标准。

【档案文化活动】 2023 年 3 月，区档案局、档案馆联合组织开展“八八战略”上虞实践廿年蝶变图片档案资料征集大赛，收到 50 余位摄影爱好者投来的 300 多个优秀作品共计 1000 余幅，最终评选出开放融合、协调发展、生态和谐、人文关怀等四类主题获奖作品共 57 件（组）。6 月 8 日，“牢记嘱托看发展，青春之城再出发”档案主题暨庆祝“6·9”国际档案日活动在区档案馆举行，现场，“红领巾 e 站 1013 阵地”在区档案馆落成，“八八战略”上虞实践 20 年蝶变图片档案资料征集大赛颁奖、重要珍贵档案捐赠、《片楮足珍：馆藏马一浮先生图文集》现场首发及赠书等仪式相继举行。8月19日，一年一度的家庭档案研学实践活动在区档案馆举行，活动围绕“以青春之我留青春记忆”的主题，开展家庭档案整理实操，来自实验小学、滨江小学等50余组亲子家庭参加。9月9日，由浙江省档案馆和浙江电视台新闻频道联合推出的《跟着档案去旅行——寻访谢晋故里追忆似水流年》播出。

【档案事业荣誉】 6月，区档案馆、档案局在团省委、省档案局、省档案馆、省少工委组织的档案里的“先行”故事——“红领巾走进档案馆”主题实践活动中被评为优秀组织奖。8月，中国人民大学档案事业发展研究中心面向全国开展的2023年度十佳档案工作案例征集活动结果公布。区档案馆《“上虞特藏”档案编研系列专题片》获评2023年度十佳优秀新媒体传播案例，《档案AI辅助开放审核组件》获评2023年度档案工作创新提名案例。9月，省档案馆发文公布全省档案馆第一批“浙档精品”品牌名单，区档案馆的“上虞红色记忆”位列其中，“上虞红色记忆”围绕《共产党宣言》首个中文全译本这一镇馆之宝，通过与高校共建课程思政校外教育实践基地、红色家庭档案研学实践基地等方式加强红色档案铸魂育人作用。

【区档案局、档案馆举办区级机关档案工作业务提升班】 4月27日，区档案局、档案馆联合举办2023年度区级机关档案工作业务提升班，全区机关单位档案管理人员90余人参加培训。培训班重点围绕档案室业务建设评价、机关查档直通车应用、档案移交、档案开放审核等与机关单位密切相关的业务工作开展详细讲解，为推进机关档案长效规范管理，密切档案馆、室工作衔接，全面实施机关档案工作标准化建设打下良好基础。

【“深入实施‘八八战略’，全面建设‘青春之城’”重大档案收集工作启动】 8月18日，区档案部门组织召开“三重一特”等重要档案收集和移交工作座谈会，各乡镇街道和区直有关部门单位的相关负责人参加。会议就重大活动、重大项目、重大工程及特色亮点等具有保存和利用价值的纸质文件材料、声像、电子文件、标志性实物，以及重特大事件、“三重一大”、指示批示办理文件、重大事项请示报告文件材料等如何收集和移交进行详细讲解。

8月18日，区档案部门组织召开“三重一特”等重要档案收集和移交工作座谈会（章燕妮　摄）

【省档案馆馆长余杰调研指导档案工作】 2月17日，省档案馆馆长余杰到上虞开展“大走访大调研大服务大解题”活动并调研指导档案业务工作。区委书记鲁霞光、区人大常委会副主任潘立峰陪同调研，省、市档案馆相关领导吴新宇、俞敏等一起参加调研。余杰一行利用一天时间，深入区档案馆、区博物馆、卧龙集团、运发控股集团等地开展走访调研，并分别召开档案馆工作和企业档案工作座谈会。

【档案工作东西部协作】 11月，在乐山市金口河区委常委、副区长、上虞前方工作组组长罗成刚的牵线下，绍兴市上虞区委办副主任、区档案局局长、区档案馆馆长朱宝生一行赴乐山市金口河区开展东西部协作档案工作交流，迈出虞金东西部档案协作共建第一步。座谈会上，双方就馆藏档案资源建设、档案馆库房建设、档案文化开发利用、档案信息化建设等工作进行深入交流，并签署《绍兴市上虞区档案馆、乐山市金口河区档案馆档案异地异质备份工作协议书》，上虞区档案馆对金口河区2017—2021年档案数字化扫描成果备份数据进行异地备份。（茅佳晨）

党史编研

【概况】 2023年，上虞区委党史研究室全面学习贯彻党的二十大和习近平总书记考察浙江重要讲话精神，围绕忠实践行“八八战略”20周年、新四军浙东游击纵队成立80周年等重要时间节点，聚焦存史、资政、育人主责主业，坚持党史姓党，开门修史，扎实推进上虞党史资料的征集、编写、研究等，取得一定成绩。

【《中国共产党上虞历史》第三卷编撰】 2023年，区委党史研究室推进《中国共产党上虞历史》第三卷编写工作。在完成专题征集和纲目拟定的基础上，4月正式启动初稿编写。至年末，已完成154目33万字，完成总进度的53%。定期召开编辑会议，明确目标进度，压实编辑责任，合理分工负责，健全资料查找、月度例会、相互点评等制度，及时交流编修重点难点，确保上虞党史三卷立场正确、特色鲜明。同时按照“初稿即评审稿”的要求，提升稿件质量。

【党史资政】 深度参与全区学习贯彻习近平新时代中国特色社会主义思想主题教育，参编《习近平总书记考察浙江相关报道》《习近平同志对上虞工作指示摘编》等文件。结合上虞“循迹溯源”主题活动，开展“八八战略”实施20周年来习近平总书记到上虞3次考察调研精神贯彻落实情况资料征编项目，形成调研实录集，为党和政府提供决策咨询。

【党史宣传教育】 重视红色资源保护利用工作，加强党史教育基地建设，指导永和镇的何云同志故居建设工作，该馆于2023年6月落成。协助打造了一批主题教育的循迹溯源点，并对全区的党史教育基地进行了专项检查。构建大党史工作格局，加强部门间的协同，与宣传部等单位联合开展“‘八八战略’在身边 青春之城向未来”系列宣讲活动，和组织部、驿亭镇联合摄制《青春无畏》《1950 我们正青春》等红色影片。建立党史宣讲队伍，推出习近平总书记考察浙江重要讲话精神、“八八战略”、上虞党史等专题党课，受邀讲课30余场。举办纪念新四军浙东游击纵队成立80周年暨新四军与上虞研讨会，并形成资料汇编。

【党史课题研究】 区委党史研究室全面学习贯彻党的二十大和习近平总书记考察浙江重要讲话精神，高质量完成全省“一张蓝图绘到底——忠实践行‘八八战略’全纪录”中上虞课题研究编写，并得到区委主要领导批示。（沈瑶圆）

党校工作

【概况】 2023年，中共绍兴市上虞区委党校（绍兴市上虞区行政学校）坚持把深入开展学习贯彻习近平新时代中国特色社会主义思想主题教育，认真学习贯彻党的二十大精神以及习近平总书记在中央党校建校90周年庆祝大会上的重要讲话精神作为头等大事，自觉践行“为党育才、为党献策”的党校初心。深入开展庆祝中国共产党成立102周年“六个一”系列活动，加强党组织的凝聚力和向心力。获省科社学会科研组织先进集体、浙江省第六届乡村振兴智库论坛优秀组织单位、“标杆引领类”县级党校等荣誉称号；获评浙江省首批理论宣讲研修基地，省委党校干部教育现场教学基地1个，入围全省党校系统“浙里好课”1门，党员教育微视频获全省机关党建微视频大赛铜奖。

区委常委会专题研究党校工作，出台区委《关于新时代支持党校事业高质量发展的实施意见》，聚焦优化班子领导建设、理顺基层党校体制等十方面，进一步强化办学保障。党校工作纳入区委整体工作部署，首次将党校工作列入区委、区政府对镇街、部门年度目标责任制考核内容，推进全区乡镇街道党校全覆盖。

全年接待会议、培训班706场次，59131人次，同比分别增长27.7%、85.1%。同时努力做好垃圾分类、平安建设、节能降耗、信息化建设。

【队伍建设】 配强党校领导班子，增配教育长1名。保障干部教育培训经费800万元，教研奖励基金20万元；支持人才引育，将党校人才招引纳入全区优生集聚计划，从国内双一流高校中引进优秀硕博各1名。加大招引力度，全年共招引高层次人才3人、公务员1人。领导干部带头进党校上课，主体班次中领导讲课课时占总课时的22%。

【教学工作】 全年共举办主体、社会培训81期，培训学员10500余人次。坚持把习近平新时代中国特色社会主义思想作为培训主课，将理论教育和党性教育融入干部培训全过程。紧扣上虞“青春之城”建设主战略，围绕三个“一号工程”，制定实施《上虞区干部专业化能力培训提升三年计划（2023—2025年）》，举办“青春之城”现代化能力提升专题培训班、“青春领航赋能共进”年轻干部专业能力提升培训班等务实管用的专业培训，切实推动党员干部全面提升现代化建设的能力本领。已形成4大门类46门核心课程。培育选拔6门校级精品课，其中1门课程入围全省党校系统“浙里好课”，1门课程获全市党校系统教学竞赛精品奖。组建党校青年宣讲团，深入村社、企业等单位开展党的二十大精神、主题教育宣讲。

【教学基地】 围绕“循迹溯源学思想”，重点打造春晖中学、新屯南村等5个现场教学基地，获省委党校干部教育现场教学基地1个，获市级干部教育现场教学基地4个。修订完善《区委党校现场教学基地建设与管理办法》，推进现场教学基地规范化提升。与浙江大学心理与行为科学系共建干部心理健康研究基地、

2023年4月18日，浙江大学心理系与区委党校签署合作框架协议，举行干部心理健康教育研究基地揭牌、博士工作站授牌和上虞区干部心理热线启动仪式（区委党校　提供）

“博士工作站”。心理健康教育纳入干教培训，常态化做好干部心理轮训、心理体检，全年举办干部心理素质提升培训班20期，累计培训6500余人；7300多名干部进行心理健康体检，并建有一人一档；开通24小时咨询热线，做好心理咨询服务。

【科研咨政工作】 全年获省、市课题立项13个；获各类奖项38篇次，其中，获全省党校系统理论研讨会一、二等奖均为3篇；公开发表文章11篇。获区主要领导批示16篇。一是在管理服务上做文章。重点抓好“调研、课题、文章、咨政”四项科研工作，常态化做好“社会调研月”、“学术沙龙”、科研专项辅导等活动，提升科研服务能力水平。根据教师学科背景和研究专长，优化重组经济发展与社会治理两个学科组，学科组定期开展咨政选题、计划制定、实地调研等活动，精心研磨咨政报告，不断强化本校教工的团队作战能力。制订出台《区委党校科研咨政迭代升级行动暨“青年智库沙龙”活动实施方案》，围绕营商环境优化、消费型城市建设等主题开展3期青年智库沙龙，每期邀请10名左右学员，与党校教师互动，合力攻关破题。加强与中央党校、中国人民大学、厦门大学等一流高校合作办班，加强与浙江大学、浙江农林大学、浙江省乡村振兴研究院等省内高等院校、智库平台紧密合作，已建有5个合作教研基地，积极开展联合调查、咨政研究，当好党委、政府的“外脑”和“智囊”。坚持开放办学、高端借力，实现基地共建、人才共育、教研共促、成果共享。（蒋　钰）

绍兴市上虞区人民代表大会

综述

【概况】 2023年，区人大常委会在中共上虞区委的正确领导下，坚持以习近平新时代中国特色社会主义思想为领引，深入学习领会党的二十大精神，按照中央人大工作会议精神和区委决策部署要求，围绕高质量发展目标、共同富裕美好期盼和全过程人民民主实践，依法充分履职行权。一年来，累计召开常委会会议7次、主任会议12次，作出决议决定15项，听取审议工作报告43项，开展执法检查20次，组织视察11次，督促问题清单整改落实17件，依法任免“一府一委两院”国家机关工作人员47名。

【审查评议】 开展规范性文件备案审查工作，全年审查政府规范性文件18件。组织开展区人民法院11名员额法官和区人民检察院6名员额检察官的履职评议活动。

【基层民主建设】 区人大常委会积极推进基层民主，深入推进基层单元建设，出台代表联络站规范化、标准化建设意见，指导推进百官、道墟、丰惠等镇街代表联络站提档升级，实施全区代表联络站“一码通”，打造具有上虞辨识度的“虞侬共行”标志性成果。组织各级人大代表开展“三亮三进一述职”活动，代表进直播间观看人数突破10万次。（陈吉茂）

重要会议

【区二届人大二次会议】 2023年1月8日至10日，绍兴市上虞区第二届人民代表大会第二次会议在百官召开。

会议听取、审查并通过绍兴市上虞区人民政府区长金进富所作的《政府工作报告》；审查和批准区2022年国民经济和社会发展计划执行情况的报告及2023年国民经济和社会发展计划、区2022年财政预算执行情况的报告和2023年财政预算；听取、审查并通过区人大常委会主任陈坚、区人民法院院长朱淼蛟、区人民检察院检察长何红所作的工作报告；开展2022年度区人民政府民生实事项目完成情况满意度测评，投票表决2023年度区人民政府民生实事项目，审议其他事项。

【区人大常委会会议】 全年，区二届人大常委会共举行7次常委会会议。

区二届人大常委会举行第七次会议 1月4日召开。区人大常委会主任陈坚，副主任潘立峰、方静、黄梅龙、王文松及常委会其他组成人员共31人参加会议，会议由王文松主持。区政府常务副区长金山中、区监察委员会主任胡玲萍、区人民法院院长朱淼蛟、区人民检察院检察长何红，区府办、发改局、财政局、建设局、市场监管局等单位主要负责人列席会议。区组织部纪检组组长王晓江，区政协副主席章颖芳应邀参会。部分区人大代表、区人大常委会机关副局级以上领导等列席会议。听取和审议通过关于补选的区二届人大代表资格审查报告，听取和审议关于区二届人大二次会议筹备情况的报告、区人民政府和区人大常委会工作报告，以及区政府关于2022年民生实事项目完成情况和2023年区政府民生实事候选项目形成情况的报告，听取和审议区政府关于2022年政府投资（国有建设）项目投资计划实施情况和2023年政府投资（国有建设）项目投资计划安排（草案）的报告，初审关于 2022 年国民经济和社会发展计划执行情况及 2023 年国民经济和社会发展计划草案的报告、关于 2022 年财政预算执行情况和 2023 年财政预算草案的报告、上会部门区建设局、区市场监督管理局的预算草案、《区二届人大二次会议关于区政府民生实事项目测评和票决办法（草案）》等，初审报告提交区二届人大二次会议审查。表决通过有关人事任命事项。

区二届人大常委会举行第八次会议 3 月 29 日召开。区人大常委会主任陈坚，副主任潘立峰、徐志华、方静、黄梅龙、胡宝荣、王文松及常委会其他组成人员出席会议共 25 人参加会议，会议由胡宝荣主持。区人民政府常务副区长金山中，区监察委员会主任胡玲萍，区人民法院院长朱森蛟，区人民检察院检察长何红，区府办、杭州湾上虞经开区、曹娥江旅游度假区、曹娥江经开区、财政局、审计局、生态环境分局等单位主要负责人列席会议，区政协副主席范国海应邀参会。部分区人大代表、区人大常委会机关副局级以上领导等列席会议。会议听取和审议人大曹娥街道、道墟街道、梁湖街道、人大经开区工委工作报告，作出关于区人大百官街道工委等八个工作报告的决议。听取和审议通过区人大常委会 2023 年工作要点，听取和审议关于加强开发区财政预算审查监督工作的决定（草案）和关于废止《上虞市荣誉市民称号授予办法》议案的说明，分别作出决定。听取和审议区政府关于 2022 年全区生态环境状况和环境保护目标完成情况的报告。表决通过有关人事任免事项。

区二届人大常委会举行第九次会议 5 月 30 日召开。区人大常委会主任陈坚，副主任潘立峰、徐志华、方静、黄梅龙、胡宝荣、王文松及常委会其他组成人员出席会议，共 30 人参加会议，会议由潘立峰主持。副区长魏国剑、区监察委员会主任胡玲萍、区人民法院院长朱森蛟，区人民检察院、组织部、改革办、编办、区府办、杭州湾上虞经开区管委会、发改局、经信局、教体局、公安分局、民政局、司法局、财政局、人力社保局、建设局、交通运输局、水利局、农业农村局、商务局、文广旅游局、卫生健康局、审计局、市场监管局、综合执法局、大数据发展管理中心、自然资源和规划分局、生态环境分局等单位主要负责人列席会议，区政协副主席王永表应邀参会。部分区人大代表、区人大常委会机关副局级以上领导等列席会议。会议听取和审议区政府关于 2022 年度法治政府建设情况的报告。听取 2022 年度上会部门预算执行情况的报告，进行满意度测评。听取和审议《绍兴市上虞区中期财政规划（2023—2025 年）》编制情况的报告、区政府关于《浙江省全民健身条例》实施情况的报告、《上虞区国土空间分区规划（2021—2035 年）》编撰情况的报告，表决通过上述报告。听取《区人大常委会关于加强经济工作监督的决定(草案）》，表决通过该决定。表决通过有关人事任免事项。

区二届人大常委会举行第十次会议 7 月 28 日召开。区人大常委会主任陈坚，副主任潘立峰、徐志华、方静、黄梅龙、胡宝荣、王文松及常委会其他组成人员出席会议共 30 人参加会议，会议由方静主持。区长金进富，区监察委员会主任胡玲萍，副区长孙伟琴，区人民检察院检察长何红，区人民法院相关负责人和区府办、组织部、宣传部、老干部局、发改局、经信局、教体局、科技局、公安分局、民政局、司法局、财政局、人力社保局、建设局、交通运输局、水利局、农业农村局、商务局、文广旅游局、卫生健康局、退役军人事务局、应急管理局、审计局、市场监管局、金融办、统计局、综合执法局、医疗保障分局、税务局等单位主要负责人列席会议，区政协副主席范国海等应邀参会。部分区人大代表、区人大常委会机关副局级以上领导等列席会议。会议听取区政府关于 2023 年上半年工作情况报告，听取和和审议 2022 年度区本级预算执行和其他财政收支审计工作情况、区政府关于《绍兴市居家养老服务条例》《医疗保障基金使用监督管理条例》等报告，听取《区人大常委会法官检察官履职评议办法（草案）》，表决通过该草案。听取关于胡树君辞去市九届人大代表职务的情况说明，决定接受其辞职。决定接受张瑜凤辞去区人民政府副区长职务的请求，任命胡天野为区人民政府副区长。

区二届人大常委会举行第十一次会议 9 月 27 日召开。区人大常委会主任陈坚，副主任潘立峰、徐志华、方静、黄梅龙、胡宝荣、王文松及常委会其他组成人员共 30 人参加会议，会议由徐志华主持。区人民政府常务副区长金山中，区人民法院院长朱森蛟，区监察委员会、区人民检察院、区府办、组织部、宣传部、发改局、经信局、教体局、科技局、公安分局、司法局、财政局、建设局、水利局、农业农村局、商务局、文广旅游局、卫生健康局、市场监管局、绍兴海关上虞办公室等相关负责人列席会议。区政协副主席孙云苗应邀参会。部分区人大代表、区人大常委会机关副局级以上领导等列席会议。会议听取和审议区政府关于“十四五”规划中期实施情况的评估报告、2023 年上半年国民经济和社会发展计划执行情况的报告、政府投资（国有建设）项目投资计划半年度调整情况等报告，听取和审议区政府关于 2022 年度财政决算和 2023 年上半年财政预算执行情况的报告，听取区政府关于提请审议批准 2023 年地方政府债务限额的报告，会议表决通过批准区 2022 年度财政决算的决定、同意调整 2023 年政府投资项目投资计划的决定和 2023 年地方政府债务限额。会议听取和审议区政府关于知识产权保护和促进法律法规贯彻实施情况的报告、关于区二届人大二次会议代表建议办理情况的报告。会议听取区人大常委会研究室的关于修改《区人大常委会组织实施宪法宣誓制度办法》的起草说明，通过该办法。会议通过《关于对区教体局、区水利局进行工作评议的方案》。表决通过有关人事任免事项。

区二届人大常委会举行第十二次会议 11 月 29 日召开。区人大常委会主任陈坚，副主任潘立峰、方静、胡宝荣、王文松及常委会其他组成人员共 28 人参加会议。副区长孙伟琴，区监察委员会主任胡玲萍，区人民法院院长朱淼蛟，区人民检察院检察长何红，组织部、编办、人才办、区府办、曹娥江旅游度假区、发改局、教体局、科技局、财政局、人力社保局、水利局、农业农村局、审计局、市场监管局、自然资源和规划分局等单位主要负责人列席会议，区政协副主席倪红娣应邀参会，会议由胡宝荣主持。会议听取和审议区教体局和水利局的工作评议情况、区人民法院和人民检察院部分“两官”履职评议情况的报告，书面听取和审议区政府关于全区国有资产管理综合情况、关于科学技术进步和科学技术经费使用、完成情况的报告，听取和审议区政府关于全区行政事业性国有资产（含 7 个街道国有资产）管理情况的专项报告、要求调整 2023 年度本级财政收支预算的报告和关于村级集体经济增收工作情况的报告。表决通过 2023 年度本级财政收支预算的决议、陆文军辞去区二届人大代表职务，表决通过免去魏国剑的区人民政府副区长职务和其他有关人事任免事项。对区教体局、区水利局和部分法官、检察官履职情况进行满意度测评。

区二届人大常委会举行第十三次会议 12 月 15 日召开。区人大常委会主任陈坚，副主任潘立峰、徐志华、方静、黄梅龙、胡宝荣、王文松及常委会其他组成人员共 30 人参加会议，会议由陈坚主持。副区长黄俊毅，区人民检察院检察长何红，区监委、区人民法院、区府办相关负责人和区人大常委会机关副局级以上领导列席会议。会议听取和审议关于召开区二届人大三次会议的决定，表决通过该决定。听取和审议关于朱柏治等 8 名同志辞去区二届人大代表职务的说明、关于开展区二届人大代表补选工作的报告。

【城市设计规划方案意见征求会】 11 月 2 日，区人大常委会组织召开专项听取《轨道交通 2 号线沿线及站点周边城市设计方案》《上虞区未来城地下空间利用规划方案》《蝶梦广场地块项目设计方案》意见征求会，高标准规划设计城市空间，高质量推动城市开发建设。

【江东路扩容提质工程方案意见征求会】 11 月 21 日，区人大常委会召开专项听取江东路扩容提质工程方案意见征求会，优化方案解决城市拥堵问题。（陈吉茂）

重要决定和人事任免

【关于加强开发区财政预算审查监督工作的决定】 2023 年 3 月 29 日，上虞区第二届人大常委会第八次会议，表决通过《关于加强开发区财政预算审查监督工作的决定》。决定分指导思想、监督原则、重点内容、工作要求四个方面，监督原则为坚持党的领导、坚持依法监督、坚持绩效理念，决定明确审查监督的重点内容是财政预决算的审查及预算执行情况、项目实施预算支出情况、政策实施预算支出情况、国有资产及债券使用管理情况，提出了强化组织领导、强化问题导向、强化氛围营造的要求，切实激发开发区内在活力。

【关于废止《上虞市荣誉市民称号授予办法》的决定】 2023 年 3 月 29 日，上虞区第二届人大常委会第八次会议，表决通过《关于废止〈上虞市荣誉市民称号授予办法〉》。

【关于加强经济工作监督的决定】 2023 年 5 月 30 日，上虞区第二届人大常委会第九次会议，表决通过《关于加强经济工作监督的决定》，为全面提升人大经济工作监督实效提供制度保障。决定共 31 条，对区人大经济工作监督的内容、方式、程序和结果运用等进行了明确和规范，规定了国民经济和社会发展规划纲要和年度计划审查监督、政府投资年度计划编制执行监督、经济运行监督、金融工作监督，以及经济方面重大事项、法律法规实施、人大决议决定和审议意见落实等监督的具体要求，强化了经济工作监督的机制保障。

【人事任免】 2023 年，上虞区人大常委会任免 47 人次（决定任命 5 人次，决定免去 6 人次，任命 19 人次，免去 17 人次）。其中决定任命区人民政府组成人员 5 人次，任命区监察委员会委员 1 人次，任命区人民法院审判员 2 人、庭长 5 人、副庭长 10 人次，任命区人民检察院检察员 1 人次。决定免去区政府组成人员 7 人次，免去区监察委员会委员 1 人次，免去区人民法院审判员 1 人、庭长 5 人、副庭长 7 人次，免去区人民检察院检察员 2 人次。

全年依法决定任免政府组成人员 12 人次，任免监委委员 2 人次，任免审判、检察人员 33 人次，依法补选市人大代表 2 名、区人大代表 12 名。（陈吉茂）

重要活动

【区人大常委会视察活动】 全年，区人大常委会共组织 11 次视察活动。

4 月 25 日，区人大常委会视察全区科技创新赋能产业集群高质量发展工作，听取和审议工作报告，提出《关于全区科技创新赋能产业集群高质量发展工作情况的视察意见》。

5 月 11 日，区人大常委会视察助残促富工作，听取和审议工作报告，要求突出残疾人康复、就业、关爱等工作重点，提高助残扶残的精准化、智慧化水平，助推残疾人共同富裕，并提出《关于全区助残扶残促富工作情况的视察意见》。

6 月 14 日，区人大常委会视察民生实事和重点监督投资项目实施情况，听取和审议区政府关于项目进展情况的报告，强调要紧盯目标任务，狠抓项目质量，加强项目后期运营管理，建成长效惠民工程。

6 月 28 日，区人大常委会开展打通农村公路“断头路”建设情况视察活动，听取和审议建设情况报告，就项目安排、生态环境保护、资源要素保障等方面提出建议，提出《关于打通农村公路“断头路”建设情况的视察意见》。

7 月 31 日，区人大常委会开展区公安机关执法规范化建设情况视察，要求进一步加强业务培训、优化队伍结构、完善办案机制和办案质量监督管理。

8 月 10 日，区人大常委会开展环境卫生整治和垃圾分类推进情况专项视察，要求高标准做好环境卫生整治和垃圾分类各项工作，为亚运会举办作出贡献。

8 月 18 日，区人大常委会视察深化推进“工业全域治理”工作，听取和审议工作报告，发出问题整改落实清单，要求在规定时间内报告整改落实情况。

9 月 25 日，区人大常委会开展全区城市精细化管理工作推进情况专项视察，听取和审议工作报告，强调要全面提升城市精细化管理工作总体水平，落实落细责任，营造浓厚工作氛围，形成城市精细化管理的强大合力。

10 月 18 日，区人大常委会开展海塘安澜工程建设情况视察，听取和审议建设情况报告，要求注重质效，严把工程质量与安全关，提高工程管理实效，打造海塘多元化建设的标杆工程，并提出《关于海塘安澜工程建设情况的视察意见》。

11 月 23 日，区人大常委会视察章镇省级小城市培育试点和丰惠“千年古城”复兴工作，听取和审议工作报告，提出《关于丰惠“千年古城”复兴工作情况的视察意见》《关于章镇省级小城市培育试点工作情况的视察意见》。

12 月中下旬，区人大常委会领导分别带队开展民生实事项目和重点监督投资项目专项视察，掌握年度相关项目完成情况，监督有关项目的高质量推进和后续运营管理。

【人大代表约见活动】 2023 年，区人大常委会共组织 4 次代表约见活动。

4 月 14 日，区人大常委会组织人大代表开展“平原河道整治工作”代表约见活动，通过会场和线上视频河道现场对河道地笼问题专题质询，区政府及区水利局、财政局等部门负责人答复代表提出的问题。该次代表约见活动推进了全区主要河道的地笼整治工作。

6月30日，区人大常委会组织人大代表开展“优化营商环境工作”代表约见活动，区政府及区人民法院、人民检察院、公安分局、市场监管局、便民服务中心等部门负责人解答代表提出的问题，吸收意见建议，整改落实问题，着力打造营商环境最优区。

8月4日，区人大常委会首次就代表建议办理工作开展代表约见活动，区政府及区人才办、经信局、建设局、农业农村局、文广旅游局等部门负责人作本部门办理工作报告，就相关代表提问承办部门进行答复，有效提高了建议办理质量。

9月19日，区人大常委会组织人大代表开展“交通强区建设情况”代表约见活动，区政府及区交通运输局、发改局、财政局、建设局、交投集团等部门和单位负责人现场答复代表提出的问题，对有关情况进行交流说明，表示要加强顶层设计，着力补齐短板，全力打造交通强区事业升级版。（陈吉茂）

议案办理

【建议办理】 3月7日，全区召开两会建议提案交办会议。区二届人大二次会议期间人大代表向区政府提出的197件书面建议，分别交给区政府有关部门和单位办理，金进富区长对办理工作作部署。会后，相关部门和单位、乡镇街道在规定时间内办理完毕，截至7月底，197件代表建议已全部答复代表。从办理结果看，问题已经解决或基本解决的140件、占总数的71.1%，问题部分解决或列入计划限期解决的26件、占总数的13.2%，因政策原因或暂时难以解决的31件、占总数的15.7%。从反馈意见看，代表对办理工作表示满意和基本满意达99.5%。

【建议办理测评】 11月24日，区人大常委会组织31名区人大代表对区综合行政执法局、区卫健局、区经信局承办的21件代表建议办理情况进行绩效评估和满意度测评，有力地推进人大代表建议的办理工作。（陈吉茂）

人大代表工作

【代表建议办理】 2023年，在绍兴市上虞区二届人大二次会议期间，区人大代表围绕“青春之城”建设、经济高质量发展、交通水利建设、民生实事落实、教育事业推进、养老服务保障、基层医疗夯实、人才引进培养等方面，向区政府提出的197件书面建议，交由37个部门单位、乡镇街道办理。其中，区政府系统主办177件，区委有关部门和群众团体主办9件，有关乡镇街道主办7件，国企主办4件。197件代表建议已全部答复代表。从办理结果看，问题已经解决或基本解决的140件、占总数的71.1%，问题部分解决或列入计划限期解决的26件、占总数的13.2%，因政策原因或暂时难以解决的31件、占总数的15.7%。从反馈意见看，代表对办理工作表示满意和基本满意达99.5%。

【代表主题活动】 2023年，上虞区人大常委会制定了《关于组织开展全区各级人大代表助推三个“一号工程”主题活动的实施办法》，以代表“亮身份”“亮承诺”“亮业绩”，代表“进基层单元”“进选区”“进企业”“进直播间”，“有序开展代表述职”的“三亮四进一述职”为主要载体，组织各级人大代表和议政会成员为经济发展加油助力。全年全区共开展主题活动296场次，参与代表2351人，收集意见建议1989条，助推解决问题1939条。（陈吉茂）

绍兴市上虞区人民政府

综 述

【概况】 上虞区地处绍兴市东北部，区域面积1362平方千米，辖7个街道办事处、10个镇、3个乡，279个行政村、65个社区、18个居委会。2023年末，全区有户籍人口71.04万人，流动人口27.43万人。2023年实现地区生产总值1317.72亿元，其中，第一产业增加值54.52亿元、第二产业增加值678.89亿元、第三产业增加值584.3亿元。实现财政总收入161.47亿元，其中一般公共预算收入97.67亿元。全年城镇常住居民人均可支配收入81366元，农村常住居民人均可支配收入47567元。综合实力跃升至全国百强区第29位。

【经济发展】 **农业**。2023年，上虞区实现农林牧渔业总产值80.45亿元。全区粮食播种面积3.21万公顷，粮食总产量20.1万吨，获评"省产粮大县"。生猪出栏9.22万头，牛出栏92头，羊出栏2.18万头，禽肉总产量0.15万吨，水产品产量2.5万吨，园林水果产量12.57万吨，茶叶产量1835.86吨。全区财政对农林水事务投入15.03亿元，新建省级水稻千亩高产创建示范区5个、区级百亩高产创建示范区11个，超级稻"舜达135"列入2023年省主导品种，农创智谷智慧无人农场入选农业农村部2023年数字农业农村新技术新产品新模式优秀项目。创设"上虞尚品"农产品区域公用品牌，带动优质农产品溢价25%。列入第三批国家农业现代化示范区创建名单，获浙江省第四届"河姆渡杯"粮食生产先进县（市、区）。

工业。2023年，上虞区实现规模以上工业产值2144.55亿元，规模以上工业增加值515.66亿元。工业用电量63.19亿千瓦时。实现规模以上新产品产值953.37亿元，规模以上高新技术产业增加值348.52亿元，规模以上战略性新兴产业增加值166.59亿元，规模以上数字经济核心产业制造业增加值66.65亿元。精细化工、集成电路产业分别入选省级特色产业集群核心区、协同区名单。启动未来产业社区建设，全年规模以上工业企业万元产值能耗0.0919吨标准煤/万元，规上工业单位增加值能耗下降5.3%。新引进10亿元以上项目14个，其中100亿元以上2个、单年招引落地数历史最多，获全省"招大引强"十强县（市、区）。工业稳增长和稳进提质政策落实两项工作获省政府督查激励，获省政府质量管理创新奖，省小微企业三年成长计划优秀县（市、区），首批"浙江制造天工鼎"。杭州湾上虞经济技术开发区综合实力位列全国化工园区第9、国家级经开区60强，先进高分子材料"万亩千亿"新产业平台跻身全省第7，连续两年获评省制造业五星示范园区。

建筑业。2023年，上虞区实现建筑业总产值1305亿元，建筑业税收12.4亿元。实现商品房销售面积91.87万平方米，房屋施工面积696.57万平方米。全区共实施装配式建筑面积200.4万平方米，完成可再生能源应用建筑面积132万平方米。获全国性奖项27项、省市级奖项66项，其中获鲁班奖5项、詹天佑奖1项、国优工程奖7项，全国优秀建筑工程装饰奖13项。

服务业。2023年，上虞区实现社会消费品零售总额446.76亿元，其中限上社会消费品零售总额130.19亿元。限额以上批、零、住、餐销售额（营业额）分别增长37.4%、13.4%、7.5%、15.1%。创成省级内外贸一体化基地 2 个、企业 18 家，列入省首批国际营销体系创新试点，获评省夜间经济特色城市、省数字贸易示范区。

进出口。2023 年，上虞区实现进出口总额 449.53 亿元，其中进口总额 40.03 亿元，出口总额 409.5 亿元，出口总额占全国比重为 17.23‰。全区累计拥有境外企业 183 家。新办外商投资企业 19 家，实际利用外资 2.79 亿美元。新批境外投资项目 17 个，实现境外投资额 5782 万美元。

旅游业。2023 年，上虞区接待游客 461.15 万人次，旅游总收入 65.78 亿元。曹娥江旅游度假区加入世界休闲组织，省级考核首次获评良好。白马春晖、仙果小镇、伞艺小镇创成国家 AAA 级旅游景区，东澄村创成全省首批金 AAA 村，里直街市集、青创市集、文化旅游风情街夜市入选省重点培育文旅市集，雪花谷 · 隐山获评国家甲级民宿。

金融。2023 年，浙江股权交易所设立上虞特色板块——“凤舞娥江板”，杭州湾上虞经济技术开发区产业金融协同发展改革试点获省级批复，全年新增上市 1 家，过会企业 2 家，境内 A 股上市公司累计达 20 家，数量全市第 1。

【科技创新】 2023 年，上虞区启动省教育科技人才“三位一体”高质量示范区建设，新设立浙大上虞半导体材料联合创新中心、复旦曹娥江创新中心，新增国家高新技术企业 99 家，省科技“小巨人”企业 2 家，省科技型中小企业 184 家，新认定省级以上研发机构 16 家，列入国家重点研发计划项目 1 项，省“尖兵”“领雁”科研项目 3 项。全年培育众创空间 5 家，与企业共建研发中心 15 个，孵化培育科技型企业 76 家。新引进鲲鹏人才 2 名，入选国家引才计划 1 人，国家特支计划 2 人，市海外工程师 9 人，市领军型团队 4 个，市科技拔尖人才 5 人。登记科技成果 379 项，列入省重大创新成果 4 项，获省科技奖 6 项，蝉联省“科技创新鼎”。

【基础建设】 2023 年，上虞区完成固定资产投资 362.24 亿元，建安投资 198.63 亿元。未来城“一湾两区三谷”启动建设，鸿雁未来社区全面建成。杭绍甬智慧高速上虞段、新东线公路上虞段、杭州湾经开区拓展扩容区配套道路、曹娥江人行景观桥建成投用，绍兴轨道交通 2 号线上虞段、江东路扩容提质工程启动建设。改造提升国县道路 42.2 千米，乡村公路 70 千米，全区自然村公交通达率达到 97.3%。全年改造老旧小区 37 万平方米，房屋征收 80 万平方米，新（改）建市政管网 27.9 千米。

【生态建设】 2023 年，上虞区 $PM_{2.5}$ 平均浓度 29.08 微克/立方米，AQI 优良天数比例 90.7%，22 个县控及以上断面Ⅰ～Ⅲ类水比例和功能区达标率均为 100%。杭州湾上虞经济技术开发区创成首批省星级工业园区“污水零直排区”，列入全国首批产业园区减污降碳协同创新试点名单，东关街道创成首批省城镇“污水零直排区”建设星级镇（街道）。通过全省全域“无废城市”建设三星级标准评估，获得全省“五水共治”“大禹鼎”银鼎、省“清源杯”，连续三年获美丽浙江建设考核优秀。

【社会事业】 2023 年，上虞区虞南山居风情带县域风貌区入选 2023 年度首批省级城乡风貌样板区、首批“新时代富春山居图样板区”，谢塘镇晋生村入选全国学习运用“千万工程”经验现场推进会考察点，上浦镇大善小坞村、陈溪乡太平山村等 8 个村创成省第三批未来乡村，村集体经济年经营性收入 50 万元以上行政村占比 100%，获省美丽乡村示范县、省深化新时代“千万工程”建设宜居宜业和美乡村（农村人居环境提升）工作优胜县。创成省现代化学校 8 所，通过全国义务教育优质均衡发展区创建省级复评和全国学前教育普及普惠区创建省级评估。全区“15 分钟医疗急救圈”基本形成，健康浙江考核优秀。举办首届上虞窑“开窑节”，文博事业发展水平位列全省第 11 位。创成省首批赛事集聚县。新增城镇就业 1.63 万人。

【全省首个有签证受理权限的移民事务服务中心在上虞启用】 5 月 10 日上午，全省首个有签证受理权限的县级中心——上虞移民事务服务中心正式启用。该中心设立在百官街道南丰平安共同体，设置了移民办证、宣传互动、志愿服务、法律咨询、服务会商 5 大功能区及外国人签证、综合服务、人才科技、企业绿色通道 4 个“零距离”窗口，可以办理外国人来华预审、签证材料受理、永久居留材料初审、子女就学、证件报失受理、社保医保参保等26条服务事项，将移民服务、外国人才服务触角延伸至“家门口”。（陈仕清）

重要会议

【二届区政府第三次全体会议】 2023年1月31日，二届区政府召开第三次全体会议暨全力抢抓“开门红”工作会议，深入学习贯彻习近平新时代中国特色社会主义思想和党的二十大精神，全面落实省市区会议精神，奔跑起来干、争先进位冲，争一流、作示范、树标杆，以“首季首胜”为“全年全胜”打下坚实基础。

【二届区政府第四次全体会议】 2023年8月7日上午，二届区政府召开第四次全体会议暨全区经济形势分析会，认真贯彻落实省市全会和区委二届四次全会精神，坚定不移深入实施“八八战略”，图强争先全面建设“青春之城”，动员全区政府系统提振精气神，强执行、重实干、当标杆，高质量完成全年经济社会发展目标任务。

【区政府常务会议】 2023年，区政府召开13次常务会议，通过多项政策意见。

2023年1月18日，二届区政府召开第15次常务会议。会议审议并原则通过了关于上虞区“抢开局、拼经济、稳增长”政策起草情况的汇报；关于成立上虞青科创基金的汇报；关于要求组建绍兴市上虞区人才发展有限公司的汇报；关于进一步规范招商引资工作流程管理的实施意见起草情况的汇报；关于设立浙江绍兴（上虞）青玥科技创业投资基金的汇报；关于武汉理工大学绍兴高等研究院有关情况的汇报；关于2022年度上虞区区长质量奖评审工作的汇报；关于上虞区新冠肺炎亚定点医院（上虞中医医院曹娥院区）建设改造经费的汇报；关于上虞区农村饮水共富提质三年行动计划实施意见（2023—2025年）（送审稿）的汇报；关于浙江华维外国语学校和绍兴市上虞区阳光学校转公办学有关资产处置的汇报；关于上虞青少年综合教育服务中心项目运营相关事宜的汇报；关于上虞区节余排污权租赁管理办法（送审稿）的汇报；关于对在重点工作推进中攻坚克难、业绩显著人员给予行政奖励的汇报；关于2022年度法治政府建设工作情况的汇报。

2023年2月7日，二届区政府召开第16次常务会议。会议审议并原则通过了关于省“8+4”政策体系承接落实及2023年度“1+9”政策修订情况的汇报；关于建立健全重大项目推进八大机制的汇报和关于调整区水务集团非居民污水处理费标准的汇报；关于文旅集团有限公司提档升格的汇报；关于修订绍兴市上虞区政府（国有）投资项目资金管理办法的汇报和关于支持发展回归经济有关政策的汇报；关于实施“1855”行动推动服务业高质量发展的实施意见（送审稿）的汇报；关于梁巷拆迁地块建设项目增加投资的汇报。

2023年3月15日，二届区政府召开第17次常务会议。会议审议并原则通过了关于2022年省委生态环境保护专项督察反馈问题及长江经济带生态环境交办问题整改工作的汇报；关于“上海·上虞周”活动安排情况的汇报；关于上虞区人民政府与复旦大学合作备忘录签约事项的汇报；关于普陀区人民政府与上虞区人民政府合作框架协议的汇报；关于开展“项目攻坚提速年”活动实施意见（送审稿）的汇报；关于开展“科创赋能提质年”活动实施意见（送审稿）的汇报；关于深入实施数字经济创新提质“一号发展工程”行动方案（送审稿）的汇报；关于强力推进“地瓜经济”提能升级“一号开放工程”实施方案（送审稿）的汇报；关于打造高素质技能人才集聚示范区助力“青春之城”建设实施意见（送审稿）的汇报；关于支持化工退出地块产业有机更新的政策意见（送审稿）的汇报；关于2023年区政府重大行政决策目录编制情况的汇报；关于全市道路交通安全专委会工作会议精神传达和上虞区开展2023年城乡道路平安畅通综合治理深化工程的汇报。

2023年4月6日，二届区政府召开第18次常务会议。会议审议并原则通过了关于上虞区体系化推进“十项重大工程”工作总体方案（送审稿）的汇报；关于上虞区重大项目“赛马晾晒攻坚比拼”专项行动实施方案（2023—2027年）（送审稿）的汇报；关于上虞区实施能源绿色低碳发展和能源保供稳价工程实施方案（送审稿）的汇报；关于上虞区公共服务“七优享”工程实施方案（送审稿）的汇报；关于上虞区

"315"科技创新体系建设行动方案（2023—2027 年）（送审稿）的汇报；关于上虞区县城承载能力提升和深化"千村示范、万村整治"工程实施方案（2023—2027 年）（送审稿）的汇报；关于上虞区文旅深度融合高质量发展实施方案（2023—2027 年）（送审稿）的汇报；关于百官工业园区房屋征收等工作实施计划的汇报；关于开展上虞区第五次经济普查的汇报；关于上虞区公共视频监控建设一体化改革工作进展情况的汇报；关于规划新章镇大桥影响 110 千伏章江输变电工程相关变更的汇报。

2023 年 4 月 25 日，二届区政府召开第 19 次常务会议。会议审议并原则通过了关于关于农产品区域公用品牌建设工作相关事项的汇报；关于利星化工三元前驱体项目、卓航新材新型膜材项目、晶盛投资半导体系列项目有关情况的汇报；关于全区一季度经济运行分析情况的汇报；关于曹娥江文化艺术中心（暂名）项目建设相关情况的汇报；关于绍兴市上虞区国土空间分区规划（2021—2035 年）编制工作情况的汇报；关于复旦大学合作协议及先行启动复旦曹娥江创新中心相关情况的汇报。

2023 年 5 月 19 日，二届区政府召开第 20 次常务会议。会议审议并原则通过了关于绍兴市上虞区高质量推进土地综合整治工作方案（2023—2027 年）（送审稿）的汇报；关于推进耕地功能恢复工作的汇报；关于"一江两岸"总部楼宇扩容提质及招商引资等政策条款修订及补充情况的汇报；关于城南 N16 地块、孝德 4-1、4-2 地块、彩虹桥以南区块等国有土地上房屋征收情况的汇报；关于 2023 年村集体经济增收工作实施意见（送审稿）和飞地抱团共富引领项目实施办法（送审稿）的汇报；关于共建浙江大学—上虞半导体材料联合创新中心的汇报；关于上虞区"快响直达"应急救援网建设情况的汇报；关于推进上虞教育高质量发展全面赋能"青春之城"建设的实施意见（2023—2027 年）（送审稿）的汇报；关于修订上虞区扶持民办博物馆实施办法的汇报；关于实施上虞区不可移动文物（古建筑类）保护修缮五年（2023—2027）计划（送审稿）的汇报。

2023 年 6 月 6 日，二届区政府召开第 21 次常务会议。会议审议并原则通过了关于轨道交通 2 号线上虞段经开西站上盖、东山路站 TOD（公共交通优先）开发、过江隧道建设等重大事项的汇报；关于调整划拨土地指标费提取标准的汇报；关于调整区属国有企业管理运作体制的汇报；关于人才公寓租赁管理相关情况的汇报；关于扬帆新材韩立彪省"鲲鹏行动"计划项目情况及资金支持方案的汇报；关于兑现非户用分布式光伏发电项目地补资金的汇报；关于全区对口工作和山海协作工作情况的汇报。

2023 年 7 月 21 日，二届区政府召开第 22 次常务会议。会议审议并原则通过了关于上虞区未来产业社区（工业）建设实施方案及政策意见的汇报；关于高质量推进老旧小区改造工作情况的汇报；关于与景德镇陶瓷大学续签合作共建"景德镇陶瓷大学上虞陶瓷高等研究院"执行协议的汇报；关于"迎亚运"垃圾分类百日攻坚行动工作情况的汇报；关于绍兴市上虞区人民政府工作规则（送审稿）的汇报。

2023 年 8 月 15 日，二届区政府召开第 23 次常务会议。会议审议并原则通过了关于绍兴市上虞区 2023 年上半年国民经济和社会发展计划执行情况的汇报；关于上虞区城乡危险房屋治理改造工作实施意见修订情况的汇报；关于进一步加强非住宅经营性用地项目管理的实施细则修订情况的汇报；关于 329 国道上虞盖北至道墟段改建工程盖北段大三改工程变更情况的汇报；关于 2022 年度财政决算和 2023 年上半年财政预算执行情况的汇报；关于 2023 年上半年全区打击治理电信网络新型违法犯罪工作情况的汇报；关于全区上半年禁毒工作情况的汇报；关于 2023 年上半年法治政府建设工作情况的汇报。

2023 年 9 月 15 日，二届区政府召开第 24 次常务会议。会议审议并原则通过了关于拟组建合资公司实施热电光伏捕碳一体化新型电力项目的汇报；关于第十五届浙东新商都（上虞）金秋购物节总体实施方案（送审稿）的汇报；关于 2023 年政府投资（国有建设）项目投资计划半年度调整情况的汇报；关于绍兴市上虞区新能源汽车下乡行动方案（2023—2025 年）（送审稿）的汇报；关于绍兴市上虞区完善高质量充电基础设施网络体系实施方案（2023—2025 年）（送审稿）的汇报；关于绍兴市上虞区国民经济和社会发展第十四个五年规划和二〇三五年远景目标纲要中期评估情况的汇报；关于上虞区工业经济高质量发展"十四五"规划实施中期评估情况的汇报；关于上虞区城乡基础设施建设“十四五”规划中期评估情况的汇报；关于上虞区教育与体育事业“十四五”规划实施中期评估情况的汇报；关于上虞区卫生健康事业发展“十四五”规划实施中期评估情况的汇报；关于促进3岁以下婴幼儿照护服务高质量发展的实施意见（2023—2027）（送审稿）的汇报；关于进一步加强债务管理严肃财经纪律的汇报。

2023年10月26日，二届区政府召开第25次常务会议。会议审议并原则通过了关于绍兴市上虞区推行医养结合“健康管家”服务模式的汇报；关于绍兴市上虞区大力促进民营经济提质升级若干措施（送审稿）的汇报；关于上虞区建设教育科技人才“三位一体”高质量示范区和打造教育科技人才一体化平台体系赋能新材料高质量发展工作的汇报；关于未来城开发建设实施意见（2023—2026年）（送审稿）的汇报；关于融安控股集团有限公司储能装备研发制造产业化项目情况的汇报；关于“一江两岸”总部经济集聚区发展领导小组、工作专班运行方案（送审稿）及“一江两岸”总部楼宇招商引资政策增补情况的汇报；关于上虞区耕地保护工作和关于重新公布上虞区征地区片综合地价的汇报。

2023年11月16日，二届区政府召开第26次常务会议。会议审议并原则通过了关于2023年上虞区区长质量奖评审工作的汇报；关于上虞区2021年1月至2023年10月审计发现问题整改情况的汇报；关于废止有关行政规范性文件的通知（送审稿）的汇报。

2023年12月13日，二届区政府召开第27次常务会议。会议审议并原则通过了关于设立上虞区标准创新贡献奖的汇报；关于化工园区“十有两禁”提升暨省安委办督办问题整改工作的汇报；关于加强政府债务、隐性债务、国有企业债务“三债统管”的实施方案（送审稿）的汇报；关于城市管理区域调整及建设管理体制机制优化建议的汇报；关于全区燃气用户更换金属软管工作的汇报；关于进一步支持制造业内生项目建设的若干意见（试行）（送审稿）的汇报；关于鼓励支持规下工业企业加快发展的政策意见（送审稿）的汇报；关于2023年上虞区食品安全工作及2024年工作计划的汇报。

（陈仕清）

外事管理

【因公出国（境）管理服务】 严格落实因公出国（境）管理规定，按需开展因公出国（境）审批工作，积极对接省、市外办取得大力支持，在严格把关的同时，积极支持经贸类因公出访团组拓市场抢订单、对外招大引强。对区主要领导率团带队的重大项目洽谈合作、重要招商引资推介团组进行重点保障。2023年，共保障因公出国（境）11批36人次，包括自组团6批30人次，双跨团5批6人次，足迹遍布亚洲、欧洲、南美洲等国家和地区。

【外事保护宣传】 加大领事保护工作投入，持续开展预防性领事保护宣传推广，组织开展浙江省2023预防性领事保护宣传进市场上虞分会场活动。

【外事接待】 5月26日韩国大邱市政府上海代表处首席代表刘尚浩来虞考察e游小镇及相关数字经济企业；9月23日意大利阿斯蒂省长毛里齐奥·拉塞罗到上虞考察卧龙集团、大善小坞村；11月28日韩国扶安郡观光福祉局局长韩同一行到上虞参加青瓷文化交流展暨研讨会。

【涉外活动】 6月20日，区外办在崧厦伞艺小镇组织开展2023“预防性领事保护宣传进市场”活动，会议以线上+线下形式召开，设主会场与分会场，向市场主体宣传海外安全与领事保护相关知识；12月8日，区外办联合商务局开展“外事送服务 ‘地瓜’向远行”上虞区涉外服务专题活动，向全区80名重点外向型企业代表作了开放型经济政策宣讲、外事服务政策宣讲、APEC（亚太经合组织）商务旅行卡及相关国家签证入境等政策介绍。

【外事服务区域经济社会发展】 全面践行“外事为民”理念，深入贯彻落实《绍兴外事服务保障经济稳进提质十条举措》，组织开展全市外事系统“外事惠企为民服务”上虞专场活动，为全区近百家外向型经济代表企业以及相关部门、镇街业务负责人详细讲解邀请外国人来华、APEC商务旅行卡等相关政策和知识。针对企业提交的邀请需求快批快办，积极为上虞区重点企业签发邀请函，全力保障企业“请进来”工作需求，为照明、智能电机、现代医药、染料化工等行业企业邀请外国客商的需求实时审批，建立企业答疑工作群，对相关业务开展一对一辅导。

【国际友城结好工作】 以“一带一路”沿线国家和地区为重点，坚持互补性和数质并重原则，依托上虞区卧龙、龙盛、金科等上市公司境外投资项目为平台载体，重点开拓东南亚、中东欧地区友好城市，加大与澳洲、美加、日韩等已有基础国家城市的友好交往。紧紧抓住亚运窗口期，继续推动上虞区学校、医院等机构对外结好交流，组织开展重华小学与香港东华三院蔡荣星小学亚运姐妹校联谊活动，接待保障韩国扶安郡一行到上虞青瓷交流，协助举办中外名校赛艇挑战赛、亚洲杯木球锦标赛等赛事，通过相关活动推动中外友好交流，促成文化、经济交融。（叶 超）

民生实事项目

【城乡交通畅行】 实施乡村公路提升改造（大中修）40公里，农村公路亮化30公里，打通（启动建设）虞南农村公路“断头路”3条；新改建公交候车亭40余个，完成5个较大自然村通公交，新增（优化）公交线路3条；实施梁祝大道江扬路口、人民大道西段兴业路口和人民大道西段泾肖线路口等3个路口治堵工程。

【饮水食品安全】 实施农村饮水共富提质三年行动计划，2023年改造30座单村供水站，惠及17个村，2823户；新建农村（社区）家宴集聚点建设20家；创建省三星级市场1家、省放心市场7家。

【善育众扶提质】 打造“一老一小”服务场景；实施城南儿童公园提升改造工程；实现全区各乡镇（街道）老年学校全覆盖，村（社区）老年学堂覆盖率不少于15%；新增老年食堂10家；新增3家引领性示范型居家养老服务中心。

【住房安居保障】 建设（筹集）保障性租赁住房600套；改造农村4类困难家庭危房100户；开工改造老旧小区改造10个，惠及居民2280户。

【卫生健康服务】 开展重点人群流感、肺炎、结直肠癌等疾病预防和慢性阻塞性肺疾病免费筛查等项目，开展原发性高血压、Ⅱ型糖尿病患者（简称“两慢病”）门诊免费项目，惠及13.6万人；开展城乡参保居民健康体检提标项目，建立健全健康档案体系，惠及14万人次；提升新冠疫情医疗救治能力，完成改造建设定点医院床位100张和亚定点医院床位1100张，配备相应重点医疗设施；开展急救项目培训50期，新增救护员2878人，新增公共场所AED（自动体外除颤器）35台，建设规范化标准应急救护培训基地2个。

【优学善教强基】 新（扩）建中小学5所，幼儿园2所，分别新增优质学位2200个和600个；开展社会人员学历技能双提升行动，惠及16500人。

【城市精细管理】 建设城市精细化管理示范区1个；新增口袋公园10个；新建（改建）10座城市驿站。

【文化惠民共享】 新增15分钟品质文化生活圈20个；新增城市书房3家；开展阳光文化230场，百戏下乡100场，文化走亲10场，文艺星火赋美工程150场，非遗特色活动10场。

【应急救援保障】 建设“全域应急救援主干网络”，新增综合应急消防救援站14个；提档升级217个村（居）义务消防队和66个社区微型消防站；新增应急广播终端1436套,实现应急广播全域覆盖。

【防灾减灾建设】 整治病险山塘10座；新建驻村气象观测站95个，特种气象要素站10个，更新自动气象站20个，新建X波段相控阵气象雷达2部；新增（扩容）虞南乡镇避灾安置场所52个；改造提升文锦路（舜江西路—江西南路）、江东路—江广路、多元东路、江西路（三环路—博文路）等4个积涝路段。（陈仕清）

人事管理

【概况】 2023年，上虞区共组织各类事业单位公开招聘19次，其中高层次党政国企储备人才2次，事业单位公开招聘1次，教体系统9次，卫健系统7次。共计招聘事业人员633名，其中博士研究生17人，硕士研究生190人。组织开展全区87名2022年度新聘用事业人员岗前培训。补充高层次党政国企储备人才66人，其中博士研究生14人，硕士研究生52人；乡镇11人，部门30人；中共党员（含预备）25人。引进教育、卫生事业专业人才114名、383名。全年新增专业技术人才2597人，其中高级435人，中级776人，初级1386人，专技人才总量达到115681人。完成一年一次的人事年报统计工作和2023年全区322家事业单位工作人员年度考核情况汇总，全区事业人员13103人参加考核，其中优秀人数2635人，优秀比例为20.1%。（陈晓华、车燕飞）

【高层次人才服务体系】 4月15日，“留·在浙里”中国·绍兴博士后论坛（生命健康和新材料产业）在上虞区举行。来自全国20余位重点高校博管办负责人、80余名青年博士和全市50多家相关产业重点企事业单位齐聚一堂，开展产学研对接合作。通过产学研对接合作，力争加快全市青年博士和创新项目集聚，推进生命健康和新材料产业领域创新发展，进一步优化博士后人才服务体系，提升重点企业核心竞争力。（车燕飞）

【博士后工作站工作稳步推进】 截至2023年，上虞区现有博士后工作站33家，其中国家级9家，累计招收博士后130名。2023年新增博士后工作站2家，招收博士后39名，出站博士后12名，完成省、市绩效考核目标。同时，积极提升博士后研究课题质量。在站博士后多人申请和入选省市各类人才计划，其中2名进站博士后获得中国博士后基金面上资助，1名进站博士后获得省博士后科研项目择优资助。同时，在站博士后共发表论文128篇，申请国家和国际专利106件，编写行业标准7个，解决企业难题93个，为企业创造经济效益17436.1万元。（车燕飞）

行政审批与便民服务

【概况】 2023年，上虞区共受理各类行政审批、服务事项4051606件，办结4051952件（含上年度接转件），按期办结率99.98%，收到各级各类投诉（咨询、建议）48件，现场评议满意率99.9%。

【错时延时服务机制】 区、镇两级便民服务中心于6月17日起推行延时错时预约服务。区级大厅可办人社、医保（除药店）、不动产登记（除企业房产、个人非住宅、自建房）所有业务，公安户政和出入境业务和市监部分高频事项，共计200余项服务事项，镇街级便民服务大厅根据实际情况自行设定公开相关事项和受理时间。

【24小时不打烊自助办】对区级和乡镇（街道）24小时政务服务区进行改造，已实现终端全域布点，区、镇和部分村三级大厅全覆盖，可通过自助服务终端办理医保、社保等多个部门507个事项，其中与生产生活密切相关的高频政务服事项共计108项，实现事项统一、标准统一。

【企业综合服务中心成立】 根据省市对企业综合服务中心的建设要求，因地制宜对区级大厅一楼部分区域进行布局调整，明确受理事项、初步运行模式、进驻人员和工作要求等，按绍兴市的统一要求，于7月31日完成挂牌并开展试运行。中心共设招商、政策、人才、商务、知识产权、法律、金融和科技等八大板块服务窗口。

【政务服务事项“一网通办”率提升】 实时关注各部门和各乡镇（街道）“一网通办”办件率，根据全区超期件情况每日反馈，督促相关窗口部门做好超期预警事项的受理工作和已超期办件的消除工作。2023年度二、三季度一网通办率排名跃升至全省并列第一。（严天予）

公共资源交易管理

【概况】 2023年，全区公共资源交易平台共完成各类交易项673项(笔、宗)，成交金额186.34亿元，分别是建设工程交易项目102.31亿元，比底价下浮11.43%；政府采购6.09亿元，比预算降低7.96%；国有产权交易0.63亿元，比底价增长25.03%；国有土地交易 58.78 亿元，比底价增长 5.44% ；国企采购交易 6.46 亿元，比预算降低 18.76%。5 项累计节（增）资金 18.38 亿元，平均节（增）9.86%。

【“市域一体”数字招标平台建设】 进一步响应数字化招标建设，积极落实省市优化营商环境“一号工程”要求，根据“集成统一、共建共享、协同高效”原则，围绕八大核心内容，结合上虞区实际情况，按照一体化整合要求，参照“浙里数字化招标系统”和相关标准规范进行系统改造，全力推进“市域一体化”建设，实现省市一张网。

【营商环境“无感监测”考核】 根据《浙江省营商环境“无感监测”体系（S3 版）》要求，深入分析招投标考核指标，主动对接省级部门，接入全省统一招投标系统、全省远程异地评标系统、省专家库系统及省数字保函系统。抓好各项指标的落实，对招投标信息化程度指数、交易履约保障程度、外地企业权益保护等考核指标进行常态化管理，及时监测，提高交易效率。2023 年 8 月起，上虞区每月的招标投标考核指标均已达到满分。

【实现远程异地评标】 采用“1+N”远程评审模式，开辟评标新格局。上虞区积极落实上级工作要求，优化营商环境，加快推进远程异地评标系统建设，升级改造开评标区域，打造专属远程异地评标室，在充分利用现有全流程电子化评审系统和软硬件资源基础上，进一步配齐远程评标设备，采用评审专家的云签章方式。已完成工程、采购远程评标项目 4 个，实现“数据云上跑，评审专家就近评”，有效提升评审整体效率。

【全区国企采购规范管理】 启用政企云新版专家库，统一专家入库、抽取、管理等标准，整合专家资源，充实政企区专家库，加强对专家在评标现场的纪律管理。针对开评标过程发现的问题，不断完善国企采购政企云开评标系统，在评标系统中新增完成在报价之前公示资信分、主观分功能模块的相关软件开发工作，完善国企采购示范文本，通过询标澄清的模式完成两个国企采购项目试运行；同时，根据区国企采购管理办法的规定发布通知，进一步规范国企采购进中心项目的范围和要求。

【网超审核再提速】 加快推进政府采购数字化改革，中小企业入驻网超实现“最多跑零次”。加快供应商信息登记和商品上架线上注册审核，做到每日一审，提高审核效率。扩大网超市场容量和商品数量，2023 年新增线上审核入驻供应商 800 余家。 （严天予）

退役军人事务

【概况】 2023 年，上虞区扎实推进开展各项拥军优属活动。坚持以退役军人为中心，全面尊重、优待退役军人，努力实现“让军人成为全社会尊崇的职业”目标。

高质量完成区军休所创建省级军休服务规范化机构创建命名工作。全年成功创建并命名全省“枫桥式”服务站 6 家、全市“双示范型”服务站 2 家。高效完成服务站建设成效“回头看”工作，对已获评的全国基层退役军人服务站开展抽查。推进退役军人法治素养建设，成功创建省级退役军人法治素养观测点。

【双拥模范创建】 2023 年，上虞区首创省级双拥模范区，由双拥办牵头精心准备，对照创建验收标准不断完善，圆满完成 2022 年 5 月 15—16 日省创建考评组到上虞实地验收工作，区领导金进富等出席验收考评汇报会。

【拥军优属】 聚焦部队官兵“三后”（后路、后院、后代）问题，帮助官兵子女解决教育问题。常态化开展领导干部走访慰问，开展敲锣打鼓上门送立功喜报 29 人次，探索社会化拥军新模式，让官兵专心备战、专谋打赢。组织开展“虞”你“驿”起 · 邂逅“梅”好军地青年联谊活动。组织部分优抚对象赴嘉兴荣军医院等地开展短期疗养 6 批。

【军地互动协同】 持续擦亮“忠孝”双拥品牌，开展延安双拥运动 80 周年纪念活动，常态化开展送法律法规、送教育、送政策、送文艺进军营活动，增设部队驻地至上虞人民医院、大通购物中心和绍兴东站“拥军专线”。按照平时双拥共建、战时拥军支前的总要求，建立军地需求互提机制，扎实做好军地互办实事，累计办理完成需求清单2个。

【退役军人就业创业】 拓宽就业创业渠道，2月8日，退役军人事务局联合两新协会举行“五星双强”企业退役军人新春专场招聘会一场，积极搭建就业创业服务平台；10月21日，成功承办全市2023年自主就业退役士兵返乡欢迎仪式暨就业专场招聘活动。

【退役军人年度安置】 完成年度移交安置工作，完成接收安置军转干部、符合政府安排工作退役士兵。完成接收自主就业退役士兵，按照全生命周期管理保障要求完成自主就业退役士兵报到接收工作，组织全员参加适应性培训，参训率100%。

【英烈褒扬纪念】 在“9·30”烈士纪念日发布短视频宣传片《念》，缅怀英烈伟绩，弘扬英烈精神，褒扬英烈精神，指导并完成烈士墓修缮工作，切实帮助烈属解难事、办好事、做实事。（何 峰）

应急管理

【应急物资保障】 2023年，上虞区始终立足防大汛、抢大险、救大灾，以高度政治警醒从严从细落实应急物资保障工作。出台区、镇、村三级防汛防台应急物资保障文件，进一步健全保障机制、储备体系、调拨机制等。区级层面已储备55台发电机、88台排水泵、800立方米以上排水车15辆、58艘橡皮艇等救援装备；17390只麻袋（编织袋）、2万立方米方砂石料等抢险物资；落实旧自卸车2辆、集装箱5只。各乡镇街道及村（社区）储备砂石料9412立方米、麻袋5万余只、编织袋13万只、发电机320台、排水泵402台、卫星电话322部。全区366个村社实现“三大件”（排水泵、发电机、卫星电话）“四小件”（头盔、救生衣、应急照明灯、防护雨具）配备全覆盖。

【避灾安置场所建设】 2023年，全区在册（含在建）328个避灾安置场所，其中区级已建成3个（职教中心、上虞外国语学校、区级千人避灾安置场所实验小学尚德校区），镇街级22个，村（社区）级303个，临时避灾安置场所12个。虞南避灾安置场所提升工程预计7月底完成，工程新（改）建避灾安置场所52个，可增加避灾安置人员7000人。

【基层应急和消防一体化建设】 在全省深化基层应急管理体系和能力建设“四大体系”上虞经验基础上，2023年全区投入4000余万元建成14个综合应急消防救援站和20支专职消防队；全面推进站队一体化建设，全市“快响直达”应急救援网建设工作推进会在上虞区召开。坚决贯彻落实省厅关于应急管理和消防安全融入“141”基层治理体系决策部署，被绍兴市列为基层应急消防应用建设和运行试点区县，初步实现全区11.06万个市场主体全纳管，赋以重大、较大、一般、低四个风险等级，明确监管频次及清单，目前全科网格员及镇街检查人员已贯通应用。

【基层应急重点领域治理】 2023年，全区深化推进隐患大排查大整治及重大隐患专项排查整治2023行动，出台规范整治标准、隐患曝光警示、演练“一企一策”、强化救早灭小等“十项硬措施”，以“标准化+现场会”形式创新推进“园中园”、“厂中厂”、医疗和养老机构等专项整治，电气焊安全监管服务“一件事”绍兴市级试点，大排查大整治行动综合评价阶段性全省排名第二，“两全两铁”评价指数工作持续走在全市前列，浙江政务信息“绍兴市上虞区全链条推进安全生产隐患大排查成效初显”得到省委常委、常务副省长徐文光的批示肯定。（陈 航）

【地质灾害风险智控提能升级三年行动】 为巩固地质灾害“整体智治”三年行动成果，加快构建适应上虞区经济社会高质量发展的地质灾害风险防控工作体系，有效防范化解重大地质灾害风险，根据省、市关于地质灾害风险智控提能升级三年行动方案要求，上虞区编制并下发地质灾害风险智控提能升级三年行动方案，目标到2025年底，完成全区“一坡一卡”管理，完成乡镇级地质灾害风险调查评价3个，新建15处普适型监测点和150处无线简易雨量报警器，完成地质灾害综合治理不少于10处，构建全区地质灾害防治多手段风险识别、多层次监测预警、多方位应急处置、多形式综合治理、智能化数字管理体系和多维度管理创新的综合防治体系，做到地质灾害隐患即查即治、地质灾害风险有效管控。截至2023年，已完成乡镇级地质灾害风险调查评价2个，启动1个，新建10处普适性监测点和50处无线简易雨量报警器，完成地质灾害综合治理22处。（钟 雯）

消防救援

【概况】 2023年，上虞区消防救援大队共接警990起，其中火警372起，抢险救援284起，社会救助245起，抢救被困人员117人，抢救财产712.3万元，保护财产5728.7万元，全年未发生较大及以上或有重大社会影响的火灾事故。大队先后获得全市消防行业职业技能大赛活动团体总分第三名，全市战勤保障比武竞赛团体第1名，全市执勤岗位练兵比武竞赛团体第三名；荣获全市消防救援队伍安全“九无”创建活动“平安鼎”；大队一名消防员代表绍兴参加第七届全国红十字应急救护大赛，获得团体二等奖和个人创伤救护（特殊伤）项目二等奖，并获得浙江省“金蓝领”称号。参加浙江省第六届红十字应急救护大赛中获得团体一等奖和个人创伤救护项目一等奖。

【消防救援护航化工产业】 紧盯辖区化工产业消防安全本质，坚持以“战斗力”为标准，聚焦专业化、职业化的发展方向，以作战效能为指引，全力推进精细化工专业救援力量暨重型化工编队专业队建设，优化战斗编成，初步形成通信指挥单元、灭火冷却单元、举高喷射单元、化学洗消、供液保障单元等5大单元作战模式。编制《上虞区危化企业基础信息汇总手册》，制定危化企业“一图一表”108份、“一厂一册”55家、“消防安全交底箱”108份，为化工企业应急救援处置夯实基础。截至2023年末，占地140亩，建筑面积4.1万余平方米，投入约3亿元的杭州湾经开区消防救援服务中心正在推进建设中。

【消防救援民生实事】 完成“快响直达”应急救援网建设任务。全区14个乡镇（街道）专职消防队独立建队，大队派驻政府专职消防员管理骨干担任站长。全区64个高层小区200余项严重消防隐患得到整改；84个高层小区安装智慧消防“三套系统”；10个高层小区“生命通道”实现智能监测；212个村（居）义务消防队和65个社区微型消站完成提档升级任务。

【消防安全排查与整治】 圆满完成杭州第19届亚运会和杭州第4届亚残运会消防安保“五大”攻坚行动。消防救援大队紧紧围绕“五个确保”为总目标，按照“点面结合、以面保点”工作要求，广泛动员全社会力量，集中开展消防安全“大防控、大整治、大执法、大培训、大值守”五大攻坚行动，进一步掌握消防安全底数清单，动态消除问题隐患，有效管控安全风险，全面落实社会面各项严管严控措施。开展高层建筑、居住出租房、村（居）民自建房、沿街店铺、工业企业等重点领域消防安全专项治理行动，创新“九小场所”治理手段，将沿街店铺网格排查模块嵌入区级“141”平台。以曹娥街道为试点将街道内1544家沿街店铺消防安全全量纳入基层综合治理。用好重大火灾隐患单位约谈会商、挂牌督办等工作机制，16家省市区三级挂牌重大隐患单位完成整改。联合区应急管理局对108家危化企业开展每月1次“飞检”，帮助108家企业消防安全信誉指数全部达到A级。

【“枫桥式消防救援队站”建设】 深入拓展消防救援队站“一队五能”职能，以崧厦街道潘韩村、谢塘镇晋生村为试点，邀请14名村委（社区）书记到队点对点签约，完成全区151个村（社区）的签约，消防员开展驻村指导636次，撰写民情日记530余篇。对重点单位、场所微型消防站拉动指导1868次、培训412次、防消联勤5543家次、发放宣传资料15300份，已发现并整改问题隐患超7000个，服务各类人群1万余人次，帮助解决问题285个，帮助受困群众137名，受理并成功调处消防矛盾纠纷32件。在“救火阿三”党员品牌服务队、“谢晋故里”女子宣传便民服务队的基础上，组建“魅力曹娥”高层老旧小区消防志愿队，进一步深化“消防副校长”、高速救援一张网建设等具有上虞“辨识度”的亮点工作。（马佳佳）

山海协作

【概况】 上虞区围绕山海协作重点工作，结合2023年度个性化帮扶清单，精准施策，以“景宁所需，上虞所能”为准则，在资金、人才、产业、教育、医疗等领域广泛开展合作，合力打造全省山海共富的“虞景”样板，全面、超额完成山海协作11项年度考核指标，“产业飞地”中期绩效评估获山区26县第5。

【领导互访】 10月19日，上虞区委副书记、区长金进富带队赴景宁县对接交流，双方召开联席会议，会上举行捐赠仪式，向景宁捐赠共同富裕项目资金200万元。11月30日，景宁县蓝景芬县长到上虞考察，双方就下步合作进行深入研究，共谋山海协作升级版路径。

【示范点建设】 持续推进秋炉乡秋炉村和景南乡上标村乡村振兴示范点建设，专门安排资金194万元，精心挑选景南乡上标村新建旅游护栏项目（一期）等4个项目，推进上标村高山文旅品牌和秋炉村运动小镇建设。

【产销合作】 全年定向采购景宁县消费帮扶产品约822万元。通过消费帮扶专柜、直播等方式，助力景宁打造“景宁600”品牌。打造统购统销新模式，推动景宁县农特产品出村进城，累计采购助销茭白7万余斤，相关做法获《人民日报》刊发报道。

【民生帮扶】 10月，上虞区台商联谊会到景宁县景南乡开展“山海一线牵，两岸一家亲”公益活动，向景南乡10位困难学生送上微心愿礼物和慰问红包，向景南乡老年协会捐赠助老公益金4万元。

【教育帮扶】 持续推进上虞—景宁跨地区教共体建设，累计拨付专项资金112.8万元，新增结对学校3组（续建5组），涵盖幼儿园、小学、初中和职高，送教70余节、讲座50场，新增师徒结对45对，设立俞照君、郑志龙等名师工作室22个，赠送受援学校体育器材、贫困学生生活及学习用品等价值13.29万元。

【医疗帮扶】 8月，上虞区卫生健康局赴景宁县开展合作交流活动，签订中医项目合作协议，捐赠10万元用于支持景宁县卫生健康事业发展。

【文旅合作】 8月，组织开展2023年青春上虞·品质景宁专场文艺演出和文旅推介。

【劳务协作】 3月，上虞区、景宁县两地人社局签订合作协议。全年双方联合组织开展劳务协作培训12期435人次，并组织上虞区企业赴景宁县开展招聘会。

（叶　舟）

对口合作

【概况】 上虞区坚持以打造东西部协作五张“金名片”为重点，按照“金口河所需，上虞所能”原则，与金口河同频共振、同向发力，用心用情用力开展精准帮扶，助力金口河巩固拓展脱贫攻坚成果同乡村振兴有效衔接，超额完成东西部协作26项年度考核指标，其中，东西部协作产业到位投资、消费帮扶、社会帮扶等重点指标完成率分别达162%、135%、142%。2023年1月，金口河区被命名为第十批全国民族团结进步示范区。《“三强三共三提升”彰显东西部协作“虞金同心”统战担当》获时任浙江省委常委、统战部部长邱启文批示肯定，入选省对口办十大模式百个案例汇编；《“绍乐同行”党建联建绘就乡村振兴新图景》纳入省级案例汇编；《东西协作，相约云端　乐山金口河区延风中学共享同步音乐课堂》《绍兴上虞：跨越千里送“岗”！东西劳务协作促就业》等数十篇报道获国家级、省级媒体刊登。

【交流互访】 4月6—8日，金口河区委书记魏端带队到上虞考察东西部协作工作并召开联席会议，会上签订相关协议，双方共商深化合作事宜。8月28—29日，绍兴市人民政府副市长、上虞区委书记鲁霞光带队赴金口河区考察并召开联席会议，会上举行签约及捐赠仪式，捐赠计划外财政资金200万元以及绍乐同行乡村振兴党建联建项目资金100万元。

【产业园共建】 探索实践“育建引销”全链条产业协作模式，携手共建浙川东西部协作金口河生态食品园区三期项目，建成金口河区现代农业高山蓝莓园，助力川牛膝中药材现代农业园区成功创建为四川省三星级现代农业园区，提升金河黄柏马铃薯现代农业园区建设。整合东西部协作资金 1950 万元，用于金口河区高山蓝莓产业发展项目、金口河区金河黄柏+马铃薯现代产业园区续建项目和浙川东西部协作金口河区产业园基础配套提升项目，2023 年金口河区农业产业园区新增到位投资 2083.6 万元，吸纳 171 名四川籍劳动力就业，含 34 名脱贫人口。继续支持金口河区绿芯蔬菜种植专业合作社等 3 个就业车间，带动 210 名四川籍劳动力就业，含 57 名脱贫人口。

【示范村建设】 共建永和镇新乐村乡村振兴示范村，联合打造乐山市金口河区永和镇新乐村农旅综合体。上虞区盖北镇与金口河区永胜乡“飞地抱团、物业联建”项目建成投用，双方按出资比例分红，2023 年拨付首笔收益资金 20 万元。

【产销合作】 2 月，在金口河区举办“东西协作 · 山海情深”——“最美金口河”首届农特产品推广暨 2023 年春季购物节启动仪式。动员上虞区机关、企事业单位定向采购金口河区农副产品约 488 万元，帮助金口河区销售当地农副超 1548 万元。累计采购、帮助销售四川省其他地区农副产品金额约 7081 万元。

【教育帮扶】 3 月，挂牌成立乐山市首个东西部协作名校长工作室——林建锋名校长工作室。该工作室隶属于教育部“国培计划”中小学名师名校长领航工程，由上虞区滨江小学校长林建锋主持，团队成员 10 余人。

【医疗帮扶】 整合协作资金 350 余万元，帮助金口河区人民医院构建全新数字服务平台。上虞区援川医疗工作队助力乐山市金口河区人民医院呼吸与危重症医学科顺利通过前期评审并获评“全国 PCCM（呼吸与危重症医学科）规范化建设”二级医院优秀单位。技术输出 12 例，帮助填补金口河区技术空白，当地受益人数 2851 人。

【文旅合作】 上虞区组织上虞劳动模范、工会职工等疗休养团队走进金口河，自签约以来，已有 20 个上虞职工疗休养团约 300 人次赴金口河区开展疗休养活动。召开“金口河 · 上虞”文旅工作座谈会，联合举办上虞—金口河文化走亲专场文艺演出、文艺进景区演出。

【劳务协作】 上虞区人社局组织 24 家企业赴四川省乐山市金口河区开展劳务协作线下招聘活动，提供岗位 600 余个。组织上虞区 30 余位农业、医疗、机电、电力等多个行业劳动模范赴金口河区开展帮扶指导。延续东西部协作劳务协作各项政策，2023 年度累计兑现劳务协作补贴 71 万余元。（叶　舟）

数字政府

【概况】 2023 年，区大数据中心推进公共数据平台内涵式发展，高质量打造“一云”（政务云）“两端”（浙里办、浙政钉）“三网”（政务外网、视联网、公共视频网），抓好依申请政务事项高质量“一网通办”工作，办理率始终保持 99%以上；“浙里办”上虞城市频道被列为首批全省试点；保障亚运会期间政务网络和数据安全，其间网络和数据安全事件零发生。

【政务运行保障】 聚焦政务服务事项“快办优办”工作目标，建立“每天提醒预警、每周周报报送、每两周部门提醒函、每月两办通报”工作机制，累计向省级部门提交优化建议 248 条，采纳 27 条；多措并举严控超期办件，一网通办超期办理率 0.5%以下；全时监测上架“浙里办”“浙政钉”的应用，开展漏洞扫描安全检测，全区应用可靠性维持在 95%以上。

“浙里办”上虞城市频道在试点区县中首批上线；强化“浙里办”推广运营，年内全区注册用户数 64.9 万户，占常住人口比例 76.98%，平均日活跃用户数超 3.05 万户。完善“浙政钉”部门和个人基本信息，提高用户活跃度；提升钉应用质量，应用月可访问时间不低于 99%，访问量不低于 100 次/月，实现全市“浙政钉”低频应用、低可用应用清零。

以纪委“指尖上 App”专项整治工作为契机，依托 IRS（即时反馈系统）对区内存量应用做整合提升，截至 10 月底纳入整治范围的政务应用 42 个，完成削减取消 27 个，整合兼并 2 个，优化提升 4 个；建设公共视频共享平台，为提供 20 余个局办及乡镇街道提供视频共享、算法，累计调用 10 万余次；开展政务外网、视联网、云资源、机房等基础设施维护管理，确保各重点基础设施运行正常。

【公共数据管理】 提升数据聚合力度，持续推进数据资源归集编目，重点推进公共数据目录编制、归集、共享、治理，公共数据平台 2023 年归集 1.26 亿条公共数据，总计归集 101.66 亿条数据，归集数量和质量全市名列第一；完成 2600 余个政务数据目录编制，保障政务服务事项需求数据共享满足率 100%。完善数字治理体系，对全区多家单位开展数据安全实地检查；深化“一数一源一标准”数据治理，公共数据需求满足率维持在 99%以上。对所有数据进行 L1～L4 级的敏感度、安全性管理，并根据安全定级分类开展数据共享开放；探索开发了公共数据共享查询比对平台系统，为应急、自规、人社、医保等部门批量数据服务，数据接口每月调用超过 22 万次。指导实现 5 类国家政务数据直达基层，数据居全市前列。

【项目建设监管】 落实项目资金“一本账”，全量纳入党政机关、乡镇街道、事业单位及市属国有企业的政务信息化项目。共申报新建扩建类项目 88 个、金额 12800 万元，审定项目数 48 个、金额 5600 万元，核减率分别为 46%、56%，实际 48 个项目中因政策变化、专家评审、信创要求等原因取消实施 19 个、金额 1400 万元。总计 2023 年度新建扩建项目投资规模 3900 万元，年度支付 1900 万元，同时，审定运维服务费 3500 万元、尾款类 6500 万元，总的年度支付 11900 万元。全区政务云上云应用 119 个，每年为全区节约云资源租赁费 1000 余万元。事前加强项目评审，事中强化流程监管，事后开展绩效评估。强化平台赋能。迭代优化上虞区信息化项目管理系统，将制度要求转化为要求明确的清单、简便易行的模板、全程可溯源的流程，推进项目管理标准化、规范化、便利化。已实现项目预审、采购、实施、验收、绩效全过程在线管理，迭代上线智能评审推荐、项目进度智能预警、验收试运行报告等功能，同时完成与省、市项目管理系统对接，实现项目信息、专家信息归集与共享、重大项目提级审核。

【网络安全保障】 印发《上虞区亚运期间电子政务系统网络、数据安全、门户网站保障工作方案》《上虞区护航第 19 届亚运会和第 4 届亚残运会电子政务系统网络安全保障决战指挥体系工作方案》等相关文件，与网信、公安等部门建立健全应急响应、情报共享、研判处置等协同机制，统筹有序推进亚运期间网络安全保障各项工作。提高网络防护能力，通过 IRS、网络安全智治系统，梳理形成重点自建系统应用、网络终端、视联网点位“三个重点保障对象一本账”，确保“底数清、风险清、职责清”；迭代升级数据安全监管平台、态势感知平台等网络和数据监管平台能力，进一步健全水印溯源、数据态势感知等数据安全防护以及违规外联监测、网络攻击预警等网络安全能力，全方位打造电子政务领域网络安全整体防护；建立网络安全运营中心，实行 7×24 小时实体化值班值守。织密筑牢安全监督体系。完成全区 8000 余台安全智能终端安装、32776 个政务网 IP 地址的资产测绘工作，经受国家省市三级 6 次攻防考验，2 次开展区内多部门多场景网络安全应急演练；全面开展摸排全区信息系统资产专项检查，厘清资产底数和脆弱性资产，对高危漏洞进行单位资产确认及隐患漏洞整改修复工作，提前做好安全防护。分析研判安全告警 2.9 万余次，发现中高危风险 699 个、上虞区政府门户网站错误链接处理 1096 条、涉敏信息 612 条，所有问题都在第一时间得到闭环处理。

（庄益姿）

机关事务管理

【政务保障】 2023 年，政务保障凸显新气象，共接待来宾 501 批次，16000 余人次，保障会议 1336 场，52000 余人次，高质量完成“上海·上虞周”活动、千万工程现场会等重大会议活动的后勤保障工作，切实做好亚运相关接待准备。节能降耗稳步推进，63 家公共机构完成空调柔性调控改造项目，指导创建生活垃圾分类头雁工程 2 家，垃圾分类示范机关 34 家，绍兴市无废机关 41 家。餐饮服务展现新作为，推动岭南红茶、丁宅水蜜桃、谢塘优梨等本地优质农副产品进机关食堂，打造“共富”品牌。

【“公务餐”改革初显成效】 根据《浙江省“公务餐”改革试点方案》文件精神，上虞区被列入全省“公务餐”改革的县域试点，于 10 月 26 日实现全域覆盖、全码互通，比预期目标提前近 1 个月。积极发挥机关事务服务中心统建食堂的辐射力，构筑全区 40 家机关食堂联动的“便捷公务就餐圈”。结合本地实际，按照菜品实际成本，明确全区 15 元/餐的公务用餐统一标准。各用餐点因地制宜设置“公务餐”窗口，通过多形式打造“公务餐”应用场景，切实满足公务活动就餐保障需求。“公务餐”改革上虞模式得到上级部门的认可，省机关事务管理局“好管家学堂”“公务餐”改革业务培训班于 11 月 8 日在上虞举办。（杜娟娣）

地方志编研

【志书编修】 加快《上虞市志》审校出版进度，年初递交出版社排版编审。指导和推动乡镇村志编纂，开展《谢塘镇志》《大善小坞村志》《西湖村志》评审工作，编印出版《前江村志》。截至 2023 年末，全区累计完成乡镇志 8 部，在编 5 部，覆盖率达 65%。以打造名村志为目标，累计出版村志 8 部。

【《上虞年鉴（2023）》出版】 年内，完成《上虞年鉴（2023）》编写出版工作，由方志出版社出版，文档字数 46 万字。

【《上虞金石碑刻集》出版】 2023 年，《上虞金石碑刻集》编纂出版，7 月 27 日举行首发式暨金石文化研讨会，系绍兴市所属县市区第一个研讨会。为留住“石头上的志书”，也为编修《上虞市志》等需要，区地方志研究室启动编纂《上虞金石碑刻集》，并借助社会力量收集拓片，由区委党史研究室原副主任罗兰芬任主编，历时 4 年完成编纂出版，是上虞最为全面系统的一部金石碑刻著作。该书共收集约 8 个朝代、239 通金石碑刻。收集的碑刻包括官府告示及水利建设、乡规民约、宗教寺庙、兴学建校、公益事业等，对考证上虞历史、传承上虞文脉具有重要的史料价值。

【史志资源开发利用】 积极上报史志动态，在学习强国“浙里学史”平台刊登 7 篇，浙江党史和文献网录用 7 篇。办好“上虞史志”微信公众号，每月整理好上虞大事记，实时记录上虞发展大事要事。编印寄送《上虞史志》季刊，推广传播上虞党史和地情文化，为全国虞籍乡亲了解家乡变化提供窗口。参加上虞文化调研和编研活动，撰写《上虞文史 · 百村赋》中上浦镇四峰村、百官街道前江村、长塘镇罗村村、长塘镇长塘村 4 个村的内容，参加浙江省“东山文化”研讨会、上虞城市文化识别战略规划研讨会、“青春之城”与中国式现代化课题研讨会，充分发挥史志赋能上虞“青春之城”建设和中国式现代化上虞新篇章的作用。（沈瑶圆）

政协绍兴市上虞区委员会

综　述

【概况】　2023 年，政协第一届绍兴市上虞区委员会（以下简称区政协）在区委的坚强领导下，全面贯彻落实中央和省、市、区委决策部署，紧紧围绕以建设“青春之城”推进中国式现代化这一主战略和年初确定的各项目标任务，充分发挥专门协商机构作用，积极践行全过程人民民主，坚持发扬民主和增进团结相互贯通、建言资政和凝聚共识双向发力，有效推动政协各项工作迈上新台阶、呈现新气象。一年来，先后三次在省政协会议上作典型发言，三项工作经验获《浙江政协信息》刊发，理论研究成果获省政协优秀论文二等奖，社情民意信息工作居全市第一，区委、区政府主要领导对政协履职成果批示肯定 29 次。

【民生服务】　开展“协商平台规范提升年”活动，围绕“助解急难愁盼，增进民生福祉”主题，各乡镇街道举行互动协商 141 场次，委员参与 465 人次，提出意见建议 481 条，吸收转化率达 70%，获评省、市优秀协商案例 12 个。健全提案工作体系，首次由区政府主导确定提案承办单位，开展平时提案征集、审查、办理工作，探索政协提案与公益诉讼检察建议双向衔接转化工作。区领导领办督办重点提案 10 件，委员集中督办提案 42 件，高质量办结提案 208 件，委员满意率达 100%。拓宽社情民意信息反映渠道，共编发《社情民意反映》110 期。练好联系服务群众基本功，创新提炼委员联系界别群众“十二法”，开展“到界别群众中去”主题活动，组织现场考察、座谈交流、社会服务等活动 38 场次，服务群众 500 余人次。依托委员工作室开展法律、教育、医疗等咨询服务 120 多场次，解决群众“身边小事”300 余件。发挥委员调解工作室“调解+协商”特色，委员参与基层矛盾纠纷调解 270 件，化解成功率达 92%，入选国家信访局新时代“枫桥经验”典型案例。

【建言资政】　召开政府政协联席会议协商对接重点工作，面向部门、界别公开征集履职议题，全年实施重点履职项目 38 项，举行重点协商活动 42 场，形成调研报告、协商纪要 15 份。首次实行重点调研课题集中开题，聚焦虞南片区发展组织调研协商，聚焦吸引留学生归国就业创业、汇聚青年之力共筑“青春之城”、建设和美乡村、发展研学产业、推动未来城建设、培育专精特新企业等主题开展专题协商。围绕勇做青春消费“弄潮儿”开展深度调研，完善托育服务体系的调研成果被区政府文件采纳转化，挖掘提升东山文化内涵的课题报告为东山文化创造性转化提出对策建议。增强监督助推靶向性，紧扣深化“千万工程”、优化营商环境、“迎亚运”打造最清洁城市开展委员集体视察，形成一批高质量建议。紧盯上市企业培育、特色小镇数字产业发展、交通重点工程推进、千年古城复兴等重点工作、重大项目开展助推式监督，围绕特种设备监管、教育网点优化布局、电信网络犯罪打击治理、曹娥江城市防洪、劳动纠纷多元化解等民生关切开展跟进式监督，助力找准短板弱项、打通堵点难点。拓展参政议政覆盖面，就国土空间分区规划、轨道交通重大投资、文化艺术中心建设、江东路扩容提质等重点工作开展协商座谈，广泛征集委员意见建议。组织委员列席政府常务会议、参与民生实事、案件庭审监督等 152 人次。创新实施协商议题常委领衔、界别协办、委员领办制度，将5项重点协商议题分解给专业委员团队，拓宽发挥界别特色、委员专长的渠道。

【团结合作】 在深化团结合作中凝结同心。发挥爱国统一战线组织作用，召开各民主党派、工商联、无党派人士协商座谈会，支持以集体名义发表意见、提出建议，全年共收到大会发言13份、集体提案38件、社情民意信息403篇。密切与港澳台侨、少数民族代表人士的团结联谊。组织开展宗教中国化场所建设专项视察活动。在扩大联谊交流中携手同行。做好“同心会”“五联”工作，主席会议成员积极参与“大走访大调研大服务大解题”“政企直通车”“益企来”等活动，深入基层纾困解难，提振发展信心。在擦亮文化标识中众口同声。启动《上虞文史·百村赋》编撰工作，已公开推出32期，引发社会共鸣。组建新一届特邀文史员队伍，举办虞舜书画院典藏作品展、东山文化研讨会等活动，完成茶文化研究会换届工作，竺可桢故居入选市政协“同心教育基地”。深化政协宣传工作，立体式传播上虞正能量、政协好声音，在“学习强国”学习平台、《人民政协报》、《联谊报》等省级以上主流媒体刊发报道47篇次，上虞政协微信公众号影响力和活跃度走在全省政协系统前列。（徐玲芬）

重要会议

【政协第二届绍兴市上虞区委员会第三次会议】 2024年1月15—17日，政协第二届绍兴市上虞区委员会第三次会议在百官召开。本次会议应到委员286名，实到委员272名。会议审议通过赵文中同志受常委会委托所作的《中国人民政治协商会议第二届绍兴市上虞区委员会常务委员会工作报告》、王永表同志受常委会委托所作的《中国人民政治协商会议第二届绍兴市上虞区委员会常务委员会关于二届二次会议以来提案工作情况的报告》，书面审议《中国人民政治协商会议第二届绍兴市上虞区委员会常务委员会关于反映社情民意工作情况的报告》。会议审议通过《中国人民政治协商会议第二届绍兴市上虞区委员会提案审查委员会关于二届三次会议提案审查情况的报告》，审议通过《中国人民政治协商会议第二届绍兴市上虞区委员会第三次会议决议》，表彰绍兴市上虞区“最美政协人”和2023年度政协工作各类先进。会议增补政协第二届绍兴市上虞区委员会常务委员5名。会上，18篇议政材料书面交流，其中12位委员分别作大会发言。

【区政协常委会议】 2023年，区政协召开常委会议4次，分别为：

2023年3月10日，区政协召开二届六次常委会议，审议通过区政协调整专门委员会设置的决定（草案），通过关于增设环境资源界别的情况汇报，审议通过环境资源界别召集人及委员建议名单。

2023年4月7日，区政协召开二届七次常委会议，听取区法院、区检察院工作情况通报。区人大常委会副主任方静应邀出席，区人民法院院长朱淼蛟、区人民检察院检察长何红作工作通报。学习中国人民政治协商会议章程修正案，审议通过有关人事事项以及政协第二届绍兴市上虞区委员会专门委员会委员名单。

2023年8月3日，区政协召开二届八次常委会议，区委副书记、区长金进富通报全区半年度经济社会发展情况，区人大常委会副主任黄梅龙应邀出席。专题协商“勇做青春消费弄潮儿的路径思考”课题报告。

2023年9月22日，区政协召开二届九次常委会议，听取全区党风廉政建设和反腐败工作情况通报，协商“关于东山文化创造性转化”重点课题报告。区委常委、纪委书记、监委主任胡玲萍，区委常委、副区长、曹娥江旅游度假区党工委书记朱江桥，区人大常委会副主任胡宝荣应邀出席。

【区政协主席会议】 2023年，区政协召开主席会议12次。

2023年1月8日，区政协召开党组会议、二届九次主席会议，审议政协第二届绍兴市上虞区委员会副主席候选人建议名单，审议大会选举办法（草案），审议通过政协第二届绍兴市上虞区委员会第二次会议提案审查委员会名单，审议区政协二届二次会议决议（草案），区委组织部分管领导参加。

2023年3月9日，区政协召开二届十次主席会议，审议区政协调整专门委员会设置的决定（草案）、区政协主席、副主席、秘书长分工（草案）、政协绍兴市上虞区委员会2023年工作要点（草案）、《关于深入开展“协商平台规范提升年”实施意见》（草案）、关于调整区政协“五联”工作制度联系安排的通知（草案）、环境资源界别召集人及委员建议名单、区政协二届二次会议重点提案（草案）、区政协二届二次会议重点提案（草案）、区政协特聘文史员名单（草案），听取关于增设环境资源界别的情况汇报。

2023 年 4 月 6 日，区政协召开党组会议、二届十一次主席会议，传达学习二十届二中全会精神、习近平总书记在学习贯彻党的二十大精神研讨班开班仪式上的重要讲话精神、市两会精神，学习中国人民政治协商会议章程修正案，听取了 2022 年度区政协机关党组工作汇报，审议《中共政协绍兴市上虞区委员会党组 2023 年党风廉政建设工作要点（草案）》等文件，审议政协第二届绍兴市上虞区委员会专门委员会委员名单（草案）、区政协各专门委员会党员委员履职临时党支部调整方案、政协绍兴市上虞区委员会界别履职量化考评办法（草案）、政协绍兴市上虞区委员会委员履职量化考评办法（草案）、2023 年度政协专委会履职考评办法（草案）、2023 年度政协工作目标责任制考核办法（草案）、政协协商成果办理和反馈工作办法（草案）和有关人事事项。

2023 年 4 月 10 日，区政协召开政协主席第一季度例会。各委、室主任汇报交流一季度工作完成情况和二季度重点工作安排，各位主席会议成员对分管线工作进行点评并提出要求，政协主席赵文中总结讲话。

2023 年 4 月 24 日，区政协召开二届十二次主席会议，区自然资源和规划分局、区轨道交通建设指挥部、区建设局分别汇报《绍兴市上虞区国土空间分区规划（2021—2023）》、轨道交通相关重大投资项目事项和曹娥江文化艺术中心（暂名）项目建设相关情况。主席会议成员、副秘书长、各委室主任进行交流发言，赵文中主席总结讲话。

2023 年 5 月 16 日，区政协召开二届十三次主席会议，专题协商《关于加快虞南山区发展破圈出彩》重点调研课题。区委副书记、政法委书记许建超应邀参加会议。

2023 年 7 月 3 日，区政协召开政协主席第二季度例会，各委、室主任汇报交流二季度工作完成情况和三季度重点工作安排，各位主席会议成员对分管线工作进行点评并提出要求，政协主席赵文中总结讲话。

2023 年 8 月 14 日，区政协召开二届十四次主席会议，专题协商“完善普惠托育服务体系助力生育友好型社会建设点”调研课题。副区长黄俊毅应邀参加会议。

2023 年 9 月 14 日，区政协召开二届十五次主席会议，传达学习习近平总书记对首个全国生态日作出的重要指示精神，传达学习勤廉上虞建设推进会暨干部作风建设大会精神，会议听取区政协机关党组半年度工作情况、《关于东山文化创造性转化的调研报告》和 2023 年区政协主题教育读书会方案，审议《中共政协绍兴市上虞区委员会党组工作规则》《政协绍兴市上虞区委员会主席会议工作规则》《政协绍兴市上虞区委员会全体会议工作规则》《政协绍兴市上虞区委员会常务委员会工作规则》，会议还研究《界别联系社会组织工作试行办法》《“最美政协人”选树活动方案》。

2023 年 10 月 7 日，区政协召开政协主席第三季度例会，各委、室主任汇报交流三季度工作完成情况和四季度重点工作安排，各位主席会议成员对分管线工作进行点评并提出要求，政协主席赵文中总结讲话。

2023 年 12 月 1 日，区政协召开党组会议、二届十六次主席会议。传达学习习近平总书记关于党的建设的重要思想精神；传达学习全国政协党的建设工作座谈会精神，以及省政协党组扩大会议精神，会议还审议了其他有关工作。

2023 年 12 月 27 日，区政协召开二届十七次主席会议，听取关于区二届政协委员调整、区政协界别召集人调整等情况汇报；听取区政协常委会工作报告、提案工作情况报告起草情况，2023 年度政协系统先进集体、个人评比情况和“最美政协人”评选情况等汇报。

主要活动

【专题视察】 2023 年，区政协举行专题视察活动共 5 次。

2023 年 4 月 17 日，区政协开展加快上市企业培育发展专项视察活动，实地视察晶盛机电南片新厂区及浙江国祥股份有限公司，听取区金融办关于企业上市培育工作情况汇报和课题组相关调研报告，相关单位及政协委员就企业上市培育工作深入协商交流，副区长阮成华应邀参加。

2023 年 6 月 25 日，区政协开展“优化教育网点布局、促进教育公平”专题视察活动。区政协副主席章颖芳，区政协教科卫体和文化文史学习委有关负责人，有关乡镇街道和区直部门分管领导，部分政协委员代表参加视察。副区长孙伟琴到会听取意见建议。

2023 年 9 月 26 日，区政协开展特色小镇数字产业发展情况专项视察，区政协副主席孙云苗，秘书长陈学军，区政协研究室、经济委负责人，区特色小镇主要负责人及分管负责人，区府办、经信局、商务局分管负责人，部分政协委员代表参加视察。副区长阮程华应邀参加并讲话。

2023 年 10 月 17 日，区政协开展交通重点工程推进情况专题视察活动。区政协主席赵文中、副主席范国海及秘书长陈学军参加，区政府分管领导应邀出席并讲话。

2023 年 11 月 15 日，区政协开展千年古城复兴计划实施情况专项视察活动，视察组先后视察丰惠镇东大街、孔庙修复工程现场。随后召开座谈会，丰惠镇做相关情况汇报，委员们和相关部门就古城复兴进行深入协商交流，区政协副主席范国海参加并讲话。

【民主监督】 2023 年，区政协开展民主监督活动共 7 次。

2023 年 3 月 29 日下午，区政协开展全区特种设备安全防护监管情况专项民主监督活动。区政协副主席王永表参加，副区长孙伟琴应邀参加。监督组实地视察了江南一品小区电梯监护情况和浙江安诺芳胺化学品有限公司特种设备数字化监管情况。会议听取区市场监管局关于全区特种设备安全监管情况的调研报告后进行协商。

2023 年 5 月 31 日，省政协副秘书长、民盟省委会专职副主委毛伟民和绍兴市政协副主席、民盟绍兴市委会主委凌芳等一行到上虞，围绕“深化‘千万工程’、建设美丽乡村情况”开展三级政协联动专项集体民主监督。区政协副主席范国海参加。

2023 年 6 月 29 日上午，区政协开展“电信网络新型犯罪打击治理体系建设”专项民主监督活动。区政协主席赵文中、副主席王永表、秘书长陈学军参加，区政府副区长、公安分局局长王成毅应邀出席。部分区政协委员、相关部门单位负责人参加活动。

2023 年 7 月 5 日下午，区政协就曹娥江城市防洪工作开展专项民主监督活动。区政协主席赵文中，副主席孙云苗及秘书长陈学军参加。副区长黄俊毅应邀参加。视察组一行先后实地踏看曹娥江城区防洪堤综合提升一期工程、“一江两岸”景观工程三期并进行了会议协商。

2023 年 8 月 3 日，区政协开展“打造一流营商环境”专项集体民主监督活动。监督组实地视察区便民服务中心，并就优化营商环境召开专题协商座谈会。区政协副主席倪红娣参加，副区长孙伟琴到会听取意见建议。

2023 年 9 月 1 日，区政协开展“迎亚运”最清洁城市建设和垃圾分类专项民主监督活动。区政协主席赵文中、副主席章颖芳、范国海及秘书长陈学军参加。监督组先后实地视察曹娥街道博文新村垃圾分类点、百官街道城市驿站步行街站，会议听取区综合行政执法局打造最清洁城市“510 行动”和垃圾分类推进情况汇报后进行协商。

2023 年 10 月 18 日下午，区政协开展“劳动纠纷多元化解机制建设”专项民主监督活动。监督组一行实地视察了中建八局浙大邵逸夫医院项目部和绍兴市上虞区劳动争议人民调解委员会，并就“劳动纠纷多元化解机制建设”开展专题协商。区政协副主席王永表参加，区政府副区长胡天野到会并讲话。

【政协干部及政协委员履职能力提升培训班】 2023 年 6 月 11—16 日，由区政协和区委组织部、区委党校联合举办的政协机关干部及政协委员履职能力提升培训班在西南财经大学光华校区举行，区政协赵文中主席，章颖芳、孙云苗、倪红娣副主席和陈学军秘书长及部分区政协常委、界别召集人、乡镇街道政协工作分管领导、部分政协委员、政协机关干部参加。

【区政协读书会】 2023 年 10 月 18 日，区政协召开主题教育读书会暨党组理论学习中心组专题学习会，区政协党组成员、区政协主席会议成员、区政协副秘书长，各委室主任、副主任，区纪委监委派驻区政协机关纪检监察组组长、副组长，区政协全体机关干部参加，陈学军秘书长、陆海军主任等 15 位专职常委作了交流发言，王永表副主席主持，赵文中主席作重要讲话。

【“百名政协委员促进提案办理”督查活动】 2023年8月中旬，区政协开展“百名政协委员促进提案办理”督查活动。百名政协委员分成6个督查小组，分别由区政协领导带队，邀请区委、区政府相关领导参加。督察组采取专题调研、实地考察、听取汇报、协商讨论等方式对区政协二届一次会议提案涉及的关于“高质量打造宜居宜业未来乡村”“3岁以下婴幼儿普惠型托育机构建设”“吸引留纳高层次青年人才建设青春之城”“数字经济迭代升级”“提升城市品质”“建立多种联络网，关注空巢老人”等6个方面相关内容的办理情况开展督查活动，切实促进提案办理，提高办理质量。

【“请你来协商”活动】 2023年，区政协举行“请你来协商”活动共7场。

2023年4月27日，区政协开展“请你来协商——汇聚青年之力共筑青春之城”专题协商活动，区委常委、组织部部长夏永江应邀出席并讲话，区政协主席赵文中、副主席王永表、秘书长陈学军参加。

2023年5月16日，区政协开展“请你来协商——推进和美乡村建设助力乡村全面振兴”专题协商活动，区政府副区长黄俊毅应邀出席并讲话，区政协副主席孙云苗、秘书长陈学军参加。

2023年9月5日，区政协专门就聚力“未来城”建设举行“请你来协商”活动。区政协主席赵文中、副主席范国海及秘书长陈学军参加。区委常委、常务副区长金山中应邀出席。

2023年9月20日，市政协副主席凌芳、张宪疆带队到上虞开展助力助推“五创图强、四进争先”主题宣传和“健全跨区域合作开放新机制”专题协商。区政府副主席章颖芳陪同。

2023年10月25日，区政协开展“发展中小学研学产业，提高研学运行质量”主题“请你来协商”活动。区政协主席赵文中，副主席章颖芳及秘书长陈学军参加，区政府副区长孙伟琴应邀出席并讲话。

2023年11月14日，区政协开展专精特新企业培育发展“请你来协商”活动，区政协主席赵文中、副主席倪红娣、秘书长陈学军出席会议，副区长阮程华应邀参加并讲话。

2023年11月16日，区政协围绕“虞南高质量发展”开展“请你来协商”活动，区委书记鲁霞光出席并讲话，区政协主席赵文中主持，区领导许建超、朱江桥、黄俊毅参加。

2023年11月14日，区政协开展专精特新企业培育发展“请你来协商”活动（区政协办 提供）

【先进评选活动】 为充分发挥政协委员在推动“青春之城”建设中的示范引领作用，展现政协系统勇当先行者、谱写新篇章的时代风采，2023年12月，区政协组织开展“最美政协人”选树活动。王伟、乔建军、华旭东、陈添鑫、李斌、周益华、顾永祥、顾旭明等10名政协委员被评选为绍兴市上虞区“最美政协人”。

（徐玲芬）

中共绍兴市上虞区纪律检查委员会 绍兴市上虞区监察委员会

综述

【探索基层监督新路径】 高质量完成中纪委交办“健全基层监督体系”课题调研，调研成果写入中纪委《关于加强基层纪检监察监督的若干意见》。

【贯通协调五大工作机制】 建立区级层面人大监督与纪检监察监督贯通协调五大工作机制，在谢塘镇探索“融督联动”，实施乡镇街道纪检监察机构高效履职十二条，推广村级监察工作联络站“开门十件事”，全区乡镇街道纪检监察机构共处置问题线索 664 件，自办案件 65 件。

【派驻机构改革】 深化派驻机构改革，建立业绩亮晒、履职比拼机制，擦亮监督探头，全区派驻机构共处置问题线索 137 件，自办案件 40 件。

【数智监督】 发挥数智监督新实效，承建 4 个省级场景试点，共处置红色预警 126 个，治理区域性领域性问题 7 个，获评省纪委“最佳模型” 3 个，魏大可案入选省公权力大数据监督典型案例、省分析研判平台应用优秀案例。

【基层矛盾化解】 选派 40 名“廉情观察员”靠前收集群众诉求，严格执行实名检举控告“三见面三反馈”机制，常态化开展重复举报治理，促进事心双解、息信息访，全区检举控告量实现“六年六连降”，同比下降 23.86%，区信访举报工作综合评价位居全市前列。（徐　凯）

重要会议

【区纪委二届二次全会】 2 月 4 日，中国共产党绍兴市上虞区第二届纪律检查委员会召开第二次全体会议。会议强调，以硬核举措打造新时代清廉建设样板区，会上传达学习了二十届中央纪委二次全会、省纪委十五届二次全会、市纪委九届二次全会精神，观看了警示教育片，有关单位党组织、纪检组负责人报告落实全面从严治党“两个责任”情况。

2023 年 2 月 4 日，区纪委二届二次全会召开（区纪委　提供）

【全区纪检监察干部教育整顿推进会】 3 月 14 日，区纪检监察干部队伍教育整顿推进会召开，会议强调要深入学习贯彻习近平总书记关于加强纪检监察干部队伍建设的重要讲话和重要指示批示精神，认真落实二十届中央纪委二次全会、省纪委十五届二次全会、市纪委九届二次全会部署，贯彻落实全国、全省、全市纪检监察干部队伍教育整顿相关会议精神，按照区委、区纪委常委会要求，以高度的政治责任感，扎实开展教育整顿各项工作，努力锻造忠诚干净担当、敢于善于斗争的纪检监察铁军。

【区委巡查工作会议暨二届区委第四轮巡查动员会】 3月23日，区委召开巡察工作会议暨二届区委第四轮巡察动员部署会。会议宣布二届区委第四轮巡察组授权名单和任务分工，区委常委、纪委书记、监委主任、区委巡察工作领导小组常务副组长胡玲萍主持会议。

【全区乡镇（街道）纪检监察工作规范化建设迭代升级现场会暨一季度工作例会】 4月7日，区乡镇（街道）纪检监察工作规范化建设迭代升级现场会暨乡镇（街道）纪检监察机构一季度工作例会召开。会上，崧厦街道、谢塘镇作为乡镇（街道）纪检监察工作规范化建设迭代升级试点镇街介绍了试点工作情况和相关经验做法。百官街道、东关街道、梁湖街道、章镇镇、丰惠镇、驿亭镇、盖北镇、岭南乡结合各自工作实际作了交流发言，其他乡镇（街道）进行书面交流。党风室、信访室负责人就纠治“四风”、信访举报、审查调查三项工作作了业务指导，区纪委监委领导班子成员对汇报工作进行点评，对下一步工作进行了部署。

【二届区委第五轮巡察工作动员部署会】 7月20日，上虞区召开区委第五轮巡察动员部署会。会议深入学习贯彻习近平新时代中国特色社会主义思想、党的二十大精神以及习近平总书记关于巡视巡察工作的重要论述，全面落实中央和省委、市委关于巡视巡察工作的部署要求，系统部署第五轮巡察工作。区委常委、纪委书记、监委主任、区委巡察工作领导小组常务副组长胡玲萍出席会议并作动员讲话，区委常委、组织部长、区委巡察工作领导小组副组长夏永江传达区委书记鲁霞光专题会议精神，宣布二届区委第五轮巡察组组长、副组长授权名单和任务分工。

【全区纪检监察系统半年度工作推进会】 7月31日，区纪检监察系统半年度工作会议召开，传达市委九届四次全会、区委二届四次全会和省、市两级纪检监察系统半年度工作会议精神，总结交流上半年工作，研究部署下半年任务。会议对上半年全区正风肃纪反腐工作进行通报点评。通报表扬了相关先进单位及个人。东关街道纪工委等6个纪检监察组织负责人作了交流发言。

【清廉单元建设推进会】 8月23日，区纪委监委召开清廉单元建设推进会。会议要求，要认真贯彻落实省、市、区委全会精神和区纪委全会关于勤廉上虞建设的决策部署，以更高站位、更强责任、更清路径、更实举措，持续推进各项工作走深走实，不断夯实清廉之治，奋力打造勤廉并重的新时代清廉高地样板区。

【双查双保联席会议】 10月18日，区“双查双保”工程监管第39次联席会议召开，会议听取了联席会议各成员单位2023年第三季度“双查双保”工作情况及第四季度工作计划，对发改局、农业农村局、审计局提交的“一季三报告”进行分析研究。

【二届区委第六轮巡察工作动员部署会议】 11月21日，二届区委第六轮巡察工作动员部署会议召开。会议深入学习贯彻习近平总书记关于巡视工作重要论述，全面落实中央、省委、市委、区委对巡视巡察工作的部署要求，系统部署二届区委第六轮巡察工作。会议传达区委书记专题会议精神，宣布二届区委第六轮巡察组组长、副组长授权名单和任务分工决定。（徐　凯）

党风廉政建设

【概况】 持续深化“六比六争先、勇当排头兵”作风建设专项行动，协助出台改进作风大抓落实十条措施，用好“工作五法”，对不担当不作为乱作为问题联动快查，拍摄专题片曝光典型问题，下发作风建设通报8期，处理37人。严肃整治享乐主义、奢靡之风，突出抓经常、抓节点，对“三违”问题露头就打，建立“四风”问题快查快办协作机制，实行酒驾醉驾“五个一律”，推动开展“公务餐”改革省级试点工作，共查处享乐主义、奢靡之风问题31起，处理32人，党纪政务处分30人。靶向纠治形式主义、官僚主义，突出抓典型、抓苗头，共查处形式主义、官僚主义问题39起，处理42人，党纪政务处分30人。

坚持以案促改、以案促治，共制发纪检监察建议书48份，开展庭审观摩等活动19次，覆盖5000余人次，推动案发单位补齐监管漏洞，教育警醒党员干部知敬畏、存戒惧、守底线。

【群众利益维护】 聚焦特困供养等11个群众急难愁盼问题，开展漠视侵害群众利益问题专项治理，查处群众身边的腐败和不正之风44起，党纪政务处分41人。

【形式主义专项整治】 开展“指尖上的形式主义”专项整治，分类分层推动削减取消、整合兼并、优化提升，删减整合本地App30个，删减率69.05%。

【清廉上虞建设】 增强廉洁文化浸润度，做深王充清廉思想课题研究，开展“今在上虞 纪法同行”学习教育、清廉家庭“十个一”等活动，组建“虞舜清风”宣讲团，强化纪律教育。建立清廉单元评价指标，打造清廉工程、清廉园区、清廉村居等示范标杆，新增省级以上示范点8个，积极营造清廉社会生态。

【容错免责】 充分发挥容错免责裁定委员会作用，探索建立招商引资、征地拆迁领域容错清单，规范容错纠错裁定机制，精准开展容错纠错。健全分析会商、即时办结、即时澄清机制，常态化开展澄清正名。全年共对4名干部容错减责、18名干部澄清正名、56名受处分处理干部暖心回访，相关案例在勤廉上虞建设推进会暨干部作风建设大会上集中通报，容错纠错相关做法得到市委主要领导批示，回访教育事例入选省纪委典型案例。坚持抓早抓小，全区运用“四种形态”处理968人次，其中第一、二种形态占比92.05%。（徐 凯）

执纪监督和审查调查

【概况】 围绕贯彻习近平总书记重要指示批示精神特别是考察浙江重要讲话和考察绍兴重要指示精神，用好五大工作机制，清单化管理，常态化督查，推动贯彻执行不走样。聚焦高质量发展建设共同富裕示范区、三个“一号工程”、“青春之城”建设等重大决策部署，构建“1+5+1+1”政治监督体系，落实“双汇报、双考核、双评估”工作机制，层层传导压力，闭环纠改问题214个，党纪政务处分79人。

小切口开展重点政府投资项目推进、砂石料加工行业整治提升、榨菜腌制废水直排问题整治、困难群众建房审批、“政企服务直通车”办理质效等专项监督，开展明察暗访195次，发现问题288个，提出工作建议、督促问题整改、有效推动落实。

【“一把手”和领导班子监督】 紧盯“关键少数”履职用权，严格落实“五张责任清单”、22项相关配套制度和“双报告、双检查、双约谈”工作机制，拧紧明责、领责、履责、督责、考责链条，对13名新任职“一把手”开展廉政谈话，查处落实“两个责任”不力党员干部22人。

【案件查处】 坚持有案必查、有腐必惩，围绕高质量推进正风肃纪反腐，牵头联建审查调查人才库，高效运转“室组地”联合办案机制，推动上下联动、力量整合，全年共处置问题线索964件，立案357件，党纪政务处分334人，留置12人，移送司法机关10人，追赃挽损1641万余元，严肃查办程金彪、魏大可等腐败案件。坚持重拳出击、深挖严查，深入推进招投标、教育、医药等领域腐败专项治理，有力打击违法行为，坚决斩断非法利益链条，严肃查办重点领域腐败案件41件。（徐 凯）

巡视巡察

【政治巡察】 全力配合省委巡视工作，协助区委抓好巡视整改，严格落实“重大巡视问题清单”，积极履行监督责任。深化政治巡察，高质量组织二届区委3轮常规巡察和安全生产领域专项巡察，共巡察党组织101个，发现问题1961个，移交问题线索25件，推动完善制度320项，挽回经济损失925万余元。强化多方协同，建立巡中沟通、问责会商、整改联审等“纪巡”联动制度，加强与组织、宣传、审计等部门协作，发挥巡察政策咨询专家库作用，助推巡察专业化、高效化。

【“纪巡”联动】 强化多方协同，建立巡中沟通、问责会商、整改联审等“纪巡”联动制度，加强与组织、宣传、审计等部门协作，发挥巡察政策咨询专家库作用，助推巡察专业化、高效化。做细做实巡察“后半篇文章”，用好“双反馈、双表态、双整改”机制，深化巡察整改质效评估，强化约谈提醒，持续压实巡察整改责任，推动问题真改实改，第三、四轮问题整改完成率96.23%，发出巡察建议（专报）5份，督促开展专项治理5项，创设的村（社）巡察数智工作平台列入省级试点且在全省推广，巡改治更加有力。（徐 凯）

民主党派·工商联

民革绍兴市上虞区基层委员会

【概况】 2023年，中国国民党革命委员会绍兴市上虞区基层委员会（简称民革上虞区基层委员会）领导和组织全区党员参与政党协商、民主监督、参政议政、祖统联谊、社会服务等活动。至年末，民革上虞区基层委员会有2个支部，党员40人，其中新发展党员3人。民革上虞区基层委员会获评“全省宣传思想工作先进集体”，“美团民革党员之家”蝉联民革浙江省委会“示范五好民革党员之家”，2名党员被表彰为省级先进个人，1名党员获评2022—2023年民革全省社情民意信息工作优秀信息员三等奖，基层委和2个支部分获民革绍兴市委会考核一等奖，22名党员被表彰为市级先进个人。

【组织建设】 2023年，民革上虞区基层委员会不断健全完善民主生活会、理论学习中心组学习等制度建设。设立内部监督委员会，开展清廉教育主题活动，不断提升民主党派组织的整体素质和履职能力，打破支部局限，成立青工委，更加彰显上虞民革的青春力量。上虞美团民革党员之家建设成果的报告得到民革浙江省委会主任委员吴晶批示。

【思想政治建设】 2023年，民革上虞区基层委员会把学习贯彻党的二十大精神和学习贯彻中央、省委、市委统战工作会议精神结合起来，继续支持民主党派深化开展“凝心铸魂强根基、团结奋进新征程”主题教育活动。5月，组织全体党员赴武汉开展主题教育学习交流活动。一、二支部结合课题调研分别奔赴杭州余杭区同心楼、五四宪法陈列馆开展主题教育活动，青工委组织开展“奋楫笃行担使命，携手同行启新程”系列活动，开辟“民革青年说”专栏，通过青年党员讲述自己与民革的故事汇聚更大的组织向心力、战斗力。

【参政履职】 2023年，民革上虞区基层委员会建言资政掷地有声，硕果累累。在区两会期间，2名党员作大会发言，与会的13名党员代表共提交建议、提案23件，其中4件被列为重点提案由区领导领办。2023年，共撰写社情民意、调研材料、政党协商材料等58篇，被各级组织录用达20余篇，其中全国政协录用1篇，民革中央录用2篇，省级部门录用4篇。

【社会服务】 2023年，民革上虞区基层委员会进一步深化“擘画共富‘虞’你同行”专项活动，与下管镇社会工作站建立常态化结对机制，与小越街道教育总支继续深化结对共建机制，先后开展“同心助学·爱暖人心”“强化知识产权保护，助力青春之城建设”“冬日送暖进下管”义诊义拍便民服务以及法治宣传进社区、进企业、进校园等活动30余次，进一步打响“博爱·同心”系列服务品牌，2个支部不断提高社会服务工作的能量和效果，形成互为支持、密切配合、共同推进的新格局。

【祖统联谊】 2023年，民革上虞区基层委员会始终践行“两岸一家亲”的理念，长期与区台胞台属联谊会等保持交流合作机制。3月10日，一支部与区台胞台属联谊会开展“共植同心树”活动；7月19日，青工委积极组织青年党员通过线上方式参加民革浙江省委会举办的第23期“之江同心·知情明政大讲堂”暨第21期“之江同心·两岸一家亲”祖统沙龙。11月26

日，二支部主委丁迪飞带队走访慰问台企台胞，持续加强与台胞的联络联谊，扎实推进祖统工作。（陈旭峰）

民盟绍兴市上虞区基层委员会

【概况】 2023年，民盟绍兴市上虞区基层委员会（以下简称民盟上虞区基层委员会）新发展盟员5人，其中文化教育领域2人、正高职称代表人士1人、非公经济1人、绍兴市人大代表1人。至年底，共有盟员108人，在职盟员86人，退休盟员22人。民盟上虞区基层委员会盟员中现有副处级2人，正科级1人，副科级5人，机关、事业单位中层正职7人。民盟上虞区基层委员会争创为民盟浙江省委会模范示范基层组织。

【组织建设】 民盟上虞基层委员会下设机关、科技、文卫、上虞中学、春晖中学五个支部。设有社情民意信息、调研工作、社会服务、妇女工作4个工作委员会，建有爱心艺术团、一路同行志愿服务队、美好生活宣讲团、华夏书画学会上虞分会等社会服务品牌。拥有胡愈之纪念室、胡愈之故居、浙江省春晖中学、徐光宪纪念馆4个盟员传统教育基地。

开展走访调研，2023年走访盟员企业5家，走访盟员个人近30人次。开展盟员谈话谈心工作，组织新盟员参观胡愈之故居、徐光宪纪念馆，座谈了解思想动态；重阳节、春节前两次走访退休盟员，听取意见和建议。团结协作，凝心聚力，在绍兴民盟第二届趣味运动会上再获亚军。8月10日，徐光宪纪念馆授牌为省委会首批“同心同廉”教育基地，盟员桑江珍获聘为省委会“同心同廉”宣讲员。盟员赵志军获评2021—2022年度民盟浙江省委会社会服务工作先进个人。盟员周建良获评民盟中央社会服务工作先进个人。

【思想政治建设】 召开“凝心铸魂强根基　团结奋进新征程”主题教育动员会，制定主题教育活动方案，基层委员会及各支部围绕主题教育活动方案积极开展形式多样的教育活动。“3·19”建盟日活动、“走基地、读经典、悟初心”胡愈之先生诞辰127周年纪念活动、纪念“五一口号”发布75周年、春晖中学支部寻迹溯源学思促践、机关支部“走平台、进企业、创新深化面对面”活动等活动强化思想建设。认真开展政治学习，学习新版《中国民主同盟章程》，高质量对标盟中央、盟省委、盟市委工作要求，围绕省、市、区2023年工作重点、要点，关注人民群众关心的热点、难点，积极参政履职、服务社会。

9月9日，民盟上虞区基层委举行纪念胡愈之先生诞辰127周年活动（民盟上虞区基层委　提供）

【传统教育基地建设】 接待天津大学、南开大学、上海杨浦区、省社会主义学院新盟员培训班、绍兴市委会新盟员成长营等20余批次，特别是7月5日，民盟中央组织的各省级组织专职副主委、秘书长培训班到上虞参观调研胡愈之故居、春晖中学、徐光宪纪念馆，不断提升上虞民盟传统教育基地建设的美誉度。

【参政履职】 民盟上虞区基层委员会盟员中现有绍兴市人大代表2名，绍兴市政协委员3名，上虞区人大代表5名，上虞区政协委员19名。2023年，区两会期间提交集体提案7则。其中“健全人才全生命周期服务体系为打造‘青春之城’集聚更多人才”列入大会发言，“擦亮竺可桢金名片，注入‘青春之城’发展新动力”列入大会书面交流。

社情民意信息“建议制定长江流域极枯水位水生生物保护应急预案　切实保护生物多样性”被全国政协办公厅采用并转送有关部委办局，“关于加强科创企业金融化风险管控的建议”被全国政协办公厅每日社情采用，沈月娥参与撰写的“农村电影放映需提升质量和效果”被中办录用。

【课题调研】《加快推进乡村文化和旅游融合发展》

省委会立项，围绕课题，7 月 16—20 日，调研组赴贵州调研。“加快建设中国式高质量医养康一体化养老模式”市委会立项。参与政党协商 6 次，围绕未来城建设、同心聚力“青春之城”建设、“同心聚力共同富裕”专项督查、法院工作专题、廉政建设专题等提出协商意见或建议。

【社会服务】 开展“擘画共富 ‘虞’你同行”凝心聚力“同心共富”工程，对口联系生态乡镇丁宅乡，一月一活动，一月进一村，2023 年医疗进村 7 次，民盟上虞“一路同行”志愿服务队医疗小分队的足迹已遍布丁宅乡的每一个自然村。上虞中学支部送教下乡到中塘学校；科技支部着力助推龙山学校家长素养提升工程；上虞中学支部联合检察院开展“检护未来，向阳花开”未成年人犯罪预防联合普法宣讲活动。（桑江珍）

中国民主建国会绍兴市上虞支部

【概况】 2023 年，中国民主建国会绍兴市上虞支部在中共上虞区委和民建绍兴市委会的正确领导下，在区政协、区委统战部的指导帮助下，围绕区委、区政府中心工作和重要决策部署，以强化政治建设为重心，以创新组织活动为抓手，以推进履职尽责为动力，高标准、高要求、高质量推动各项工作不断取得新进步，被评为“2023 年度民建绍兴市委会先进集体”。

【组织建设】 支部高度重视人才在强会兴会中的关键作用，遵循发展与巩固相结合的原则，严把会员入口关，组织发展稳步提升。与此同时，支部重视对骨干会员的培训力度，积极选派骨干会员参加省、市级参政议政工作专题研讨会、民主党派社情民意培训会，参加党外代表人士和全市民主党派新成员培训班。开展政协提案、社情民意专题培训会、专题辅导培训，引导会员积极参加会的各项工作，提高认识、加强联系、锻炼能力。截至 2023 年年末，民建上虞支部共有会员 27 名，政协委员 6 名，其中 2023 年新增会员 4 名。

【思想政治建设】 全体会员在支部委员会带领下以习近平新时代中国特色社会主义思想为主线，全面学习中共十九大、中共二十大精神及历次全会精神，着重学习习近平总书记考察浙江重要讲话、习近平总书记关于加强和改进统一战线工作的重要思想特别是关于多党合作的重要论述，引导会员坚定政治共识，提高领导班子及广大会员的政治把握能力、巩固多党合作的共同思想政治基础，深化对中国共产党领导的多党合作和政治协商制度的认识。持续开展“不忘合作初心、继续携手前进”“矢志不渝跟党走，携手奋进新时代”“凝心铸魂强根基、团结奋进新征程”等主题教育活动，并结合中国共产党建党 100 周年、“五一口号”发布 75 周年等纪念活动，通过专题学习会、座谈会、调研学习等多种形式开展中国特色社会主义学习实践活动，进一步拓宽思想建设内涵，丰富内容形式。赴中国革命的摇篮——井冈山开展调研学习，赴枫桥经验陈列室和浙东运河博物馆开展“寻迹溯源悟思想，实干争先助发展”主题活动。

【参政履职】 支部充分发动广大会员深入学习贯彻习近平总书记关于调查研究的重要论述，立足本职工作，紧紧围绕区委区政府工作重点、改革发展难点、百姓关注热点、易被忽视冷点，深入基层一线开展调查研究，保持求真务实的作风，努力在求深、求实、求细、求准、求效上下功夫。充分利用会员个人所长和党派优势开展调查研究，积极参政议政、反映社情民意，为经济社会事业的健康持续发展建言献策。两会提案方面，支部在乡镇（街道）民营企业发展、中医药发展、数字文创、小微企业发展、老旧小区改造、保健食品市场监管、e 游小镇高质量发展等多个领域建言献策。参与关于“促进民营经济高质量发展”专题协商座谈会、区委召开的专题政党协商、政治协商会议和区委统战部召开的上虞区检查工作情况专题协商会、党风廉政建设和反腐败工作情况座谈会，就相关工作提出有前瞻性、针对性的意见建议。全年共报送社情民意 29 篇，被各级录用 17 篇次，其中民建中央 2 篇、民建省委会 8 篇、省统战 1 篇、市政协 5 篇、市委办 1 篇；省委会调研课题 3 篇。两会期间，提交市两会提案 1 篇、区两会提案 10 篇，其中“关于加快完善我区 3 岁以下婴幼儿托育服务的建议”“关于健全完善‘大综合一体化’审批—监管—协同体系的建议”作大会口头发言。

【社会服务】 坚持领导班子常态化走访会员企业工作机制开展“为企业送服务”活动，走访调研会员（会友）企业浙大网新科技园发展有限公司、浙江土工仪器制造公司、绍兴未蓝文化传媒有限公司，了解企业经营现状和需求、存在困难和问题，听取意见建议，解决生产经营难题。组织开展“凝心铸魂 同舟共济”资讯交流系列活动，进一步发挥民建界别优势，关心会员企业，搭建合作桥梁，助力高质量发展。6月，牵头组织召开“虞你同行·科企共叙”座谈会，现场签订2项科研合作项目，助推实验室成果落地投产，促进产学研创新合作。10月，组织开展了“虞你同行·银企共叙”资讯分享活动，10名企业负责人参加活动，就宏观经济形势、人才教育政策等进行交流分享。（张　勇）

2023年6月，民建上虞区支部组织开展“虞你同行·科企共叙”座谈会（张　勇　提供）

中国民主促进会绍兴市上虞区基层委员会

【概况】 2023年，中国民主促进会绍兴市上虞区基层委员会（以下简称民进上虞区基层委）新发展会员6名，至年底，共有会员100名，民进上虞区基层委下属春晖、医卫、机关、文教、综合5个支部。民进上虞区基层委反映社情民意信息工作获省政协副主席、民进浙江省委会主委蔡秀军的批示肯定，有4篇信息被全国政协采用、4篇信息被民进中央采用。下属机关支部获省级优秀基层组织称号。

【组织建设】 会员刘燕敏获民进全国宣传思想工作先进个人；会员金明光成为杭州第十九届亚运会火炬手；会员王剑鑫获全国无偿献血奉献奖金奖；会员钮震江成为西泠印社社员；会员谢海燕获省级优秀基层组织负责人；周伟俊获全省政协优秀社情民意信息；会员高彦伟《心向远方 必有光芒》入选民进浙医口述史；会员项鑫锋获中国医疗保健国际交流促进会区域麻醉学分会2023年学术年会暨第二届“华夏杯”中青年疼痛超声技能展演二等奖；会员任立江在第五届中华经典诵写讲大赛朗诵比赛中获教师专业组二等奖；会员许玲娟获得绍兴市“名士之乡”英才计划第二批社会工作“拔尖人才”称号。会员芦洪娣被评为绍兴市德育先进个人；会员顾少波3件越窑青瓷作品成功入选杭州亚运会特许商品名录；会员徐梁5篇文章在国家级报刊《中国劳动保障报》发表；会员徐煜新书《苏轼事略广钞》出版。

【思想政治建设】 2023年，民进上虞区基层委按照“四新”“三好”总要求，团结带领广大会员，深入开展“凝心铸魂强根基 团结奋进新征程”主题教育：4月，组织会员踏上浙江省民进经典教育初心之路，开启追忆同心岁月，传承政治薪火，纪念“五一口号”发布75周年主题教育活动。7月，组织开展“青春向未来 同心迎亚运”趣味运动会，以弘扬体育精神，凝聚奋进力量，共迎亚运盛会。8月，组织开展“阅读经典，凝心聚魂”主题教育，汲取民进先贤伟大的精神力量。9月，组织骨干到道墟街道新屯南村，沿着习近平总书记当年考察调研的足迹，开展“重温嘱托、携手奋进”现场学习会。10月，组织退休会员赴浙东运河文化园，循着习近平总书记的脚步，开展了“循迹溯源学思想，团结奋进新征程”主题教育活动。11月，组织开展“清风润万家，廉韵启新程”主题教育，增强纪律意识、规矩意识。同时，基层委在固本强基上下功夫，通过完善多项规章制度，健全会内监督机制，严格支部考核和会员考核，增强会员履职责任感和积极性，提高全会立规执规意识和能力。

【参政议政】 民进上虞区基层委4名市人大代表和3名市政协委员出席市两会，共提交议案、提案7件。民进上虞区基层委4名区人大代表和16名区政协委员在区两会上积极履职建言，共提交提案议案27件，其中集体提案7件，内容涉及区域经济数字化、智能化改造，乡村振兴促共富、机械强农、老年教育、托幼一体化等。在区政协大会上，民进上虞区基层委委员丁婉君代表基层委作题为《破解小微企业消防顽疾 筑牢安全发展“防火墙”》的大会发言。民进上虞区基层委集体提案《提高城市“青和力”指数，为青春之城建设汇聚人才“强磁场”》作为大会书面发言，并被列为重点提案、优秀提案。

年内，民进上虞区基层委向各级部门提交社情民意信息120余篇，其中有4篇信息被全国政协采用，4篇信息被民进中央采用，12篇信息被省委办或省政协采用，市政协采用60余篇。基层委被区政协评为“反映社情民意信息先进集体”。

在民进浙江省第七届“开明教育论坛”征文中，刘燕敏、周伟俊会员执笔的《关注中小学生劳动教育“课本化、娱乐化、形式化”倾向》《加强少先队员“逆商教育”》分别获一、二等奖。

【社会服务】 助企服务：年初，民进上虞区基层委领导带队开展“大走访大调研大服务大解题”活动。走访浙江国祥股份、绍兴庞源机械科技、浙江金盾压力容器等相关企业和崧厦街道，还走访鸿发果业、虞味、向阳旅社、浙江国艺网络、浙江辽想新材料等会员企业。

送教助学：6月，民进上虞区基层委在城北艺术中心剧场为广大高三学子开设“2023年高考志愿填报公益讲座”，吸引300多名家长及考生参与。8月，基层委开展送教助暑托管活动，给孩子们开启亚运小课堂，全方位传授亚运知识，助力营造全民参与共建亚运氛围。12月，组织名师走进龙山学校开展送教活动。送文化。2月，赴崧厦街道金近小学，开启新春第一讲——“青春的童话”。3月，赴章镇镇张村书法村开展“春风醉樱溪，翰墨送乡情”送文化下乡服务，赠送书法用品等。9月，走进上德实验小学给孩子们带来《绍兴方言的特色和理解》的讲座。送医送药。3月，在崧厦街道三华村开展健康义诊和医疗社保咨询等活动。重阳节，走进区康养中心，为康养中心老人开展爱心服务。12月，赴谢塘镇开展大型义诊活动，为当地百姓把脉问诊、送医送药。腊月，赴红色革命基地岭南乡许岙村、覆卮村开展义诊活动，为山区百姓送医到家门口。

送温暖：“六一”节前，到丁宅乡中心学校，给孩子们送上微心愿礼物。6月，到陈溪乡开展“壁画共富 虞你同行”之“共富路上我们一路相伴”活动，会员们走遍8个行政村，看望慰问困难群众，并为他们送医送药。

助公益：开展“新年新一面”垃圾分类宣传活动，助力区垃圾分类。顾国平等会员为向社会推广“人人学急救，急救为人人”的公益理念，利用业余时间进行“红十字”救护知识培训或参加公益救护，受惠群众2000余人。王剑鑫等会员为弘扬“人道、博爱、奉献”的精神，带头进行无偿献血、造血干细胞捐献登记等。

（刘燕敏）

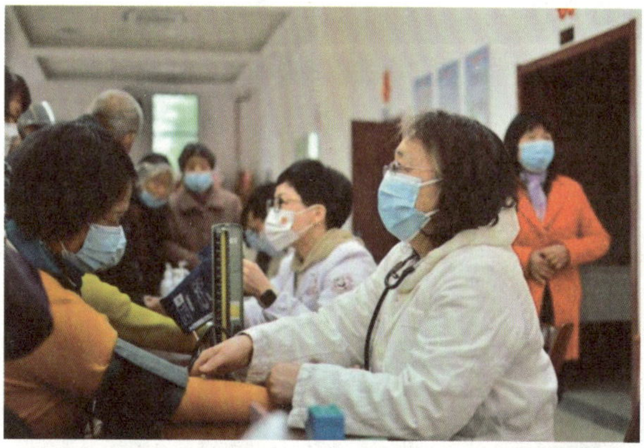

3月29日，民进上虞区基层委到三华村开展健康义诊和医疗社保咨询等活动（民进上虞区基层委 提供）

农工党绍兴市上虞区总支部委员会

【概况】 中国农工民主党绍兴市上虞区总支部委员会（简称农工党上虞区总支）成立于2022年9月。至2023年末，全区有总支委1个，支部委员会1个，支部1个，党员22名，其中新发展党员8名。

【组织建设】 2023年，农工党上虞区总支出台《农工党上虞区总支新党员发展工作规程》，规范新党员发展流程，加强自身组织建设。2023年，农工党上虞区总支进行届中调整选举，确定两名副主任委员。农工党上虞区总支获得“全省组织工作先进集体”，1名党员被表彰为“全省组织工作先进个人”，1名党员被表彰为优秀党员。

【思想政治建设】 2023年，农工党上虞区总支开展“凝心铸魂强根基、团结奋进新征程”主题教育活动，召开主题教育工作推进会，全面贯彻落实主题教育工作。组织党员观看《大道薪传——农工党篇》，赴诸暨、嵊州、井冈山开展主题教育活动，提升思想认识，坚定初心使命。

【参政履职】 2023 年，农工党上虞区总支向区两会提交集体提案 4 件。其中“推动新时代美丽乡村产业建设 以点带面促进乡村共富”被评为优秀提案。全年，报送社情民意信息 27 篇，区政协录用 10 篇，市政协录用 8 篇。

【社会服务】 2023 年，农工党上虞区总支开展“五彩农工”特色社会服务，发挥专业优势，赴下管镇、赴盖北镇开展下乡义诊活动，获得《团结报》的相关报道。结合 2023“环境与健康宣传周”活动，协办区“万物生灵 多样地球”自然笔记大赛暨绿色亚运主题绘画比赛颁奖活动，向绍兴市生态环境局上虞区分局捐献相关书籍 50 余本。 （郭建丽）

2023 年 7 月 27 日，农工党上虞区总支赴诸暨开展主题教育活动（郭建丽 提供）

九三学社绍兴市上虞区基层委员会

【概况】 2023 年，九三学社绍兴市上虞区基层委员会围绕区委、区政府决策部署，积极履行党派职能，切实加强自身建设，各项工作取得了较好成绩，为走好中国式现代化上虞高质量发展之路作出了九三学社应有的贡献。2023 年，新发展社员 2 名，有 2 名申请人员列入发展对象，截至年末，共有社员 106 名。

【组织建设】 九三学社上虞区基层委员会社员中担任上虞区副区长 1 人，有各级人大代表、政协委员 23 人，其中绍兴市人大代表 1 人，上虞区人大代表 4 人，绍兴市政协委员 2 人，上虞区政协委员 16 人（政协常委 5 人）。2023 年，被评为社省委会“2023 年度先进基层组织”、社绍兴市委“2022 年度先进基层委”，三支社被社省委会评为“2022 年全省社会服务工作先进集体”。

【思想政治建设】 2023 年，九三学社上虞区基层委员会牢牢把握“学思想、强根基、重履职、建新功”主题教育总要求，扎实开展“凝心铸魂强根基、团结奋进新征程”主题教育。先后组织社员走进浙东运河博物馆、枫桥经验陈列馆等地参观学习，现场感悟习近平总书记对于大运河文化建设和新时期“枫桥经验”总结推广的重要指示批示精神，思想政治引领取得了新成效，实现了新提升。

【参政履职】 2023 年，九三学社上虞区基层委员会围绕中心大局及群众关心的热点难点，精心组织调研课题，借助两会参政议政重要平台，积极提交提案、建议。在绍兴市两会上，提交提案建议 5 件；在区两会上，基层委提交集体提案 6 件，政协委员提交个人提案 15 件，人大代表提交建议 5 件，内容涉及经济发展、基层治理、营商环境、医疗卫生、科技创新、乡村振兴、道路交通等多个方面。社基层委领导参加区委、区政府、区政协、区委统战部召开的政党协商会、情况通报会、意见征求会，就党代会工作报告、政府工作报告、党风廉政建设等内容广泛搜集建议，坦诚建言。社内两会成员参加人大、政协、统战部组织的专项民主监督、政协协商、视察调研等活动达 150 多人次。

【社会服务】 2023 年，九三学社上虞区基层委员会结合自身界别优势积极开展各项社会服务。1 月 16 日，赴结对共建乡镇——长塘镇开展“三下乡”活动，走访慰问 10 户大病患者及困难家庭，送去新春温暖。5 月 28 日，赴驿亭镇白马湖村开展“情系群众福祉·助力乡村振兴”为主题的医疗义诊、科普宣传活动，共为 120 多位村民提供医疗服务，赠送价值 8000 多元的药品，发放科普资料 300 多份。6 月 30 日，赴长塘镇湖田村开展“壁画共富，‘虞’你同行”社会服务，共为 120 多位村民提供医疗服务，赠送价值 8000 多元的药品，发放科普资料 500 多份。7 月 11 日，在曹娥街

道德济苑社区开展以“节能降碳、你我同行”为主题的节能宣传活动。（徐淑文）

工商联

【概况】 2023年，区工商联紧紧围绕党委政府中心工作，牢牢把握“两个健康”工作主题，奋力强引领、优服务、促发展、聚共识、助共富，在服务上虞区民营经济高质量发展上寻求新突破、展现新作为，区工商联获2022—2023年度全国“五好”县级工商联称号。区工商联所属商会组织29家，其中新生代企业家商会1家、行业商（协）会3家、在虞异地商会6家、镇街商会19家，年内认定全国“四好”商会1家、省级“四好商会”2家。3家企业入围“中国民营企业500强”，2家企业入围“中国民营企业制造业500强”。

【思想政治建设】 经叔平生平事迹陈列馆入选第三批“浙江省民营经济人士理想信念教育基地”，卧龙控股入选第二批“绍兴市民营经人士理想信念教育基地”，组织企业家开展现场学习教育，实地汲取奋进力量。推进“青蓝接力工程”，举办区新生代企业家座谈会、区青年理论宣讲大赛（初赛），展示新生代企业家队伍良好风貌。联合武汉理工大学举办新生代企业家产学研研修班，通过理论学习、实践锻炼切实提升创业创新能力。

【助推民营企业高质量发展】 参与全市“爱企行动”系列活动，区入围绍兴市民营企业“1+4”榜单总数居全市第一，卧龙控股陈建成、龙盛控股阮伟祥入选2023风云越商，晶盛机电曹建伟、闰土股份阮静波、亚厦控股丁泽成入选2023新锐越商。卧龙、龙盛、亚厦3家企业入围“2023年中国民企500强”，上虞工商联获全国工商联2023年度民营企业调查点工作先进示范单位。协同在上虞召开2023高端装备制造高质量发展大会暨全国工商联高端装备制造与仪器仪表委员会年会，扩大上虞制造业强区影响力与知名度。

【强化涉企服务】 涉案企业合规改革工作有序开展，联合检察院办理涉案企业合规第三方案件3起，2个案件经考察评估，检察院均作出不予起诉决定。有序推进“亲清直通”暖企专项行动，擦亮“政企服务直通车”品牌，解难平台向镇街一级延伸，举办专场活动8期，80余名企业家现场参与，帮助协调办理140个问题建议，《打造“442”政企恳谈服务新模式》案例获2023年度全省工商联服务“两个健康”最佳工作实践创新成果。区企业互助基金帮助相对困难企业转贷超过1亿元，“浙里快转”应用正式建成上线。

【构建亲清关系】 深化清廉民企建设，重点提升执委企业的建设覆盖面，卧龙控股入选“2023年浙江省清廉民营企业建设示范单位”，晶盛机电、上风高科、汤浦镇商会等13家单位获评“全市第一批清廉民企（商会）创建标杆”。深化汤浦镇亲清政商关系试点建设，充分发挥“亲清会客厅”等平台载体作用，政府侧、商会侧、企业侧协同发力，全年举办政企恳谈、行业培训、专题讲座等活动10场次以上，汤浦镇入选“浙江省亲清政商关系先行建设乡镇（街道）”。

【助力共同富裕】 扎实推进“共富工坊”建设，卧龙控股列入2023年定向招工式“共富工坊”省级示范点。深化对口协作、光彩行动。卧龙、龙盛、亚厦3家企业参与浙商助力山区海岛县高质量发展活动，组织百官商会等10余家商会前往丽水景宁考察交流，捐赠乡村振兴资金5万元。发动伞业商会、童装协会等向四川省乐山市金口河区捐赠价值26.9万元物资，南昌商会参与“中国光彩事业西藏行”活动，捐赠乡村振兴资金5万元。

【商会建设】 开展镇街商会全覆盖攻坚行动，联合民政局开展业务指导，已实现全区20个镇街商会100%登记注册。积极培育特色商会、异地商会，上虞嵊州商会11月24日宣告成立。丰惠镇商会获评2023年全国“四好”商会，区伞业商会、区温州商会获评2023年浙江省“四好”商会。（金 穗）

人民团体

绍兴市上虞区总工会

【概况】 2023年以来，上虞区总工会坚持以习近平新时代中国特色社会主义思想为指导，深入学习贯彻党的二十大和中国工会第十八次全国代表大会精神，围绕省市总工会关于助力共同富裕推动打造“四型”社会、助力助推“三个一号”工程等有关工作要求及区委建设“青春之城”的战略部署，主动融入中心大局，以“青春建功劳动幸福”系列活动为主线，努力在思想政治引领、助力中心大局、强化权益保障、拓展基层组建、优化职工服务上更加积极作为。截至12月末，全区共有基层工会1820家，会员21.8万名。

【职工思想引领】 深化“红湾大课堂”教育活动，开展劳模工匠宣讲、“班前十分钟”等活动700余场，“班前十分钟”活动经验交流材料在省总现场推进会议上书面交流。举办庆祝“五一”国际劳动节文艺专场演出，组织“劳动创造幸福”文艺巡演，引领全区各级工会开展职工群众喜闻乐见、健康向上的文体活动100场次。

【工会表彰】 大力开展典型选树，成功推荐全国五一劳动奖章1名、省五一劳动奖章4名、省五一劳动奖状2家、省工人先锋号4家；评选表彰第三届上虞工匠36名、“最美职工”10名。入选第二批市级产业工人思想政治教育基地5家，创建全国工会职工书屋示范点1个，市级职工书屋7家；完成首批绍兴市星级工会选树工作，成功选树2家五星级工会，5家四星级工会，7家三星级工会。

【助力职工发展】 进一步推进新时代产业工人队伍建设改革，扩大产改试点覆盖面，选树浙江泰富无缝钢管有限公司、区水务集团为公有制产改试点。大力推进产业工人技能素质提升，区级开展电工、焊工、消防安全管理员等培训班30期，累计培训职工1689人。深化劳动技能竞赛，承办“时空相遇·竞在上虞”2023年浙江省第一届动漫制作职业技能竞赛、2023年全市缝纫女工职业技能竞赛、全市母婴护理员职业技能竞赛等多个省市级职业技能竞赛，引领各级乡镇、企业工会开展技能比武超100场。加强能级工资集体协商机制建立，推动90%建会企业开展“坚定信心共促发展”集体协商要约行动，在卧龙集团等劳动关系和谐企业开展能级工资协商试点工作，助推产业工人薪酬激励机制。深入推进美好生活大创建活动，选树万杰制冷、华孚色纺、浙江华通、新和成为提升职工生活品质试点单位，杭州湾经开区成功创建第三批提升职工生活品质全总试点单位，并在绍兴市现场会上作典型介绍。

【职工权益保障】 聚焦职工群众最关心、最直接、最现实的利益问题，完成2023年干部职工基本福利保障到位。加大发挥工会在困难帮扶中的作用，春节期间推出“温暖+”稳岗留工惠新年八大行动，安排200余万元对先进模范人物、困难职工家庭、新就业形态劳动者、节日期间坚守生产服务一线的职工开展走访慰问。儿童节前夕，开展圆梦困境儿童“微心愿”活动，为14个学校68名困境儿童送上“六一”微心愿礼物。充分发挥“法院+工会”调解室功能，抽调专人入驻矛调中心，切实维护劳动领域政治安全。调整全区职工疗休养政策，明确2023年度首批疗休养基地

111 家。开展多元职工文体活动，组队参加“全民迎亚运职工展风采”绍兴市首届职工运动会，获团体总分第一名；举办全区首届职工趣味运动会，2900 余名职工参与 17 个比赛项目。新建市级“妈咪暖心小屋”10 家，开展青年交友活动 28 场次，开展暑期“爱心托班”26 期。持续推进“心居工程”，承办全市女职工心理健康培训班的现场教学活动；开展职工 EAP 关爱计划，组织“虞工心居幸福有约”心理学公益科普课 81 场，覆盖职工 4000 余人。“惠风雅诵”读书社被评为全国工会职工书屋“示范职工读书会”。进一步加强东西部协作，向金口河区总工会捐赠工会阵地建设专项资金 10 万元，向景宁畲族自治县总工会公益捐赠 20 万元，组织 50 余个上虞职工疗休养团 1000 余名职工开展疗休养。

【职工阵地建设】 加快推进职工之家建设，在年内区政府与区总工会联席会议上，确定项目选址、用地、资金来源、立项、建设模式等事项，目前已完成方案深化调整、可研报告及工程地质勘查报告等工作。织密建强工会组织网络，新建基层工会 34 家，新发展工会会员 7433 人；不断提高新业态基层工会组织覆盖面，新建新业态工会 22 家，覆盖企业 190 家，发展会员 6306 人，成立全市首家房产经纪人联合工会。恢复区推行厂务公开工作领导小组，推动民主管理工作提质升效。（金燕飞）

共青团绍兴市上虞区委员会

【概况】 截至 2023 年 12 月底，上虞区共有 14～35 周岁青年 147383 人，其中 14～28 周岁青年 84165 人。全区共有团员 24557 名，基层团组织 1817 个，其中基层团（工）委 74 个，基层团（总）支部 1743 个。团区委直属团组织 87 个，其中乡镇（街道）团（工）委 20 个，区直部门单位团组织 45 个，区直学校团组织 20 个，非公企业团组织 2 个。下属上虞区青年联合会、上虞区青年志愿者协会、上虞区港澳台青年联谊会等多个青年团体。

【上虞区青年企业家协会六届八次理事会召开】 1 月 12 日，上虞区青年企业家协会六届八次理事会在浙江运发文化发展有限公司顺利召开。有关领导与区青企协理事会成员代表出席参加本次会议。会上，协会副会长俞辉汇报人事调整建议。经秘书处认真摸排、会员踊跃推荐，经理事会通过共发展会员 25 人，调整职务 14 人。

【青年思想政治教育】 举办“追光思想之炬 逐梦青春之城”上虞区青年理论宣讲大赛，组织全区超 300 支队伍参与。开展“红领巾爱学习”“红领巾大宣讲”“红领巾大寻访”“红领巾话未来”等比赛活动。开展之江科创百人会青年夜话、全区青年社团展演、“青春万帐”露营节等主题活动，不断增强与青年科技工作者、青年企业家、新农人、大学生等群体的纽带联系，常态化运营区级青年之家“青椒聚院”，每月开展 2 次“青椒读书会”座谈交流活动。系统性研究实践青年先进典型的培育、挖掘、宣传和塑造，用榜样的力量引领青年成长成才。2023 年成功推选省级“青牛奖”候选人 2 名。成功推选市级“青年岗位能手”5 人，评选区级“青年岗位能手”75 人。举办第三届“上虞青年五四奖章”评选，选树奖章个人 10 名，奖章集体 5 个。推进“红领巾奖章”争章行动，成功创建全国红领巾中队 3 个，4 名队员获绍兴市新时代好少年称号。

【青年发展合作】 研究青年发展型县域试点。以“五四”活动为契机，结合“虞理共进”校地合作等相关工作，加强在虞高校青年与城市的双向奔赴，开展“展现缤纷‘社’彩，‘团’聚青春之城”青年社团展演活动，20 余个青年社团携“艺”入场，激活青春因子，为“青春之城”建设增力添彩。暑期联合属地学校开展以“青春心向党”“绿色迎亚运”“探秘非遗馆”等为主题的社会实践活动共计 52 场，参与学生超 4000 人次，激发学生强烈的爱国情怀和家乡认同感。

【基层团组织建设】 推动县域共青团基层组织改革，深入实施《上虞区共青团基层组织改革实施方案》，选优配强工作力量，实行新任乡镇（街道）团（工）委书记到团区委挂职锻炼 3 个月工作机制，帮助新任团委书记迅速熟悉业务、开展工作。推动共青团城市基层组织改革，曹娥街道鸿雁社区作为绍兴地区 3 个社区之一入选共青团城市基层组织改革省级试点培育单位，联合曹娥街道党工委指导鸿雁社区深入推进共青团城市基层组织改革试点工作，积极探索青年助力基层社会治理新路径和新模式，以“活力鸿雁”青春社区为品牌，总结提炼出“1+1+2+N”工作法，即坚持织密一张网络，打造一个枢纽，建设两个支部，做好N项服务，为青年深度参与社会治理搭建平台、提供路径，在全社会形成了支持青年回归社区、融入社区、奉献社区的良好氛围。

【青年引才计划】 深化大学生“返家乡”工作品牌，打造省级“家燕归巢”试点，加大对大学生人才吸引力度，依托“青春上虞”“青燕归巢”等平台全年发布见习实习岗位2000余个、政务实践岗位260余个。覆盖青年群体3万余人。汇聚虞籍学子力量，成立“虞籍学子联谊会”，在杭州、上海、北京等八个虞籍学子聚集地设立站点，组建微信塔群，精准联络服务虞籍学子，为后续大学生人才服务打好坚实基础。为青年创业创新搭建平台，成功推选20个优质创新创业项目参加省级“创青春”大赛，推选7个项目参与2023年国家级“创青春”青年创新创业大赛。

【青少年慰问】 区委联合区青年企业家开展以“青企暖寒冬，团圆聚新春”为主题的走访慰问活动，看望20位贫困青少年家庭，活动为困难职工家庭子女送出每人1500元现金，实现微心愿20个。联合快递物流行业团工委开展关心关爱快递员“暖蜂行动”，走访慰问基层一线快递员工，为快递小哥们送新一年关怀以及新年的美好祝福，共向全区各主要快递品牌送出慰问品400份。

【青少年权益维护】 以新居民子女、农村留守儿童为重点，摸排20个村（社）活动点位开展“书香伴成长”暑期公益夏令营活动，累计服务青少年5000余人。与检察院共同发文的被附条件不起诉人帮教工作已在实施，现有4名附条件不起诉的未成年人报到，并参与相关志愿服务活动。团区委全年累计开展“开学法治、心理第一课”暨“三禁三防三自”教育活动22场。累计接听“12355”青少年服务热线253人次，完成“法治上虞”栏目法治护航，“守护”少年的拍摄及播放；依托区青少年宫童玩空间、法治长廊等阵地，为前来参观的青少年进行法律教育和法律宣传，服务青少年2000余人次。

【青年公益活动】 为深入贯彻习近平生态文明思想，扎实推进垃圾分类、节水护水等工作，引导广大青年积极参与“美丽上虞”建设，团区委组织开展“美丽上虞·青春活动”“我为亚运种棵树”和“大手拉小手”护水分类等公益活动。 （赵文跃）

绍兴市上虞区妇女联合会

【概况】 2023年，绍兴市上虞区妇女联合会（以下简称区妇联）有上虞区女企业家协会、上虞区家庭教育研究会、上虞区农村妇女科普协会、上虞区旗袍艺术协会、上虞区女书法家协会、上虞区木兰拳协会、上虞区霓亮爱心志愿服务社、“虞妹子”新农人联盟、“虞之韵”女子公益合唱团、上虞区总工会女职工委员会、上虞区儿童文学教育研究会、上虞区音乐舞蹈家协会12个团体会员单位。2023年，累计获《人民日报》报道1次、《中国妇女报》报道1次，《中国妇女报》、“中国妇女”客户端分别报道2次、11次，在《浙江信息》《绍兴信息》期刊中发表信息各1篇。“娥江女当家”巾帼志愿宣传片入选第二届全国巾帼志愿服务微电影大赛“十大优秀影片”。以习近平总书记关于妇女儿童和妇联工作的重要论述为指引，加强对中国妇女十三大精神的学习，以党组理论学习中心组、执委（扩大）会议、妇联系统干部培训班、专题读书会、典型家庭赠书阅读等学习宣传形式，组织专题学习15次，参与人员800余人次。

【妇女群众宣讲活动】 推进“娥江女当家”巾帼大宣讲活动，面向妇联干部、巾帼文明岗、最美家庭等组织开展“跟党奋进新征程巾帼建功新时代”巾帼大宣讲50余场。举办“激young巾帼力量共建青春之城”“三八”主题活动，表彰青春巾帼榜样、发布青春巾帼宣言、展示青春巾帼故事，吹响建设“青春之城”的young巾帼集结号。面向基层一线培育选树助推高质量发展生动实践中的各类典型，共创建省巾帼文明岗4个、市巾帼文明岗8个、区岗18个，选树市巾帼科技创新工作室2个、市“最美巾帼科创奋斗者”2

名，培育“共富推荐官”20名。

【和美庭院建设】 2023年，印发和美庭院建设实施意见，围绕“庭院遇见青春”主题，开展美丽庭院云展示、亲子课堂、美丽留言等线上线下群众性庭院创建活动，共展示优秀案例20个，组织美丽课堂12次，参与庭院互动活动350余人次。

【妇女就业创业】 联合印发《关于强化党建引领深化“巾帼共富工坊”建设的实施方案》，推动“巾帼共富工坊”建设纳入党建联建机制，加强培育扶持、面上指导、安全督查等，推动工坊产品品牌化、产业化，成功命名省级“巾帼共富工坊”1个、区级“巾帼共富工坊”20个。成立里直街创业女性联盟，举办“巾帼共富·妈妈的味道”美食大赛、风情街夜市专场等展示展销活动7次，举办庭院赋能“巾帼乡村直播”共富培训班，组织创业女性外出考察培训，通过以政策支持、技术指导、奖金帮扶等多层面措施，为上虞区乡村创业女性精准链接各方资源，打通致富通道。

【青年联谊活动】 联合部分镇街部门举办“幸福牵手·玫瑰之约”青年男女联谊活动3期，进一步搭建婚恋交友平台。

【家庭家教家风建设】 开展“书香悦读遇见未来”读书节活动暨“我爱图书团”颁奖仪式，分享家庭阅读故事。依托妇幼活动中心，开展亲子手工、种植、茶艺等公益素质提升课40余期。高质量推进家庭教育“十四五”规划，召开家研会换届大会，表彰年度先进集体6家、先进个人10名、优秀讲师6名。以绍兴市任波家庭教育特设工作室为示范带动，在7所新居民学校中组建家庭教育联盟并签订协议，为6000余名学生和1.2万余名家长提供专业的家教指导服务。打好家风建设组合拳，举办“清廉家庭”启动仪式，开展“学、诺、讲、融、践、评”六大行动，建设家风讲堂、培育家风队伍、打造家风美景，组织“幸福守望”领导干部家属专题培训班，组织开展家风读书会15次，征集新时代清廉家书121封，举办“亲子品读王充清廉思想”研学成果展示评比活动，共选树全国最美家庭1户、省级最美家庭2户、区级最美家庭20户。

【妇女儿童关心关爱】 实施星级妇儿驿站公益关爱项目，慰问困难家庭290余户，解决实际困难100余个。精准链接妇女需求，联合开展公益健康科普活动52场次，受益群众6000余人。开展“两癌”防治知识宣传，完成妇女宫颈癌检查8326例、乳腺癌检查8785例。推出新居民子女关爱系列举措，组织40名新居民儿童参加“游在上虞遇见未来”小小新上虞人公益夏令营，全面展示发展成果，埋下爱虞情节。开展“新心相印守护成长”公益关爱行动，做实“家成长”“心向阳”“梦起航”三大公益项目认领。

【妇女儿童法治建设】 建立妇女儿童法治教育基地、高墙妇女微家，为在押人员提供法治教育、婚姻家庭关系辅导、心理疏导等帮扶，组织400名妇女儿童参与警示教育。召开全区妇女儿童工作会议，推进“十四五”妇儿两规建设，部署示范区建设。成立“虞小娥法学堂”，协同发布妇儿维权十大典型案例，组建7支宣讲队，开展宣讲宣传100余场次，受众3万余人，共联动处置妇儿案事件45次，调解150余件，提供法律服务400余人次、法律援助27起、心理咨询100余人次。

【妇联阵地与队伍建设】 召开全区妇联系统重点工作部署会，持续推进妇儿驿站和“枫桥式”妇女之家建设，整合现有的阵地资源，以“一室一品”为特色，实现阵地亮牌、执委亮相、服务晒单，完成镇村妇联标识阵地建设全覆盖。探索在商圈楼宇、行业协会等领域建立灵活多样的妇联组织20余个，开展活动100余场次，有效打造“四新”领域妇建新高地。高标准、严要求做好区妇联换届“后半篇”文章，举办镇街妇联主席履职培训班，组织赴柯桥、富阳等地考察学习基层组织建设、美丽庭院创建等相关工作，拓宽妇联干部视野，强化妇联队伍建设。培育浙江省“最美执委”13人、绍兴市“最美妇联人”6人，开展“四必访四必应”温情故事展示活动20人次，推动妇联执委亮身份、办实事。深化“大学习大调研大服务大解题”活动，落实“四必访四必应”机制，走访慰问“三八红旗手”18名、困难家庭180余户、企业30余家、创业女性60余个、妇联组织120余个，聚焦服务基层解难，解决实际困难30余个。

【激“young”巾帼力量，共建青春之城——上虞区举行纪念“三八”国际妇女节113周年活动】 3月6日，上虞区举行“激young巾帼力量，共建青春之城”——上虞区举行纪念“三八”国际妇女节113周年大会。大会作区妇联执委二届二次工作报告，回顾2022年妇联工作，部署2023年重点工作。

【省妇联党组书记、主席何杏仁到上虞调研】 4月19日下午，省妇联党组书记、主席何杏仁到上虞调研，常委、妇女发展部二级巡视员鲍冬芳，常委、宣传部长、一级调研员金雷，办公室主任翁利乐等参加调研。市妇联党组书记、主席杨娣等陪同调研。何杏仁深入乡村、社区，与妇女群众、基层妇联干部等面对面交流。

【妇联团体会员单位会议】 3月30日，区农村妇女科普协会七届二次会员大会召开，总结成绩，并做新的部署和安排；通报新增会员情况和顾问调整情况。

4月28日，上虞区家庭教育研究会第十一届一次会员大会召开。大会选举产生上虞区家庭教育研究会第十一届理事会、理事会会长、副会长、秘书长。通报近五年来，获得浙江省级、绍兴市级以及2022年度区级的家庭教育工作先进集体和先进个人等。

8月24日，上虞区女企业家协会第十一届一次会员大会召开。审议通过十届理事会的工作报告，总结回顾协会五年来的工作情况，明确新一届协会工作目标任务，选举产生第十一届理事会、理事会会长、副会长、秘书长。大会审议通过第十届理事会工作报告、第十届理事会经费报告、新修订的《上虞区女企业家协会章程（草案）》。宋世红当选会长。

【区妇联举行“‘新’‘心’相印守护成长”公益关爱行动】 5月19日，区妇联携手绍兴市任波家庭教育特设工作室、“萍姐姐”心理工作室、上虞区妇女发展基金理事会共同发起“‘新’‘心’相印守护成长”公益关爱行动。绍兴市任波家庭教育特设工作室、“萍姐姐”心理工作室、区妇女发展基金理事会分别认领“家成长”“心向阳”“梦起航”三大公益关爱项目，为龙山学校、夏丏尊小学、中塘学校等7所新居民学校提供家庭教育指导、心理健康指导和个案跟踪、关爱帮扶助力圆梦等服务。

【全区妇女儿童工作推进会召开】 10月27日，上虞区妇女儿童工作推进会召开。会议深入学习贯彻习近平总书记对妇女儿童工作的重要指示，传达第七次全国妇女儿童工作会议精神。通报表扬区妇女儿童工作成绩突出集体和个人。

【上虞区妇联召开二届三次执委（扩大）会议】 11月2日，上虞区妇联召开二届三次执委（扩大）会议，宣讲习近平总书记同全国妇联新一届领导班子成员集体谈话时的重要讲话精神和中国妇女十三大精神，巾帼宣讲员代表分享学习心得体会，并进行互动交流。

【杭州湾经控集团召开第一次妇女代表大会】 杭州湾经控集团召开第一次妇女代表大会。大会听取并审议筹备工作报告，以差额选举方式产生第一届执行委员会委员，并召开第一届一次执委会，选举产生集团妇联主席。

（蒋　莎）

绍兴市上虞区科学技术协会

【概况】 2023年，区科学技术协会（以下简称区科协）开展学术交流，普及科学知识，推广先进技术，服务科技人才，加强科协系统组织建设。坚持“为科技工作者服务、为创新驱动发展服务、为提高全民科学素质服务、为党和政府科学决策服务”的职责定位，贯彻实施《全民科学素质行动计划纲要》，围绕五大重点人群（青少年、农民、产业工人、老年人、领导干部和公务员）开展“三送下乡”“银龄跨越数字鸿沟”等科普活动，提高全民科学素质。推进院士专家工作站、博士创新站、“院士之家”建设，开展建站企业工作交流，组织动员全区各级科协和广大科技工作者积极投身科技创新和经济建设。

【“一家三站”建设管理】 2023年，上虞区创建市级院士专家工作站6家，其中入选重点支持的省级院士专家工作站2家；新签约博士创新站19家。截至2023年末，上虞区累计建立院士专家工作站49家、博士创新站 33 家，全区现保留有院士站 8 家、专家工作站 34 家，总数位省市前列。加强院士专家工作站管理工作，召开上虞区院士专家工作站交流座谈会，组织市级专家组对 2022 年前建站的 32 家院士（专家）工作站进行评审考核，其中 13 家优秀、16 家良好。

【科普活动】 2023 年，区科协组织开展“送医送农技送科普”三下乡服务 10 场次；邀请 4 位中科院老科学家进学校做科普报告 8 场，全区受益师生达 4000 名左右；开展“银龄跨越数字鸿沟”科普专项行动，帮助老人融入现代社会，共享数字经济发展成果，全区累计完成培训 1.6 万余人次。联合团区委开展“双减”暑期公益托管服务活动；围绕“提升下一代科学素质，助力科技自立自强”的主题，组织开展 2023 年全国科普日活动。响应“青春之城”建设主战略，打造“吉象学堂”科普品牌，制作系列动画短片《青春之城·印记》。

【科普基地建设】 徐光宪纪念馆申报成为国家级科学家精神教育基地，吴觉农纪念馆申报成为绍兴市科学家精神教育基地。天大化学科普馆、晋生星片场、万亩野外中草药科普教育基地等 4 家单位被认定为绍兴市科普教育基地，其中天大化学科普馆被认定为首批省级科普教育基地培育单位；上虞区人防教育体验馆、上虞北斗卫星导航系统综合应用服务站 2 家单位申报成为绍兴市基层特色科普馆；农科技试验基地、农创智谷、未来农场等 5 家单位申报成为绍兴市农村科普示范基地。

【服务科技工作者】 区科协组织 5 名科技工作者参加全市中青年科技骨干培训班，征集绍兴市生物医药、高端智能装备行业专家库候选专家 11 名；协助科技工作者申报绍兴市自然科学优秀论文，其中获三等奖一名。

【农函大教育培训】 围绕“三农”实际，农函大上虞区分校与全区乡镇、街道农函大辅导站通力合作，借势借力开展各类培训活动。全年培训一年制以上学员 550 人；短期适用技术培训 404 期，共计 22664 人次。在村“两委”班子成员、科普示范基地负责人、农民高级技师等农村致富带头人、新农村建设“领头雁”队伍中，选定培训对象 2 人，参加省科协乡村振兴科普带头人科学素质提升班学习。

【之江科创大会举办】 2023 年 4 月 9 日，在省科协的支持下，区科协会同区委人才办、经信、科技、团委等部门，组织举办以“科技、人才、创新力”为主题的之江科创大会。汇聚全国各地 200 余名院士专家、科学家、企业家。中国科学院院士杨玉良、杨德仁，中国工程院院士薛群基、郑裕国、高翔等知名院士专家应邀出席大会。大会对应青春之城建设、五大产业链赋能、科创平台推介、产业发展谋划四大活动环节。

4 月 9 日，之江科创大会举办（区科协　提供）

【女海洋科学家论坛承办】 2023 年 10 月 15 日，区政协承办“2023 世界女科学家大会平行论坛——女海洋科学家论坛”，以海洋探测与保护中的“她”力量为主题，邀请海内外相关领域的院士、专家以及知名女专家学者和中青年女科技领军人才。中国科学院院士王颖、苏纪兰，世界科技工作者联合会共同主席 Elies Molins、自然资源部第二海洋研究所副所长陈建芳、美国俄勒冈州立大学教授 Clare Reimers 出席。论坛先后进行主旨报告、圆桌访谈、展板交流等议程，与会专家学者通过“海洋探测与技术”和“海洋生态环境和全球气候变化”两个专题作邀请报告。（何依静）

法 治

政法委与综治

【概况】 2023年，上虞区委政法委牢牢把握创新深化、改革攻坚、开放提升要求和“大平安、大民生、共同体”理念，全力构建全域联动、立体高效的安全体系、健全共建共治共享的基层社会治理体系，统筹推进更高水平、更高质量的平安上虞、法治上虞建设。

【平安共同体】 健全完善平安稳定工作机制，开展重点领域隐患大排查大整治行动，迭代提升平安共同体，打造标杆式平安共同体21个，经过三轮（2020—2022年）建设，全区已建成71个平安共同体，覆盖重点场所4万余家、居民62万余人；创建“枫桥式”平安建设示范单位136家，平安创建基础进一步打实打牢。2023年度，全区未发生“一票否决”事项和较大以上案事件，全区群众安全感满意度保持在99.3%以上，平安县（市、区）考评分数为965.64分，居全市第一位、全省第47位，获“一星平安金鼎”，创成省“平安县（市、区）”。

【重点安保任务】 聚焦杭州亚（残）运会、“枫桥经验”60周年纪念大会等重要节点，高效运行三级联动指挥体系，优化升级“五情联动”“五控四联”等维稳机制，五大领域风险处置率达90.2%、控制率达100%。全区风险评估报备立项119件、完成备案177件，报备立项数、报告备案数分别同比上升8.1%、16.4%。

【基层社会治理】 出台网格动态调整机制，优化网格事项准入制度，打造战时网格433体系，探索网格员参与防汛防台、消防、防溺水等战时场景。试点推广“人民网格员”机制，发动人民群众、社会组织“接单式”参与风险排查、矛盾化解、应急处置等事项，深度赋能基层社会治理。深入挖掘20个乡镇（街道）基层治理特色亮点，谋划打造一批示范点位，形成“镇镇有经验、村村有特色”的上虞善治“枫”景带。全国“枫桥经验”纪念大会期间，央视频连续1小时直播报道上虞坚持和发展“枫桥经验”相关内容，《党建引领三方协同共治化解物业纠纷工作法》《“审、评、验、督、销”五字诀化解征迁纠纷工作法》等2例工作法入选全市“十佳枫桥式工作法”，其中《“审、评、验、督、销”五字诀化解征迁纠纷工作法》入选全省新时代“枫桥经验”工作法。

【执法司法和司法救助】 聚焦群众反映强烈、问题易发领域，梳理102项普遍性、倾向性执法司法风险，形成风险清单，针对性建立264项防控举措、128条监督路径，探索衔接有序、闭环有效、监督有力的防控机制，补齐工作漏洞、强化制约监督，着力确保执法规范、司法公正。开展司法救助，2023年度区司法救助案件共100件，救助104人次，使用司法救助资金134.6万余元。

【“法治论衡”品牌】 启动王充传统法治文化基因解码“八个一”工程，组织开展“王充传统法治文化与上虞法治实践”主题征文，形成王充传统法治文化论文集，刊发《上虞法学》王充传统法治文化特刊，成功举办首届“法治论衡杯”青年法学辩论赛，加快推进王充法治文化街区落地，全景式打造“法治论衡”

品牌。区法学会作为五年内全省唯一县市区被推荐为全国法学会系统先进集体，工作经验在省法学理事扩大会议上作交流发言。

【反邪教教育示范基地建设】 以法治化、公开化、规范化、人性化为导向，顺利建成集攻坚转化、宣传教育、干部培训、理论研究等功能于一体上虞区关爱之家，与曹娥江“一江两岸”法治公园和反邪宣传教育走廊遥相呼应，与 383 个镇村两级关爱工作站（室）互为支撑，形成覆盖全区的反邪教宣传教育工作矩阵，被推荐为全省首批示范“关爱之家”。

【数字法治改革】 推进数字法治系统建设，全区共有国家级试点应用 1 个，全省揭榜认领应用 1 个，省级试点应用 8 个；8 个应用入选全省数字法治系统“一本账 S4”，2 个应用获评全省数字法治好应用，4 个应用获评全市数字法治好应用。围绕应用建设推进理论制度研究，1 篇工作经验被公安部简报专篇刊发，1 篇论文在《社会科学》刊登。（王夏菁）

法治政府建设

【概况】 2023 年，上虞区坚持以习近平新时代中国特色社会主义思想为指导，深入学习贯彻习近平总书记考察浙江重要讲话和考察绍兴重要指示精神，围绕区委区政府各项决策部署，锚定法治保障经济社会发展新定位新坐标，主动融入三个“一号工程”，以“1155”为主要工作内容，即以全市争创全国法治政府建设示范市为总牵引，以“法治强基赋能、法护助企惠民”为工作主线，聚焦 5 个着力重点，提升 5 项工作水平，以法治护航三个“一号工程”全面推进。

【依法治区】 年内，组织区委全面依法治区委员会会议暨贯彻全国法治政府建设示范市创建部署会，部署当前和下阶段重点工作，奋力推动法治上虞建设再上新台阶。召开区委全面依法治区委员会办公室第五次会议暨协调小组会议，总结回顾上年工作，研究讨论法治建设新方向。举行全区法治政府建设工作推进会暨府院府检联席会议，全力推动上虞区法治建设取得新成效。制定《2023 年法治上虞（法治政府）建设重点工作清单》等文件，明确全区法治建设年度工作目标和任务要求。以创建促提升，以示范带发展，统筹协调、制定方案、倒排时间，全面助力全国法治政府建设示范市创建。

【政府依法决策】 年内，制定《绍兴市上虞区重大行政决策源头治理专项实施方案（2023—2025 年）》，着力加强重大行政决策目录化、法治化管理。纳入年度区政府重大行政决策目录事项 1 项，严格履行公众参与、专家论证、风险评估、合法性审查、集体讨论决定法定程序。贯彻落实《浙江省重大行政决策事项目录编制指引（试行）》文件要求，指导 29 个部门单位和 20 个乡镇（街道）100%编制完成重大行政决策目录。年内，共审查常务会议议题 123 个，提出意见建议 360 余条，召开法律论证会 8 场。学习宣传贯彻《浙江省行政合法性审查工作规定》，严格执行规范性文件合法性审查制度。年内，共审查行政规范性文件 23 件，提出意见建议 106 条，备案审查部门单位和乡镇（街道）行政规范性文件 59 件。

【提升乡镇（街道）合法性审查质效】 年内，全面实施乡镇（街道）合法性审查质效提升“1+4+N”改革工程，落实乡镇（街道）审查主体责任，20 个乡镇（街道）全部编制完成“一图一清单一指引”。增设区级合法性审查中心，增加事业编制 2 个，建立“五位一体”合法性审查会审机制，协助做好乡镇（街道）重大疑难复杂涉法事项合法性审查。年内，全区乡镇（街道）审查行政规范性文件 40 件、行政协议 172 份、其他行政涉法事项 133 件。建立法审员制度，任命区乡法治审查员 35 名，法律职业资格持证率 71.4%，较年初上升 16.9 个百分点。

【法治化营商环境】 年内，聚焦营商环境优化提升“一号改革工程”，打造安商护企新模式，推动法治环境全方位优化升级。1 个项目（探索建立重点企业合法权益维护快速响应机制）入选省级揭榜挂帅项目，4 个项目（强化涉企矛盾纠纷多元行专调解闭环机制、劳动仲裁闭环化解劳动纠纷、打造土地要素保障和审批登记服务“新模式”、依托“破产一件事应用”构建数字化破产新模式）纳入市级突破性抓手项目，2 个案例(《法治征迁保障民营经济利益》《跑出“加速度”,干出“新高度”—绍兴市上虞区积极推进“拿地即开工”》)入围全省首批优化提升法治环境典型案例,3个案例(《探索推动企业合规建设助力打造安商惠企法治化营商环境》《创新“公证+企业服务”赋强一件事改革持续优化营商环境》《裁调衔接 打防结合 推进知识产权纠纷诉源治理》)入选绍兴市营商环境最佳实践案例。“探索建立重点企业合法权益维护快速响应机制”和“强化涉企矛盾纠纷多元行专调解闭环机制”被《浙江日报》要闻版宣传报道。

【行政诉讼“双下降、双提升”行动】 深入贯彻绍兴市行政诉讼“双下降、双提升”攻坚行动方案,规范应诉工作,实现全流程监督。应诉“转办”明确职责,要求涉诉单位专人负责案件办理,确保分管领导知晓案件、承办单位办好案件,形成行政应诉分工负责、协调推进的高效运转机制。诉中“帮办”提示风险。针对有败诉风险的案件,及时函告承办单位,形成行政应诉重点工作“一张网”。全程“催化”化解案件,在诉讼中对案件办理进度滞后的单位亮“黄牌”,对败诉量大、负责人出庭不达标、化解争议落实主体不到位的,实行点对点督促整改。2023年上虞区全年一审收案188件,一审结案183件,败诉4件,败诉率2.19%,调撤案件89件,调撤率48.63%。

【全省首个民法典夜公园开园】 在曹娥江畔高规格建成全省首个民法典主题夜公园,并于5月12日开园。以曹娥江两岸宪法公园和民法典公园为主轴线,拓展延伸虞南、虞北、虞东、虞西四大法治风景板块,串点成线、连线成面,打造特色鲜明、亮点突出的具有上虞辨识度的“一带+两园+X法治阵地”的“娥江法治风景带”。

【强化涉企矛盾纠纷多元调解闭环机制】 围绕法治营商环境优化提升,重点打造涉企纠纷闭环解决机制。该项目入选全市法治化营商环境突破性抓手项目。深入开展“护企解纷”专项行动,推进“多元化”合力解纷,创新“园区+产业调解”新模式,设立“益企纠纷调解室”,选优配强专职律师、调解员常驻“护企优商服务中心”,2023年全区各类调解组织累计调处涉企纠纷2900余件,涉及金额4.65亿元。

【人民调解国家级标准化试点项目验收】 做好省级人民调解标准化试点工作的升级文章,全面推进人民调解国家级标准化试点项目,以“1156”为主要工作内容,围绕提升服务质量和效率总体目标,搭建一套标准体系,强化五项标准建设举措,实现上虞区人民调解工作达到规范化、法治化、专业化、社会化、品牌化、智能化。项目于11月23日经上级验收组验收通过。

(王银辉)

公 安

【概况】 上虞公安机关110报警服务台有效接警总量11.45万起;立刑事案件2973起,侦破684起,移送起诉犯罪嫌疑人1910名,抓获逃犯141人;查处治安(行政)案件1890起,行政处罚3836人。坚持“立足本地、露头就打、打深打透”,现发命案、五类案件保持全破,破获生产销售有毒有害食品案、处置网络预谋抢劫案。加大对电诈、传统侵财等突出违法犯罪打击力度,特大跨境裸聊敲诈案以有组织犯罪移送起诉;“火灾谣言案”获评公安部“百日打谣”十大经典案例,刑事治安警情同比下降17.1%,未发生重大案事件。

2023年,上虞公安机关实现全市优秀公安局“14连冠”,获评2023年度全省“公安大脑”建设县级优胜单位,全省公安机关执法质量优秀单位。下属执法办案管理中心获“全国标杆式执法办案管理中心”,看守所获评全省“枫桥式公安监所”,治安大队获全市十佳执法示范单位。全年25项工作得到上级推广、批示肯定。年度有2个集体、2名民警获二等功,10个集体、35人获三等功,12个集体、94名民警获嘉奖。

【社会治安管理】 深入开展“金盾”系列行动,强化“五类”基础要素管控,运行风险隐患“双闭环”管控机制,排查化解风险隐患202起、重点矛盾纠纷229起,保障完成梁湖三村拆迁、104国道南移等重大项目顺利推进。扎实做好重点群体稳控,滚动摸排列管重点人员306名、精神障碍患者230名,稳妥处置集聚事件3起,未发生重大群体性维权事件。扎实推进信访“四清助安”专项行动，市级以上初信初访同比下降 83.3%，信访总量同比下降 20.8%，赴部走访保持“零登记”。纵深推进夏季治安大巡防活动，街路面有效警情数同比下降 16.3%。打击本地黄赌团伙 23 个，成功申报省督案件 2 起；

【刑事案件侦查】 践行“当日案件当日破”理念，纵深推进“雷霆”系列行动，现发命案、五类案保持全破，累计采取刑事强制措施 1883 人，同比上升 20.47%；侦办省督（集群）以上案件 10 起，申报部督 3 起。破获生产销售有毒有害食品案、处置网络预谋抢劫案，工作得到副省长、公安厅长杨青玖批示肯定；伪造买卖国家机关公文证件印章案、“6·10”失踪案获市公安局长汤文全批示肯定并被多家中央级媒体报道；特大跨境裸聊敲诈案以有组织犯罪移送起诉；“火灾谣言案”获评公安部“百日打谣”十大经典案例。

【社会治安基础设施建设】 深入实施“固本强基”工程，细化落实 238 项派出所标准化建设清单，完善联勤警务站 9 个、警务站（室）355 家，17 个派出所全部完成“两队一室”“一室多警务区”设置，全区智安小区、校园实现全覆盖。交警大队综合业务用房、东关派出所异地新建规划设计加快推进，巡特警大队武器库、滨海北一级检查站等基础设施全面建成。

【安保工作】 构建“1+7+17”（安保办+七大指挥部+17 个专项组）组织指挥架构，建立健全“行事历”“鱼骨图”等工作推进机制，完成火炬传递、要人警卫、开闭幕式及各项赛事安保任务，实现中秋、国庆“双节”假期安全平稳过渡。落实区域联勤协作机制，增援杭绍警力 705 人次。完善数字圈层查控体系，运行各类检查站点（卡口）33 个，布建环虞人车高清卡口 71 路、抓拍机 90 余个，实现重点目标智感设备全覆盖。

【经济案件查办】 强力推进“风和日丽”护航行动，推出 32 类 50 项便企惠企措施。推行“警企顾问”，协同职能部门解决知识产权问题 75 个。揭牌启用移民事务服务中心，入驻运行护企优商服务中心，完成长三角城市群居住证“跨省互通互认”全市推广，相关经验做法被《浙江信息》《浙江政务信息》专报刊发，获评省委组织部实施三个“一号工程”典型案例。首创“虞网守护”警企服务模式，帮助重点企业解决问题 50 余个。推进侵企犯罪专项打击行动，打处案件 41 起 662 人，追赃挽损 8000 余万元，构建六大机制织密知识产权防护网工作获王文序副省长批示肯定。积极践行“柔性执法”，建立企业报案绿色通道，涉企案件办结时限平均缩短 10 天，办理效率提升 6.7%；出台 57 项“首违不罚”“轻微免罚”目录，首违警告轻微违法 3.6 万余起，修复企业信用 58 家；清理涉企“挂案”22 起，解除涉企冻结账户 32 个，清理率达 100%。

【道路交通安全管理】 排查整改道路交通安全隐患 6841 处，摘牌省、市级事故多发道路 3 处，完成梁祝大道江扬路等 3 个民生实事项目堵点整治，全区交通事故警情同比下降 10.1%，全口径亡人数同比下降 18%。联合行政执法等部门，波次推进偷倒渣土、“三超一疲劳”系列交通重点违法行为整治行动，现场查处违法行为 9.9 万余起。迭代完善虞小娥专业预警劝阻队，全区电诈警情同比下降 18.3%，案损同比下降 35%。

【公安政务服务】 提档升级执法办案管理中心，执法社会化访评满意率达 99.95%。推进“增值式公安政务服务改革”，优化网办中心进驻事项至 113 项，设立“办不成事”反映窗口，出台 12345 政务热线等群众诉求办理“八项机制”，群众办件满意率保持 99.5%以上，民意综合指数居全市前列。推出“警医协作”驾驶人换证代办，实现农村驾驶人“就近办、一站办”。

【“枫桥式派出所”创建】 曹娥派出所入围全省“枫桥式派出所”，城区、小越中队入围全省“枫桥式交警中队”。成功创建崧厦街道一级禁毒办，区镇两级禁毒办合力持续提升。深化“网上枫桥经验”，投用网安警务站 5 家，整合网上义警队伍 500 余人。

【法治警务】 实施《执法办案管理中心提档升级二十条措施》，行政、刑事快办率分别达 85.1%、26.1%，执法社会化最终满意率达 99.9%，行政败诉、复议撤变、无罪不捕、无罪不诉零发生。 （梁潮成）

检 察

【概况】 2023 年，上虞区检察院被评为“全省成绩突出的基层检察院”，2023 年度《检察日报》读报用报工作先进单位，2023 年度全省民事检察专项工作优秀办案单位，建筑领域中介侵犯公民个人信息融合监督类案数字模型被全市推广并纳入浙江省检察院办案指引，重点企业合法权益维护快响机制入选全省法治建设主动融入三个“一号工程”揭榜挂帅培育项目，26 个集体或个人获全国行政检察业务能手、全省检察机关法律监督成绩突出个人等市级以上荣誉。

【维护社会发展稳定】 落实总体国家安全观，坚决维护国家政治安全和社会稳定，依法惩治各类刑事犯罪，全年批准逮捕各类犯罪嫌疑人 427 人，提起公诉 1323 人。推动常态化扫黑除恶斗争走深走实，成功办理全省首例以黑社会性质组织认定的跨境信息网络犯罪案件，首批 21 人被提起公诉。依法妥善办理重大敏感案件，对中海微银非法吸收公众存款等涉众型案件，快速提前介入、引导侦查，严把批捕、起诉关，确保社会面稳定。准确把握反腐败斗争形势，与区监委协同推进教育、医疗等领域腐败问题整治，起诉职务犯罪 13 人，自行侦查的某法院干警因司法腐败被判处五年以上有期徒刑，促进营造风清气正良好政治生态。

【法律监督】 坚持和拓展“在办案中监督、在监督中办案”特殊优势，与时俱进深化落实刑事诉讼制约监督机制。实质化运行侦查监督与协作配合办公室，监督立案、撤案同比上升 12.6%，纠正漏捕、漏诉同比上升 9.8%，侦查监督质效提升明显。加强刑事审判监督，对实体不公和程序不当情形，提出、提请抗诉 6 件，改判率达 100%。践行精准监督理念，注重能动履职和实质审查，建议法院对 21 件不当裁判案件进行再审；开展当事人虚假陈述、信用惩戒措施、民事诉讼主体适格性等审判与执行活动专项监督，建议法院纠正相关案件 35 件。加强行政生效裁判监督，再审检察建议采纳率位居全省前列。常态化开展非诉执行监督，办理督促规范执行程序相关案件 40 余件。积极探索行政违法行为监督，制发类案检察建议 7 份。落实行政处罚与刑事处罚反向衔接，对 198 件不起诉案件向行政机关提出建议行政处罚意见。切实履行“公共利益代表”职责，立案办理食药品安全、国有财产保护、安全生产、区域公共安全、服务保障乡村振兴等领域公益诉讼案件 47 件，诉前整改率达 100%。

【市场主体权益保护】 聚焦服务保障营商环境优化提升“一号改革工程”，积极落实检察环节推动民营经济发展壮大相关惠企助企政策。依法严厉打击合同诈骗、非法经营等破坏市场经济秩序犯罪，批准逮捕 30 人，提起公诉 125 人。做实市场主体平等保护，起诉职务侵占、挪用资金等侵犯企业利益犯罪 45 人，持续开展涉企刑事“挂案”清理，全面保护各类企业产权和企业家权益。稳步推进涉案企业合规改革，办理合规案件 4 件，对已合规整改合格的 2 家企业、3 人作不起诉处理。探索行业合规、预防性合规，编制合规建设指引等，推动崧厦伞业、e 游小镇游戏产业走上依法合规经营轨道。

【检察为民实事】 为弱势群体依法维权“撑腰”，对权益受损但不敢、不能或不便起诉的老年人、残疾人、妇女儿童等，支持提起民事诉讼 27 件，帮助追回赡养费、抚养费、医疗费等 166 万余元。筑牢司法救助“民心工程”，开展困境妇女儿童司法救助等专项工作，运用“1+N”多元化救助模式帮助 76 名被害人纾困解难。从严惩治恶意欠薪、“黑中介”、虚假招聘等犯罪行为，以支持劳动仲裁、起诉方式帮助 12 名劳动者讨回欠薪。在民工子女集中的中塘学校设立关护基地，“检护‘未’来·向阳花开”法治宣讲团深入校园开展主题巡讲 20 余场，覆盖师生 9000 余人次。

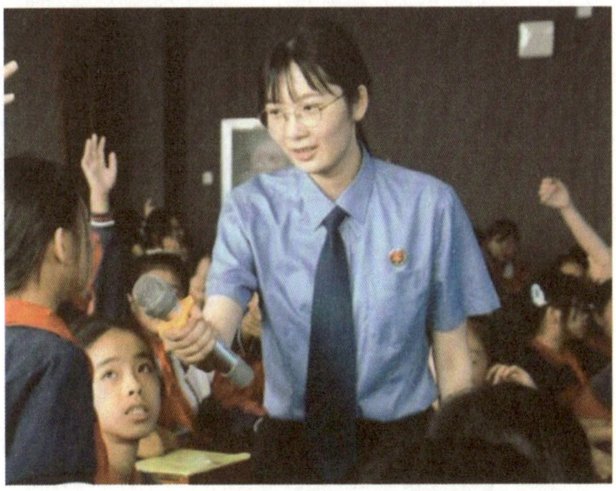

9 月 5 日，检察官进校普法（韩丹杰 摄）

【资源保护检察】 践行恢复性司法理念，起诉污染环境、非法占用农用地、非法采矿等破坏环境资源犯罪19人。聚焦生态资源保护、生物安全等重点领域，检察建议督促规范松材线虫病、加拿大一枝黄花等外来入侵物种防治，联合资规等部门开展“促进安澜海塘建设 助推生物多样性保护”项目，助推成立海塘安澜工程野鸟保护专项基金，深入村社以案释法，促进虞北海涂生态修复和生物资源保护。强化对耕地地力保护监督，运用“审计+检察”监督模式，促进11个乡镇240余亩耕地地力提升，严守耕地保护红线。

【检察协作配合】 深化知识产权、未成年人保护等特定领域融合履职，建立“三查融合”、线索互移等工作机制，内部法律监督线索移送成案261件，有效推动检察一体履职质效。加强与其他执法司法机关协作，在自然资源、大综合一体化改革、法院执行等领域建立联动机制，凝聚执法司法更大合力。主动向数字化改革要检察生产力，开展遗漏前科错误判决、虚假司法确认等数字专项，成案260余件，在个案办理中创建的侵犯公民个人信息大数据法律监督模型，推动全市立案监督69人，入选全省数字监督办案指引。（丁银萍）

法院

【概况】 2023年，上虞区共受理各类案件14316件，办结13550件，同比分别增加11.57%和2.16%，一线法官人均结案302.19件，调研、论文、案例等获得国家级荣誉成果共计13项。办案质量、效率、效果等主要指标均处于或优于全省合理区间，审判质效平稳向好。

【刑事及职务犯罪案件审判】 受理刑事案件919件，审结924件，判处罪犯1495人。重拳打击严重暴力犯罪，依法审结故意伤害、两抢一盗等案件167件，人民群众安全感不断增强。加大对涉众型经济犯罪打击力度，依法审结华夏信财、中海微银等一批超亿元P2P（个人对个人）网络借贷案件，为1000余名受害人追赃挽损3000余万元。严厉打击制售“毒减肥药”“毒豆芽”等危害食品药品安全犯罪，保障人民群众“舌尖上的安全”。严惩网络犯罪，审结电信网络诈骗案件31件92人，千方百计帮助受骗群众挽回损失4600余万元。审结全省首例利用“AI”技术合成虚假险情、灾情、警情视频编造、故意传播虚假信息案，规范新型人工智能技术应用。严惩“杀猪盘”跨境诈骗50余人、跨境赌博8人，守护社会安定和人民安宁。审结贪污贿赂、渎职等职务犯罪案件9件9人，坚定不移惩贪治腐正风肃纪。

【民商事案件审判】 受理民商事案件7890件，审结8121件。全方位守护家庭幸福，审结涉就业、医疗、养老等与人民群众利益密切相关的民生案件376件，依法保障劳有所得、病有所医、老有所养。依法审结房地产案件31件，化解涉万悦城300余户业主商品房预售合同纠纷，充分保障购房者合法权益。妥善审理离婚、赡养抚养等家事案件650件，发出上虞区首份《夫妻共同财产申报令》，守“小家”和谐、护“大家”安定。设立医保“共享法庭”，追回7.29万元医保基金，司法助力基金监管，守好百姓“救命钱”。探索个人债务集中清理，为“诚实而不幸”的债务人争取摆脱债务枷锁、重回正常生活的机会。加强司法救助，对64名困难当事人发放95万余元司法救助金。

【行政案件审判】 受理行政案件168件，审结165件。强化行政非诉案件审查，裁定准予强制执行57件，准执率100%。坚持“告官能见官”，行政机关负责人出庭应诉率连续4年保持100%。通过加强行政纠纷诉前引导、健全重大案件判前社会效果评估机制、落实败诉风险提示百分百覆盖等举措，督促行政机关主动纠错，促进行政争议实质性化解，调撤率达42.42%。对某国道改造工程、某街道征迁项目开展业务指导10余场次，就地化解纠纷30余件，助力旧改征迁跑出上虞“加速度”。优化推广省级试点项目“行政行为合法性AI预诊”，对全市468起行政行为“把脉问诊”，成功阻止百余起高风险行政行为，有力推动依法行政。

【法治优化营商环境】 树牢“法治是最好的营商环境”理念，打造“五大场景”、开展“六项行动”，入驻杭州湾护企优商服务中心，化解涉企纠纷4139件。促进市场主体有序退出和有效救治，审结破产案件43件，盘活土地厂房超15万平方米，处置债权金额13.25亿元。创新采取“拍卖式重整”，以破产招商引资，推动市场资源要素充分释放和配置优化。探索涉企合规改革从“后端整改”向“前端治理”延伸，编发《企业合规经营建议手册》《企业经营风险防范手册》，向企业发送合规经营司法建议 600 余份。

【知识产权案件审判】 服务创新驱动发展，依法审结知识产权案件 202 件。完善知识产权领域失信联合惩戒机制，发送失信惩戒建议 2 份。健全“法院+行政主管部门+行业协会+N”的知识产权多元解纷网络，源头化解各类知识产权潜在纠纷 248 件。推动“知产直通车”持续深入重点产业园区，为崧厦伞城、汤浦童装城化解 124 起著作权纠纷，涉案标的达 150 余万元，平等高效保护各类市场主体合法权益。

【环境资源案件审判】 深入践行“两山”理念，聘请环境资源审判专家 8 名，审结涉渔业、矿业、土地等环境资源案件 184 件。完善曹娥江流域环境资源“一域四地”立体协同保护模式，有效实现修复基地全域覆盖、司法令状全面执行。坚持恢复性司法实践，在全市率先建立生态修复与社区矫正衔接机制，督促社矫人员主动参与补植复绿、增殖放流等环境修复公益活动，实现生态环境修复和社区矫正教育双赢。坚持“保护优先、预防为主”原则，推动海塘安澜工程施工方案科学变更，参与成立爱鸟护鸟专项公益基金，栖息鸟类新增 30 余种，实现重大项目建设与生物多样性保护共赢。持续做好金某公司合规整改“后半篇文章”，通过跟踪回访监督，助力公司快速回归正常经营轨道，整改后销售额同比上升 20.15%，公司及上游供应商减少危废产生量 7020 吨，减少碳排放量 638.74 吨，实现办理一个案件、救活一个企业、规范一个行业的良好效果。该项工作获《人民法院报》头版头条刊发报道，并作为典型做法入选最高法院张军院长向十四届全国人大常委会第六次会议所作的专项报告。

【法治基层治理品牌建设】 创新发展新时代“枫桥经验”，坚持“信访打头、调解为主、诉讼断后”原则，主动融入基层社会治理大格局。落实“有信必复、有诉必理”，高质量处理来信来访 225 件，努力把“送上门的群众工作”做到群众心坎上。擦亮驻院人民调解品牌，持续扩大朱小英、杭兰英调解工作室影响力，新设赵椿彪、立勇老兵、涉侨调解工作室，打造融合孝德文化的立体调解阵地。深化“立审执破一体化”格局，将缺乏清偿能力的某教育咨询有限公司等三家企业提前引导进入破产程序，“一揽子”帮助 100 余名报课家长和公司职工“实质性”解纷维权。

【执行工作】 持续加大执行力度，执结案件 4183 件，执行到位金额 6 亿余元。强力开展劳动报酬、人身损害等涉民生权益专项集中执行 6 次，到位标的 2 亿余元。持续推进拒执打击，对拒不履行的被执行人采取罚款、拘留等司法强制措施 574 人次、判处刑罚 78 人次。推进涉财产刑执行清理退赔，向受害人发还赔偿金 476 万元。探索开展“教科书式”执行，促进执行权高效规范运行。强化善意文明执行，推动 173 件执行案件自动履行，为 548 家企业修复信用，营造诚实守信、诚信经营的社会氛围。首创重大案件执行社会效果与风险评估听证机制，以评估破难题、以听证促公正，助推疑难复杂执行案件稳妥处置。

【司法改革】 全面准确落实司法责任制，落细院庭长办案机制，院庭长全年办结各类案件 8645 件，占总结案数的 63.80%，强化“四类案件”监督管理，推动制约有效、监督到位、权责统一的新型审判权力运行机制更趋成熟。深化以审判为中心的刑事诉讼制度改革，完善出庭作证机制，证人、鉴定人、侦查人员出庭作证 149 人次，同比增加 7.90%。全面推进智慧法院改革，坚持以数字赋能，持续提升 1 个国家级、4 个省级数字化项目运行成效。深化“打击拒执一件事”数字化应用，建立集联查、协作、监督等多功能于一体的闭环协同系统，共发掘排查拒执线索 865 条。

【阳光司法】 不折不扣落实规范性文件报送人大审查备案制度，自觉接受人大及其常委会对法官履职评议监督 11 人次。全面监督审判执行工作，邀请人大代表、政协委员参与调解 79 次，旁听庭审 88 次，见证执行 3 次，座谈交流 300 余人次。向各民主党派、工商联、无党派人士通报工作情况，听取意见建议。自觉接受检察机关法律监督，认真办复检察建议 33 件，邀请检察长列席审委会 6 次。深化全过程司法民主，一审陪审率达 88.31%。常态化落实法官律师互评，开

展“法官与律师面对面”交流3期，积极推进法律职业共同体建设。（薛　敏）

司法行政

【概况】　2023年以来，区司法局坚持以习近平新时代中国特色社会主义思想为指导，深入学习贯彻习近平总书记考察浙江重要讲话和考察绍兴重要指示精神，围绕区委区政府各项决策部署，锚定法治保障经济社会发展新定位新坐标，主动融入三个“一号工程”，以“1155”为主要工作内容，即以全市争创全国法治政府建设示范市为总牵引，以“法治强基赋能、法护助企惠民”为工作主线，聚焦5个着力重点，提升5项工作水平，以法治护航三个“一号工程”全面推进。2023年，区司法局获全省指导人民调解工作先进集体、全省“八五”普法中期成绩突出单位、全省司法行政系统政务信息工作优秀单位；上虞公证处获评全国公共法律服务工作先进集体、全省法律服务行业领跑单位。11月23日，人民调解国家级标准化试点项目验收通过。（贾喆颖）

【普法宣传】　承办全市民法典宣传月启动仪式，实施“典亮乡村·护航振兴”“典亮青春·护航成长”“典亮时代·护航网络”三大行动，创新开展“码上学法”，让广大市民体验沉浸式学法。应时应节开展特色普法活动，在宪法宣传月期间，开展“潮起娥江‘宪’在出发”主题宣传活动，在亚运前后开展“青春亚运·虞法同行”主题宣传活动，联合开展“虞法同行、逐梦青春”网络普法专项行动。（章江飞）

【人民调解】　坚决守牢社会稳定防线，以平安护航杭州亚（残）运会为主线，扎实推进矛盾纠纷大排查大化解专项行动。各类人民调解组织共开展矛盾纠纷排查11933次，已调处各类矛盾纠纷16789起，涉及金额8.41亿元。上虞区人民调解委员会驻法院工作室主任朱小英被司法部评为全国模范人民调解员。区司法局被省委、省政府评为全省指导人民调解工作先进集体。梁湖司法所所长陈涨国被省委、省政府评为全省优秀人民调解员。崧厦街道“老书记”调解工作室被评为省级金牌调解室。（汪　洋）

【诉前调解】　2023年，全区民商事纠纷调解诉讼比2.11，位列全省第一方阵。相关工作经验在绍兴信息、绍兴政务等信息平台报道，被省厅领导批示肯定。在全市率先实质性开展律师参与调解，聘用律师调解员18名，派驻律师调解员常驻区社会治理中心、法庭，发挥律师专业特长，构建律师调解与各类调解优势互补的多元调解格局，调处纠纷156起。（汪　洋）

【法治素养提升工程】　加强各级各类公民法治素养观测点的指导、建设、运行，培育区级法治素养观测点87个，成功创建市级法治素养观测点8个，省级法治素养观测点1个。实施“提升公民法治素养培优项目”计划，落实“法治素养基准+权利义务清单+法律风险提示+典型案例发布”的精准普法模式。E企法文化阵地进行深化提升，建设护企优商、退役军人、监管中心法治素养观测点等有影响性的、针对不同人群的法治观测点集群。虞法同行社会化普法基地（上虞美团）法治素养观测点被评为全省公民法治素养观测点“十大最佳实践案例”。（章江飞）

【基层民主法治创建】　创建省级民主法治村（社区）15个，市级21个。持续推进“法治带头人”“法律明白人”“尊学守用示范户”培育工程，2023年培育区镇村法治带头人360个，法律明白人1800个，守法共富示范户1080户。（章江飞）

【社区矫正】　截至2023年末，上虞区共有社区矫正对象416名。

开展“一对一”法律帮扶活动和“情暖矫正法护营商”专项动行动。实地走访社区矫正对象1114人次，在线联系矫正对象1477次，提供法律咨询281次，帮扶解决法律问题40个。通过政府购买服务的形式，心理咨询机构进驻矫正中心，规范开展心理矫治工作，全年累计开展个案辅导87次、家庭治疗1次，开展心理健康讲座2次。与开放大学上虞分院开展合作，39名初中文化程度的矫正对象参加“双证制”高中班并顺利毕业。区司法局与区人民法院签署《关于在社区矫正中开展生态环境司法保护公益活动的合作框架协议》，5月30日，在汤浦镇舜岸村建立生态修复社区矫正公益活动基地，并组织23名社区矫正对象开展生态

修复植树公益活动。将王充思想的“教告率免”融入到社区矫正中，年开办“率免讲堂”14次。(蔡伟才)

【涉企矫正】 开展“情暖矫正法护营商”专项动行动，助力企业高质量发展。开展风险预警防控行动，区“情暖矫正 法护营商”帮扶中心组织开展法治教育活动14次，各乡镇(街道)“情暖矫正 法护营商”法律帮扶站和司法所组织法治教育活动54次；开展民企走访体检行动，为29家企业出具法治体检报告，提出防范法律风险的意见和建议4条；开展矛盾排查化解行动，全面排查涉企矛盾纠纷31件，帮助化解涉企纠纷5件；开展助企纾困便利行动，建立健全涉企经营性外出请假快速办理“便利机制”，建立主动告知、即时审批和紧急商务先批后补等制度，累计为从事经营活动外出快速审批20人次，新增项目工程8500万元，新增业务订单2000万元。(蔡伟才)

军　事

人民武装

【概况】 2023年，绍兴市上虞区人民武装部坚决贯彻上级党委决策部署，以学习贯彻党的二十大精神为主线，按照“全面强基础、重点求突破、整体上台阶”的工作指导，围绕争当“重要窗口”奋斗目标，坚持绝对忠诚固根本、聚焦国动援战抓准备、强化风气治理正秩序，把握稳中求进谋发展，推动各项工作任务顺利完成。

2月15日，浙江省委常委、省军区司令员到绍兴市上虞区开展征兵体检“首检日”巡查；3月9日，军分区司令员到上虞检查调研杭州湾经开区武装工作规范化建设试点工作情况；7月18日，军分区政治委员到上虞检查调研武装工作；8月19日，绍兴市常务副市长陶关锋到区征兵体检站检查指导征兵工作；8月25日，军分区政治委员到上虞检查调研武装工作；11月1日，军分区司令员到上虞检查调研武装工作；11月14日，省军区副政治委员到人武部检查指导工作。

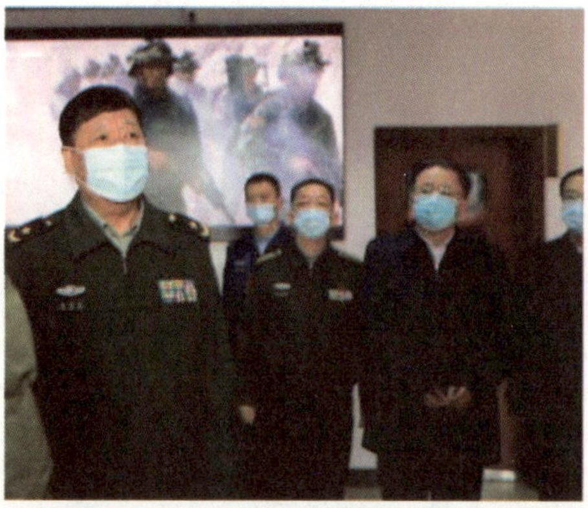

2月15日，浙江省委常委、省军区司令员夏俊友（左一）到上虞区开展征兵体检“首检日”巡查（卢颖颖　摄）

【党管武装】 聚焦党管武装制度落实，严密组织区委议军会和“军事日”活动，审议通过《上虞区拥军优属十条措施》，人武部党委第一书记鲁霞光为20个乡镇街道和经开区武装部政治教导员颁发任职命令状。

【思想政治建设】 坚持用习近平强军思想凝心铸魂，深入学习贯彻党的二十大精神，跟进学习习主席最新重要讲话，党委班子以上率下示范领学、划分专题集中研学、融入实践用以促学，推动理论武装走深走实；深化“两项教育”学习成果，严格落实周一“夜学”；抓牢“四反”专题教育，通过党委会、党小组会、交班会等形式，持续筑牢干部职工的思想根基、政治修养和职业操守。

【练兵备战】 围绕国动援战供需体系衔接，精细整组应急、支援两类民兵队伍，并完成集合点验、检查验收；参加专项任务行动准备，研拟上报理论成果和调研报告，修订完善任务行动子方案，梳理研究援战保障问题，形成战与训的耦合闭环；组织民兵分队进行共同基础训练和专业训练，民兵岗位练兵比武综合成绩再次获得第一，同时，上浦镇武装部副部长吴洪波获全市专武干部比武第二名、道墟街道民兵章文斌获全市民兵教练员比武第二名；在用兵中练兵强兵，融入抗洪抢险、平安巡防等社会治理平台体系，通过“应急、服务”等行动夯实应战基本功。

【民兵组织整顿】 2023年，上虞区人武部着眼作战需求，以潜力调查为依据，优化民兵组织结构，提高民兵编组质量。年初，提早筹划召开全区民兵组织整顿任务部署暨业务培训会，明确部署民兵编组任务，提出具体要求，下发《民兵整组改革工作政策法规摘要》和《后备力量基层规范化建设指导手册》；针对支援力量编组新要求新标准，部领导带机关人员深入企事业单位开展调研座谈，分析研判问题，抓准矛盾症结，制定科学方案，优化编组质量；5 月，采取逐个分队逐个单位的形式对所属基干民兵队伍集合点验，对点验程序、出入队仪式、人员相识相知等情况进行检查；5 月底至 6 月中旬，采取集中静态资料检查和分组现地检查的方式，对各乡镇街道民兵整组工作进行检查验收和量化评分。上下半年两次接受军分区民兵工作检查考评和"回头看"检查，得到考评组的肯定。

【兵员征集】 上虞区人武部聚焦"征为战、提质量"工作导向，紧贴人才输送"供给侧"，紧跟部队建设"需求侧"，科学定位征集对象，合理确立征集标准，圆满完成 2023 年度的兵员征集任务，大学毕业生比例再创上虞区历史新高。

【征兵政治考核】 上虞区征兵办按照征兵政治考核规定要求，扎实开展征兵政治考核工作。军地合力、共织政考网，成立征兵政考工作领导小组，在政治考核过程中，按照征兵政治考核规定严格把关，通过走访调查应征青年本人、青年家属及周边邻居，多方面了解应征青年病史情况、家庭背景、文化程度、个人经历和入伍态度，以及家庭成员和主要社会关系成员的政治情况等；多措并举、压实责任链，严格落实廉洁征兵"十个严禁"有关要求，按照"谁政考、谁签字、谁负责"的原则，扎实做好征兵政考工作，逐项核查完善《应征公民政治考核表》内容，安排廉洁征兵监督员采取普遍检查、随机抽查、突击检查等方式，同步开展对各乡镇（街道）廉洁征兵情况检查验收；暖心服务、滴灌心愿苗，广泛宣传征兵优惠政策和青年入伍前的注意事项，并对青年和家长普遍关心的问题进行详细的解答，及时打消他们的顾虑。

【基层国防教育基地建设】 乡镇（街道）的国防站和国防教育中心，聚合国防教育、兵员征集、忠孝服务、国防动员、后备力量、应急管理、参建支建等武装工作各领域，既寓教于乐又实用管用还辐射整个武装工作。群众在其中不仅能够更加全面地了解国防工作，同时也能在中心体验兵棋推演、模拟射击比武等"小赛事"，还能体验模拟训练装备的动感和乐趣。此外，还坚持与新时代"枫桥经验"相结合，聚焦民兵参与平安上虞建设活动"六大员"职能作用发挥，常态遂行"平时服务、急时应急"各种任务，把国防后备力量建设需要和服务地方经济社会发展同步落到实处。

【经开区武装工作规范化建设试点任务】 积极开展经开区武装工作规范化建设试点任务，着眼"党管武装不留空隙"总要求，围绕"职能职责定位、运行制度机制、行动指挥链路、融合发展体系、绩效评价标准"5 项内容，积极推进经开区武装工作阵地建设，初步形成 4 套制度机制和规范成果，受到省军区主要领导认可表扬。

【民兵参与社会治理】 2023 年，上虞区人武部大力开展民兵参与社会治理"六联六员"活动，指导乡镇街道持续拓展助力基层"六大员"新模式，积极参加地方防台防汛、安保、应急处突、乡村振兴、文明创建等任务，全年累计动用民兵 1000 余人次，丁宅乡民兵先后成功营救 10 余名溺水游客。 （卢颖颖）

人民防空

【人防工程产权制度改革】 按人防工程产权制度改革要求，对接自然资源规划部门落实《人防专项研究》，推动上虞人防从"依规范结建"向"依规划引领和依规范结建相结合"转变，2023 年新出具《绍兴市人民防空设施配置要求的函》43 份，批准涉改项目。

【推进人防警报数字化管理】 积极参与"浙里人防数字化综合平台人防警报管理"场景建设，将人防警报设施录入应用场景，落实区人防蓝天救援队作为人防警报器日常维护管理单位，开展日常巡检，通过"5·12"防灾减灾日警报试鸣检验，警报鸣响率 100%。

【重要经济目标防护】 上虞区按照"三覆盖、两提高"要求，检查落实重要经济目标单位"七有"标准，推进重要经济目标单位落实防护措施。4 月 26 日，绍兴市重要经济目标防护建设业务培训会在上虞区举行。 （叶 舟）

经济管理与监督

综 述

【概况】 2023年，全区新增市场经营主体1.48万户，与2022年相比增长3.32%，与2021年相比增长14.36%，新增“个转企”271家，在册经济户口达10.96万家，同比增长7.0%。

完成养老机构“阳光厨房”、民生药事服务站、城乡放心农贸市场等8项省市区级民生实事，2023年全区农贸市场新创四星级市场1家，三星级2家，延续确认三星级市场5家、商品交易市场中延续确认五星级市场1家，创成7家放心农贸市场、1家五化市场；创建省民生药事服务站2家；建设养老机构“阳光厨房”10家，学校“阳光厨房”实现全覆盖，农村家宴中心24家，外卖商家“阳光厨房”覆盖率93.05%；全面打造上虞放心消费品牌，动态培育放心消费单位3510家，建成消费维权联络站35个，指导98家企业建成ODR机制；崧厦分局、东关所、驿亭所、小越所4个点位的完成基层维权站点规范化建设验收。推进“漠视侵害群众利益问题”治理，完成燃油加油机全覆盖强制检定。持续开展燃气表“二检合一”改革试点工作，完成3个批次共2.8万台“二检合一”燃气表抽检。

【各领域安全监管】 2023年，上虞区创建为“浙江省食品安全示范区”。护航两会、杭州亚运会期间食品药品安全，实现全年重大活动期间食品药品安全事件“零”发生。强化食品领域典型案件办理，毒豆芽跨地区全链条联合打击案件涉案货值超2000万元，列入省督办案件。常态化开展特种设备安全监管行动，完成重大活动期间特种设备安全保障工作，实现全年“零”事故的目标。全面打造电梯“15分钟应急救援圈”，构建更安全、快速、科学的应急救援体系。全面推动落实工业产品“两个规定”，全区275家单位完成“两员”配备和“日管控、周排查、月调度”制度落实。深入开展县域块状童装产品质量整治提升工作，全年童装抽检合利率提升至90%。 （胡 颀）

审 计

【概况】 2023年，上虞区审计局完成审计项目21个，查出主要问题金额20.03亿元，其中违规金额2.08亿元、管理不规范金额17.95亿元。移送司法机关、纪检监察机关和有关部门处理事项10件，移送处理人员20人，移送处理金额140.36万元；审计促进整改落实有关问题金额8501.30万元；审计后挽回（避免）损失1.06亿元。出具审计报告和专项审计调查报告66篇，被批示、采用32篇；审计提出建议32条，被采纳32条；推动被审计单位制定整改措施37项；促进被审计单位制定、完善规章制度72项；提交审计信息221篇，被批示、采用90篇。向社会公告审计结果22篇。

【区委审计委员会会议】 2023年3月8日，召开二届区委审计委员会第三次会议，学习传达全国审计工作会议精神、浙江省委审计委员会第8次会议精神，区委审计办主任汇报2022年全区审计工作主要情况和2023年审计工作总体安排，审议2023年审计项目计划草案、2023年经济责任审计项目安排、《2021年1月—2023年2月审计发现问题整改情况的报告》。2023年7月24日，召开二届区委审计委员会第四次会议，区委书记鲁霞光主持。会上，由上虞区审计局党组书记、局长陈鑫淼进行汇报，传达学习上级审计委员会会议精神，汇报《关于2022年度上虞区本级预算执行和其他财政支出的审计工作报告（送审稿）》，审议并通过《中共绍兴市上虞区委审计委员会办公室会议制度》，进一步规范中共绍兴市上虞区委审计委员会办公室议事程序，提高工作质量和工作效率。

【财政审计】 2023年，开展财政同级审、区级部门2022年度预算执行情况审计、经开区管委会预算执行情况审计以及3个乡镇（街道）财政决算审计等项目，揭示各类问题36个，查出管理不规范金额4.46亿元。

【民生审计】 2023年，实施春晖中学、人民医院等单位财务收支审计、2022年度十大民生实事专项审计。浙江省春晖中学财务收支情况审计查出违规金额72.78万元，管理不规范金额79.83万元；绍兴市上虞区人民医院财务收支情况审计查出违规金额331万元，管理不规范金额1681.4万元；十大民生实事专项审计重点关注了提升优学善教水平方面的幼儿园和中小学建设项目、提升安居宜居水平方面的保障性租赁住房建设项目、提升防灾减灾能力方面的重点道路污水管道建设项目，揭示各类问题40个，查出管理不规范金额1205.76万元。

【投资审计】 2023年，围绕区委“青春之城”建设等重大部署，实施瓷源文化小镇艺术引领区项目预算执行审计项目，关注陶艺中心、美术馆、大师工作室、陶瓷高等研究院等项目审计报告反映投资类各项问题50多个，推动建设单位规范财务资金2532.15万元，形成专项报告1个、容错免责案例2篇。

【自然资源和生态环境审计】 2023年，共安排领导干部自然资源资产离任审计项目1个，完成的自然资源报告中的6个问题均被纳入绍兴市级综合报告。

【经济责任审计】 2023年，共安排11个单位16名区管领导干部经济责任审计，编制《2023年领导干部经济责任审计工作指导意见》，明确领导干部经济责任审计六个方面主要内容和五个审计重点；完善并推动实施《深化组织部门干部监督与审计监督贯通融合的实施办法》，实现领导干部离任共同监督；全面深化审计监督与纪检监察监督、巡察监督贯通协同，开展绍兴市上虞区丁宅乡党委书记陈才华、乡长胡银洲任期经济责任审计及绍兴市上虞区丁宅乡人民政府2022年度财政决算审计、绍兴市上虞区岭南乡党委书记王凯、乡长朱嗣杰任期经济责任审计及绍兴市上虞区岭南乡人民政府2022年度财政决算审计、绍兴市上虞区人民医院财务收支情况审计等3个项目巡审联动，实现“政治体检”“经济体检”有机结合。

【审计数字化】 积极参与全省数字化改革，高标准完成省厅审计整改一体化智能管理系统、“审计大脑”、领导干部“经济体检”子应用等试点工作；开发上虞数字审计平台入选全区数字化改革场景应用项目库；开发投资系统2.0版，集成272家建设单位及中介机构，汇集2011年以来2303个政府投资项目。组建大数据分析团队，团队中获得全国、全省计算机中级职称以上人员共8名，3名干部入选大数据专家团队，区审计局撰写的大数据审计案例连续4年获省审计厅大数据审计优秀案例荣誉称号。

【审计质量控制】 制定“审计质量提升年”活动方案，编印审计业务全员全流程标准化操作指引30条，对审计计划、审计准备、审计实施、审计报告、审计整改、成果运用、审计归档等7个阶段的审计程序作出具体规定，实现各环节全链条审计质量管控。严格落实质量分级负责制、审计现场打卡、审计项目“赛马”等制度，压实审计全员责任，提升审计项目质效，2023年度1个审计项目获省优项目三等奖，4个审计项目获市优秀项目荣誉称号，实现“满堂红”。

【审计整改】 以“七张问题清单”工作为牵引，建立“一本账”，加强与省厅、市局及本级审计组沟通联系，实现“上审下”和区本级审计项目发现问题全量归集，构建高效审计整改落实体系，审计整改工作首次提交区委常委会和区政府常务会议审议，明确整改由区领导领衔，多个历史遗留问题得到解决，审计立行立改问题整改率为100%。

【内部审计】 率先探索推进国企总审计师制度，至

2023年8月成为全省首个实现区属正科级国企总审计师100%配备的县市区，此项工作3次在全省会议上作经验交流，获省委常委、常务副省长徐文光点名表扬；通过“5+8+N”内审指导模式、项目“以审代训”等方式，加强对内审队伍的管理指导，全区国企开展内审项目数量、查处违规资金均翻一番。

【审计科研】 1篇全省重点课题入选《浙江省重大科研成果》并公开出版；1篇课题入选省厅一般课题并成功结题；2篇审计论文、科研文章获评全省优秀论文及优秀调研文章二等奖；89篇审计文章在《中国审计报》《浙江日报》《浙江审计》《浙江内部审计》等刊发。 （阮思超）

统　计

【概况】 2023年，区统计局紧抓主要经济指标监测预警分析，探索构建“一体化经济运行监测分析机制”。深入开展统计专项治理行动，聚焦工业、服务业、贸易、投资四大重点专业核查企业400余家次，执法检查企业60家次（立案查处5家，处罚金额5.4万元）。夯实党建引领的统计基层基础建设，推动20个乡镇街道和杭州湾综管办“统计之家”全覆盖，实施基层统计机构星级评定。

【依法管统治统】 顺利通过国家贸易专项核查和省级统计督察，经区委常委会、区政府常务会议审议通过并印发《上虞区落实浙江省统计督察反馈问题整改方案》，落实19条整改措施，推动反馈问题整改销号。印发《统计法纳入领导干部培训必修课实施方案》，通过区委常委会、区政府常务会议、理论中心组学习等开展统计专题学习31次，推动统计法进党校2次，制作《依法统计 情系万家》动漫宣传视频。

【第五次经济普查】 印发《关于开展第五次经济普查的通知》，构建“区级—镇街—村社”三级普查工作推进机制，落实全周期经费785万元（2023年度落实400万元）。抽调13名部门骨干、聘用13名中介人员组建专班并集中办公，择优选聘“两员”988人。总结运用百官街道试点经验，通过地毯式清查、条目式审核及攻坚式验收实现清查单位“量质并举”，累计清查法人单位和产业活动单位2.9万家，个体经营户6.2万户。

【统计服务】 加强统计分析，围绕经济运行情况撰写报告30余篇，发布《上虞统计信息》《今日上虞》《上虞统计年鉴》等统计资料，聚焦工业行业结构、特色小镇、劳动力素质、建筑业“数字化”等完成调研课题4篇。配合行业主管部门抓好上规入统工作，全年新增“四上”单位113家，新增固定资产投资项目48个。吸纳17名基层统计人员到岗学习，组织开展业务培训31次，覆盖统计人员1300余名。

【基层统计工作】 动态摸排更新全区统计人员台账，探索实施统计人员统一管理，为2名取得统计职称的人员调整岗位类别，5名统计人员在岗位调整时提前报备。落实“以奖代补”政策，并为1746名统计人员发放岗位奖励329.28万元。培育统计调查中介机构，建立“统计中介机构备选库”，第三方服务已覆盖8个乡镇街道和杭州湾综管办。形成《上虞区基层网格工作制度汇编》，全方位规范基层统计工作。（丁柳青）

收入与消费

【居民收入】 据国家统计局上虞调查队抽样调查显示，2023年上虞全体居民人均可支配收入66700元，同比增长5.1%。分城乡来看，城镇居民人均可支配收入81366元，同比增长4.5%，农村居民人均可支配收入47567元，同比增长5.8%。

【四项收入】 收入来源看，2023年上虞全体居民人均工资性收入44904元，同比增长4.0%；人均经营净收入11196元，同比增长8.2%；人均财产净收入3571元，同比增长2.1%；人均转移净收入7029元，同比增长8.9%。

【居民消费】 2023年上虞全体居民人均生活消费支出40954元，同比增长7.6%；其中城镇居民人均生活消费支出48082元，同比增长6.9%；农村居民人均生活消费支出31655元，同比增长8.5%。（陈正洁）

物价管理

【房地产价格检查】 年内，多部门联合开展房地产市场风险隐患排查，对晓风印月、虞懋府、云泰 park 等多楼盘进行价格检查，重点检查销售商品房未明码标价、未在交易场所醒目位置明码标价的行为，未按规定实行“一套一标”的行为，标示信息不全，没有按照规定内容明码标价的行为，未标明房源销售状态，已售房源所标示价格不是实际成交价的行为以及其他违反相关法律法规的行为。

【转供电价格检查】 对全区 100 余家转供电主体开展整治行动，对浙江置和物业管理有限公司违反物价管理进行处罚，清退 78.19 万元，罚款 10 万元。

【非学科类培训机构收费检查】 开展非学科类培训机构收费排查，共排查区内非学科类培训机构 40 家，发现 2 家未明码标价，责令当事人整改。

【民生服务价格违法行为查处】 密切关注民生服务价格舆情，围绕医疗、教育、新开楼盘等重点民生领域价格热点问题，2023 年共办理民生领域案件 48 起，罚没款共计 20.51 万元。 （章 炯）

商品市场

【概况】 2023 年，全区已登记发证商品市场 40 家，其中农贸市场 31 家，专业市场 9 家，总经营面积 17.5 万余平方米。已创建省放心农贸市场 21 家、五化市场 13 家、五星级文明规范市场 1 家、四星级文明规范市场 2 家、三星级文明规范市场 19 家、二星级文明规范市场 5 家、一星级文明规范市场 4 家。完成 7 家省级放心农贸市场、1 家五化农贸市场、13 家省星级市场、1 家最清洁农贸市场的创建验收工作。

【放心市场创建】 2023 年，崧厦农贸市场、道墟农贸市场、章镇农贸市场、谢塘农贸市场、长塘农贸市场、亿家农贸市场、永和农贸市场 7 家市场创建为省放心农贸市场。创建市场累计投入 760 万元。

【五化市场创建】 中欣农贸市场通过第四批省“五化”市场验收。

【市场提星升级】 2023 年，崧厦农贸市场、道墟农贸市场、章镇农贸市场、谢塘农贸市场、长塘农贸市场、亿家农贸市场、永和农贸市场、绍兴大通集团公司农副产品批发交易市场、绍兴市上虞区服装市场创建为三星级文明规范市场，万都农贸市场创建为二星级文明规范市场，梁湖农贸市场、陈溪农贸市场、岭南农贸市场创建为一星级文明规范市场，创建市场累计投入近 800 万元。 （吴土强）

知识产权保护

【概况】 2023 年，全区共授权专利 4974 件，其中发明专利 779 件、实用新型 3248 件、外观设计 947 件。全区已拥有注册商标 23254 件，拥有中国驰名商标 19 件，集体商标 10 件，地理标志证明商标 1 件。

【知识产权奖项培育】 2023 年，精准实施各类知识产权奖项培育，新和成特材、卧龙电驱、女儿红酒业等 3 家企业分别获省政府知识产权一、二等奖，成功培育国家知识产权示范企业 3 家，优势企业 1 家，省知识产权示范企业 5 家。

【知识产权质押融资】 常态化建立知识产权质押融资“白名单”，全年知识产权质押融资金额突破 25 亿元。

【知识产权保护监管】 2023 年聚焦重点领域查办市场监管领域知识产权行政案件 43 起，罚没款 30 余万元；移送涉嫌刑事犯罪案件 3 起，案值逾百万元。依据国家局批复查办的某风机商标侵权案入选省局铁拳行动典型案例。持续推进知识产权纠纷多元调解和机制优化，联动调解知识产权纠纷案件 70 余起，涉诉金额近百万元，调撤率达 94.1%，入选浙江省知识产权强国建设典型案例 1 例。

【知识产权创造保护】 配合打造“上虞尚品”区域公用品牌，“二都杨梅”地理标志证明商标获农商行授信 1 亿元。至 2023 年末，全区每万人高价值发明专利拥有量达 21.85 件（按全区人口 80.24 万人计），有效发明专利 4685 件。

【知识产权领域纠纷调解】 依托“法护知产”平台，继续完善知识产权领域失信联合惩戒机制，实现信息共享、双向预警、失信联惩。拓宽知识产权多元解纷网络，实现司法保护、行政保护及社会共治的优势互补。2023 年联合调解成功 62 件涉企案件，完成 79 件涉企案件调查回函，8 件涉企案件执法监督，一审服判息诉率超过 95%。获批专利行政裁决规范化国家级试点；完成全市首起专利侵权纠纷案件的“行政调解+司法确认”程序。

【知识产权宣传】 将知识产权相关法律法规宣贯工作纳入区“八五”普法，先后开展线下培训讲座、线上有奖竞答、选送讲师送法下乡等活动。打响“虞你同行”系列品牌，开启“知产直通车”，以区政府名义发布知识产权保护典型案例；开设“知识产权大讲堂”，对辖区 50 多家（拟）上市企业开展海外知识产权纠纷应对指导，对阳光照明开展海外维权援助。

【知识产权服务】 建设知识产权“一件事”集成式服务平台，提供包括专利检索、导航分析、数据挖掘、整合加工和应用等可视化服务，制发《知识产权行政合规指引》，为企业开设知识产权保护、商标品牌建设等培训，加快打造“增值式”政务服务改革标志性成果。新建机械仪器协会、虞南 2 个省级品牌指导服务站，推动成立绍兴市风机产业知识产权联盟。

（周福莉、葛　逡、王乙锦）

工商行政管理

【概况】 2023 年，上虞区市场监管局进驻窗口事项共计 173 项，“最多跑一次”事项占比达 99%以上。进驻窗口事项已实现网上办理、手机移动端办理，2023 年全区新设市场经营主体网报办结率 99.84%，新设企业网报办结率达 99.95%。

2023 年共接收投诉举报 7801 件，其中投诉 5891 件，举报 1910 件。全年共接收投诉 5891 件，受理 5185 件，办结 5891 件，按时初查率 100%，办结率 100%，调解成功率 56.62%高于全国平均水平。全年共接收举报件 1910 件，核查 1910 件，按期核查率 100%；立案 645 件，办结 1910 件，按时办结率 100%。

【企业年报、市场主体退出清理】 开展 2022 年度企业年报工作，上虞区应参加 2022 年度年报的企业 32467 家，完成年报并公示的 31390 家，年报率达 96.67%，全零申报率 1.98%，月度平均精准计划率 69.52%，综合绩效 81.12%，位居绍兴市第一。应参加农民专业合作社 667 家，完成年报并公示的 613 家，年报率达 91.9%。应参加个体工商户 65139 户，完成年报并公示的 39495 户，年报率达 60.63%。全年共依法吊销企业 885 家，农民专业合作社 21 家。吊销（未注销）满三年以上企业强制注销 323 家。

【企业准入和退出机制】 2023 年继续续深化企业开办全流程“一件事”服务模式，实现企业开办“一门进出、一窗受理、一套材料、一次采集、一网通办、一日办结”，企业开办实现营业执照、发票申领、银行开户、公章刻制、公积金登记和社保登记全流程“一日办”。简化外资企业认证手续，优化审批流程，实行“注册登记内外资一致”“非禁即入”“应放尽放”。同时，持续优化企业退出机制，鼓励企业通过“企业注销一网服务平台”进行注销申报，实行市场主体“自主退出，自行公示”，联动实施证照并销、破销联办、简易注销的“一网通办”。

【服务市场经营主体】 2023 年共办理“证照分离”事项 5822 件。2023 年全区新设市场经营主体网报办结率 99.84%，新设企业网报办结率达 99.95%。2023 年办理市内跨区域迁移“不见面”办理 112 件。2023 年办理个体工商户经营者变更“一件事”1265 件，平均为个体工商户经营者节省办理时间 50%以上。推动企业各类信息“应联尽联”，全景展示，精准画像，实现“一码登录、无感办事”，全区电子营业执照下载量达 9 万余次。

【降低企业开办成本】 依据《上虞区新开办企业“零成本”工作实施方案》，持续推行新开办企业刻制第一套公章费用（包括单位公章、合同专用章、发票专用章、企业财务章）、税控设备（含首年服务费）全部由政府买单，营业执照、公章、税控设备、发票全省范围内邮政 EMS 寄递送达，快递费用由政府财政统一支出，2023 年度，此项政策惠及 4500 余家企业，减免费用达 80 余万元。

【扶持个体户发展】 建立由市场监管、发改、经信等 15 个部门组成的扶持个体工商户发展工作联席会议制度，形成责职分工明确、工作机制完善、部门协同推进的工作格局。推出个性化纾困政策，进一步减负纾困助力经济稳增长，有效抓紧抓实“5+4”稳进提质政策包。对 2023 年度童装、风机、伞件产品检测费用补助进行兑付，累计补助 26.8 万元，还推出 2023 年风机、伞件二大块状经济的个体小微主体享受检验检测费用减免 50%的优惠政策。开展备案非标电动自行车提前淘汰置换活动，发放 400 万元专项消费券用于鼓励置换。实行个体工商户监测分析制度，每季度采集 5000 户个体工商户经营数据，形成高质量的个体户数据分析报告，更好地鼓励、支持和引导个体经济健康发展。开展首批个体工商户“名特优新”评定活动。至 2023 年，上虞区经评审认定的“名特优新”个体工商户共有 175 户，其中“知名类”21 户、“特色类”21 户、“优质类”133 户。开展第二届“全国个体工商户服务月”活动，组织邀请 20 名个体工商户行业代表和发改、经信、税务、人行等 16 个区直职能部门，召开“政策服务面对面部门携手双对接”——“全国个体工商户服务月”活动专场。3 家个体工商户被评为浙江省先进个体工商户。

【放心消费在上虞】 2023 年，继续开展放心消费在上虞建设，动态培育放心消费单位 3510 家，新增线下无理由退货单位 1095 家，放心工厂 760 家，创建放心消费示范街区（商圈）5 个，消费维权联络站 35 个，放心消费乡村 2 个。基层维权站点规范建设持续推进，2023 年共有 4 个点位通过基层维权站点规范化建设验收，分别是崧厦分局、东关所、驿亭所、小越所。健全 ODR 企业创建，指导平台企业、大型商超、村（居、社区）等规范化开展消费维权工作。

（朱一超、王　栋、傅丕明、丁培丽）

交易监管

【“互联网+监管”模式】 制定《上虞区市场监管领域 2023 年度区级部门联合随机抽查计划》，重点纳入民生关系密切、多部门监管、基层重复检查交叉执法发生频率高的事项，涉及市场监管局、教体局、交通局等 23 个部门。截至 2023 年末，上虞区掌上执法开通率 100%，掌上执法激活率 100%，掌上执法率 100%，应用信用规则率 100%，双随机事项覆盖率 100%，到期任务完成率 100%，跨部门监管率 39.79%，事件处置率 100%，公示率 100%。相关指标均已达到省定考核指标要求。同时，对不同风险等级、不同信用水平的检查对象采取差异化监管，合理设定抽查比例，加强抽查精准性，提高问题发现率；对检查中发现的违法违规问题，根据情节轻重，综合运用约谈、警告、责令改正等措施，以及行政强制、行政处罚、联合惩戒、移送司法机关等手段依法处理，通过对轻微违法、初次违法的小微企业采用包容审慎的“柔性执法”，下达行政指导意见，第一时间予以提醒提示，教育规范。

【信用信息平台深化运用】 上虞区企业信用信息云服务平台自 2015 年 12 月 30 日运行以来，数据量已达 6.19 亿条，查询次数达 22.26 万余次。截至 2023 年底，已向银行业金融机构筛选推送相对优质企业 49590 家次。上虞农商银行、浙商银行上虞支行、上虞富民村镇银行依托平台信用信息对运行良好的小微企业发放信用贷款 1564 笔，总计达 10.88 亿元。

【无照整治】 2023 年，检查发现无照 38 户，其中补办执照 6 户，自行关闭 3 户，依法查办无照案 29 件，罚没 17.78 万元。

【企业信用修复】 建立市场监督管理部门信用修复机制，2023 年共修复 428 条不良失信记录。

【网络交易监管】 拓宽办案领域，统合网监线的网络违法案件和知识产权线的直播违法营销案件，在“公平在线”中下发网络直播营销违法线索 103 条。全年共立案处置各类网络违法的大要案 23 件，涵盖虚假宣传、不正当竞争、商标侵权、认证认可、药械安全等各大领域。

（王　栋、丁培丽）

宏观经济管理

【概况】 2023年，上虞区实现地区生产总值1317.72亿元，按可比价计算增长7.6%。综合实力首次闯入30强，名列29位，比上年上升4位。按户籍人口计算，人均生产总值184995元，增长8.1%，按年平均汇率（7.0467）计算，人均生产总值达26253美元。实现社会消费品零售总额446.76亿元，增长7.4%。全年居民人均可支配收入66700元，增长5.1%。全年完成固定资产投资362.24亿元，增长20.0%，比绍兴平均高10个百分点，居首位。其中交通能源和水利投资、高新技术产业投资、制造业投资分别增长41.4%、19.2%、21.4%。制造业投资和民间投资占比分别为29.7%和61.2%。引进10亿元以上项目14个，其中100亿元以上2个，单年招引落地数历史最多，获全省“招大引强”十强县（市、区）。上虞区获评省夜间经济特色城市。

【创新深化改革攻坚开放提升工作】 深入实施“八八战略”强力推进创新深化改革攻坚开放提升和“十项重大工程”，编制《绍兴市上虞区深入实施“八八战略”强力推进创新深化改革攻坚开放提升工作总体方案》，组建工作专班。工程晾晒上，省晾晒累计获评五星12次、居全市第2；2023年年度工程评价创新深化、改革攻坚及营商环境优化提升、扩大有效投资“千项万亿”工程、县城承载能力提升和深化“千村示范、万村整治”工程、绿色低碳发展和能源保供稳价工程等获A档评价；指标晾晒上，2023年17项综合晾晒指标中，6项指标排名全省10%～25%（地区生产总值增速、规上工业增加值增速、固定资产投资增速、实际使用外资、协同高效监管执法率、民间投资占固定资产投资比重），9项指标排名全省25%～75%，2项指标排名全省75%～90%。

【中长期规划编制】 编制《关于绍兴市上虞区2022年国民经济和社会发展计划执行的情况报告及2023年国民经济和社会发展计划草案的报告》《关于绍兴市上虞区2023年上半年国民经济和社会发展计划执行情况的报告》，提交区人大常委会、人代会审议通过。起草《关于绍兴市上虞区2023年国民经济和社会发展计划执行的情况报告及2024年国民经济和社会发展计划草案的报告》。完成“十四五”规划中期评估。

【未来城战略规划编制】 强化三城联动，突出“产城人文景”全面深度融合，谋划未来城空间和产业规划布局先手棋，形成《上虞未来城战略规划》。

【上海·上虞周】 3月20日，2023“上海·上虞周”开幕式暨上虞“青春之城”接沪主旨大会在上海静安区举行。活动现场，上虞与复旦大学、普陀区人民政府、世邦魏理仕等签订了战略合作协议。另有乐凯数能、拓弘医药、鸿宝新能源等26个重大合作项目签约落地，主旨大会合计签约项目32个，总投资额336.58亿元。

【产业研究】 开展长三角一体化背景下加快上虞区半导体材料和装备产业发展研究，依托国家级、省级大平台，培育形成“面向世界、引领未来、辐射全省”的半导体材料和装备地标性产业链；开展上虞区汽车零部件产业发展研究，助推上虞汽车零部件产业集群整体规模实现跃升；开展PPS领域新材料产业链发展路径研究，探寻高端新材料产业发展之道，积极打造一流新材料产业集群。

【政策出台】 全力促进“开门红”，《上虞区“抢开局、拼经济、稳增长”若干意见》于1月20日印发出台；牵头推动“1+9”政策修订完善，《关于进一步促进经济高质量发展的若干意见》《关于推进“三农”高质量发展的若干政策》《关于促进文化产业发展的若干政策》《关于加快建设新时代“名士之乡”人才高地的若干政策》4个政策于2月17日印发，《关于加快工业经济高质量发展的若干政策》《关于加快现代服务业高质量发展的若干政策》《关于促进建筑业高质量发展的若干政策》《关于加快科技创新的若干政策》《关于鼓励支持开放型经济发展的若干政策》《关于金融支持经济高质量发展的若干政策》6个政策于2月24日印发；大力助推民营经济发展，《绍兴市上虞区大力促进民营经济提质升级若干措施》于12月1日印发。

【项目推进】 坚持重大项目推进“八大机制”，实行双月投资赛马晾晒，创新开展现场“读地”活动，深入开展重点项目企业“大走访大调研大服务”，协调解决各类困难问题221个，省“千项万亿”、省重大产业、省集中开工、省市县长、省重点建设等项目开工入库率均实现 100%。举办第二届“青春之城”高质量发展项目谋划擂台赛，谋划项目107个，评选获奖项目35个。

【要素争取】 全年共争取土地指标2928.9亩，其中争取省重点建设项目10个，获“戴帽”土地指标2154.2亩，争取省重大产业项目3个，获奖励土地指标774.7亩；争取专项债券资金50.22亿元；新增用能67万吨标煤。 （叶　舟）

广告管理

【概况】 2023年，全区登记在册广告经营企业2106家，其中中国广告经营企业一级资质1家，二级资质4家，三级资质4家。全区广告经营企业广告经营额突破5亿元。

【“护航亚运”广告治理】 有效识别并坚决整治各类借“杭州亚运会”“搭便车、蹭热点”“打擦边球”等商业广告乱象，2023年出动执法人员626人次，检查广告经营主体313家。

【广告业高质量发展指数调研】 开展广告经营企业全覆盖大调研大走访，共摸排全区规上企业9家，事业单位2家，规下企业2095家，规下企业完成调研率达373%。

【广告查处】 落实完善广告违法行为通报制，对房地产、医疗、教育培训、投资理财、保健品和特殊医学用途配方食品等不同领域涉嫌违规的广告进行通报。根据本区实际，组织开展医疗、烟草、教育培训类广告专项集中整治。2023年全年查处广告违法案件16件，罚没金额14.9万元。

（周福莉、葛　逡、王乙锦、章　炯）

安全生产监督管理

【矿山企业安全监管】 2023年，上虞区持续推进矿山数字化建设，紧盯重要时间节点，结合会议部署、日常检查、专项整治、成效评分等工作持续推进矿山数字化建设，2家中大型矿山已完成基础数字化建设，并与省平台实现贯通。6月初，迎接国家矿山安全监察局第三督导组督导检查，发现并整改问题13处，其中“未及时更新地质水文资料”作为“七张问题清单”已顺利销号。

【一般工矿企业监管】 2023年，上虞区大力推进印染“固本提质”、“园中园”、“厂中厂”、村级出租园（厂）区、涉爆粉尘等各类攻坚整治行动。组织开展印染行业现场推进会、负责人约谈会、有限空间“四类人员”培训考试等，聚焦基础管理、体制机制、应急能力、人员管理、监管责任推进21家印染企业落实16项举措。制定“园中园”“厂中厂”风险评估及分级管理意见，评定C级小微企业园、C级厂中厂并开展专家驻点提升。制定涉爆粉尘10条整治标准，以排查“零盲区”、检查“零死角”、整治“零懈怠”、打击“零容忍”四零举措为抓手，全力以赴做好涉爆粉尘企业专项整治行动。

【安全生产专项执法行动】 2023年全区安全生产领域立案425件，同比上升57%，罚没总额675.5万元，同比下降16.7%，5万以上案件33件，办理行刑衔接案件3起。局本级全员执法案件215件，其中执法队113件，危化科45件，监管科40件，办公室4件，救援科5件，指挥科2件，协调科3件，服务中心3件；委托执法案件210件，罚款177万元，分别上升31.2%、8.2%。2023年省安委办下发的典型案例中，上虞区应急管理局办理的主要负责人履职、买卖国家机关证件、非法经营柴油三起安全生产违法行为典型案例，为全市第一。

【安全生产培训考核】 2023年完成培训19015人次，全市首个县市区完成培训任务。全民安全素养提升大培训行动：针对不同对象及行业开展五大提升培训班：

组织企业负责人安管员继续教育轮训班 21 期；直播形式每月一期开展移动应急学院主题公开课活动 8 期；组织企业点单送教进企 20 场；开设行业专项整治辅导班 4 场。开展应急科普下基层 20 场：累计培训各类人员 15000 余人次。2023 年,三类人员培训 13407 人（其中高危企业负责人、安管员 1403 人，焊工 2794 人，电工 2169 人，危化作业 3523 人，高处作业 780 人，一般工贸企业 2738 人），取证 10647 人。（陈　航）

质量技术监督管理

【概况】 2023 年,28 家企业进入政府质量奖培育库，建立“浙江制造”培育库 18 家。培育区内企业获省质量管理创新奖 1 家。培育绍兴市标准创新重大贡献奖 1 项，新增主导和参与制修订国家标准、行业标准 43 项，发布“浙江制造”标准 11 项，获评“浙江标准” 2 项，16 家企业通过认证成为“品字标”企业，获得产品证书 16 张，国际互认证书 6 张。电机行业智能工厂建设标准应用试点项目入选智能制造标准应用国家级试点，新增市级标准化试点 2 项，“人民调解服务”“乡村文明信用” 2 个项目分别通过国家级和省级标准化试点验收。深入实施“小微企业三年成长计划”，总结提炼小微企业质量认证提升“315”工作法，获市场监管总局发文推广。联合农商银行出台“质量认证贷”“绿色认证贷”，授信达 4300 万元。

【特种设备监管】 2023 年度未发生特种设备安全生产事故。截至 2023 年 12 月，上虞区共有在册固定式特种设备 40313 台（套），其中锅炉 186 台，压力容器 22142 台，起重机械 5150 台，电梯 9049 台，场内专用机动车辆 3784 辆，大型游乐设施 2 台，设备总量较上年同期增加 3197 台（套），增幅为 8.6%，略低于前五年平均增长水平；从单类设备来看，增速位居前三位的分别是电梯年增长 13.8%、起重机械年增长 11.9%、场（厂）内专用机动车辆年增长 11.5%；从设备增加的数量来看，增加量最多的是压力容器，全年增加 1155 台（套）。全年出动检查人员 3676 人，检查特种设备使用单位 1736 家，排查特种设备 5260 台套，发现安全隐患 643 条，发出特种设备安全监察指令书 123 份；对全区 612 家特种设备使用单位实施日常监督检查，对全区 27 家气瓶和移动式压力容器充装单位实施年度检查，配合检查生产单位 16 家；全年共查处特种设备严重违法行为 46 起（已结案 46 件），罚没金额 132.1 万元；处理应急处置和投诉举报 254 件。

【产品质量监管】 2023 年，省市区三级市监管部门共抽查上虞区生产领域纺织、化工、机械、建材等行业产品 474 批次产品，合格 456 批次，批次合格率为 96.2%，比上年同期上升 1.61 个百分比。全年区级流通领域抽查成品油、燃气具、电动自行车、儿童产品等产品共 218 批次，合格 201 批次，合格率 92.2%；配合省市二级市监管部门抽检流通领域非医用口罩、儿童用品、电动自行车、成品油等产品共 277 批次。开展生产领域不合格产品后处理 20 批次，流通领域不合格产品后处理 60 批次，市场反溯不合格产品的调查工作 13 批次。全年共受理申请工业产品许可 30 家，其中新发证 14 家，延续发证 7 家，变更 2 家，注销许可 7 家，全区共有获证企业 70 家。加强获证企业事中事后监管，完成对获证企业全覆盖检查，落实企业年度自查工作，年审率 100%。工业产品生产企业赋码 93 家，赋品类码 126 个，涉及灯具、仪器块状产品、食品相关产品、水泥、电线电缆、危化品、钢筋、校服等品种，新增完成辖区内 381 把公共充电枪强制检定和赋码。

2023 年 2 月，上虞区开展首批电动汽车充电桩强制检定工作（朱露浩　摄）

【质检计量】 质检计量所承担实施 6 大类 322 批次产品监督抽检、10 批次定量包装产（商）品双随机计量监督检查（批次合格率 100%）、对 30 家集贸市场

1959 台件登记的计量器具开展强制检定（合格率 99.3%）、对 20 个乡镇及区级医院 1704 台（件）计量器具强制检定（首检合格率 88%，修后检定合格率 99.9%）、对 10 家大型超市 245 台在用衡器及 2 家药品连锁店的 68 家门店 85 台（件）衡器及 120 家次加油站燃油加油机 1589 枪的强制检定，全年共完成强检计量器具 48353 台（件、套）。

全年服务企事业单位强检在内的计量器具量值溯源检定校准 7.221 万台（件、套），组织开展实验室开放活动 167 批次，完成企业送检委托检验 1184 批次，实施企业纾困和三年内新办小微企业减免，为企业累计纾困减免费用达 35.1 万元。

主导的省自然科学基金基础公益研究计划项目“基于集群智能的建筑物通风系统关键技术研究与开发”通过省自然科学基金委员会办公室考核验收。“基于机器视觉的晴雨伞智能开合疲劳试验装备研发”科研项目被列入省局 2023 年度科技计划（全额自筹）项目。2023 年全年共发表技术论文 6 篇、取得实用新型专利 3 个、参与国家标准起草并发布 2 项、参与浙江制造团体标准起草 3 项。省伞件质检中心搬迁后顺利通过省级资质认定（CMA）现场评审及国家实验室认可（CNAS）现场评审，中心共 9 类产品 89 项目取得检验资质，组织 113 项（检定项目 56 个，校准项目 53 个，检测项目 4 个）通过法定计量检定机构省级计量授权复评审考核。组织并完成球压试验等 4 个能力验证与纯铜中化学成分分析等 2 个测量审核，省局组织的膜式燃气表检定比对及绍兴市局组织的燃油加油机计量比对项目取得预期结果。2023 年，质检计量所组织 8 次内部人员比对与 3 次实验室间比对、50 次质量监督活动、29 次人员培训，涉及培训人员 130 多人次。（石玮杰、胡浩梁、朱露浩、章　烽、余培铨）

食品药品监督管理

【概况】 2023 年新增四星级食安办 4 家，累计建成五星级食安办 1 家、四星级食安办 9 家、三星级食安办 10 家，三星级以上覆盖率达 100%。2023 年 8 月，上虞区被命名为“浙江省食品安全示范区”。

2023 年，全区有药品、医疗器械、化妆品监管对象 985 家：其中药品生产企业 11 家，药品批发企业 1 家，药品零售连锁总部 2 家，药品零售单体店及连锁门店 169 家，乙类非处方药经营企业 6 家，药包材生产企业 2 家；医疗器械生产及备案企业 30 家，医疗器械经营及备案企业 374 家，医疗卫生机构 388 家；化妆品生产企业 2 家。2023 年共完成药品省抽 15 批次，市抽 60 批次；化妆品生产环节省抽 12 批次，经营环节省抽 23 批次，市抽 17 批次，区抽 35 批次；医疗器械省抽 20 批次，市抽 10 批次。全年药品、医疗器械、化妆品的抽检合格率达 100%。全年上报药品不良反应 1290 例，其中新的、严重的药品不良反应报告 521 例，器械不良反应事件 471 例，化妆品不良反应案例 118 个。

【落实食品安全属地管理责任】 全区 1318 名包保干部常态化运用数字化履责平台，动态保持包保关系建立率、承诺书签订率、督查督导完成率 100%，2023 年共完成督导包保主体 5.4 万余家。

【大型活动食品安全保障】 以食品安全事件、食源性兴奋剂事件两个“零发生”为目标，制定亚运会亚残运会期间食品安全保障工作方案，围绕社会面餐饮、散装熟食经营单位、集中用餐单位等开展地毯式排查。摸排社会面餐饮 4679 家、散装熟食餐饮店 39 家、各类集中用餐食堂 776 家，签订并公示食品安全承诺书 1000 余份。

【食品生产许可】 全年共受理申请食品生产许可 37 家，其中新发证 4 家，变更延续换证 29 家，注销 4 家，全区在册食品生产企业 103 家（其中食品添加剂 6 家），申请停产 10 家。2023 年新增小作坊 11 家，在册登记小作坊共 97 家。

【食品生产企业抽检】 有序开展食品生产监督抽查，全年共抽检 256 批次，不合格 1 批次，其中“链上点检”抽检 62 家。

【阳光系列建设】 推进阳光化建设，完成 2023 年度新设在产食品生产企业“阳光工厂”硬件安装建设 3 家，食品小作坊“阳光化”建设 4 家，确保源头追溯数据贯通。

【GM2D 示范区建设】 全球二维码迁移计划（简称GM2D）示范区建设稳中有进，食品生产流通领域，全区在产食品生产企业实体赋码 161 个，区内订单码箱码落地 1430 个，应用二维码扫码解析插件商超 12 家，扫码结算数据回传超 38378 条，商超浙产赋码覆盖率 86.95%，区域内商品 7 日扫码率 96.35%，十类高风险品种上链率 93.07%。2023 年试点企业绍兴女儿红酿酒有限公司生产的 2.4 万瓶“一瓶一码”身份信息的女儿红黄酒完成生产并投放市场。女儿红酒作为“上虞精品”亮相第三届中国—中东欧国家博览会。工业产品领域，推进在产食品相关产品生产企业赋码 37 家，赋码率达 100%。

【食品流通】 全年发放“保健食品专区”“未成年人禁酒温馨提示”等提示贴 2200 余张。加快推进生鲜门店规范整治，全区实际经营门店 120 余家，本地社区团购 1 家，第三方平台运营团购 3 家已全部完成“浙食链”注册上线，引入第三方“快检”服务，共开展检测 11000 余批次。开展生鲜灯专项整治，检查经营户超 600 户，责令整改 2 起，查处案件 2 件，张贴下发相关宣传资料 1100 余份，督促整改经营户 302 家次。严格监管第三方快检工作，全年完成快检约 40 万批次。有序推进全年抽检工作任务，全年完成抽检 1542 批次，对 64 批次快检阳性妥善完成后处置工作，配合开展食安月宣传教育，组织开展“百姓点检”“你点我检” 184 批次，开展进社区、学校、机关、市场等 12 场次，服务群众超 600 人次。指导督促辖区内食品流通企业开展“两个责任”落实工作，完成省局“两个责任”异常标注企业的核查与反馈，并对清明、“六一”、端午等重要节假日，中高考、亚运会等重点时段以及长江禁渔、茶叶、时令水果等重点对象开展相关检查 20 余次。

【餐饮安全】 围绕社会面餐饮等开展排查，共摸排社会面餐饮 4679 家、散装熟食餐饮店 39 家、各类集中用餐食堂 776 家。推进问题整改，聚焦系统性、区域性食品安全风险，共责令整改 272 家，取缔无证经营 1 家，查办食品移刑案件 8 起。强化风险防控，依托“阳光厨房”等数字化平台，针对采购食材等环节开展线上“无感监管”，及时纠正操作不当行为，闭环处置率达 100%。根据《2023 年食品安全监督抽检计划》要求，餐饮单位监督抽检需完成的 1316 批次抽检数量已全部完成。加强网络餐饮服务食品安全监管，每月抽取 10%开展外卖商家线下巡查，截至 2023 年底，已开展线下巡查 1189 家次，“阳光厨房”覆盖率为 91.06%，在线率为 86.85%。针对学校、养老机构、医疗机构食堂等重点单位开展集中用餐单位食品安全专项整治行动，全区 174 家学校食堂、300 人以上医疗机构食堂已全覆盖“阳光厨房”，养老机构“阳光厨房”占总数的 66.67%。

【药品领域“除险保安”】 深入开展涉疫药械稳价保质专项行动，重点加强对“解热镇痛”类药品以及列入新冠诊疗方案的涉疫药品开展检查，共检查重点保供药品零售企业 59 家，重点保供批发企业 1 家，重点保供网络药品销售企业 17 家，抽样相关药品 32 批次，加强网售药品监测，确保涉疫药品质量安全。强化涉疫医疗器械经营环节监管，共检查医疗器械经营批发企业 200 家，抽样 6 批次，对发现的 36 个问题督促责令整改，对涉嫌违法行为立案 7 起。强化涉疫医疗器械生产环节监管，立案查处涉嫌在未经许可的生产场地生产制氧机的行为 1 起。

【医疗器械化妆品经营环节监管】 全面保障亚运期间药品安全，对 2 家亚运保障酒店开展化妆品质量安全专项检查，抽检化妆品 9 批次；亚运保障酒店周边 23 家零售药店开展全覆盖药品安全专项检查，抽检药品 37 批次。按不同阶段，加强对含兴奋剂药品、特殊药品的监管，全面排查药品经营企业风险隐患，共检查零售药店 370 家次，检查覆盖率达 100%。印制并发放、张贴“运动员慎用”小标贴 75 万份和亚运会海报 400 份，与辖区内所有药品经营企业签订《零售药店规范经营承诺书》。组织排摸出全区范围内零售药店普通走字屏 52 块，并告知安全使用规范；对 10 家药店未按承诺使用 LED 屏，当场予以警告并责令关闭停用。 （谭　科、沈　琦、陈　琴）

财政·税务

财　政

【概况】　2023 年，绍兴市上虞区实现财政总收入 161.47 亿元，增长 14.6%。一般公共预算收入 97.67 亿元，增长 7.3%，占地区生产总值的 7.4%,占财政总收入的 60.5%。税收收入 77.24 亿元，增长 6.4%，占一般公共预算收入比重 79.1%。一般公共预算支出 137.50 亿元，增长 0.2%。全年财政收支平衡。

全年争取转移支付、体制结算补助资金 28.75 亿元。抢抓要素争取窗口期，发挥债券资金带动扩大有效投资作用，全年到位政府债券资金 52.22 亿元，其中专项债券 50.22 亿元，体量创全区历年之最，居绍兴市第一。保障重点项目推进。保障政府性项目建设资金需求，重点支持交通基础设施、市政和产业园区基础设施、社会事业、农林水及“一江两岸三城多片区”等区块建设项目，带动扩大有效投资，稳住经济大盘。

【组织财政收入】　2023 年，上虞区以财税领导小组会议为统领,发挥区级工作专班合力,锚定收入目标，实行清单化管理。摸清税源底数,培育扶持优质税源，出台加强财源建设优化乡镇财政体制运行政策。全年实现一般公共预算收入 97.67 亿元，同比增长 7.3%，税收收入占一般公共预算收入比重 79.1%。强化非税收入征管。全年征收非税收入（含税务征收）91.99 亿元，增长-51.4%，其中纳入一般公共预算管理的非税收入 20.43 亿元，增长 11.1%，占一般公共预算收入的 20.9%。

【助力稳进提质】　落实减负政策。推进企业减负降本，落实上级各项减税降费政策，全年完成增值税留抵退税 9.17 亿元。完善惠企政策。参与政策优化完善，承接省“8+4”政策体系，对接政策牵头部门，完成新一轮政策体系的修订完善和整合提升。兑现涉企资金。优化政策资金兑现流程，压减工作时限，全年兑现惠企政策资金 20.90 亿元，提前 3 个月完成年度目标。开展涉企服务。参与政企服务直通车、“益企来”等专题服务活动，发挥政府采购政策功能，2023 年全区入驻政采云平台企业新增 405 家，累计达到 3857 家；政府采购中小企业项目金额占比 97.1%，电子标占比 100%。

【财政保障民生】　2023 年，上虞区一般公共预算支出中民生支出 111.03 亿元，占比 80.8%。社会保障和就业方面，投入 21.17 亿元，优化就业扶持及困难群众、残疾人、优抚对象、孤儿、困境儿童帮扶政策，新增城镇就业 1.5 万人，帮扶重点群体 1.3 万人。民生保障方面，企业职工养老保险待遇从每人每月 2869 元提高至 2934 元，困难群体最低生活保障金从 1050 元提高到 1134 元,城乡医疗保险参保缴费补助从 1165 元提高到 1230 元。新建“晚晴食堂”10 家，“乐龄中心”4 家,保障高龄津贴 2136 万元,养老服务补贴 1949 万元。支持优化生育政策实施，助力普惠性托育机构建设。保障健康方面，投入 2.03 亿元加强基层医疗机构建设，支持医共体高品质发展，村级医疗卫生覆盖率 98.2%。保障邵逸夫医院绍兴园区、城南医用综合中心二期项目推进。投入 431 万元支持“救在身边”体系建设，基本建成 15 分钟医疗急救圈。科教人才方面，投入 3.40 亿元用于科技创新、大学研究院、科创大走廊建设和发展。投入 26.44 亿元用于巩固完善教育经费保障机制，推动教育优质均衡发展，全年新建改建中小学、幼儿园 12 所，新增优质学位 2970 个，引进“三名”教师 228 名。投入 4.69 亿元用于人才引进、高校毕业生等人才类政策，体量居全市第一。

【财政助力城乡发展】 推进城区焕新计划，标准翻番改造老旧小区 37 万平方米，房屋征收 80 万平方米，新改建口袋公园 10 个，新增停车位 3100 个。提升美丽乡村品质，实施区内山海协作，投入 6.60 亿元开展飞地抱团共富引领项目 10 个，打造共富工坊 161 个，实现全区行政村年经营性收入 80 万元以上。投入 2.10 亿元启动农村饮水共富提质三年行动，完成 37 座单村供水站改造提升，惠及 1.2 万名虞南山区群众。丰惠镇祝家庄等 6 个村抱团入选省财政厅一事一议财政奖补支持打造共富村试点项目。

【财政监督管理】 统筹财政支出结构。深化全口径预算管理改革，加强资金、资产、资源、资本“四资”统筹，全年压减非刚性、非必要一般公共预算支出 3.85 亿元。加强债务风险管控。落实“三债统管”要求，坚决遏制新增隐性债务，推进存量隐性债务化解，实现化债闭环 48.27 亿元，完成全年化债任务。加强资金运行风险管控。关注财政收支运行，守住“三保”底线，2023 年全区“三保”支出 46.29 亿元，占一般公共预算支出比重 32.7%。加强库款运行监测，严控新增暂付款项规模，提高国库支付能力。加强绩效监督管理。实施“财会监督年”活动，对 58 个区级部门单位、20 个乡镇街道和 2 个开发区开展财经纪律重点问题专项检查。完成省财政厅“揭榜挂帅”试点工作，推动部门整体绩效预算改革，入选全省变革型财政组织创建优秀实践案例。强化预算审查监督，把好预算绩效评估关口，全年对 188 个项目开展事前绩效评估，核减资金 17.30 亿元，核减率 9.3%。

【国企改革】 推进市场化转型攻坚。制定 2023 年度国有企业重大实体化项目攻坚提速年活动实施意见，确定 28 个国资国企重大实体化项目重点推进，健全项目筛选、推进、通报考核机制。培育壮大企业经营板块，提高特定领域国企的市场参与度和竞争力，增强自身造血功能。加大存量资产盘活力度，制定上虞区盘活存量资产扩大有效投资实施方案，重点挖掘人防设施、停车位、污水管网等政府性经营资源，推进资产摸排梳理、转性注入。发挥产业基金引领作用。聚焦新能源、新材料等新兴产业，指导财新创业基金、中金曜盛基金开展项目筛选尽调及投资决策，完成惟精新材、摩路新材等 5 个项目投资，完成投资金额 4766 万元。细化国资国企基础管理。将区属国有企业年度综合考核纳入区委考核工作，优化完善考核指标体系。组织国企党建工作，实施“红领项目”活动，推进清廉国企建设。（许坚颖）

税　务

【概况】 2023 年，累计完成各项税收收入 140.75 亿元（含海关代征增值税、消费税，未扣减出口退税），比上年增长 8.58%。其中，税务部门组织收入 140.75 亿元，增加 11.13 亿元，增长 8.58%；办理出口退税（含免抵调库）31.17 亿元，比上年减少 1.73 亿元，下降 5.26%。

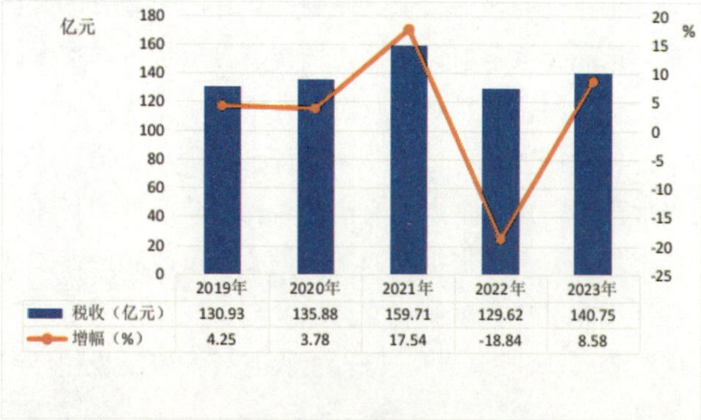

图 3　2019—2023 年上虞区税收收入情况

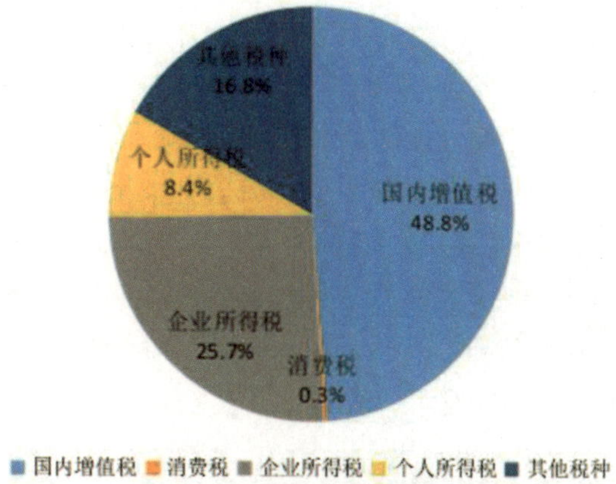

图 4　2023 年上虞区税收收入分税种结构

【社会保险费和非税收入】 2023年，绍兴市上虞区税务局组织社会保险费收入（含职业年金）67.77亿元，比上年增加0.69亿元，增长1.03%。组织非税收入78.46亿元，比上年增加75.56亿元，增长49.06%。优化社会保险费、非税收入分类管理制度，配合做好分类编制征收管理操作规程以及缴费指引工作，推进社会保险费和非税收入管理的规范化、标准化。

【税务法治】 深入落实国务院办公厅印发的《提升行政执法质量三年行动计划（2023—2025年）》，贯彻“首违不罚”理念，深化税务司法协作，拓展税检、税院、税律合作机制，推动税务执法、破产保障等工作提质增效。深化“绿色税收联合执法”项目，结合上虞区环境问题和特点进一步细化联合执法方案。严格执行税收执法人员持证上岗和资格管理制度，夯实公职律师队伍建设，截至2023年12月31日，绍兴市上虞区税务局公职律师共计10名。

【税种管理】 2023年，绍兴市上虞区税务局联合地方政府部门挖掘地区经济韧性与潜力，加深对增值税、所得税、地方税等重点税种的关联分析。有序完成2023年度个人所得税综合所得汇算清缴15.18万人次、企业所得税汇算清缴3.06万户次。顺利完成森林植被恢复费和草原植被恢复费两项非税收入征管职责划转，实现“林草两费”线上互联互通、缴费人零次跑。

【税务监管】 完善“信用+风险”新型监管机制，实施分级分类监管，切实增强监管的针对性和有效性。认真落实涉税专业服务监管办法，稳妥推开涉税专业服务精准监管模式。深化“成品油综合智治”平台应用，聚焦全产业链常态化推进成品油消费税提级监管。

【税务信息化建设】 落实过“紧日子”要求，稳步推进“信息管财”，财务管理和政府采购规范提升。深化应用土地增值税信息管理和税务地理信息系统，全面推行清算审核“全流程上网”、财产和行为税税源可视化管理。配合省、市税务局进一步探索优化信息系统、缴费人端特色软件的方向方法，严密落实适应社保费相关配套制度。深化应用土地增值税信息管理和税务地理信息系统，全面推行清算审核“全流程上网”、财产和行为税税源可视化管理。

【税收经济分析】 持续完善税费收入预测机制，抓好重点税源和税收调查，密切跟踪分析经济税源形势和结构变化对收入的影响，科学精准预判经济税收走势。2023年，绍兴市上虞区税务局累计形成各类税费分析成果30篇，其中2篇分析报告获上虞区委主要领导肯定性批示，《上虞区组合式税费支持政策效应分析》纳入浙江省税收经济分析优秀成果汇编。

【大数据和风险管理】 促进上虞区统计局、上虞区医疗保障局等重点部门、领域数据的向内归集，不断完善税费大数据体系，运用税务算法深化企业、个人等税费信息智能归集及比对分析，提升以数治税效能。持续完善一体化风险防控体系，落实税收风险事项扎口管理。重点启动针对建筑行业税收管理专项活动，2023年，累计核实疑点企业70户。推动风险防控事项向治税带队领域深度拓展，全面推开重点风险岗位一般干部的交流轮岗。

【巡察工作】 将迎接2024年党的二十大届期浙江省税务局党委巡察工作作为检验绍兴市上虞区税务局贯彻落实习近平新时代中国特色社会主义思想主题教育成果、改进工作作风、推动队伍建设的重要契机，认真提前梳理各项工作内容，全面开展自查自纠，查缺补漏。

【税收宣传】 2023年，绍兴市上虞区税务局税收工作相关经验亮点先后被浙江省以上媒体刊发50余次，被央视《新闻联播》栏目报道4次，其中微电影《藏马》获得第30届大学生电影节“中国税收”特别单位“优秀作品（二等奖）”、第10届亚洲微电影艺术节剧情片单元“最佳作品”和优秀创作单元“最佳摄影”双料奖。

（刘　水）

农业

综述

【农业发展】 2023年上虞区实现农林牧渔业总产值80.45亿元，按可比价计算增长4.0%。其中农业产值58.98亿元，增长5.3%；林业产值5.25亿元，增长2.6%；牧业产值3.27亿元，下降14.5%；渔业产值11.38亿元，增长6.2%；农林牧渔服务业产值1.57亿元，增长3.8%。年内生猪出栏9.22万头，下降6.9%；牛出栏92头，下降41.0%；羊出栏2.18万头，增长21.8%；猪肉总产量0.77万吨，下降6.0%；禽肉总产量0.15万吨，增长11.8%；蔬菜产量56.35万吨，增长3.9%；瓜果产量5.29万吨，增长3.3%；园林水果产量12.57万吨，增长14.0%；茶叶产量1835.86吨，增长11.1%；水产品产量2.50万吨，增长5.6%。（章妙芬）

【高标准农田建设项目】 全年，绍兴市农业农村局批复高标准农田建设项目9个，计划建设高标准农田面积942公顷，计划总投资5612.78万元，其中，高标准农田（粮功区）改造提升建设项目4个，改造面积463.13公顷，计划总投资2718.98万元；新建高标准农田建设项目5个，建设面积478.87公顷，计划总投资2893.8万元；9个项目建设期限均为两年。（蒋鑫亮）

【土壤保护】 开展供给端“配方肥替代平衡肥”行动，全年累计推广应用配方肥1.48万吨，有机肥1.55万吨，主要农作物测土配方施肥技术覆盖率达到90.4%。做好全区28个省级农用地土壤污染监测点和6个长期定位地力监测点的监测，完成12个水稻田地力监测试验。培育省级健康土壤基地2个，全年取土检测1187个。

开展第三次全国土壤普查，2023年完成表层样品采样调查746个、样品制备568个、样品检测539个。（俞海平）

【政策性农业保险】 全区农业政策性保险基本实现常规农险品种全覆盖，基本涵盖全区主要种养殖品种。2023年共实现政策性农险总保费3611.2万元。支付政策性农险赔付3899户次，赔款共计3985.13万元。其中中央省险种政策养殖险赔款511.24万元；政策种植险2449.89万元；地方品种合计赔款1024万元。（徐小燕）

【农产品质量安全】 组织实施2023年农产品质量安全监测，完成区级定量监测1796批次（其中监督抽查952批次，定量风险监测844批次）。完成绍兴市级以上监测抽样522批次，省级种养殖及屠宰环节例行监测合格率100%。开展绿色优质农产品认证，2023年新申报绿色食品5个，续展11个，获得新认证绿色食品6个。《绿色食品二都杨梅生产技术规程》以团体标准由浙江省绿色农产品协会发布。开展农产品标准化生产绩效评价，累计确定C级以上主体15家，其中B级3家，C级12家。通过省级农产品质量安全放心县动态监测评价。（吕靖芳）

种植业

【概况】 全区粮食播种面积32117.6公顷，较上年减少1.32%，粮食总产量20.09万吨，较上年增长2.97%。其中，小麦面积3561.8公顷，较上年增长5.59%，产量1.55万吨，较上年增长9.15%；早稻面积7650.1公顷，较上年增长1.46%，产量5.31万吨，较上年增长1.53%；连作晚稻面积7502.1公顷，较上年减少12.77%，产量 5.15 万吨，较上年减少 10.75%；单季晚稻面积 6617.3 公顷，较上年增长 4.26%，产量 5.52 万吨，较上年增长 13.81%。开展粮食高产创建，全年创建省级水稻绿色高产高效千亩示范片 5 个，面积 340 公顷，区级高产创建示范方 11 个，面积 102.9 公顷。

2023 年粮食播种面积居全省第二、粮食总产量居全省第二，上虞区连续四年获评“全省产粮大县”荣誉称号，连续五年被省粮食和物资储备局、浙江省农业农村厅、财政厅评为浙江省“粮食五优联动示范县”，连续十一年被市委、市政府评委“粮食安全区长责任制考核优秀单位”。（范立炎、徐小燕）

【订单良种补贴】 全年全区订单水稻和小麦良种奖励资金为 415.49 万元，其中订单小麦良种奖励资金为 142.94 万元，订单常规早稻良种奖励资金为 1428744 元，订单常规晚稻良种奖励资金为 127.79 万元，订单杂交稻良种奖励资金为 1.90 万元，通过“一卡通”发放到户。

【现代种业项目】 2023 年度省级现代种业发展项目包括水稻、小麦区试项目（4 万元）、大小麦展示示范项目（20 万元）、育种实验室和种子加工能力提升项目（150 万元），合计省补资金 174 万元，由绍兴市舜达种业有限公司负责实施。（赵妙苗）

【粮食生产补贴】 2023 年耕地地力保护补贴面积 13926.58 公顷，按照 212 元/亩标准发放，实际发放补贴资金总额 4428.65 万元；2023 年实际种粮农民一次性补贴面积 22729.89 公顷，按照 10 元/亩标准发放，共计发放补贴资金总额 340.95 万元；2023 年规模种粮补贴面积 21186.56 公顷，其中早稻面积 7390.07 公顷，按照 220 元/亩标准发放，连作晚稻面积 6775.60 公顷，按照 260 元/亩标准发放，其他按 160 元/亩标准发放，总计补贴金额 6759.90 万元；旱粮种植直接补贴面积 186.02 公顷，按照 160 元/亩标准进行补贴，补贴资金合计 44.65 万元；2022 年度粮食生产贷款贴息共计 43.24 万元，涉及农户 34 户。（徐小燕）

【粮食生产功能区储备区划定】 全区划定粮食生产功能区储备区 154.2 公顷。（娄利峰）

【茶叶生产】 2023 年全区茶叶总产量按业务统计 2428 吨，总产值 17128 万元，与上年同期相比，总产量增长 5.1%，总产值增长 13.4%。名优茶产量 517 吨，产值 15570 万元，与上年同期相比，分别增长 8.8%，6.6%。（张 旭）

【水果生产】 2023 年全区水果生产按业务统计面积 6667 多公顷，总产量约 8.8 万吨，比上年增加 11.4%，总产值约 8.25 亿元，增加 3.4%。“上虞野藤葡萄”入选浙江省首批名优“土特产”百品榜名单；上虞“舜阳红心猕猴桃”入选浙江省第二批名优“土特产”百品榜名单。“野藤”牌天工墨玉与天工翠香蜜 2 个葡萄样品在首届长三角精品葡萄推介活动中荣获金奖。“上虞尚品”品牌二都杨梅水晶种在首届长三角精品杨梅推介活动中获银奖。（陶 瑜）

【蔬菜生产】 2023 年全区蔬菜按业务统计播种面积 14587 公顷，较上年增 2.7%，总产量 46.36 万吨，较上年增 4.72%，总产值 7.82 亿元，较上年增 4.94%。疫情管控措施放开以来，物流交通趋于正常，群众消费需求增加，蔬菜价格好于往年，蔬菜生产总体发展态势良好。组织参加省“浙江农业之最”番茄擂台赛，华绿大棚蔬菜专业合作社选送的“五甲”牌樱桃番茄获得樱桃番茄组综合品质一等奖、可溶性固形物含量一等奖；祥龙菜业有限公司选送的“至鲜祥龙”牌大番茄获得番茄红素含量第一名、大番茄组综合品质三等奖。

【花卉生产】 2023 年，按业务统计，全区花卉种植面积 37.5 公顷，同比减少 6.56%。其中鲜切花类 2.67 公顷，同比增加 100%；盆栽植物类 34.7 公顷，同比减少 10.26%；水生花卉类 0.13 公顷，与上年持平。花卉销售总产值 2828 万元，同比增加 93.95%。其中，鲜切花类 0.5 万元，同比减少 97.78%；盆栽植物类 2811 万元，同比增加 97.73%；水生花卉类 16.5 万元。（徐丽丽）

【桑蚕生产】 全区桑园面积 100 公顷，其中果桑面积 83 公顷。已经不再饲养蚕种。果桑产量 1620 吨，产值 1134 万元。（魏贵林）

【农作物病虫害防控】 全区开展农作物病虫害统防统治 15140.8 公顷，绿色防控 19880.9 公顷。新建省级水稻绿色防控示范区 5 家，总面积 246.2 公顷，开展病虫害调查 750 人次，发布《农作物病虫情报》9 期。（翁俊雄）

畜牧业

【概况】 2023 年，全区畜牧业总产值 5.3 亿元，同比下降 26.39%，其中生猪业产值 2.95 亿元，同比下降 30.91%，家禽产值 1.79 亿元，同比下降 24.79%，其他产值 0.56 亿元。2023 年生猪饲养量 15.19 万头，同比下降 30.26%，其中，年末存栏 4.66 万头，包括能繁母猪 0.9 万头，年内出栏 10.53 万头。家禽饲养量 157.18 万羽，同比下降 25%，其中，年末存栏 56.17 万羽，年内出栏 101.01 万羽。牛存栏 279 头，出栏 129 头；羊存栏 1.95 万头，出栏 1.82 万头；兔存栏 0.61 万只，出栏 1.69 万只；蜜蜂存栏 0.64 万箱，蜂蜜产量 354 吨。全年肉类总产量 11414.95 吨，其中猪肉产量 8955 吨，禽肉产量 1393.85 吨，羊肉产量 329 吨，牛肉产量 23.79 吨；禽蛋产量 2447.11 吨。（吕舸慧）

【畜牧业转型升级】 完成越泉农业、四明山种猪、丁好种猪 3 家新建（改扩建）猪场的建设和验收，三家单位合计产能 10.6 万头。绍兴市上虞越泉农业发展有限公司，产能 5.9 万头，2023 年末生猪存栏 9095 头，能繁母猪 2738 头。开展兽用抗菌药减量化和饲料环保化行动，2023 年创建兽用抗菌药减量化达标场 19 家，饲料环保化达标场 9 家，兑现“两化”场奖励 8.5 万元。完成嵊县花猪和迪法克 FM 系肉用鹌鹑两个品种的影像资料采集工作。绍兴市上虞农发牧业有限公司和绍兴市嵊花种猪有限公司被认定为 2023 年度国家级生猪产能调控基地，绍兴市上虞越泉农业发展有限公司被认定为 2023 年度市级生猪产能调控基地，同时创成浙江省数字化牧场。对规模生猪养殖场引种进行奖励，兑现生猪引种补贴 5.52 万元；对使用良种猪精液实施人工授精的规模猪场进行补助，兑现良种补贴 16 万元。对创建美丽牧场的养殖场进行奖励，兑现美丽牧场奖励资金 11 万元。督促指导规模养殖场畜禽粪污资源化利用，2023 年度全区畜禽粪污资源化利用率 93%。（杨　波）

【动物疫病防控】 2023 年，上虞区全面实施重大动物疫病强制免疫“先打后补”政策，依法公布狂犬病免疫接种点 18 家（城区 11 家、乡镇街道 7 家）。按季完成重大动物疫病防控工作，全年猪免疫 15.19 万头、家禽免疫 308.86 万羽，犬免疫 6.69 万只，牛羊免疫 3.95 万头。按疫病监测计划开展主要动物疫病检测，共监测样品 9091 份，主要动物疫病抗体检测合格率均在 90%以上；送上级检测样品 2771 份，完成农业农村部非洲猪瘟专项检测采样 40 份，省农业农村厅禽流感专项监测采集 120 份。开展非洲猪瘟疫情排查，同时督促养殖主体落实动物防疫主体责任。全年养殖环节收集无害化处理病死猪 7.3794 万头、重 1608.21 吨，其他动物 42.37 吨；屠宰环节收集无害化处理病死猪 292 头、重 35.36 吨，猪副产品 0.12 吨，合计重 1686.06 吨。（王鑫炎）

渔　业

【概况】 2023 年，全区渔业总产值 6.09 亿元，淡水捕捞 0.37 亿元，淡水养殖 5.29 亿元，水产苗种 0.42 亿元。全区水产品总产量 2.5 万吨，淡水捕捞 0.14 万吨，淡水养殖 2.36 万吨。水产养殖总面积 3373 公顷，包括池塘 2106 公顷，湖泊 394 公顷，水库 393 公顷，河沟 480 公顷，另有稻田 25 公顷不计入总面积。

【渔业养殖】 2023 年，全区渔业养殖品种基本与往年一致，海涂片主要以南美白对虾为主，内地片以四大家鱼、鲈鱼、鲫鱼、黄颡鱼等常规鱼类为主，特色水产品种主要有青虾、罗式沼虾、锦鲤、马口鱼、光唇鱼等。2023 年南美白对虾的收购价格持续下跌，比往年平均价格低 5～10 元/千克，鲈鱼的价格也跌至历史冰点，平均价格为 21 元/千克，低于养殖成本。而 2023 年首批罗式沼虾收购价格比上年同期高 20 元/千克，整个养殖期平均售价比上年高 4 元/千克。价格的高低导致年末海涂片养殖规模出现结构性调整，鲈鱼养殖面积几乎清零，罗式沼虾大棚等的设施建设大规模增加。内地片的溪流性鱼类较其他鱼类价格尚可，但马口鱼由于全省养殖规模的扩大，价格也较上年同期有较大跌幅，光唇鱼作为新兴的溪流鱼类养殖收益较可观。（阮秋梅）

【渔业资源修复】 为维护全区自然水域水生生物资源，扩大经济鱼类种群规模，2023 年 8 月、11 月，两次开展渔业资源增殖放流活动。在曹娥江湿地公园、上浦闸和海涂湿地保护区等水域放流白鲢、花鲢、草鱼、鳙鱼、黄尾蜜鲴等经济鱼类共计 1333.25 万尾。加大放流后的执法管理，持续推进曹娥江上虞段流域及海涂湿地保护区水域的生态环境改善和生物多样性恢复。（林 锋）

农业服务

【“三农”走访服务】 建立“五个一”包联服务制度，集中开展“三农”走访服务行动，组建 5 个综合服务指导小分队，赴各乡镇街道走访农业龙头企业、规模主体，了解了企业生产经营情况，宣传解读助企惠企政策，对企业提出的产业结构调整、基础设施改造、生产技术提升、政府扶持政策建议等情况进行分析和记录，现场对企业提出的问题进行答复并做好后期指导。累计走访服务农业企业、规模主体 24 家次，帮助解决疑难问题 31 个。（章佳蓉）

【农业许可审批】 2023 年，累计为群众、企业办理许可和其他事项 234 件。其中，植物调运检疫 45 件，农药经营许可 23 件，农作物种子生产经营许可副证变更 1 件，动物防疫条件合格证 3 件，动物诊疗许可 3 件，动物防疫条件合格证年审 46 件，种畜禽生产经营许可证 2 件，兽药经营许可证（设立）1 件，动物诊疗年审 12 件，乡村兽医备案变更 2 件，内陆捕捞渔船收费 73 艘，内陆渔船买卖 13 艘，内渔船拆解建造 1 艘，职务船员证书换发 6 本。累计完成 100 件农药经营许可证延续。通过“渔小二”审批系统，做好内陆 73 艘渔船年审、换证、购置等相关报批手续与证书颁发。（陈裕军）

农业产业化

【概况】 2023 年，上虞区列入第三批国家农业现代化示范区创建名单、浙江省创意农业试点县名单，丁宅乡创成首批国家农业产业强镇，章镇创成全区首个浙江省级现代农业园区，梁湖省级现代农业园区已完成建设，等待省级验收，杭州湾省级现代农业园区按计划推进。

【农业产业化】 2023 年，《上虞区现代农业项目与资金管理办法》出台，规范现代农业项目实施要求，2023 年立项项目 7 个，总投资 2600 余万元。新认定绍兴市舜达种业有限公司、绍兴市金禾农业有限公司 2 家企业为浙江省省级骨干农业龙头企业。完成农创智谷基础设施建设，农创智谷被绍兴市农业农村局认定为 A 级乡村人才创业园，并被市科协认定为 2023 年绍兴市农村科普示范基地。绍兴市上虞越泉农业发展有限公司和绍兴市上虞耀庆山生态农业开发有限公司被认定为浙江省数字农业工厂。

【农产品区域公用品牌】 创设“上虞尚品”农产品区域公用品牌，带动优质农产品溢价 25%；“上虞翠茗”茶叶区域公用品牌带动茶叶总产值增长 13.3%。（章妙芬）

农业科技

【基层农技推广建设项目】 完成 3 家高品质绿色科技示范基地建设。遴选发布 2023 年度全区农业主导品种 98 个、主推技术 83 项。组织基层农技人员开展粮油、蔬菜、茶叶等方面的知识更新培训，全年培训农技人员 148 人次。

【科技强农】 推动科技强农，与浙江省农业科学院全面深化战略合作，2023 年已开展第三轮合作。已累计开展合作项目 37 个，涉及项目资金 2617 万元，共编制各类规划 5 个，引进或筛选适宜本地的优良新品种 60 余个，合作的各类农业主体近 50 个，示范带动辐射面积超 5 万亩，开展各类培训会和现场观摩会等 40 余次。（罗森林）

【机械强农】 绍兴上虞马山粮食专业合作社成功创建“农机服务中心”，绍兴上虞小越炯宇家庭农场、绍兴市上虞区天顺粮食专业合作社成功创建“全程机械化应用基地”。（郎春晓）

【稻麦生产综合机械化】 全区稻麦生产综合机械化率94.5%，稻麦生产机耕率99.97%，其中水稻机耕面积21763公顷，小麦机耕面积3560公顷；全区稻麦生产机收率99.89%，其中水稻机收面积21743公顷，小麦机收面积 3560 公顷；全区稻麦生产机械化栽植率81.83%，其中水稻机械化栽植面积17225公顷，小麦机械化栽植面积3503公顷。

【水稻生产机械化育插秧技术推广】 全区全年完成水稻机械化栽植面积17225公顷。通过乡镇推荐、现场踏勘、专家评审等形式，与绍兴上虞新悦家庭农场等9家合作社（家庭农场）签订机插储备秧协议，完成机插早稻储备秧5.8万盘；晚稻储备机插秧2.2万盘，调运早稻4460盘，调运晚稻9000盘，拨付2023年水稻机插储备秧补助资金 37.31 万元。对符合要求的种植早稻后进行机插连作晚稻面积50亩（含）以上的生产主体给予补贴，早稻机插种植共191户，补贴资金139.67万元；单季稻机插种植共43户，补贴资金22.98万元；连作晚稻机插种植共434户，补贴资金358.45万元。合计水稻机插作业补贴资金共521.10万元。

【农业机械新增874台（套）】 全年全区新增各类农业机械874台（套），其中大中型拖拉机52台，联合收割机14台，粮食烘干机77台，水稻插秧机219台，植保无人机44台。2023年，全区农户共购置各类农业机械 874 台（套），合计发放农机购置补贴资金1598.07万元（其中中央资金1198.95万元，省级资金240.06万元，区级资金159.06万元），受惠农户457户。

【农机动力】 截至2023年末，全区农机总动力拥有量为31.86万千瓦，其中柴油机18.42万千瓦，汽油机1.7万千瓦，电动机11.74万千瓦。大中型拖拉机654台，合计3.76万千瓦（其中80马力以上大中型拖拉机315台）；水稻插秧机1035台（其中高速插秧机869台），合计1.36万千瓦；联合收割机343台，合计3.07万千瓦；谷物烘干机673台，批次烘干能力10082吨。

【农用无人机飞防植保服务】 2023年收到绍兴隆旺生态农业发展有限公司等48家无人机飞防植保服务单位申报飞防植保奖励，对开展飞防服务累计超过1000亩次的主体给予2.5元/亩的奖励，植保服务面积总计18037.088公顷，奖励资金合计676342.5元。（郎春晓）

农业行政执法

【农业执法】 全年共立案查处农业违法案件18起，监督抽检农业投入品116批次、农产品321批次。

【农资执法】 年内，组织开展春节期间农业安全生产大检查、农作物种子护芯专项执法行动、春备耕农资打假专项执法行动、“绿剑”春、夏、秋护农执法行动、“绿剑”“护航亚运”“双打护企”集中执法行动、“双随机”跨部门联合检查等执法行动。累计出动执法人员353人次，共检查各类农资生产经营单位、种养殖基地163家次。立案查处各类违法案件18起，其中农药9起，肥料6起，种子1起，植物检疫2起，合计罚没款29951元，查获农资数量45.24公斤。

【农业投入品监督抽检】 全年全区共监督抽检农业投入品116个，其中农药产品46个，肥料产品60个，种子产品10个。经检测，合格115批次，合格率99.1%；不合格肥料1批次，对监督抽检不合格样品的单位均进行立案查处。

【农产品监督抽检】 全年全区共监督抽检农产品321批次，其中蔬菜164批次、水果119批次、茶叶38批次。经检测，合格321批次，合格率100%。

【农资应急储备】 全年全区储备应急农资：农药7吨、化肥1680吨、粮食种子23.5万公斤、油菜种子1030公斤。其中，粮食救灾种子包括小麦种子3万公斤、早稻种子7.5万公斤、晚稻种子13万公斤，到期均未发生动用。

【植物疫情防控】 年内，全区共规范化建设植物疫情监测点16个，监测对象包括稻水象甲、水稻细菌性条斑病、毒麦、黄瓜绿斑驳花叶病毒病、葡萄根瘤蚜、梨树疫病、红火蚁、柑橘黄龙病。组织各乡镇街道、杭州湾综管办全面开展红火蚁监测调查和重点区域排查，同时委托第三方专业机构开展红火蚁监测，调查过程中实际投放扫描诱捕器554盒，覆盖65个区域，监测范围2216公顷。全年全区投入专项资金60万元，对加拿大一枝黄花实施防控，有效控制扩展蔓延势头。

【植物检疫】 全年全区共签发《调运植物检疫要求书》15份、调运检疫证书51份，调运检疫合格种子71万公斤。签发植物产地检疫合格证8份，合计种子产地检疫面积1200公顷，生产合格种子650万公斤，确保种子产地检疫监管率达100%。 （赵妙苗）

【渔业执法】 开展中国渔政“亮剑”系列执法行动，严查破坏渔业资源各类违法违规行为，累计出动执法船艇、车辆293辆（艘）次、执法人员1135人次，农业农村局会同公安等部门开展联合执法5次，查获各类渔业违法案件24件。加强对危及渔船安全生产的各类违法违规行为的检查，累计检查渔船及渔港码头和渔船自然停靠点291艘（个）次对相关停泊和作业渔船进行持证、消防设备、救生设备等检查。推进违规渔具“清网”行动，在曹娥江干流上虞段及全区外荡水域全面清理整治违规设置的地笼网、丝网等渔具，累计组织清理违规渔具专项行动88次，清理违禁网具数量5244张（顶）。

【初级水产品质量安全执法】 对全区15个乡镇街道的规模化水产养殖场、水产种苗繁育场实施常态化监管，严查使用孔雀石绿、氯霉素禁用药、停用药；假劣兽药、饲料和饲料添加剂；无证生产、违规生产等违法行为。共监督抽查养殖水产品样本238批次，其中重点品种样本45批次，检测结果全部合格。

【水生野生动物保护】 开展执法检查，严厉打击捕捞、养殖、展演环节存在的违法行为，妥善处置相关举报。7—11月，部署开展“迎亚运促和谐”野生动物执法专项行动，在曹娥江、上虞海涂湿地保护区等水域开展水生野生动物巡护、检查11次，救护水生野生动物1起。 （林 锋）

【畜牧执法】 2023年，全年共立案查处畜牧违法案件10起，其中简易程序2起，处罚没款共计7.669万元。

【动物检疫】 2023年，生猪全年共开具动物AB证2762张，检疫合格数量79051头；活羊全年共开具动物AB证28张，检疫活羊数量4236头；鹌鹑全年共开具动物AB证2张，检疫合格数量6000羽；肉鸡全年共开具动物AB证208张，检疫合格数量646258羽；雏鸭全年共开具动物AB证37张，检疫合格数量204400羽；猫犬全年共开具动物AB证5张，检疫合格数量5头。

【动物屠宰】 2023年，做好生猪、活羊屠宰监管相关工作，对不合格的肉品全部进行无害化处理。全年开具屠宰检疫合格证明14042份，生猪产品检疫合格证明11795份，羊肉产品检疫证明2247份。生猪全年宰前不合格数量335头，宰后生猪合格数量131072头，宰后生猪产品不合格数量2807.42公斤；活羊全年宰前合格数量43548头，宰后合格数量43518头。

【畜产品质量安全】 全年全区共完成省级下达农业投入品监督抽检任务15个，其中兽药产品8个，饲料及饲料添加剂产品7个，无不合格批次。全年全区共监督抽检农产品492批次，其中省级监督抽检15批次，市级监督抽检26批次，区级监督抽检451批次。其中省、市级监督抽检批次全部合格，区级监督抽检1批次不合格，对抽检不合格样品的单位已进行立案查处。

【农业兽药执法】 年内，开展兽药监管执法、食用农产品“治违禁控药残促提升”三年行动，进一步加强兽药等农业投入品源头监管，严厉打击兽药非法添加、非法使用禁用农药兽药等违法行为；对辖区内的6家兽药经营企业和15家饲料经营企业进行安全检查，对辖区内的28个养殖场进行监督抽检82批次，全部合格。 （占晨初）

【农机安全监管】 开展农机安全隐患排查和执法检查，加大对烘干中心等农机重点场所的隐患排查整治力度，加强对上道路拖拉机无证驾驶、违法载人以及农田作业拖拉机和联合收割机违规操作等的执法检查，全年共开展农机安全生产执法检查118家次，与公安交管部门开展道路联合执法8次，出动检查人员291人次，办结农田拖拉机无证驾驶案件1件，全年无重大农机安全生产事故发生。

【农机牌证管理】 全年共核发拖拉机牌照52付、收割机牌照14付，核发跨区作业证52本。严格农机驾驶人员证件管理，全年核（换）发拖拉机、收割机驾驶证64本，注销到期拖拉机驾驶证1058本。

【农机安全检验】 全年共完成1024台农业机械实地安全检验，其中农田拖拉机和联合收割机992台，拖拉机运输机组32台，总体年检率达99%。全年共回收拆解达到报废条件的农业机械128台，落实报废补贴资金83.66万元。

（丁柳颖）

制造业

综 述

【概况】 2023年，实现规模以上工业总产值2144.55亿元，销售产值为1995.08亿元，产销率为93.0%。从轻重工业看，规模以上轻工业实现产值448.62亿元，规模以上重工业实现产值1695.93亿元。实现规模以上工业增加值515.66亿元，增长10.1%。全区33个工业行业大类中22个行业实现增长，增长面为66.7%。全年实现工业用电量63.19亿千瓦时，增长3.8%。

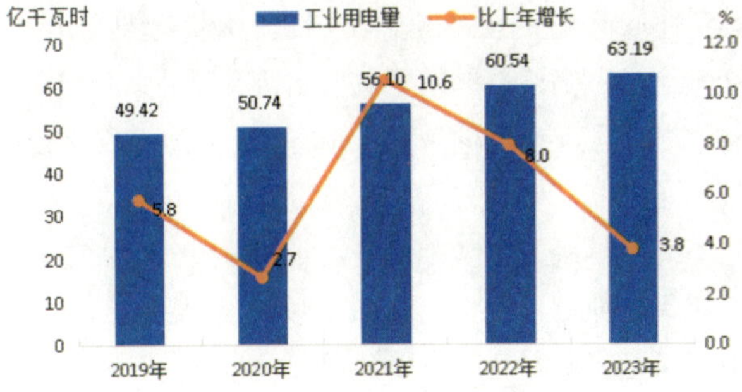

图5 2019—2023年工业用电量及增长速度

全年实现规模以上新产品产值953.37亿元，新产品产值率为44.5%。规模以上高新技术产业、战略性新兴产业、数字经济核心产业制造业、装备制造业等行业增加值分别为348.52亿元、166.59亿元、66.65亿元、180.20亿元，增长5.2%、5.6%、-0.5%、7.8%，总量均居全市前两位。

2023年，全区共有规模以上工业企业873家，其中年营业收入100亿元以上1家，50亿～100亿元企业2家，10亿～50亿元企业36家，5亿～10亿元企业42家，1亿～5亿元企业189家。营业收入亿元以上企业实现产值1816.75亿元，下降0.8%，营业收入1622.49亿元，下降4.7%，利润总额134.15亿元，下降28.5%，占规模以上工业企业的比重分别达84.7%、87.3%、97.2%。94家大中型企业领跑全区，产值、营业收入、利润总额分别占全区规模以上工业的51.6%、47.0%和71.9%。重大平台能级持续提扩，杭州湾上虞经济技术开发区连续两年获评省制造业五星示范园区，综合实力跃升至全国化工园区第9。先进高分子材料“万亩千亿”新产业平台跻身全省第7。曹娥江经开区全力打造制造业“腾笼换鸟”省级示范区。全年规模以上工业企业综合能耗197.15万吨标准煤，万元产值能耗0.0919吨标准煤/万元；规上工业能耗增长4.3%，规上工业单位增加值能耗下降5.3%，比全市平均低1.7和0.9个百分点，均居第二。

【区域制造业发展规划与成就】 围绕先进制造业集群培育全面部署启动制造强区“1215”专项行动，细化明确100项年度重点任务清单，协调建立“五个一”推进工作机制。以省“415X”、市“4151”等为指引，明确“2+5+X”现代产业培育体系，梳理重点产业图谱及产业链招商鱼骨图。集群培育工程五项晾晒指标均居绍兴市前列。精细化工核心区成功争取省级激励资金1000万元专项承接中试平台建设任务包，已签订正式协议13个项目，省级资金全部发放到位。

推进上虞——文成产业飞地建设，共同指引智能制造、科技型项目落户“产业飞地”，飞地内卧龙新能源转换与控制装置建设项目和晶盛联合创新产业园项目建成。“产业链‘链长+链主’协同生态体系建设提升试点模式列入全省“地瓜经济”提能升级“一号开放工程”经信领域试点。

制定印发《绍兴市上虞区数字经济创新提质“一号发展工程”实施方案》，工程二季度获评五星级、综合排名全省第9。提出六大攻坚任务、20项重点内容，成功举办数字化领袖峰会暨数字经济创新提质发展大会。坚持以产业链、创新链、资金链、人才链“四链融合”，夺得全省首批“浙江制造天工鼎”，蝉联“浙江科技创新鼎”。新质生产力加快形成，精细化工产业集群、集成电路产业集群分别入选省级特色产业集群核心区、协同区，工业稳增长、稳进提质政策落实两项工作获省政府督查激励。

【制造业相关荣誉】 5月18日，全省加快建设全球先进制造业基地大会在杭州召开，上虞获全省首批“浙江制造天工鼎”。6月6日，上虞区成功入选第二批省级企业数据管理标准（DCMM）贯标试点。上虞获省“小微企业三年成长计划”工作优秀县，绍兴市唯一。

2023年，新增国家级专精特新“小巨人”企业5家；入选全省首批“雄鹰”企业3家。有国家级单项冠军企业（产品）6家（个）、国家级专精特新“小巨人”企业25家、省级专精特新中小企业164家，数量均居全市第一。新增国家级绿色工厂1家、省级绿色工厂1家、市级绿色工厂14家，数量均居全市前列，中欣氟材成功入选2024年浙江省生产制造方式转型示范项目（绿色化方向）。全区摸排数字赋能项目71个，入选省级工业互联网平台创建名单2家、省级“云上企业”2家。1家企业评为省级未来工厂，为全市唯一。4家企业评为省级数字化车间，1家企业评为省级智能工厂，中化蓝天氟材料“树脂仓库智能化改造”项目评为工信部智能制造优秀场景。5家企业的节能减碳项目入选2023年浙江省生产制造方式转型升级（绿色化方向）示范项目库。晶盛机电列入2023年度重点产品、工艺“一条龙”应用示范推进机构和参与名单。新增省级节水型企业6家、市级节水型企业13家，全部完成市定任务。金盾压力容器进入制造业单项冠军省推荐名单。6家企业入选省级单项冠军培育企业。新增省级专精特新中小企业57家，1家企业入选省级隐形冠军。 （徐 旌）

装备制造业

【概况】 2023年，全区规模以上装备制造企业259家，实现工业总产值4923240万元，增长-1.6%；营业收入4249196万元，增长7.7%；利税总额694167万元，增长7.5%；利润总额557938万元，增长12.0%。全区制造业投资同比增长21.4%，居绍兴市第二。17个浙江省制造业重大项目完成形象投资35.44亿元，完成年度计划的137.89%。

【装备制造企业荣誉】 卧龙入围中国民营企业500强榜单。浙江春晖仪表股份有限公司、浙江佑谦特种材料有限公司获国家级专精特新“小巨人”企业称号。卧龙控股集团有限公司入围获浙江省第一批雄鹰企业名单（产业领航型）；浙江晶盛机电有限公司入围获浙江省第一批雄鹰企业名单（技术领航型）。浙江国祥股份有限公司获评2023年浙江省级绿色低碳工厂，绍兴市仅4家。浙江秦燕科技股份有限公司、浙江金盾压力容器智造股份有限公司2家企业入围浙江省制造业单项冠军培育企业名单。浙江创新电机有限公司、绍兴金盾人防设备制造有限公司、浙江朝舜机电有限公司等企业被授予“浙江省第一批专精特新中小企业”称号。浙江汉丰风机有限公司、浙江惠创风机有限公司、浙江越舜风机有限公司、浙江当代风机有限公司4家风机企业入选2023年度第二批浙江省专精特新中小企业名单；浙江晶鸿精密机械制造有限公司的半导体精密装备工业互联网平台入选省级工业互联网平台创建名单；浙江春晖智能控制股份有限公司获评省隐形冠军企业。卧龙电气驱动集团股份有限公司入选省第三批制造业“云上企业”。浙江昊龙电气有限公司、绍兴佳英感光材料科技有限公司2家企业获评2023年度浙江省节水型企业。浙江晶鸿精密机械制造有限公司的晶鸿半导体精密机械智能工厂被评为2023年省级智能工厂。卧龙电气驱动集团股份有限公司获评2023年国家知识产权示范企业。浙江明新风机股份有限公司、浙江金盾风机股份有限公司2家企业获评浙江省商业秘密保护示范点。

【装备制造业其他成就】 卧龙新能源解决方案亮相第七届SNEC光·储·氢产业融合大会暨展览会。区浙江晶盛机电股份有限公司生产的12英寸单晶硅硬轴直生长炉、浙江上风高科专风实业股份有限公司生产的直驱式高速永磁离心鼓风机、浙江国祥股份有限公司生产的双冷源一体式空气源热泵等3家企业生产的产品获浙江省首台（套）产品。浙江晶鸿精密机械制造有限公司的半导体精密装备工业互联网平台入选省级工业互联网平台创建名单。浙江晶盛机电股份有限公司的12英寸硅片最终抛光设备的研制及应用项目成功入选浙江省第一批“尖兵”“领雁”研发攻关项目（“尖兵”计划项目）。卧龙电气驱动集团股份有限公司发明专利“三相36槽4极电机”获省政府发明专利二等奖。（徐　旌）

医药化工业

【概况】 2023年，全区规模以上医药化工企业117家，实现工业总产值6644717万元，增长-8.5%。营业收入5480227万元，增长-20.1%。利税总额665619万元，增长-46.2%。利润总额539811万元，增长-49.6%。经信局推进绿色化工行业改造提升3.0版，牵头起草《上虞区绿色化工产业高质量发展3.0版实施方案》，并对方案进行修改完善。精细化工入选省级特色产业集群核心区、协同区。上虞精细化工4个产业集群入选第一批省级特色产业集群核心区创建名单。

【医药化工企业荣誉】 浙江龙盛控股有限公司获中国民营企业500强榜单；国邦医药集团股份有限公司获2022—2023年度中国医药制造业百强和中国医药行业成长50强；浙江新时代中能科技股份有限公司获国家级专精特新“小巨人”企业称号；闰土、新和成获国家知识产权优势企业，新和成同时获浙江省人民政府发明专利一等奖；龙盛获浙江省首批雄鹰企业；中欣氟材获省节水型企业；皇马科技入选省“尖兵”计划项目；颖泰化工入选省互联网创建平台；浙江灏宇科技有限公司入列省级数据管理国家标准试点名单；浙江晖石药业有限公司的晖石药业小分子高端药物及关键中间体数字化车间、浙江迪邦化工有限公司的迪邦化工高强度环保分散料、颜料、中间体数字化车间被评为2023年浙江省数字化车间；上虞新银邦生化有限公司获“第九届浙江省人民政府质量管理创新奖”；中化蓝天入选工信部智能制造优秀场景；绍兴上虞新利化工有限公司被授予“第一批浙江省专精特新中小企业”称号；浙江新和成药业有限公司、绍兴市上虞三维化工有限公司、浙江科力森化学有限公司3家企业入选2023年度第二批浙江省专精特新中小企业名单。

【震元生物科技大投资扩产品】 浙江震元生物科技有限公司总投资62720万元，建生物定向合成年产2400吨组氨酸、1000吨左旋多巴、1000吨酪氨酸等系列产品。2023年3月开工，2024年12月完工投产。

【方华化学三项目开工建设】 浙江方华化学有限公司投资223893万元，年产3.1万吨含氟新材料、新型功能化学品、研究院三项目开工建设，预计2024年12月建成投产。（徐　旌）

【服务医药产业】 2023年，组织服务团队深入企业进行现场检查和技术指导，共指导4家企业获得第二类医疗器械注册证和医疗器械生产许可证，2家企业进入产品注册审评阶段。指导符合条件的企业开展减税降费、创新奖励等惠企政策申报，全年累计兑现相关产业发展资金100余万元。2023年帮助5家企业出口欧盟原料药证明进行事前把关检查，6个品种通过省局符合性检查。一类创新药CVL237获批进入Ⅱ期临床试验，成为全球首个进入Ⅱ期临床试验的PI3Kβ/δ双重抑制剂。（陈　琴）

轻工纺织业

【概况】 2023年，全区规模以上轻工纺织企业208家，实现工业总产值2390470万元，增长0.4%。营业收入2101245万元，增长-4.6%。利税总额68959万元，增长-26.1%。利润总额22621万元，增长-52.6%。31家企业抱团参展第133届中国进出口商品交易会第二期、第三期展会，共接待欧美、中东、非洲、东南亚等26个国家和地区的客商1200余人次，累计达成意向成交额2562万美元。崧厦伞业商会组织17家伞企抱团参展第134届中国进出口商品交易会，共接待东南亚、中东、欧美等32个国家和地区的客商2136人次，累计达成意向成交额2377.54万美元。

汤浦童装协会组织5家童装企业参展中国跨镜电商交易会。

【轻工纺织企业荣誉】 晨辉婴宝儿童用品有限公司获浙江省第六批内外贸一体化“领跑者”企业；浙江华孚色纺有限公司细纱车间获浙江省工人先锋号荣誉称号；汤浦铜业快速提升产业链经济；晨辉婴宝儿童用品有限公司被授予“浙江省专精特新中小企业”称号；浙江恒洋伞业有限公司、浙江天玮雨具有限公司等2家企业入选2023年度第二批浙江省专精特新中小企业名单。新天龙等企业获评区百强企业。

【汤浦铜管快速提升产业链经济】 2023年，汤浦铜管企业与外地优势品牌企业交流与合作，快速提升产业链经济。分别与江苏萃隆、上海龙阳建立技术联盟；与江西保太、江西耐乐建立联合开发研究所；与浙江理工大学、江西理工大学建立科研合作研究所。通过对接合作，做优做强产业链经济。

【第十届上虞童装文化节举行】 11月3日，第十届上虞区童装文化节暨第四届汤浦镇电商直播大赛活动在惠普广场举行。中国服装协会、市级部门有关领导、区有关领导出席，电商平台、物流平台、企业和媒体等代表参加。会场设立了童装集市，协会组织小一峰服饰等20家童装骨干企业设22个摊位，向来宾展示精品童装。还举行“童”梦共富产业合作项目签约仪式。童装城直播基地与杭州谦语智能科技有限公司数字人直播间入驻、“七秒易购”品牌汤浦供应链成立、阿里巴巴国际站合作、融媒体中心直播团队入驻等签约。

【中国日用品制伞专业委员会年会在崧厦召开】 11月16—18日，中国日用杂品工业协会制伞专业委员会2023年年会在崧厦召开。中国日用杂品工业协会理事长、秘书长；制伞专业委员会会长、秘书长；全国各地会员企业代表、基层商协会会长、秘书长和相关地区的政府分管领导及嘉宾共270余人参加会议。

【汤浦“童”你一起“共富工坊”获省金奖】 11月27日，浙江省商务厅公布2023年电商直播式“共富工坊”创建工作成果名单，汤浦“童”你一起电商直播式“共富工坊”获2023年“第二届直播电商共富工坊”短视频大赛金奖。全省仅5个金奖，绍兴市唯一。“共富工坊”吸纳周边村社剩余劳动力70余人，低收入人群及失业再就业人员21人，月均增收3000元以上，村级集体经济增收近10万元。

【“伞业大脑共富工坊”入选省级“共富工坊”典型案例】 11月27日，浙江省商务厅公布了2023年电商直播式“共富工坊”创建工作成果名单，崧厦“伞业大脑共富工坊”入选2023年第二批电商直播式“共富工坊”典型案例。“伞业大脑共富工坊”发挥集群作用，吸引多家中小微经营主体入驻，依托友谊菲诺、天玮等“金牌字号”以强带弱实现伞业产业链线上销售增长39%，年直播额超5000万元。

【汤浦童装业开展缝纫工技能比赛】 12月16日，协会承办绍兴市人社局举办的2023年缝纫工技能竞赛，来自全市各地198名选手参加比赛。上虞小一峰服饰有限公司职工杨名普获第一名。汤浦童装产业获得高级技工证书的缝纫工已有近200名，都是童装企业的技术骨干。

（徐　旌）

照明电器业

【概况】 2023年，全区规模以上照明电器企业34家，实现工业总产值358692万元，增长-11.4%。营业收入308953万元，增长-15.7%。利税总额53936万元，增长2.5%。利润总额48999万元，增长3.2%。29家照明企业抱团参展香港国际春季灯饰展。

【照明电器企业荣誉】 晨辉光宝科技股份有限公司获国家级绿色工厂；阳光照明获中国LED行业营收50强企业；阳光、普日等29家企业抱团参展香港国际灯饰展；阳光、晨辉等2家企业获照明灯饰行业100强；晨辉光宝SMT车间评为省级数字化车间；晨辉光宝科技股份有限公司入围浙江省制造业单项冠军培育企业名单；晨辉光宝获“国家级绿色工厂”。（徐　旌）

食品工业

【概况】 2023年，全区规模以上食品企业11家，实现工业总产值155970.87万元，同比增长0.98%；实现营业收入98808.2万元，同比下降2.41%；上缴税金 5936.4 万元，同比增长 20.45%；利润总额 5159 万元，同比下降 23.59%。

年内，东海食品通过 HACCP 食品安全体系认证；绍兴女儿红酿酒有限公司生产的女儿红十八年桂花林藏绍兴酒（典雅）获 2023 年度浙江省名特优食品；绍兴女儿红酿酒有限公司“女儿红”商标获省政府商标二等奖。

【上虞区获省食品安全示范县】 上虞区获第二批浙江省食品安全示范县。年内，上虞动态培育放心消费单位 3510 家，新增放心工厂 760 家，创建放心消费示范街区（商圈）5 个。在产食品相关产品生产企业赋码率达 100%。

【“上虞翠茗”茶叶品牌打造】 2 月 28 日，“上虞翠茗”茶叶区域公用品牌新闻发布会在浙江省人民大会堂举行，正式启用“上虞翠茗”茶叶区域公用品牌。6 月 10 日，在 2023 北京国际茶博会上，“上虞翠茗”品牌推介会在北京展览馆举行。上虞现有茶园面积 4.36 万亩，茶叶企业近百家，拥有茶叶省级名牌 2 个，著名商标 8 个。

【“女儿红”亮相中东欧国家博览会】 5月16—20日，由商务部和浙江省人民政府共同举办的 2023 年中国—中东欧国家博览会暨国际消费品博览会在宁波国际展览中心开幕。展览会为期五天。绍兴女儿红酿酒有限公司生产的“女儿红”酒亮相中东欧国家博览会暨国际消费品博览会“浙江精品”主题展区。

【女儿红国际云品会举行】 11 月 8 日，“2023 中国国际黄酒产业博览会暨第 29 届绍兴黄酒节”在绍兴东浦黄酒小镇隆重开幕。作为本次节会的重头戏、女儿红主场活动——2023 绍兴酒女儿红国际云品会在国内 9 个省市、国外 9 个国家同步举行。

【村企合力串起共富产业链】 7 月 21 日，村企合力助共富活动在东关街道保驾山村党群服务中心举行。绍兴女儿红酿酒有限公司与绍兴上虞三丰富硒粮油专业合作社签订大米收购意向合同，形成“本地酒用本地米”良性互助优势。同时，绍兴女儿红酿酒有限公司与东关本土的景龙瓷业有限公司签订长期合作协议，定向生产酒坛酒瓶，精心打造“久久红”共富工坊，有效串联起共富产业链。（徐　旌）

高端新材料

【概况】 2023 年，全区规模以上高端新材料企业 246 家，实现工业总产值 5535183.87 万元，同比增长 6.09%；实现营业收入 5504322.80 万元，同比增长 4.50%；上缴税金 71873.60 万元，同比增长 10.51%；利润总额 71516.20 万元，同比下降 46.71%。

【高端新材料企业荣誉】 浙江惟精新材料股份有限公司、浙江中科恒泰新材料科技有限公司获国家级专精特新“小巨人”企业称号；上虞区浙江亿得新材料、浙江扬帆新材料、浙江惟精新材料股份有限公司获省节水型企业；浙江皇马尚宜新材料有限公司生产的硅烷封端树脂获国内首批次新材料名单；浙江巍华新材料股份有限公司被评为 2023 年（第 30 批）浙江省企业技术中心；皇马尚宜新材料有限公司的皇马特种工业表面活性剂未来工厂入选 2023 年浙江省未来工厂名单；浙江毅聚新材料有限公司、浙江宏天新材料科技有限公司、浙江精亮新材料科技有限公司被授予“浙江省专精特新中小企业”称号；浙江金科日化新材料股份有限公司、浙江吉泰新材料股份有限公司入围浙江省制造业单项冠军培育企业名单；浙江美晶新材料股份有限公司的美晶石英坩埚数字车间被评为 2023 年浙江省数字化车间；浙江汇翔新材料科技股份有限公司入选 2023 年度第二批浙江省专精特新中小企业名单；浙江亿得新材料股份有限公司入选省第三批制造业“云上企业”；浙江宏达、浙江金科日化、绍兴兴欣、浙江亿得、浙江惟精新材料股份有限公司等企业获评区工业百强企业。

【兴欣新材成功上市】 9 月 21 日，证监会官网发布消息，同意绍兴兴欣材料股份有限公司首次公开发行股票的注册申请。据招股书显示，此次 IPO 兴欣新材拟募集资金 5.5 亿元，用于“年产 14000 吨环保类溶剂产品及 5250 吨聚氨酯发泡剂”等项目，补充流动资金。兴欣新材成功上市，资本市场“上虞板块”增至 20 家，居全市第一，全省前列。（徐　旌）

建筑业

综述

【概况】 2023 年，全区共有建筑业企业 806 家，其中特级企业 7 家，一级企业 94 家，二级企业 383 家，三级及不分等级（含劳务）企业 322 家。全年完成建筑业总产值 1305 亿元，同比增长 4.01%；完成建筑业税收 12.4 亿元，同比下降 16.83%。

新增浙江中晨建设有限公司、浙江轩翔建设有限公司、浙江宏祥建设工程有限公司、浙江万里控股有限公司 4 家施工总承包一级资质企业，浙江亚厦装饰股份有限公司、浙江亚厦幕墙有限公司、浙江舜江建设集团有限公司、浙江海滨建设集团有限公司、浙江舜杰建筑集团股份有限公司、中鑫建设集团有限公司、浙江中富建筑集团股份有限公司、龙德建设有限公司 8 家企业获评浙江省建筑产业现代化示范企业，龙德建设有限公司、浙江纳特智能网络工程有限公司 2 家企业获浙江省专精特新中小企业。

【建筑综合实力廿强企业】 浙江亚厦装饰股份有限公司、浙江舜江建设集团有限公司、浙江海滨建设集团有限公司、浙江舜杰建筑集团股份有限公司、中鑫建设集团有限公司、浙江中富建筑集团股份有限公司、浙江江河建设有限公司、浙江上安建设有限公司、浙江鸿富建设有限公司、浙江凤山建设工程有限公司、浙江双堰建设有限公司、浙江中晨建设有限公司、浙江广优建设有限公司、浙江中泰建设工程有限公司、龙德建设有限公司、浙江轩翔建设有限公司、浙江宏祥建设工程有限公司、浙江华昇消防机电安装有限公司、浙江纳特智能网络工程有限公司、浙江瑞大建设有限公司等 20 家企业被区委、区政府命名为 2023 年度"建筑综合实力廿强企业"。

【建筑品牌建设】 全年共获国家级优质工程 28 项、省市级优质工程 67 项，其中获鲁班奖 5 项（参建）、詹天佑奖 1 项（参建）、国家优质工程金奖 1 项（参建）、国家优质工程奖 7 项（参建）、全国用户满意工程 1 项、中国建筑工程装饰奖 13 项。浙江中企建设集团有限公司承建的区内工程青春公寓项目获得浙江省"钱江杯"，龙德建设有限公司获上虞区区长质量奖提名奖。

【优质工程选登】 项目由浙江舜杰建筑集团股份有限公司总承包施工。该项目地下 2 层，地上 27 层，建筑总面积 173357 平方米，工程总造价近 9 亿元。工程开工伊始，公司即将其列入创优名单，组建优秀管理班子，制定具体创优措施，落实三级质量监控网络，确保工程始终处于受控状态。该项目先后被评为上海市优质结构工程、上海市文明工地、上海市绿色工地，其中 6#、10#、11#楼获评 2023 年度上海市"白玉兰"奖优质工程。

南桥新城 18 单元 02—04 地块项目（建设局　提供）

2023 年上虞区荣获省级以上优质工程汇总表

表 2　　　　单位：次

奖项名称	亚厦装饰	亚厦幕墙	舜杰建筑	中富建筑	江河建设	海滨建设	舜江建设	双堰建设	华昇消防	龙德建设	三叶园林	中企建设	合计
鲁班奖	3	2											5
土木工程詹天佑奖	1												1
国家优质工程金奖	1												1
国家优质工程奖	3	4											7
全国市场质量 A 等用户满意工程							1						1
浙江省钱江杯优质工程					1							1	2
四川省优质工程								1					1
上海市白玉兰奖优质工程									1				1
江苏省扬子杯优质工程	3	2											5
广东省优质工程	1	2											3
湖南省优质工程	1												1
重庆市巴渝杯优质工程		1											1
河北省安济杯优质工程	1												1
中国建筑工程装饰奖	10	3											13
长三角金石奖优质工程	18	5	1			3	10						37
上海市申安杯优质工程			2										2
广东省建筑装饰优质工程	1												1
河北省建筑装饰优质工程	1												1
浙江省优秀园林工程										1	1		2
上海市结构优质工程			6										6
广东省结构优质工程				3									3
合计	44	19	9	3	1	3	11	1	1	1	1	1	95

行业管理

【工程建设项目审批制度改革】 工程项目审批“最多 80 天”实现率 100%，全年核发房屋建筑及市政工程施工许可证 260 个，办理工程竣工验收备案合计 138 个。

【建筑业碳达峰碳中和】 严格执行绿色建筑星级标

准，全年完成审查民用建筑节能项目 40 个，实施绿色建筑面积 208.5 万平方米，高比例可再生能源建筑应用面积 69.3 万平方米。8 家企业建材获中国绿色建材产品认证。

【建筑领域科技研发应用水平提升】 持续深化 BIM 应用，浙江海滨建设集团有限公司获得浙江省 BIM 应用比赛三等奖。全年共获中国建筑装饰行业科学技术奖 4 项，国家级工法 9 项，国家级 QC 成果 4 项，国内外发明专利 66 项，实用新型专利 331 项，外观设计专利 191 项，参编国家标准 2 项，主编、参编团体标准 9 项。

【建筑工业化】 全年完成 PC 构件产量 22.3 万立方米、装配式装修部件产量 36.5 万平方米、轻钢构件产量 1500 吨。积极推动永坚公司 IPO 上市进程，公司新建的年产 10 万吨装配式钢构件、8 万立方米 PC 预制构件产线及绿色建材研发中心项目于 2023 年 4 月投产。全年辖区实施装配化项目 46 个，建筑面积 200.4 万平方米，实现保障性住房、政府投资或以政府投资为主的新建公建项目全部实施装配化建造；新开工钢结构装配化住宅项目 4 个 11.8 万平方米。（王建鑫）

建筑施工

【概况】 辖区全年新受监建筑工程 233 项，建筑面积 532.3 万平方米；监督竣工验收建筑工程 217 项，建筑面积 377.82 万平方米；到年底共有受监建筑工程 383 项，建筑面积 1130.27 万平方米，建筑施工领域无质量事故和亡人上报事故，工程质量和安全生产形势保持总体平稳。

【建筑安全隐患排查整治】 与 144 家建筑业施工总承包企业签订《2023 年建筑业企业目标管理责任书》，坚持实施监管督查与企业自查相结合、日常巡查与专项检查相结合、领导督查与日常检查相结合的安全生产督查机制，排查整治各类安全隐患 4400 余条，通报批评在建工程 26 项，停工整治在建工程 16 项，实施行政处罚 2 起，共计罚款 3.7 万元。

【建筑工程质量监管】 加强原材料质量抽查，对 542 批次的钢筋原材料进行监督抽检，合格率 97.23%，对不合格的钢筋按规范要求处置；对 2 个项目 3 个批次的节能无机保温板材进行抽查，未发现不合格产品。加强实体结构质量抽查，对 149 项在建项目累计 2 万余个混凝土构件进行了实体检测，所抽检的部位基本符合设计和规范要求。强化过程质量监管，重点突出对新型建筑的监管力度，做好新材料、新工艺的技术交底，贯彻安装样板示范制度，通过“先样板、后大面”的做法，严格控制装配式等新型建筑结构形式的施工质量。强化质量通病治理，严格落实竣工前预验收制度，对渗漏、裂缝等质量通病督促整改到位，做好分户验收工作，确保分户验收合格率达到 100%。

【建筑施工扬尘防治】 完善施工扬尘防治制度建设，层层落实扬尘防治责任制，督促在建工地落实“8 个 100%”工作要求。建立动态建筑工地管控清单，组织扬尘日常检查 430 余次，开展专项整治行动 17 次，其中领导带队督查 8 次，下发整改通知单 200 余张，停工整改通知单 17 张，发现并整改扬尘问题 600 余条。每季度开展文明施工赛比活动，评选 4 个文明施工优秀工地和 3 个落后工地进行通报，年底推荐 5 个工地和 2 个工地进入绍兴市建设局 2023 年度“红黑榜”。（戴泽军）

勘察设计

【概况】 2023 年底有勘察设计企业 12 家。其中建筑行业（建筑工程）设计 3 家（甲级 1 家，乙级 1 家，丙级 1 家）；建筑装饰工程设计专项 6 家（甲级 3 家，乙级 3 家）；建筑幕墙工程设计专项 2 家（甲级 1 家，乙级 1 家）；轻型钢结构工程设计专项乙级 1 家；建筑智能化系统设计专项甲级 1 家；化工石化医药行业乙级 1 家；电力行业（变电工程、送电工程）专业乙级 1 家。

【建筑施工图审】 2023 年全年施工图审查房建项目 362 个，建筑面积 645.47 万平方米。（戴泽军）

商贸服务业

商贸流通

【概况】 2023 年，全区实现社会消费品零售总额 446.76 亿元，同比增长 7.4%。其中限额以上社会消费品零售总额 130.19 亿元，增幅 10.2%。全区限额以上批发业销售额为 777.83 亿元，同比增长 37.4%，限额以上零售业销售额为 117.48 亿元，同比增长 13.4%，限额以上住宿业营业额为 7.79 亿元，同比增长 7.5%，限额以上餐饮业营业额为 8.77 亿元，同比增长 15.1%。

【商贸主体荣誉】 文化旅游风情街获评 2023 年度浙江省特色商业街（区）。汤浦针织童装基地入选第五批浙江省内外贸一体化改革试点产业基地。南丰社区获评首批绍兴市一刻钟便民生活圈。

【汽车销售】 2023 年，车展总销额同比下降，其中传统车系销量下滑，新能源汽车销量上升。2 月 17—19 日，“第二十届浙东（上虞）汽车文化博览会”，参展汽车 4S 店和销售公司 22 个，3 天累计销售各类车辆 375 辆，销售额达到近 8000 万元。4 月 29 日—5 月 1 日，第二十一届浙东（上虞）汽车文化博览会，参展各类汽车品牌 19 个，3 天累计销售各类车辆 258 辆，销售额达 4900 多万元。2023 年 9 月 29 日—10 月 1 日，第二十二届浙东（上虞）汽车文化博览会，参展各类汽车品牌 19 个，3 天累计销售各类车辆 310 辆，销售额达 5600 多万元。新能源汽车销量领先，比亚迪销量最高。

【消费券发放】 结合绍兴 2023 “越惠悦生活 · 嗨购金兔年”促消费活动、上虞区“今在上虞 · 遇见锦鲤”新春促消费抽奖活动(2023 年 1 月 20 日—2 月 30 日）以及“汽车家电畅购”等系列促消费活动（2023 年 1 月 13 日至 3 月 31 日)，节日期间商家纷纷推出独具特色的促销活动。2023 年，发放商超专项消费券 200 万元，叠加商家双节促销活动，大通超市、一百超市节日期间销售额均同比增长 20%以上。“今在上虞遇见锦鲤”新春促消费抽奖活动累计发放消费券 6.6 万张。

【消费补贴】 “家电畅购”活动于 1 月 13 日开始发放，截至 1 月 26 日，500 万元补贴额度已全部用完，共销售家电 3304 件，拉动家电销售 1786.8 万元；1500 万元“汽车畅购”活动于 1 月 13 日开始发放，已申报补贴 206.8 万元，共销售汽车 385 辆，拉动汽车销售 8963 万元；第二十二届浙东（上虞）汽车文化博览会发放汽车补贴 800 万元，全区 30 余个汽车品牌进行展示销售，汽车补贴累计拉动销售各类车辆 2112 辆，销售额达 3.34 亿元。

【消费市场】 上虞万达招引网红品牌、网红店，春节期间日均客流 3.2 万人次，同比增长 14%，日均销售额 378 万元，同比增长 15.75%。风情街在 1 月 18—20 日推出夜市年货节，现场入驻包括风味年货、特色小吃、文创产品、非遗传承、鸟语花香等 140 个摊位，形成食、游、购、娱、体、展、演等多元一体的夜间消费市场。“五一”期间，上百贸易、大通购物中心、大润发、大通超市、一百超市、万达广场 6 家重点商贸企业实现销售额 7380.58 万元，较上年五一假期增长 12.7%。中秋国庆“超级黄金周”期间，9 月 28 日至 10 月 5 日，大通购物中心、上百集团、大通超市、一百超市、大润发、万达广场 6 家重点零售企业实现销售额 7342.84 万元，较上年同期基本持平。

【浙东新商都】 第十五届浙东新商都（上虞）金秋购物节以“青春之城嗨 GO 上虞”为主题，各大商场也根据节日特点，借节兴市，推出一系列颇具特色的营销活动，迎接“双节”消费旺季。如上虞万达广场策划推出“国潮消费节”活动，上百·万和城开展“古风游园会”，为消费者带来一场精彩的月下雅集，在大通购物中心，中秋汉服童装秀、亚运亲子挑战赛、中秋月饼 DIY 等多个活动陆续上线，石狮商贸城开展第六空间石狮家装节活动。

【文旅消费】 中秋国庆“超级黄金周”期间，全区重点景区共接待游客 16.9 万人次，同比增长 46.7%，实现旅游营收 427.4 万元，同比增长 24.3%。开元、雷迪森、上虞宾馆三家大型酒店实现营业额 1187.57 万元，较 2019 年同期增长 25.2%。

（赵敏淇、陈桂辉、夏丽娜）

专营专卖

【烟草专卖】 2023 年，上虞区烟草专卖局（分公司）有职工 110 人，辖区持证卷烟零售户 5051 户。2023 年，上虞区烟草专卖局（分公司）不断提升客户服务水平，加大农网终端建设力度，结合上虞农村地域特色，搭建“小线育优、大面共建”的特色农网建设机制，成功落地“1+1+1”模式，即打造 1 条农网建设示范街、形成 1 个农网共建联盟机制、组建 1 个精实助农宣讲团，多点发力带动农网客户共同发展。

加强烟草市场监管，探索推进“智慧专卖”建设，坚持以数字化驱动监管方式创新，在打假打私、市场监管、内部监管、政务服务上持续发力，全年累计查处各类涉烟违法案件 457 起，查获违法卷烟 5.41 万条，破获涉烟网络案件 3 起，其中“2022.10.10”抓烟机网络案被浙江省烟草专卖局评定为一级国标网络案件；“2022.6.09”案在 2023 年 5 月被公安部、国家烟草局列为 2023 年部督案件；“2023.2.06”假私烟网络案达到特级国标网络案标准。受理许可证申请 2468 件，网上办证率、许可证按期办结率均达到 100%，服务保持“零差评”。

（喻烁漪）

【盐业专营】 2023 年，浙江省盐业集团绍兴市盐业有限公司上虞分公司（以下简称上虞分公司）共销售各类盐品 8448 吨，同比增加 17.8%。盐产品销售总额 1300.8 万元，同比增加 9.8%，主要是因为盐产品结构调整，中高端盐品销售量增加效益提升。上虞分公司围绕浙盐集团公司健康浙盐、科技浙盐、数字浙盐、实现资产证券化的战略目标加强公司各项工作的开展。

由于榨菜腌制导致污水严重，3 月中旬盖北镇政府发布通知，一律不准允许在土地上挖池腌制榨菜，致使腌制用盐大幅度下降，全年仅销售 500 余吨。（王　勇）

粮油购销

【概况】 2023 年，全年粮食播种面积 3.21 万公顷、总产量 2.01 亿公斤。连续三年获评浙江省产粮大县，获浙江省第四届“河姆渡杯”粮食生产先进县（市、区）银奖。入选省级现代化粮食收购服务体系试点名单。积极实施优质粮食工程，着力构建“产购储加销”优质粮食产业链，调整试点品种，扩大试点范围，为农民增收、企业增效、财政减负创造条件。

【粮食收购与奖励政策】 全年落实粮食订单 11.36 万吨。早稻收购价格继续执行省定最低收购价每 50 公斤 130 元（三等），相邻等级差价按每 50 公斤 2 元执行。对列入订单计划内且符合中等及以上质量标准的早籼谷给予每 50 公斤 30 元奖励。秋粮收购价格，每 50 公斤（中等质量标准）晚粳稻为 135 元、晚籼稻为 133 元。对籼粳型杂交晚粳稻按照 133 元执行。全年共收购粮食 11.04 万吨，其中订单收购 10.97 万吨，订单履约率 96.5%；发放粮食预购定金 863 万元，受益农户 53 户；发放订单奖励和单收单烘奖励资金共 5487.89 万元。

【小麦收购】 5 月 20 日，全区开始收购小麦。小麦收购价为每 50 公斤 117 元（三等）。至 6 月底，小麦收购工作结束，国有收储公司没有农户投售。区内粮食企业市场化收购小麦 15184 吨，比上年增加 6244 吨。

【早稻收购】 6 月 28 日，开展早稻订单分解工作，涉及 18 个乡镇（街道）、162 个行政村，共签约早稻订单合同1191份，签约早稻订单数量52739吨，占计划数的100%。早稻订单奖励为农户增收3005.75万元。7月15日，上虞区早稻收购工作开始，至8月25日，早稻收购工作圆满结束。共收购早籼谷50095吨，其中订单收购50095吨，订单履约率94.99%，早稻收购比上年增加1401吨。

【晚稻收购】 9月11日，开展落实晚稻订单工作，共落实晚稻订单60888吨，签约农户927户，晚稻订单面积14.64万亩。至12月20日，晚稻收购工作顺利结束，全区共收购晚稻谷60358吨，订单履约率99.13%，比上年增加11175吨。

【粮油储备】 年内，严格落实区级储备粮7.22万吨（其中成品粮2900吨），食用油335吨，确保有序轮换且月末库存不低于70%。完成2023年储备粮油轮换工作，共出库原粮28212吨。

【粮食应急管理】 全区落实粮食应急加工企业5家，日加工能力370吨，应急供应网点29家，应急运输企业2家、车辆12辆、运输能力310吨，价格监测点4个。

【粮食订单信用等级评定】 会同农业农村局开展粮食订单信用等级评定工作，鼓励农户多产粮、产好粮，把好粮卖给国家，共评出“AAA”级种粮大户49户，“AA”级种粮大户8户，“A”级种粮大户3户，给予一定的政策倾斜，有效调动农户种粮积极性。

【省级现代化粮食收购服务体系试点】 6月26日，浙江省粮食物资局公布省级现代化粮食收购服务体系试点名单。上虞区成功入选。上虞区区作为省产粮大县和收购大县，坚持以现代化收购服务体系建设为抓手，积极构建粮食收购服务“生态链”，有效提升粮食收购效率和为农服务水平。（叶　舟）

供销合作商业

【概况】 2023年，上虞区供销总社1—12月全社实现总经营收入172.06亿元，同比增长8.07%（其中商品总销售109.01亿元，同比增长8.02%），综合效益1.6亿元，同比下降0.19%，上缴税费1.02亿元，同比下降6.42%。

【供销市场建设】 大通e享城（数创广场）累计签约32家商户（30家商户已开业；2家商户正在装修），签约面积12302.12平方米，签约率69.3%，开业率63.8%。城西28-1地块完成置业公司组建、代建方案报批、设计招标和工程前期相关准备。

【盘活闲置资产】 积极谋划资产“三个一批”，重点推进老旧、危旧资产的盘活调优，累计处置低效闲置资产5处，房产面积4395平方米，土地使用权面积6418平方米，盘活资金4935万元。

【山海协作农业帮扶】 赴景宁景南乡实地对接消费帮扶事宜，签订高山冷水茭白、地瓜面等产品采购框架协议，通过电商直采、定制生产等方式，累计帮助销售农产品近800万元。

【农村“三位一体”改革】 起草完成《上虞区深化农村“三位一体”改革实施县实施方案》，按照文件精神，扎实推进改革落地落细落实，重点以大通现代化农事服务中心等项目建设为抓手，推进服务创新，整合提升为农服务能力；对接联系浙江农合科技公司，完成数字化应用搭建，基本建成浙农服“三位一体”农合联在线2.0版。成立供销社合作发展基金，明确大通集团公司为区农合联的资产经营公司，集团公司（本级）每年净利润按不低于20%比例注入合作发展基金，用于为农服务。

【“上虞尚品”区域公用品牌运营】 2023年6月，根据区委区政府要求，区供销总社承接“上虞尚品”区域公用品牌运营，坚持“立足区内、走出区外”两条腿走路，围绕“1+1+3+n”品牌运营体系，建立展示展销中心1家，旗舰店3家，不同形式的专柜5家，线上门店9家。成立区域公用品牌协会，准入十大类百余个品种，覆盖20个乡镇街道。大力推进“进杭入沪”，在杭州联华超市58家门店开设专区，首进省行政中心专场销售，借助上海乡贤商会等力量，定制特色伴手礼2.5万余份。年内参加“千万工程”现场会等各类展示展销10场次,线上举办直播带货20场次。

【上虞区供销合作总社第八次代表大会召开】 5月15日，上虞区供销合作总社第八次代表大会召开。大会通过第八届理事会、监事会工作报告，通过《绍兴市上虞区供销合作总社章程修订草案》,选举产生区供销总社第八届理事会理事、监事会监事。胡升当选为理事会主任，王迪军、杜叔、钟伟贤、俞诗颖（挂职）当选为理事会副主任。经八届一次监事会议选举，徐爱军当选为监事会主任。（朱燕波）

电子商务

【概况】 2023年，上虞区深入实施电子商务发展战略，着力推动农村电商创新发展，持续引导跨境电商出口，加快培育新模式新业态，全力推进电商经济高质量发展。全年实现网络零售额92.15亿元，同比增长10%；跨境电商进出口额同比增长20%以上。

【电商政策扶持】 评估完善区级服务业政策和开放型经济政策，安排专项扶持资金，重点鼓励企业开展电商直播，支持企业开展和扩大跨境电商出口。同时，优化组织申报，简化审批流程，加速电子商务政策资金兑现进度，有力稳定和扶持电商小微企业发展，兑现2022年度电子商务资金326万元,惠及企业112家。

【农村电商发展】 详见乡村振兴—产业发展

【电商跨境服务】 积极走访调研重点外贸企业，帮助企业开设各类跨境平台店铺，引导企业注册开通跨境电商综试区企业服务平台和海关业务。组织本地电商企业参加跨交会、户外展、广交会等系列展会,链接“上虞制造”与“全球消费”，助力企业多渠道开拓市场。天玮雨具荣获省级跨境电商出口知名品牌。（夏丽娜）

邮政·快递

【概况】 截至2023年末，上虞邮政快递行业共有1家分拨中心、8家法人企业、60家分支机构、108家末端网点、516个智能柜；有邮政EMS、顺丰、京东、德邦、圆通、中通、申通、韵达、极兔、兔喜、驿收发、丰巢、丹鸟、菜鸟驿站等14个快递品牌，从业人员约1800人。

全区快递行业共有党员24名，其中在册党员5名，拟发展党员7名，其中已转预备2名，1家独立建制党支部。打造首批各具特色的“青春实践基地”3家。通过党建联建、校企合作、志愿服务、社会实践、研学课程等丰富多彩的活动方式宣传行业精神，促进全社会对邮政快递业的理解支持。

【邮政安全】 护航杭州亚（残）运会，以安全生产隐患大排查大整治、安全隐患自查自纠、重大事故隐患专项排查整治2023行动等工作为抓手,印发具体方案，召开会议部署，加强安全检查，累计检查企业103家次，发现并整改问题93个；检查分支和网点301家次，发现并整改问题220个。核查分支许可11家，末端网点备案112家。对“三项制度”和安全生产落实不到位的企业（品牌）进行立案查处，累计立案16个，处罚金额11.8万元；简易程序处罚5次，金额0.2万元。

召开全区邮政业安全生产工作会议、安全（反恐、禁毒、消防、案例）培训会议。7月21日组织全区邮政业一线从业人员130余人，开展安全管理培训和应急演练，覆盖包括各类驿站在内的所有快递企业（品牌）。8月30日，组织开展邮政快递业重大活动期间突发事件应急演练。10月与区人社局、总工会、曹娥街道等联合举办上虞区首届邮政行业职业技能竞赛，来自全区11个邮政快递企业的125名从业人员参加此次竞赛。

【普遍服务监督检查】 完善邮政普遍服务网络，强化邮政普遍服务管控，累计检查邮政所（支局）36家次，邮政普投场所24家次。完成规划部门地块方案智能信包箱意见建议征求22份;完成对东麟府等7个新建小区信报箱的完工验收。开展机要通信检查跟班作业。完成东关邮政支局、梁湖顺丰、越秀路申通、世邦万祥驿收发、汤浦兔喜5个“扫黄打非”基层工作站建设工作。做好邮票发行的日常监督管理工作，累计完成检查5次。

【邮政快递综合整治】 加快推进邮政快递经营场所和处理场地两项整治工作，完成经营场所综合整治144个，上墙铭牌127个，建设快递示范网点5个；完成处理场地安全规范提升再整治9个。进一步完善监管体系建设，提升监管效能。督促快递企业(品牌）完成与上虞移动公司签订视频监控安装协议，在企业网点全面推进视频监控安装工作，累计安装381个点位。开展浙里快递“督导检查”系统运用，做好检查模块录入，录入检查网点229家次，问题网点整改闭环率 100%。加快快递电动三轮车综合整治，规范上牌409辆。

【快递“两进一出”工作】 不断完善全区“三级物流”体系特别是农村寄递网络基础设施，初步形成“7+11+N”的三级物流体系（县级处理场地7家，乡镇级快递区域共配中心11个，遍及所有社区、行政村和部分自然村的末端网点 N 个）。因地制宜，探索建立灵活、立体的寄递物流共配模式，通过邮快合作、快快合作、客货邮等方式，指导快递企业落实进村要求。全区快递进村比例达到 100%，其中四品牌及以上进村率 98.9%，五品牌及以上进村率 88.4%。通过检查、约谈、处罚等方式引导快递企业推进进村工作，积极协调乡镇村社和企业在“共富驿站”运营过程中碰到的问题。全区276个“共富驿站”已全部配备管理员并启用。积极探索“共富驿站”长效运行机制，研究印发《上虞区“共富驿站”日常运营管理考核办法（试行）》，累计对20个乡镇街道的96个“共富驿站”进行抽查，发现并整改问题10个。开展邮政快递业助力“共富工坊”专项行动，发挥邮政快递业商流、物流、资金流、信息流“四流合一”的优势和全区“共富驿站”效能，梳理“助力政策包”，通过寄递优惠、劳动力安置、产供销一体化、金融服务等方式，在服务质量、服务价格、资源共享等方面向“共富工坊”提供直接支持。统筹抓好“快递进厂”和“快递出海”，通过数字赋能重点推进快递“进厂”服务体系建设。新增“快递＋制造业”协作企业35家，快递服务年支撑制造业产值25.14亿元。

【邮政快递业绿色治理】 深入实施“9218”工程，实现电商快件不再二次包装比例达到97%以上。深入推进过度包装和塑料污染两项治理，完成网点禁止使用不可降解塑料胶带。积极投入使用可循环快递包装，鼓励回收复用质量完好的瓦楞纸箱。积极与环保部门对接，“无废快递驿站”首次被列入区级“无废城市细胞”建设计划，创建“无废快递驿站”2家。召开上虞区邮政快递业垃圾分类工作会议，抓好行业垃圾分类工作，发放垃圾分类宣传横幅20余条，宣传册200余份，分类标准200余份，累计检查企业网点垃圾分类工作405家次，发现并整改问题188个。（杜紫怡）

通信

【电信】 2023年，上虞电信拥有OLT局点48个，其中OLT数量151个，媒体网关8个。拥有宽带接入点328个，IP城域网接入点102个，交换机125个，LTE基站866个，出口带宽680G。截至年末，上虞电信拥有移动用户20.2万户，有线宽带用户13.4万户。实施云改数转战略，积极推进以云网融合为核心特征的数字信息基础设施建设。全年新增5G室外站95个，开通4G室外站72个；推进5G-800M重耕，开通点位115个，覆盖上虞主城区、乡镇、郊区及重点行政村区域。全年完成XG-PON端口割接2598个，新增XG-PON端口2840个，完成E-PON端口退网200个，G-PON 设备退网 53 台，G-PON 端口已全部割接为XG-PON端口，助力上虞“双千兆城市”建设达标。作为国内首个具有卫星通信全业务牌照的通信运营商,已为超1000个手机直联用户提供卫星移动通信服务。依托集团安全能力池，具备包含安全融云、安全融网等50多项安全能力,与上虞区网信办、公安网警、电信与安全厂家四方努力打造共同打造上虞安全运营中心，夯实本地网络、信息、数据安全底座。强化“万无一失”的网络信息安全屏障，加强网络安全管理，做好暴露面端口下降；强化信息内容安全防护，不良信息处置及时率达 100%；持续依法打击电信网络诈骗，助力公安局96110防诈平台建设扩容，酒店类和企业用户新装涉案固话量均下降100%。

利用上虞电信属地完整的技术人员储备和全面的技术优势，全力做好亚运通信保障，助力陈溪乡政府、丁宅乡、下管镇、永和镇、丰惠镇网络安全实景演练，协助网络漏洞扫描和整改；完成全国半程马拉松锦标赛、“青春之城 魅力上虞 ”大型演唱会、全国田径接力锦标赛、“千万工程“经验现场推进会等重大活动通信服务保障9次。 （黄燕君）

【移动】 2023年，中国移动运营收入达到7.2亿元，同比增长9.3%，市场占比68.6%；手机用户规模达到71.2万户，同比增长0.6%，通信份额76.6%，其中5G手机用户达到44.9万户；家庭宽带用户规模达到22.6万户，市场占比达到66.9%；累计完成通信基础设施投资近1.63亿元，新建节点机房6个，移动通信宏站及室分511个，其中4G站点90个、5G站点399个，小微站22个。

累计投入5.4亿元，5G基站规模达到1868个，规模全地区第四，实现全区5G网络全覆盖以及重点行业深度覆盖。宽带千兆覆盖数达45.4万户，城市10G-PON端口达7100个，实现全区千兆宽带全覆盖，全力支撑乡村振兴、数字经济新模式（直播）等的高速发展。

完成各项通信保障目标。狠抓项目投资建设，积极向上级争取农村弱覆盖区域信号补强专项资金，不计投资回报，完成农村区域站点新建90个，涉及投资2500万元。参与防汛抗台、反恐演练等重要应急保障，累计投入240余人次，扩容无线小区192个，出动通信保障车17次，累计投入金额100余万元，顺利完成了亚运通信保障、兴欣氧气吉象音乐节、中华孝德园——年货节、“虞跃龙门向未来”主题烟花秀等政府重要活动20余次。

积极参与信息化项目建设。挖掘5G+优势，助力数字经济“一号工程”，打造南北未来社区、新屯南村未来乡村，为新型乡村社区形态发展奠定了数字化改造基础。完成丰惠古城改造项目，同时以公安行业的社会治安动态视频监控系统和雪亮工程为基础，拓展5G+智慧交通项目、区中医院5G智慧医疗项目和区教体局精准教育项目等平台应用，助力行业数字应用。依托大数据能力为文旅、应急、治理等提供短信服务，年触达3000万人次，打造基层治理平台服务上虞20个乡镇（街道）。 （任敏敏）

【联通】 2023年，中国联通上虞区分公司由4个综合网格、3个政企BU组成，拥有各类型基站2219个，5G网络与电信共建共享实现全区覆盖。拥有模块局5个，光综合业务接入点26个。通过数字化转型的形式实现了联通业务可以全部线上办理，服务更贴近客户。

2023年上虞联通继续响应区委区政府关于选拔驻村第一书记的号召，赴小越街道罗家村驻村帮扶，打造平台+云网+X打造联通品牌一村一品，2023年已完成5家“数字信息示范村”；25个村上线“未来乡村平台”。

2023年上虞联通已建成904个左右5G基站开通实现全区覆盖，同时加快推动双千兆精品网络覆盖步伐，全面提升高品质宽带服务能力，推动千兆网络普及提质，重点乡镇区10G-PON网络布局，2023年新建小区覆盖26个。新建端口1800余个，截止2023年上虞联通宽带端口达70137万个，城区宽带覆盖率达90%，10G-PON用户占比已达到70%以上。

2023年上虞联通通过5G网络的高带宽、低时延、大连接等新能力，为上虞公安提供低空服务，打造上虞公安警用无人机“空地一体通信服务保障平台。加快优先布局物联网，促进智慧农业发展，改善民生治理，与曹娥、文化社区签订数字化平台建设项目，平台涵盖多个场景的基层治理数字化、向基层社会治理，共享数据赋能，打造基层“微体征”。

2023年作为全区打击治理电信网络新型违法犯罪工作领导小组成员单位，上虞联通积极主动开展宣传活动、各营业窗口、日常营销活动中推广反诈App等不同形式进行反诈宣传。 （莫洋波）

“96345”社区服务

【概况】 2023年，上虞区社区服务中心“96345”服务热线求助量保持稳定，全年共受理各类求助136245件，其中生活服务类67005件，占49%，咨询服务类63380件，占46%，公共事务类5860件，占5%，电话量与往年基本持平，略微上涨。服务满意率始终保持在99.8%以上。

2023 年“96345”服务情况统计表

表 3

年份	热线求助量（件）	居家养老服务（元）	志愿活动（场）
2023	136245	262060	23

【服务业务培训】 全年共开展包括居家养老政策解读和梳理、政务通信息、日常生活信息收集三大方面的 5 期业务培训。规范中心加盟企业和一技之长者，共召开关于夏季规范服务、高空安全作业、家政服务礼仪等相关内容的加盟企业会议 4 次，走访家政公司 10 次。

【居家养老服务】 2023 年，结合智慧养老服务平台，对全区 300 多个乡镇、村两级居家中心（站）进行常日监督。继续严格按照服务流程和兑券步骤做好服务券兑换工作；与区智慧养老平台进行对接，打通数据通道，将全区居家养老服务平台实时传送至区智慧养老平台，全年共完成居家养老服务兑换和兑现工作 770560 元。

【志愿服务活动】 配合相关部门，如百官街道、民政局在南丰邻里中心、信义广场等开展广场志愿服务；开展党员志愿服务进乡镇活动，如 2 月进道墟镇屯南村、11 月进驿亭镇白马湖村等；为农村留守老人提供的一对一上门志愿服务活动；全年，中心共开展各类便民志愿服务 23 次，志愿服务时长达 500 小时。（李　亦）

夜间经济

【概况】 上虞区夜间经济布局不断优化，已培育形成四大夜间经济集聚区和四大特色夜宵街区，即老城区生活便利型夜间经济集聚区、城北商圈综合消费型夜间经济集聚区、高铁新城运动消费型夜间经济集聚区、以“一江两岸”为核心区域的休闲旅游型夜间经济集聚区，及百崧河夜宵一条街、时代广场餐饮特色街、曹娥街道舜杰路、万达繁华里。上虞区成为浙江省夜间经济特色城市。上虞区《商旅文联动打造夜间消费新地标》经验做法入选商务部商务领域消费促进典型案例，为全省唯一。（王可嘉）

【风情街夜市】 风情街夜市每期流量达 2.5 万余人次、线下销售额超过 50 万元、线上销售额超过 100 万元。通过联动节庆和直播带货，夜市也逐步走出了一条节庆活动乡镇城区共办、协作活动区内区外同行、直播带货线上线下联动的新道路，并带动了百万元的实际消费。200 多个展位里有一大半是非物质文化遗产和特色民俗技艺，夜市活动已成功打通民众与非遗技艺的“最后一公里”。风情街夜市被评为“绍兴市十大文旅夜间消费集聚区”“浙江省文化创意街区”浙江省特色商业街（区）”“全省第二批重点培育文旅市集”“省级示范性青创农场”“绍兴市十大特色文化产业街区”和“绍兴市夜间经济特色市集”；2023 年 9 月，文化旅游风情街夜市更是入选为商务部商务领域消费促进典型案例，为浙江省唯一入选案例。

（王可嘉、魏　爽）

风情街夜市（朱胜钧　摄）

中介服务业

法律服务

【概况】 截至 2023 年末，全区共有律师事务所 15 家，法律服务所 8 家，执业律师 210 名，法律服务工作者 35 名。律师行业共办理各类案件 7335 件，业务收费 11114.98 万元；基层法律服务行业共办理各类案件 931 件，业务收费 542.31 万元。全区共成立有 8 家律所党支部，其中 3 家为联合党支部，5 家为独立党支部，覆盖 15 家律师事务所的律师党员 72 人。2023 年 5 月，完成浙江定坤律师事务所党支部的成立。2023 年全年共计发展律师党员 3 人。全年法律援助中心共办理法律援助案件 1073 件，其中民事案件 525 件，刑事案件 547 件，行政案件 1 件，值班律师提供法律帮助 1500 余人次，出具认罪认罚具结书 1393 份，为当事人挽回经济损失或取得利益 1350 余万元；共为来电、来访当事人提供法律咨询 3270 次。

【村（社）法律顾问管理】 从 2022 年起，区司法局实行村（社）法律顾问签约预审制，即在司法所指导属地村（社）签约法律顾问前，要将法律顾问拟选名单先报局法律工作管理科进行预审，确保每位法律服务人员兼任法律顾问不超 5 个村（社），保证充足的服务时间精力，提升法律服务实效。2023 年以来，法律顾问为村（社）开展事务“法律体检”1445 次、参与矛盾纠纷化解 531 起、提供法律咨询 1821 次。

【企业法律服务】 与区工商联联合制定《关于开展“律护营商 ·法助共富”专项活动实施方案》。开展“服务市场商会”专项行动。与区工商联双向合力，共有 15 家商会与律师事务所开展结对服务，一对一为商会开展培训咨询服务。开展“企业法治体检”专项行动。2023 年全区律师共走访企业 6681 家，解决合同违约、债权债务、劳资纠纷等法律问题 4797 条，有效助推企业合规健康发展。

【公益法律服务】 各律师事务所整合“村（社）法律顾问、律师回乡、市场主体网格化服务”等平台，组织律师开展法律咨询、法治讲座、参与调解、法律援助引导等公益服务。全区 115 名律师组成公益律师服务团、51 名律师组成民企律师服务团，为市场主体提供“菜单式”“远程式”“会诊式”等全方位基础法律服务。

【重点领域专项法律服务】 开展金融专题服务，6 月 29 日，为奋力助推上虞“青春之城”建设，引导金融法律资源更好服务新发展格局，联合上虞区金融办共同举办“青春之城 法护营商——2023 上虞区‘金融+法律’进企业活动”，区内 16 家上市后备企业的高管、20 多位律师及券商代表参加本次活动。开展建设专题服务，7 月 7 日，为全区建筑企业合规经营提供法律支持，护航建筑企业可持续健康发展，联合上虞区法院、区住建局共同举办“上虞建筑企业合规培训会”，区内建筑企业工程、财务负责人、市破产管理人协会会员及 30 多位律师参加。开展涉外专题服务。8 月 11 日，提升涉外法律服务能力和水平，助力建设内聚外联的开放型“青春之城”，联合上虞区商务局举办深耕“法治土壤” 助力“藤蔓”成长——上虞区“地瓜经济”涉外法律服务主题活动，全区 60 名执业律师代表、50 名企业代表及 9 位律师智囊团代表参加。

【法援业务培训】 组织法援律师学习《浙江省民事/行政法律援助案件质量评估评分标准（试行）》和《浙江省刑事法律援助案件质量评估评分标准（试行）》，并要求律师进法援系统结合个案对标逐条核查。开展《法律援助质量评查标准》讲座，提升法律援助人员业务水平。区法援中心在年中和年末分两次对本年度结案的案卷开展评查。2023年法律援助案件审批满意率和承办满意率均为100%。

【重点人群专项法援助行动】 结合法律援助助力共同富裕、法援惠民生品牌活动，组织关爱农民工、关爱妇女、儿童、关爱老年人、关爱军人军属等重点人群专项法援助行动。系列开展农民工讨薪法律援助专项行动，开展暑假法治课堂，组建未成年人权益保护律师宣讲团，开展暑假法治课堂10余场次，走进企业为女职工带来《女性职场权益保护》法律讲座，常年开展夕阳护老活动，联合司法所进村、社区开展老年人权益保护法治讲座，对行走不便的老年群体提供法律援助上门服务，定期在区退役军人事务局法律援助工作站值班为军人军属提供法律服务。2023年，“上虞区服刑人员子女变更抚养权案”入选绍兴市依法维护妇女儿童权益十大案例。

【“法律援助市域内 100%通办”省级民生实事项目】 加大“法律援助市域内 100%通办”省级民生实事项目 传达宣传，扩大知晓率。制作易拉宝，在法律援助接待、受理场所、公示法律援助申请条件、办理程序、申请材料等信息；同时借助各司法所普法宣传活动开展“法律援助市域内 100%通办”宣传。全年完成18件市域通办案件申请，受理满意率和承办满意率均达100%。 （杨炜香、章丽丹）

公证服务

【概况】 2023年，上虞公证处贯彻落实党的二十大精神，参与营商环境优化提升“一号改革工程”，多措并举加强公证法律职业规范化建设，为优化助力营商环境提供优质公证服务。

全年共办理各类公证事项34085件（含抵押登记19780件）。其中，国内总办件33237件，涉外总办件848件(涉外783件、涉港澳26件、涉台39件)；司法辅助11382件。

2023年10月,《浙江绍兴 创新“公证+企业服务”营造法治化市场环境》宣传片，在央视社会与法频道播出；2023年11月，被浙江省发展和改革委员会认定为全省法律服务行业领军领跑企业（单位）。

【“后事智办”工作】 通过事前为当事人发送材料清单、证明模板，事中为当事人预约办证时间、预先完成办证准备，事后提供“售后服务”帮助当事人与涉财部门沟通等方式完善继承、遗产管理人公证服务机制。提高服务效率确保90%以上的遗产查询案件在五个工作日办结。在司法所、村社及公证代办点、联络点放置宣传册、宣传牌、人员口头宣讲等方式推动遗产管理人业务开展，同时探索与不动产登记中心建立“不动产登记+公证+遗产管理人”工作模式。

【公证参与行政（执法）】 服务中心工作，为章镇城镇改造、329国道改建、104国道改建、丰惠镇孔庙区块、百官工业园区区块等征收工作、百官、梁湖、长塘、岭南等乡镇的拆违、矿山整治工作、渡江路、新建路危房解危工作提供公证法律服务，参与重点项目“营商环境一号工程”，推进公证服务点全覆盖、公证法律服务进乡村。

【公证参与司法辅助】 2023年开始，通过统一的电子端口无纸化接收送达案件，优先电子送达、实现辖区内统一调度，在送达过程中创设“公证+送达+调和解”一站式纠纷解决形式，物业案件纠纷化解成功率达26.67%。参与执前案件督促和解，根据不同案件情况推动和解，做到“案结事了”，劳动仲裁类案件经公证介入执前和解后当事人和解率达78.9%。全面介入法院执行工作，开展多点位结合的执行辅助工作。全流程参与刑财类执行案件，帮助案件承办人了解执行案件信息与进程，推动案件往执毕方向靠拢，加快推进刑财类执行案件“出清”速度。以“直接介入、阶段办理”方式辅助民商事首执类案件，缓解法院“人案比”严重失衡的现象。独创以线上催缴和线下追缴相结合的执行辅助模式，通过被执行人主动交费和催缴追缴的全流程跟踪体系推动执费类案件结案。依托公证多种优势，推动司法辅助深化发展。发挥公证监督职能，精准辅助法院破产案件办理。2023 年 9 月，上虞公证处参与区内某化工企业破产清算，为财产接管、印章资料移交、财产取回、信函邮寄等提供保全证据公证 17 次，公证服务时长达 71 小时。

【公证赋强】 与农商行等区内 6 家银行（农商、工商、建行、绍兴银行、浦发、富民）签订公证赋强业务合作协议，推行“信贷优化+公证赋强+柔性司法”的多元化解金融纠纷模式，于 2023 年 10 月起开始办理在线合同赋强公证业务，为金融机构及借款人降低时间成本及小额信贷诉讼量。

【枫桥式工作法】 全过程参与征收各环节，总结的相关经验做法多次被省委、省政府肯定推广，2023 年 12 月绍兴市上虞公证处《“审、评、验、督、销”化解征迁纠纷工作法》被中共浙江省委政法委员会命名为浙江省新时代“枫桥式工作法”。 （冯蕴兰）

中介机构监管

【“十佳一差”评选工作】 根据《上虞区“十佳一差”中介机构评选办法》的通知精神，区整顿规范社会中介组织工作领导小组办公室对参与上虞区政府性“三资”（资金、资产、资源）管理执业服务的中介进行评选，并通过网站平台向社会公示，确定 2023 年度“十佳一差”中介名单。

【“十佳一差”评选名单】 “十佳”（10 个）：浙江同济工程管理有限公司、浙江天平项目咨询有限公司、浙江筑脸全过程工程咨询有限公司、浙江宇康工程管理咨询有限公司、浙江省水利水电勘测设计院有限责任公司、浙江省钱塘江管理局勘测设计院有限公司、浙江数智交院科技股份有限公司、浙江华康工程管理有限公司、浙江水专工程顾问有限公司、浙江中虞工程建设管理有限公司。

“一差”（1 个）：杭州丰天建设项目管理有限公司。 （叶　舟）

其他非银行金融机构

【小额贷款公司】 2023 年，上虞区有小额贷款公司 4 家，合计注册资本 8 亿元。发放贷款 1469 笔、54.32 亿元；实现营业收入 9187 万元，实缴税收 2019 万元。至年末，贷款余额 712 笔、11.70 亿元。

【融资担保公司】 2023 年，上虞区有融资担保公司 2 家，合计注册资本 4.82 亿元。开展担保 111 笔、3.31 亿元；实现营业收入 823 万元。至年末，在保 102 笔、3.03 亿元，其中政府性融资担保在保 90 笔、2.57 亿元。

【典当公司】 2023 年，上虞区有典当公司 5 家，合计注册资本 1.17 亿元。典当总额 8.09 亿元、1306 笔。至年末，典当余额 1.10 亿元。

【民间融资服务中心】 2023 年，上虞区有民间融资服务中心 1 家，注册资本 0.5 亿元。至年末，总额 1517 笔、10.90 亿元。 （张　怡）

金融业

综述

【概况】 2023 年，上虞区实现金融业增加值 64.74 亿元，占全区生产总值 4.9%。全区银行业金融机构本外币存款余额 2429.85 亿元，增长 13.77%，较 2022 年新增 294.07 亿元；本外币贷款余额 2184.85 亿元，增长 16.95%，较 2022 年新增 316.65 亿元。

【上海银行股份有限公司绍兴上虞小微综合支行设立】 2023 年 9 月 27 日，上海银行股份有限公司绍兴上虞小微综合支行正式设立。上海银行是国内 20 家系统重要性银行之一。截至 2023 年末，上虞区共有银行 27 家。

【华福证券有限责任公司绍兴上虞市民大道证券营业部设立】 2023 年 4 月 6 日，华福证券有限责任公司绍兴上虞市民大道证券营业部正式开业。截至 2023 年末，上虞区共有证券机构（营业部）11 家。

【金融改革创新试点获批】 2023 年 12 月 19 日，国家金融监督管理总局浙江监管局、浙江省经济和信息化厅批复同意在绍兴市杭州湾上虞经济技术开发区开展产业制造业金融协同发展改革试点，围绕金融产品及服务模式创新、金融标准化建设、金融风险防控、配套政策集成等内容，探索产业金融协同发展的制度创新和服务机制。

（章舒琼）

金融行业

【银行业】 12 月末，全区共有银行业金融机构 27 家，存贷款余额 4614.70 亿元，同比增长 15.27%，高于全省平均水平 1.85 个百分点。其中，存款余额 2429.85 亿元，贷款余额 2184.85 亿元，分别同比增长 13.77%和 16.95%。全区存贷比为 89.92%，比年初增长 2.45 个百分点。

12 月末，全区不良贷款余额 8.70 亿元，比年初增加 1.11 亿元；不良贷款率 0.40%，比年初下降 0.01 个百分点，低于全省平均水平 0.22 个百分点。关注类贷款余额 21.15 亿元，比年初增加 7.57 亿元；关注类贷款率 0.97%，比年初上升 0.23 个百分点，高于全省平均水平 0.11 个百分点。

【保险业】 12 月末，全区共有保险机构 29 家。截至 12 月末，累计保费收入 26.92 亿元，同比增长 6.29%。其中，寿险保费收入 16.83 亿元，同比增加 14.94%；财险保费收入 10.09 亿元，同比下降 5.56%。截至 12 月末，累计支付各项赔款和给付 9.21 亿元，同比增长 0.30%。

2023 年 1—12 月上虞产险公司保费收入及市场份额统计表

表 4　　金额单位：万元

序号	公司名称	保费收入	同比增长	市场占比	赔款金额
1	人保财险	43878.93	-13.86%	43.49%	27980.51
2	太保产险	16576.74	0.76%	16.43%	11108.88
3	平安产险	19405.13	0.88%	19.23%	13733.27
4	天安财险	803.74	1.42%	0.80%	447.36
5	中华联合	2738.07	-0.12%	2.71%	1592.81
6	大地保险	1557.18	8.76%	1.54%	1178.59
7	华安财险	691.52	32.20%	0.69%	534.29
8	永安保险	628.99	-7.13%	0.62%	266.92
9	太平财险	1198.60	15.77%	1.19%	561.31
10	大家财险	538.03	122.71%	0.53%	188.06
11	都邦保险	250.35	-30.39%	0.25%	138.32
12	阳光财险	1627.64	12.22%	1.61%	1015.85
13	亚太保险	360.83	-28.64%	0.36%	294.14
14	国寿财险	8302.63	2.93%	8.23%	4982.49
15	长安责任	881.42	-22.60%	0.87%	654.49
16	浙商保险	1107.13	19.42%	1.10%	555.97
17	国任保险	338.11	11.79%	0.34%	0.00
	合　　计	100885.04	-5.56%	100.00%	65233.26

【证券期货】 12 月末，全区共有证券机构 11 家，交易金额 351.30 亿元，同比下降 14.42%；12 月实现营业收入 1056.49 万元，同比增长 1.83%。期货机构 1 家，12 月交易金额 188 亿元，同比增长 1.00%，12 月实现营业收入 22.28 万元，同比增长 1.27%。（胡汉标）

资本市场

【概况】 2023 年，上虞区深入开展“凤凰行动·凤舞娥江版”，成功入选浙江证监会拟上市公司口碑声誉评价工作试点县（市、区）（全省 10 个）。组织开展“深化‘凤凰行动’计划 助力‘青春之城’建设”企业上市工作推进会、上市公司董事长武汉考察、兴欣新材首发上市仪式等一系列重大活动。区政府分管领导多次带队赴中国证监会、沪深北交易所、浙江证监局等对接交流，掌握注册制最新权威监管动态，精准推动企业上市。全年，全区新增首发上市企业 1 家、上市过会企业 2 家、上市辅导报会企业 7 家次，累计形成“境内上市 20 家、新三板挂牌 6 家、区域性股权市场挂牌 171 家”的多层次资本市场发展格局。全区实现直接融资规模 290.82 亿元，其中股权融资 9.02 亿元，债券融资 281.8 亿元；全区上市公司实施并购重组 3

宗、规模 5.33 亿元。截至年末，全区上市挂牌企业总市值 2357.08 亿元，区域证券化率水平为 178.84%。

【区政府与财通证券开启全面战略合作】 4月27日，上虞区政府与财通证券股份有限公司签订战略合作协议。财通证券将从综合金融服务、招商引资、上市服务、国企深化改革等方面提供全方位、全链条金融服务，全力支持上虞经济发展。区委副书记、区长金进富和财通证券党委副书记、总经理黄伟建出席签约仪式并讲话。

【拟上市公司口碑声誉评价工作试点】 5月10日，浙江证监局公布拟上市公司口碑声誉评价工作试点范围，上虞区成功入选（全省 10 个）。由区金融办牵头，建立相关部门、属地联合开展对拟上市公司口碑声誉评价的常态化会商工作机制。全年完成春晖仪表、美晶新材 2 家企业的评价报告。

【全区企业上市工作推进会】 9月1日，区召开“深化‘凤凰行动’计划 助力‘青春之城’建设”企业上市工作推进会，区领导金进富、方静、阮程华、倪红娣出席，浙江证监局副局长章英杰以及绍兴市金融办、北交所、浙股集团、财通证券相关负责人应邀参加。

【兴欣新材在深交所主板首发上市】 经深圳证券交易所上市委审议通过、中国证券监督管理委员会证监许可〔2023〕2120 号文注册生效，绍兴兴欣新材料股份有限公司向社会公众公开发行人民币普通股（A 股）股票 2200 万股，发行价格 41.00 元/股，发行市盈率 17.43 倍，募集资金 9.02 亿元。12月21日，公司在深圳证券交易所主板挂牌上市，股票简称：兴欣新材，证券代码：001358。

【深化推进区域性股权市场省级试点】 2023 年，区设立区域性股权市场创新试点培育工作站，会同浙股集团组建专业团队，并联合券商、银行、投资机构等形成固定的企业服务联盟，开展上市培育、融资对接、并购咨询等全方面综合性的金融服务，全面覆盖上市后备企业。同时，在浙江省股权交易中心开设上虞特色板块——“凤舞娥江板”，推动 31 家企业入板规范培育。

【基金投资项目产业园建设】 2023 年，区高质量推进基金投资项目产业园建设，完成浙里新征程创投产业园扩园。截至年末，全区建成并投用基金投资项目产业园 3 个，累计招引项目 40 余个，引进和自主培育人才项目 10 个，引进培育规上企业 4 家，国家高新技术企业 6 家，引进外部融资逾 5000 万元，总体发展态势良好。

（金自亮、俞　锋）

2023 全区境内上市公司经营情况（20 家）

表 5

公司简称 财务指标	证券代码	总资产（亿元）	总营收（亿元）	总营收增长率（%）	净利润（亿元）	净利润增长率（%）	净资产收益率（%）	资产负债率（%）
盈峰环境	000967	290.48	126.31	3.06	4.98	19.00	2.88	38.39
阳光照明	600261	53.84	30.75	−17.58	2.15	17.12	5.99	32.41
卧龙电驱	600580	246.64	155.67	3.79	5.30	−33.73	5.74	56.61
浙江龙盛	600352	678.06	153.03	−27.90	15.34	−48.92	4.72	47.33
卧龙地产	600173	62.00	47.56	0.44	1.64	−47.25	4.40	38.64
亚厦股份	002375	230.16	128.69	6.21	2.50	34.33	3.21	64.38
闰土股份	002440	117.71	55.88	−10.84	0.46	−92.45	0.48	17.94

续表 5

公司简称 财务指标	证券代码	总资产（亿元）	总营收（亿元）	总营收增长率（%）	净利润（亿元）	净利润增长率（%）	净资产收益率（%）	资产负债率（%）
世纪华通	002602	373.47	132.85	15.77	5.24	—	2.07	30.41
晶盛机电	300316	368.08	179.83	69.04	45.58	55.85	35.56	56.12
金盾股份	300411	15.03	4.86	13.87	0.10	−23.78	1.12	36.27
汤姆猫	300459	50.92	13.48	−17.46	−8.65	−296.51	−24.73	38.92
康隆达	603665	35.13	15.63	13.73	−2.20	−205.37	−17.41	62.51
扬帆新材	300637	13.25	6.91	−12.71	−0.88	−1645.60	−12.29	47.69
皇马科技	603181	34.18	18.94	−13.21	3.25	−31.94	12.35	19.32
中欣氟材	002915	31.91	13.44	−16.16	−1.88	−201.77	−11.66	46.03
锋龙股份	002931	11.22	4.33	−26.22	−0.07	−114.49	−0.98	31.50
贝斯美	300796	29.24	6.99	−8.97	0.88	−42.17	5.40	41.75
锦盛新材	300849	8.52	2.60	7.04	−0.24	−6.07	−3.77	27.10
春晖智控	300943	12.35	4.67	−5.26	0.76	1.49	8.25	21.76
兴欣新材	001358	16.74	6.30	−18.62	1.42	−32.23	22.28	9.46
合　计		2678.93	1108.72	2.36	75.68	141.33	5.52	44.80

旅游业

综述

【概况】 上虞是一座底蕴深厚的文化名城，距今已有 2200 多年的建县历史，是虞舜故乡、英台故里，全球青瓷发源地之一、浙东唐诗之路的发祥地，也是中国孝德文化之乡、全国文明城市、浙江历史文化名城，凝练了“明德尚贤，创变笃行”的新时代上虞精神。上虞文旅资源丰富，拥有以“孝文化”为主题、呈现远古圣君虞舜“孝感动天”和东汉孝女曹娥“投江寻父”故事的中华孝德园；经典爱情故事梁祝传说源起之地祝家庄；因南北朝著名山水诗人谢灵运所写“登此山饮酒赋诗，饮罢覆卮”而得名的覆卮山；白衣卿相谢安“东山再起”典故缔造地东山等，自然风光和文化古迹颇丰。

至 2023 年末，上虞区共有 11 家 A 级旅游景区，包括 3 家国家级 AAAA 级景区（中华孝德园、覆卮山景区、杭州湾海上花田景区）、8 家国家级 AAA 级景区（桃花源生态旅游区、盖北野藤葡萄园景区、竹隐陈溪、e 游小镇、耕读古镇、白马春晖、仙果小镇、伞艺小镇）。上虞区有等级民宿 17 家，景区镇 19 个、景区村 192 个，星级饭店 1 家（上虞宾馆）。有旅行社 20 家，其中，四星级品质旅行社 2 家，三星级品质旅行社 2 家。（王羽东、石蕾蕾、俞霁雯）

【旅游接待和收入】 经初步测算，2023 年，全区接待旅游总人次 461.15 万人次，同比增加 16.74%，实现旅游总收入 65.78 亿元，同比增加 1.82%。

【文旅融合】 2023 年 5 月 5 日，印发《绍兴市上虞区人民政府办公室关于印发上虞区文旅深度融合高质量发展实施方案（2023—2027 年）的通知》，组建全区文旅深度融合专班，专班化推进全区文旅深度融合工程。5 月 12 日，全区文旅深度融合工程工作专班第一次例会在区行政中心召开，部署上虞区文旅深度融合工程及下一步工作安排。

【全域旅游示范县（市、区）复核评估】 2023 年 12 月 29 日，经省文旅厅对各全域旅游示范县（市、区）2022 年的工作进行复核评估，上虞区通过 2023 年浙江省全域旅游示范县（市、区）复核评估。（石蕾蕾）

【文旅集团】 2023 年 3 月，文旅集团由相似副科级单位提档升格为相似正科级单位。2023 年，文化旅游风情街夜市助力上虞成功上榜浙江省夜间经济特色城市，成为全省第二批重点培育文旅市集，并入选商务部商务领域消费促进典型案例；成功创建省二级旅游驿站 2 家、浙江省运动休闲旅游精品线路 1 条、浙江省研学基地 1 个；滨水绿道婚纱摄影基地入选国际木球技术培训基地；中华孝德园、祝家庄、东山等下属景区全年累计接待游客近 100 万人次。（王可嘉）

旅游服务与管理

【饭店、民宿、旅行社管理】 截至年末，全区共有旅行社 20 家，其中四星级品质旅行社 2 家（中青旅、向阳），三星级品质旅行社 2 家（东方、新世纪）。全区有等级民宿 17 家。绍兴市上虞东方旅游有限公司获评浙江省三星级品质旅行社。

【新兴旅游业态管理】 按照《浙江省旅游安全专业委员会办公室关于开展旅游新业态安全生产隐患再排

查再整治的通知》等文件部署要求，上虞区文广旅游局明确目标任务，扎实有序推进，一是完成新一轮旅游新业态项目摸排，共计16项；二是会同文旅专委会相关成员单位，对16项新业态项目开展安全隐患联合检查，发现并完成隐患整改12处，最大限度消除安全隐患，为区全域旅游安全发展提供重要保障。

【文化和旅游领域消防安全】 上虞区于2023年1月28日至2月28日，在全区范围内开展文化和旅游领域消防安全集中攻坚整治行动。该次行动累计出动检查49人次，检查重点文旅场所48处，发现隐患62处，无重大隐患，均已整改完毕。

【旅游市场管理】 2023年3月20日至6月30日，在全区范围内全面开展旅游市场“三不”问题专项整治行动。该次行动累计出动检查85人次，检查重点文旅场所94处，发现隐患104处，无重大隐患，均已整改完毕。

【文旅企业安全隐患自查自纠】 2023年5月17日至7月31日，在全区范围内全面开展文旅企业安全隐患自查自纠工作。共计签订《生产经营单位安全隐患自查自纠责任书》290余份，下发《文旅场所消防安全自查自纠登记簿》580本。

【文旅安全生产培训及应急演练暨安全生产宣传教育“五进”现场会】 2023年5月26日，文旅安全生产培训及应急演练暨安全生产宣传教育“五进”现场会举行。参加培训人员为：网吧、KTV、剧本杀经营场所、游艺厅安全管理员；艺术类培训机构安全管理员；区文广旅游局相关科室及下属单位安全负责人；区文管中心文保员。观摩人员为：区文旅专委会成员单位安全（应急）职能科室长；各乡镇（街道）文物管理负责人。活动内容为：安全生产培训，播放警示片3部、文旅企业安全隐患自查自纠标准讲解、各类灭火器操作方法讲解、应急救援实操；密闭经营场所灭火与应急疏散演练。

【“护航亚运 平安文旅”百日攻坚行动】 为进一步做好杭州亚运期间上虞区文化旅游领域安全生产工作，防范化解各类风险隐患，根据上级部署，2023年7月4日至10月31日，在全区文旅领域开展“护航亚运 平安文旅”百日攻坚行动。按照党中央、国务院，省委、省政府，市委、市政府和区委区政府关于安全生产的重大决策部署要求，结合全国重大事故隐患专项排查整治行动、全省大排查大整治专项行动及区安全生产“百日攻坚”行动，压紧压实文旅领域安全生产主体责任，为亚运会、亚残运会成功举办营造健康安全的文旅氛围。行动累计出动检查28人次，检查重点文旅场所35处，发现隐患52处，无重大隐患，均已整改完毕。

【“安全生产秋季行动”暨亚运国庆文旅市场安全生产大检查】 上虞区制订并下发《关于开展“安全生产秋季行动”暨亚运、国庆文旅市场安全生产大检查的通知》，2023年9月22日至10月31日，组织开展“安全生产秋季行动”暨亚运、国庆文旅市场安全生产大检查。重点聚焦极端天气安全、涉水项目安全、室内密闭场所安全、露营安全、旅游包车安全、旅行社安全、旅游新业态安全等7方面重点工作，开展安全隐患大检查，巩固排查整治成果，持续压紧压实安全生产“四方责任”，全面打赢“护航亚运 平安文旅”百日攻坚战，确保亚运、国庆期间文旅领域安全、有序、稳定。本次行动累计出动检查85人次，检查重点文旅场所78处，发现隐患47处，无重大隐患，均已整改完毕。（陈　剑）

【2家驿站获评省二级旅游驿站】 2023年5月，瓷源旅游驿站、东山旅游驿站获评浙江省二级旅游驿站。

（宣建中）

【上虞丰惠祝家庄（山地车速降）—皂李湖（骑行）—白马湖（龙舟）入选浙江省运动休闲旅游精品线路】 2023年11月，上虞丰惠祝家庄（山地车速降）—皂李湖（骑行）—白马湖（龙舟）入选浙江省运动休闲旅游精品线路。

（郭振江）

旅游资源

【国家A级旅游景区】 2023年4月，白马春晖景区、仙果小镇景区、上虞伞艺小镇创建为国家AAA级旅游景区。至2023年末，上虞区共有11家A级旅游景区，包括3家国家AAAA级景区（中华孝德园、覆卮山景区、杭州湾海上花田景区）、8家国家AAA级景区（桃花源生态旅游区、盖北野藤葡萄园景区、竹隐陈溪、e游小镇、耕读古镇、白马春晖、仙果小镇、伞艺小镇）。

【中华孝德园】 中华孝德园景区坐落于上虞城区西南凤凰山麓，以“孝德文化”为主题，依托虞舜和孝女曹娥进行构建，核心区域面积37.5公顷，目前已累计投入超过4亿元，景区以“孝文化”为主题，以“孝感动天”的远古圣君虞舜和“投江救父”的东汉孝女曹娥为依托，通过对孝德文化、虞舜文化、佛教文化、民俗文化的挖掘，集中展示上虞悠久的人文历史和深厚的文化底蕴。2015年11月27日，景区顺利通过AAAA级景区验收，成为上虞区首家国家AAAA级旅游景区。中华孝德园为免费景区，主要景点包括大舜庙、虞舜宗祠、般若寺、舜耕群雕、神州舜迹、孝德广场、文化旅游风情街等，是人们游览观光、休闲娱乐的历史文化游览胜地。2023年，上映的360极限飞球项目集合球幕影院、飞行影院、动感影院、过山车等特种影院与游乐设备的优点于一体，外观吸睛，结构新颖，以全沉浸式观影方式，呈现上虞文化旅游资源。2023年，景区接待游客22.55万人次，讲解430余次；360极限飞球7—12月收入31.95万元。（王可嘉）

【浙江省采摘旅游体验基地】 2023年，上虞区12家采摘基地创建为浙江省采摘旅游体验基地，其中，AAA级1家，AA级4家，A级7家。

【浙江省旅游驿站】 2023年，4家驿站创建第二批浙江省旅游驿站，其中，管溪旅游驿站被评为一级旅游驿站，瓷源旅游驿站、红山居旅游驿站、东山旅游驿站被评为二级旅游驿站。

【覆卮山景区创建浙江省智慧景区】 经创建单位自主申报，区文广旅游局初审推荐，省、市专家实地指导评审，覆卮山景区成功创建浙江省智慧景区。（石蕾蕾）

旅游规划建设

【概况】 2023年，曹娥江旅游度假区围绕“一江一湖一山三镇”重点区块，完成政府项目投资10.71亿元，引进外资2274.03万美元，完成民间服务业投资67756万元。7月28日瓷源文化小镇艺术引领区开园。（杨　依、相　播）

【皂李湖开发建设】 围绕皂李湖“休闲之湖、科创之湖”这一定位开展精准招商，邀请华人文化、香港PPW、华侨城等40多家大型企业到上虞考察洽商，并联系区内大型企业、上市公司，重点考察皂李湖区域板块，年内接待客商100余批次，主要领导带队外出考察12次。年内，对皂李湖村7个自然村1706户农户的房屋进行征迁，拔钉销号9户，办公用房1户（农商银行）；累计办理475户被征迁农户的购房补贴及政策解释；累计办理6批次1734人被征地农民养老保险。完成潘家陡区块刘家2户滞留户拔钉工作，至此潘家陡村刘家、罗大湾、澜岭口3个自然村共计150户征迁全部完成。（刘　斌、祝倩莹）

【东山区块开发建设】 浙东唐诗之路东山区域开发建设项目位于上浦镇东山景区，项目围绕曹娥江诗路文化带建设和东山景区发展定位，开展太康湖环湖景观打造，大东山古道建设，游客中心及周边配套建设，东山村村域景区化提升，景区供水、供电、智能化建设，祝家庄景区周边配套建设等各项景区配套建设内容。浙东唐诗之路东山区域开发建设项目总投资3.2亿元，至年末已完成投资2.95亿元，完成项目总形象进度的92%。（叶国民）

【孝德文化小镇开发建设】 2023年，曹娥庙历史文化街区修复改造建设工程已完成总工程量的58%以上，孝德文化小镇基础设施建设工程（纵二路）完工，孝德文化小镇逸园路及周边配套建设工程完工，汽车西站地块周边配套建设工程完工，浙东运河（曹娥段）综合整治工程基本完工，江西路（原化纤厂段）新建工程完成涉堤建设方案批复，逸园路配套停车场工程完成项目可研；孝德文化小镇[2019]2号地块（经营性住宅用地）完成出让，成交价63776万元；配建项目萧绍海塘（曹娥段）及里直街有机更新项目完成竣工验收。（金晓彬）

【城南儿童公园改造】 2023年，对城南儿童公园提升改造。该工程总投资5000万元，包括儿童乐园、市民公园、停车场三个区块的建设，项目于2023年9月完成竣工验收。其中的儿童乐园引进社会资本绍兴市上虞区叮当谷游乐有限公司参与运营，2023年第四季度客流量约2.5万人次。（陈洋波）

【里直街建设】 里直街位于孝德文化小镇，西北侧隔曹娥江而望龙山、南侧面萧曹运河临孝德园而接连凤凰山，老街改造总建筑面积4171平方米，包括大王庙、陈宗海道台府、振华旅馆和大东轮船公司四个文保点，项目总投资约2500万元。依托“浙东唐诗之路”建设机遇，挖掘运河文化、商埠文化、孝德文化等文化资源，委托第三方专业设计团队，创新打造里直街。目前共引进商家20余家，包括餐饮小吃、文化展示、中式服装、青创中心等多种业态。2023年5月正式开街，入选全省首批重点培育文旅市集。（俞霁雯）

【曹娥庙历史文化街区招商运营】 加快历史文化街区项目建设，全力推动招商运营，完成商业深度策划方案，修订完善演艺专项方案，优化调整施工图及项目设计方案。（竺燕锋）

【360极限飞球项目】 2023年7月，360极限飞球——飞越上虞启动试运营，为上虞首家“动感球幕影院”。孝德文化符号与上虞城市IP双重加持，裸眼3D特效营造超真实、沉浸式观影体验，推动360极限飞球花式“出圈”，单日最高营收突破1.6万元。（陈杰洲）

【孝德小镇（2019）19号地块项目、梁湖街道（2021）J9地块项目】 孝德文化小镇[2019]19号地块建设项目，累计完成投资额16077万元，占总形象进度的37%；梁湖街道[2021]J9（曹村地块01～03号）号地块建设项目，累计完成投资额8740万元，占总形象进度的8.7%。（赵　洲）

旅游宣传推广

【概况】 上虞旅游推介旨在通过联动省市区三级，借助文化走亲、校地合作、政企合作等机会，抓好五一、国庆假期、暑期等热门消费市场，赴省内外一线城市开展活动，以提升上虞文旅点位曝光度，扩大上虞文旅品牌知名度，推进区域间文旅交流活动，实现向上虞游客导流。（王羽东）

【第四届“中国服务”·旅游产品创新大会】 2023年3月13—16日，第四届“中国服务”·旅游产品创新大会举行。全国各地领导、大型综合性旅游集团、企业和地方旅游协会代表参等300余人共同参会。文旅行业专家学者、企业代表通过主旨演讲和专家访谈等形式，展示推介旅游产品创意案例。

【长三角（上虞）户外休闲旅游节·“青春万帐”国际露营活动】 2023年5月20—21日，长三角（上虞）户外休闲旅游节·“青春万帐”国际露营大会举办。设皂李湖主会场和崧厦、上浦、长塘、岭南、陈溪、丁宅6个分会场，共计报名人数950人（不包含自主参与人数）。活动联动各大平台，累计曝光超1000万次。

【第二届皂李湖1314环湖跑活动】 第二届皂李湖1314环湖跑活动于11月12日在皂李湖景区举办。来自全国14个省份、直辖市以及英国伦敦的国内 外1314名选手参与本次。活动与文化、旅游紧密联系，将当地自然风光、人文景致与体育文化结合起来，在区电视台，人民日报App、《都市快报》、新浪网新闻、网易新闻、《中国新闻日报》、腾讯网体育及国内新闻网站等近100家主流媒体对活动进行全方位报道。（王维莎）

【2023“上海·上虞周”文旅专场推介活动】 3月21日，“诗和远方 今在上虞”——2023“上海·上虞周”文旅专场推介活动在沪举行。

【“青春之城·上虞风华”文化和旅游主题摄影展】 7月14日，“青春之城·上虞风华”上虞文旅摄影展在京举办，用镜头凝聚上虞的深厚历史文化底蕴和青春之城的现代化建设成就，增进上虞与北京的交流和合作。

【“迎亚运·尚青春·趣上虞”高校学子游上虞系列活动】 9月23日，由浙江理工大学科技与艺术学院、浙江建设职业技术学院上虞校区、绍兴文理学院上虞分院三所高校大学生参与的“迎亚运·尚青春·趣上虞”高校学子游上虞首发仪式举行，面向长三角年轻客群全方位推介上虞特色旅游，发布了上虞秋冬游线路产品，并为高校学子首发团代表授旗。随后邀请200名浙江理工大学科艺学院学生开展首发团活动；11月19日，邀请200名浙江建设职业技术学院上虞校区学生开展第二轮活动；12月2日，邀请200名绍兴文理学院上虞校区学生开展第三轮活动，全方位推介上虞特色旅游，吸引更多大学生出游上虞，感受上虞的独特文旅魅力。

【City Drive“城市巡游记”——千车万人游上虞启动仪式】 9月24日，City Drive“城市巡游记”——千车万人游上虞启动仪式在虞举办，来自上海、江苏、安徽等地的自驾游协会代表、上虞区七家等级民宿代表、自驾车友、旅游达人等100余人应邀参加活动。活动发布亚运休闲激情游、四季仙果采摘游（秋冬）、寻根溯源研学游、虞山舜水体验游、虞味无穷美食游五条精品路线，为自驾游爱好者提供了简洁明了的路线攻略。

【“尚青春·趣上虞”2023 绍兴·上虞文旅（上海）高校推广活动】 10月31日，“尚青春·趣上虞”2023绍兴·上虞文旅（上海）高校推广活动在沪举办，现场进行文化旅游教育研学基地&上虞文化旅游推广中心揭牌仪式，并向长三角青年学子推介上虞文旅的产品特色、新鲜玩法和出行路线。 （王羽东）

文旅发展

【概况】 区文旅部门贯彻落实区委关于旅游工作体制机制调整的决策部署，新设资源开发科、文化和旅游推广中心。制定出台《上虞区文旅深度融合高质量发展实施方案（2023—2027年）》，建立全区文旅深度融合工程工作专班，全面推动上虞文旅深度融合高质量发展向更广范围、更深层次、更高水平迈进。上虞区文旅深度融合工程连续三个季度获评四星级。

以文化为根脉，融合上虞特色文旅资源，打造风情街夜市2.0版本；依托瓷源文化小镇，塑造具有上虞辨识度的研学游品牌；组建正青春文化传媒公司，运营上虞城市品牌，深度研发具有上虞印记的文创产品，打响上虞文旅知名度。 （龚吉丹、王可嘉）

【文旅企业培育】 2023年，浙江欣昱科技有限公司、浙江秀合传媒集团有限公司分别获评省文化和旅游企业梯度培育领军型、新锐型企业；绍兴上虞格林尔数码摄影器材有限公司、浙江沐恩网络科技有限公司分别获评省数字文化梯度培育骨干型、新锐型企业。 （李文鹏）

【风情街夜市】 2023年12月，上虞文化旅游风情街夜市获评省级特色商业街区、浙江省第二批重点培育文旅市集。每周五常态化开展“一期一主题”夜市活动，同时借势节日热点，2023年举办上海·上虞周“虞”特色主题展、年货节、金口河区助农主题市集、中华孝德园双节同庆暨第九届旅游商品博览会等48场文旅活动，累计人流量达100万人次。截至2023年末，风情街夜市已累计举办超100期，夜市展位由最初的37家增加到230余家，每期营收超50万元。 （竺燕锋）

【研学游品牌塑造】 开展与机构、校方、外部基地合作，与27多家机构签约，对接中小学生研学实践活动市场和各区、市调研视察团队，2023年累计接待研学团队159个，接待3.2万余人次，营业额达297万元（包括研学文创产品销售额）。 （沈一洋）

【上虞城市品牌运营】 筹建正青春文化传媒公司，设计上虞城市形象IP“上虞吉象”，并以城市IP为依托开展文创产品设计，截至2023年末已推出50余款文创产品，并亮相2023年“今在上虞 遇见未来”虞籍大学生新春恳谈会。 （陈杰洲）

【“诗画曹娥江”文旅品牌】 2023年，“诗画曹娥江”新媒体微信公众号发布推文240个，阅读量达67.8万，较2022年减少13.5%，粉丝达14.7万人；视频号发布视频122个，阅读量达45.4万人次；抖音号发布视频发布视频120个，阅读量达541.1万人次，粉

丝达4.2万人。2023年制作“诗画曹娥江”VI视觉系统。（王维莎、王羽东）

【“四季仙果之旅”品牌建设】2023年，上虞区12家采摘基地创建为浙江省采摘旅游体验基地，其中，AAA级1家，AA级4家，A级7家。“四季仙果之旅”列入全省文旅IP。（石蕾蕾）

【省级“百县千碗”美食体验店】 12月29日，上虞虞滋味创建为2023年省级“百县千碗”美食体验店。（石蕾蕾）

【文旅市集】 2023年，里直街市集、青创市集入选浙江省首批重点培育文旅市集，上虞文化旅游风情街夜市入选浙江省第二批重点培育文旅市集。（李文鹏）

房地产业

土地市场

【“四未一低”土地消化利用】 2023年全区共消化利用土地8202.77亩，其中消化2009—2022年批而未供土地4917亩；消化2009—2019年批而未供土地1376.7亩；处置供而未用561.53亩；盘活拆而未用土地238.78亩；利用用而未尽土地331.76亩；低效用地再开发777亩，均超额完成年度任务。

【土地收储出让】 2023年共出让工业用地36宗3187亩，出让金10.184亿元。经营性用地做地2531亩，出让经营性用地14宗656.16亩、出让金48.38亿元，绍兴市区2023年度经营性土地出让和做地工作考核排名第一。 （闫　萍、石映曦）

【“标准地”出让】 除负面清单2宗61.86亩外，其余34宗3125.14亩工业用地均按“标准地”要求出让，实现了除负面清单项目外100%“标准地”出让的目标。

【“一江两岸”总部楼宇地块出让】 2023年，出让“一江两岸”总部楼宇地块3宗47.5亩，出让金2.0516亿元。

【全民所有建设用地资源资产深化清查项目】 在全区开展2021年12月31日时点全民所有建设用地实物量更新，2022年12月31日时点全民所有建设用地管理情况调查和未确定使用权人国有建设用地专项清查，形成建设用地资源资产的实物量、经济价值量底数，初步查清建设用地所有者职责履职主体清况和使用权状况，建设区级深化清查成果数据库。

【园、林、草地定级项目】 在全区范围内开展园地林地草地定级和基准地价制定工作，通过分等定级价格评估，综合评价园地、林地、草地质量分布状况，建立政府公示价格体系，可以显化园地、林地、草地资源资产质量和价值，有助于加强自然资源保护与合理开发利用，促进生态产品价值实现，推进自然资源管理向数量、质量与生态管护并重转变。

【土地出让合同电子化和“一码管地”应用试点项目】 通过试点项目建设，推行土地出让合同电子化应用，深化“一码管地改革”，联动土地交易、缴费、纳税、不动产登记的一体服务，交易全过程电子化，服务更加高效便捷，提升政务服务的主动供给能力，通过推进信息共享集成，跨部门业务协同，有效推动政府机构服务变革，促进深入融合，全面提升政务服务效能。（闫　萍）

房地产开发销售

【概况】 2023年，全区房地产开发企业完成房地产投资148.17亿元，同比增长15.9%。商品房施工面积696.57万平方米，同比增长6.8%，其中新开工面积135.51万平方米，同比增长83.6%。商品房竣工面积71.81万平方米。商品房销售面积91.87万平方米，同比下降2.7%；商品房销售额161.62亿元，同比增长27.2%。

【楼盘开盘】 2023年，上虞区共有18个楼盘开盘预售商品房，预售总面积84.35万平方米。其中，住宅79.84万平方米，商业面积0.8万平方米，写字楼面积2.92万平方米，其他0.79万平方米。18个楼盘中有16个为首开楼盘，预售面积为83.77万平方米，其

中，城区楼盘 7 个，预售面积 50.19 万平方米，乡（镇）楼盘 9 个，预售面积 33.58 万平方米。（钱一梅）

保障性住房

【住房保障】 2023 年，建设（筹集）保障性租赁住房 962 套；发放公租房租赁补贴 244 户；保障性租赁住房补贴发放 10501 人。

【公共租赁住房常态化配租】 全面推行公共租赁住房常态化配租，2023 年，上虞区新增公租房保障家庭 128 户，其中低保 4 户，截至 2023 年末，实际在保家庭 1236 户，实物配租家庭 992 户，货币配租家庭 244 户（含消防）。完成符合条件保障家庭的货币补贴发放工作，全年发放公租房租赁补贴 93.16 万元，发放消防租赁补贴 73.51 户，共计 166.67 万元。

【公共租赁住房资格年审】 根据《上虞区公共租赁住房管理实施细则》（虞政办发〔2015〕59 号）文件规定，公租房承租资格实行“两年一审”，区建设局住房保障办联合相关部门对 434 户公租房保障家庭进行资格年审，对合同到期且符合条件的家庭按规定重新签约。年审结果在上虞日报进行公示。

【保障性租赁住房优化保障】 新推出零元入住青春公寓。强化人才管理保障体系建设，发挥人才公寓在吸引和集聚人才方面的作用，为青年人才提供“最低成本”的住房保障。截至 2023 年末，“零元入住”青春公寓受理申请 442 人，审核通过 338 人，入住 313 人。累计发放人才住房租赁补贴 10501 人次，共计 3480.31 万元。（钱一梅）

房地产市场监管

【房地产市场政策与机制措施】 2023 年，制定《关于促进房地产市场平稳健康发展的若干政策意见》《关于促进房地产市场平稳健康发展的补充政策意见》等政策，举办线上线下房地产博览会，确保房地产业良性循环。出台《关于开展房地产市场风险隐患排查的通知》，成立联合检查小组，通过一月一覆盖联合检查和“双随机”联合执法检查，有效发现问题，提前化解潜在矛盾风险，规范房地产行业秩序。每月一报《房地产项目风控表》列清单、定等级、定措施，督促房地产项目定期开展风险隐患自纠自查工作，并根据排查结果按照“红黄绿”分类管理、动态评估。

【资金监管】 针对商品房，一是通过联合人民银行、银保监等部门对重点商品房项目进行重点关注和监管，及时梳理项目预售资金收缴、使用情况，实施动态监测；二是对接周边县市区研究预售资金监管重难点问题，进一步加强预售资金支取规范化流程，确保商品房项目建设资金安全；三是全面开展浙江省商品房预售资金监管系统线上操作，实行监管资金入账、出账全流程在线审批、监管。拟定《绍兴市上虞区存量房交易资金监管办法（试行）（初稿）》，并通过重大决策社会风险评估。

【房地产交易管理】 2023 年，完成二手房网签交易 6179 件，面积 82.04 万平方米；完成新建商品房网签 8197 次，交易面积 103.26 万平方米。提供上门服务 3 次。受理房屋租赁备案 116 件。推行契税补贴政策。

【购房补贴】 发布《绍兴市上虞区行政区域内推行房地产交易税款财政补贴实施细则》，明确在规定时间内，在上虞区行政区域内购买商品住房可享受契税补贴。2023 年受理退税申请 3784 次，实缴契税 7440.68 万元，退税金额达 2232.20 万元。（钱一梅）

房地产中介与租赁服务

【房地产经纪机构行业管理】 2023 年，上虞区共有备案资格房地产经纪机构 349 家（新增备案经纪机构 24 家）。开展房地产经纪机构备案资格年检工作，完成全部 325 家经纪机构到期换证。规范经纪机构行业市场秩序。加强房经纪机构行业管理，规范市场秩序，定期开展专项检查工作，主要针对是否违规提供经纪业务、代理销售等行为开展专项检查和自查自纠行动。

【不动产登记】 2023 年，全区累计办理不动产登记业务 61783 件，提供查询服务 69673 人次。实现不动产登记电子证书（证明）应用全面覆盖，累计生产电子证书（证明）40256 份。

【不动产转移变更】 2023 年，上虞区共计办理存量房不动产转移（变更等）登记 11983 件，办件量相比 2022 年的 11453 件提升 5%。

【“带押过户”业务办理】 2023 年 3 月以来，“带押过户”实施后，全年共计办理“带押过户”19 笔，节省过桥资金累计 1600 余万元。（阮天烨）

物业管理

【物业行业管理】 截至 12 月 31 日，完成物业企业备案 11 个，物业项目备案 53 个，物业项目经理备案 52 个，出具企业备案证明 11 份以及企业诚信证明 80 份，业委会备案 58 个，物业用房预提 15 个，维修金申请 31 个，前期协议选聘物业企业 4 个。

【物业管理信用评价】 2023 年，完成 2022 年度物业服务企业信用等级申报、联审、评定工作，公开公示《上虞区 2022 年度在管物业服务企业信用综合评价等级》结果，对信用等级评定靠后的 10 家物业企业进行集中提醒。加强物业企业信用建设，实行信用记分管理，出台《绍兴市上虞区物业服务企业信用综合评价办法》。

【物业管理招投标管理】 出台《上虞区业主大会选（续）聘物业服务人实施意见》，进一步规范物业服务人选聘和续聘程序，倡导企业自律经营和公平竞争，促进物业服务市场公平公正良性发展。（方　超）

住房公积金管理

【概况】 2023 年，上虞住房公积金中心新增实缴单位 285 家，新增扩面人数 6766 人，累计实缴单位 4718 家，总缴存人数 122316 人，归集资金 23.12 亿元，提取资金 17.95 亿元，发放贷款 9.39 亿元，住房消费 27.35 亿元，存贷比 95%。

【住房公积金制度扩面】 分批次分类型分阶段地开展进企服务和业务培训会议，组织公积金知识竞赛，及时将最新政策精准地传达至企业和职工。对照区域内上市公司、拟上市公司、百强企业的社保建缴数据，核查企业缴存情况，筛选出 30 家差距较大企业，制定一企一策，有重点地上门开展工作，进行规范指导。借助媒体平台加强业务宣传，主动走进乡镇街道、进重点企业、进合作银行、进服务房企、进结对社区、进房地产博览会、进行业协会，发出公积金建缴提醒，为效益较好、新落地企业、灵活就业人员和行业协会等提供政策支持。

【公积金延时服务】 5 月起，上虞分中心进一步压缩网办审核时间，将网办件 3 个工作日内办结提升至即办即清，实行当日受理网办业务即办即清制度，业务高峰再补充专职人员进行业务审核。针对审核发现问题的网办件，工作人员提前电话联系申请人，先沟通解释说明退回原因并告知正确申请步骤，再进行系统操作退回错误件重新审批合规件。推行周末延时服务不打烊。

【公积金新增银行网点】 设立建行杭州湾经济开发区和工行上虞开发区两个服务网点。下放公积金提取，贷款申请，按月对冲，账户转移，信息修改、查询等 6 项个人业务及单位开户及信息变更、单位职工新增、基数调整、补缴、封存，个人缴存开户、调整、封存等 8 项单位业务。

【公积金账户管理】 进一步规范公积金账户管理，防止账户“久封未销”、资金“长期沉睡”的情况发生。上虞分中心沉睡账户提取销户 6398 个，目标完成率为 114.09%；激活资金 0.5162 亿元。

【公积金惠民政策】 开通住房公积金“无忧还贷”按月提取转账业务，与银行开展合作，打通“公商”还贷通道，转变商业贷款、组合贷款还贷提取模式，从按年提取变为按月自动转账，已办理签约“无忧还贷”按月提取转账业务 779 笔。针对租房提取、离职提取、退休提取 3 项高频业务，实现“零审批”、秒到账，升级“同城通办”为“同城即办”，实现跨归集点业务受理、审核、资金结算同步到位。提高保底公积金贷款额度至 30 万元，可贷基准额度倍数提高至 20 倍，单/双职工最高贷款额度提高至 70 万元和 100 万元。落实直系亲属“代际扶持”年取公积金、首年还贷提取再无须满 12 个月等惠民政策，支持在绍高校毕业生留绍工作，针对在绍就业应届毕业生，一次性给予公积金缴存补贴每人 1000 元，预计首年补贴人次超 200 人。推动公积金数字化发展，以统一“电子码”代替职工缴存证明、异地贷款缴存使用证明、贷款结清证明 3 项纸质证明，实现“亮码可办”。（杜佳泓）

开放型经济

利用外资及港澳台资

【概况】 2023年，上虞区扎实推进“地瓜经济”提能升级“一号开放工程”，聚焦重点、完善机制、加强合作、强化保障，大力推进重点外资项目招引落地工作，外资利用工作再上新台阶。全年实到外资2.79亿美元，同比增长41.9%，实绩排名绍兴市第一位，引进重大外资项目2个，获评省招大引强十强县（市、区）。 （鲍星元）

【利用外资】 2023年1—12月，全区完成合同外资2.08亿美元，实到外资2.79亿美元。新设外资企业19家（新批外资企业制造业5家，服务业8家，批发业6家），增资项目9个，引进1000万美元以上项目7个。外资实绩居绍兴各县市区第一位。

【利用港澳台资】 港资实到2.6912亿美元，占比96%，台资实到1.74万美元。

【外资集聚经开区】 2023年，杭州湾经济技术开发区实到外资2.55亿美元，占全区实到外资总额的91%。

【外资主要来源国家（地区）】 来自韩国实到外资1051万美元，占比3.76%；来自日本实到外资78.087万美元，占比0.28%；来自英属维尔京群岛实到外资29.65万美元，占比0.1%；来自意大利实到外资16.6901万美元，占比0.06%；来自澳大利亚实到外资2.681万美元，占比0.0095%。

【港澳台资项目】 2023年度，实到1000万美元以上的项目有5个。排名前四的实到企业为：浙江德司达贸易有限公司1.2683亿美元、浙江新和成尼龙材料有限公司5095万美元、卧龙（浙江）新能源技术有限公司4724万美元、绍兴上虞达富程贸易有限公司1393万美元。以上均为港资项目。

【外商投资企业联合年报】 根据《商务部财政部税务总局统计局关于开展2023年外商投资企业年度投资经营信息联合报告工作的通知》，上虞区实际参加年报的有348家。

【优化外资企业信息报送】 通过线上办理、现场服务、网上指导等方式，为外资企业信息报告提供服务，2023年共办理外资企业信息报告139家次，帮助企业顺利审批注册。

【发放外来投资者“服务卡”】 根据《上虞市外来投资者“绿卡”服务制度实施办法》，全年审核办理绿卡13张，为外来投资者提供医疗、旅游、居住、子女就学等方面的便利。

【办理企业来华人员商务邀请函】 指导企业做好外国人来华入虞“快捷通道”工作，2023年累计为46家企业外籍人员及随行家属上报来华入虞邀请函172人次（主要来自日本、韩国等20多个国家及地区）。 （张芳芳）

对外及港澳台贸易

【对外贸易】 2023年，全区对外贸易保持稳定发展，进出口总额449.53亿元，同比增长-2.87%，其中出口总额409.50亿元，同比增长0.01%，进口总额40.03

亿元，同比增长-24.92%。

【对外出口商品结构】 三大类出口产品中机电和纺织服装出口分别增长 8.69%和 9.88%，化工类增长-21.36%。消防器材、铝业包装、汽配出口分别增长-7.72%、12.53%和 43.25%；手套袜子及铜管出口分别增长-12.84%和 25.47%。

【对外出口主力国家（地区）】 出口仍然以亚洲市场为主，出口金额为 169.82 亿元，同比增长 4.61%，其中出口到东盟市场的为 63.95 亿元，占亚洲市场的 10.05%；欧洲居第二位，出口 88.51 亿元，同比增长-0.84%，其中欧盟市场出口 72.9 亿元，占欧洲市场的-6.21%。北美洲仍居第三，出口金额 72.46 亿元。在主要出口市场中，对美国、印度、越南出口排前三，出口额分别为 65.29 亿元、27.74 亿元、20.55 亿元，同比增长-7.22%、15.16%和 65.39%；在进口市场中，日本、美国、智利排在前三位，进口额分别为 10.23 亿元、4.75 亿元、2.7 亿元。

【进口国家（地区）】 补充进口以亚洲市场为主，进口金额为 20.16 亿元，同比增长-6.96%，其中从东盟进口的为 3.91 亿元，占亚洲市场的 19.39%；拉丁美洲居第二位，进口 4.99 亿元，同比增长-57.06%。北美洲居第三，进口金额 4.92 亿元，同比增长 71.57%。在主要进口国家（地区）中，日本、美国、智利进口排前三，进口额分别为 10.23 亿元、4.75 亿元、2.7 亿元，同比增长 14.79%、74.25%、-43.21%。

2023 年上虞区进出口情况表

表 6　　单位：亿元

年份	进出口总额	同比	出口值	同比	进口值	同比
2023	449.53	-2.87%	409.50	0.01%	40.03	-24.92%

【出口品牌培育】 2023 年，浙江诺亚氟化工有限公司被评为浙江省出口名牌。

【经贸展览】 2023 年，共组织 964 家次企业参加境内外展会，主要包括香港国际秋季灯饰展、中国（越南）贸易博览会、中国（墨西哥）贸易博览会、亚太区美容展、广交会、华交会、香港礼品与赠品展、英国伯明翰消费品展、科隆 spoga 展、中国（阿联酋）贸易博览会、波兰国际美容展览会、澳大利亚国际消防展会、波兰国际照明设备展览会、卡思曼伯北美拉斯维加斯美容展等境内外展会项目等。

【外贸资金补贴】 2023 年，全区财政安排专项资金 8342.66 万元，分别对出口名牌、展位费、属地报关、鼓励外贸企业做大做强、发展加工贸易、农产品出口、鼓励扩大进口、AEO 高级认证、出口信用保险、支持应对贸易摩擦、境外商标注册等进行奖励和补贴。

【出口信用保险】 2023 年，全区共有 1129 家企业投保，其中 74 家企业为自行投保，此外上虞区统一帮助区内出口额在 500 万美元（含）以下的 1055 家小微出口企业购买出口信保政府联保项目。

【对外贸易预警信息】 2023 年，“上虞照明电器产品对外贸易预警示范点”了解照明电器企业的出口及检测检验情况，将数据信息进行收集、整理，并定期将整理甄选的预警信息通过平台发布，共发布 78 条预警信息，下发 88 条照明行业相关新闻供企业参考。同时关注国际市场变化，编写照明电器行业出口统计分析报告 4 期。

2023 年，“上虞伞业对外贸易预警示范点”编制伞业出口统计分析、对外贸易预警信息报告、行业进出口动态统计情况分析和伞业会刊，并通过平台发布预警信息 180 余条，为企业提供行业预警信息及分析报告。

【对港澳台贸易】 2023 年，上虞对香港销售额为 16457.99 万元，同比增长 14.74%，销售产品以医药及医药中间体为主；购买额为 2.4 万元，同比增长 153.87%，购买产品以铝业包装为主。上虞对澳门销售额为 3125.19 万元，同比增长 2252.63%，销售产品以消防器材为主。上虞对台湾销售额为 52856.92 万元，同比增长-23.42%，销售产品以染料为主；购买额为 9302.65 万元，同比增长-10.34%，购买产品以消防器材为主。

【港澳台经贸展览及活动】 2023 年，上虞区商务局组织区内企业参加香港国际秋季灯饰展、环球资源香港展、香港玩具礼品及家居用品展览会、香港春季电子产品展览会、香港亚太美容展等知名展贸活动，借助业内大规模展会平台助力上虞区企业“走出去”，积极开拓国际市场。（戚焕焕）

服务贸易

【概况】 2023年，全区实现服务进出口总值9.94亿元，占全区服务和货物进出口的比重为19.23%，同比增长50.77%。其中，服务出口3.87亿元，同比增长84.19%；服务进口6.08亿元，同比增长35.17%。

【服务贸易结构】 在十二大类服务贸易领域中，其他商业服务、旅行以及金融服务位列上虞区服务贸易进出口总额前三位，占比分别为55.46%、30.7%和4.69%。

【服务外包】 2023年，由商务部系统认定的离岸服务外包合同签订额3584.6万美元，服贸外包离岸执行额1942.0万美元，同比降低34.4%，发包地主要来自新加坡、美国、法国、越南、韩国、爱沙尼亚、越南和中国香港等，业务范围主要包括游戏网络、信息技术、财务管理、工业设计等。2023年统计执行额100万美元以上企业3家，500万美元以上1家，业务涉及游戏网络、信息技术、财务管理、工业设计等领域。

【服务贸易资金申报】 在2023年度完成区级服务贸易奖励资金的兑现，共计兑现金额217.85万元。协助企业申报2023年中央外经贸发展专项资金服务外包离岸执行额贴息项目，2023年共有5家企业获得中央资金补助，共计26.17万元。

【服务贸易数据统计和监测】 对新增和潜在的服贸企业进行及时走访和联系，指导开展外包及服贸监测系统的注册备案工作。累计注册服务外包企业33家。

【服务贸易基地建设】 2023年，绍兴上虞区标准化研究院获评“浙江省数字贸易标准化试点基地”，乐娱信息技术（浙江）有限公司获“浙江省文化出口重点企业”，浙江世纪华通股份集团有限公司入围浙江省数字贸易百强榜，绍兴未蓝文化传媒有限公司获第二届全球数贸会DT奖铜奖，上虞区被评为浙江省首批数字贸易示范区，为绍兴唯一。（张芳芳）

对外经济技术合作

【概况】 2023年，全区备案境外投资项目17个，实现备案中方境外投资额5781.78万美元，同比增长-29.15%，完成目标任务的77.09%。

【跨国公司培育】 推进“丝路领航”的行动计划，在上年3家企业入围浙江本土民营企业跨国经营榜单50强企业的基础上，引导鼓励上虞区龙头企业“走出去”发展，年内，上虞区卧龙、龙盛、阳光、金科等4家企业入选全省民营跨国公司60强，数量居全市首位。

【外经企业年报和半年报工作】 开展对外投资备案（核准）半年报及对外投资统计年报工作，完成半年报企业121家，年报企业72家。

【实施外经发展政策保障】 修订出台2023年《关于鼓励支持开放型经济发展的若干政策》，对企业境外投资、工程承包及“走出去”信保给予扶持奖励，共计兑现区级奖励资金14.733万元；帮助企业向上争取中央外经贸项目等扶持资金，获上级奖励6.81万元。

【对外投资合作风险防范】 组织外经企业参加浙江—东南亚绿色投资与建设合作对接会、“丝路护航”境外投资实务以及风险防范专题活动、全省境外投资企业安全生产提升班等，利用“线上+线下”模式发布境外安全生产风险提示，组织企业制定境外安全生产应急预案，提升风险防范意识，妥善处置境外突发事件，落实境外人员人身和财产安全保障。（张芳芳）

海关监管

【概况】 2023年，上虞区实现进出口额449.5亿元，同比下降2.9%，其中出口409.4亿元，同比增长0.01%。绍兴海关上虞办公区由绍兴海关综合业务二科和监管二科两科室驻点，负责上虞辖区的通关、监管、征税、统计、检验检疫等海关事务。

【海关业务改革】 年内，上虞办公区共办结报关单7173份，增长11.1%，征收税款2.5亿元，增长14.6%；签发出口原产地证书2.0万份，下降0.2%；办理留学生免税车业务6份；出具检验检疫证单8054份，其中属地查检系统“云签发”出具证单994份；新增加工贸易企业6家，备案手册147份，金额3.9亿美元，增长25.0%，核销手册168份，加工贸易实际进出口金额4.6亿美元，增长4.3%，帮助1家企业申请成为集团加工贸易监管模式成员企业；出具统计证明201份；新备案企业418家，增长19.4%，变更216家，增长19.3%；协助3家企业完成海关AEO企业认证工作，AEO企业数量在绍兴市各区县排名前列。

【通关监管】 年内，上虞办公区共完成进口查检业务236批次，同比增长41.3%；出口检验检疫监管1.26万批次，同比下降5.3%，其中出口危化品4973批次，同比下降6.4%，出口危险货物包装使用鉴定6215批次，同比下降16.4%。积极应对不实贸易风险，采取措施加强风险管控，向区政府撰写专报分析说明相关情况，实地走访调研风险企业20余家。有效管控走私违规风险，向绍兴海关缉私局移交属地企业案件线索3起，同时综合运用风险管控手段，加强统计监测预警，检控外贸数据共1.1万条，引导1家企业办理主动披露手续，提升辖区企业守法自律意识。

【出口食品监管】 年内，落实出口食品监督抽查工作，抽取12个样品，涉及37个项目全部合格。强化出口茶叶监管，开展综合性飞行检查、出口眉茶筛糖抽检等专项行动，针对辖区1家出口茶叶企业眉茶筛糖不合格情况，及时开展企业约谈、现场原料清查等工作。有序开展食品安全主题宣传，帮助企业规范合法开展相关业务。全年完成茶叶、调味品、脱水蔬菜、水产品及黄酒等产品出口监管293批次。

【出口质量监管】 有序开展汽车零配件等进口货物目的地查检，把好进口商品质量安全关。做好进境粮食加工企业监管，与区发改局开展联合执法，形成监管合力。推进属地查检作业改革和进出口危险品及其包装检验模式改革稳步落地，开展“打击进出口危险品伪瞒报”专项行动，聚焦企业主体，加强政策宣讲，召开重点企业新系统申报培训会，压实企业责任，加强现场检验力度，提高不合格检出率。全年共检出进出口危险品不合格83批，查获进口危险品申报不实1批。

【海关服务地方经济】 年内，上虞办公区强化“关地融合”，践行“四下基层”要求，严格执行“保稳提质”各项措施。开展调查研究，走访晶盛机电等40余家辖区重点企业，开展上虞区上市企业集团运营情况调查、化工行业专精特新企业调查，在务实有效调研的基础上，对辖区某种猪进口企业开展针对性政策指导，帮助解决卧龙、阳光等企业锂电池出口危包首次办理需求，联合绍兴海关职能科室解决上虞洁华、日立新材料等多家企业在商品归类、货物通关、企业信用管理等方面的难题；拓展属地业务，推行24小时业务应急处置机制，持续压缩通关时间，推广提前申报、两步申报模式报关，常态化开展“十地百团助千企”等活动，针对企业个性需求，组织开展“贯彻总体国家安全观，共筑国门生物安全防线”等主题宣讲活动，和区商务局联合召开小微企业外贸知识培训会，助力小微企业“加把劲”；强化服务，开通专窗提供线上咨询服务，持续推广“互联网+海关”、原产地证书自助打印、多证合一等便民举措，主动帮助企业比较RCEP与其他区域贸易协定适用税率，有效提升企业办事便利化水平和获得感。此外，针对地方关注，发挥统计决策辅助作用，结合国际外贸形势变化向区委区政府领导报送海关要情16期。 （章汝丰）

交通运输

交通基础设施建设

【概况】 2023年，上虞加快打造高水平交通强区，聚焦标志性、引领性的重大项目规划建设，切实发挥交通建设稳投资、稳增长“主力军”作用。全年累计完成综合交通建设投资41.7亿元，完成年度计划的119%；完成有效投资27.46亿元，同比增长39.2%，重点攻坚综合交通建设项目8个。

支持组建轨道交通建设指挥部，配合市轨交集团完成轨道交通2号线二期项目前期设计并正式开工建设，为交通建设投资稳定持续增长奠定良好基础。

按照“适度超前、引领未来”理念，完成《上虞区一江两岸“扩容提质”交通方案》《上虞区“未来城”片区综合交通规划方案》等规划编制，为推进“未来城”内外交通建设、实现“未来城”内部交通与高铁、高速、快速路、交通枢纽等重要外部交通节点高效衔接提供解决方案。同时，杭甬高速崧厦互通、小越互通、104国道东复线，崧厦作业区码头等4个具有重要战略意义的重大交通项目纳入省“十四五”综合交通规划中期调整。

2023年度绍兴市上虞区交通运输局受监的公路水运工程项目共计115项，其中新开工建设62项，续建53项，总投资48.8亿元。受监项目中在建14项，完工待验收20项，完成交（竣）工质量评定和验收的81项，一次交验合格率为100%。实施行政处罚9起，罚款金额10000元，其中轻微违法行为承诺告知7起。上虞交通工程建设领域安全生产形势稳定，工程质量总体向好，全年未发生质量安全生产事故。

至年底，S310奉化至桐庐公路上虞章镇曹娥江大桥新建工程完成初设初稿编制；城南公交枢纽完成设计招标；轨道交通2号线二期上虞段完成初设批复。

【交通集团】 2023年交通集团共实施总概算投资约151.3亿元的国有投资项目23个（续建8个、新建3个、前期研究类12个），全年完成建设投资29.18亿元。加快交通网络构建。329国道上虞盖北至道墟段改建工程顺利拔障政策处理瓶颈，推动节点处置，成功合龙东进河大桥，获得赛马评比“红旗项目”5次；虞北地区基础设施及综合提升工程在现有道路上先行攻坚施工，统筹安排全面开工准备，科学完善专项施工方案，提前3个月实现首跨梁板架设；104国道绍兴东湖至蒿坝段改建工程在紧盯土地报批的同时，率先完成可施工区域桩基施工，并提前落实项目部标化建设；建成投用塘角船闸五甲新塘防洪堤连接段维修加固、329国道小越段提升改造等一批项目，加快推进江东路互通、虞南山区基础设施提升等项目建设。完成87座公交候车亭建设任务，顺利通车南三线、崧谢线、西上线、丰永线等4条县道，驿亭、汤浦、梁湖等镇街的4条乡村公路完成交工验收，研究实施S310章镇大桥新建、彩虹桥新建项目前期工作，协同交通局加速谋划S306、S307（上虞四环东南环线）、S309、城南公交TOD等重点项目。全年完成建设投资29.18亿元。

【建成工程项目】 2023年，杭绍甬高速公路、新东线公路工程、经开区拓展扩容区配套道路一期等一批重大交通项目先后建成，“两横一纵一联”高速路网布局形成，杭州湾园区、谢塘、盖北等新增纳入高速公路“15分钟”服务覆盖圈。9月6日，杭绍甬高速上虞段主线路面全部贯通，10月29日，项目主体工程完工，至此上虞区内已有4条高速公路。

【在建工程项目】 截至2023年末：

329国道上虞盖北至道墟段改建工程，累计完成投资5.65亿元，项目总形象进度达到76.5%，完成建安产值约89933万元；

杭绍甬高速上虞段及崧厦连接线建设，完成总形象进度至100%，年度累计完成投资8.4亿元；

南北中心大道江东路互通建设工程，年度累计完成投资0.7亿元，项目总形象进度达到53.7%，完成建安产值约3630万元；

新东线公路工程上虞区段（S306镇海至萧山公路），主体工程已完工，年度累计完成投资3.03亿元，项目总形象进度达到99%；

104国道绍兴东湖至蒿坝段改建工程上虞段，年度累计完成投资11亿元，项目总形象进度达到1.7%；

虞北地区基础设施及综合提升工程，年度累计完成投资4.35亿元，项目总形象进度达到9.6%，完成建安产值2.4亿元；

杭州湾上虞经济技术开发区拓展扩容区一期道路配套工程，年度累计完成投资2.78亿元，项目总形象进度达到60%；

建筑渣土资源综合利用项目，年度累计完成投资0.8亿元，项目总形象进度达到80%。（朱思锟、徐溥畅）

【绍兴地铁2号线上虞段车站名】 2023年11月16日，绍兴市民政局和绍兴市轨道交通集团有限公司组织相关地名专家，召开绍兴地铁2号线上虞段车站名专家评审会。绍兴地铁2号线上虞段起于道墟、终于梁祝大道站，线路主要沿群贤路—南北中心大道—五星大道—市民大道—望山路敷设，长约26千米，全线共设7座车站。会上，经站名（暂名）介绍、专家讨论、集中定名等环节，最后“虞中大道站、邵逸夫医院站、兴业路站、东山路站、称山南路站、凤鸣路站、梁祝大道站”7个名称为上虞段地铁站名。（罗兰芬）

公路运输

【概况】 2023年，上虞区不断优化交通运输行业营商环境，加强惠企政策宣传落实。出台《关于促进道路运输行业高质量发展的补充意见》，鼓励规下企业扩大经营、规上企业车辆扩容，全年新增规上运输车辆243辆，培育4家普货运输企业“小升规”。提速各类交通运输扶持政策落地，全年共兑现“1+9”公路（水运）企业各类补助资金、公交车新能源补助、巡游出租车新能源车辆更新补助、老旧营运货车淘汰补助等共计1850.56万元等，帮助危化品运输企业扩大经营范围，探索一体车非罐式且无“运输有毒、感染性、腐蚀性危货”危化品车辆从事普货运输，实现运力配置优化和企业竞争力不断提升。

2023年，上虞道路客运量达145.5万人，同比增长158.44%。道路客运周转量2664.7万人千米，同比增长260.74%。道路货运量5123.5万吨，同比增长0.86%；道路运输周转量456126.9万吨千米,同比增长1.50%，总量居全市首位。

【公路财产损失综合险实施】 出台《上虞区公路财产损失综合险实施办法》，发挥保险的社会管理职能和经济补偿职能，2023年共计安排资金350万元。

【客运市场专项整治】 4月，区交通运输行政执法队持续开展出租车（网约车）市场专项整治行动，坚决打击非法营运乱象，至4月13日，共出动执法人员36人次，开展专项检查3次，检查出租车（网约车）74辆次，查处违法违规行为10起。执法队在绍兴东站、客运中心、万达广场等辖区重点区域和重点路段投入执法力量，对非法营运的私家车、未办理合法经营手续的网约车和对出租车不按规定使用计价器、绕道、拒载、宰客等违法违规行为进行整治。同时强化源头管理和路面执法巡查，加大科技执法力度，运用“数字打非”平台加强对营运客车的常态化管控，净化道路运输市场环境，保障人民群众出行安全。（朱思锟）

【国道养护】 2023年2月20日，绍兴市上虞区普通国道公路全寿命周期（2022—2026年）养护工程试点方案评审会召开。3月7日，绍兴市公运中心批复同意上虞区部分普通国道全寿命周期养护设计施工总承包（EPC）+绩效考核试点项目实施方案，项目管理模式为设计施工总承包（EPC），养护工程与日常小修保养打包实施，主要通过绩效考核实现质量管控目标，实施范围包括上虞G104京岚线、G329舟鲁线，总里程计26.372千米。上虞区入选全省“全寿命周期养护”7个试点地区。

【交通领域防灾减灾能力提升】 上虞编制完成交通领域防灾减灾综合能力提升工程5年建设计划，总投资6.14亿元。2023年累计完成投资10800万元，其中农村公路防灾减灾能力提升项目，完成投资6300万元（县道3300万元，乡村道3000万元），公路路灯安装完成投资3000万元，灾毁修复投入应急资金1500万元。在县道公路防灾减灾能力提升工程中，完成虞南山区的百悬线、迳芦线、井枫线部分路段防护加固，路面病害处治，交安设施改造，共计治理40多个点位。 （朱思锟）

水路运输

【概况】 2023年，上虞水路运输完成集装箱运输1.21万标箱，比上年同期增长31%。

2023年上虞辖区完成水路货运量682.7万吨，周转量19.4亿吨千米，货运量同比增长15.5%，周转量同比增长7.5%。其中，内河完成货运量614.7万吨，周转量11.25亿吨公里，货运量同比增长18.8%，周转量同比上升23.7%；沿海完成货运量68万吨，周转量8.16亿吨公里，货运量同比减少7.7%，周转量同比增减少9%。塘角、大厍、通明三座船闸过闸船舶5.2万余艘，过闸量1656.4万总吨。

完成港口吞吐量572.7万吨，同比减少1.2%，其中进口543.9万吨，出口28.8万吨。继续发展大吨位船舶，2023年上虞区减少船舶1艘，净增载重701吨；内河船舶平均载重吨从2022年度648吨增加到701吨，船舶吨位平均增长8.2%。推进大宗货物及中长距离货物运输向水运有序转移，完成货物“公转水”41万吨，年度内河集装箱港口吞吐量达1.21万标箱。

【全省首张水运金融超市船舶保单】 3月27日，在上虞区港航管理中心，绍兴市风顺物流有限公司负责人俞志田与中国太平保险集团有限责任公司上虞营销服务部经理金平签订沿海内河船舶定期险保单。“浙上虞货0525”船舶缴纳4152.56元保费，成为全省首张水运金融超市船舶保单。“水运金融超市”跨部门连通水上监管部门、水运企业、金融单位、保险公司、船舶交易企业、船舶检验、风险诚信评估等机构，将全区230多艘船舶相关信息及企业信用数据等导入，实现船舶生命周期全过程受控。自运行以来累计开出船舶保单70张，船舶保险综合费用下降约40%，项目入选绍兴市第二批营商环境最佳案例，全省现代化内河航运体系示范省试点项目。

【船舶燃油抽样检测执法行动】 5月10日，上虞区交通运输行政执法队港航中队深入开展船舶燃油抽样检测执法行动，出动11名执法人员，对40艘船舶开展燃油质量检查。组织执法人员对抵达上虞辖区码头和途经各锚泊服务区的运输船舶持续开展防污染设备配备、使用、处理、记录等环节的检查。

【首艘千吨级船舶过上浦船闸】 2023年5月，上浦船闸开始试运行。8月22日，试运行以来的首艘千吨级船舶过上浦船闸，该船舶实际装载石子900余吨，从嵊州运往上海。

8月22日，上浦船闸迎来首艘千吨级船舶（蔚　香　摄）

【杭甬运河“星级船舶”称号授牌仪式】 10月31日，上虞区港航管理中心联合宁波三江口海事处组织开展杭甬运河“星级船舶”称号授牌仪式。海盛航运有限公司的浙上虞货0606、浙上虞货0705，王氏物流有限公司的浙上虞货0595，益盛航运有限公司的浙上虞货0509以及个体船东浙萧山货23705等5艘船舶获得“星级船舶”称号，5名船员获得“安全模范船员”称号。获得荣誉的船舶和船员后续将会享受海事管理机构推出的简化办事流程等便利化服务措施。

【督查上虞段水环境治理工作】 11月22日，区交通运输局督查杭甬运河上虞段水环境治理工作。2023

年，杭甬运河上虞段9个监测断面常年保持Ⅲ类以上水质。其间开展“凌晨行动”19次，组织“清网行动”7次，驱离捕捞船38艘，强制清除非法设置的渔具300余件，累计清除杭甬运河上虞段30公里内各类杂草、漂浮物655吨。通过联合执法检查，累计发现油污水储存处不整洁、垃圾分类不规范、台账记录不齐全等问题7处。

【塘角船闸五甲新塘防洪堤连接段维修加固工程完工】 2023年7月，塘角船闸五甲新塘防洪堤连接段维修加固工程（政府投资项目）抢在汛期前提前完工。该项目于2022年12月开工，项目内容包括塘角船闸五甲新塘防洪堤连接段堤身水泥搅拌桩 1000 根（D70CM L6.3M），迎水面水泥灌浆23000米，堤坡绿化20000平方米，左右岸松木桩排水沟边界570米，堤顶沥青道路737米，堤顶护栏830米。（朱思锟、徐溥畅）

公共交通

【概况】 2023年，上虞持续提升城市公共交通基础设施建设，优化出行服务保障。新建公交候车亭 40个，新增综合性服务站点1个，优化新增公交线路30条，完成13个较大自然村通公交，较大自然村公交通达率达到95%。通过整合客货邮运力线路资源，利用下管公交站开通950路下管—芦山具备小件快运服务能力的城乡公交线路1条；立足青年新需求、新期待，助力上虞“青春之城”建设，于3月1日、6月15日相继推出了“青年快线”（232路）和“青春专线”（专2208路、专2668路）。

积极发展绿色公共交通，新建公交充电桩 11 桩22枪，采购新能源公交车 50 辆，新能源公交车总数达608辆，新能源占比92.0%；增加新能源出租车32辆，更新新能源网约车658辆，全区新能源出租汽车（网约车）比例达到 70.8%；新增投放互联网租赁自行车（电动车）700辆。全区共布局充电站点22个，直流充电枪147把，交流充电枪170把，可同时满足317辆次新能源汽车充电需求。

【客运中心】 2023年，客运中心完成客运量96405人次，周转956万人千米。客运中心设16个发车位，班线12条，客运班车20余辆，每日最大旅客承载量为845人次，日均客流量264人次，2023年度营运车辆安全行驶1175.75万千米。

【春运任务】 从1月7日至2月15日，2023年春运历时 40 天。春运期间，累计投入客车运力 23025辆，发送旅客2434469人次（其中公交客运2423136人次，班线客运8836人次，包车客运2497人次），较2022 年同期下降 11.09%；高铁绍兴东站累计发送旅客156629人次，到达158311人次，同比分别增加43.9%和25.6%；高铁上虞南站累计发送5139人，到达6009人，同比分别增加32.7%和111.7%；铁路上虞站累计发送旅客16784人次，到达16359人次，同比分别减少37.2%和7.3%。

2023 年春运期间，客运中心道路旅客运输为10605人次，周转量为11.3万人千米，同比上涨20.0%，区交通部门统筹做好运力调配，春运期间投入客运车辆48辆1632座，其中包车旅游客车41辆，应急车辆10辆，公营班线客车1辆，总客座数454座；出租车82辆246座。做好站场安保春运安检总人数11985人，安检行李总件数20444件，开包973件，查获普通刀具7把、易燃易爆品2件。

【“青春系”公交线路开通】 3月1日，上虞开通首条公交232路“青春快线”。6月15日，“专2208路”和“专2668路”两条“青春专线”公交开通，专线线路涵盖上百·万和城、万达广场、客运中心等区域，途经车站、街道办事处、购物商圈等人流密集场所。

【最清洁城市“510 行动”】 绍兴东站公交首末站、客运中心于7月13日获评第一批绍兴市最清洁城市单元，高铁绍兴东站于11月1日获评第二批绍兴市最清洁城市单元。

【公共交通工具租赁与服务】 2023年，区交通集团下属交通设备租赁公司完成营收4992万元。其中公车保障平台提供公务用车9851车次，年度安全行驶152万公里。共享汽车完成分时租赁订单389单、长租订单162单，充电业务75000单，租赁会员达到13072人。公共自行车现有运营站点 212 个，自行车 4000

辆，提供年度用车服务 95 万辆次，会员已达 12.6 万人，总租用量达 957759 万辆次。

【高铁公交充电站投入运行】 2023 年 7 月 1 日，绍兴高铁东站公交充电站（10 支 160 千瓦双枪直流桩）投入运行，可以同时为 20 辆纯公交车辆提供 80 千瓦功率的充电服务。 （朱思锟、徐溥畅）

7 月 1 日，绍兴高铁东站公交充电站投入运行（王凯宇 摄）

交通安全

【概况】 2023 年，交通运输管理部门加强行业监管，重抓行业治理，严厉打击各类超限超载、非法营运、非机动车道无证设摊等扰乱交通运输市场秩序行为；深化道路交通隐患整治，累计完成省、市、区各级道路交通事故多发点整治 236 处；保持交通执法高压态势，累计查处超限超载、非法营运、非机动车道无证设摊等各类违法违规案件 2555 起，罚款 771.67 万元；认真做好台风影响期间的风险防控与应急处置，积极应对台风“杜苏芮”和“卡努”对交通运输行业安全生产的影响。

2023 年，全区全口径道路交通亡人事故起数和死亡人数与前三年同期相比分别下降 22.06%、23.33%，经营性安全生产事故起数和死亡人数与前三年同期相比分别下降 25%、25.09%。全年无上报道路交通、水上交通责任事故，无其他较大安全生产责任和重大财产损失事故。

【守护“亚运”期间交通运输安全】 3 月 15 日，为确保上虞区道路运输行业安全生产形势稳定，上虞交通以亚运为契机，开展“迎亚运护平安”系列活动，组织道路运输及相关企业开展安全生产专题教育培训，各企业安全负责人和实际控制人、公运中心各部门相关人员共计 70 余人参加此次培训。开展定期指导和专项走访，督促企业严格落实安全生产主体责任和安全生产保障措施，对于发现的隐患责令明确整改方案、落实整改措施、形成治理闭环，累计出动人员 156 人次、督导企业 75 家次，发现问题隐患 54 个，下达隐患整改通知书 28 份，企业均已落实整改。

【全区公路水运建设工程综合大检查】 5 月 9 日，区交通运输局启动为期一个月的 2023 年上半年度全区公路水运建设工程综合大检查，进一步加强公路水运行业监管，规范公路水运建设工程项目管理。

【“安全生产月”系列活动】 6 月 5 日，上虞区交通运输局组织“两客一危”等重点企业召开安全生产管理工作例会，同时启动“安全生产月”活动。对辖区“两客一危”等重点企业开展“安全生产月”专题安全评估。

【交通建设“平安百年品质工程”推进会】 11 月 27 日，上虞区交通建设“平安百年品质工程”推进会暨路面施工现场观摩会召开，区交通运输局及下属交通运输行政执法队会同交通工程建设的业主、设计、施工、监理单位代表共 100 余人参加会议。推进会上，区交通运输执法队质监中队相关负责人分别介绍“浙路品质”项目端操作注意事项、通报 2023 年下半年度综合检查问题情况以及讲解公路工程常见施工质量问题及防治措施。 （朱思锟）

水 利

综 述

【水系规划】 2023年，全域重构上虞水系，编制专项规划，构建“一江四片、四枢六通道”水网总格局，系统编制《上虞区全域幸福河湖建设规划》《下管溪中小河流治理规划》《上浦闸灌区现代化改造规划》《未来城水系规划》《虞北平原河道整治规划》等一系列水利专项规划，为全域幸福河湖项目建设提供全面的规划保障。

【民生水利】 全年投资2.14亿元，在全省率先启动新一轮农村饮水共富提质三年行动，全区91座单村水站改造提升项目全部开工。高位推动全域幸福河湖建设，全区创建省级“美丽河湖”14条，“水美乡镇”14个，“乡村美丽河湖”106条。开展山塘水库系统治理，完成水库除险加固10座、山塘整治25座，美丽山塘18座。全力打通农田水利“最后一公里”，完成农田水利灌溉工程129座。

【产权化改革】 产权化改革取得重大突破，上浦闸枢纽、总干渠取得全省首例不动产权证，上浦闸灌区通过首批水利部标准化管理评价。

【水利数智监督】 依托水利工程项目大数据监管平台，加强全过程监管，已有486个水利项目纳入监管，涉及资金34.79亿元，触发问题预警4167条，预警处置率达97.7%。

【水资源监管】 年度用水总量控制在2.6亿立方米以内。开展取用水管理专项整治行动，拆除违规取水设施2处，整改提升20处。严格河湖水域管控，开展河湖“清四乱”“五水共治”找短板寻盲区查漏洞挖死角等多个专项行动，拆除涉水违建2750平方米。（潘　虹）

水旱灾害防御

【概况】 2023年上虞区汛期气候异常，入梅和出梅偏迟、梅期偏短、梅雨量显著偏少、梅中有伏，台汛期台风影响整体偏弱。1—9月降水量1259毫米，比历史同期1271.5毫米偏少12.5毫米，其中汛期（4—9月）降水量1076.4毫米，较历史常年平均偏多近1成。汛情基本平稳，无较大水旱灾害发生。

【水旱灾害防御责任落实】 调整完善水旱灾害防御工作领导小组、应急抢险技术专家组，加强水旱灾害防御组织领导。明确落实上虞区2023年水库大坝、堤防、水闸等水利工程安全管理责任人，并发文公布。3月1日至3月5日抽调全局骨干技术人员，分成5个检查组，对全区各乡镇、街道和有关单位在自查中发现的问题隐患和重要水工程进行重点复查，组织复查475人次、涉及83处工程，共发现隐患20处，梳理筛选2023年水旱灾害防御重点隐患7处。后期加强跟踪督办，逐项落实整改措施，所有隐患在台汛期前基本完成整改或落实临时度汛措施，确保安全。

【防汛预案】 2023年，修编《上虞区山洪灾害防御应急预案》。开展隐患大排查大整治行动，发现并整改重点防汛隐患30处。抓好水文预报，提档升级曹娥江洪水预报系统。严格质量管控，加强施工实体质量抽检，2023年重点检查山塘水库除险加固、堰坝改造提升等49个工程，出具意见书64份。完善《联合发布山洪灾害预报预警工作机制》。组织7座大中型水闸和51座小型水库编制控制运行计划，组织全区重要在建水利工程编制施工度汛方案，共落实17个在建重点、骨干水利工程及在建涉水工程的度汛措施。

【防汛预警】 落实汛期24小时应急值守和领导带班制度，及时开展分析会商，动态掌握各类汛情和工情。3月21日，区水利局与区气象局联合发文，印发《建立联合发布山洪灾害预报预警工作机制》的通知。按照《上虞区水利局水旱灾害防御应急工作预案》要求，全年启动水旱灾害防御（防台）应急响应2次。汛期共向有关人员发送预警短信6628条。台风期间，完成水文缆道流量测验3次，赶往现场设备抢修5站次。主动开展市、区、上游县市洪水预报会商，利用曹娥江洪水预报系统开展洪水滚动预报3站次，发布洪水预报1期，水雨情简报2次。汛期，针对山洪灾害防御，开展高级别灾害性值班值守5次，共发布山洪预警8期，自动触发山洪预警8次。

【防汛应急抢险】 提前落实93名水利工程应急抢险技术专家组和抢险队伍做好集中待命。台风期间，组织小流域山洪第三方专家，开展山洪灾害易发区的巡查、检查30人次。

【水利工程安全管理】 汛期共组织水库山塘、堤防等巡查15000多人次；提前做好沿江电排站调试；检查督促重点在建涉水工程严格落实安全度汛措施等。台汛期间，开展小流域山洪、山塘水库河网隐患大排查大整治行动，累计检查小流域重点村落102处，水利工程319处（其中水库71处、山塘197处、海塘5处、堤防46处），在建水利工程122处点位，共发现隐患10处，全部完成整改或落实管控措施。开展水利工程白蚁防治应急整治专项工作，对51座水库、100公里堤防工程进行白蚁隐患应急排查，发现隐患23处，埋诱杀蚁30万余只，有效控制白蚁繁殖再生。

【科学调度水工程】 2023年，二号闸、新东进闸共运行269次，排涝及置换水体42801万立方米（其中二号闸129次，排涝及置换水体16541万立方米；新东进闸140次，排涝及置换水体26260万立方米）。浙东引水工程三兴闸引水5.3亿立方米；向下游余姚供水6亿立方米。

（潘　虹）

水利工程建设

【概况】 2023年，列入政府投资的15项续建、新建水利项目全年计划完成投资12.86亿元，其中续建项目9.14亿元，新建项目3.72亿元；全年计划财务数9.09亿元，其中续建项目6.45亿元，新建项目2.64亿元。全年续建、新建项目实际共完成投资13.29亿元，占年度计划投资数的103.33%。其中续建项目完成投资9.63亿元，占年度计划投资数的105.36%；新建项目完成投资3.67亿元，占年度计划投资数的98.65%。上浦闸枢纽工程改造提升项目、上虞区城东86号地块河道建设工程、管溪“幸福河”一期工程等工程完工投用。

【在建水利工程】 海塘安澜工程：上虞区海塘安澜工程被列为浙江省海塘安澜十大示范工程，入库“全省千项万亿工程”，入选全区唯一工程类清廉单元建设示范点，并获“2023年度浙江省水利文明标准化工地”称号。该工程总投资21.6亿元，是上虞区水利建设史上单体投资最大的项目。主要建设内容包括：提标建设新东进闸和13.58公里海塘，新建39座丁坝（盘头），整治8.35公里护塘河，修复123万平方米沿塘生态。建成后全线防潮标准将从100年一遇提升至300年一遇。项目开工日期为2022年11月30日，2023年度完成总投资5.21亿元，截至2023年末尚在建。

虞北平原崧北河综合治理工程：上虞区虞北平原崧北河综合治理工程为浙江省“十三五”期间规划实施的重点水利建设项目，是浙江省沿海平原骨干排涝工程和省“百项千亿”防洪排涝工程，也是虞北平原“四横三纵”骨干排涝体系的“三纵”排水通道之一。工程主要建设内容包括：新建排涝水闸1座、增设二线节制闸1座；拓浚崧北河7.22千米、新开崧北河延伸段河道3.12千米；疏浚河道5.20千米，连通河道0.59千米，新（改）建桥梁7座；加固二线海塘11.11千米。工程总投资6.97亿元，工程于2020年10月28日开工，2023年度完成投资2.055亿元，截至2023年末尚在建。

曹娥江城区段防洪堤综合提升一期工程：工程主要建设内容包括：堤防加固铁路大桥——信义广场2.955千米（右岸）、铁路大桥——舜江大桥1.810千米（左岸），共加固提升4.765千米堤防，使城区段堤防满足百年一遇防洪标准。工程主要建筑级别为1级，设计防洪标准为100年一遇，工程总投资约2.82亿元，工程于2022年11月动工，2023年度完成投资1.8亿元，截至2023年末尚在建。

立功水库系统治理提升工程：立功水库位于岭南乡立功村，集雨面积32.25平方千米，正常库容49.00万立方米，总库容85.15万立方米，主坝坝长110.00米，最大坝高28.00米，灌溉面积106.67公顷，是一座以灌溉为主的小（2）型水库。工程概算总投资800万元，于2023年11月30日开工，截至年末尚在建。

水文测站提升改造项目：工程主要建设内容包括：2023年度山洪灾害防治项目、水文测站提升改造及建设工程、2023年度上虞区水利感知体系建设项目。总投资870万元。工程于2023年6月动工，截至2023年末尚在建。

【完成水利工程】 南湖水库系统治理提升工程：南湖水库位于曹娥街道朱山头村，集雨面积0.42平方千米，正常库容9.01万立方米，总库容12.93万立方米，主坝坝长206米，最大坝高6.6米，灌溉面积40公顷，是一座以灌溉为主的小（2）型水库。工程概算总投资850万元，于2023年4月28日开工，2023年7月13日完工。新增渗流压力、表面变形等数字化改造内容。

百沥河崧厦段整治工程：工程于2022年7月16日开工，2023年5月16日完工。工程建设内容主要包括：整治区级河道百沥河主流2.53千米、支流1.61千米，护岸砌石整治约8千米、拆建桥梁1座、河道清淤、河岸绿化、亲水步道等。项目总投资2281万元。盖谢河谢塘段整治工程：工程于2022年8月10日开工，2023年5月16日完工。项目总投资2889万元。全区山塘整治工程：2023年完成百官街道、梁湖街道、下管镇、丰惠镇、章镇镇、上浦镇、长塘镇、驿亭镇、汤浦镇、岭南乡、丁宅乡、陈溪乡共25座病险山塘整治及山塘加固修复，总投资8200万元。

【年度整治项目】 平原河道建设项目：工程主要建设内容包括：百官街道、曹娥街道、东关街道、梁湖街道、道墟街道等17个乡镇街道池塘整治、河道整治提升、亲水圈提升等。工程概算总投资11755万元。2023全年实施。

山区小流域整治项目：工程主要建设内容包括：梁湖街道抲鱼溪小流域整治工程、驿亭镇大溪沟等小流域整治工程、丰惠镇后山村创业片小流域整治工程、岭南乡章山溪小流域整治工程、陈溪乡干溪小流域（天打磞—庙下段）整治工程。项目总投资1560万元。2023年全年实施。

机埠提升改造项目：工程主要建设内容包括：曹娥街道、上浦闸、谢塘镇、永和镇、盖北镇、丰惠镇、丁宅乡、汤浦镇、道墟街道灌溉泵站机埠提升改造、计量设施、标识标牌、自动化控制设备等。项目总投资2075万元。2023年全年实施。

农村饮水优化提升项目：工程主要建设内容包括：水务集团17个供水站农村饮用水净水工艺提升项目，对供水站净水设备新增膜处理工艺；章镇镇、下管镇、陈溪乡、岭南乡村饮用水优化提升项目；对单村水站新建取水井、不锈钢水箱、水管铺设等；丰惠镇小南山农村饮用水建设项目等。项目总投资 1460 万元。2023年全年实施。（潘 虹）

水政管理

【概况】 2023年上虞区降水深1228.7毫米（15.4328亿立方米），总水资源量6.2626亿立方米，其中地表水5.6354亿立方米，地下水0.6272亿立方米。

2023年上虞区总用水量2.4730亿立方米，其中农田灌溉1.1344亿立方米，林牧渔畜0.1177亿立方米，工业0.5375亿立方米，城镇公共0.2307亿立方米，居民生活0.3709亿立方米，生态环境0.0818亿立方米。2023年全区万元GDP用水量20.39立方米，万元工业增加值用水量10.71立方米，水资源利用率为39.5%。

【水行政审批】 2023年度，共办理完成水行政许可事项213件，其中涉水许可事项213件（水土保持189件，取水审批12件，涉河涉堤12件），收取各类规费398.4万余元。

【水资源总量控制】 贯彻落实省、市关于全面实行最严格水资源管理制度的决策部署，全面加强最严格水资源管理，实施水资源消耗总量和强度双控行动。全区万元GDP用水量20.39立方米，万元工业增加值用水量10.71立方米，农田灌溉有效利用系数0.587。均超额完成控制指标。

【取用水管理】 2023年上虞区开展取水许可电子证照数据治理工作，年度完成取水许可电子证照数据治理67本，治理率100%。规范自备取水户取水计划建议、核定、调整等管理工作，根据全区年度用水总量控制指标、用水定额以及取水户近三年实际用水情况确定69家取水户的取水计划，核定总计划取水量为21435.5万立方米。严格实行超计划累进加价制度，2023年超计划取水企业4家，累进加价收费1.38万元。

【节水型社会建设】 截至2023年末，全区累计创建省级节水型灌区3个、省市级节水型企业92家，省级节水型单位31家，省级节水型居民小区66家，水利行业节水型单位4家，节水标杆单位18家，节水标杆园区1家，形成良好的社会示范效应。2023年加强供水管网改造，全区新改建供水管网20公里，供水管网漏损率小于5%，居全省先进水平。推进农业节水，水肥一体化工程面积0.66万亩，提升改造农业灌溉泵站机埠129座，超额完成省下达的目标。2023年上虞区积极推进再生水回用和雨水集蓄利用工程建设，再生水利用率目标为18%，全区再生水利用率18.06%，圆满完成考核指标。

【水资源有偿使用制度】 严格执行《浙江省水资源费征收管理办法》，实施水资源有偿使用制度，落实水资源费减征工作，做到应收尽收，就地缴库。2023年度累计征收水资源费562.3万元。

【水政巡查执法】 根据省水利厅《浙江省水政监察巡查办法》的要求，制定年度巡查计划并纳入单位年度岗位目标考核，2023年共组织巡查1023人次，其中内河巡查598人次，曹娥江巡查425人次，出动车辆341次，出动船只22次。掌上执法巡查检查任务完成25起。日常巡查及专项巡查轨迹已经水行政执法统计直报系统全程线上录入。全年共接到信访、投诉、举报31件，其中信访综合平台信访件13件，举报电话投诉18起，全部受理。向综合行政执法部门移送案件线索2起。

【河湖“清四乱”行动】 深入推进河湖“清四乱”常态化规范化工作，2023年共发现“四乱”问题254个。其中自查问题200个、基层上报问题24个、省级督察30个。全年问题销号总计254个，已全部完成整改销号，销号率100%。（潘　虹）

城市建设与管理

城市规划

【概况】 2023 年，上虞区深入推进“活力城”老城焕新行动，牵头实施青春环境优化提升工程，聚焦曹娥江一江两岸特色产业风貌区，不断推进建设更具活力、更加时尚、更为精致的青春城市。2023 年半年度调整后，建设局政府投资（国有建设）项目总计 45 只（包含城建集团项目），其中续建项目 9 个，新建项目 24 个，前期项目 12 个。总投资 213 亿元（不含前期项目投资），年度投资完成投资 101 亿元。（章佳彬）

【国土空间规划】 紧跟上级政策，有序推进区国土空间分区规划编制，规划文本及相关附件于 2023 年 8 月送省政府报批。（张惠英）

【控制性详细规划】 牵头编制和审批“未来城”三片区、“梁湖中心单元”“梁湖东单元”“百官工业园区”等 21 个控制性详细规划的编制或调整，进一步优化“一江两岸三城多片区”城市空间布局，支持百官工业园拆迁及相关项目建设工作。参考市局考核口径，上虞区重点区域控规编制完成率为 100%。（章天成）

【村庄规划】 2023 年，已完成“多规合一”村庄规划编制，全区 246 个村庄规划通过专家评审，实现应编尽编，完成率 100%，编制数量全市排名第一。（姚月君）

【新增建设用地指标】 2023 年，共争取新增建设用地指标 4547.8 亩，完成年度任务的 252.7%（年度目标 1800 亩）。其中争取省重点项目“戴帽”指标 2154.2 亩。（姚泽宇）

【开发边界优化调整】 严格落实自然资源部要求，认真对接乡镇、平台建设需求，按时、按质完成调整边界上报，调入项目 213 个，预计释放上虞区土地动能 564.3 亩，有力支持了属地项目建设，缓解 2024 用地空间矛盾。（丁金金）

【未来城地下空间利用规划】 为有效缓解城市用地紧张，合理规划释放地下空间资源，实现城市经济、环境、资源可持续与集约型发展，未来城片区作为规划范围，北至杭甬高铁、南至人民西路、西至常台高速、东至四环线，总面积约 15.7 平方千米。以“三轴、四心、五片”布局地下空间结构，明确人防、停车、地下商业、公服、市政设施的合理规模和合理布局，推动地下基础设施系统化、前瞻性建设，完善引导性指标、内容和建议，深化车行、慢行系统布局，加强地上地下道路互联互通、一体化协调发展。规划于 2023 年 12 月通过上虞区城乡规划委员会审议。（朱佳斌）

【上虞中心城区停车设施普查及专项规划】 截至 2023 年 11 月已完成中心城区停车设施普查及专项规划编制工作。该规划范围涵盖上虞中心城区 7 个街道，通过制定停车配建指标、完善公共停车设施布局、强化公园绿地广场等设施的地下空间利用率等七项停车发展策略，共计规划布局 280 个左右社会公共停车场。（何梦昱）

【现代测绘基准建设】 开展平面控制网更新、工程像控网复测与更新，共计完成包括 2500 余座工程像控网普查、维护；102 座 C 级 GNSS 点复测更新（其中 18 座重复用于绍市数字高程基准建设），以上项目为上虞空间定位基准提供优化，有效提升了上虞区测绘基准。完成 InSAR 地面沉降监测，地图产品编制等工作。

【测绘科普宣传】 孙和平院士精密测量科普工作室上虞科普基地揭牌，推动上虞区“产教融合、院地合作”建设进一步发展。上虞北斗卫星导航系统综合服务站被绍兴市科学技术协会认定为 2023 年绍兴市基层特色科普馆，在推动科学普及、提升公众科学素质方面发挥独特优势和作用。

联合涉虞各测绘单位在万和城西大门广场开展 2023 年测绘法暨国家版图意识宣传周活动，提升公众的国家版图意识。联合区教体局组织发起参加浙江省第五届少儿手绘地图大赛活动并获得一等奖 2 名，二等奖 4 名，三等奖 8 名，优秀指导教师 1 名的优异成绩。

【1∶2000 更新测绘】 2023 年度 1∶2000 地形图在 2022 年度成果基础上更新范围覆盖 1010 平方公里，更新面积 251.8 平方千米，重大要素更新面积 6.4 平方千米。

【2023 实景三维更新】 2023 年度对上虞区全区已建成的 1226 平方公里实景三维模型进行建设项目竣工项目更新，共计更新 57 处，并完成数据接边和全域三维模型融合，多期成果实现历史数据对比展示。

【城区综合管线更新测绘】 2023 年完成综合管线 371 公里新测、综合管线三维更新 1003.6 千米。本次城市地下市政基础设施上虞建成区 136 平方千米，累计完成综合管线 6654.28 千米普查，共计 21 种管类，物探点数 372513 个。顺利通过省、市、区三级验收。

【基础测绘成果共享】 为百官街道、岭南乡等乡镇街道，曹娥江经开区、水利局等区直部门 30 余个政府单位共享上虞区 1∶500 地形图 4862 平方千米，1∶2000 地形图 6729 平方千米及各类高精度卫星影像图、航空影像图共享 24180 平方千米，为百官街道、杭州湾经开区管委会等政府部门共享三维实景模型 1387 平方千米，各类基础测绘成果累计共享总价值 2.1 亿余元。 （李 杰）

城区更新

【城乡风貌整治提升】 1 月 13 日，曹娥江一江两岸特色产业风貌样板区入选为“新时代富春山居图城市样板区”。2 月 28 日，上浦—汤浦“瓷源 · 舜水”县域风貌区的建设方案被评为浙江省 2023 年度城乡风貌样板区试点优秀建设方案。4 月 22 日，虞南山居风情带县域风貌区创建试点的省级验收。6 月 9 日，虞南山居风情带县域风貌区入选为 2023 年度省级城乡风貌样板区。6 月 13 日，虞南山居风情带县域风貌样板区入选为 2023 年度省级第一批“新时代富春山居图县域样板区”。8 月 31 日，“游溪山仙境 · 赏山居风情”共富风貌游线入选为浙江省 2023 年度第一批共富风貌游线名单，后被评为“2023 年度浙江省最受百姓欢迎的共富风貌游线”。10 月 28 日，上浦—汤浦“瓷源 · 舜水”县域风貌区创建试点的省级验收。12 月 7 日，上浦—汤浦“瓷源 · 舜水”县域风貌区入选为 2023 年度省级城乡风貌样板区。7 月 25 日，南丰社区老幼融合场景命名为省级第三批城镇社区“一老一小”服务场景。12 月 4 日，文化北、文化南、金渔湾、德济苑、博文 5 个未来社区命名为省级第四批未来社区。12 月 13 日，文化社区托育场景等 12 个服务场景命名为省级第四批城镇社区“一老一小”服务场景。12 月 30 日，上虞区丰惠镇、小越街道入选 2023 年浙江省现代化美丽城镇示范镇建设名单。 （陈 坤）

【拆迁安置】 2023 年，全区征迁面积近 65 万平方米，征迁户数 69 户。 （杜杰君）

【老旧小区提质改造】 2023 年，对全区 11 个老旧小区实施综合提升改造，涉及百官街道凤山路、普发公寓、凤山支路、人民中路等小区，曹娥街道天城花园、渡江花园等小区。改造内容为道路整修、积水治理、雨污分流、环卫配套、园林景观、车位增配、管线整理、楼道靓化等。年度投资约 8300 元，总建筑面积约 34 万平方米，惠及住户 3200 户。 （郑江文）

未来城

【概况】 未来城是上虞“一江两岸三城多片区”空间布局的“主阵地”，是“拥江西进”融入大绍兴和杭州湾都市圈的“桥头堡”，是接轨大上海、融入长三角的“先行区，交通区位十分优越，紧挨绍兴东站、道墟高速道口，南北中心大道和地铁 2 号线横贯而过。区域规划面积 15.7 平方千米，分核心区（约 6.1 平方千米）、协同区（约 5.5 平方千米）、拓展区（约 4.1 平方千米），涵盖原高铁新城、杭州湾经开区南片、e 游小镇和主城区多个街道。已经落地晶盛机电、卧龙智能等一批先进制造业项目，集聚杭电产教融合创新园、高层次人才创业园等一批创新创业平台，形成高端装备制造、数字内容制作和信息技术交付等产业基础。未来城开发建设办公室于 2023 年 2 月 17 日正式挂牌。（陈金楪）

【竺可桢未来学校新建工程】 2023 年设计方案提交区规委会审议。建筑面积约 8.5 万平方米，为 54 班九年一贯制学校，其中初中 30 班，小学 24 班。总投资约 5.5 亿元，建安费用 4.6 亿元。（王梦倩）

【复旦大学—绍兴市全面战略合作签约仪式暨 2023 曹娥江生命健康产业发展大会】 2023 年 7 月 1 日，复旦大学—绍兴市全面战略合作签约仪式暨 2023 曹娥江生命健康产业发展大会在上虞区召开。复旦大学与绍兴市政府、上虞区政府、浙江复盛技术创新有限公司签署合作协议，合力打造曹娥江生命健康谷。全国政协常委、经济委员会副主任、中国国际经济交流中心常务理事长毕井泉，浙江省副省长卢山，全国政协常委、浙江省政协副主席、浙江大学医学院附属邵逸夫医院院长蔡秀军，复旦大学党委书记裘新、复旦大学校长金力和市区两级相关领导见证签约。

【第三届中国·绍兴“万亩千亿”新产业平台全球创业大赛生命健康专项赛暨上虞未来城“未来场景·未来产业”创业大赛】 2023 年 11 月 10 日，第三届中国·绍兴“万亩千亿”新产业平台全球创业大赛生命健康专项赛暨上虞未来城“未来场景·未来产业”创业大赛总决赛开幕。历经上海、深圳、武汉、海外线上分站赛的角逐，15 个生命健康、13 个未来场景领域创业项目齐聚上虞展开对决。（许益综）

11 月 10 日，第三届中国·绍兴“万亩千亿”新产业平台全球创业大赛生命健康专项赛暨上虞未来城“未来场景·未来产业”创业大赛总决赛开幕（未来城开发建设办公室 提供）

e 游小镇

【概况】 上虞 e 游小镇于 2016 年 1 月被列入浙江省级特色小镇创建名单，2019 年 9 月正式命名为省级特色小镇，培育以游戏、动漫、影视为主的数字经济产业。截至 2023 年末，累计完成有效投资 66.5 亿元，引进数字经济企业 1025 家，聚集创客 11000 余名，培育高新技术企业 18 家，科技型中小企业 44 家。

2023 年，e 游小镇谋划实施 e 游 PARK 创意产业园项目，推进绍兴影视数字创谷项目，加快数美产教融合基地建设，打造游戏发行中心，开展企业综合服务分中心建设等一系列重大举措。2023 年小镇新增数创产业链优势企业 42 家，储备优质项目 21 个，入驻盛世青春、弋戈美趣等百人团队 8 家；实现税收 6.56 亿元，数字经济总产出 125 亿元，规上服务业营业收入 35.88 亿元，继续获评浙江省特色小镇考核“优秀”，入围首批浙江省数字贸易示范区。

【e 游小镇活动承办举办】 2023 年，先后承办举办“时空相遇·竞在上虞”2023 年浙江省第一届动漫制作职业技能竞赛”、大学生动漫游戏创业大赛决赛、e 游小镇数字美术协同大会发布暨动画生态链创新论坛等活动，为产业发展造浓青春气息。紧跟亚运热潮，累计举办“青春之城”迎亚运·2023ZEG 浙江省电子竞技大赛总决赛、“全民迎亚运·职工展风采”2023

年绍兴市首届职工运动会电子竞技比赛等电竞主题赛事活动 10 余场；为《梦三国 2》集训队伍提供一站式生活和训练服务，助力集训队夺得杭州亚运会电子竞技该项目金牌。承接青年理论宣讲大赛、全国名校大学生定向邀请赛、2023 上虞马拉松等赛事活动，引进天空之城纪念堂、动漫游戏嘉年华等文化活动，组织“咿呀咿呀游”系列社群活动 50 余场。青创市集开展“重返校园季”等主题市集 17 场，成功入选全省首批百个文旅集市。

【e 游小镇企业文化作品】 游戏领域，黑岩与梵猫网络共同研发《星骸骑士》手游上线；梦象科技携自研游戏《哨兵》参加德国科隆游戏展、东京电玩展。影视领域，秀合传媒全年出品 4 部院线电影、22 部网剧霸榜各大平台；盛世青春出品制作微短剧《张震讲故事》获腾讯 S 级评级播放量破 150 万次；超元域出品制作悬疑电影《搬山道人之落天荒》获 S+级评级，播放量破 200 万，累计分账票房破 1500 万元。动漫领域，黑岩制作原创动画《御甲凌云志》预告亮相 2023 腾讯视频动画节；未蓝文化出品中国风动画《小神驾到》《桃花猫和东海鱼》续集在中央电视台少儿频道“动画大放映”栏目播出。. （金 杉）

【e 游小镇项目建设】 e 游 park 数创产业园(一期)项目：e 游世界展馆改造项目完成设备安装；青春公寓 7#楼公共实训平台建设项目一期于 3 月份完工，二期施工图送审；数创产业园区基础设施配套项目（一期）完成初步设计、国有土地划拨供地，部分子项目启动实施；e 游数字影视制作基地项目完成国有土地划拨供地，完成项目规划方案专家评审。项目已累计完成投资 2700 万元。宇石网络总部大楼项目：幕墙玻璃已基本完成。至 2023 年末，累计完成投资 4.47 亿元，2023 年当年完成投资 0.152 亿元。 （邵奇峰）

【元启万物 •e 创未来|第七届万物生长大会之元“虞”宙产业闭门交流会召开】 2023 年 4 月 11 日，由上虞 e 游小镇主办，微链承办，浙江省北大信息技术高等研究院、浙江省视觉智能制造业创新中心、浙江省视觉智能产业技术联盟、菜根发展、e 游数字产业园、e 游良仓众创孵化平台协办的“元启万物 · e 创未来”元“虞”宙产业闭门交流会在杭州市国际博览中心举办。大家围绕“如果元宇宙产业去上虞发展，有什么建议，怎么实现双赢，对于上虞社会经济发展会产生哪些推动作用”等话题展开讨论，并进行经验分享和市场需求对接。会议期间，e 游小镇管委会相关负责人对 e 游小镇的资源优势、产业基础和营商环境等作全方位推介，并邀请现场的企业家、投资人到上虞 e 游小镇参观调研。

【“时空相遇 · 竞在上虞”2023 年浙江省第一届动漫制作职业技能竞赛承办】 2023 年 9 月 2 日，“时空相遇 · 竞在上虞”2023 年浙江省第一届动漫制作职业技能竞赛在绍兴上虞 e 游小镇开幕，大赛历时 3 个半月，12 月 16 日闭幕。大赛由浙江省总工会主办，浙江省版权协会、浙江省动漫产业学会指导，绍兴市总工会、绍兴市上虞区总工会、绍兴市上虞区 e 游小镇管委会、绍兴市上虞区人力资源社保局共同承办以及哔哩哔哩网站媒体支持，以动漫制作为主题的职业技能竞赛，共有 38 位获奖选手入围。

2023 年 9 月 2 日，“时空相遇 · 竞在上虞” 2023 年浙江省第一届动漫制作职业技能竞赛举办(e 游小镇管委会 提供)

【e 游小镇数字美术协同大会发布暨动画生态链创新论坛举行】 2023 年 12 月 16 日，e 游小镇数字美术协同大会发布暨动画生态链创新论坛在上虞举行。大会由浙江省动漫产业学会指导，绍兴市上虞 e 游小镇管委会主办，旨在探索区域特色的数字美术协同方向，拓宽动画生态链的创新思路与协作灵感，为浙江省数字美术产业的创新提供助力。 （吕恒涛）

“一江两岸”开发建设

【工程概况】 上虞区曹娥江“一江两岸”景观工程北起五甲渡大桥，南至赵家大桥，东依江东路，西临滨江路，全长约5.6公里，总建设面积超180万平方米，绿化面积约135万平方米，自2014年起分三期实施，于2022年建设完成，总投资10.7亿元，先后被评为国家级水利风景区、浙江省首批美丽河湖，入选浙江省“五水共治”典型案例。

曹娥江“一江两岸”景观带是一个集城市防洪与自然生态休闲于一体的综合性城市水利风景区，主要建有城市阳台、音乐广场、游船码头等特色建筑及户外空间。它让水清岸绿的生态美景串点成线、连线成片，促进了产业发展，提升了城市品质，全面重塑人水和谐、城水相融、水清岸绿、亲水宜居的江南水乡新风貌。

【开发经营】 “一江两岸”管理用房开发聚焦当地文化特色展示，其中上虞区非物质文化遗产展示馆、娥江书场、上虞古运河史料馆、上虞茶文化研究会等场馆先后开馆，成为了展示上虞地域文化的新窗口、打造文化交流的新平台、促进市民休闲的新空间。目前正加大经营招商，不断完善商业配套。2023年已完成“一江两岸”三期首批4处管理用房合作经营招商，打造高端露营、轻奢酒吧、主题沙龙、特色餐饮、露天集市等。（潘　虹）

【“一江两岸”扩容提质城市设计】 从现状认知与问题评估、功能发展与规模容量研究、发展定位与整体方案、扩容提质核心策略、重点地块详细设计与导引五个维度，明确“一江两岸”发展定位与整体方案。打造一江两岸，三城多翼的城市空间结构（“文旅城、活力城、未来城”），构建出“江、山、画、卷”的空间风貌意向。（钟炳钟）

【“一江两岸”总部楼宇设计方案审查】 2023年，完成滨江新城38-1-A、滨江新城23-2A等9个总部楼宇项目设计方案审查。加速推动“拥江向湾、产城双轮”的山水城市发展格局形成，助力“一江两岸”成为上虞高质量发展的标杆核心。

【轨道交通2号线沿线及站点周边城市设计】 绍兴轨道交通2号线二期上虞段沿线及站点周边城市设计，规划范围跨曹娥江两岸，覆盖沿线7个站点及周边面积约15.58平方公里，规划形成“一轴三区，两中心五节点”的“活力纽带，创享城脊”。经开西站为曹娥车辆基地接轨站，车站地面厅及附属结合车辆段开发，统筹设计为一站式的城西枢纽核心、未来城生活配套区域，近期站点用地布局以交通场站、商业商务用地为主，远期打造“一芯领三核，一廊织四区”的空间格局。大学路站规划作为上虞首个融合“科教+医疗+交通”XOD创新示范站点，集产业、科教、研发、孵化为一体的青春之城核心区。东山路站规划以新建类、引领型未来社区为标准打造交通导向的高品质住宅，创建便捷高效的TOD居住模式、开放包容的生活型街区。规划于2023年12月通过上虞区城乡规划委员会审议。（王　月）

【曹娥江文化艺术中心建设工程】 曹娥江文化艺术中心项目位于“一江两岸”科创岛（未来城）片区，东靠曹娥江堤塘，南临杭甬运河，西临江西路，北临永仁路，占地面积约为100亩。该项目概算总投资20亿元，建安投资15亿元，内含1400座剧场一个、500座多功能小剧场一个、艺术教育中心、会议中心、数字科技艺术展览馆、美术馆、非遗展示中心、文化服务用房、景观广场以及配套的商业、物业、保障用房等附属配套设施，总建筑面积为7.8万平方米，其中美术馆、非遗馆建筑面积为1万平方米。该项目于6月13日经专家评审后，确定8家资格预审入围设计团队。（章佳彬）

市政建设

【市政工程优化提升】 完成西横河小区、恒利小区等管线迁改的老旧小区电线杆迁改工程，完成东麟府周边的江环路、越湖路、横江路等路段人行道建设工程，完成金渔湾一期沥青路面提升和财富路与珠峰路沥青路面提升工程，其余梁祝大道与江扬路交叉口改造、复兴路与虞兴路交叉口改造、城西片区沥青路面提升、2023年高铁新城零星设施提升、2023年交通安全隐患点治理及2023年市政公用设施提升建设等8个工程也已全部完成。完成2023城区草花布置工程一期、2023 年城区垂直绿化工程和 2023 年马拉松沿线体育场东、三环桥、信义广场、城市阳台、区政府、时代潮城等环境布置工程，2023 年城区草花布置工程二期、2023 年城区迎亚运重要节点布置、2023 年开发区草花布置、2023 年高铁新城春夏草花布置等 5 个花草工程也已全部完成。完成中央假日西侧绿化提升工程，完成部分 2023 年城西零星绿化提升和赵家大桥周边绿化建设工程等，除 2022 年国庆环境布置工程（国旗悬挂）外，其余园林工程也已全部完成。（章佳彬）

【城市微景观】 引入多头亮金女贞球、羽毛枫、狐尾天门冬、肾蕨、火焰南天竹、满天星、灌木冬等耐阴性彩叶灌木，改造人民东路附近三环东路立交桥下城市阳台屋顶绿化。通过配备景观石，点缀绿植，建成独立小花坛共 500 平方米，再以灰白两色石子步道相连。（阮先羽）

市政公共设施

【概况】 2023 年，城区市政公共设施养管以精细化、标准化为基础，全力迎战全国文明城市复评迎检攻坚工作，以高要求抓好城市“管养”工作，确保城市安全稳定。全年完成坑洞修复 2591 处，路面维修 108440 平方米，人行道路板块修复 7462 平方米，交通隔离栏新增 3638 米，标线漆化 23755 平方米。

【积涝隐患处置】 共清理雨水井 34845 个，清淤疏通管道 536 多千米，以及 95 处积水点改造。

【桥梁安全检测】 城区 114 座桥梁和 1 座隧道按照检测计划进行常规、结构等项目检测；并且对东三环跨铁立交桥安装桥梁健康监测系统，实现对桥梁和隧道进行 24 小时监控监测。

【道路隐患排查】 对房地产开发周边道路和城北、高铁新城等以砂性土层为主的易塌陷区域进行隐患排查。完成 20.2 公里的道路脱空检测，修复脱空点 2 处；雨水管网 CCTV 检测 69568 米，内衬修复 61 处，开挖修复 15 处。

【“城事智管”平台建设】 构建统一的“城事智管”园林市政大综合平台，打造“智慧市政、精细养护”。提升上虞城区范围内的园林市政作业和管理水平，尤其是对现有易涝点、泵站等要素进行全流程的安全及工作状态监管。（阮先羽）

城市绿化

【精细化养护】 全面推进园林绿化“网格化”养护管理模式，落实辖管区域道路及游园基础养护工作。按照《上虞区园林养护公司绿绿地养护管理办法》，对养护片组进行每日认真细致的巡查指导和督促监管，开展病虫害防治和土壤优化改良工作。年内，各街路、公园、广场、绿地共完成枯叶清理及绿化垃圾清除累计 2090 余吨，修剪行道树累计 4000 余棵、修剪紫薇、红叶李、垂丝海棠等小乔木 9000 余棵，修剪草坪 1300 余万平方米，补种草坪、麦冬 3 万余平方米及毛鹃、金森女贞等 30 万余株、草花 2.5 万余株。

【专项绿化整治】 接收管养边沥线小越—谢塘段绿地 10 万平方米。组织人员集中开展边沥线小越—谢塘段专项绿化整治工作。累计清理细小树、死树等 180 余棵，清理绿化垃圾 330 余吨，清理绿化带内建筑垃圾 40 余吨，铺草坪 5800 余平方米，补种麦冬 1100 余平方米。

【园林设施维修】 定期组织对园路铺装、侧石、台阶、斜坡等进行维护保养，确保路面应平整、完好、稳固，无明显坑洼破损，保持排水系统畅通。集中修复龙山公园、文化广场、青春广场等灯 145 盏，国大公园、龙山公园、青春广场、人民东路教堂附近等铺装修缮 300 余平方米，道路、绿化带花坛 50 个，维修厕所 1 个、人行桥 1 座、龙山公园战斗机 1 架。同时，完成龙山公园龙王堂东侧山体加固完成及轩修缮，烈士陵园乖公园、广场亭子、廊坊、木架等油漆防腐维护。

城市管理

【“清洁城市”创建】 2023 年，全区城市精细管理示范区不少于城市建成区的5%,高标区不少于15%,标准区不少于 30%。区综合行政执法局全面实施开展“510 行动”,即城市功能优化行动、城市单元洁化行动、城市家具美化行动、城市元素彩化行动、城市治理序化行动,努力实现环境卫生“席地而坐”、道路通行“杯水不溢”、市容市貌“井然有序”、园林绿化“五彩斑斓”、城市夜景“如梦如幻”的五大目标,并充分展现上虞特色。将城区网格由原先 23 个优化调整为 19 个,新增 2 支专业网格挂联队伍,组建“青蓝”女子巡逻队,强化叠加式勤务优势。牵头开展“迎亚运 提秩序 创典范 打造清洁城市”市容环境专项提升行动,聚焦九大领域“三整治三改善三提升”,累计处置各类户外广告 2871 处,取缔流动摊贩 19476 个,处罚人行道违停 68471 起,处置占道经营 9543 起。每周开展常态化整治行动不少于 2 次,已累计开展集中行动 82 次,实现面上问题有效管控。围绕顽疾点位开展“强管理 促精细 提品质”市容联合专项整治,开展突击行动 10 次,取得较好效果。

【“大综合一体化”改革】 2023 年,出台《〈市县“大综合一体化”行政执法改革综合评价指标体系 2.0 版〉责任分解》,制定《上虞区 2023 年度“大综合一体化”行政执法改革工作考评办法》(部门版和乡镇街道版),推动全区改革齐头并进。推进基层智治综合应用和“大综合一体化”执法监管数字应用贯通,2023 年贯通处置执法事件 537 件,处置率 100%。全面推广使用“行政行为码”,实现执法办案赋码率、处置率、出件率、签章率 4 个 100%。全面梳理涉企重点领域执法检查清单,制定涉企联合执法检查工作计划,2023 年开展线上协同指挥 1013 次,“综合查一次”6587 户次,实施率达 49%,企业等市场主体迎检频次下降 58%。坚持规范化中队、“枫桥式”执法中队、执法规范示范乡镇(街道)创建一体融合,提升基层依法治理水平。2023 年成功创建枫桥式中队 1 支(百官城南中队),绍兴市 2023 年度“大综合一体化”执法规范示范乡镇(街道)3 个(汤浦镇、盖北镇、崧厦街道)。围绕事项划转、办案业务、执法监管数字应用等方面,开展赋权乡镇(街道)“大综合一体化”改革法制教育培训及各类专题培训,2023 年开展执法培训 36 场,培训执法人员 2680 余人次。开展 2023 年全省行政执法队伍暨行政执法类公务员“提能力、转作风、促发展”专题培训,对全区 543 名执法队员进行全面轮训。

【城乡环境优化】 持续规范渣土行业秩序。2023 年累计核准出土项目 32 起、批准消纳方量 159 万立方米;跨区核准 12 起、批准消纳方量 409 万立方米。推进现存违法建筑基本“清零”、新增违建“零容忍”、拆后土地高效利用,有效提升“无违建”指数,2023 年累计处置违法建筑 24.75 万平方米。创新养犬全生命周期服务模式,2023 年通过浙里办注册犬只共计 950 只,年检犬只 1426 只,收容犬只 178 只。建设区级犬只收容、留观场所,为收容犬只提供保障。提升市政设施水平,改造农污处理设施 134 座,智能水表 6000 个、节水器具 300 套、二次供水设施 20 个。公共供水管网漏损率 4.37%。深化环卫扩面,新增保洁面积 51 万平方米,主城区机械化清扫率稳步提升至 95%。

【城市运行领域安全】 2023 年,全面加强城镇燃气安全风险隐患排查治理,完成燃气老旧管网改造 0.5 千米,完成燃气老旧表箱改造 20 个,完成管道燃气用户更换金属波纹管 2 万余户,创建规范用气一条街 2 条,入户检查沿街商铺等场所 6560 家,检查核实实名制钢瓶 10250 个。提升安全运行能力。完成龙山隧道健康监测系统在线监测工作 1 座、道路雷达脱空检测 32.98 公里,管道 CCTV 检测 72.321 公里,2023 年绍兴市迎亚运城市运行领域综合应急救援演练在上虞区举行。

【生活垃圾分类】 2023 年,上虞区获 2023 年度浙江省生活垃圾分类工作优秀区(县、市),实现 2020—2023 年“四连优”。创建省级高标准分类示范村 50 个,市级农村生活垃圾分类先进(示范)片区 1 个,市级农村生活垃圾分类示范村 8 个。进一步完善生活垃圾分类投放、分类收集、分类运输、分类处理体系,共收运处置其他垃圾 25.82 万吨,易腐垃圾 6.82 万吨,可回收物 5.84 万吨,有害垃圾 12.33 吨。对照条例对垃圾分类违法行为进行精准执法,全年累计执法案件 2311 起,涉及金额 399878 元。开展“迎亚运”垃圾分类百日攻坚行动,推进越美小区创建大比拼大冲刺活动。撤除 67 条商业街的 2300 组沿街垃圾桶,启动“公交式收运”，新增80辆各类收运车、建立31条易腐垃圾收运专线，探索“党建+物业”小区垃圾分类管理模式。成立“青春吉象”垃圾分类志愿服务总队以及25支志愿服务支队，有志愿者2100余人。（赵雪旦）

10月27日，上虞区“青春吉象”垃圾分类志愿服务总队成立仪式（综合执法局　提供）

供　电

【概况】　2023年，上虞电网拥有500千伏变电站2座，主变6台，总容量5500兆伏安；220千伏变电站5座，主变11台，总容量2340兆伏安；110千伏变电站23座，主变45台，总容量2510兆伏安；35千伏公用变电站11座，主变21台，总容量342.6兆伏安。上虞调度管辖总装机容量413.31兆瓦，其中并网小火电2座，均为供热机组，装机容量114兆瓦（其中春晖能源为垃圾、生物质发电，装机容量78兆瓦）；小水电11座，19台机组，装机容量4.7兆瓦；分布式光伏电站91座，装机容量294.61兆瓦；储能1座，装机容量6兆瓦（境内新建龙昕储能1座，装机容量50兆瓦，为绍兴调度管辖）。全社会口径最大负荷1567.742兆瓦，比上年增长6.93%；调度口径最高负荷1365.439兆瓦，比上年增长2.93%；网供最大负荷1311.806兆瓦，比上年增长5.90%。

2023年，全区总供电量78.37亿千瓦时，比上年增长2.75%；售电量77.26亿千瓦时，比上年增长2.78%。

【电网建设】　滚动修编“十四五”电网规划，超前完成杭州湾经开区“十五五”网架规划和上虞电网三年行动方案。高质量承办国家电网“甘电入浙”±800千伏特高压直流工程浙江站址及系统方案讨论会，结合可研阶段性成果提前开展各项前期工作。稳步推进绍嘉、拓展、展望等220千伏输变电工程，三环110千伏输变电工程具备开工条件，110千伏宋马变顺利投运。丁宅变等3座变电站实现秒级故障隔离和负荷转供。完成疾控中心、邵逸夫医院等7个政府重点工程电力配套，配合104国道南迁、虞北地区基础设施综合提升、丰惠千年古城复兴等工程。

【供电服务】　举办大客户交流座谈会，主动邀请企业代表、政府部门共商共促电力营商环境，增进各方理解互信。建立大项目提前服务机制，保障绍兴18家化工企业平稳迁入杭州湾经开区。联合杭州湾综管办举行安全用电交流会，为化工企业解答日常安全用电难题。推动出台电力接入工程费用分担机制实施细则，确保符合要求的增量项目100%落地执行。积极服务新能源汽车下乡政策，将充电桩建设纳入上虞电网规划，全年完成30个老旧小区充电设施配套改造。在永和、兴海、丰树坪3村试点开展“村网共建”，新增18个新时代乡村电气化村，农村供用电环境进一步改善。运营全市首家“电力爱心超市”，为促进乡村振兴积极贡献电力力量。

【电力保供】　全力应对高温、暴雨、冰冻等极端天气，提前落实重要站线、设备消缺改造。引导企业移峰填谷、轮停检修，建成19.98万千瓦可出让负荷、6万千瓦空调无感响应资源池，成功应对夏季全区负荷四创新高考验，保障全区电网稳定运行。全年为“千万工程”现场会等重要活动提供电力保障30余次。

【电力低碳转型】　发挥35千伏中压直挂式储能电站示范作用，推动参与省交易中心辅助服务37次。加强储能规划，合理确定储能发展规模、空间布局、接入范围和建设时序，参与绿建综能、金凤凰源网荷储二期等用户侧储能项目，投运110千伏龙昕储能电站一期。全市率先建成“虚拟电厂”，实现调峰、调频、现货3个场景功能，帮助企业将多余电能用于网上交易。（张玮玮）

12月6日，110千伏龙昕储能电站一期竣工投运(严璐瑶　摄)

燃　气

【概况】　2023年，绍兴市上虞区天然气有限公司有员工148人，大专以上文凭员工有137人，党员25人，团员23人。公司累计开通居民用户104947户，非居民用户998户，管线延伸至1100多千米。上虞天然气公司青年职工杜章樑分别拿下绍兴市行业职业技能（燃气客服员）竞赛、浙江省燃气行业（燃气供应服务员）职业技能竞赛个人二等奖，并代表浙江省参加“燃气杯”第五届全国燃气行业职业技能竞赛斩获“管道燃气客服员”项目全国二等奖，位列浙江省参赛选手第一名，成功刷新该项目浙江省参赛历史最好成绩。6月中旬，天然气公司参加绍兴市迎亚运城市运行领域综合应急救援演练，主要针对台风天气强降雨气象，开展防御前期及设备预置、城市内涝应急处置、燃气管道水毁应急处置、水上险情应急处置、地下车库内涝自救应急处置5个科目实地操演。

10月10—12日，“燃气杯”第五届全国燃气行业职业技能竞赛总决赛举行，杜章樑（前排左二）获全国燃气行业职业技能竞赛二等奖（浙江省燃气协会　提供）

【燃气安全督查】　6月29日，天然气公司联合区政府多部门开展燃气安全监督检查，旨在深刻吸取6.21银川市事故教训，加强燃气安全管理，提升燃气安全意识。联合检查组包括公安分局、应急管理局、市场监管局、综合执法局等六个部门，重点检查商业综合体、餐饮用户，燃气管道阀门使用情况、燃气用具安装、使用情况，以及燃气报警器装置安装及年检情况。同时，发放燃气使用安全手册，对于燃气检漏，泄漏点应急处置进行面对面宣传。区相关部门针对隐患问题，现场开出整改单，限期整改，落实隐患整改闭环。

【门站迁建项目通过集中验收】　7月3日，天然气公司召开天然气门站迁建项目（二期）维抢修中心工程集中验收会议。本次集中验收会由绍兴市上虞区综合行政执法局牵头组织，区发改局、区自然资源和规划分局、区住建局、区生态环境分局、区水利局、区气象局、区消防救援大队、崧厦街道办事处等部门参加。验收组开展了实地考察，掌握工程总体情况，详细查阅工程相关文件资料，听取总结汇报，并就本次竣工验收工作提出重要意见，表示通过竣工验收。

【天然气工程项目】　7月7日，天然气公司克服高温等不利条件，完成永和镇中心幼儿园天然气配套工程。10月24日，天然气公司完成区内最大安置房小区盛丰新村的集中通气工作，经过为期二个月的集中办理，累计现场集中开户1617户、完成通气1322户。

【取得崧厦门站不动产权证书】　9月，天然气公司成功取得崧厦门站不动产权证书。崧厦门站项目包括工艺区、仓库、调度中心、维抢修中心等，于2015年立项，分两期建设，二期项目于2022年底竣工验收。该站位于崧厦镇西华村，房屋建筑面积超4600平方米，输气规模达到年供气1亿立方米，供气范围覆盖上虞曹娥街道、东关街道、百官街道、梁湖镇、小越镇、驿亭镇、杭州湾上虞经济技术开发区，同时延伸至道墟街道、崧厦街道。（邬钶欣）

供排水

【概况】 2023年，全年累计供水量10155万吨，售水量9693万吨；年度产销差率4.55%，同比下降0.29个百分点，漏损率3.84%，持续保持在行业先列水平；按饮用水卫生新国标，出厂水水质综合合格率100%，水质抽检合格率100%，在线仪表水质合格率99.75%；全年经营收入28741万元，实现综合效益2770万元。2023年共收集输送污水污输送7122.341吨，比上年增加1%，收取污水处理费1901.15万元，比上年减少6.33%，实现营业收入9371.83万元，比上年增加29.17%。

2023年共处理污水7170万吨，持续稳定达标排放，处理率100%、达标率100%；削减主要污染物排放COD 11694吨，氨氮1367吨，其中生活污水减排COD 5209吨、氨氮955吨，分别完成年度减排计划的149%、159%。污泥处置配套设施、废气收集处理配套设施均安全稳定运行，污泥、废气均按环保要求达标处置。全年实现营业收入24211万元，实现综合效益1471万元，同比增长153%。

汤浦镇达郭供水站获省级标准化管理评价农村供水工程，下管镇马羊供水站被省水利厅评为浙江省农村供水规范化水厂，同时两个供水站被认定为绍兴市水利工程标准化管理市级精品工程。供水公司参与国家级公共供水管网漏损治理试点项目。5万吨/日工业污水处理异地扩建项目于2023年12月25日完成竣工验收，进入调试运行。水处理公司设备管理部经理冯善波被评“绍兴工匠”。

【供水项目工程】 2023年，供水公司承建供水一体化项目22只，其中6个为政府投资性项目，累计完成主管道长度约217公里，投资额约6.3亿元。旧改小区的管网更新共完成13个，改造DN100以上管道20公里，完成外墙管防冻保暖3000余户。上虞区重点供水基础设施建设项目：上虞区工业用水置换项目（上虞段）已完工，杭州湾经开区工业水配套工程（一期）完成总工程量的80%，致远大道供水工程完成总工程量的78%。

【供水数字化改革】 漏损智能管控应用、智慧管网系统站点、供水管网水力模型等数字化手段有机融合，提高管网漏损、调度管控水平，全年累计处理反馈渗漏处理工单258个，完成新装管网监测点308套，冲洗管网192.4千米。

【数智排水一期项目终验】 2023年10月20日，公司组织专家对“数智排水综合信息管理系统建设项目”（招标编号：YK2022135）进行终验。验收组听取承建单位浙江省机电设计研究院有限公司的项目建设情况汇报、监理单位杭州众诚咨询监理有限公司的监理报告、用户单位绍兴市上虞区排水管理有限公司的用户报告，观看系统演示，审阅相关验收资料，并就有关问题进行质询和讨论，该项目顺利通过终验。

（王柯晶、赵婷婷）

乡村振兴

综　述

【概况】 2023 年，上虞区连续 5 年获全省实施乡村振兴战略考核优秀，获浙江省第四届“河姆渡杯”银奖、全省深化新时代“千万工程”建设宜居宜业和美乡村（农村人居环境提升）工作优胜县、浙江省美丽乡村示范县等荣誉。列入浙江省单村水站改造提升工作第二批试点、县城承载能力提升和深化“千村示范、万村整治”工程（深化“千万工程”方向）试点县等。（罗森林）

【乡村人才培育】 2023 年末已有在册农创客 1156 名。9 月 5 日，区农创客发展联合会成立，选举产生第一届会长 1 名、副会长 4 名及理事 8 名，第一届入会会员 51 名。10 月 23 日，在区委农村工作会议上表彰“十佳农创客”。全年完成高素质农民培训 235 人、农村实用人才 1436 人、普及性培训 12519 人，培育市级乡村工匠 6 人、乡村工匠工作室 1 个，区级乡村工匠 40 人、乡村工匠工作室 11 个。（罗森林）

【集体增收项目】 2023 年共计实施集体增收项目 11 个，累计投资 62611 万元，其中乡镇级多村抱团联建项目 3 个，分别是：谢塘镇七村联建项目（投资 1600 万元）、丰惠镇 10 村联建项目（投资 3200 万元）、汤浦镇火车龙头联建项目（投资 1400 万元）。启动实施区级飞地抱团共富引领项目，制订下发《上虞区飞地抱团共富引领项目实施办法》，由杭州湾经控集团带动下管、陈溪、岭南、丁宅、长塘和汤浦 6 乡镇 35 村共同出资参与成立富村发展有限公司，投资 5.5 亿元，总规划用地 50 亩，建设商住公寓物业。项目位于杭州湾上虞经济技术开发区[2023]J2 号（A—01—13）地块。项目为 35 个相对薄弱村增加年经营性收入 25 万元，并化解了园区职工住宿难问题。（陈根祥）

农村改革

【“强村富民”乡村集成改革】 推进以集体经济为核心的强村富民乡村集成改革，打好“土地规模流转+宅基地改革+农业标准地”组合拳，相关做法列入省强村富民乡村集成改革实践试点。深入实施村集体经济增收三年行动，落实国企与虞南 12 个乡镇结对增收，谋划实施 7 个总投资 5.9 亿元村级集体经济增收重点项目。全年村集体总收入 60879.94 万元，同比增长 6.18%，其中 279 个行政年经营性总收入 32757.42 万元，同比增长 12.18%，村均达 117.41 万元，所有行政村年经营性收入达到 80 万元以上。（陈根祥）

【农村宅基地改革】 2023 年，全区共完成 20 个镇街 268 个村的基础信息调查，累计调查 278589 宗，市级验收评分 100.4 分，列绍兴市第二位，省级验收评分 100.4 分，评价优。“多规合一”村庄规划按照评估要求，全面完成 246 个行政村规划编制，规划覆盖率 100%，新屯南村、陈溪村等 9 村列入绍兴市优秀村庄规划案例。2023 年农房确权发证已完成 89221 宗，登记发证率 98.96%，房地一体发证率 88.28%。上虞区按照全市总体部署和要求探索拟定完善“1+12”制度体系，完成《关于进一步加强农村宅基地管理工作的通知》拟定。全区累计开展宅基地改革试点项目 5 个，均已开展施工建设，时间进度符合预期。（金　晶）

【闲置农房激活】 截至 2023 年末，累计签约鉴证

672幢，鉴证面积达35.28万平方米，鉴证率达117.60%。创造“文化休养、养生养老、民宿、文化创意、文化旅游、后勤服务、乡村旅游”等七种新兴业态。累计激活闲置农房面积221.7万平方米，实施激活项目622个，激活闲置农房5796幢，带动农户增收7946万元，带动村集体增收4226.1万元，新增农创客和新农人1156人，累计吸纳社会资本26.9亿元。联合区供销总社、曹娥江旅游度假区共同推进示范村、精品示范村创建和激活项目建设，2023年累计开展村集体闲置农房激活项目4个，章镇镇笕桥村、丁宅乡华湾村绍兴市“闲置农房激活”先进示范村；章镇镇、岭南乡被评为绍兴市“闲置农房激活”先进乡镇。（金　晶）

产业发展

【农业产业发展】 农创智谷投入正常运营与招募，引进第二批农创客团队项目4个，建成农创智谷智慧无人农场，成功入选农业农村部2023年数字农业农村新技术新产品新模式优秀项目。申报全省“土特产”集聚区建设，等待省级认定。（章妙芬）

【农村电商发展】 结合崧厦伞业户外、汤浦童装、小越家电消防等产业布局，引导传统产业转型升级，打造电商村镇和“共富工坊”，辐射带动农村电商发展。培育省级电商专业村13个、电商镇3个，打造电商直播式“共富工坊”15个，其中省级示范“共富工坊”1个（“童”你一起），市级示范类电商直播式“共富工坊”4个（“伞业大脑”、“三依公社”、管溪“枫”景、三个月亮），入选省级电商直播式“共富工坊”典型案例3个。（夏丽娜）

乡村建设

【概况】 2023年，新时代美丽乡村建设累计投入1.8亿元，道墟街道新屯南村、崧厦街道潘韩村、章镇镇张村村、上浦镇大善小坞村、驿亭镇春晖村、长塘镇桃园村、陈溪乡太平山村、下管镇联新桥村创建为第三批省级未来乡村（示范村），累计创成12个省级未来乡村（示范村）、和美乡村示范乡镇2个、特色精品村5个、72个县级未来乡村、1个“和美越乡”精品片区，省和美乡村达标村覆盖率达20%，浙江上虞岭南梯田系统、浙江上虞蚕桑文化系统、浙江上虞盖北葡萄栽培系统入选省级重要农业文化遗产项目。（朱利芳）

【乡村人居环境整治】 完善出台《绍兴市上虞区农村人居环境标准化长效管护工作考核办法》。开展常态化巡查检查，累计整改人居环境问题7693个，下拨农村人居环境奖补奖金共计6959.66万元。（徐　腾）

【乡村问题规范整治】 2023年4月，对各村面上的债务情况进行调查，起草下发《关于规范设置村集体债务警戒线的通知》，截至年末，已有173个村（居）建立村集体债务警戒线，占总村（居）数的51.6%。2023年6—7月，对村（社）在村级务工管理方面不够规范的问题开展村级务工管理问题专项整治，覆盖20个乡镇街道284个村（社），共发现问题121个，已全部完成整改。下发《上虞区村经济合作社领域突出问题专项治理方案》，指导乡镇开展专项治理自查自纠，完成2个线索举报件的调查，截至年末，累计查出问题61件，已完成整改61件，整改率为100%。（钱丹丹）

【乡村一事一议筹资筹劳】 确定全区农村一事一议筹劳中以资代劳的工价为130元。按照一事一议筹资筹劳的标准、范围、程序等环节进行逐一审核，保障一事一议筹资筹劳的规范。截至年末，共完成11个一事一议建设项目筹资筹劳方案审核工作。（吴志刚）

【20万元以上村级工程项目审计】 2023年，共委托区国审公司受理村级工程预算、结算项目752个，金额9.22亿元，其中审计项目326个，审计金额7.72亿元，占全年投资总额的83.73%。全年累计优化施工图设计200余项、项目现场踏看150余人次、核减金额2320.90万元、查处管理不规范金额364.02万元。（钱丹丹）

【农村土地流转规范】 截至2023年末，全区流转土地面积共计21.78万亩，土地流转率为72.02%，同比增加1.11%，百亩以上流转面积11.97万亩，规模流转比例为61%。全区发放土地承包经营权流转奖励资金44.88万元，其中5个村获得整村流转奖励。（张荣灿）

【新增6个自然村开通公交】 2月28日，道墟后庄、南庄、顾山、王婆溇、高兴桥、高墩等6个自然村正式开通公交，为乡村群众出行、求医、上学等提供交通保障。

【首条“交邮融合”线路开通】 7月14日，上虞区首条“交邮融合”线路下管—新庄、沫凤（939路）开通运营，首日完成5个快递代运。该条客货邮线路依托下管客货邮便民服务综合站点，结合公交运行线路，运至沫凤村共富驿站，解决农村居民幸福出行、物流配送和邮政寄递“最后一公里”的问题，加快推动交通运输与邮政快递融合发展，提升全区“快递进村”服务水平，助力共同富裕示范区建设。

【农村公路建设】 2023年，农村公路按照“统筹规划、分级管理、保障投入、确保畅通”原则，坚持建养并重、协调发展，实现农村公路管养经费大幅提升。完成“四好农村路”全国示范县评估验收工作，11月28日，上虞区被列入2022年度“四好农村路”全国示范县公示名单。2023年持续推进国、县公路路面提升工程和乡村公路大中修工程、亮化工程和交通领域防灾减灾综合提升工程等，全年投入资金约3亿元，累计完成国县道路面改造42.2公里、实施乡村公路提升改造（大中修）70公里，农村公路亮化31.1公里。

【农村公路“断头路”工程】 至年底，首条农村公路“断头路”项目廉士下—越光已建成通车，岭南覆卮山景区与张村樱花谷景区空间距离缩短至10分钟，丰惠大岙到上浦象田、陈溪太平山到雪花谷两条线路开工建设。

（朱思锟）

【城乡公交】 完成87座公交候车亭年度建设任务，南三线、崧谢线、西上线、丰永线等4条县道超额完成年度目标、顺利通车，驿亭、汤浦、梁湖等镇街的4条乡村公路完成交工验收，同时加快实施丰惠镇大普至何岙村、章镇镇新魏至益丰、曹娥街道大三角至金村、谢塘镇岑仓至新章、丁宅乡齐岙至深湾等乡村公路，为建设和美社会、增进民生福祉提供支撑。推进前期协同谋划。积极推进S310章镇大桥新建、彩虹桥新建项目前期工作，同时协同交通局谋划研究S306、S307（上虞四环东南环线）、S309、城南公交TOD等重点项目前期，着眼区域一体融合发展，着力破解瓶颈道路。运输保障愈加全面。

【岭南综合供能服务站建设】 岭南综合供能服务站是岭南乡境内首座加油站，设置双油品四枪加油机2台，同时设置了4个充电车位，是适应岭南山区复杂地形的现代化综合供能服务站，将突破岭南乡交通供能补给的瓶颈。项目于2023年8月开工建设，12月完工。

（徐溥畅）

【体育赋能乡村共富】 统筹资源，以城与乡、山与水共融的“体育+”，将更多的赛事活动融合上虞区各乡镇当地特色，通过“休闲+体育”新型模式，先后举办长塘春笋运动会、永和文化礼堂龙舟赛、丁宅RMCC卡丁车挑战赛、长三角二都杨梅采摘大赛、祝家庄山地速降赛（11月）、覆卮山攀浪节（11月）等活动。

（吕火良）

【农村饮用水共富提质联网扩面工程】 已完成8个自然村联网通水，完成17座水站膜处理设备和8个水源点库容监控系统的安装投用，1.2万名虞南山区群众喝上放心水。

（王柯晶）

农村文化礼堂

【概况】 稳步提升文化礼堂阵地，丁宅乡成功创建省农村文化礼堂示范乡镇（街道），成为上虞区第6个省级文化礼堂示范乡镇；同时年内新增7家五星级文化礼堂。开展农村文化礼堂管理员专题培训班，推进上虞区农村文化礼堂“建管用”一体化管理。持续开展星级文化礼堂申报评选工作，在浙江省智慧民生实事系统中录入培育五星级文化礼堂7家。

【文化礼堂验收补助】 抓好新建成农村文化礼堂的验收和经费补助工作，完成三批共42家农村文化礼堂验收，兑现补助建设资金1101.83万元。

【文化礼堂深化提升】 积极推进绍兴“数智礼堂”、上虞“智慧礼堂”建设，在全区75家四星及以上文化礼堂完成上虞“智慧礼堂”建设。深化新型文化空间建设，建成 66 个品质文化生活圈、2 个文化驿站、4 个城市书房。（王浙炜）

村社治理

【村社治理成效】 探索开展党建引领三方协同共治行动，积极打造以“支部建在小区、力量聚在一线、服务优在身边、矛盾化在基层”为内容的“枫桥经验”城市版，南丰社区和城市之星小区列入全省推进会考察点位，相关做法在《人民日报》内参刊发，省委易炼红书记及省市领导批示共 6 次，在省组强基课堂介绍经验做法，荣获绍兴市十佳“枫桥式工作法”。

【未来社区】 统筹推进“六大改革”“十大行动”“十件惠民好事”，完成 18 个示范型和美社区建设提升计划，3 个社区被命名为全省首批现代社区，5 个社区入选新一批省级未来社区。（孙琪铨）

生态环境

综 述

【概况】 2023 年，上虞区坚持以习近平生态文明思想为指导，认真践行“绿水青山就是金山银山”理念，围绕环境质量和生态满意度“双提升”目标，紧扣高水平保护支撑高质量发展的主线，持续深化污染防治攻坚、生态文明示范创建、改革试点创新等工作，做好长江经济带生态环境警示片披露问题整改、省委生态环境保护例行督察迎检、空气环境质量攻坚提升整治三项工作，实现美丽浙江建设工作考核“三连优”，首次夺得全省“五水共治”“大禹鼎”银鼎，再次获得省级全域“无废城市”建设三星级“清源杯”，生态环境质量公众满意度得分 88.01 分，连续 9 年提升，在全省各区（县、市）中排名第 45 位。

全年未出现突发环境事件或生态破坏事件，环境信访数量和重复信访数量实现“双下降”，共受理环境信访 558 件，同比下降 9.7%，其中重复信访 34 件，同比下降 10.4%。（李筱筱）

环境质量与监测

【概况】 2023 年，全区有六参数环境空气自动站 3 个、VOCs 站 2 个、乡镇气站 18 个、清新空气站 4 个、颗粒物和臭氧雷达 3 个，九参数常规地表水自动监测站 1 个、九参数微型水站 22 个，功能区噪声自动监测站 8 个。

【环境空气质量】 2023 年，全区城市空气中臭氧、一氧化碳和二氧化硫年均浓度较上年下降，其中臭氧第九十百分位数为 156 微克/立方米，同比下降 12 微克/立方米，达到国家二级浓度标准；一氧化碳第九十五百分位数为 0.9 毫克/立方米，同比下降 0.1 毫克/立方米，达到国家一级浓度标准；二氧化硫浓度为 7 微克/立方米，同比下降 1 微克/立方米，达到国家一级浓度标准。二氧化氮和颗粒物浓度较上年上升，其中二氧化氮浓度为 24 微克/立方米，同比上升 1 微克/立方米，达到国家一级标准；细颗粒物（$PM_{2.5}$）浓度为 29 微克/立方米，同比上升 3 微克/立方米，可吸入颗粒物（PM_{10}）浓度为 47 微克/立方米，同比上升 2 微克/立方米，均达到国家二级浓度标准。全年 AQI 优良率为 90.7%，同比上升 7.2 个百分点，AQI 优良率改善幅度全省第一；环境空气质量优良天数共 331 天，同比增加 27 天，污染天数 34 天，未出现重度污染天气，污染因子为臭氧、$PM_{2.5}$和 PM_{10}。

【地表水质量】 上虞区主要河流水系中，曹娥江水系、绍虞平原河网、姚江支流 2023 年水质状况均为优，均满足功能要求。地表水 22 个县控及以上考核断面有 12 个达到Ⅱ类水标准，10 个达到地表水Ⅲ类水标准，水质达标率保持 100%；41 个乡镇断面中，达到Ⅱ类水标准的有 7 个，Ⅲ类水 31 个，Ⅳ类水 3 个，乡镇断面水质总体有改善；5 个跨县、市（区）交接断面出入境水质达到Ⅱ类水标准的有 2 个，Ⅲ类水 3 个，出境水质三项考核指标均达到年度目标要求，考核结果为优秀；饮用水源汤浦水库、备用水源总干渠水质各指标（除总氮外）均满足集中式生活饮用水和备用水源地指定功能要求，集中式饮用水水源地水质达标率保持 100%。

【声环境质量】 2023年，上虞区区域环境噪声昼间平均等效声级监测结果为54.7分贝，较2022年下降0.4分贝；交通噪声全路段加权平均等效声级昼间为66.8分贝，比2022年下降0.8分贝；功能区噪声一类区的昼间、夜间等效声级超标值昼夜间分别为-7.8和-4.0分贝，二类区的昼间、夜间等效声级超标值昼夜间分别为-5.0和-2.2分贝，三类区的昼间、夜间等效声级超标值昼夜间分别为-9.0和-4.4分贝，四类区的昼间、夜间等效声级超标值昼夜间分别为-13.9和-6.4分贝，功能区昼间噪声全部达标，夜间噪声值存在超标情况。按照城市环境质量年度考核评分标准体系计算，对照浙江省声环境质量分级标准，2023年上虞区城市声环境质量综合评价结果为优级。

【生态环境】 2022年上虞区生态格局、生态功能、生物多样性和生态胁迫指数分别为55.3、58.9、75.0和51.6，生态质量指数（EQI）为59.6，生态质量指数类型为二类。与2021年相比，生态质量指数下降0.2，整体情况基本稳定。

【辐射环境质量】 2023年，上虞区开展了区内环境γ辐射空气吸收剂量率等环境电离辐射水平监测。上虞区体育场监测点位环境γ辐射空气吸收剂量率年均值为93.7纳戈瑞/小时，与全国天然放射性水平调查时的测量值基本一致，电磁辐射水平低于《电磁环境控制限值》（GB 8702—2014）中的公众曝露控制限值12伏/米（频率范围30～3000兆赫兹）。对全区105家单位进行电离辐射监测，没有发现环境γ辐射空气吸收剂量率异常单位，监测值均在合理区间内。

【污染源监测情况】 2023年，全区共有监督性监测重点排污单位180家，涉及废水、废气、土壤及其他环境监测。其中，废水重点排污单位（除绍兴市上虞区水处理发展有限责任公司外）135家，累计监测224家次，监测数据达标率为100%；废气重点排污单位57家，累计监测131家次，监测数据达标率为100%；其他环境监测单位4家，分别为绍兴市上虞中医医院、绍兴市上虞人民医院、绍兴市上虞妇幼保健院和绍兴市上虞第二人民医院，均按要求每季度进行监测，监测数据达标率为100%。 （李筱筱）

污染防治

【水环境治理】 组建专业化治水队伍，建立“断面水质日预警、周分析、月研判+不稳定断面现场巡查+主要河道走航体检”工作机制，对两个应急取水口开展常态化巡查和水质监测，巡查河道1052公里、走航体检235公里，完成王家泾、一号桥等6个重点断面“一点一策”治理方案，虞北平原河网水质本底调查形成半年度成果分析报告。试点开展县域污水零直排示范区创建工作，印发实施《上虞区“污水零直排”示范区创建工作方案（2023—2025年）》，杭州湾经开区获评首批省级星级工业园区，东关街道通过首批省级星级镇街验收，建成市级星级镇街2个、区级星级单元30个，完成提质增效项目13个。实施水污染源头治理，修订《进一步加强污水纳管管理工作的实施意见》，加强企业废水排放监管；印发实施《上虞区入河排污口监督管理行动方案（2023—2025年）》，排查河道1447公里、入河排口12661个，完成100个问题排口溯源；开展涉水行业整治提升，29家企业通过省级强制性清洁生产审核验收，3家榨菜腌制企业完成对标整治，园区清洁生产审核创新生态环境部试点完成报告编制。推进水生态治理，印发实施《绍兴市上虞区蓝藻防控工作方案》，杭州亚运会期间未发生大面积蓝藻水华；完成水生态治理示范试点县建设任务，试点工作通过市级验收；全年新建河湖生态缓冲带12.83公里，完成道墟街道新屯南村和东关街道后濠湖水生态治理项目。

【大气污染防治】 制定大气污染防治工作“1+4”攻坚整改方案，建立健全会商研判、预警预报、交办督办、约谈问责工作机制，持续推进5大攻坚行动，实施挂图作战，坚持每天巡查敏感点周边污染源，按时完成36项重点任务，顺利通过省级销号，整改成效得到省生态环境厅主要领导批示肯定。加强工业废气治理，对家具制造、塑料制品、伞业配件等重点行业开展专项整治，淘汰低效治理设施127家，完成源头绿色替代51家，实施绩效升级改造27家；65家重点化工企业每季度开展LDAR检测，累计检测280余万点次，发现并修复泄漏点4755个；建成全市最大规模的活性炭集中再生中心，95家活性炭使用企业纳入再生中心。推进老旧柴油叉车淘汰替换，全年淘汰老旧柴油叉车 487 台，购置新能源叉车 163 台；深化移动源数字监管建设，完成非道路移动机械编码登记 5307 台、定位联网 1934 台，划定高排放非道路移动机械禁用区；常态化开展移动源执法检查，累计抽测柴油货车 300 辆、非道路移动机械 199 台，检查加油站油气回收 45 家。落实扬尘防治“交办+督办+约谈+执法”机制，下发交办单 57 份、督办单 9 份，发布施工工地红黑榜 4 期，约谈施工工地 27 家，查处施工扬尘污染案件 41 件，罚款 120.6 万元，新建长海公路超载联合检查站。制定《上虞区秸秆禁烧应急保障专项工作方案》，开展秋冬季秸秆禁烧专项行动，累计预警处置秸秆（垃圾）焚烧火点 11031 处，办理露天焚烧案件 134 件，同比增长 243%。

【噪声污染问题专项治理】 制定《2023 年上虞区漠视侵害群众利益噪声污染问题专项治理工作方案》，建立专项治理联席会议、部门联合督导等制度，设置专项举报投诉电话，区级专线受理的 8 个投诉件整改到位，5 个噪声污染治理重点问题全部办结。噪声污染专项治理开展以来，信访部门累计受理涉噪声重复信访件 89 件，同比下降 38%。

【土壤和地下水污染防治】 深化土壤污染防治，完成受污染耕地“源解析”调查和断源控源方案编制，完成 8 个国家优先监管地块管控，全年评审通过地块初调报告 43 个，建设用地安全利用率达到 100%，36 家土壤污染重点监管单位开展用地土壤自行监测公开、有毒有害物质排放情况报告和污染隐患排查报告。推进地下水污染防治，持续实施杭州湾经开区地下水国控站点地下水提升工程，清挖周边土方 420 余立方米，抽提水量 1100 余吨，地下水氨氮浓度下降 50%；国控点地下水详细调查项目完成第一阶段工作；2 个垃圾填埋场开展地下水环境状况调查，6 家地下水管控企业落实相关管控措施。

【杭州亚运会环境质量保障】 制定《第 19 届亚运会、第 4 届亚残运会上虞区环境质量保障方案》《第 19 届亚运会、第 4 届亚残运会上虞区环境质量保障战时工作机制》，先后设立亚运环境质量保障指挥中心和作战指挥部并实体化运作，建立会商研究、统一调度、督查检查和信息报送等制度。会前，围绕亚运接待酒店开展污染源排查，建立大气污染源、核心水域水体、产废重点企业和放射源使用企业清单，以及 234 家政企协商调度企业和 68 家减排企业清单，绘制重点保障区域污染源地图，按时完成蓝天亚运、碧水亚运、环境安全等重点攻坚任务 32 项。会期，共收到上级指令 35 条，下发区级指令 46 条，组织开展政企协商减排，开展 LDAR 泄漏抽测 3 次、颗粒物走航监测 43 次、VOCs 走航监测 49 次、二氧化硫走航监测 3 次，发现并整改问题 12 个，编制日报 25 期。

【砂石料加工行业整改】 2022 年 8 月 15 日，长江经济带生态环境问题暗访拍摄组赴上虞区，现场检查绍兴龙江建材有限公司、恒越石料加工有限公司、上浦其永石料场、上浦兴安石料加工厂等 4 家砂石料加工企业，认为 4 家企业均存在生产粗放、污染严重的问题，并在 2023 年年初反馈省政府报告中指出，“上虞区砂石料加工行业环境污染问题突出，全区 44 家砂石料加工厂中，有 38 家未取得环评审批手续”。随即，上虞区对砂石料加工企业开展调查，摸清全区 52 家企业底数，对照“手续合法化、场地规范化、生产清洁化、机制长效化”要求，制定砂石料加工行业整治提升 18 条标准和专项布点规划，坚持疏堵结合的方式，按照“整治提升一批、关停退出一批、规范重建一批”的原则，5 家有用地和环评审批手续的企业实施原地对标整治提升，手续不齐或批建不符企业全部予以关停退出，支持退出企业在规划布点点位规范重建。截至 8 月底，5 家原地整治企业完成整治提升，45 家完成设施设备拆除清场与土地原状恢复，1 家完成规范重建，上虞区按时完成整改并顺利通过省、市销号验收。

（李筱筱）

审批服务与监督执法

【环境服务】 绍兴市生态环境局上虞分局开展环保服务企业“十百千”暨“大走访大调研大服务大解题”活动，全体中层以上干部结对联系区内 98 家企业，结合日常工作、走访检查收集企业环保难题，建立问题“发现—交办—办理—反馈”闭环机制，局领导包案协调解难；研究出台生态环境“惠企十条”承诺，为企业关注的环评、排污许可、要素保障等事项“瘦身松绑”。启动杭州湾经开区、曹娥江经开区规划环评编制工作，谋划申报美丽海湾·青春之城 EOD 项目，全市首个 EOD 项目经市级评审上报省生态环境厅。

【环境审批】 持续深化环评与排污许可衔接试点改革，累计完成环评、排污许可两证同发案例 102 个，平均为单个建设项目节省 20 个工作日。全年共审批报告书 29 个，其中零土地技改备案 15 个，报告表 139 个，降级备案 47 个，网上备案 540 个；核发排污许可证 314 件，其中首次申请 19 家、重新申请 55 家、变更 42 家、延续 198 家；申领辐射安全许可证 7 件，重新申领 19 件，变更 22 件，延期 8 件，注销 9 件，收贮放射源 1 枚。

【要素保障】 全省首创制定节余排污权租赁管理办法，利用减污降碳协同增效数智平台，吸纳企业节余排污权 351.6 吨，20 家企业通过竞拍租赁节余排污权 99.784 吨，相关做法入选营商环境“微改革”省级项目库。2023 年，政府储备排污权出让化学需氧量 73.969 吨、氨氮 9.187 吨、二氧化硫 64.056 吨、氮氧化物 429.71 吨；企业间排污权指标转让化学需氧量 26.899 吨、氨氮 5.045 吨；累计办理排污权抵押贷款 18 笔，为企业融资 5.5557 亿元。完成全区 593 家企业“十四五”初始排污权有偿使用费金额核定、缴费通知单送达等工作，截至 2023 年 12 月 31 日，“十四五”排污权有偿使用费缴费率 100%，累计征收金额 1.25 亿元。全覆盖摸排区内 VOCs 排放企业，核定 665 家 3196 吨初始 VOCs 排污权。

【监管执法】 全年组织生态环境专项执法行动 16 次，其中，夜间零点行动 7 次、飞鹰行动 6 次，碧空专项执法行动 1 次、固废专项执法行动 1 次、噪声专项执法行动 1 次，开展“双随机”检查 29 次，其中跨部门“双随机”12 次，检查企业 679 家次，立案查处环境违法案件 52 件，拟处罚款 748.76 万元，向公安机关移送案件 10 起；办理轻微违法不予处罚案件 10 起，免处罚款 120 余万元；现场服务生态环境监督执法正面清单企业 3 次，解决企业环保问题 18 个。亚运会保障期间，组织飞鹰行动 2 次，碧空、固废和噪声专项执法行动各 1 次，零点行动 7 次，配合省市生态环境部门开展交叉执法检查 3 次，全覆盖核查 234 家重点监管企业 11 轮次，立案查处环境违法案件 30 个，拟处罚款 410.42 万元。推进污染源自动监控建设，17 家企业新增安装联网设备 17 套，共 136 家涉水企业建成废水在线监控设施 159 套，27 家涉气企业建成废气在线监控设施 46 套；全年预警闭环 326 个，完成废水点位检定 153 个、烟气点位检定 22 套；办理自动监测数据弄虚作假案件 1 件，刑拘 2 人。

【生态环境保护督察】 建立健全生态环境问题主动发现机制，制定《上虞区生态环境问题主动发现整改闭环机制实施方案》，组织空气异味、黑臭水体、垃圾乱倒等面上问题专项督查，对历次生态环境保护督察反馈问题、信访交办件和近两年重复环境信访进行全覆盖“回头看”，发现并上报清单问题 22 个，其中省级 3 个、市级 15 个、区级 4 个，整改销号清单问题 30 个，其中省级 3 个、市级 24 个、区级 1 个，化工产业绿色化改造进入省委“七张问题清单”示范榜总榜。2023 年省委生态环境保护例行督察期间，共受理信访件 47 件，其中重点件 2 件，当年完成整改 45 件；收到反馈问题 9 个，其中再生资环回收行业环境问题被列为负面典型案例，所有反馈问题均制定整改方案，整改工作有序推进。督察期间，完成下沉督察指出的崧厦废品回收、梁湖古里巷沥青搅拌站等问题边督边改。

【环境应急】 修编《上虞区突发环境事件应急预案》《上虞区集中式地表水饮用水水源地突发环境事件应急预案》《上虞区重污染天气应急预案》《上虞区辐射事故应急预案》，制定《上虞区防汛防台、抗旱突发环境事件应急预案》，建立区内环境应急专家库，常态化抓好应急值班备勤，第一时间响应并妥善处置“3·12”春晖固废火灾事故，相关经验在全省环境应急培训会上作交流发言，开展多形式应急拉练，充实环境应急物资，新增或重新备案企业环境应急预案 174 家。开展杭州湾经开区化工园区水污染多级防控体系试点建设，完成“一园一策”建设提升方案编制，指导 158 家企业完成对标整治提升，实现企业间应急池互联互通。

（李筱筱）

生态文明建设

【概况】 建立健全生态文明建设体制机制，在全市率先挂牌成立生态文明建设委员会办公室，组建工作专班并实体化运作，印发《关于进一步明确乡镇（街道）、区直有关部门和单位生态环境保护工作职责的通知》，制定督考、交办、约谈、问责等制度，区、镇两级政府落实生态环境状况报告制度。时隔 5 年，3 月 16 日再次召开全区生态环境保护大会，省生态环境厅副厅长周树勋出席并讲话。

3 月 16 日，全区生态环境保护大会召开（刘　盼　摄）

【“绿水青山就是金山银山”实践创新基地创建】 巩固扩大生态文明示范创建成果，在进入省级“两山”实践创新基地储备库的基础上，提炼形成绿色循环和科技创新工业发展、人水和谐生态修复、美丽经济生态产业化、惠民富民文化赋能等五大模式 15 个“两山”转化典型实践案例，被绍兴市作为重点申报单位推荐到省生态环境厅。

【生态文明建设示范区复核】 对照《浙江省生态文明建设示范区复核评估技术导则》，对 2020—2022 年全区生态文明示范创建规划执行、指标完成和重点工程建设情况，以及工作亮点成效等进行评估，编制形成《绍兴市上虞区省级生态文明建设示范区自查报告》，及时回应专家提出的审查意见，顺利通过省美丽办组织的省级生态文明建设示范区复核评估，获评四星级省级生态文明建设示范区。

【“无废城市”建设】 制定年度全域“无废城市”建设重点工作任务及四张清单，建成投运众联环保工业废盐资源化利用、虞越环保活性炭再生等危险废物资源化项目，累计建成危险废物经营单位 18 家、自行焚烧处置单位 2 家，处置能力达到 55.45 万吨/年，包括填埋 10 万吨/年、焚烧 12.6 万吨/年、综合利用 21.8 万吨/年、收集 1.15 万吨/年、“点对点”定向利用 9.9 万吨/年，全年危险废物填埋率为 17.15%，较上年度下降 3.7 个百分点；推进虞东绿色综合体项目建设，建成绿展环保受污染土壤、建筑垃圾资源化利用项目，新增建筑垃圾资源化利用能力 60 万吨/年；全年创建“无废细胞”110 个，推荐省级优秀细胞 2 个、市级优秀细胞 10 个、“无废亚运细胞”4 个。

【省级山水林田湖草生态保护修复试点】 配合做好省级山水林田湖草生态保护修复试点终期评估，对专家提出的林地保有量、湿地保有量、森林覆盖率、水土流失面积占土地总面积比例、耕地保有量、高标准农田等 6 个存疑指标进行核实。通过改变统计口径，完成林地保有量、湿地保有量 2 个指标目标，其余 4 个指标无法达到规划值。

【减污降碳工作】 继续迭代完善减污降碳数智平台功能，完善优化协同评价指数，探索形成“1 个平台+2 项制度+N 项技术”的上虞模式，在全省第一批园区减污降碳协同试点赛马评估中获第 1 名，得到 425 万元奖补资金，相关做法在全省减污降碳协同创新区建设大会上作典型交流，被生态环境部宣传推广，杭州湾经开区入选全国首批产业园区减污降碳协同创新试点。小越街道、谢塘镇、丁宅乡，陈溪乡干溪村，永和镇新岙村，梁湖街道任庄村、天香华庭社区等 3 个镇街、4 个村（社区）进入第三批省级低（零）碳试点名单；第一批低零碳试点的 5 个村（社区）的通过省级赛马评估。完成 2022 年度温室气体清单编制工作，建立万吨标煤及 5000 吨标煤以上碳排放重点企业清单，全区碳交易纳入企业 21 家，非碳交易纳入企业 56 家，按要求开展碳报告填报及核查，4 家热电企业全部完成 2021—2022 年度碳配额清缴工作。

【环境保护宣传】 “白马春晖诗路驿站”创建成为第十三批浙江省生态文明教育基地。结合世界生物多样性保护日、世界环境日、全国生态日等节日，开展野鸟摄影作品展、“万物生灵多样地球”自然笔记大赛暨绿色亚运主题绘画比赛、生态文明与环境保护公益演出等活动，6万余人次参与“河小二”护水巡河、“绿袖套”垃圾分类和光盘行动。上虞区“五水共治”“千万工程”“无废城市”建设等多项工作被央视《新闻联播》和《人民日报》等中央级媒体报道。（李筱筱）

资源管理与保护

【概况】 2023年，开展自然资源执法监察工作，完成年度卫片执法监察、土地例行督察工作任务，积极开展自然资源执法、信访调处、新增农村乱占耕地建房问题摸排整改、“除险保安”、常态化扫黑除恶、违建别墅、大棚房整治等专项工作。（吴　坪）

【生物多样性保护】 完成2022—2023年全域生物多样性本底调查评估，记录不同类群生物3000余种，在曹娥江省级风景名胜区建设生物多样性监测样地10个。组织开展“绿盾行动”“候鸟迁徙护飞”等联合执法行动，查办野生动植物案件20起。成立海塘安澜工程野鸟保护专项基金，全年收容救护受伤野生动物150余次。（李筱筱）

【卫片执法检查】 自然资源部下发2023年土地卫片执法发现违法用地260宗，面积532.47亩，涉及耕地191.67亩，永久基本农田97.12亩。上虞区根据不同情况，分别采取直接拆除、立案查处、移交处理等不同方式进行处置，截至年末，已完成整改182宗，整改面积400.84亩，涉及耕地158.63亩，永久基本农田89.02亩。

【土地例行督察问题整改】 国家自然资源督察上海局进驻浙江后实时关注工作动向，根据督察要求归集各条线上报数据资料。上虞区于5月31日—6月1日与督察组面对面进行举证沟通对接汇报，最终将反馈问题减少为12个，问题数量为全市最少。6月2日，陪同上海督察局督察组对上虞区6个问题点（岭南乡许岙土地开发项目问题、梁湖街道外梁湖卫片整改问题、百官街道都会云上府、崧厦街道联塘村卫片整改问题、长塘镇谢憩村大棚房问题、浙建院南测整改问题）进行实地督察，现场反馈总体良好。（李　杰）

【信访调处】 2023年全年共受理信访事件753件，较上年（1042件）同期下降27.74%。其中平台来信、电、网、访共计617件（来信47件，来电444件，网信92件，来访34件），本级来访39件，本级来电39件，各级来信转办58件。涉及土地征收类9件，土地违法92件，矿产资源22件，违章建筑248件。严格落实初信初访“两见面一到场”和“三查双核一闭环”制度，信访办理时限平均减少40%以上。（沈武军）

【耕地“零新增”攻坚行动】 2022年5月后新增涉耕违法用地和“两非”疑似耕地破坏图斑共20个问题，已实现“清零”。2022年1—5月、2023年3—4月卫片执法发现的违法占用耕地或永久基本农田问题24个，完成整改15个，仍有9个问题未完成整改（章镇2个，杭州湾综管办、丁宅、盖北、上浦、崧厦、曹娥、水利局各1个）。（李　杰）

科学技术

综 述

【概况】 2023 年，全区完成 R&D 经费投入 41.43 亿元，居省 13 位；占地区 GDP 比重达到 3.34%，居省第 22 位。完成高新技术产业增加值 348.52 亿元，居市第 4 位，占规上工业比重达 67.56%，居市第 2 位。完成高新技术产业投资 88.67 亿元，增速 19.2%，增幅居市第 4 位。区创新指数为 206.0，居省第 15 位。上虞区连续三年被省委、省政府评为“省党政领导科技进步目标责任制考核优秀单位”，蝉联省科技创新鼎。获浙江省科技特派员工作 20 周年成绩突出集体，为全市唯一。《构建教育科技人才一体化平台体系促进新材料产业提质升级》列入第一批省级创新深化试点。教育科技人才“三位一体”相关做法获卢山副省长批示肯定，入选省委组织部三个一号工程首批案例、省首批创新深化改革清单典型案例和市创改开最佳实践案例，国科中试基地相关做法获省改革突破铜奖。

【上虞区被授予“科技创新鼎”】 11 月 10 日，浙江省创新深化大会召开，上虞区获评省党政领导科技进步目标责任制考核优秀单位并被授予 2022 年度“科技创新鼎”，科技局获得浙江省科技特派员工作 20 周年成绩突出集体，为全市唯一。

11 月 10 日，在浙江省创新深化大会上，上虞区被授予“科技创新鼎”（科技局　提供）

【绍兴市委书记温暖到上虞调研】 4 月 10 日，绍兴市委书记温暖到上虞调研精细化工产业发展情况，先后走访杭州湾产业协同创新中心、龙盛研究院、浙江皇马尚宜新材料有限公司，并组织召开座谈会。温书记强调，上虞区要牢牢把握高质量发展这个首要任务，在强力推进创新深化改革攻坚开放提升的大赛大考中勇挑重担、冲锋在前，以实际行动展现更大担当作为，全力打造全省精细化工产业集群核心区，为先进制造业强市建设作出更大贡献。

【全国人大调研组到上虞考察调研】 4 月 18 日上午，全国人大调研组来到上虞，开展《中华人民共和国科技进步法》执法检查前期调研。调研组听取中心基本情况介绍、参观产业创新展厅、观摩安全环保监管平台运作、察看新和成新材料研究院，了解中心在科技创新、产业布局、资金保障、人才引入、院士工作站建设、科研成果转化等方面情况，并就民营企业科技创新、人才招引等听取意见建议。

【省委书记易炼红到上虞调研】 4 月 26 日，省委书记易炼红在上虞区调研经济社会发展情况，强调要牢牢把握高质量发展首要任务，坚持创新在现代化建设全局中的核心地位，更好统筹发展和安全，深入实施“八八战略”，强力推进创新深化改革攻坚开放提升和三个“一号工程”，为高质量发展插上高科技的翅膀。

【“教育科技人才一体化推进”省级创新深化试点现场会召开】 8 月 8 日，“教育科技人才一体化推进”省级创新深化试点现场会在上虞举行，交流试点工作进展，部署下步重点工作。省创新深化专题组办公室主任、省科技厅党组书记佟桂莉出席会议并讲话。会议宣读首批 20 个省级创新深化试点名单，并进行现场授牌；绍兴市等5家试点单位作交流发言。会前，与会人员前往天津大学浙江研究院（绍兴）、中国科学院杭州湾上虞经济技术开发区新材料产业创新基地，现场调研绍兴市教育科技人才一体化推进场景实例。（陶文杰）

科技管理和服务

【概况】 2023年，持续迭代升级科技创新政策及实施细则，实际兑付科技政策资金8000余万元。实施科技型企业“长高长壮”和“双倍增”计划，新增科技“小巨人”企业2家，新认定高新技术企业211家、省科技型中小企业184家。全区累计已有高新技术企业535家，科技型中小企业1376家。完成省级新产品试制计划申报831项，立项579项。实施规上企业“五个全覆盖”行动，新认定省级重点企业研究院1家，省级企业研究院3家和省级高新技术企业研究开发中心12家。上虞浙江晶鸿精密机械制造有限公司的“晶鸿半导体精密机械智能工厂”入选“2023年浙江省智能工厂”。

坚持围绕产业链精准引才，入选国家部委人才计划1人，国家科技领军人才2名，数量全市第一（全市3人）。1名外国专家获评浙江省“西湖友谊奖”；入选绍兴“名士之乡”英才计划科技领军型团队4个、科技拔尖人才5名。持续做好外专服务工作，全年受理外国人来华工作许可申请73人次，2023年底有效工作许可中A类42人、B类19人。

【财政科技投入政策】 建立财政科技投入稳定增长机制，实现财政科技投入年均增长15%以上。持续迭代升级科技创新政策及实施细则，根据上虞实际情况，新增多条在可控范围内的探索性政策。针对企业反映强烈和集中的创新源头供给、科研项目扶持、小试中试探索、成果转化落地、人才引进培育等方面的突出问题开展调研，探索制定大学研究院和企业共建联合研发中心、区级科研攻关项目、现代产业学院建设等方面的扶持政策，持续增强企业研发能力，提升核心竞争力。通过“越快兑”平台录入和线下资金实际兑付相关工作完成到位，全年实际兑付资金8010.768万元。

【科研企业研发机构建设】 年内，实施规上企业“五个全覆盖”行动，加快科研平台培育，新认定省级重点企业研究院1家，省级企业研究院3家和省级高新技术企业研究开发中心12家，晶盛机电已申报首批全省重点实验室。累计拥有省级工程技术研究中心1家、省级重点企业研究院6家、省级企业研究院34家、省级高新技术研究开发中心108家，企业研发机构设置率达31.79%。支持大型仪器设备开放共享，3家大学研究院已有26台30万元以上科研仪器设备纳入市“科研仪器设备开放共享一指办”（其中天大研究院22台、武汉理工研究院3台和杭电研究院1台）。共发放创新券264.67万元，使用174.89万元。

【科技特派员队伍建设】 贯彻科技特派员制度，组织特派员团队进村入户，普及农业实用技术培训，助力乡村振兴。现有省市区级科技特派团队15个，科技特派员85名，实现所有乡镇街道的全覆盖，累计组团服务超5000人次，农户基地超300家，创建示范基地39个。开展农业技术攻关，制定破解连作障碍的浙江省地方标准，并获批国家推广。相关做法被省委办信息专刊录用。获浙江省科技特派员工作20周年成绩突出集体，为全市唯一。（陶文杰）

科技成果和转化

【概况】 2023年，上虞区组织企业参加各类创新创业大赛，联合经济界别开展“科技创新助推经济高质量发展”主题活动，邀请院士专家到上虞走访调研，加强与高校科研院所对接交流。开展人才科技创新大会等活动。共获省科技奖6项，数量居全市第一，占比达50%，其中二等奖1项，三等奖4项，国际科学技术合作奖1项，为绍兴市唯一；全年实现技术交易额34亿元，列入省重大创新成果4项，居市第一。

科学技术获奖情况一览表（省级）

表 7

序号	获得奖项	获奖企业	项目名称	主要内容
1	省技术发明奖二等奖	浙江中欣氟材股份有限公司	含氟芳烃新材料与关键中间体绿色制造技术研发与产业化	氟原子独特属性赋予含氟化合物特殊理化性质而在新材料领域获得广泛应用。目前含氟芳烃新材料“经济、高效、绿色、安全”制造是亟须解决的行业难题。本项目依托企业在含氟芳烃化合物制造领域独特技术与产业链优势，完成含氟芳烃新材料与关键中间体绿色制造技术研发与产业化，项目研究成果对于提升我国含氟芳烃新材料及相关上下游配套产业在国际市场的竞争力起到非常重要作用
2	省科技进步三等奖	浙江皇马科技股份有限公司	高性能活性聚醚制备关键技术创新及产业化	项目采用微通道连续氯化技术及自主开发的微通道反应器制备 2–甲基烯丙基氯，利用反应副产物作为萃取剂并开发了反应精馏技术，设计开发了多级串联反应器用于连续高效制备甲基烯丙醇，设计合成了系列甲基烯丙醇醚活性大单体。项目产品已先后应用在厦门轨道交通一号线、东南国际航运中心、贵州花果园双子塔、长沙磁悬浮项目等国家重大工程建设中，有力推动了我国建筑新材料行业上下游的发展，对推动我国城镇化建设及“一带一路”战略的持续发展有积极意义
3	省科技进步三等奖	浙江诺亚氟化工有限公司	绿色数据中心用国产化浸没式冷却液关键技术创新与应用	浸没式液冷技术作为国际公认的数据中心新型高效冷却模式，美国 3M 生产的冷却液产品基本垄断了全球中高端市场，对我国数据中心产业链供应链安全构成严重威胁。该成果首创了与美国 3M 电解氟化法（全球性技术难题）完全不同且更绿色、环保的技术路线，在分子结构设计、绿色合成工艺、宏量制备、液冷应用等方面取得全面突破。成果通过英特尔高功率芯片(600W)验证，已成功应用于阿里云、中科院、百度、台达等数十个数据中心冷却系统，经济效益显著
4	省科技进步三等奖	浙江灏宇科技有限公司	棉织物延迟焙烘高保形保光整理关键技术及产业化	项目针对目前免烫服装在熨烫后难以形成稳定的折缝、褶裥以及光泽保持较差的行业技术性难题，提出采用延迟焙烘和小分子多糖醛酸纤维内交联、大分子水性聚氨酯纤维表面成膜的可控、多维度交联的高保形高保光协同整理策略。项目产品具有免烫等级高、保形性好，光泽亮丽、保光性能好，润湿性佳、无甲醛释放等优良性。项目的实施，对于全面提高我省纺织产品品质，提升纺织产业综合竞争力，促进行业整体向价值链的高端发展，实施供给侧结构性改革国家重大战略具有重要推动作用
5	省科技进步三等奖	浙江中建路桥设备有限公司	架桥装备关键技术研究及产业化	项目针对架桥装备架梁转弯半径大、城市和偏远地区梁板运输困难、吊装现场要求高、现场拆装效率低等影响项目可行性和施工进度的问题，自主研发攻克了架桥装备关键技术。项目成果在国内外重点项目建设中广泛应用，被新加坡 UTRACON、日本大成、中国铁建、中国交建、浙江交工等多家行业巨头认定为重点设备采购目录，为“一带一路”国家战略的实施提供保障，促进了我国桥梁建设和架桥装备技术水平的进步

【“科技、人才、创新力”为主题的之江科创大会召开】 4月9日，“科技、人才、创新力”为主题的之江科创大会举办。来自全国各地的200余名院士专家、科学家、企业家们相聚美丽的曹娥江畔，共话科技创新、共谋时代发展、共创美好未来。大会发布五大产业链首席科学家聘任仪式。浙江省发展规划研究院副院长、科创之江百人会秘书长兰建平在大会上发布《“互联网+制造”领域科技经济融合发展趋势报告》。省特级专家、浙江大学求是特聘教授、教育部人工智能协同创新中心主任庄越挺作《人工智能与产业创新》的主题演讲。浙江省绿色科技文化促进会副会长忻皓作为主持嘉宾与各大企业负责人、大学研究院教授跨界对话。

【第五届天津大学“海棠杯”校友创新创业大赛精细化学品与智能制造赛道决赛召开】 9月8日，第五届天津大学“海棠杯”校友创新创业大赛精细化学品与智能制造赛道决赛在上虞区举办。来自全国各地的21个优质项目轮番上阵，最终产生一等奖2个、二等奖4个、潜力奖15个。大赛现场推介上虞区产业与投资环境，浙江新和成、北洋海棠分别作创业分享、天大创新创业生态介绍，天津大学浙江绍兴研究院还与绍兴市3家相关领域头部企业进行签约。

【教育科技人才“三位一体”高质量示范区建设暨省创新深化试点工作推进会召开】 11月15日，上虞区教育科技人才“三位一体”高质量示范区建设暨省创新深化试点工作推进会召开。会议听取《上虞区建设教育科技人才“三位一体”高质量示范区实施方案》和《上虞区打造教育科技人才一体化平台体系赋能新材料高质量发展实施方案》有关情况介绍。

【农创智谷“三新”成果现场观摩会召开】 11月16日，上虞区邀请省农科院专家及全区蔬菜种植户代表、丁宅乡种植户代表、“农创智谷”入园农创客等参加“三新”成果现场观摩会，并开展座谈交流，进一步提升“农创智谷”园区孵化效果，展示园区技术成果。活动现场，来自省农科院的两位行业专家对大棚厚皮甜瓜高品质栽培技术及水果番茄栽培技术进行详细讲解。与会人员现场品鉴新品种甜瓜，并前往种植大棚观摩甜瓜及番茄新品种。

【“今在上虞共创未来”2023年上虞人才发展大会举办】 12月8日，以“今在上虞共创未来”为主题的2023年上虞人才发展大会在绍兴市上虞区举行，来自全球各地的院士专家、高层次人才和企业家们齐聚上虞，共话创新创业、共绘发展蓝图、共创美好未来。大会现场，4位国内顶尖人才重磅加盟，成为曹娥江实验室首席科学家。国家精馏技术工程研究中心特聘专家白鹏等6个领军人才团队带着最新项目入驻曹娥江实验室。曹娥江实验室催化应用研究中心揭牌成立，将瞄准工业催化剂基础性和前瞻性研究，突破解决重大关键技术问题，打破跨国公司垄断问题，实现关键步骤自主可控，全力为提升全省化工新材料千亿产业链集群优化和价值链贡献上虞力量，为解决全国能源安全和环境污染等问题做出绍兴贡献。

【晶盛机电突破第三代半导体代表材料“卡脖子”技术】 2023年，浙江晶盛机电股份有限公司首次对外展示高品质8英寸碳化硅衬底片和8英寸外延生长设备。相较于6英寸双片式外延设备，8英寸碳化硅外延设备可兼容6英寸、8英寸碳化硅外延生产，能提供更先进的技术支持。 （陶文杰）

科技合作与交流

【概况】 2023年，上虞区着力构建创新链产业链深度融合发展格局，加速院企合作交流。推进天津大学浙江研究院（绍兴）、杭电创新园等在新型研发机构、产教融合等方面的探索实践，打造区域产研融合“上虞样板”。深入开展科技服务企业“十百千”行动，动员各大学研究院团队走访企业591家次，提供技术服务180次，新增合作项目93个，合同金额3600余万元。着力抓好众创空间孵化器培育，新增2家省级、3家市级众创空间，新引进创新创业项目113个。年内，分别有杭州电子科技大学、中国计量大学、浙江大学科技园、浙江理工大学、武汉理工大学、华东理工大学等高校院所领导和科研团队到上虞走访调研，开展多个领域的科技合作与交流。

【浙江大学—上虞区深化校地合作会议召开】 6月9日，浙江大学—上虞区深化校地合作会议召开。浙江大学党委书记任少波，副市长、区委书记鲁霞光讲话。浙江大学领导傅强、黄先海、叶桂方，区领导金进富、陈坚、赵文中、许建超、金山中、夏永江、阮程华、孙伟琴、郑龑等出席。会上，双方签订《共建竺可桢研究院合作框架协议》《共建浙江大学—上虞半导体材料联合创新中心合作协议》。

【复旦大学—绍兴市全面战略合作签约仪式暨 2023 曹娥江生命健康产业发展大会举办】 7 月 1 日，复旦大学—绍兴市全面战略合作签约仪式暨 2023 曹娥江生命健康产业发展大会在上虞区举行。全国政协常委、经济委员会副主任毕井泉，副省长卢山，省政协副主席、浙江大学医学院附属邵逸夫医院院长蔡秀军出席，复旦大学党委书记裘新出席并致辞，中国科学院院士、复旦大学校长金力和绍兴市委书记温暖共同为曹娥江创新中心揭牌，上虞“未来城”人才管理改革试验区授牌，复旦曹娥江基础研究基金揭牌。复旦大学与上虞区政府、浙江复盛技术创新有限公司签署三方合作协议，9 个项目代表现场签约。

【复旦曹娥江基础研究基金发布暨首期科学家项目征集会召开】 12 月 19 日，区委区政府与复旦大学联合主办的复旦曹娥江基础研究基金发布暨首期科学家项目征集会议在复旦大学光华楼举行。复旦曹娥江基础研究基金旨在支持复旦大学围绕生命健康、半导体等领域开展基础研究，针对国际学术前沿、国家重大战略需求和“卡脖子”问题背后的核心科学问题开展持续性研究攻关，为服务复旦科研成果优先在上虞转化形成强有力支撑。首期征集项目领域为遗传与表观遗传、器官发育与再生修复、衰老与肿瘤、感染与免疫、代谢调节与神经控制、生命科学前沿技术六大主题，单项资助强度 300 万～500 万元，研究期限一般为 5 年，采用“3+2”模式。（陶文杰）

科创平台建设

【概况】 2023 年，全面推进以曹娥江科创走廊为牵引的区域创新体系建设，引进院校科技资源，深化拓展政产学研合作，以“引大学、引人才”为重点，立足上虞产业特点和企业诉求，推动在虞大学研究院差异化发展，基本建成具有上虞特色的大学研究院发展体系。

【曹娥江科创走廊建设】 年内，实施市级标志性工程 1 项，市级重点项目 19 项，投资超 62 亿元，连续三年获评市科创走廊建设优胜单位。完成曹娥江科创走廊“十四五”发展规划中期评估，参与绍兴科创走廊“四榜竞赛”。

【曹娥江实验室建设】 截至 2023 年末，曹娥江实验室已集聚院士、杰青领衔的科研团队 15 个、科研人员超 250 人，共建院企联合研发平台 5 个，技术服务合同经费超 7000 万元，催化应用研究中心揭牌。签约落户浙大—上虞半导体材料联合创新中心、复旦曹娥江创新中心，其中复旦创新中心已投用，浙大半导体材料中心完成首批入驻项目的筛选。

【天津大学浙江研究院（绍兴）建设】 天津大学浙江研究院（绍兴）主要研究方向为化工智能合成与安全、微生物合成生物学、高纯化学分离工程等。截至 2023 年末，累计引进全职人员 141 人，其中博士学位 28 名、硕士学位 93 名。累计引进 201 名实习生到研究院开展研究工作。累计走访服务企业 120 余家，200 余次，签署横向课题 41 项，合同经费 5113.6 万元，获批纵向项目经费 4866 万元，实到横、纵向科研经费总计 3020.6 万元，院企联合项目转化，累计为合作企业实现新增收入 7.39 亿元。累计获批省级新型研发机构、省级博士后工作站、省首批培育高新技术企业与科研机构科普教育基地、天然分子合成生物制造浙江省工程研究中心、省侨联侨界创新创业基地等 5 个省级平台，获批绍兴市天然产物合成生物学重点实验室、绍兴市众创空间等市级平台。研究院作为牵头单位获批国家重点研发计划项目 1 项，浙江省中央引导资金项目 1 项和绍兴市产业关键技术攻关计划榜单项目 2 项，参与浙江省 2022 年度“尖兵”“领雁”研发攻关计划立项项目 1 项；申请专利 56 项，其中发明专利 53 项，授权 2 项，实用新型专利授权 3 项。

【杭州电子科技大学上虞科学与工程研究院建设】 杭州电子科技大学上虞科学与工程研究院主要研究方

向为信息电子、数字技术、智能制造、数字媒体等。截至2023年末，累计引进18个专家团队，专家教授80人，博士后7人，引进硕博士研究生220余人。入选省级以上人才15人。建立2家联合实验室和创新人才培养基地，引进6个教育培训项目。累计走访企业800余家，与15家企业签订战略协议，解决企业技术难题100余项，为企业创造经济效益超1亿元，节省成本超8000万元。累计签订124项产学研协议（其中与学校签订45项），横向到账超过2487万元（其中到校510万元）。建有各级平台20个，其中省级平台4个，分别为省级现代产业学院、省研究生培养基地、省博士后工作站、省级众创空间。成功申请专利179项，其中发明专利136项；共计授权专利75项，其中发明专利47项。

【武汉理工大学绍兴高等研究院建设】 武汉理工大学绍兴高等研究院主要研究方向为智能制造、医药新材料、智慧交通等。截至2023年末，累计申报入选国家级人才2人，绍兴人才24人。建立省级博士后工作站，培养博士后2名，为企业输送博士后2名。为企业输送青年博士技术支援，共建绍兴市博士创新站11个。2023年，走访企业200家次，与上虞蓝能氢气、新时代中能、美诺华药业等企业签订横向技术服务103项，协议金额超3000万元。累计与企业联合获批浙江省重点研发计划项目3个。获批浙江省博士后工作站、浙江省软科学研究基地、浙江省级众创空间等平台和基地。承担浙江省重点研发计划（浙江省“尖兵领雁”攻关计划）共3项，绍兴市科技计划专项1项、科技创新团队1项，累计授权发明专利45项，发表高水平论文18篇。

【景德镇陶瓷大学上虞陶瓷高等研究院建设】 景德镇陶瓷大学上虞陶瓷高等研究院主要研究方向为陶瓷产业和瓷源小镇。截至2023年末，累计引进院校包括中央美院等9所大学科研设计创作团队11个，教师26人，研究生、本科生100余人开展科研文创活动。完成产学研基地建设2项，艺术设计大师工作室2项，科研创作平台3项，新媒体营销平台1项。2023年，完成地方标识性文化“上虞三大雅聚”设计创作：“舜会百官”的艺术创作和衍生品瓷板画创作、“白马春晖”的主要历史人物创作和衍生品瓷板画创作、“东山雅聚”的创作稿。完成多个地方城市公共艺术设计稿，开展科研项目16个，完成文创设计50余件（套）。

【哈工大机器人集团（杭州湾）国际创新研究院建设】 哈工大机器人集团（杭州湾）国际创新研究院主要研究方向为智能装备、工业机器人、人工智能。截至2023年末，累计引进高层次人才34人，其中，中国工程院院士1人（科学家顾问），博士9人，硕士22人。累计走访当地企业50余家，共签订院企协议12份，签订合作金额218.1万元，到账金额107.4万元。建成省级博士后工作站平台、省军民融合分中心、市级科普教育基地、市级机器人重点实验室；荣获创新创业大赛优胜奖。研究院共申请发明专利21项，实用新型专利33项，外观新型专利4项，软件著作权6项，论文期刊3篇，共计67项。

【中科院新材料产业技术创新研究院建设】 中科院新材料产业技术创新研究院主要研究方向为新材料产业。截至2023年末，累计引进博士2人，硕士9人，大学生19人，其中含高级人才7人，中级人才10人，初级人才3人。完成近百项中试项目对接工作，持续跟踪重点项目30个，其中开车运行项目7个，在建中试项目4个，完成立项工作拟签约落地中试项目15个，正在开展项目对接的盯引类中试项目5个。建成国内化工新材料领域首批专业化中试创新平台。

【浙江工业大学上虞研究院建设】 浙江工业大学上虞研究院主要研究方向为新材料、环保节能、工业设计、生物医药、精细化工、先进装备和机电控制等。截至2023年末，累计柔性引进国家级人才4人，省、市级人才13人，入选娥江英才计划2项。累计走访服务企业368家次，解决技术难题120项，累计与企业签订技术合同、协议112项，合同金额2419.8万元，到款1569.78万元。成功认定省级众创空间、浙江省双创示范基地、省级企业博士后工作站和绍兴市院士专家工作站。研究院申请专利151项，获得授权专利78项，其中57项为发明专利，实用新型21项；浙江省科技成果登记4个。

【浙江理工大学上虞工业技术研究院建设】 浙江理工大学上虞工业技术研究院主要研究方向为纺织化学品、新材料、现代染整、风机与气动装备等。截至2023年末，累计引进教授研究团队16个，约150人，入选国家级人才1人。签约项目共计50项，其中纵向立项项目14个，横向项目36个，累计服务200次以上，累计合同金额近3300万元，为企业带动直接经济收益达2.5亿元。与上虞企业联合获批浙江省领雁尖兵项目3项，浙江省揭榜挂帅项目2项，参与其他省级以上项目18项。建设5个研究所、4个院企合作平台，获批省级博士后工作站、省级众创空间和绍兴市专家工作站。

【中国计量大学上虞高等研究院建设】 中国计量大学上虞高等研究院主要研究方向为智能制造、计量测试、光电器件、质量提升、品牌规划等。截至2023年末，累计引进项目团队13个，153人，申报人才项目10个，为企事业培训1000余人，共建市级专家工作站1家。2023年，走访企业100余次，累计合作企业53家，签订技术开发合同78项，成功拍卖技术成果16项，总到账经费2637.55万元。其中，含纵向项目到账经费995万元，横向项目到账经费1642.55万元。为谢塘镇、东关街道分别搭建智慧农业数字化平台，服务3家企业申报获批上虞区质量奖、2家企业获得提名，为企业带来4500余万元的产业增值。年内，与中测杭州共建具有CNAS资质“计量校准实验室”1个，筹建“国家磁性材料及其制品质量检验检测中心（浙江）”上虞实验室扩项，与上虞企事业建立科研平台11个，成功获批省级众创空间。

【中国计量大学上虞标准化战略研究院建设】 中国计量大学上虞标准化战略研究院主要研究方向为各行业企业、各政府机关部门标准制修订、创建标准化试点及标准培训等。截至2023年末，累计引进专家5人，研究团队3个，引进硕博士10人、大学生见习实习150人，开展各类人才及专业人员培训1860余人次。累计走访服务企业664家次，横向合作企业174家，签订合作金额1262万元，到账金额834万元，解决企业技术难题31项，预估带动的经济效益2亿~3亿元。建设运营绍兴上虞通风制冷产业创新服务综合体、上虞区通风制冷产业质量基础设施“一站式”服务平台。累计参与IEEE国际标准制定2项、参与制订国家标准21项、参与省级地方标准12项、市级地方标准20项、牵头研制浙江制造标准51项、参与国家级标准化试点3项、省级标准化试点8个、省级重大项目3个、电网项目20个，中车项目3个等。

【中国美术学院上虞游戏艺术研究院建设】 中国美术学院上虞游戏艺术研究院由上虞区人民政府与中国美术学院合作共建，正式签约时间为2017年，研究院正式落地（注册）时间为2017年，主要研究方向为游戏设计、元宇宙。截至2023年末，小镇抖音宣传账号小e小U，粉丝数30.4万，近一个月播放量18.6万，最高播放量1928.5万次，点赞42.3万次，评论4.7万次，24~40岁用户占比超过62%。2023年，论文《动漫助力垃圾分类科普宣传——以《摩登大自然之垃圾分类小课堂为例》发表于一级核心刊物《美术观察》。

【复旦大学绿色照明上虞研究院建设】 复旦大学绿色照明上虞研究院主要研究方向为绿色照明。截至2023年末，累计引进团队7个，项目5个，入选330人才项目5个。横向合作项目1个，签订院企协议21份。建设复旦大学绿色照明上虞研究院氮化镓中村实验室等平台2个。申报专利25项。

【浙江大学—上虞半导体材料联合创新中心建设】 浙江大学—上虞半导体材料联合创新中心（上虞半导体材料研究中心）由上虞区人民政府与浙江大学合作共建，正式成立于2023年7月1日。中心聚焦半导体材料产业高端产品的开发、生产、技术服务和转化。年内，已组建一支半导体领域国内一流的科研队伍，包括院士1人，海外优青2人，浙江省杰青2人，队伍中研究生学历占比80%，高级职称占比60%。已完成科技园基地（约2千平方米）和高创园基地（约1万平方米）科研办公场地设计，及首批共14台套核心科研设备采购。中心科技园基地的室内装修正在进行中，高创园基地主体建筑已结顶。首批遴选启动硅及先进半导体材料领域2个重点科创项目，举办高层次学术会议1次，与在虞龙头企业晶盛机电签署高级人才培养和技术合作框架协议，开展高端单晶硅材料生长加工技术合作。

【复旦曹娥江创新中心建设】　复旦曹娥江创新中心由上虞区人民政府与复旦大学合作共建，正式成立于2023年，主要研究方向是关于生命健康课题，布局精准医学、合成生物两大产业。年内，已完成复旦大学生科院侯宪玉教授团队市级人才计划申报工作，组织对接复旦大学生命科学学院张学礼教授团队合成生物学方法制备玫瑰精油项目，组织召开生命健康产业领军人才创新论坛，开展复旦大学生命科学学院科技成果路演活动。　（陶文杰）

地震检测服务

【概况】　2023年，全面贯彻防震减灾法律法规、不断提高地震灾害防御能力，加强崧厦地震台站日常巡检，做好站点故障排查及设备更换，完成地震监测站标准化改造，切实保障地震监测台站运行。

【地震宣传普查】　组织防震减灾知识线上答题活动，提升全民防灾减灾意识。做好地震风险普查相关工作，完成地震灾害风险评估与区划，风险普查成果通过省级验收。　（陶文杰）

气象服务

【概况】　2023年，上虞区国家气象观测站迁建工程顺利完工；暴雨、大风等气象灾害防御工作进一步融入防汛防台“1833”联合指挥体系；年内创建省级气象防灾减灾标准化村（社区）12个，完成提标升级22个。区气象局获杭州亚运会、亚残运会气象服务保障先进集体；获评绍兴市气象部门综合考核优秀单位，获评市局气象创新工作一项；区气象台获评绍兴市气象业务服务工作先进集体。

【气象测报】　实施极端天气“村安工程”三年行动计划（2022—2024年）第二期建设任务，继续织密驻村气象站网，新建两部X波段气象雷达并投入业务运用，实现水平气象站网监测密度达2公里左右，垂直气象探空设备绍兴地区零的突破。在杭州亚运会以及全国“千万工程”现场会期间，做到中低层弱降水预报准确率100%。

【人工影响天气】　联合区治水办制定人工影响天气作业工作计划，开展降低森林火险等级、保障供水、清洁空气的人影服务。全年联合绍兴市级及越城、柯桥在汤浦水库作业点开展火箭作业13次，发射102枚；在岭南、陈溪、下管开展烟炉作业20次，燃烟52条。参加杭州亚运会人影保障服务演练19次。　（黄颖杰）

教 育

综 述

【概况】 2023年，全区共有中小学、幼儿园164所，其中普通高中9所，在校学生11313人；职业高中2所，在校学生6235人；普通初中23所，在校学生17241人；小学40所，在校学生42461人；特殊教育学校1所，在校学生151人；幼儿园89所，在园幼儿18214人，合计在校学生95615人；全区共有教职工9276人，其中专任教师7649人。另有教师进修学校、少体校各1所。

【教育质量成绩】 高考成绩高位突进，1名学生进入全省前50名，690分以上高分段学生数和飞行员招录数全市第一。考入清华大学3人、“双一流”大学231人，中科大少创班和西湖大学录取人数均超往年。职校单考单招高职院校上线率继续保持100%，4人进入建筑、机械专业全省前20名。春晖中学沈元迪同学获全国中学生数学奥赛决赛金牌。3名学生获全省创新创业赛项一等奖。区团队获评青少年模拟政协展示活动杰出团队奖一等奖。

【教育经费】 2023年教体部门收入预算为242269.01万元，其中，财政专户管理资金14146.01万元；财政拨款228123.00万元（一般公共预算227580.30万元，政府性基金预算收入542.70万元），其中财政拨款支出包括：教育（类）支出223955.69万元，占98.4%；文化旅游体育与传媒（类）支出2892.30万元，占1.3%；社会保障和就业（类）支出463.84万元，占0.2%；卫生健康（类）支出268.48万元，占0.1%。

【教体政治建设】 扎实开展主题教育，奋力推动理论学习、检视问题、四大专项行动等重点工作走深走实、取得成效。开展青年理论宣讲进机关活动，打造教体系统“青年学习品牌”，组织青年干部赴井冈山进行现场学习。举行支部主题党日活动观摩，探索形成高质量主题党日活动教体样板。“虞理共进”党建引领校地融合发展列入省级试点。全面推进党组织领导的校长负责制，选树省首批中小学示范性党组织2个、“双带头人”党组织书记典型2名。全面启动“红领活教育勤廉铸师魂”作风建设深化提升专项行动，集中开展师德师风专题教育和专项治理。推进清廉学校创建，职教中心、道墟街道中学创成省清廉学校建设示范校，王充史迹馆被省教育厅授予浙江省廉洁教育基地，1名教师选树为省“师德楷模”。

【教师队伍建设】 招录北大毕业生1人、双一流高校毕业生35人，知名高校研究生32人，签约博士、博士后3人。预聘用“双一流”高校本硕博毕业生46人（其中清北硕士5人、境外QS前百高校硕士4人、浙大博士2人）。新增“浙江工匠”1人、“浙江青年工匠”4人、省教坛新秀3人、绍兴市拔尖人才2人，青年拔尖人才1人。入选浙派名师名校长培养工程5名，获评正高级教师4人。培育区级名师工作室17个。获全国中职学校公共基础课一等奖2人、省市优质课一等奖10人、省中职教师比武一等奖3项，全省农村教师突出贡献奖2名。获2023年浙江省先进教研集体、全市唯一，全省师训工作考核优秀。

【教育改革成绩】 《传承发扬春晖文化高质量建设“教育之湖”“青春之湖”》改革工作获市委主要领导批示肯定。发布教育高质量发展“十大行动”，携手清华、浙大、南师大等名校整体推进“未来教育”体系建设。承办全国中小学虚拟实验规模化应用现场会，上虞经验推向全国。一项成果获基础教育国家级教学成果二等奖。获评全国中小学实验教学精品课1节，首届全省融合教育优秀案例1项，均为全市唯二。入选全省教育评价改革典型案例2项、“双减”实践和督导优秀案例3项。大力开展省教育评价改革综合试点工作，举办全市小学生综合评价改革现场会，区“数字赋能，试点先行”的做法得到一致好评。在省改进学校教学管理论坛、省大数据精准教学实验区研讨会上分别作典型经验介绍，区数智化分层作业试点做法在国家级刊物专栏推介。

【教育优质均衡】 新（扩）建中小学、幼儿园 11所，新增优质学位4000余个。撤并小规模学校8所，整治低小散民办园12家，保障“山里娃”学有优教做法获卢山副省长批示肯定。创成省现代化学校8所，新增省一级、省二级幼儿园8所，优质园在园幼儿占比达85%以上。教育现代化发展水平监测指数（2022年度）在全省90个县市区中排名第11位、获评A等，继续位列全省第一方阵。高分通过全国义务教育优质均衡发展区创建省级复评和全国学前教育普及普惠区创建省级评估。

【教育民生实事】 建成上虞首个公益性青少年综合活动中心，参与体验和培训市民达12.8万人次，让每个家庭享受优质教育服务。“明眸亮睛”工作在教育部官网报道，建成全国首个“百县千校”视力监测与预警公益工程示范区县。全面启动青少年“正脊行动”，为5.73万名义教段学生开展正脊筛查。保障1.5万名随迁子女就读公办学位，实现 100%全覆盖。培育省级研学实践教育基地1家。社会人员学历技能双提升项目惠及 2.6 万人。保障新居民子女入学，在公办学校就读率达 100%。落实“应助尽助”要求，对特殊群体家庭子女持续给予关爱帮扶。

【校园安全】 实施心理健康教育“三全之策”·打造“五位一体”青少年心理健康服务体系，开展“天姥·虞舜”青少年健康护航联合行动。启动建设“生机盎然”学生安全守护平台，打造部门联防、问题联治、工作联动、平安联创的校园安全综合治理现代化格局。创新开展“双防”宣教，7个防诈骗童谣作品被国家、省反诈中心平台录用，防溺水“三化”创新做法被《浙江政务信息（专报）》录用推广。深入开展中小学校食堂采购问题专项治理，校车管理典型做法入选省教育厅经验汇编材料。平安护航杭州亚运，维护两会期间校园安全稳定。全力以赴做好高考、中考保障工作，为高考学生提供“加油套餐”。

【教育活动】 开展德育微创新实践成果评比，组织“百名孝星、十佳孝星”评比表彰、“亲子品读王充清廉思想”研学成果展示、虞苗优护首届“青春之声读中国”诵读等凸显德育虞味的活动。精心组织全区中小学生艺术节，获评全市美育特色社团16个，美育精品节目13个。打造“德润学子行泽家乡”研学品牌，新增省级中小学研学实践教育基地1家，开发“明德尚贤”等主题精品研学路线 20 条，参与研学师生达6.2 万人次。承办绍兴市“五好学生”颁奖典礼，区13名学生获市级五好学生。1所学校入选全国首批健康学校建设单位。区教体局关工委获评绍兴市标杆型基层关工委。

【“双减”工作】 深化“双减”工作实施方案，全年常态化监管校外培训机构，实施堵疏治有机结合，及时查处隐形变异培训，校外培训乱象进一步有效遏制。召开双减专班会议15次，常态化巡查1500余人次，大型专项治理行动5次，排查机构数313家，排查材料数436份，排查从业人员数628人，有效督促校外培训机构守法守规守安全。对学科隐形变异治理，组织动员严密，部门协同严格，处理通报严厉，约谈机构负责人100余人次，全年发布通报6期，立案调查处理37家。平稳处置退费纠纷60余起，退回预缴课程费50余万元。

（吕火良）

学前教育

【概况】 2023年，全区共有各类幼儿园89所，690个班级，在园幼儿18214人。有教职工2889人，其中专任教师1568人。

【公办幼儿园建设】 百官街道中心幼儿园（金昌）、第一实验幼儿园铂樾府园区、谢塘镇中心幼儿园新园、永和镇中心幼儿园新园、盖北镇中心幼儿园扩建顺利投用，合计新增 57 个班、1710 个优质公办学位，公办幼儿园在园儿童覆盖面达到 75%以上。章镇镇中心幼儿园新建工程、百官街道中心幼儿园南湖新园区、第三实验幼儿园云熙望府园区等工程稳步推进，2024 年可正常投入使用。

【民办幼儿园整治】 出台《绍兴市上虞区义务教育学校和幼儿园布局调整实施意见》文件，通过提升、转型、关停等方式，对“低小散”民办幼儿园进行专项整治。年初的 33 所民办园，有 12 所省三级民办园终止办学、1 所省二级民办园转为公办分园，共涉及近 50 个班级、1500 个学位；剩余 20 所民办园完成新一轮办学许可证换证工作。

【幼儿园提优创建】 完成全国学前教育普及普惠评估抽检准备工作，公办和普惠性民办幼儿园覆盖面达 93%；非编教师年收入指标已根据教育部要求完成整改，顺利完成国家级抽检；第二实验幼儿园盛丰园区、崧厦街道中心幼儿园顺利通过省现代化幼儿园网评环节；第一实验幼儿园江与城园区、上浦镇中心幼儿园、梁湖街道中心幼儿园等 3 家幼儿园和第一实验幼儿园（前江）、第二实验幼儿园后郭园区、鸿雁幼儿园博文园区、小越街道中心幼儿园分部、百官街道阳光幼儿园等 5 所幼儿园完成创建省一、省二等级幼儿园，优质园（省一、二级）在园幼儿覆盖面可达 85%以上。

【学前教育课程改革】 申报教育部幼儿园保育教育质量提升实验区，被市教育局、省教育厅逐级推荐上报。梳理《农村幼儿园乡土主题县域推进的行动策略》，在浙江省推进幼儿园课程改革第七次研讨会上做大会发言；举办绍兴市“幼儿发展性评估”现场研讨活动，通过县域、片区、园级、教师 4 个层面，展示上虞学前教育幼儿评估的思考与举措、以及南师大第一轮校地合作的成果集“活教育课程在上虞”；3 个自制玩教具入围全省玩教具终评展示活动、占全市 1/3。

【幼师队伍建设】 完成招录 12 名事业编幼儿教师和 30 名劳动合同制幼儿教师（含 5 名保健教师）。组织开展《幼儿园保育教育质量评估指南》培训、学科论文撰写培训、农村幼儿园园长名园跟岗活动、农村幼儿园业务园长市内名园参观考察、项目园园长川渝名园参访活动、初中高级教师 90 学分培训等活动。组织开展青年幼儿教师主题背景下集体教学活动评比、游戏观察与解读评比、班本主题案例评比、学科论文评比、优秀教研团队评比等教研活动，各类评比获绍兴市优质课城区组、农村组第一名。（吕火良）

义务教育

【概况】 2023 年，全区共有义务教育学校 63 所，其中初中 23 所，小学 40 所。初中 465 个班级，在校学生 17241 人，毕业生 5753 人；小学 1111 个班，在校学生 42461 人，毕业生 6029 人。初中有教职工 1908 人，其中专任教师 1785 人；小学有教职工 2626 人，其中专任教师 2556 人。

2023 年撤并小规模学校 8 所，新组建教育集团 2 个，扩容 1 个。撤并涉及 436 名学生和 82 名老师安置工作，85 户农村家庭孩子得以进城就读。

【教育政策实施】 2023 年是义教段一年级新生入学最高峰，导致主城区主要学校学位紧张，教学资源紧缺，因此通过向内挖潜改扩建校舍，向外施力出台“六年一户”、分类招生等政策来化解部分学校学位供求差异问题。率先尝试新居民子女无差别入学政策，自 2021 年起上虞区就启动为新居民子女凭《浙江省居住证》就读公办学校的政策，2022 年 12 月，配合其他部门出台“二孩三孩”入学惠民政策，2023 年秋季起正式实施，确保新居民子女 100%入学。

【“明眸亮睛”工程】 儿童青少年近视防控经验“把爱眼护眼融进学生日常生活”在《人民日报》报道推介，承办中华少年儿童慈善救助基金会主办的“百县千校”视力监测与预警公益工程启动仪式，被中华儿慈会评为全国首个“百县千校”视力监测与预警公益工程示范区县。

【教育评价改革】 作为全市唯一的省小学生综合评

价改革试点区，上虞区积极探索以“一体两面三条线”为实施路径，整体推进“五育并举、素养导向、学力提升、多元评价、动态发展”的小学生综合评价改革。（一体指整体目标“为了促进学习的评价”；两面指“学”“评”结合；三条线指全区主导、部门参与和以校为本的管理方式）初步搭建义教段一体化综合评价体系，努力回归健康教育生态。

【孝德教育】 完成地方课程《孝德教育》教材新版修订工作，并列入浙江省秋季中小学教学用书目录。

【艺术教育】 “互联网+乡村艺课”项目打破乡村学校艺术教育瓶颈，2月，5所学校与中国美院签订“互联网+乡村艺课”上虞青瓷项目签约，24所学校创建艺术项目基地学校彰显学校艺术活动特色。

【健康教育】 全区义务教育阶段25所学校建设为“示范型”视力健康指导站，其中新增10所学校，申报金牌学校2所，已接受省级初评，银牌学校5所，铜牌学校已全覆盖。4月携手新昌县教体局，开启“天姥·虞舜”青少年健康护航联合行动，构建“优势互补、资源共享、互惠多赢”的合作体系。

【心理教育】 异地新建上虞区学生心理发展中心，11支“阳光心理”进校志愿辅导队进入全区各中小学校园开展指导服务；12位区心理健康骨干教师组成的“四特”学生管理与干预指导团，进校园开展指导讲座。

【研学实践教育】 继续做好“虞少年悦劳动”主题劳动实践课程，已建成省市级研学基地和劳动基地15个，已打造研学路线20余条，其中上浦瓷源文化小镇被评为全省中小学生研学实践教育基地，接待研学师生2000余人次。打造特色研学教育，已开发虞舜文化、花园写生等精品课程20余门。

【“互联网+义务教育”】 加快推进教共体建设助推全域教育优质均衡，上虞区在“互联网+义务教育”全覆盖的基础上，2023年全区所有义教段学校实现教共体结对帮扶全覆盖，且共建型和融合型教共体学校、共享校比例均达100%。累计5个教共体合作案例获浙江省城乡义务教育共同体区域和学校典型案例。 （吕火良）

普通高中教育

【概况】 2023年，全区共有普通高中9所，291个班级，在学校生11313人，毕业生3797人。有教职工1328人，其中专任师1241人。

【高考情况】 上虞区参考考生3664人，普通类上特控线总计741人，上线率20.2%；体艺类一段线上线182人，传统重点线上线923人，上线率25.2%；一段线上线2282人，上线率62.3%；二段线上线3645人，二段线上线率99.5%。

据统计，2023年高考绍兴市700分以上9人，上虞区占2人；上虞区普高考入清华3人，复旦8人，上海交大7人；被“C9联盟”录取55人，被“双一流”大学录取231人；700分以上2人，绍兴市前十名3人（人数并列大市第一），690分以上高分段学生数全市第一。2位学生通过飞行员招考、录取数全市第一。高二学生3人被中科大少创班录取，2人被西湖大学录取。职校单招单考高职院校上线率达100%，建筑、机械专业进入全省前10名1人、前20名3人。（吕火良）

职业技术教育

【概况】 2023年，全区共有职业学校2所。在校学生6235人，毕业生2180人。有教职工486人，其中专任教师460人。

【质量提升行动计划】 职业教育全面实施质量提升行动计划，优化完善教育质量保障体系，人才培养质量范围大幅提升。中职学校与浙建院、绍兴文理学院地方高校有效融合，建筑工程施工专业3+2区域性中高职一体化和3+4智能制造专业中本一体化人才培养两项省级改革创新项目成功试点，为地方优势产业集群提升培养复合型中高端技能人才，助力营商环境优化。新增学前教育、信息安全技术等5个3+2中高职一体化专业。省“双高”学校建设扎实推进，各项目建设运行良好。两项职教改革典型案例获全省第三批教育改革典型案例。在全省职成教专项考核中，成绩在全省名列前茅，获发达地区竞争圈二等奖。

【技能大赛荣誉】 中职学生有 18 个赛项获绍兴市一等奖，13 个项目省级获奖，获省金牌 3 块。建筑测量和新能源汽车修学生技能团队再次双双蝉联全国职业技能大赛金牌。建筑信息模型建模技能首次代表浙江参赛，获得 2023 年全国职业院校技能大赛大赛铜牌，上虞区中职学生年度全国奖牌总数达 3 块，创历史新高。同时，中职学生在全国行业协会职业技能大赛中获 3 金 5 银 2 铜。

【教学科研】 中职教师在省教学能力、"多彩课堂"、信息化说课和班主任能力"四大"教师教育教学能力大赛中，获省一等奖 2 项，省二等奖 7 项，省三等奖 4 项，获奖数量居全市第一、全省前列。工程造价教学团队获省首批中高职一体化教师教学创新团队立项单位。社区学院选送的 7 个项目分获典型案例、特色课程和创新项目，获奖数量居县市区前列。新增"浙江工匠"1 名、"浙江青年工匠"4 名、绍兴工匠 1 名、上虞工匠 2 名、上虞青年岗位能手 3 名。

【社会服务】 聚焦"三化"社会培训（聚焦培训项目多元化、聚焦培训受益最大化、聚焦培训机制长效化），民生实事·"七优享"暖心服务送到家，合计完成社会人员学历技能双提升行动惠及 25900 人次，以学历和技能"双轮驱动"助推实现"教育共富"，典型做法登上 7 月 23 日的《中国教育报》。卧龙集团与职教中心签约智能制造校企产教融合共同体建设。两校举办年度实习就业毕业推介会校企供需见面洽谈会，职业中专被表彰为上虞区新时代产业工人队伍建设改革先进集体。丁宅成校的《丁赞民生服务》获全省"终身学习品牌项目"，老年开放大学上虞学院创建成为省老年教育优质示范学校，丰惠社区教育中心创建全省现代化社区学校，新增"扎根基层建功立业"成校校长 1 名、绍兴市学习品牌 2 个、绍兴市百姓学习之星 2 个。 （吕火良）

特殊教育

【概况】 全区特殊教育学校 1 所，现有 12 个班级，114 名在校学生。其中小学部 7 个班，初中部 3 个班，高中部 2 个班。共有教职员工 48 人，其中在编教师 26 人中，有硕士研究生 1 人，本科学历 24 人，特教、康复专业毕业的 22 人，占专任教师总数的 84%。

【学生入学安置】 在特殊学生入学"零拒绝"的基础上，充分发挥特殊教育专家委员会在特殊需要儿童教学安置中的作用，做到科学评估，精准安置。每年 5 月，对 3～18 周岁残疾学生开展摸底调查，建立数据库。7 月初，组织专家委员会对有争议的学生进行评估、研判，确保每个孩子精准安置就学。2023 年，上虞区 3～18 周岁持证残疾少儿共 286 人，其中随班就读 107 人，特校就读 114 人，送教上门 37 人，其他各级各类学校就读、康复 23 人，总入学率 98%，义教段入学率达 100%。

【教师队伍建设】 特教专业教师招聘 1 名。通过外培、自培和自修的密切相融，对教师进行课程改革、专业发展核心培训，不断提高教师专业水准，逐步建设"以专为爱"的特教教师队伍。学校拥有绍兴市学科带头人 2 人，上虞区学科带头人 1 人，上虞区名师 2 人，上虞区教坛新秀 1 人。1 位教师获省优质课二等奖，2 位获绍兴市优质课一等奖。2023 年省资源教师基本功大赛中 1 人获一等奖，1 人获二等奖。

【医教普特双融合发展】 整合教体局、卫生健康局、残联等部门资源，与区康复医院联合，开展"医教结合智慧康复"项目。成立相应的管理网络及领导小组，完善医教结合制度，每周一次医生进校时间，发挥专职康复医生的专业特长，对教师、家长、学生开展相应的康复训练指导。加强学校康复师培养，建立学校康复团队，构建学生康复课程，完善康复学生档案，形成有效的医教结合机制，已经有 10 位孩子享受到医教结合的红利。2023 年，上虞区以浙江省随班就读资源教师基本功大赛为抓手，对全区 58 名幼儿园、中小学资源教师开展系列专题培训。同时从"开展适宜的双向评估、设置适性的融合课程、探索适切的教学内容、建构适当的升学机制、创设适合的安置路径”等五大方面开展实践研究，提升卫星班学生融合课程精准度。 （吕火良）

成人教育

【概况】 2023年，全区成人学校校园占地面积10.6万平方米，校舍建筑面积2.95万平方米，教室301个，仪器设备总价值546万元，计算机780台，图书14万册。有管理人员311人，其中专职管理人员47人，志愿者1826人。

全区20个乡镇（街道）成校按《浙江省现代化社区学校》建设标准，改善办学条件，规范办学行为，夯实办学实力，打造办学特色。丰惠镇社区教育中心成功创建为省现代化社区学校，是继谢塘成校后，第三个省级现代化社区学校。丁宅成校的“丁赞服务”项目获得省终身学习品牌。

【社会培训】 上虞区积极推进各类职业人员继续教育工作，全年共完成培训61656人次，完成培训考证3372人，成人“双证制”培训1472人，1465名学员通过考试，获得大专或职高文凭。职工技能培训18698人，老年人智能技术培训21505人次，农民普及性培训11772人次。

【农民工培训】 组织指导社区学院、各乡镇街道成校开展农民普及性培训工作。培训针对16周岁以上、65周岁以下的农民群体，共组织11772人次，每人次8个课时，以农产品质量安全、农产品电子商务带货直播、消防减灾以及农民实用技术等主题为主要培训内容，提高农民的日常实用性技能。

【老年教育】 年内，根据《中共浙江省委老干部局浙江省教育厅浙江省老龄工作委员会办公室关于高质量推进老有所学的实施意见》要求，学校按要求申报，经评选，有4个项目入选，分别是上虞大通养老有限公司——南丰社区中心居家养老中心被评为省优质康养学基地，《智能手机课程》被评为省老年教育特色课程，赵金桥、章慧珍入选省老年教育优质师资库，赵金桥入选省老年教育“领雁教师”培养对象。（吕火良）

师资队伍建设管理

【概况】 2023年，全区有中小学、职业学校、幼儿园、特殊教育学校教职工9276人，专任教师7649人。全区中小学、职业学校专任教师的合格学历比例为：小学100%，其中大专以上比例99.96%；初中100%，其中本科以上比例99.01%；普通高中99.84%，其中研究生比例10.80%；职业学校98.26%，其中研究生比例9.35%。全区具有正高级职称的小学教师4人，副高级职称的368人；正高级职称的初中教师3人，副高级职称的575人；正高级职称的高中教师12人，副高级职称的448人；副高级职称的职业学校教师185人。至年底，累计有特级教师30人，获省农村突出贡献奖11人、获省中小学师德楷模称号11人、获省春蚕奖125人、获省绿叶奖37人。

【校长负责制】 出台《关于贯彻执行中小学校党组织领导的校长负责制的实施意见》，59所学校的完成党组织配置设置，完善学校党组织会议、校长办公会议制度和议事规则，修改章程，全力构建党对教育工作纵到底、横到边、全覆盖的领导格局。培育省、市级示范性党组组4个，双“带头人”书记3名。

【师资队伍高层次人才招引】 面向全国引进高层次、紧缺型学科教师，2023年6月，在全市率先出台《关于上虞区普高学校招聘高水平大学优秀毕业生担任高层次优秀教师的实施意见》，面向全国招引特级正高教师和学科竞赛金牌教练，签约华东师范大学等名校博士生3名，北大硕士研究生1名。

【教师招聘】 组织开展优秀毕业生校园招聘、新教师公开招聘、高水平体育教练员公开招聘和公办幼儿园劳动合同制教职工公开招聘等多项招聘工作。全年共招聘117名事业编制中小学幼儿园教师、5位体育教练员和27位幼儿园合同制教师。其中，招聘研究生35人，招聘中国人民大学、华东师范大学、南京师范大学等双一流高校毕业生38人。赴华东师范大学、浙江师范大学、杭州师范大学等高校进行校园招聘，直接预聘用 57 名学历层次较高、综合素质较好的应届优秀毕业生。同时，指导春晖中学开展高层次人才招聘工作，招聘北京大学毕业生 1 人，博士生研究生 3 人，开上虞区中小学招聘博士学位教师的先河。继续优化教师定向培养工作，扩大定向培养学科范围，共协议录取 9 名优秀高中毕业生。

【教师队伍专业发展培训】 安排小学语文、数学，初中语文、数学、社会与历史，高中英语、化学、地理，职高专业课教师，幼儿园教师各学段相关学科教师培训项目 21 个，培训总人数为 1225 人，完成率 15.98%，超额完成每半年 10.5%考核指标数。

组织开展任教六年内中考文化科青年教师“与生同步”素养提升练习，组织高中 35 周岁以下 250 青年教师分学科参加绍兴适应性考试同步作答活动。

上虞区 1 名教师获浙江省小学科学优质课比赛一等奖，1 名获绍兴市小学综合实践优质课比赛一等奖。2023 年，上虞小学科学，初中信息技术，高中语文、数学、英语、化学、美术，政治 8 门学科参加省优质课比赛，已获一等奖 3 人，二等奖 4 人。

【教师考核评价机制】 深入一线调研，重视教育质量、教师认可度、学生满意度的评价，完善《名师年度考核评价细则》《名师工作室考核细则》，对第四轮名师进行年度考核，对任教学科不一致、退出一线、转入非教学岗位的名师，取消其名师奖励。完善名师工作室考核细则，开展第一批市名师与第二批区名师工作室的考核活动；开展省网络名师工作室与第二轮市名师工作室申报，2023 年新增市级 3 个，区级 16 个，现有省级 5 个，市级 18 个，区级 58 个，分别由省特级教师，市级名师、名校长、名班主任任工作室导师。（吕火良）

教育教学研究

【概况】 2023 年，区教师发展中心进一步深入开展“双新”“双减”背景下的集中调研和“点单式”主题调研，聚焦常态教学，倡导“推门课”。同时，继续注重学段衔接工作，开展“幼小衔接”“初小衔接”专题调研。始终以新课与复习教学、作业试题命制、中高考方向研究、尖子生培育等为重点，全面深化中高考质量提升行动，不断促进教学合作，积极开展与省内其他地、市的教学合作，并通过“联盟式”合作项目，相互取长补短，促进共同提高进一步完善全区教师专业素养档案。2023 年，进一步加强中青年教师培养，尤其是青年教师培养，开展青年教师命题比赛、青年教师基本功比赛、青年教师课堂教学风采展等活动，积极推动教师数字化学习与治理。推进人工智能助推教师队伍建设，尝试探索人工智能、大数据等新技术助力教师队伍建设改革的新路径和新模式。

【教育教学研讨交流】 在三个省级试点项目和两个市级试点项目中，5 月召开的浙江省“改进学校教学管理”论坛上，上虞区滨江小学作为典型代表在论坛上作题为《打通教学评研淤塞重建“学为中心”教学常规》主旨发言。5 月在绍兴市第二届精准教学专题研讨会上，上虞区在会上作典型经验交流。6 月在浙江省精准教学实验区第四次研讨会上，上虞区作为典型地区在会上进行了经验分享。3 月在绍兴市基础学科分层走班教学推进会上，盖北镇中、崧华学校作为学校典型代表进行经验分享。4 月，组织召开上虞区基础学科分层走班教学推进会暨数智化分层作业研讨会。5 月，承办绍兴市小学生综合评价改革研讨活动。本次活动在上虞区实小集团上德校区举行，来自绍兴市各区县市，以及海盐县、景宁县共 200 多位教师代表参与本场活动。在全市小学生综合评价改革实践探索中，上虞区“数字赋能、试点先行”的做法，从“区域推进”“学校创新”“教师实践”三个维度切入，激活学校和教师的自主发展能力，探索循证改进实践的新时代评价体系。

【教科研成果】 1 项课题研究成果获国家基础教育成果二等奖（上虞零的突破），3 项课题被列为省教研课题；绍兴市课题结题 109 项，其中 10 项获市一等奖，15 项市二等奖。2023 年“黄埔杯”长三角城市群“失败与创新”征文中绍兴市获奖 12 篇，上虞区 4 篇获二等奖，获奖篇数近几年创新高。（吕火良）

教育设施

【概况】 2023 年度公共预算教育经费达 260024.32

万元，较上年增长 0.66%，继续保持“两个只增不减”。在省公共服务“七优享”学有优教中涉及学位增加和重大项目投资额两个考核指标，至三季度末，该两项省级考核均已得到满分。市级“民生实事”工程涉及的厕所改造数量，在秋季开学前，实际完成 120 个，相较于 40 个指标数量，完成率达到 300%。区级民生实事 7 所中小学幼儿园新建改扩建工程，当年度投资计划 39356 万元，至 2023 年底，4 个项目已完成，3 个项目主体结构施工或装修施工，完成资金投入 32606 万元，已完成年度目标任务的 83%。

【办学硬件保障】 2023 年投用项目 12 个，在建项目 5 个，合计涉及资金近 8 亿元，为历年来最多。此外，还结合暑期维修改造对转公后的华维外国语学校、华维文澜中学、阳光学校以及城区部分中小学幼儿园等实施局部改造，投入资金约 0.6 亿元。

【校园安全防护】 高质量实施校舍维修（改造）工程，年度维修（改造）总投资 5000 余万元。全覆盖开展校舍安全排查鉴定、校舍防雷检测，按照中小学、幼儿园校舍安全保障长效机制的总体部署要求，在全区范围开展第三轮中小学、幼儿园校舍安全排查鉴定，对鉴定为 C 级的校舍，按照“一校一策”的原则落实整改措施。委托第三方机构对全区公办中小学、幼儿园所有建筑物防雷设施进行安全检测，向 9 所检测不合格校（园）发出整改通知书，并在新学期开学前全部整改到位。

【财务管理】 抓实财务管理制度的落实，结合《关于进一步规范学校食堂财务管理和会计核算的通知》相关精神开展专项督查；组织人员对局本级和部分学校的劳务费支出管理实施专项检查。做好内部控制风险、绩效评估工作，预算公开工作，完成 2022 年度行政事业单位内部控制报告编报工作,完善建立教体局本级内部控制体系；完成 2022 年项目的绩效自评工作，2023 年新增项目绩效评价。及时准确完成 2023 年部门预算公开工作。注重经费保障开源节流工作，下发《关于进一步厉行节约、坚持过紧日子的通知》，明确任务分工，压实主体责任，确保经费使用效益最大化。

【教育资助】 严格执行学生资助政策文件，宣传资助政策，组织开展 2023 年“校园励志之星”推荐宣传活动、2023 年“最美资助人”推荐宣传活动。摸排低保学生 283 人次，低边学生 126 人次，残疾学生 209 人次，共计 618 人次。学前免保教费 815 人次，资助金额 197.87 万元；义教段寄宿生生活补助 283 人次，资助金额 17.58 万元；义教段非寄宿生生活补助 4749 人次，资助金额 127.41 万元；爱心营养餐资助 4345 人次，资助金额 370.60 万元；普高教育券 529 人次，资助金额 98.48 万元；中职助学金 497 人次，资助金额 49.7 万元；中职免学费 6492 人次，资助金额 2624.16 万元。

（吕火良）

普通高等教育

【浙江理工大学科技与艺术学院】 2023 年，浙江理工大学科技与艺术学院有全日制本科生 9588 人。金平果中国独立学院综合实力排名位列全国 16、省内第 4 位。立项省高等教育学会项目 7 项，其中重点课题 1 项；立项省“十四五”教学改革项目 5 项。出版教材 4 部，其中 1 部为省普通本科高校“十四五”首批新工科重点教材。学生在各类学科竞赛中累计获奖 231 项，其中大学生广告艺术大赛、电子设计竞赛获全国一等奖，心理短视频获全国创新剧目奖。社会实践团队获国家级荣誉 3 项，省级荣誉 4 项。获批省级现代产业学院 1 个，获立省“十四五”省级重点建设实验教学示范中心 1 个。新增省部级及以上课题 3 项，发表高级别论文 61 篇。2 位教师作品分获德国 iF 产品设计奖提名奖和 意大利 A ' design award & competition 银奖。学院教师首次参与起草推荐性国家标准，年度科研到账经费突破千万元。全年共引进各类人才 38 人。新增 1 个浙江省大学生校外实践基地，学生留绍率、留虞率较上年翻番。

【浙江建设职业技术学院】 学校有杭州萧山、学院路和绍兴上虞三个校区，占地 1000 余亩，在校生 13500 余名，教职工 700 余名，下设建筑工程学院、工程管理学院、建筑设备学院、建筑艺术学院（贝莰建筑工程师学院）、管理与信息学院、军事教育学院、马克思主义学院、公共教育学院、继续教育学院，开设 29 个专业，3 个本科专业。2023 年，学校立项 1 个全省高校“双带头人”教师党支部书记工作室培育单位、1 个“全省党建工作标杆院系”；2 个全省高校党建双创项目通过验收；入选全国“职业院校服务全民终身学习项目”第二批实验校、浙江省第二批“双元制”改革试点院校、浙江省绿色学校，入选东部地区 50 所产教融合卓越高等职业学校。经“金苹果”第三方评价，学校工程造价专业群位列前茅，评为五星等级；工程造价等 5 个专业全国排名第一。在 2023 年浙江省职业院校技能大赛（高职组）“建设工程数字化计量与计价”赛项获一等奖，在全国大学生新居住数字化创新创业大赛获特等奖。2023 年毕业生去向落实率达 99.26%。（陈杰超）

文 化

城市文化品牌宣传

【城市品牌传播运行】 2023年，基本完成《上虞区传承弘扬广泛践行新时代上虞精神和传播运营城市品牌口号、IP形象的实施意见》。

【城市品牌展示】 通过开设党校培训专业课程、电视新闻“悦青春”专栏、“见青春”专栏短视频、抖音视频号、大楼宇大屏、公交站台、公交电视、出租车顶灯显示屏等媒介宣传展示新时代上虞精神和城市品牌。

【城市品牌运营】 举办‘虞’见奇妙夜“博物馆之夜系列活动，开展“诗画曹娥江”文化旅游节系列活动，组织举办东山诗词大会、章镇猕猴桃节等活动，小镇企业制作《虞山舜水，上虞有地名》《虞小娥讲反诈》等动漫短片，完成“上虞城市文化识别系统战略规划”。

【城市品牌宣传】 通过开设相关微博话题、发放金秋消费券、设计虞小娥吉象表情包、举办“明德尚贤 创变笃行”视觉艺术展、创作编排舞台剧《有一种青春叫东山》等形式让新时代上虞精神与品牌口号入脑入心。

（王浙炜）

公共文化服务

【文化惠民活动】 精准对接乡镇、村社需求，创新阳光文化点单式演出、文化馆业务培训下沉、图书馆点单式送书、阳光剧场等服务载体，全年开展送戏下乡587场、送书下乡71600册、送电影4500场，开展各类主题展览、讲座1006场、开展文化走亲系列活动21场。

【文艺赋美工程】 浙江省文化和旅游厅对2022年文化和旅游重大政策措施真抓实干成效明显的5个设区市、39个县（市、区）文化和旅游部门予以“赛马”激励，相应采取激励支持措施。其中上虞区因“推动文艺赋美工程成效明显”，上榜全省激励名单。上浦镇大善小坞村、小越街道倪梁村浙江省美育（示范）村成功入选第二批文艺赋美·浙江省美育村（社区）。

【文化示范户和乡村文化能人评定】 经各乡镇（街道）推荐和主管部门评审，评定胡大龙等200人、周玉娥等125户为2023年度上虞区乡村文化能人、区文化示范户。

（吕欣宇）

【“上虞有戏大舞台”展演】 区艺术推广服务中心推出丰富多样的优秀剧目：1月地方传统剧目翁仁康莲花落专场及扬州木偶剧团儿童剧《爱丽丝梦游仙境》展演；2月特邀浙江绍剧团上演传统经典绍剧《三打白骨精》；5月杭州滑稽剧团《唐伯虎点秋香》；6月杭州荣音堡艺术团“歌舞综艺晚会”会演；7月特邀浙江小百花越剧团展演4场大型谍战剧《伪装者》及外籍钢琴演奏会；8—10月分别邀请浙江越剧院、舟山越剧院《游子吟》《双桥接亲》《碧玉簪》等经典越剧展演。“上虞有戏大舞台”全年惠民演出共计16场，每场演出平均上座率90%，观看人数约5500人次。

【公益性文化民生项目】 1—12月“非物质文化展厅”展设四期，分别为“成人书画展”“老旧小人展”

"袁红旭个人书画展""马如龙瓷器展"。"城市天香书房"全年累计阅览人数约8000人次，同时还在5月、11月分别组织开展"高校学生读书交流会"及"小朋友读书学习日"。1—3月，"文化艺术教育培训中心"联合区文化馆开设二胡、国画、古筝、越剧唱腔、琵琶等艺术课程，6—11月在原基础培训课程上增设太极拳培训班。（丁艳飞）

文学艺术

【概况】 2023年，区文联紧紧围绕"推进文化自信自强，铸就新时代文艺新辉煌"目标，积极履行团结引导、联络协调、服务管理、自律维权的基本职能，带领全区广大文艺工作者把握正确方向，扎根虞舜大地，服务人民群众，在履职尽责上体现新担当，在守正创新上实现新作为，在明德修身上展现新风貌，文艺文联工作迈上新台阶。上虞文联获2023年全省文联系统先进集体。至年末有区文艺家协会8个，乡镇街道文联8个；所属协会会员1500余人。

【文艺创作及奖项】 编辑出版《在时间深处——上虞文学十年小说卷》《美人弄1号》等书籍；区作协毛君娣、徐莉瑛等会员作品在《青年文学》《诗刊》等国家级文学刊物发表，徐莉瑛入选浙江省作家协会新荷计划。区摄协吴德的两组作品入展第29届全国摄影艺术展览，区美协叶楠作品《暗香》入选"美在致广——全国小幅美术精品展"并被中国美术馆收藏，区书协徐忠入展全国隶书展，8位会员入选2023浙江省书法百家；现代越剧《祝家庄里的年轻人》李燕获第十五届浙江省戏剧节优秀表演奖，由区音舞家协会、区戏曲家协会编导、出演的多支作品获浙江省第二十二届群众音乐大赛金奖、第六届绍兴市戏剧小品大赛金奖等奖项。

下属协会会员国家级会员新加入7人，省级会员新加入17人，11人入选2023年批次绍兴市中青年文艺人才库。据不完全统计，全区文联系统在绍兴市级以上平台发表、入选、入展和获奖的作品超过400件（次）。

【重大节会活动】 承办"倪元璐杯"首届全国行草书大展和全国倪元璐书法研讨会，出版发行《"倪元璐杯"首届全国行草书大展作品集》《"倪元璐杯"明清浙江书法研讨会入选论文集》，组织获奖、入展作品大展；参与承办谢晋诞辰100周年系列纪念活动，联合央视拍摄《谢晋》纪录片，已在央视科教频道播出；举办顾志坤创作的谢晋"三部曲"（《谢晋传记》《谢晋年谱》《谢晋评传》）首发式。

【艺术乡建】 区文联联合区委宣传部、区农业农村局发布《关于开展"艺术乡建"助力共同富裕的指导意见》文件，全区共16个村通过申报，以引进名家名师工作坊、送课下乡"种文化"、举办巡回展览等形式，重点打造艺术乡建示范村，已建立"诗画上浦 艺路共富"裘志伟驻地摄影工作坊、袁敏工作室等文艺名家工作室3个，艺术家驻村8个，省级文联艺术创作基地2个，协会联村2个，各级书法村8个；持续深化"艺心联百村"主题活动，全年组织文艺进书场、进社区、进乡村、进礼堂、进广场等活动100余场次；"基层+文艺"有效构建，各乡镇（街道）结合自身实际开展富有特色的文艺活动。

【艺术展览】 依托城市阳台"曹娥江艺术展厅"，打造兼具群众性、文艺性、品牌性的视觉艺术之窗。2023全年举办新时代上虞精神视觉艺术展、全国"倪元璐杯"书法大展等共10场（次）有影响的展览，观展人数超10万人（次）。（俞 楠）

专业文化

【《祝家庄里的年轻人》赴京演出】 《祝家庄里的年轻人》2023年2月28日—3月1日在城北文化艺术中心剧场向全区人民进行公演。剧目于2023年7月14—15日赴京在北京中央歌剧院演出。

【专业文化对外交流】 2023年4月，区公共文化服务中心主演孙伟娟参与浙江越剧团排练的《碧玉簪》，饰演李廷甫一角，与国家一级演员裘锦媛、廖琪瑛等同台竞艺；2023年7月15日，青年演奏员徐勇赴嵊州参与由嵊越与傅研会联合举办的"香如故——纪念越剧表演艺术家傅全香100周年诞辰演唱会"；2023

年青年演员胡佳敏参加由浙江卫视组织的越剧文化传承推广节目《中国好声音·越剧特别季》，获“越韵之星”奖。同期，胡佳敏参加由浙江卫视组织的越剧春节晚会，参演越剧花旦秀《忆江南》演出，与茅威涛、陈丽君、李云霄等数名越剧名家、青年演员们同台演出。

【参加绍兴市折子戏大赛】 2023 年 8 月，区公共文化服务中心以参加绍兴市折子戏大赛为契机，邀请导演丁汉平对 35 周岁以下的青年演员进行艺术指导，排练新经典折子戏《菱花镜》《小宴》《红灯记》《痴梦》等，节目于 11 月 28 日参加绍兴市折子戏大赛活动。青年演员胡佳敏主演的《斩娥》获大赛铜奖，潘越兰主演的《红灯记》获大赛金奖。12 月 12 日，由潘越兰主演的《岳母刺字》剧组和胡佳敏《好戏·恰风华正茂》联唱参加“绍兴有戏”之“戏·聚青春”《撷英出征》艺术荟萃专场演出。（陈立娟）

群众文化

【线上线下文化走亲活动】 2023 年累计组织开展各类文化走亲活动 90 场，其中线下走亲 58 场，线上走亲 32 场，包括文艺演出、非遗工坊、视觉展览、文旅推介等，参与观众人数超过 15 万人次。其中组织赴区外开展文化走亲 48 场，分别走进“东西协作”四川乐山金口河、“山海协作”丽水景宁、温州乐清、成都、武义、慈溪等地文艺演出 8 场，成都浙川山海情摄影展、迎新虞金书法精品联展等视觉展览 40 场；接待兄弟县市到上虞开展文化走亲 10 场，包括嘉善、建德、衢江、嵊州、慈溪、绍兴、上城、常山等地，内容包括姚庄农民画、越剧精品展、非遗工坊等；另有线上文化走亲 32 场，分别走进嘉善、嵊泗、椒江、金口河等地。

【全民艺术普及主题研讨会暨首届群文理论高研班】 2023 年 5 月 29 日至 6 月 1 日，由区文化馆执行承办的 2023 年浙江省全民艺术普及主题研讨会暨首届群文理论高研班在上虞举行。高研班邀请文化和旅游部全国公共文化发展中心主任、中国文化馆协会理事白雪华，浙江省文化和旅游厅党组成员、副厅长李新芳等多位领导专家授课，来自全省各地的 140 余名业务干部参加培训。

【赴四川文化走亲和文旅推介活动】 4 月 13—15 日，区文化馆与乐山市金口河区文化馆联合承办“诗画曹娥江·魔力金口河”——上虞区赴乐山市金口河区文化走亲和文旅推介活动。整个活动共分为 3 天，内容包括文化走亲专场文艺演出、文化惠民下乡演出和文艺进景区演出和“圆梦青苗·美育课堂”金口河公益培训活动、“飞阅上虞”主题风情摄影展、至虞至乐——上虞非遗保护成果展等。

【“诗画江南·活力浙江·大美中华”原创歌曲创作演唱会】 2023 年 10 月 13 日晚，区文化馆组织承办的“诗画江南·活力浙江·大美中华”原创歌曲创作演唱会在浙江建设职业技术学院上虞校区礼堂举行，现场演绎 17 首浙江主题的优秀原创歌曲。

【2023 年上虞区首届广场舞比赛】 2023 年 6 月 27 日，区文化馆执行承办的“喜迎亚运舞动青春”广场舞比赛在一江两岸“景观工程(三期)”滨水广场举行。共有来自乡镇街道和村社的 20 支队伍 500 余名文艺骨干参加比赛。

【2023 年“携手共筑强军梦”八一军民联欢晚会】 7 月 25 日，区文化馆组织承办 2023 年“携手共筑强军梦”八一军民主题晚会。整场晚会共分为爱军精武·决胜海疆、青春上虞·好戏连台、携手同心·共襄盛事 3 个篇章，包括舞蹈、莲花落、川剧变脸、二胡独奏、京剧等 14 个节目。

【2023 年度全民艺术普及主题展演活动】 2023 年 1 月 6 日晚，由区文化馆承办的 2023 年度上虞区全民艺术普及主题展演展示活动在区文化艺术中心剧场举行。入选 17 个展演节目名单、42 件展览作品及 11 家优秀机构名单。

【开展文艺赋美演出 200 余场】 2023 年，区文化馆组织开展各类“文艺赋美”活动 200 余场，其中文艺演出 100 余场。内容包括管弦乐专场演出、流行歌曲专场演出、综艺演出、葫芦丝演出、萨克斯演出、街舞演出、特色展览、非遗展览等，主题多样，内容丰富。活动分别走进人行景观桥、中华孝德园、南丰社区、时代潮城、城市阳台、文化广场、崧厦潘韩文化礼堂、道墟文化分馆等地。（凌　敏）

图书事业

【上虞图书馆概况】 2023 年，上虞区图书馆组织各类阅读活动 500 余场，其中培训、展览等 113 场。建成城市书房 5 家、天香书吧 10 家。继续推进古籍数字化工作，完成 26040 页数字化工作，为构建上虞图书馆古籍数字化资源库做准备。新增藏量 73442 册，新增电子图书 378 册；订阅中文期刊 1018 种、报纸 122 种；收到赠书 187 种 446 册；年底总藏书量为 140.6945 万册。接待读者 180.58 万人次，图书流通 931641 册次，有效借阅证 60592 本，解答咨询、代查资料等 17619 人次。官网年访问量 26 万多人次，数据库资源在 90TB 以上，数字图书馆访问量 53 万多人次。微信服务号关注人数 2.54 万，全年发布 47 期、338 篇。设馆外图书流通站天香书吧 40 个，共借书 25187 册，新设分馆 1 个。

2023 年，上虞图书馆举办和承办讲座培训活动 53 次，举办和承办展览活动 60 次。

【人民医院“1941 书吧”】 7 月 6 日，上虞人民医院“1941 书吧”启用，是绍兴市内首个建在医院里的“城市书房”，总建筑面积近 200 平方米，有藏书 4000 余册。

【地方文献出版物】 2023 年，上虞图书馆收集入藏地方文献正式出版物 16 种，49 册。

表 8　2023 年上虞籍作家著述书目提要（正式出版物）

书　名	著（编）者	出版社	内容简介
在时间深处・上虞文学十年小说卷	徐伟军主编	宁波出版社	短篇小说集
片楮足珍：馆藏马一浮先生图文集	绍兴市上虞区档案馆主编	浙江摄影出版社	该书讲述马一浮生平事迹
上虞金石碑刻集	罗兰芬主编	西泠印社出版社	上虞碑刻汇编
浙江文史记忆・上虞卷	马志坚著	浙江人民出版社	该书共十章，内容包括：洪涛雄魂（先秦时期）、海湾彩虹（秦汉时期）、疾风劲草（三国两晋南朝）、舜水飞歌（隋唐五代十国时期）、风起云涌（两宋时期）、剑气啸风（元明时期）、人间烟火（清朝）、波涌浪卷（辛亥革命至抗日战争前后）、鸡鸣不已（“五四运动”以来）、奋进征程（从龙山麓奔向长角）
狐狸打猎人	金近著	人民文学出版社	《狐狸打猎人》是金近的童话合集。在金近先生跨越数十载的童话创作生涯中，其作品始终保有鲜明的形象、生动的情节、奇特的想象与鲜明的立场。其语言通俗幽默，富有生活气息。一些讽喻题材的作品，既有训诫作用，又不失委婉含蓄
人性的徘徊	徐文华著	中国言实出版社	该书的作者具有相当丰富的侦探办案经验。该小说表现了一系列正义与邪恶、善良与欺骗、爱情与法律之间的艰难斗争林林总总，光怪陆离。作者以细腻的笔触刻画了处于人生十字路口的人物身上复杂的思想斗争、情感交织和痛苦抉择
远去的背影：谢晋年谱	顾志坤著	浙江文艺出版社	该书梳理和展示谢晋的人生轨迹、生平事迹、艺术成就、言行思想及社会活动等，主要内容分谱前、本谱、谱后三部分
永不谢幕：谢晋传	顾志坤著	浙江文艺出版社	该书分为故乡、从白马湖畔到江安国立剧专、在艺术的殿堂门口、厄运横来、从地狱到人间、攀登新高峰、路漫漫而艰难、爱在延伸、最后岁月九章，讲述了一代大师谢晋的传奇人生

续表 8

书　名	著（编）者	出版社	内容简介
让生命燃烧：谢晋评传	顾志坤著	浙江文艺出版社	该书分为十二章，对谢晋的人生历程、艺术道路、政治生活、美学思想乃至性情品格、家庭状况等进行呈现和描写
倪元璐	绍兴市上虞区关心下一代工作委员会、上虞区慈善总会、上虞区孝德文化研究会、上虞区小越街道办事处编	浙江摄影出版社	讲述倪元璐生平的连环画，倪元璐，字汝玉，号鸿宝、园客，绍兴市上虞区小越街道倪梁村人，一代名宦，著名书画家。明天启二年（1622）进士，官历翰林院编修、兵部右侍郎、户部尚书兼翰林院学士等。在晚明那个动荡的时代，倪元璐为臣忠烈，为子纯孝，忧国忧民，铁骨铮铮，演绎出一段不平凡的人生故事
宋韵绍兴	李永鑫、何俊杰编著	中国文史出版社	全书共十一章，展示的是绍兴最有特色的优秀的宋代历史文化。内容包括：何处青山是越州宋代绍兴的制度与治理；稽山鉴水形胜地江南水乡的最终形成；会稽天下本无俦从越国大都到南宋陪都；物华天宝射斗牛誉满天下的越中风物；一犁春雨挟书耕教科鼎盛耕读乡；万卷古今消永日学术和藏书刻书；翰墨丹青风雅颂文学艺术攀高峰；诗酒茶香雅韵浓宋代绍兴的社会生活；天下名胜僧道多元自在的宗教生态；鉴湖越台名士乡留绩绍兴的宋代名士；巍巍帝陵何处觅稽山深处攒六陵
跟着大师教语文	《小学语文教学》杂志社编	江西教育出版社	该书选取夏丏尊、黎锦熙、陶行知、叶圣陶、斯霞、张志公、霍懋征、李吉林、贾志敏、于永正等十位屹立于我国百年语文教育史中的大师，对他们的语文教育思想进行研读，并联系今天的语文教育实践加以分析。通过对大师的教育教学理念的研读，以点带面地描绘出小学语文教育发展的历程，打破了以往一该书讲一位教育大家的模式，可帮助读者快速了解语文教学的主流教学法，从而更好地运用于当前的教学实践
美人弄 1 号	顾志坤著	宁波出版社	该书讲述了抗日战争时期 8 位年轻的女地下党员，以开烟厂为掩护，在情报战线上与日伪斗智斗勇，最后为浙东第一次反顽自卫战立下大功，受到了纵队首长表扬的故事
一念放下自在洒脱：李叔同的禅悟人生课	李叔同著	贵州人民出版社	该书分为五个部分，从人生、文学、文艺、郊游和追忆五个方面书写李叔同“放下”的人生态度，收录了李叔同的《断食日志》《我的出生与家庭》等不同时期的经典文章
小鲤鱼跳龙门	金近著	时代文艺出版社	该书收录了《小鲤鱼跳龙门》《月季花和雪人》《蝴蝶有一面小镜子》等金近先生的童话故事作品
小鲤鱼跳龙门	金近文	上海教育出版社有限公司	该绘本描述了一群小鲤鱼在一只金色小鲤鱼的带领下战胜重重苦难，勇跃龙门的故事。故事情节生动，人物形象鲜明，语言生动活泼，赞颂了机智勇敢、勇于尝试和拼搏的精神

（宋　松）

文博事业

【文博事业发展水平评估指数（2022 年度）创历史新高】 浙江省文博事业发展水平评估指数（2022 年度）结果公布，上虞区以 85.36 分的综合评分在全省 90 个区（县、市）中脱颖而出，名列全省第 11 位，创历史新高。

【乡村博物馆建设】 谢晋故里·乡村电影博物馆、胡愈之生平事迹陈列馆、浙东新四军后勤基地陈列馆、上虞碑帖馆获评 2023 年度浙江省乡村博物馆。谢晋故里·乡村电影博物馆获评 2023 年度浙江省五星级乡村博物馆，许岙战斗展陈馆获评 2023 年度浙江省三星级乡村博物馆。（吴春云）

【“楚·越文化（荆州）青铜器展”开展】 上虞博物馆临展“楚·越文化（荆州）青铜器展”开展，时间为 2023 年 5 月 18 日至 9 月 3 日。共展出文物 136 件（套），其中国家一级文物 18 件（套），二级文物 51 件（套），三级文物 66 件（套）。

【“瓷国·寻根——上虞越窑青瓷专题展览”获全省博物馆陈列展览精品奖】 6 月 6 日，第十七届全省博物馆陈列展览精品项目获奖名单揭晓，上虞博物馆“瓷国·寻根——上虞越窑青瓷专题展览”获全省博物馆陈列展览精品项目奖。该展厅共展出文物 151 件（套）。（熊　玮）

【文物保护点级别提升】 年内，将横山徐村陈家祠堂、东关炼剑桥等 5 处文物保护点提升为市县级文物保护单位。渔家渡石牌坊（上浦镇）申报为第八批浙江省省级文物保护单位。倪元璐故居和何云故居 2 处文物遗存成为上虞区第四批文物保护点。截至 2023 年，上虞区共有 5 处国保单位（含 1 处世界文化遗产）、13 处省保单位、60 处区保单位和 38 处文物保护点。

【文保单位修缮工作】 制定并实施《上虞区不可移动文物（古建筑类）修缮第二个五年（2023—2027 年）计划》。实施政府投资项目，如东关竺可桢故居维修等，总投资达 180 万元。实施政府补助项目，如崧厦陆家石牌坊等，总投资 200 万元。

【运河保护区划内住宅有机更新导则编制】 编制《全国重点文物保护单位大运河—虞余运河驿亭段保护区划内居民住宅有机更新导则》，有效解决运河保护区划内居民住宅建设需求与审批周期长、费用高之间的矛盾。

【“城建+文物”审批一件事数字化应用建设】 完成“城建+文物”审批一件事数字化应用建设，实现文物资源动态更新、开放共享。成功植入绍兴市综合治理平台，并连通省文物局大数据中心。（朱宏月）

【上虞越窑青瓷发展保护】 与中科院上海硅酸盐研究所建立合作关系，设立古陶瓷科学研究国家文物局重点科研基地上虞工作站，启动建设曹娥江流域越窑青瓷基因库，启动青瓷窑遗址申报世界文化遗产。央视直播首届上虞窑“开窑节”。（龚吉丹）

非物质文化遗产

【非遗传承与保护活动精彩纷呈】 2023 年，组织完成民生实事非遗特色活动 12 场，分别走进乡村、社区、商场、学校和文化礼堂等，线上线下参与人数超过 30 万人次。

【非遗活动】 举行“2023 绍兴有戏——非遗兴乡大巡游”（上虞站）、上虞区第六届“孝涌诗路”讲故事比赛、2023 年文化遗产日系列活动、2023 年非遗开学季、东山谢安主题展览、《今在上虞·匠心物语》首期——“水木华光”张齐水红木作品展、《“浙”有好故事》图书分享会暨上虞区“非遗少年”故事沙龙、上虞《孝德文化绘本》分享沙龙、非遗少年游亲子体验活动·竹编体验课、“至虞至乐迎亚运·守艺非遗传匠心”非遗市集——五一特辑、非遗少年游亲子体验活动·叶雕体验课、喜迎亚运非遗共富宣传月等。

【“2023 绍兴有戏——非遗兴乡大巡游”（上虞站）活动】 2023 年 2 月 5 日，2023 年“绍兴有戏——非遗兴乡大巡游”（上虞站）暨下管镇“弘扬伟大建党精神 踔厉践行乡村振兴”主题系列活动在下管镇洙凤村举行，活动包括非遗兴乡大巡游、醉美下管·非遗展演、弘扬建党精神·红色剪纸、孝德上虞·虞舜传说、醉美下管·非遗市集、上虞区非遗保护成果展和孝德上虞·戏曲专场等，用喜闻乐见的非遗宣传展示方式走进基层群众生活，促进乡村振兴，助力共同富裕。

【上虞区第六届“孝涌诗路”讲故事比赛】 2023年6月11日，上虞区第六届“孝涌诗路”讲故事比赛在区文化馆圆满落幕。比赛自4月启动以来，得到了全区各小学和幼儿园的积极响应。通过前期各学校自行组织的初赛以及全区复赛、半决赛阶段的层层筛选，共有小学高段组、小学低段组和幼儿组各10名选手脱颖而出进入总决赛，角逐桂冠。30位小选手同台“飙戏”，讲述浙东唐诗之路沿线一带流传的非遗民间故事，用纯真清澈的童声为非遗注入新活力。

【上虞区庆祝2023年全国“文化和自然遗产日”主题活动】 2023年6月10日，上虞区庆祝2023年全国“文化和自然遗产日”主题活动暨“谢安故事”省遗保护传承主题巡展开展仪式在百官虹蝉公园举行。活动包括《拓片留痕承古今》非遗体验课、至虞至乐·非遗集市、“谢安故事”省遗保护传承主题巡展等。

【2023年非遗开学季活动】 2023年9—10月，上虞区非遗保护中心组织由各级各类非遗代表性传承人、非遗专家等组成的40人讲师团，走进各高校、中小学和幼儿园，为师生送去丰富多样的非遗讲座和实践体验课，累计授课46节，以此拓展非遗进校园的深度和广度。

（凌 敏）

融媒体矩阵

【概况】 2019年6月30日，上虞区融媒体中心（传媒集团）挂牌成立。2020年1月20日，区委明确融媒体中心（传媒集团）领导班子，开始实体化运行。2023年，融媒体中心（传媒集团）聚焦“加强全媒体传播体系建设，塑造主流舆论新格局”目标，紧紧围绕“学习宣传贯彻党的二十大精神”年度工作主线，锚定“提质增效、争先进位”总目标，坚持“全面争先、全市率先、全省领先”工作标准，以青春融媒的实干担当赋能上虞全面建设“青春之城”。

【年度荣誉】 《一个端口构建融媒服务新生态》工作经验在浙报集团省市县贯通融媒创新研讨班作交流发言。全省唯一一个融媒飞手实训基地落户上虞。中心获评省域媒体融合技术一体化技术创新示范单位。“百观”新闻客户端获2023年度浙江县级融媒体中心协作潮鸣号。媒体资产精细化管理模式获2023年度省广电科技创新节目金潮奖。

【主流舆论宣传】 围绕“八八战略”实施20周年、学习贯彻习近平新时代中国特色社会主义思想主题教育、全面建设“青春之城”、谢晋诞辰100周年等精心策划报道方案，推出《深入实施“八八战略”大力推进“一号工程”》等专题专栏40余个，全力唱响主流声音。展示青春元素。策划推出贯穿全年的“青春之城”建设主题宣传报道方案，推出“上虞正青春”栏目，安排策划“展青春”“悦青春”“绘青春”“塑青春”“见青春”五大子栏目，充分展现“青春之城”五个十大总体部署下的城市青春活力。以外宣工作专班带头，围绕区委区政府重点工作、上虞特色亮点深入挖掘报道，积极对接央视频、潮新闻等上级媒体，上虞城市形象在各大省级以上媒体频频“出镜”。2023年在省级以上媒体刊发730余条，其中《“千万工程”实施二十年 描绘村美人和共富新画卷》报道登上央视《新闻联播》头条。

【媒体传播平台】 启用融媒体信息中心，上线百观3.0版本，重构“策、采、编、发、评”智能一体化全媒体业务流程，为后续的媒体深度融合提供强有力的技术支撑。运用新技术赋能传播效能，在全市率先启用人工智能虞小娥，让新闻动起来、活起来、亮起来。加快传统媒体转型升级步伐，扎实推进频道改版、节目改制。报纸擦亮“金字招牌”，做好深度报道，《谢晋特刊》等大气厚重，让人耳目一新；电视推动频道调改、新商都频道改版升级，打造《悦青春》《游在上虞》《主播探店》等一系列短视频专栏，让老牌节目年轻化。电台推动视频化改造，推进《897身边的朗读者》平台品牌化建设，取得较好社会反响。公益广告

《一句“可以”，一身“温暖”》获得2023年省公益广告一类扶持，且全省排名第一，是绍兴地区唯一获此殊荣的作品。新增百观拍客、图说、上虞时刻、记者帮帮等模块，持续开发强关联、长周期的运营活动，发放新春消费券、家电消费券、购物节消费券等各类型消费券 12 轮，提升客户端用户黏性。其中，“浙东新商都购物节消费券”发放期间，最高日活超11万人。

【传媒产业】 传媒集团实现实体化运作。成立经营管理部，定期召开月度经营工作会议、总经理办公会议，统筹传媒集团内部管理事务。先后出台《年度综合绩效考核办法》等制度性文件，搭建传媒集团经营管理制度的四梁八柱。“新闻+”模式深化创新。传媒报业、会展、文创、影视等四家子公司按照“执行一批、对接一批、跟踪一批、策划一批”的工作要求，积极进取保存量扩增量提质量，2023 年完成总营收6000 余万元。围绕“新闻+”延伸产业链，展厅布展等市场领域已初具成效（完成4个展馆布展），文旅、数字新赛道已作初步尝试。（贺明辉）

广播电视

【概况】 完成区内20户以上自然村、主要江河堤塘、工业园区、学校（幼儿园）、公园景区、商场市场、医院等重点人员集聚地段区域 1436 套应急广播终端的安装调试，在全省率先实现应急广播全域覆盖；一体化推进老旧小区与农村光纤入户改造，完成89个行政村4万农网用户和10个老旧小区0.7万用户的FTTH网改建设，实现全区行政村光纤入户全覆盖，农村地区全部达到100~500兆接入条件，部分地区达到1000兆接入条件。

【数字电视宣传工作】 坚守党媒政网角色定位，以数字电视开机广告等形式播放亚运会、全国文明城市创建、安全生产、森林防火等宣传标语、公益广告309次，以流动字幕等形式播放防台防汛、供水讯息等信息6800余条次，利用有线服务频道播放《浙里新风虞尚十礼》宣传片、文明城市创建宣传片228次，播放亚运会《同爱同在》等各类宣传片40余次，在“我们上虞”本地信息化电视平台制作播出美丽上虞、美丽乡镇、平安村居等地方特色内容，利用“一镇一品”电视宣传栏目发布信息500余条次。

【广电助力基层治理】 年内，深化“三线”长效管理机制在基层治理领域的应用，以智慧化运营管理平台牵引，实施城乡“三线”整治闭环管理，被上虞区政府作为案例在绍兴市打造最清洁城市行动专题会议上进行典型交流，在深化“千万工程”全国现场会谢塘考察点作为样板项目参展，被绍兴市作为上虞区基层治理创新样板计划在全市范围内推广应用；依托完善的视频监控网络平台，创新运用AI、AR等新技术，配合公安局、应急管理局、水利局等有关部门加强监督管理，推动治理提质增效。

【智慧广电创新驱动】 年内，在丰惠、小越、丁宅等乡镇街道推出银龄康养老年智慧化管理服务项目，利用互联网+养老服务‘银龄康养’智慧服务平台及智能手表等终端，为600多位独居老人提供安全监护、健康管理、贴心服务、情感陪护等全方位居家养老服务；在丰惠、岭南、上浦、下管、崧厦等乡镇街道建设共富驿站；参与曹娥街道博文未来社区、百官街道金鱼湾、卧龙未来社区建设；研发上虞区大数据政府门户网站项目，构建数字上虞总门户以及数字政府门户；创新运用软硬件集成，开发落地区便民智慧民生服务大厅项目、自助政务服务项目、政务服务 2.0 信息化系统项目、浙江省杭州湾经开区智慧园区数字化平台业务应用系统软硬件甄选项目、区水利工程项目大数据监督平台项目、区数字政协履职建功双指数应用平台、区工程项目大数据监督平台（政府投资项目实时监管系统二期）、区水利工程大数据监督平台开发项目等项目，成功上线竞跑平台、治水办、一码管地等区级特色应用。

【亚运安播完成】 年内，建立健全公司安全工作领导小组及其网络安全、播出安全、内容安全、设施保护、施工安全等8个专项工作组，层层签订安全责任状，与7个外部设备维保等单位签订安全责任书，修订《内容安全管理办法》等30余项安全管理制度和安全预案及应急处置流程。深入开展迎亚运安全隐患大排查、大整治、网络资产安全评估等工作，投入值班值守 6857 人次，巡线 1800 余公里，消除安全隐患 2 处，抢修光缆中断故障 69 起，圆满完成亚运安保任务。

【中广服务】 年内，推进“好服务在中广”系列活动，深入开展“套娃”收费和操作复杂专项治理行动，以 96371 平台为牵引，迭代升级装维服务规范 2.0，完善服务工作制度、流程，狠抓服务质量监督，报障电话接通率 93%，服务回访率 100%，成功处理各类信访投诉咨询件 137 件。累计开展地推活动 130 余次，现场为群众办理数字电视、宽带、广电 5G 192 电话新装、缴费等业务；改进装维营一体化工作机制，推广应用掌上营销服务系统，第一时间解决安装维修问题，定期上门开展线路检测、机顶盒调试等服务。扩大智慧家庭场景应用。完善产品供应链建设和商品询价议价机制，用好“政采云”“村集体商城”平台资源，设计“家的守护”套餐，推出家庭路由器、360 摄像头、智能门锁等智家产品，打造智慧家庭应用新场景。紧抓广电 5G 推广契机，深化固移融合文章，设计 5G+慧家融合套餐，推广广电 5G 号卡近 2.7 万张；推进广电 5G 产业化应用，推出 5G+对讲机、5G+APD 项目，推动 5G 产品在应急指挥、经济普查领域的扩展。（赵怡楠）

【上虞区应急广播全域覆盖（升级扩容）项目通过验收】 上虞区应急广播全域覆盖（升级扩容）项目于 2023 年 7 月正式开工建设，于 2023 年 10 月底完成建设任务，并于 2023 年 10 月 30 日完成初验并试运行，于 2023 年 11 月 30 日完成正式验收。（陈 剑）

文化市场管理

【概况】 全区共有文化市场经营单位 804 家，其中文化类场所网吧 22 家，歌舞娱乐场所 35 家，游艺娱乐场所 16 家，剧本娱乐场所 10 家，演出经纪机构 4 家，演出场所 1 家，旅行社 19 家，艺术品经营单位 5 家。新闻出版类印刷企业 181 家，出版物经营单位 87 家，电影院 12 家。文保单位 116 家，文保点 75 个。网络文化及广播电视节目制作 50 家。校外培训机构 171 家。

【文化市场整治】 2023 年，共出动检查人员 5084 人次，出动 1089 次，检查文化经营单位 2556 家次、文保单位 113 家次、旅游经营单位 41 家次。共开展文旅市场“两创”迎检、未成年人禁入检查、校园周边出版物市场、印刷企业等各类专项行动 20 余次；完成跨部门联合双随机检查任务 33 次。共办理文旅市场行政处罚立案查处 55 件，其中，立案查处 3 起重大未批先建破坏文保单位的建设工程案，分别依法做出 30 万元、8 万元、5 万元罚款的行政处罚；著作权案件 6 件，没收非法出版物 223 件；旅游案件 2 件；艺术培训机构 1 件；酒店案件 16 件（主动提供一次性用品的行为）；处理文旅市场信访、举报 14 件；立案查处 6 起 KTV 违规超时营业行为。

【“护航亚运”消防安全大排查大整治】 2023 年，以签订消防安全承诺书以及自查自纠责任书的签订推进落实场所的主体责任，覆盖网吧、歌舞娱乐、剧本娱乐等三类重点场所 70 余家。在元旦、“五一”、亚运等重点时节，集中力量开展重点文化场所安全隐患排查整治。全年实现场所隐患排查 5 次全覆盖。共发现安全隐患 53 处，均落实安全专员清单化管理并整改闭环，对 11 个存疑隐患抄告相关部门处理。同时对第三方移交的 300 余个消防安全隐患全部整改到位。

【普法宣传】 2023 年，区文化市场行政执法队走运河巡塘路进村社，开展线性文保单位普法宣传。围绕线性文保单位破坏事件频发现象，走进大运河、百沥海塘、萧绍海塘等线性文保单位沿线 10 个重点乡村村委，普及《中华人民共和国文物保护法》，发放倡议书、张贴宣传展板，实地踏看检查。通过法制栏目对宾馆（酒店）垃圾分类执法检查实时报道宣传。在《法制上虞》栏目，倡导民众绿色出行，深化住宿业源头减量意识。送法走进电竞酒店，面对面引导业主规范经营。将《中华人民共和国未成年人保护法》及《电竞酒店管理规定》送到经营业主手上，严禁接纳未成年人，引导电竞酒店合法合规经营。

【文化旅游领域营商环境优化】 依职责优化对文化经营单位的服务和引导。结合“3·18”“4·26”等时间点，加大网络文化企业、电竞酒店、线性文保单位的保护、图案著作权保护等重点领域普法力度。根据文旅化市场投诉办理规定，进一步规范信访投诉的办理流程，及时处理及时答复，做好普法和调解。在处罚作出后，主动向当事人传达信用修复的相关规定及流程，督促其及时履行整改到位，尽早修复信用。（朱妙琴）

孝德文化

【概况】 2010 年 5 月，上虞被命名为“中国孝德文化之乡”。同年 8 月，上虞孝德文化研究会成立，致力于打造新时代孝德文化传承地。2023 年，上虞区孝德文化研究会的主管部门，由区文联转为区社科联。年内，在原有 11 个孝德教育基地的基础上，4 月和 5 月先后在陈溪与下管新建孝德文化研学基地。

【孝德文化研究会第三届会员大会召开】 选举产生新的领导班子。新一届理事成员从原来的 13 人增补到 15 人。增设 4 位常务理事，分别协助会长从事理论研究、孝德宣讲、志愿活动和文档整理工作。

【孝德理论研究与宣传】 会刊《人伦之光》（试刊 2）编印，连环画《倪元璐》《状元梁国治》出版，生动形象地展现古代两位乡贤忠君爱国、孝亲敬老精神。5 月，借浙江理工大学科艺学院在古城丰惠开展第五届孝文化节之际，成立浙理人文学院孝德文化讲师团。（陈秋章）

收藏文化

【概况】 上虞收藏家协会于 2006 年 9 月 30 日召开成立大会，党建领导机关是中共绍兴市上虞区社会组织综合委员会，业务主管单位是绍兴市上虞区文化广电旅游局。协会下设 1 个鉴定委员会、7 个专业委员会、1 个书刊收藏交流中心。专业委员会分别为红色收藏专委会、瓷器收藏专委会、玉器收藏专委会、票证收藏专委会、钱币收藏专委会、书画收藏专委会、杂项收藏专委会。协会现有会员 500 余人。12 月 4 日，协会获区民政局公布的社会组织党建工作示范点；12 月 22 日，红色收藏馆被区文广旅游局公布确定 2024 年获得政府扶持补助资格。

【收藏文化展览】 上虞收藏家协会组织或参与举办展览 8 场。

文化艺术展示馆二楼展厅举办展览 6 场，分别为：1 月初的文物保护与十二生肖展览、2 月 19 日的“采撷琳琅”王水鑫先生艺术收藏展、3 月 26 日的书画印墨砚五人联展、7 月 8 日的慈善风采展——上虞区慈善总会二十周年足迹、9 月 16 日的迎亚运上虞体育成就展、11 月 18 日的“永不谢幕”纪念谢晋诞辰 100 周年藏品展。其中纪念谢晋诞辰 100 周年藏品展列入 2023 年度绍兴市社联重点扶持项目。

国庆期间，在红色收藏馆举办革命英雄人物展览。11 月 11 日，在曹娥街道里直街举办“集古素怀”乐甓斋藏金石小品题跋展。

【红色收藏馆建设】 2023 年借着解放街步行街“双拥一条街”打造的契机，红馆投入资金 10 余万元，打通消防通道、拓展藏品展区、布设视频监控、游客统计设备等提升工作顺利完成。2023 年度浙理工科艺纺服学院红色教育实践基地、双拥教学点、红领巾 e 站 1013 阵地、虞娃娃红色教育基地落户红馆。截至 2023 年 12 月，上虞有 11 个单位在红馆挂牌，作为红色教育共建基地。2023 年，上虞区收藏家协会、区新四军历史研究会、区档案馆三家单位协助央视拍摄《英雄功臣——沈树根》专题片。

【收藏研讨会】 上虞收藏家召开研讨会 3 场：2 月 19 日在文化艺术展示馆举办王水鑫先生艺术收藏研讨会、9 月 23 日在普净寺举办王国瑞先生国画与人生研讨会和 11 月 14 日在上虞国际大酒店举办老窑瓷学术研讨会。（王力军）

卫生健康

综　述

【概况】 2023年，全区共有医疗机构383家。其中，公立综合性医院2家，中医医院、妇幼保健院、皮肤病防治院、急救分中心各1家，街道社区卫生服务中心6家，乡镇卫生院13家，社区卫生服务站98家，村卫生室111家，民营综合性医院3家，中医医院、精神病专科医院、护理院、护理站、中医门诊部、医疗美容门诊部各1家，眼科医院2家，综合门诊部5家，口腔医院3家，口腔门诊部7家，各类诊所106家（含中医诊所26家）；机关企事业单位医务室16家，医学检验实验室1家。

卫健系统（公办）年末总资产24.24亿元，全年卫生健康事业经费7.12亿元。全区有病床4814张，每千人拥有床位数6.0张，其中非公立医疗机构床位占32.46%。卫技人员6246名，其中执业（助理）医师2750名，平均每千人拥有执业（助理）医师数3.43名；注册护士2680名，平均每千人拥有护士数3.34名。

【健康上虞建设】 健康浙江考核优秀，实现“五连冠”，考核得分列全省第12位、绍兴市第1位；高分通过国家卫生城市复评和全国基层中医药工作示范区、国家慢性病综合防控示范区省级评审；优化生育政策体系被国家卫健委专刊推广，被省人口均衡发展领导小组办公室发文推广，并在全省卫生健康工作会议上作书面典型介绍；卫生健康行政执法效能建设、基层卫生健康综合改革、卫生强镇建设等三项工作分别在省专题会议上作经验介绍；国家基本公共卫生服务项目省级现场评估受全省通报表扬；医养结合“健康管家”服务工作被省《竞跑者》刊发，并被列入全省共同富裕实践观察点名单，被评为健康浙江行动省级样板、绍兴市共同富裕示范区最佳实践；上虞区中医医院晋升省三甲，上虞妇幼保健院在全国妇幼保健机构绩效考核中名列43位，省内县区级妇幼保健机构中位列第一，丁宅乡卫生院省级绩效考核晋升A类。

【共同富裕健康】 召开“健康浙江”考核工作推进会，开展2项公共政策和1项重大工程项目健康影响评价，启动7家“无废医院”建设。优化生育政策体系，制定出台《上虞区优化生育政策（试行）》，围绕卫生健康领域5项生育支持政策，加强宣传咨询和申报审核，兑现落实3722名符合条件二孩三孩家庭优化生育补助资金1582.28万元。深化医养结合服务，探索开展医养结合“健康管家”服务工作，针对社区居住、居家卧床、集中养老、重点特需等4类老年人，探索建立线上线下相融合的健康服务模式。实施65岁以上参加城乡居民医保“两慢病”患者门诊免费项目，全区“两慢病”患者就诊70.5万人次，财政保障747.1万元，惠及65258人，占94.03%，两次得到区委主要领导批示肯定。

【民生实事和重点工程】 稳步推进重点人群疫苗接种、疾病筛查、健康体检等民生项目，完成接种流感疫苗46183剂次，完成率100.05%；肺炎疫苗5509剂次，完成率100.16%；结直肠癌免费筛查38117例，完成率183.70%，结直肠镜检查2939例，完成率195.93%；慢阻肺免费筛查23804例，完成率102.6%，检查肺功能3070人，其中高危人数占9.54%；参保城乡居民健康体检28.59万人，省级任务完成率163.37%，市级任务完成率 157.08%。完成 3 家三级公立医院托育机构备案并开始收托、15 个未来社区（现代社区）托育服务设施全覆盖，7 家托育机构通过等级评审，2 个“医防护”示范儿童健康管理指导中心获得省市认定。全区托育服务机构（含驿站）90 家、托位 3436 个，每千人拥有托位数 4.31 个。上虞区中医医院医用综合中心二期完成年度投资额 6600 万元，年度投资完成率 101.54%；上虞区疾病预防控制中心公共卫生科技实验楼完成年度投资额 4250 万元，年度投资完成率 106.25%；上虞妇幼保健院拆建提升工程、第二人民医院病房改造工程于 5 月完成。　（张鑫培）

疾病预防与控制

【概况】　2023 年未发生甲类传染病疫情，报告乙类传染病 14 种 4887 例，死亡 7 例（艾滋病 5 例、结核病 2 例），报告发病率 571.23/10 万，报告发病率较 2022 年上升 239.40%。报告丙类传染病 5 种 22452 例，无死亡病例，报告发病率 2624.37/10 万，较 2022 年上升 155.36%。传染病网络报告率、审卡及时率、报告及时率均为 100%。共报告处置国家突发公共卫生事件网报 6 起，其他聚集性疫情 191 起。

【疾病预防控制体系完善】　2023 年 5 月 31 日，挂牌成立绍兴市上虞区疾病预防控制局，稳步推进疾控体制机制改革。

【霍乱防控监测】　全区医疗机构自 5 月 1 日至 10 月 31 日开设 7 家肠道门诊，对腹泻病人做到“有泻必采、有样必检、及时送检”，未设立肠道门诊的其他医疗机构做到“逢疑必采、有样必检”。共监测 966 份腹泻病人标本，检出霍乱弧菌非 O1、非 O139 群无毒力株阳性 1 份；检测海水产品标本 200 份，检出霍乱弧菌非 O1、非 O139 群无毒力株阳性 7 份；监测水标本 310 份，均阴性。

【艾滋病综合防治工作】　共报告新发艾滋病病人和艾滋病病毒感染者 27 人。开展各类人群艾滋病病毒筛查 174235 人，占常住人口的 21.91%。开展各项艾滋病随访管理工作，现存活艾滋病病人和艾滋病病毒感染者 332 人，随访率 100%，治疗率 96.39%，病毒载量检测率 96.66%。

【结核病防治工作】　医疗机构结核病门诊可疑者就诊 322 人，查痰 318 例，查痰率 98.76%。其中，活动性肺结核 216 例，检出病原学阳性病人 158 例；肺结核可疑病人转诊 292 例，转诊总体到位率 99.66%；应追踪病人 283 例，追踪到位率 100%。肺结核患者病原学阳性率 83.09%，初治菌阳肺结核患者耐药筛查率 96.21%，肺结核患者治疗成功率 92.72%，肺结核患者管理率和规则服药率分别为 96.10%、96.30%。上送痰标本 386 份，对 1223 例病人进行（GeneXpert）检测。

【免疫规划】　共接种各种常规免疫疫苗 137960 剂次，常规基础免疫“八苗”单苗报告接种率和调查接种率均达 95%以上。常规疫苗接种共报告疑似预防接种异常反应(AEFI)病例 207 例，其中一般反应 205 例，异常反应 1 例，偶合症 1 例，对所有病例进行调查处置并进行网络报告，报告率、调查及时率均为 100%。共接种非免疫规划疫苗 185734 剂次，接种狂犬疫苗 42787 剂次。第二人民医院、百官街道社区卫生服务中心创建为省级预防接种示教培训基地。

疫苗冷链监控系统升级达到《浙江省疫苗冷链监控系统建设与管理指导意见》要求，自动对冷链设备温度进行不间断采集，对接市场监管局“浙苗链”系统，每日 2 次自动上传冷链温度，有效对各接种门诊冷链运行进行监管。全区所有接种单位接种均使用“浙江省疫苗和预防接种综合管理系统”，实现疫苗管理、接种健康询问、登记、接种、一验证全程信息化管理，全面落实扫码接种工作，实现疫苗电子监管码全程可追溯。

【地方病防治】　继续巩固血吸虫病防治成果，将上虞区血吸虫病风险隐患最大的章镇镇大钱村、陈墩村设为省级血吸虫病监测点。对近 5 年历史有螺面积，采取巩固性扩大药物灭螺，对流动人口开展病情监测。共查螺 38 个村，查螺 195 个条块，设框 44248 框，查螺面积 12.034 万平方米，未查出钉螺。共监测流动人口 873 人，全部阴性。对丰惠、永和 2 个乡镇的 128 头 2 岁以内的耕牛血检，结果全部阴性。

疟疾监测“四热病人”1068人次，共复核108张血片，结果阳性4张，阴性104张。监测布病高危职业人群458人，检出布病抗体阳性15例，阳性率3.27%，判定新发布病病人10例，新发感染者2例，历年阳性者3例；新发阳性中职业人群6例，非职业人群6例；培养出菌株3株。

【社区慢性病防治工作】 全区报告社区高血压管理患者数共计101708人，管理患者数94010人，发现率12.79%；规范管理高血压患者数70583人，规范管理率75.08%，血压控制患者数72613人，血压控制率77.24%。全区糖尿病登记患者数共计26495人，管理患者数24015人，发现率3.33%；规范管理糖尿病患者数共计17848人，规范管理率74.32%，空腹血糖控制患者数16195人，空腹血糖控制率67.44%。

在管严重精神障碍患者共计4013人，其中有过危险性评估3级及以上22人。全区严重精神障碍患者报告患病率（即检出率）5.05‰，规范管理率98.95%，规律服药率6.36%，面访率99.70%，体检率87.86%；在册精神分裂症患者数2207例，精神分裂症患者规律服药率95.79%。

连续10年肿瘤登记数据收录全国肿瘤登记数据库，连续12年被评为全国肿瘤登记工作杰出贡献奖。圆满完成省级慢性病综合防控示范区的复审。（张鑫培）

妇幼保健

【概况】 全区本地户籍活产2893例，产妇2867例，早孕建册2835例，系统管理2830例，产后访视2867例，早孕建册、系统管理、产后访视率分别为98.00%、97.82%、99.10%。检出高危孕产妇2257例，高危检出率78.73%，高危管理率100%，本地户籍剖宫产率37.61%。本地孕产妇死亡率连续10年为0，本地5岁以下儿童死亡率为1.38‰，婴儿死亡率为0.35‰，新生儿死亡率为0.35‰，产前筛查率为98.36%。7岁以下儿童保健覆盖率为97.89%，3岁以下儿童系统管理率97.29%，新生儿访视率99.69%。新生儿疾病筛查3393例，筛查率为99.56%；听力筛查3387例，筛查率为99.38%；6个月内母乳喂养率为80.80%，免费叶酸发放4773人。

【婚前医学检查】 婚检1975对，婚检率98.69%。

【托幼儿童体检】 体检托幼机构工作人员2964人，体检率100%；办理健康证2964人，体检合格率为100%。全区在园儿童数19898人，体检率100%。

【适龄妇女宫颈癌、乳腺癌筛查】 完成免费宫颈癌检查13110人，免费乳腺癌检查13738人，筛查出宫颈癌5例、乳腺癌11例，辖区宫颈癌检查率和乳腺癌检查率分别达147.30%和103.73%。

【预防艾滋病、梅毒、乙肝母婴传播工作】 全区接受艾滋病、梅毒、乙肝检测和咨询孕产妇4927例，检测咨询率100%，发现艾滋病阳性产妇3例，未发现HIV阳性儿童。发现乙肝阳性孕妇140例，乙肝阳性产妇所生新生儿99例，阻断治疗率100%。

【均等化服务】 区外流动人口产妇数为1479人，活产1483例，建册1479人，建册率100%。

【托育服务】 共有备案托育机构21家，其中市示范级托育机构1家。新设医防护三位一体儿童健康管理中心6家，医院办托3家，上虞妇幼保健院在院内成立区托育综合服务中心。全区累计建设托位3436个，千人托位数4.31，入托率17.61%。开展婴幼儿养育照护服务，全年开展婴幼儿养育小组活动104场，共计约450个家庭参与。创新“医育结合”模式，每季度开展幼儿健康体检和健康教育指导，共完成2轮服务，覆盖全部已备案的托育机构。（张鑫培）

医政药政管理

【概况】 全年公立医疗卫生机构门诊560.13万人次，较上年增加41.55%；出院139048人次，较上年增加35.50%；区级医院床位使用率91.38%。

【邵逸夫医院绍兴院区建设】 配合做好学科规划、人才储备培养、设备计划编制工作，招聘卫技人员271人。围绕医疗业务协同发展、科研技术协同提升、医务人员协同培养，拟制并完善浙大邵逸夫医院与上虞区医疗机构合作方案。

【区域医疗质量整体提升】 制定医疗质量整体提升行动方案，推进区域医疗服务优质均衡发展。等级医院复评顺利完成。上虞区中医医院3月通过浙江省第四周期三级甲等中医医院评审，上虞第二人民医院6月通过浙江省第四周期二级甲等综合医院等级评审，上虞人民医院胸痛中心通过国家胸痛中心认证。

【优质医疗资源扩容】 继续深化区级医院与杭州、上海、北京、广州等城市大医院长期合作关系，新建名医专家工作站（室）7个，上虞妇保院挂牌成立浙江大学医学院附属儿童医院上虞区儿童中心，全面提升儿童保健服务能力。

【医疗纠纷专项整治】 制定医疗纠纷专项整治方案，24家医疗机构排查整改医疗服务问题79个。建立医德医风“双查双改”机制（即个案调查与面上排查相结合、个体整改与面上整改相协同），从根本上减少医疗纠纷、提升行业风气。

【院前医疗急救网络和管理体系建设】 完成下管、汤浦、岭南、小越4个急救分站建设和40名基层院前急救人员培训。全年受理120急救电话43639个，较上年下降19.62%；平均摘机时间4秒，较上年下降20%；平均调度时间59秒，较上年下降1秒；院前急救出车16430次，较上年下降4.0%；交通事故出车3957次，较上年下降15.61%；总救治病人数13706人次，较上年减少1.95%；平均出车时间1分30秒，较上年减少19秒；平均急救反应时间13分28秒，较上年减少67秒；空车1521次，空车率9.26%，较上年增加0.37%；病人及家属“120”服务综合满意度96.75%。

【无偿献血】 继续实施“街头献血与团体献血并重、深化志愿者献血”模式，全区自愿无偿献血率100%。全区全年采血量245.75万毫升，用血量228.4万毫升，无偿献血占临床用血量107.60%。开展自体输血活动，自体输血率为16.53%，未发生严重血液质量事件、安全事故（责任事故），保障临床用血安全。（张鑫培）

基层卫生服务

【概况】 街道社区卫生服务中心6家（不含崧厦），乡镇卫生院13家，社区卫生服务站98家，村卫生室111家。

【医共体深度融合】 制定《关于进一步推进医共体深度融合的指导意见》，上虞人民医院、上虞区中医医院两大医共体成立七大慢病诊疗指导中心，推进丰惠、上浦分院的紧密型医共体试点。推进“双下沉”工程，两家医共体共下沉专家4558人次。提升县域医共体内涵建设，县域就诊率和基层首诊率分别稳定在90%和67%以上。

【优质服务基层行】 丰惠镇中心卫生院、东关街道社区卫生服务中心、道墟街道社区卫生服务中心接受“推荐标准”市级回头看，百官街道社区卫生服务中心和盖北、上浦、汤浦镇卫生院接受“基本标准”市级回头看；全区40%的基层医疗机构可提供住院服务，基层床位使用率69.23%。1支团队、2名医生和1名护士分别获得浙江省“家医党员先锋团队”“优秀家庭医生”和“优秀社区护士”荣誉。印发《基层全科医生能力提升培训方案》，采取“线上+线下”“培训+实训”等形式，开展模块化周期性培训。

【家庭医生签约服务】 开展新一轮常住居民家庭医生签约服务，签约居民54.04万人，重点人群签约率达97.43%。建立居民电子健康档案67.62万份，建档率85.01%。65岁及以上老年人体检12.84万人，体检率76.79%。

【村卫生室优化提升】 新建村卫生室10家、巡回医疗点6个，规范化改造提升10家，超额完成三年行动年度计划。全区村级医疗卫生服务覆盖率98.2%，规划内村卫生室规范化率达到97%。（张鑫培）

【药事服务便民行动】 突出“一老一小”群体，探索四员联动社区药事服务机制，打造一批高质量高效能的民生药事服务站，为群众提供用药用械指导、个人药案、免费中药切片打粉等一站式公益性服务项目。

2023年新增民生药事服务站2家，累计建成民生药事服务站10家，建成现代社区药事便民服务站3个，累计为群众提供专业药事服务近20万人次。（陈　琴）

医教科研

【概况】　制定科研奖励办法，科研项目申报数量实现翻番。上虞人民医院成立卫生健康领域首个由企业家捐资设立的医学科研奖励金。开展名优医师评选，评选出第三届“上虞名医”和首届“基层好医生”各10名。

【科研论文】　科研项目立项共67项，其中厅局级15项、市级11项、上虞区级41项。发表论文20篇，其中SCI9篇，一级杂志1篇，二级杂志9篇，普刊1篇。

【初级卫技人员继续教育培训考试】　综合类初级卫技人员继续教育参考人员1128人，完成在线学习1128人，完成率100%；专业课考核通过1110人，合格率98.4%；公共课考核通过1121人，合格率99.3%。

【医学继续教育项目申报举办】　举办医学继续教育项目100个，其中国家级医学继续教育项目4个，培训人次数758人；省级医学继续教育项目15个，培训人次数1031人，各类继续医学教育项目和培训人数明显增加。

【乡村医生注册培训】　全区130名乡村医生参加注册培训，全员完成培训，考核合格率100%。

【社区护士岗位培训】　全区15名社区护士全员完成岗位培训，考核合格率100%。

【继续教育合格证申领】　全区129名初级卫技人员和360名中高级卫技人员申领中高级卫技人员继续医学教育合格证明。

【中医中药】　持续引进国内外各种疗效确切的中医特色疗法，加强上虞区中医医院的绍兴地区首个中医经典科建设，开展基层中医馆内涵建设，谢塘、曹娥两家社区卫生服务中心中医馆成功创建为绍兴市旗舰中医馆。扎实推进全国中医药示范县（市、区）创建工作。打造全链条中医文化进校园，建成集参观体验互动、普及健康知识、校内校外联动三大功能于一身的上虞城南中学中医药文化陈列馆、草木园等中医药文化核心基地，让学生了解中医药、相信中医药、选择中医药。新引进北京中医药大学第三附属医院黄金昶教授浙江工作站、全国老中医药专家学术经验继承人董雷呼吸科名医工作室、宋欣伟全国名老中医药专家传承上虞工作站3个工作站。（张鑫培）

卫生监督

【概况】　全年卫生行政处罚件结案383件，其中简易程序26件，一般程序356件（含36个大要案），罚没款共计219.9万元。共作出初次轻微违法行为不予处罚决定114件，非现场执法案件22件，移送公安非法行医案件1件。2个行政处罚件案件被评为绍兴市卫生行政处罚优秀案件，1个许可案例获市司法局通报表彰。1个行政处罚案件被评为全省卫生健康行政处罚十大优秀案例。共受理投诉举报85件，其中非法行医举报案件43件、医疗卫生9件、消毒产品1件、公共场所卫生16件，控烟1件，职业卫生14件，计划生育1件，已全部办结，查证属实25件，立案处罚25件。

【“双随机”检查】　累计抽取国家“双随机”检查任务共358家，省级“双随机”任务数271家，完结率均100%。国家“双随机”来源案件数106个，省级“双随机”来源案件数81个。跨部门联合双随机监管率（联合任务率）52.5%，跨部门联合检查率61.99%。

【监管场景建设】　新增“游泳场所三色分级智能监管”“洁具清洁智能监测管理”“职业健康在线”等监管场景建设工作。对17家游泳场所在加装新水智能流量计的基础上同时对5家全年开放的游泳场所加装控烟监控及人流量监控场景，“游泳场所三色分级智能监管”总接入率达41%，新证接入率100%。对已接入“浙江省住宿卫生在线”平台的16家住宿场所以及2

家亚运接待备选酒店，在已安装消毒间消毒场景监管基础上，完成亚运接待备选酒店消毒间消毒、棉织品流转、洁具清洁及抹布使用等全场景监管，其余住宿场所加装洁具清洁场景监管。

【“数智卫监”建设】 2家职业病防治重点企业水泥生产企业接入省“职业健康在线”，3家三级医疗机构、1家二级医疗机构、1家民营医院接入省“医疗机构院内感染重点环节风险智控”平台。对系统推送的各类风险预警单位进行现场核查，办理非现场执法案件22件。

【执法与服务并重】 建立“预防为主、轻微免罚、事后回访、再违严惩”的服务执法模式，共计办理职业卫生案件82件，其中初次轻微违法行为不予行政处罚案件58件。

【职业卫生分类自查、画像、风险化解】 通过微信宣传指导教育、上门宣教等方式指导企业利用“浙里卫企在线”规范开展工作，分类审核完成率92.31%，自查提交率100%。画像完成率96.46%，风险化解率96.33%。

（张鑫培）

爱国卫生

【国家卫生乡镇建设】 将卫生乡镇巩固纳入美丽绍兴建设、健康上虞建设、“三区一镇”工作目标责任制考核指标体系和党委政府重点工作清单，全区所辖的13个乡镇全部创建成为“浙江省卫生乡镇”，11个乡镇通过“国家卫生乡镇”的省、市级暗访评估，相关经验做法在全省卫生乡镇建设高质量发展暨绿色环境打造专项行动现场推进会上作交流发言。

【样板村镇建设】 实现省级卫生村全覆盖，创建省级健康村87个，省级除四害村23个。其中岭南乡被评为省级健康乡镇样板，东关街道担山村被列为省级卫生村样板，东关街道凌江村、章镇镇泰山村、岭南乡东澄村被列为省级除四害村样板。

【健康素养进文化礼堂】 组建健康科普专家团队，按照“菜单式点单”模式，对全区273所农村文化礼堂进行科普知识宣讲活动。

【病媒控制】 创建省级除四害村23个，省级除四害样板村3个。全区20个镇街投入340余万元，通过政府购买服务的方式，招标PCO公司对重点公共区域病媒生物进行定期专业化消杀，坚持做到“四统一”（统一计划、统一时间、统一药物、统一投放），并做到规范用药。

（张鑫培）

医疗保障

【基本医保参保】 重点抓好基本医保参保工作，建成全市覆盖面最广的基本医疗保障网，2023年全区户籍人口基本医保参保70.35万人，户籍人口参保率99.99%，连续五年全市第一。全力推进“越惠保”参保缴费工作，2023年全区参保51.18万人，参保率70.59%，截至2023年12月31日，上虞区2023年度“越惠保”合计赔付4166.04万元，赔付人数12841人，赔付人次67181次，赔付率81.40%，单人最高获赔26.34万元。

【医保数字化改革】 持续推进“互联网+医保”建设，四家区级医院均已完成医保移动支付改造和互联网医院建设，定点医疗机构（除两家医务室外）全部实现区块链电子医疗票据互联互通，全区二级以上定点医疗机构和所有定点零售药店均已成功接入国家电子处方流转平台，人民医院、妇保院、二院开通生育津贴“免申即享”服务。

【医保基金使用监管】 2023年，监督检查医保定点医药机构共167家，监督检查率为100%，合计追回（拒付）医保违规金额982.9万元。以医保基金监管集中宣传月活动为契机，通过线上线下多种方式，加大医保政策法规宣传力度，组织全区167家定点医药机构、5080余名医护从业人员签订医保承诺书，邀请医保专家、业务骨干为定点医药机构开展基金监管培训20场。组织上虞人民医院医共体、上虞中医医院医共体开展医共体医保行业自律建设，建立起“管理委员会—管理中心—医保办—网格员”四级医保管理网络，筑牢医保基金安全使用防线，2023年7年，两大医共体均被评为绍兴市医保行业自律建设示范单位。

2023年4月3日，绍兴市2023年医保基金监管集中宣传月活动启动仪式在上虞区举行，市、县两级医保部门分管领导，监管工作负责人，市级公立医院分管领导、医保办负责人，上虞区乡镇（街道）、相关部门分管领导，定点医药机构负责人，医保行业协会负责人，"医保专员"等参加会议。

【医保社会监督员队伍】 在全区范围内重新选聘以"两代表一委员"为主的51名医保社会监督员，切实发挥监督作用与参谋咨询作用，当好医保基金使用的"吹哨员"与"参谋员"，开辟医保基金监管新思路新视角，进一步健全医疗保障基金监管体系，构建政府负责、社会协同、公众参与的全社会齐抓共管的"枫桥式"医保基金监管模式。

2023年11月9日，上虞区医保社会监督员工作会议召开，会议通报2023年基本医疗保障基金运行情况，对医保基金监管工作提出新要求，并开展医疗保障社会监督员制度与医疗保障举报奖励制度专场培训。

2023年11月9日，上虞区医保社会监督员工作会议召开（王　瑶　摄）

【医疗救助托底】 建立健全因病致贫返贫长效机制，构建"主动发现""精准识别""梯次减负""保障兜底"四项工作机制，对因病致贫返贫的支出型贫困人员，开展医疗救助追溯报销，定期对困难人员高额医疗费用情况开展核查和及时化解。2023年度困难人员资助参保12276人，资助金额718.15万元，医疗救助20.90万人次，救助资金支出2750.00万元，实现两个100%。

【口腔种植医疗服务提质降费专项行动】 医疗保障分局出台《上虞区口腔种植医疗服务提质降费专项治理方案》，会同驻区府办纪检组、卫健局、市场监管局开展现场监督检查，完成全区29家口腔种植服务医疗机构参与专项治理情况网站公示，制作宣传折页、一封信、宣传短视频等宣贯资料扩大群众知晓率。自4月1日专项治理后，单颗种植牙全流程费用从治理前均价1.3万元降至6000元以内，降幅达50%以上，群众"种牙"获得感、满意度明显增加。

【率先实现跨省异地就医直接结算全联通】 医疗保障分局持续推进跨省异地就医直接结算扩面工作。2023年，全区新增跨省异地就医直接结算医疗机构8家（44家定点医疗机构全部开通跨省异地就医直接结算服务，实现绍兴市首个100%全覆盖）、零售药店106家，新增门诊慢特病跨省直接结算医疗机构35家、连锁药店14家。2023年，省外参保人员在虞就医直接结算10.58万人次，减轻个人医疗费用垫付负担2142.63万元，结算人次、结算费用分别比去年同期增长248.16%、143.38%，有效解决异地参保人员"就医费用垫支、报销费用跑腿"难题。

【创新开展"特殊人群·医保到家"试点】 医疗保障分局率先推行"特殊人群·医保到家"增值服务，为全区老年群体、残障人士、困难人员、新居民和企业员工等特殊人群提供到家到企式精准医疗保障和健康管理服务。在杭州湾经开区设立医保通办点、建设医保驿站，为5万余名园区企业员工及家属提供医保服务。组建专业团队定期为通过专线预约的80周岁以上的老年人、行动不便的残障人士等特殊困难人群提供上门医保业务办理、慢特病、健康管理等服务。面向特困供养人员、低保对象等11类特殊人员解读资助参保政策与医疗救助待遇，由村社专职工作者点对点入户送至符合条件的人员手中，确保资助参保人员待遇享受到位。（章　玲）

体 育

综 述

【概况】 2023年，体育工作紧紧围绕教体局中心工作，不断深化体教融合，进一步增强竞技体育核心竞争力，深入推进学校体育“五大提升工程”，切实完善品牌赛事体系，助力打造上虞体育“重要窗口”。

2023年，创成浙江省首批赛事集聚县和世界休闲城市。全国首届田径接力锦标赛在虞举办，谢震业领衔中国接力队上演亚洲速度。承办亚洲杯木球锦标赛、曹娥江半程马拉松、中外名校赛艇挑战赛等高规格赛事15场次，多项比赛盛况在央视报道。

【体教融合】 组织全区中小学田径比赛、篮球联赛、足球联赛等阳光体育系列赛事20余场次，参与学生达1.2万人次。打造“一校一品”“一校多品”体育特色课程，已累计开设特色体育课程65个。对全区64所学校开展体育工作巡回督查，推进学校体育工作有序发展。推出青少年体质测试大赛、体育技能测评大赛，全区中小学生体质健康合格率达98%以上。百官中学1名学生获世界中学生夏运会体育舞蹈亚军，博文小学获全国小学生篮球联赛浙江赛区冠军，东关中学、小越中学分获全省青少年垒球、棒球锦标赛冠军。全省高校新生体质健康测试，虞籍大一新生体测合格率全省第一，优良率全省第三（全市唯一连续三年排名全省前十），上虞成为全市唯一、优良率连续3年排名全省前10位的区县市，春晖中学位列全省第9位，是省内唯一一所连续3年合格率排名全省前10名的普通高中学校，职业中专在全省职校中排名第9位，再创新高。

【育人与惠民并举】 深入践行“活教育”理念，以体育嘉年华为载体，以体育人、以体立德、以体启智、以体健美的功能不断发挥，促进学生全面发展；小学生免费游泳培训持续17年，2023年，上虞区小学生游泳免费培训服务总人数为2224人（其中包含关工委流动花朵培训学员 204 人），参加考核人数为 2072人，考核合格人数为2066人，合格率为99.71%；考核优良人数为2047人，优良率为98.79%。群众调查满意率为94.33%。近三年来，每年参与培训的人数均突破2000人，培训范围覆盖全区各小学（完小、教学点）。

（吕火良）

群众体育

【概况】 2023年，上虞区承担省、市体育场地类民生实事工程17项，3个村级全民健身广场、2个体育多功能社区、1个笼式足球场、7个百姓健身房、3个体育设施进公园、1条20公里环浙健身步道。新建省级基层体育场地设施16个，全区人均体育场地面积达3.08平方米，获评全省公共体育服务场馆大提升优胜单位。全年举办各级各类群体赛事、阳光赛事200余场次，参与人员达 15 万余人次。新建“体育+公园”项目4个，新建社会足球场、社区运动场、百姓健身房、全民健身广场等15个，新建健身步道20公里，形成15分钟健身圈。

【第27个全民健身节】 第27个全民健身节启动仪式暨2023年长塘春笋运动会，于2023年4月16日在长塘镇桃园村花海举行，活动主题“青春之城 全民健身 乐享生活”。健身节期间，举办了一系列形式丰富、贴近生活的体育健身活动，进一步深化全民健身理念。

来自绍兴市各县市区代表队，以及来自区直部门、乡镇街道、体总成员单位、企业、在虞高校、体育协会的代表和长塘镇师生等近500名运动员参加本次活动。

【全运会荣誉】 2023年6月26日—7月2日，第十四届全运会未完赛群众赛事气排球项目决赛在绍兴市奥体中心举行,来自全国108支队伍参加决赛。上虞区章镇镇镇南村、小越街道越兴社区组队代表绍兴市参加中华人民共和国第十四届运动会气排球比赛，分别获得农村社区女子组冠军，城市社区组亚军，创造绍兴群众体育在全运会决赛上的历史最佳。

【品牌赛事】 以上虞区名义申报世界休闲城市、国家体育产业示范基地，以赛事主办协会名义推荐申报上虞篮球超级联赛、足球超级联赛为国家首批群众"三大球"精品赛事。11月、12月举行岭南覆卮山攀浪节、丰惠祝家庄山地速降赛等常规品牌赛事。创2023年度省级品牌赛事1项（长三角单车山地速降赛），省级体育休闲精品线路1条（上虞丰惠祝家庄（山地速降赛）—皂李湖（骑行）—白马湖（龙舟）），市级品牌赛事4项，市"十佳乡村体育赛事"2项。

【群体赛事活动】 2023年恰逢亚运年，全区上下运动氛围浓厚，规模以上赛事活动累计完成260场次，小型群众体育活动超过300场次。国民体质监测工作扎实推进,健身讲座科学健身知识普及工作有序开展，开展20余场次，"关注体质健康、享受健康生活"的新健康生活理念逐步形成。

【马拉松】 2023年的曹娥江半程马拉松以三赛合一（2023 全国半程马拉松锦标赛（绍兴·上虞站）、第七届绍兴·上虞曹娥江半程马拉松、第二届绍兴·上虞千名博士和青年人才马拉松）的形式在上虞体育中心鸣枪开跑。吸引来自世界各地12个国家、全国31个省(自治区、直辖市),总计12085名选手报名参赛。曹娥江"一江两岸"风情线，近6公里的江边赛道让跑者跑在清水绿树间，充分展现上虞"青春之城"的魅力风采，让跑友们能饱览曹娥江"一江两岸"崭新画卷，领略"名士之乡"的历史之美、人文之美、城市之美。

【学校体育】 2023年开始,《2023年上虞区学校体育工作巡视督查考核方案》启动实施，专门成立巡视督查领导小组，明确推进此项行动的目标导向、纪律要求、任务细则等,全年对全区10所高中（中职）、18所初中、4所九年一贯制学校和29所小学进行6轮大督查，发现学校体育工作整体情况良好，绝大部分学校体育管理机制、体育课堂教学、体育活动组织等工作有序。推出《上虞区学生体质健康"583"提升行动实施方案》，在崧厦街道夏丏尊小学举行《"共青春促健康"上虞区首届中小学生体质健康现场推进会》，举办首届上虞区中小学生体质专项大赛，上虞区第九届中小学生体质测试大赛，上虞区第五届中小学生技能测评大赛。承办ZSFL省第十四届中小学生校园足球联赛绍兴赛区市级赛，绍兴市第二届中学生田径运动会。上虞区学校参加绍兴市阳光赛事共获得26个一等奖。绍兴市第二届中学生田径运动会上虞区获得团体第一名，绍兴市高三体质测试上虞区获团体第二名。

（吕火良）

竞技体育

【竞技体育开创新模式】 上虞区"推动体教融合"项目作为浙江省"揭榜挂帅"深化社会力量办体育改革重点项目，借助单项协会组织、社会办学团体、民间体育俱乐部等外界力量支持，与击剑、足球、街舞、高尔夫、短式网球等社会力量合作，为学生开展专项技能训练和推广普及运动项目搭建平台，成为推进竞技体育发展的新路径。

【竞技成绩】 2023年，加强项目责任人职责，优选区聘教练员队伍，强化运动员整体力量。2023年上虞共夺得亚运会2金2银。绍兴市第十届运动会上虞区代表团以440.25枚金牌、922.25枚奖牌、7597分的团体总分荣登青少年部金牌榜、奖牌榜、团体总分榜榜首，并斩获赛事比赛总成绩第一名。另外，上虞区人民政府获得优秀组织奖，上虞区教体局获竞技体育突出贡献奖，浙大教科博文小学、浙师大上虞附中、春晖中学获学校体育贡献奖，上虞区体育总会代表团获大众部体育道德风尚奖，上虞区代表团获青少年部体育道德风尚奖。上虞输送运动员吴卿风勇夺游泳世锦赛1金、杭州亚运会2金。

【竞技体育队伍建设】 完成2023年上虞区体育特招生、特长生测试录取工作，补齐和引进体育后备人才力量，做好运动员梯队建设，完成浙江省运动员注册工作，注册人数达600余人。专题研究制定并下达全运会、绍兴市十运会指标任务，召开学校体育工作大会及业余训练工作大会，与各项目教练签订责任状，为完成省市运会目标任务奠定坚实基础。招聘省队退役运动员2名，壮大专业教练队伍。组织人员参加省、市、区体育业务培训工作，增强教练员训练管理综合能力，全面提升上虞区体育教师综合素养。（吕火良）

体育产业

【概况】 2023年，继续实施《上虞区人民政府关于加快发展体育产业促进体育消费的实施意见》和《上虞区体育产业发展专项引导资金使用管理暂行办法》，大力扶持品牌赛事、群体活动、体育产业。舜康国际赛车公园开始运营，吸引游客10万人次，全面拉动乡村文旅消费。2023年度新增体育规上企业1家，转码1家，人均体育消费突破3000元，体育彩票完成销售2.3亿元。同时，对接绍兴市体育局为全区23家单位争取市级体育产业引导资金230余万元，按时向全区符合要求的34家单位发放区级体育产业引导资金122万元，为后疫情时代大背景下的体育企业排忧纾困。

【体育社团】 区体育总会第八届会员代表大会顺利换届，并先后完成象棋协会、武术协会、游泳协会换届工作。区体育总会在册人数1808人，有效履职10次以上人数达到306人。年内，累计组织赛事活动超150场次。

【舜康国际赛车公园】 上虞舜康国际赛车公园由上虞教体集团下属舜康公司与丁宅乡下属国有企业成立合资公司联合投资建设，投资建设资金超2700万元，于2023年6月建成投用。项目建成投用以来，举办大型赛事11场，包括2023 RMCC卡丁车挑战赛、首届CFMOTO Racing天才杯、2023领克巅峰车手计划等，全年参赛人数超3000人次。上虞舜康国际赛车公园形成浓厚的青春竞速城市卡丁车文化，做好“体育+”文章，拉动“文旅体”经济发展，助力城乡共富发展，为“青春之城”的上虞注入健康生活的不竭动力。

【企业产业发展】 为大康体育、舜康体育、博润体育等多家体育制造业、体育服务业公司争取到省市体育产业引导资金220余万元。为区体育产业相关单位发放区级体育产业引导资金近122万元。（吕火良）

社会事务

民政事务

【婚姻登记】 2023年，上虞区婚姻登记处共办理结婚登记2393件，比2022年减少1944件，同比下降44.82%。其中初婚3553人，比2022年减少3671人，同比下降50.82%；再婚927人，比2022减少175人，同比下降15.88%；复婚306人，比2022年减少42人，同比下降12.07%；办理离婚登记1022件，比2022年增加138对，同比增加15.61%；补发婚姻证1032件，比2022年减少6722件，同比减少86.69%；出具（无）婚姻登记记录证明1份，与2022年持平。

【殡葬管理】 3月14日，召开殡葬综合改革领导小组成员单位会议，下发《关于持续开展迎亚运"青山白化"专项整治行动的通知》，对"青山白化"专项整治行动作具体部署。根据乡镇（街道）申请，做好乡镇（街道）公益性公墓建设的审批和指导，完成公益性公墓扩建项目审批13个，估算投资额2585万元，其中区级财政预计补助资金390万元，预计新增墓穴7350个。开展省级节地生态安葬点申报和建设工作，道墟街道沽渚村公墓综合节地生态墓园创建为省级节地生态安葬示范点。 （顾文华）

地名管理

【地名命名更名】 2023年上虞区民政局多措并举，认真做好地名管理服务工作，共命名、更名建筑物及住宅区22个，道路44条，设置、更换路名牌、楼幢牌等地名标志970余块。

【地名文化建设】 2023年，上虞区民政局致力于地名赋能"青春之城"建设，出版地名书籍《"虞"你说地名——上虞地名文化寻迹》，制作绍兴市首部地名动画《虞山舜水——地名有故事》，举办地名文化"五进"系列活动。 （王维诺）

社会组织

【概况】 截至2023年末，全区共有注册登记的社会组织871家，其中社会团体279家，民办非企业585家，基金会7家；有备案社区社会组织3725家，其中农村社区社会组织2712家，城市社区1013家。

2023年共新登记注册社会组织35家，其中民办非企业13家，社会团体21家，基金会1家；注销社会组织14家，其中民办非企业5家，社会团体9家；另有65家社会组织办理变更手续，其中民非32家，社会团体33家。

2023年新备案社区社会组织21家，其中农村社区社会组织10家，城市社区11家。

【"僵尸型"社会组织的清理整顿】 在2022年完成16家社会组织的处置工作基础上，2023年进一步加强社会组织执法工作，共处置"僵尸型"社会组织29家，其中立案撤销16家，注销12家，整改1家。

【行业协会商会专项整治】 制定《全区行业协会商会专项整治实施方案》，召开行业协会商会专项整治工作部署会，对全区66家行业协会商会开展专项整治行动，共实地检查37家次，专项审计抽查10家，下发限期责令整改通知书10份，共发现各类问题31个，全部完成整改。

【社会组织评估和推荐性目录编制】 2023年共有14家社会组织申报参加社会组织评估工作，中途放弃2家，共12家获评相关等级，其中AAAAA级社会组织2个、AAAA级社会组织5个、AAA级社会组织4个、A级社会组织1个。开展2023年度上虞区社会组织承接政府转移职能和购买服务推荐性目录编制工作，共有56家社会组织编入目录，首次开展社区社会组织承接政府转移职能和购买服务推荐性目录编制工作，8家社区社会组织编入。

【社会组织品牌建设】 2023年，获评省级品牌社会组织2家（区铜业商会、区老年人体育协会），领军人物2名（乐享社会工作服务社王翔、红十字户外救援队徐益江）；市级品牌社会组织2家（慈善总会、红十字户外救援队）、品牌项目1个（区颐和社会工作服务中心的“老兵在线”退役军人优抚安置项目）、领军人物2名（新经济与新社会组织党务工作者协会阮兴祥、红会关爱生命志愿服务队邵柏清）。 （张　波）

民族宗教事务

【概况】 至2023年末，全区有少数民族人口3.6万余人，其中少数民族户籍人口5068人，少数民族流动人口42838人。从少数民族成分来看，全区49个民族成分中，人口前三位是苗族、布依族和彝族。2023年，绍兴市上虞区有佛教、天主教和基督教。共有登记在册的宗教活动场所52处，其中佛教场所35处、基督教场所16处、天主教场所1处，另有已登记编号的民间信仰活动场所219处。有宗教教职人员127人，其中佛教102人，基督教23人，天主教2人。有宗教团体3个，分别为上虞区佛教协会、上虞区基督教协会、上虞区基督教三自爱国运动委员会。

完成两个场所的宗教中国化试点建设，举办全省建设宗教中国化场所推进会并作典型发言，成功创建全国民族团结进步示范单位1家。

【民族宗教管理】 3月9日，召开全区民宗系统“除险保安”工作会议，8月25日，召开区委统一战线工作领导小组会议，专题研究部署重点任务，守好民族宗教领域和谐稳定阵地。完成红色教育“五百行动”22场，“之江问道”讲经交流活动7场，建成宗教爱国主义教育阵地2处；深入乡镇、学校、企业开展“学习贯彻二十大精神·铸牢中华民族共同体意识”专题宣讲共4场，切实增强各族群众和宗教界“五个认同”。2月，制定出台《宗教中国化创建实施方案》和《“之江同心·石榴红”品牌创建方案》，将两项创建工作纳入乡镇街道统战（民宗）工作考核的重要内容，严格落实工作责任制、清单制、目标制，确保创建工作规范有序进行；同时积极争取财政以奖代补资金，不断激发各单位创建积极性。

【民族团结品牌创建】 培育具有上虞特色、富含民族团结内涵、促进各民族交往交流交融的“石榴红”品牌。2023年，在乡镇、企业、学校、寺院等嵌入式新建“之江同心·石榴红”家园、共富基地、工作室、志愿服务队和宣讲团各3个，同时，在中华孝德园打造铸牢中华民族共同体意识主题公园，在上虞碑帖馆打造铸牢中华民族共同体意识体验馆，不断扩大“石榴红”品牌影响力和集群效应。

【民族团结】 在树立各民族共享的中华文化符号上下功夫，将越窑青瓷、孝德文化、红色基因等上虞本地文化符号融入民族团结进步创建宣传，盖北镇小进一步完善青瓷实验室的打造，引进专业设备，并与中国美术学院合作设立“乡村艺课”实践项目，推出制陶特色课程，在保护和传承非遗文化中培固民族团结之根。盖北镇小成功创成第十一批全国民族团结进步示范单位，中化蓝天等4家单位被评为“省级民族团结进步重点培育单位”。12月1日，在浙江理工大学科技与艺术学院举行“虞理共进”上虞区各族青少年交流计划启动仪式暨“籽籽相拥·同心筑梦”铸牢中华民族共同体意识宣讲活动，将民族团结进步创建与交流计划有机融合，擦亮具有上虞辨识度的各族青少年交流计划品牌。推动创建工作与乡村振兴、共同富裕有机结合，做好松阳板桥畲族乡的对口帮扶工作，落实100万元结对资金，7月，建成并启用“同心书吧”、室外灯光球场。

【宗教中国化场所建设】 全面完成般若寺、道墟基督教堂两个场所的宗教中国化场所试点建设，9月，道墟教堂“基督教中国化展示厅·之江问道讲经交流厅”建成并启用，成为宣传教育、活动交流的重要阵地；9月24日，成功举办全省建设宗教中国化场所推进会并作典型发言；省级宗教中国化场所般若寺发挥示范作用，守住平安创建底线，持续挖掘孝德文化，利用“之江问道·研习室”，常态化开设孝德讲堂，构筑文化浸润集散地。择优选拔并指导药师寺等5家重点场所争创第二批省级宗教中国化场所。2023年，围绕“之江同心·正言正行”品牌，开展“之江问道”讲经讲道交流活动、“十百千万”普法教育活动12场，不断引导宗教与社会主义社会相适应。支持宗教界全面从严治教。6月，制定出台《上虞区宗教场所负责人考核办法》，将积极参与宗教中国化场所建设等方面重点工作纳入考核，并在此基础上设置一票否决项目，切实发挥考核指挥棒作用。

【民族宗教事务治理风险防范】 8月，成功处理毛某某非法宗教活动案件，全力以赴为杭州亚（残）运会成功举办保驾护航。坚持数字化改革提动能。在实现全区宗教活动场所标准化建设全覆盖的基础上，推动全区52个宗教活动场所和219个已登记的民间信仰场所实现宗教场所信息化管理水平。（龚　仪）

就业创业

【概况】 2023年，全区建成零工市场3家，线上发布岗位9822个，求职登记2905人，达成意向877人。城镇新增就业16290人，城镇调查失业率为4.5%。新增市场主体1.4万余家，新增市级大学生创业园1家，区级大学生创业园2家，吸引优质创新创业项目130余个，引进动漫游戏项目43个，各类创业空间集聚创业人员近4000人。创业“一类事”增值服务改革获省人社领域“创改开”最佳项目。（金　旦、车　烨）

【高校毕业生就业】 全年举办线上线下招才活动257场，参会单位15000余家次，接收大学生简历50000余份。其中线上招才活动131场，线下重点举办在绍高校大学生上虞行暨专场招聘活动、“上虞·天津人才周”活动、百所高校访绍兴上虞分会场暨暑期大学生招聘会等招才引智活动。已与200余所高校建立校地合作关系，成立引才工作站78家。2023年，上虞区新增就业大学生26672人，其中博士224人，硕士1327人。（车　烨）

2023年招才引智“上虞·天津人才周”活动在天津举行（人力社保局　提供）

【职称评审改革】 2023年，对上虞区民营企业工作人员开展相关专业的中级评审，共接受申报对象598人，同比增长15.7%，最终评审通过369人。新设立闰土股份有限公司为职称采认试点单位，采认通过16人具有中级工程师任职资格。建立高层次和紧缺急需人才职称评价绿色通道对符合条件的专业人才直接认定中、高级职称，简化职称申报流程，截至2023年，累计有4名高层次人才直接认定相关高级职称；做好教体卫生系统职称评审管理工作；做好职称宣传、服务工作，2023年已通过业务培训班的方式培训企业1100家。

【高层次人才选拔培养】 组织申报2023年国家级领军人才计划，推荐11人，最终1人入选；申报2023年省级领军人才计划，共上报推荐12人，最终2人入选；推荐申报绍兴市级领军人才计划104人，最终19人入选。举办第三届中国·绍兴“万亩千亿”新产业平台全球创业大赛生命健康专项赛暨上虞未来城“未来场景·未来产业”创业大赛深圳分站赛、武汉分站赛、上海分站赛以及上虞区总决赛。（车燕飞）

【技能培训】 2023年，组织开展有机合成工、互联网营销师等职业技能竞赛16场，为发现和选拔高技能人才创造条件。以项目制培训为推手，开展应急救护技能培训、芳香烃生产工等实用工种培训，提升相关从业人员的技能水平，全年开班14期，培训701人次。

2023年7月,出台《上虞区职业培训指导规程(试行)》通知(虞人社〔2023〕33号),旨在通过加强对民办培训机构及企业的培训监管,不断提升职业技能培训的效率和质量。2023年,开展职业技能培训27500人次,完成省下达14300人目标任务的192%;新增技能人才9000人,完成省下达5200人目标任务的173%;高技能人才5012人,完成省下达2700人目标任务的186%,培育“数字工匠”500人,发放各类职业技能培训补贴837.96万元。

【技能人才引进】 2023年5月,《绍兴市上虞区人力资源和社会保障局等10部门关于打造高素质技能人才集聚示范区助力“青春之城”建设的通知》出台,重点围绕构建全方位技能人才引进体系、打造全覆盖技能人才培养体系、健全多维度技能人才评价体系、落实多要素技能人才激励体系等技能人才培育机制,扎实推进新时代“浙派工匠”培育工程。上虞组织20多家企业前往江西、云南、河南、甘肃等地开展精准招聘活动8场。 (王慧莹)

【人才引进平台建设】 连续两年举办“名校硕博上虞行”活动,邀请国内“双一流”高校的124名硕博士到上虞开展1个月实习,精准匹配岗位,协助开展项目攻关,形成优秀学子到上虞实习后续跟踪联系机制,储备人才引进“蓄水池”。建立国内8个城市虞籍大学生联谊会,聘请15名人才特派员,构建完善国内大学生见习实习和人才引进对接网络体系。全年累计邀请清华、北大、浙大、复旦等高校8124名学生到上虞见习实习,其中招录博士生超200名。 (车 烨)

【企业用工情况监测】 2023年,区人力社保局累计监测上虞区企业用工情况2472家次,样本监测企业用工总数为69353人,较上年同期增加1808人,监测情况显示上虞区企业用工情况稳中有增。

【助企服务】 出台《2023年员工留虞助企稳岗若干意见》及实施细则,协助四上企业主管部门做好732家企业12839人春节期间市外留虞员工补贴兑现及统计工作,发放自行返岗交通补助270家企业18163人544.89万元,发放探亲交通补助21万余元。2023年,区人力社保局继续执行阶段性降低失业保险费率政策,全年减征失业保险费1.28亿元,惠及全区1.64万家企业。

【公共就业服务】 2023年,开展省际劳务协作线上线下“春风行动”招聘活动,共组织外出劳务协作线下招聘活动10场次,提供岗位3799个,达成初步意向988人次;共举办线上劳务协作招聘活动30次,参会企业200余家,提供岗位1500余个。春节前后安排“就业大巴”10余辆,帮助上虞区企业接回会泽籍员工近600人。

【补贴兑现】 全年累计为42131人次发放失业保险金8092.84万元,为4376人次发放失业补助金354.36万元,为1705人次发放技能提升补贴316.75万元,为7家企业32人发放招用就业困难人员社会保险补贴13.28万元,为51人次发放创业类补贴41.4万元,为142家次企业202人发放企业女职工产假期间社会保险补贴65.45万元,为12261人发放就业困难人员灵活就业社会保险补贴6485.36万元。发放2022年度东西部劳务协作政策性补贴72万元,惠及结对地区脱贫人员113人次。

【就业帮扶】 开展线上就业援助12次,提供岗位5000余个,点对点推送岗位信息和招聘会信息6万余条。鼓励村社按需开发公益性岗位,全年开发岗位93个,安置就业困难人员27人。 (金 旦)

【创业保障】 举办“今在上虞·创赢未来”青年大学生创业就业对接服务活动,邀请上虞区创业平台、创投机构、银行等21家与40余个高校创业团队开展同桌交流,现场落地创业项目3个,协同各部门、单位举办承办“万亩千亿”、“e启创想 漫游未来”、天津大学“海棠杯”等创新创业赛事活动10余场,参与赛比项目320余个,持续推进上虞区创业项目储备库建设。针对毕业5年内青年“背包客”发放创业担保贷款1080万元,较上年增长92.86%;发放一次性创业补贴、创业贷款贴息、租金补贴等创业补助129.63万元,惠及180余家次初创企业,较上年增长133.78%。 (车 烨)

【人力资源市场招聘会】 2023年，上虞区人力资源市场共举办线下招聘会92场，参会企业2369家，推出岗位18285个，进场求职者13325人；举办线上招聘会104场，参会企业1130家，提供岗位6899个；开展电话推介服务，推介企业2993家，岗位5557个，推介求职人员3395人；橱窗招聘推介企业1080家次。联合浙江电视台举办全省首场“新年新UP来浙上班啦”网络直播招聘会，参会企业13家，直播观看人数5.3万人次。2023年，通过人力资源市场招聘会累计达成就业意向超10000人。

【绍兴（上虞）人力资源服务产业园建设】 2023年举办各类活动10余场。2023年，产业园入驻机构绍兴易新网络技术服务有限公司、浙江嘉鸿劳务有限公司入选2022年度绍兴市人力资源服务机构综合10强榜单，浙江荐英人力资源服务有限公司、绍兴领才企业管理咨询有限公司、绍兴伯途企业管理咨询有限公司入选猎头5强榜单，绍兴市上虞大众劳动事务代理（所）有限公司、浙江嘉鸿劳务有限公司入选劳务派遣5强榜单。杰博人力资源有限公司、浙江上安建设有限公司、绍兴市上虞大众劳动事务代理(所)有限公司、浙江荐英人力资源服务有限公司、锦程人才服务有限公司入选浙江省人力资源服务机构榜单。

【行政审批管理】 2023年，已经审批劳务派遣经营许可证11家，延续9家，变更8家，年检48家；审批人力资源服务许可证和备案7家，变更1家，年检29家；审批民办职业培训学校办学许可证延续3家，变更5家，年检11家。 （唐 瑶）

【招工奖励政策兑现】 根据全力促复工复产稳经济发展若干意见等实施细则，对在2023年3月31日前招用首次到上虞产业工人，签订一年以上劳动合同并依法参加社会保险3个月以上的，同时签订1年以上劳动合同的企业给予招工奖励。经审核，共91家单位1297人符合享受条件，合计兑现32.425万元。 （任黎虹）

劳动保障

【概况】 2023年，上虞区劳动保障监察工作全年受理线下投诉案件共计1134件，涉及劳动者2186名、劳动报酬2463万元；受理举报案件83件；受理的1134件劳动纠纷投诉案件中，涉及餐饮住宿等居民服务、修理和其他服务业116件，建筑工程领域647件，制造业领域249件，运输物流领域38件，劳务派遣47件，其他37件；处理劳动保障类信访件706件；受理国家欠薪线索反馈平台线索件1153件，办结率100%，浙江省安薪码欠薪线索反馈平台线索件695件，办结率100%；协同受理110应急联动744起，未发生重大欠薪群体性事件；做出行政处理38起，行政处罚8起。全年“三个一号工程”“公共服务七优享”欠薪线索化解率在全年排名位列全省第26位，全市第2。

【劳动保障三支队伍建设】 上虞区依托劳动保障三支队伍建设，加快推进劳动纠纷网格化管理落实新要求，在全区范围建立起21名劳动保障督导员，83名劳动保障专员，571名劳动关系协调员的三支队伍。2023年1月启动以来，全年通过基层化解处置劳动纠纷493件。

【用工登记一件事】 2023年度，采取网上年审方式对辖区内存在劳动用工行为的用人单位进行审查。截至2023年末，上虞区全区企业劳动用工书面审查总计完成14559家，超过任务数10000家的45.59%。截至2023年末总计完成劳动用工体检9676家。

【打击欠薪违法行为】 2023年，对涉及欠薪的企业做出行政处理38起、行政处罚8起，对15家欠薪企业做出列入欠薪失信惩戒名单并通过融媒体中心向全社会公布，同时以拒不支付劳动报酬罪向上虞区公安分局移送欠薪涉刑案件8起。 （朱鸿涛）

【劳动仲裁工作】 上虞区劳动仲裁委聘任14名律师为兼职仲裁员，截至2023年末，14名兼职仲裁员共办结案件530件，占全年受理案件总数的42.6%。2023年7月31日出台《绍兴市上虞区劳动人事争议兼职仲裁员办理办法》，从制度上实行兼职仲裁员规范化管理。制定出台《关于检察机关开展支持劳动仲裁的协作意见（试行）》，探索建立检察支持劳动仲裁工作机制，为全省首创。

【劳动争议基层联合调解中心建立】 为加强诉源治理和加强劳动争议纠纷基层化解，2023 年 7 月，上虞区成立上虞区劳动争议联合调解中心及各乡镇街道基层劳动争议联合调解中心。年内，全区各级调解组织共化解劳资纠纷 2490 件。 （胡晓斐）

老龄工作

【概况】 2023 年，上虞区有 5 家医养结合机构：绍兴市上虞区百官街道社会养老服务中心、绍兴上虞海阳养老服务有限公司曹娥养护院、绍兴上虞百信医院、绍兴市上虞区社会福利中心、绍兴上虞海阳养老服务有限公司（小越街道养老院），总床位数 1033 张，其中医疗床位 130 张，养老床位 903 张。医养结合机构中从事医疗卫生服务人员 53 人，养老服务人员 117 人。全年养老区域在院老人数 406 人，新入住老年人 177 人，出院老人 229 人（包括死亡人数 43 人），医疗机构为养老区域老年人提供服务 1368 人次。

【医养结合】 实施老年人健康管理与医养结合服务项目，为 65 岁以上老年人提供血压、血糖、膳食营养等 6 大类医养结合服务，全区 65 岁及以上老年人医养结合服务人数达到 87439 人，服务率达 54.46%。加快推进安宁疗护病区（床位）建设，上虞人民医院建立安宁疗护病区。丰惠镇中心卫生院、东关街道社区卫生服务中心、上浦镇卫生院、道墟街道社区卫生服务中心 4 家基层医疗卫生机构提供安宁疗护服务。加强老年学科建设，上虞人民医院、上虞区中医医院、上虞第二人民医院均建立老年学科。在丰惠镇中心卫生院开展镇域医养结合健康服务试点，通过线上线下相结合，构建居家健康管理、家庭病床运行、养老机构协同、医疗机构医养等四种老年健康服务新模式。相关做法已在“浙里改”“竞跑者”刊发，并入选浙江省共同富裕实践观察点名单，被评为 2023 年度健康浙江行动省级样板和绍兴市共同富裕示范区最佳实践。10 月份该模式在全区召开现场会进行推广。

【老年健康服务】 开展老年人“光明”行动、老年人“口福”行动、失智老年人关爱行动、老年营养改善行动、老年健康“智慧助老”等五大专项行动。完成“口福”行动口腔健康评估 29449 人，完成率 141.58%；营养改善行动营养不良风险筛查评估 30304 人，完成率 145.69%；失智老人关爱行动失智功能评估 29437 人，结果异常 631 人；情感状态评估 29424 人，结果异常 306 人；完成老年人糖尿病眼底筛查 800 人。

【国家老年人心理关爱项目】 在百官街道三棚桥社区开展国家老年人心理关爱点项目，评估 65 周岁以上老年人 116 人。

【老年友好环境建设】 上虞区老年大学命名为第四届浙江省“敬老文明号”；上虞区老年人体育协会、上虞区丰惠镇中心卫生院、上虞区崧厦街道舜源村命名为第四届绍兴市“敬老文明号”；长塘镇卫生院、上虞第三医院评定为 2023 年上虞区老年友善医疗机构。

【“六个老有”建设】 开展全区第十三届“孝亲敬老月”活动以及省、区老年健康宣传周活动。发展老年电大工作，完成 2023 年春秋季老年电大教学工作，共招收学员 68005 名，发放教材 14.4 万本。上虞区卫生健康局（老龄办）被评为第五次中国城乡老年人生活状况抽样调查工作表现突出县级单位。

【百岁老人】 至 2023 年末，全区共有年满 100 周岁的老人 38 人，其中男性 10 人，女性 28 人。百岁老人分布为百官街道 3 人，曹娥街道 2 人，崧厦街道 15 人，梁湖街道 1 人，道墟街道 2 人，丰惠镇 3 人，章镇镇 1 人，盖北镇 2 人，谢塘镇 3 人，驿亭镇 1 人，下管镇 1 人，上浦镇 2 人，汤浦镇 2 人。年龄最大的为崧厦街道的周梅英，女，出生日期为 1920 年 1 月 18 日。

截至2023年12月年满100周岁老人统计表

表9

序号	姓名	出生日期	性别	户籍详址
1	孙杏友	1923.08.04	女	百官街道恒利社区
2	王桂金	1923.09.16	女	百官街道金渔湾社区
3	孙云仙	1923.11.09	女	百官街道四甲社区
4	朱下仙	1923.02.17	女	曹娥街道本级社区
5	徐达庆	1923.12.10	男	曹娥街道本级社区
6	沈阿二	1923.07.27	女	道墟街道道墟社区
7	阮其茂	1923.03.26	男	道墟街道云里村
8	陈彩珍	1923.05.03	女	丰惠镇启文门社区
9	王东标	1923.10.12	男	丰惠镇夏王村
10	王爱玉	1923.12.18	女	丰惠镇虞东村
11	王大毛	1923.08.21	女	盖北镇丰富村
12	陈仙苗	1923.10.30	女	盖北镇丰棉村
13	俞招林	1923.12.03	女	梁湖街道古里巷村
14	周建平	1923.12.17	男	上浦镇本级社区
15	王云芝	1923.12.31	女	上浦镇渔家渡村
16	谢小娥	1923.09.21	女	崧厦街道蔡林村
17	梁何能	1923.11.13	男	崧厦街道港联村
18	王志仙	1923.07.14	女	崧厦街道顾家弄社区
19	周梅英	1920.01.08	女	崧厦街道陆家村
20	严阿珍	1922.03.19	女	崧厦街道前庄村
21	钱凤娟	1922.02.12	女	崧厦街道前庄村
22	顾彩照	1921.05.09	女	崧厦街道勤联村
23	娄文炎	1922.12.12	男	崧厦街道勤联村
24	蒋爱茶	1921.12.24	女	崧厦街道雀嘴村
25	陶阿花	1922.02.11	女	崧厦街道新下湖村
26	何亚琴	1922.12.28	女	崧厦街道新下湖村
27	黄月培	1921.12.08	男	崧厦街道严巷头村
28	顾彩琴	1922.08.19	女	崧厦街道跃进桥社区
29	沈月娥	1921.11.17	女	崧厦街道章家村
30	陆炳奎	1920.09.22	男	崧厦街道祝温村
31	蒋祝莲	1923.01.22	女	汤浦镇舜水社区
32	李茂炎	1922.09.18	女	汤浦镇舜水社区
33	俞菊娥	1922.11.15	女	下管镇新庄村
34	夏连福	1920.07.10	女	谢塘镇铲还湖村
35	马桂香	1922.11.02	女	谢塘镇新戴家村
36	张亚仙	1921.08.31	女	谢塘镇禹峰村
37	王世潮	1922.08.27	男	驿亭镇鲁溪闸村
38	钟根木	1921.08.04	男	章镇镇章镇社区

（张鑫培）

卫生与计划生育

【概况】 2023 年度全区出生人口为 2920 人，较上年减少 65 人，人口出生率 4.11‰。出生人口中男孩 1520 人，女孩 1400 人，出生人口性别比 108.57。其中一孩出生 2105 人，较上年增加 47 人，一孩占总出生人口的 72.09%，一孩中男孩 1106 人，女孩 999 人；二孩出生 769 人，较上年减少 110 人，二孩占总出生人口的 26.34%，二孩中男孩出生 389 人，女孩出生 380 人；三孩出生 41 人，较上年减少 4 人，三孩占总出生人口的 1.58%，其三孩中男孩 21 人，女孩 20 人；多孩出生 5 人，多孩占总出生人口的 1.71‰。育龄妇女 147665 人，女性初婚 1414 人。《上虞区高质量高站位建立生育支持政策体系》信息被国家卫健委《卫生健康工作交流》期刊采用，省人口均衡发展领导小组发文专题介绍推广。开展母婴室提质培优，建成上虞区中医医院、上虞妇幼保健院 2 家五星级母婴室。上虞人民医院和上虞第二人民医院两家定点医院将特扶对象纳入医院信息系统，实现“无感就医”服务。召开上虞区计划生育协会第一次会员代表大会，选举产生新一届理事会理事 31 名，区人民政府副区长黄俊毅当选为区计划生育协会第一届理事会会长。

【优化生育政策补助资金】 贯彻落实《绍兴市上虞区优化生育政策（试行）的通知》，通过广泛宣传，经个人申报、镇街初审、卫健局审核、公示等程序，兑现落实 5 项生育支持措施补助资金。全区符合条件对象 3722 人，其中二孩家庭 3644 人，三孩家庭 78 人；补助资金 1633.0954 万元，其中现金补助 698.8854 万元，消费券 883.39 万元，商业保险资金 50.82 万元。孕期检查补助 639 人，补助资金 33.55 万元；托育服务补助 2066 人，补助资金 607.51 万元；三孩母亲生活补助 77 人，补助资金 57.8254 万元；二孩、三孩消费券 3714 人，补助资金 883.39 万元；采取无清单投保方式，为三孩及其母亲投保商业保险，保费 50.82 万元。

【计生奖励扶助金】 全区新增奖扶对象 7287 人，退出 3477 人。奖扶金全年发放对象共计 46270 人，其中“农村双女户”对象 14105 人，发放金额 4441.92 万元。

【计生特别扶助金】 全区特扶对象新增 106 人、退出 30 人，特扶总扶助对象 1400 人，发放特扶金 1596.36 万元。

【落实生育关怀系列保险】 828 名失独对象享受 14.9 万元保险补贴，理赔 115 人次，理赔金额 16.03 万元。

【两性安康保险】 为 20320 名育龄群众参加了两性安康保险，总保额 238.87 万元，理赔金额 189.5 万元。

【加强计生困难对象救助】 救助计生困难对象 178 名，发放公益金 67.7 万元。

（张鑫培）

新居民管理

【概况】 2023 年，全区登记在册新居民 27.5 万人，居住出租房屋 4.9 万间，累计发放电子浙江省居住证 11376 本，累计办理省内居住证互认 4252 人，实现省域内人口流动便利化。电子证件在劳动就业、社会保险、义务教育、卫生计生、文化体育、住房保障、公共交通、社会事务、法律服务、社会救助、证照办理、户口登记等 12 个场景得到应用，极大地方便办事新居民。

【新居民工作荣誉】 9 月 15 日，长三角区域居住证“跨省互通互认”改革入选浙江省委组织部第四批营商环境优化提升“一号改革工程”典型案例。11 月 22 日，青春新市民“乐居乐业”增值服务改革入选省委改革办营商环境优化提升第三批“最佳实践案例”。

【首张长三角居住证发放】 5 月 30 日，上虞区发放全国首张长三角区域“跨省互通互认”居住证，被《浙江日报》《浙江新闻联播》《浙江政务信息》等宣传报道。

【新居民工作考察调研】 3 月 21 日，山东省发改委镇城化办考察组一行到上虞区调研农业转移人口市民化改革工作，服务中心副主任孙建宇向考察组详细介绍上虞新居民工作发展历程及取得成绩。3 月 23 日，广州市公安局户政管理支队考察团一行到上虞区调研电子居住证推广应用工作，座谈会上服务中心副主任孙建宇作相关经验介绍，会后双方深度交流了流动人口管理工作。7月14日，绍兴市流管中心副主任毛伯明带领相关科室负责人到上虞区调研长三角流动人口居住证“跨省互通互认”改革。8月4日，嘉兴市流动人口管理服务中心考察团一行到上虞考察居住证省内互认以及长三角城市居住证跨省互通互认试点工作推广情况。（谭红燕）

关心下一代工作

【概况】 2023年，以“红心向党、青春飞扬”为主题，组织“五老”面向青少年开展政治思想教育，举办暑期学校76所，开展宣讲近200场，受益学生达4.2万人次。资助210多名家境困难学生，金额总计36.8万元。

【《关于加强新时代关心下一代工作委员会工作的实施意见》出台】 2023年4月17日，联合区委组织部印发，明确新时代关工委工作要求、主要任务和组织力量。明确区委办、区人大办、区府办、区政协办、区委组织部、区委宣传部（文明办）、区委政法委、区委老干部局、区教体局、区科技局、区公安分局、区民政局、区司法局、区财政局、区人力社保局、区农业农村局、区文广旅游局、区卫生健康局、区融媒体中心、区人民法院、区人民检察院、区总工会、团区委、区妇联、区科协、区残联、区红十字会27家区级部门单位为区关工委成员单位。

慈善事业

【概况】 2023年，区慈善总会全年共募得善款5663.45万元,精准发放各类慈善救助资金4166.54万元，受益群众超30万人次。截至2023年末，全区共有各类慈善组织18家，其中2023年新增慈善组织9家，具体为绍兴市上虞区霓亮爱心志愿服务社、绍兴市上虞区人防蓝天救援队、绍兴市上虞区颐养东关残疾人之家、绍兴市上虞区乐享上浦残疾人之家、绍兴市上虞区谢塘镇舜福乐残疾人之家、绍兴市上虞区竹韵长塘残疾人之家、绍兴市上虞区百官街道残疾人之家、绍兴市上虞区百信健康残疾人之家、绍兴市上虞区崧厦街道社区发展基金会。

【第一届慈善贡献奖】 在2023年1月8日召开的全区干部大会暨实干担当创变笃行全面建设“青春之城”工作会议上，上虞区首次颁发慈善贡献奖，区旅港同乡会永远名誉会长、著名乡贤张杰，宝华集团董事长高华、龙盛控股董事长阮水龙、闰土股份董事长阮静波、卧龙集团董事局主席陈建成、亚厦控股董事局主席丁欣欣、华通集团董事长王苗通、区舜杰奖教奖学助学基金理事会副理事长李澧、舜江建设上海分公司负责人李顺来等9名、企业家获上虞区第一届慈善贡献奖。

【慈善事业推进东西部协作】 2023年，区民政局（慈善总会）联合工商联、团委、妇联、残联、红十字会等部门和单位积极动员各类社会力量广泛参与东西部协作工作，共捐赠各类款物712.6万余元，其中捐款597.4万元，捐物折价115.2万元，超额完成500万元的目标任务数。

【慈善信托本地备案工作】 由区慈善总会出资230万委托杭州万向信托公司开展两单慈善信托：一单为“上虞区康养服务支持慈善信托”，信托金额130万元，主要用于开展助老服务；一单为“善居虞城”慈善信投，信托金额100万元，主要用于善居工程等，相关信息在慈善中国等平台公布。（张　波）

红十字救助

【概况】 2023年，上虞区红十字会动员人道力量，扎实做好以“三救”“三献”为核心的业务工作。上虞区共新建应急救护基地6个，景区救护站1个，举办师资培训班1期，新增应急救护师资29名，完成应急救护普及性培训39334人，救护员培训7619人，CPR+AED培训533人，各项培训数字均创新高，新投放AED35台，建设规范化标准应急救护培训基地2个。共计动员30669余人次参与捐赠，累计网络筹款82.58万余元，人道筹资760余万元。区红十字会提升全民应急救护能力4项工作纳入2023年上虞区民生实事工程。完善基层组织建设，区乡镇街道全面完成本级红十字会换届工作，实现全区乡镇（街道）红十字会全覆盖，全部成立理事会、监事会。

【救护培训】 4 月 14 日，《上虞区高水平推进应急救护“家家行动”实施方案》发布，明确今后五年区司法局应急救护“家家行动”工作目标和工作措施；5 月 16 日，召开高水平推进应急救护“家家行动”部署会，重点部署以乡镇街道为主体的“家家行动”目标任务、重点工作。各乡镇街道纷纷落实试点村社、选派师资人员、大力开展宣传和普及培训，亮点纷呈，涌现了小越倪梁村等一大批活动多效果好群众参与率高的先进典型。

联合人社局将应急救护培训和职业技能培训相结合，在全市首创设立“应急救护”职业能力项目制培训，召开应急救护项目培训教材改革座谈会，委托绍职院开发，年内共开展项目制培训 6 期，培训 275 人。

【应急救护知识短视频】 利用新媒体，制作融合上虞元素的应急救护知识短视频。在上虞电视台开设“虞”生有你，爱“救”行动专栏，每期节目以短视频（3～4 分钟）形式呈现，该栏目投资 30 万元，总共 24 期，每月 2 期，在上虞综合频道、新商都频道多个时段播出，视频还将通过百观 App（粉丝量 28 万人）、“看上虞”抖音号（粉丝量 42 万人）进行转播。

【“博爱家园”建设】 确定 2 个村社创建博爱家园、2 个村社创建“枫桥式”博爱家园。修订完善《上虞区红十字会博爱家园项目专项资金管理办法》《绍兴市上虞区红十字博爱超市管理办法》，进一步规范博爱家园管理。

【“红十字博爱送万家”活动】 春节前，在全区组织开展 2023 年“红十字博爱送万家”活动，在区领导的带领下、走访慰问造干捐献志愿者、遗体捐献者家属，和乡镇街道一起对全区 340 户困难家庭进行走访慰问，累计发放慰问金 33.3 万余元；日常做好上浦东山教育基金等相关救助项目的实施工作；做好炉峰慈联大病救助和小天使基金申报工作。

【“三献”工作】 开展线上线下等形式多样的宣传活动，开展造干、器官遗体捐献公益车贴宣传活动；加强对捐献者和家庭的人道关怀，开展对捐献爱心人士的走访慰问；开展工作交流，组织开展三献工作政策、法规等方面交流授课；做好“三献”宣传进社区、进机关、进校园，进文化礼堂等活动，把“三献”宣传和文化下乡、科技下乡工作结合起来，和为民服务、敬老活动结合起来。一年开展各项志愿活动 60 余场次，参与活动的群众超过一万人。全区已完成造干采样入库 104 例，登记器官（遗体、组织）捐献 178 例。成功捐献造干 1 例，为全省第 921 例。

【救援工作】 持续提升救援能力建设，重点开展对无人机使用、200 米游泳、马达拆装、冲锋舟绕桩、建筑物坍塌、应急救护等技能的训练。通过走出去的形式，送队员赴丽水、新昌等地强化水上救援、山地救援专业培训。通过省级山地救援二级能力试点测试和全市应急救援协会的体能测试。参加中国红十字东部协作区综合应急救援演练，全年累计接警 105 次，跨区域救援 1 次，救援救助人员 23 名，累计公益服务 8155 小时，获浙江省红十字救援工作成绩突出集体荣誉。

【应急救护参与对口支援】 做好金口河红十字会到上虞对接工作，走访救援队、博爱家园单位、景区救助站，帮助对接区慈善总会，初步达成对口支援资金意向 40 万元，其中区红十字会支援资金 18.5 万元，用来建设金口河应急救护培训基地。

【应急救护“助企博爱行”】 通过认捐、募捐活动，在晶盛、卧龙、龙盛、润土等 6 家重点企业投放 AED，指导相关企业 AED 使用及心肺复苏培训，并在 8 月 28 日举行集中投放仪式。为 52 家企业开展应急救护培训 45 场次，培训应急救护员 2308 人，普及培训 1577 人次。开展红十字救援队护企行动，在卧龙控股集团设立救援小分队，协助企业专（兼）职应急救援队伍骨干队员能力提升。利用暑假，开放生命教育体验馆，开展“小候鸟”夏令营，为外来务工家庭子女开展防溺水、生命安全教育。开展助医、助学、助困为内容的企业困难职工关爱行动，以“博爱送万家”、区内山海协作“心愿基金”等载体，向 109 名企业困难员工及子女发放帮扶资金 14.4 万元。 （金莉莉）

残疾人事务

【概况】 2023年，区残联完成曹娥街道万祥社区党群服务中心、中医院、文化艺术中心等19个被列入2023年省级民生实事项目点位的重要公共服务场所无障碍改造并通过验收，完成省定任务的158.33%。制定《上虞区“残疾人之家”三年（2023—2025年）提升行动计划》，提升区残疾人之家规范化建设水平。截至年末，全区有残疾人之家22家（四星级3家、三星级14家、二星级5家），实现乡镇（街道）残疾人之家全覆盖的“十四五”规划目标。按照《浙江省残疾人联合会等五部门关于加快完善残疾人托养服务体系的意见》要求，在全市率先落地残疾人托养中心服务项目，地点位于百官福乐院，建筑面积3600余平方米，可为残疾人提供100张床位。

【残疾人康复】 推进“孤独症儿童康复救助”项目，选取30名有孤独症康复需求并符合补贴条件的儿童，一人一档，跟踪评估，做好满意度调查与回访，实现建档率、调查率、满意率与回访率均达100%。推进辅助器具配送服务，年内已完成辅具适配575人次642件，完成任务数的391%，辅具适配率34‰。

【残疾人就业】 2023年，区残联通过开展残疾人就业援助月、残疾人专场招聘会等活动推进残疾人就业。2023年度完成新增稳定就业人数完成78人，分别完成省定任务和市定任务的162.5%、39.29%，新增残疾人就业完成205人，完成市定任务的127.33%。新增残疾人就业任务数202人，完成率125.46%。开展残疾人电商、烹饪、插花等各类职业技能培训342人，完成率106.54%。

【残疾人托养庇护】 完成对全区16～59周岁劳动年龄段内重度残疾人托养意愿摸底，预计12月开展残疾人入托。残疾人之家全部启用省数字化管理系统，贯通率100%。推进困难残疾人家庭无障碍改造，确定127户（省、市任务110户）符合条件的残疾人家庭列入该项目，已全部完工并验收合格，完成率115.45%。

【助残共富十大行动】 通过全区各部门协同配合，除“国有企业要带头超比例安排残疾人就业”未完成外，其余“十大行动”中54项助残共富具体任务已全部完成。如与区卫健局联合出台《上虞区残疾预防早期康复训练救助办法》，帮助三瘫一截患者恢复或者补偿功能，年内首批有14人受益，补助金额2.94万元。与区慈善总会成立上虞区助残公益慈善基金，制定《上虞区助残公益慈善基金运行管理实施办法（试行）》，年内累计投入30万元公益慈善基金。与人社局合作，在区人才就业服务网开设残疾人就业招聘服务专栏，为企业和残疾人提供双向机会，共有10家企业发布招聘信息，48名残疾人发布求职信息。

【残疾人文体】 5月，区残联开展“携手助残共富·同筑青春之城”上虞区首届“最美残疾人”“最美助残人（单位）”表彰会暨第三十三次全国助残日文艺汇演活动，对前期评选出的9名最美残疾人和8个最美助残单位（个人）进行表彰。11月15日，绍兴市第四届残疾人运动会开幕式在浙建院上虞校区举行，来自绍兴市各县（市、区）的6个代表队，共计304名残疾运动员参赛，区获得团体总分第三名。 （王佳靓）

社会保险

【概况】 2023年，上虞区企业职工养老保险参保单位16897家，共计参保44.16万人，比上年末增加0.94万人。城乡居保共计参保15.60万人，比上年底减少0.34万人。机关事业参保单位424家，参保人数2.51万人，比上年底增加582人。参加工伤保险的单位共19663家，共计参保29.43万人，比上年底增加0.52万人。参加失业保险的单位共18397家，共计参保21.79万人，比上年底增加490人。

【养老保险】 办理企业参保人员基本养老保险视同缴费年限核定646人；办理企业职工特殊工种提前退休核准27人；组织因病非因工丧失劳动能力程度鉴定4次，鉴定职工177人，办理因病非因工提前退休核准54人。办理24名企业女职工延长退休年龄备案；办理企业退休高级职称（高级技师）人员增加养老金资格确认69人。2023年，累计办理上虞延五补缴人员 2999 名，完成退役士兵社保接续 305 人。

【退休人员基本养老金调整】 按照《关于 2023 年调整退休人员基本养老金的通知》（浙人社发〔2023〕30 号）文件精神，为全区机关事业退休人员、企业职工养老退休人员调整基本养老金，惠及上虞区 14.97 万名退休人员，补发 1—7 月增资养老金 1.15 亿元。

【工伤保险】 2023 年，上虞区七类特定人员参加工伤保险合计 5751 人。受理工伤认定申请 2012 起，比 2022 年 2148 起下降 6.3%，调查认定工伤 1993 起，比 2022 年 2128 起下降 6.3%，其中工亡 24 起；组织 14 次工伤职工因工丧失劳动能力程度鉴定，鉴定工伤职工 1993 人，比 2022 年 1720 人增加 15.9%。完成上级专项审计检查 1 次，办理工伤保险待遇核准支付 7268 人次，支付工伤医疗费用、一次性伤残补助金、一次性医疗补助金、一次性工亡补助金等工伤待遇合计 1.25 亿元。

【劳动能力初次鉴定结论公示制度】 在初次鉴定结论寄发工伤职工与用人单位前，通过人才就业服务网与便民中心线上线下进行鉴定等级公示，对有异议的鉴定结论再次复核。

【财政资金补助情况】 2023 年区财政拨入统筹外资金 2 亿元，由人社局社保中心发放退休人员各类统筹外补贴。各级财政及时足额拨入各项基金财政补助资金 8.28 亿元，保证社保基金平稳有序运行。

【企业年金备案】 根据《企业年金办法》《浙江省人力资源和社会保障厅等 9 部门关于进一步促进我省企业年金发展的指导意见》精神，鼓励各类用人单位建立企业年金，不断扩大企业年金覆盖面，促进企业年金基金规模稳步增长。办理企业年金备案及变更备案 10 家。

【社保扶贫】 2023 年，共为符合条件的 3255 名低保对象、特困人员等困难群体代缴保险费 32.55 万元，实现困难群体参保代缴全覆盖。

【社保基金安全】 2023 年社保中心共核查 5000 余条疑点数据，对查实的问题开展基金追缴，本年度共追缴回社保基金 54.57 万元。 （任黎虹、黄　埜）

社会救助与社会福利

【流浪乞讨人员救助】 2023 年，中心共救助服务流浪乞讨人员 88 人，救助金额 50.34 万元。收治精神性障碍人员 10 人，其中护送交接 8 人，家属接回 2 人，落户安置 0 人；进中心寻求救助 78 人，其中提供乘车凭证自行回家的有 36 人，提供现金返乡 23 人。全年无流浪乞讨人员因救助不到位而发生意外死亡事故，无重大安全生产事故。开展“一二三”巡城模式常态化，全年共计路面、桥洞、废弃用房巡查 48 次，将“夏季送清凉”“寒冬送温暖”专项活动常态化运行。

【城乡居民最低生活保障】 截至 2023 年 12 月，上虞区共有低保户 5069 户 6363 人，共发放低保资金 7418.59 万元，低保人均补差 1002 元，占低保标准 88%，此外，全区共有低保边缘户 524 户 1161 人。截至当前，共新增低保户 293 户 405 人，退出低保户 277 户 366 人，在册补差调整 1207 户。全面落实第三方家境调查工作，至 12 月共入户调查 443 户。

【“孝善邻里”弱势群体探访关爱】 摸排各类弱势群体 9338 人，累计探访群众 6.99 万户次，“三个帮”民生服务模式累计实施结对帮扶 4215 对，化解各类需求 5186 个。

【支出型贫困及重病、重残单独施保政策】 共审批支出型贫困家庭 9 户 22 人，审批残疾单列户 38 户 38 人，审批重病单列户 5 户 5 人。

【临时救助】 至 2023 年末，共救助 91 户 190 人，发放资金 101.81 万元；启动困难群众加补贴响应机制 1 次，发放物价补贴 50.65 万元。

【特困供养】 至 2023 年末，在册特困供养人员 268 人，其中城镇“三无”对象 59 人，农村“五保”对象 209 人。发放救助资金合计 874.41 万元。

【残疾人两项补贴发放】 至2023年末，残补对象共有11224人，其中重度残疾人7727人，困难残疾人3497人，发放资金数3113.26万元。

【水库移民扶持政策】 2023年上虞有大中型水库后扶移民9991人，其中直补移民7601人，项目扶持移民2390人，共发放一次性直补资金456.06万元。2023年度下达中央和省级资金1212.2万元，其中中央移民后期扶持专项资金544万元，直补资金586.14万元；省级别资金82.06万元。开展扶持项目12个，总投资1015万元，其中移民资金750.42万元。完成历年扶持项目6个，支付移民资金275.6万元。 （张　进）

【完成企业退休人员春节、重阳节慰问金发放工作】 年初完成全区13.89万余名企业职工养老退休人员每人500元的春节慰问金发放工作，发放春节慰问金约6947.6万元；10月份为全区14.46万余名企业养老退休人员发放每人400元的重阳节慰问金，发放金额约5787.28万元。 （黄　埜）

【危险化学品企业工伤预防能力提升培训工程】 2023年，完成对全区155家危险化学品重点企业安全生产分管负责人、专职安全管理人员和班组长计806人培训。 （任黎虹）

开发区建设

杭州湾上虞经济技术开发区

【概况】 2023年，杭州湾上虞经济技术开发区有企业1673家，规模以上工业企业324家，集聚上市挂牌企业46家。全年，经开区实现经济总量2411亿元，规上工业产值1616.5亿元，规上工业增加值381.5亿元，同比增长10.6%；完成固定资产投资191.3亿元，同比增长27.3%。

【园区荣誉】 2023年，杭州湾上虞经济技术开发区位列国家级经开区综合考评晋级全国60强；高质量发展化工园区综合实力考评跃升至全国第9；国家循环化改造示范试点通过国家发改委验收；入选全国第一批产业园区减污降碳协同创新试点；入选全国第三批提升职工生活品质全总试点；安全环保智慧监管平台入选应急管理部第一届“工业互联网+危化安全生产”研讨会十大优秀案例；蝉联制造业五星示范园区；上虞先进高分子产业平台全省排名第7；省级绿色环保化工产业创新服务综合体绩效考评继续保持优秀；中试基地入选省级第三批共同富裕试点；新材料中试项目全周期管理获得省营商环境优化提升第二批“最佳实践案例”；精细化工、集成电路产业集群入选全省首批“浙江制造”特色产业集群核心区、协同区；入选第一批省星级工业园区“污水零直排区”；经开区侨创之家获评省侨联侨界创新创业基地（海创园），获2023年度省“五星级侨胞之家”。12月，绍兴兴欣新材料股份有限公司登陆深圳证券交易所主板，成为绍兴市第100家上市公司。

【规划引领】 2023年，浙江省国土空间规划“三区三线”划定成果，杭州湾上虞经济技术开发区北片城镇开发边界面积4262.03公顷，其中城镇集中建设区3359.94公顷、城镇弹性发展区902.09公顷；南片城镇开发边界543.91公顷，其中城镇集中建设区509.20公顷、城镇弹性发展区34.71公顷。

【招商引资】 2023年，杭州湾上虞经济技术开发区落实招商引资“七个一”（一个产业、一个规划、一个平台、一套政策、一个基金、一个专班和一批项目）工作机制，细化项目招引“两图一表”（产业“布局图”、招商“鱼骨图”和重点招引项目表），推进基金招商、头部招商、上门招商，全年完成产业项目签约27个，总投资399.36亿元，晶盛机电、时光新能源两个百亿级项目和金海湾控股50亿元级项目落地。

【聚才引智】 2023年，杭州湾上虞经济技术开发区围绕“科创+产业”，完善“产学研用”一体化创新体系，天津大学浙江研究院（绍兴）引进院士等国家级高层次人才科研团队15个，签署企业委托项目28项，承担省部级科研项目2项；国科新材料中试基地入驻项目12个。17家企业入选省高新技术企业创新能力500强，新增省科学技术发明奖1个、科学技术进步奖8个、国际科学技术合作奖2个。全年，新增顶尖人才1人，5人入选国家级海外引才计划建议人员名单，1人入选国家级特殊支持计划建议名单。

【文化赋能】 2023年，杭州湾上虞经济技术开发区推动“五清三有”（园区“党风清正、权力清源、政企亲清、作风清朗、文化清新”，干部“有正气、有本领、有口碑”）清廉园区建设，开展产业链党建联建和“一企一品”建设，推进党的组织和工作“双覆盖”。“凤凰领航蓝海红湾”党建品牌入选 2023 年全国年度“百佳园区党建品牌案例”。

【项目建设】 2023 年，杭州湾上虞经济技术开发区新入库工业项目 70 个，其中 5 个“市县长”工程项目、13 个“千项万亿”项目完成建设入库；47 个项目顺利投产，新增释放产能超 200 亿元；40 个平台项目完成投资 38.3 亿元，投资完成率 102%。

【杭州湾上虞经开区第一届议政会第二次会议】 1 月 13 日，杭州湾上虞经开区第一届议政会第二次会议召开，听取审议经开区工作报告、人大工委工作报告、生态环境状况和环境目标完成情况，以及财政预算等报告。

【第二届工业园区绿色低碳发展大会】 8 月 25 日，第二届工业园区绿色低碳发展大会在上虞召开。会议主题是“厚植低碳循环化底色，引领绿色高质量发展”，来自全球各地的 400 余位院士专家、企业家参加。（单雯瑶）

8 月 25 日，第二届工业园区绿色低碳发展大会现场
（杭州湾经济技术开发区管委会　提供）

浙江上虞曹娥江经济开发区

【概况】 浙江上虞曹娥江经济开发区（以下简称经开区）成立于 2021 年 12 月，2022 年 2 月正式运行。经开区涉及上虞城区及 12 个镇街的工业园区（其中章镇、上浦、永和、驿亭、谢塘 5 个乡镇工业园区按照集中托管模式，由浙江上虞曹娥江经开区进行一体化管理），总面积 32.14 平方公里，分为江西区块、江东区块和虞东区块三个片区。2023 年经开区范围内共有企业 7607 家，其中规上企业 489 家，实现规上工业产值 499.3 亿元，同比增加 1.2%，规上工业增加值 114.5 亿元，同比增长 7.1%，固定资产投资 144 亿元，财政收入 51.6 亿元，同比增长 30.1%，财政收入 51.6 亿元，同比增长 30.1%。经开区在原乡镇工业园区块状经济发展上，初步完成了向集群经济方向的转变，形成了风机、伞业、环保设备、仪器仪表、智能家居等 5 个特色产业，营业收入达 300 亿元。

【招商引资】 曹娥江经开区着力打造以装备制造、都市产业、新材料应用为主导的产业体系，前瞻布局一批战略性未来产业，着眼可持续发展的前景，对前沿产业进行引进、孵化和培育，为经开区未来发展储备一批新产业。2023 年经开区累计签约项目 20 个，计划总投资 42.7 亿元，用地 688.48 亩（5 亿元以上项目 5 个，其中 10 亿元以上项目 2 个）；重点盯引项目 15 个（计划总投资 162.58 亿元，用地需求 977.68 亩）；其他在谈项目 9 个（计划总投资 57.85 亿元，用地需求 360.5 亩），实到外资 3600 万美元，同比增长 8.69%。

【重点建设项目】 智创青春谷位于百官街道，在上虞主城区核心区块，总用地 1098 亩，意在打造生态开放、制造引领、创新理想的“数智之谷、青创之园”。该地块按照工业上楼 3.0 模式和“高、轻、新、融”的发展思路，着力构筑“曹娥江形象展示窗口区”“全市工业有机更新的示范区”“全省产城深度融合的样板区”。2023 年 8 月底百官工业园区一期房屋征收完成集中签约，共签约 55 户，总建筑面积 52.5 万平方米，签约率 100%，11 月底基本完成厂房腾退，基础设施项目设计、用地等前期工作已全部完成。

智能装备生态园位于道墟街道，总用地 1485.6 亩，离常台高速、杭甬高速入口都在 10 分钟交通圈内，大力发展高端装备制造业，意在打造“制造业‘腾笼换鸟’省级示范区”、“专精特新强链补链样板区”。“高端装备智能发展集聚区”。目前智能装备生态园将按照“双轴五廊三核心三片区”的园区发展新蓝图蓬勃气势；投资超 4.3 亿元的产业邻里中心和一期基础配套设施建设项目蓄势待发。

【聚才引智】 2023年，浙江上虞曹娥江经济开发区出台招商引智专项政策，围绕创业资金资助、人才项目产业化奖励、引才薪酬奖励等内容，为各层次人才提供优惠政策和配套保障。推进2022年全球人才创新创业大赛装备制造系列赛成果转化，3个获奖项目完成注册。举办2023曹娥江高端装备制造产业人才发展大会，约200位海内外人才参与此次会议，共签约项目6个。新引进国家引才计划7人，新引进青年博士70人、青年大学生13288人，有8个人才项目签约落地。

【“未来产业社区”建设】 推进未来产业社区建设是上虞区加快推进新型工业化、奋力打造先进制造业基地的题中之义，更是浙江省深化新时代“千万工程”、全面打造乡村振兴浙江样板的全新探索，具有重要示范意义。制定《上虞区未来产业社区（工业）建设实施方案（试行）（2023—2025年）》和《建设上虞区未来产业社区（工业）的政策意见》，建设以未来产业社区为抓手，着力深化创新提质改革攻坚开放提升，推动空间高效集约和城乡风貌改善，实现家门口就业、家门口创新、家门口风景。年内，陆续启动未来产业社区建设，百官、崧厦、道墟、小越、谢塘、丰惠等6个镇街正逐步建设各具特色的未来产业社区。

【配套服务】 经开区跳出“部门政策”局限，建立健全多维度、一揽子的经开区高质量发展政策库，聚焦土地盘活利用、创新能力培育、生产性服务业引导等环节，对腾笼换鸟、数字引领等按贡献度予以激励。利用“零元入住”青春公寓、召开海内外人才联谊会等方式做好人才保障工作；发挥国有企业作用，优化国有资产运营管理，密切与金融机构、企业合作设立专项基金和企业中长期信贷专项资金。（伍　杰）

乡镇·街道

百官街道

【概况】 百官街道地处上虞区人民政府所在地，是全区政治、文化、商贸中心。街道区域面积40平方公里，辖9个行政村、7个改居村、32个社区，共有人口25万人左右，其中常住人口20万人。2023年，创成全省首批“红色根脉”强基示范街道。2023年街道财政总收入18.98亿元，同比增长63.28%；一般公共预算收入11.63亿元，同比增长47.17%；工业总产值178.2亿元，同比增长8.6%；商贸服务业销售总额178.85亿元，同比增长14.12%；自营出口达到37亿元。

百官街道深度谋划“正青春·百样红”街道党建品牌，南丰社区、文化社区入选全省首批“红色根脉”强基示范社区及省首批现代社区。建成城市之星·红星青春驿站，成功打造党建引领“三方协同共治”示范样板。实施“强街优社”和“强社惠民”集成改革2项省级试点，成立社区发展基金会，全面推行“社账街管”。干部队伍善作善为，先后有3名社区书记获评省、市“担当作为”好支书。

2023年百官街道村（居）基本情况

表10

村名	村民小组（个）	户　数（户）	人　口（人）	农用地总面积（亩）	总收入（万元）	其中经营性收入（万元）	12月底货币资金（万元）
合计	143	20487	54994	13544	7796.61	5566.64	42398.37
一村	5	355	927	0	231.64	215.04	968.40
外严村	4	219	665	1517	87.93	80.25	586.78
金家岙村	4	327	932	956	113.62	80.47	9.52
联新村	16	1063	3202	1893	648.98	150.77	74.22
南一村	15	853	3176	1636	164.25	122.46	77.01
南二村	20	989	2868	1907	220.58	130.15	106.23
南三村	23	1075	3321	2064	670.94	136.88	351.32
路东村	11	558	1631	609	392.05	270.00	567.91
新叶家埭村	16	997	2832	756	342.58	173.08	2225.45
梁家山	0	591	1189	0	342.07	215.26	1192.18
新建	4	344	902	0	204.13	157.67	1352.17

续表 10

村名	村民小组（个）	户　数（户）	人　口（人）	农用地总面积（亩）	总收入（万元）	其中经营性收入（万元）	12 月底货币资金（万元）
丰一	0	709	1837	0	317.76	312.49	1988.31
丰二	0	435	1071	0	122.99	122.99	1016.98
岭光	0	421	956	2206	193.10	172.89	3807.52
大坝	7	568	2121	0	143.22	128.73	524.12
赵家	0	942	2652	0	0.05	0	1806.79
二村	3	300	845	0	235.31	224.54	1637.84
三村	3	417	1198	0	154.76	144.94	1214.27
四村	3	355	1148	0	197.91	167.91	835.32
五村	4	669	1680	0	279.12	267.9	3051.85
星二	0	407	1076	0	201.44	191.49	746.30
星三	0	437	1072	0	217.88	212.96	1657.67
星四	0	214	455	0	77.71	77.61	379.81
星五	0	490	1186	0	60.46	58.06	632.43
杜家	0	560	1320	0	94.94	81.63	695.59
中利	0	1320	2780	0	185.82	121.33	2267.21
后村	5	414	1148	0	805.84	724.96	3164.96
头甲	0	671	1455	0	246.31	120.76	1685.45
二甲	0	654	1605	0	222.60	165.87	2371.93
四甲	0	746	1990	0	222.53	161.5	3217.65
前一	0	612	1464	0	3.40	0.27	52.34
前二	0	608	1392	0	141.10	141.09	816.16
前三	0	356	864	0	95.00	88.43	682.31
前四	0	324	743	0	32.66	28.93	291.30
横江里	0	235	585	0	41.10	35.06	250.19
路工	0	252	706	0	84.83	82.27	92.88

2023年百官街道各社区情况表

表11

序号	社区名称	社区负责人	常住户数（户）	常住人口（人）
1	上棉社区	屠　刚	310	733
2	城南社区	成明华	4066	9055
3	上源闸社区	梁瑞玲	2652	7699
4	龙山社区	沈丽娟	1432	2327
5	平阳山社区	蒋桂军	2217	5515
6	胜利路社区	詹爱莲	2082	6157
7	文化社区	董群英	3387	7965
8	九浸畈社区	丁欢喜	1390	3706
9	阳光社区	张筱华	1773	4597
10	三棚桥社区	林　芳	1767	4495
11	卧龙山庄社区	梅琼丹	924	2519
12	半山社区	王　瑾	1796	3206
13	金渔湾社区	陈可可	2343	6296
14	恒利社区	杜丽君	2384	6119
15	万和社区	邵晓芳	1767	5080
16	西横河社区	李妙峰	2340	6085
17	绿城社区	陈亚利	3605	9539
18	星光社区	王爱珠	3714	8633
19	高丰社区	梁文莉	4245	10578
20	大通社区	宋惠清	5476	15142
21	悬沙社区	张艳珍	4868	12890
22	前江社区	厉宇虹	628	1950
23	高铁新城社区	赵列军	3880	5745
24	南丰社区	糜　娜	4552	9925
25	头甲社区	蒋燕妮（副书记、负责人）	1550	3856
26	二甲社区	叶洪其	1170	2485
27	四甲社区	厉利青	1486	3715
28	岭光社区	俞朝阳	843	2165
29	星宇社区	陈立江	1440	3094
30	盛丰社区	潘国军（副书记、负责人）	1682	4462
31	星丰社区	蒋伯荣	2332	5711
32	梁江社区	王密菊	1298	2379
33	后郭社区	陈伯华	1300	2322
合计			76699	186145

【经济建设】 百官街道现有注册企业10200余家。其中，规模以上企业54家，区百强企业3家，区上市企业1家，国家高新技术企业39家。共有6800余家商贸服务业企业和13700多家个体经营户，占全区1/4以上，其中包含120多家的限上企业，批、零、住、餐企业数量和经济总量均位居全区第一。百官城区双创产业园下辖百官工业区（现已改造为智创青春谷）、城东工业区、路东工业区、叶家埭工业功能区，以机械制造、新型包装、照明电器、新材料等为主要产业。2023年新引进亿元以上项目6个，其中工业重大产业项目10亿元以上1个、5亿元以上1个。坚持项目为王，总投资42.7亿元的12个项目有序推进，中泰、中晨、精筑环保等3个总部楼宇项目高效开工，上虞书城、舜杰广场、联合大厦等重点服务业项目如期收尾。推进工业全域治理，完成25家亩均低效、35家问题突出企业整治，规上工业万元增加值能耗下降9.5%，高质量推进资源要素盘整坚持先进制造业和现代服务业双轮驱动。

【城乡建设】 紧扣“数智之谷、青创之园”定位，全力打造上虞区首个科创+产业的“智创青春谷”，仅用16天时间100%完成百官工业园区55家企业征收签约，总征收建筑面积约52万平方米，并用3个月时间完成全部产权企业和230余家承租企业的腾退工作，为中科曙光、融安储能等重大项目落户提供空间保障，高效完成84号地块拔钉清障，消化利用“四未一低”土地85.69亩，完成经营性土地做地396亩。联动推进“活力城”“老城焕新”“新城更新”行动，精心谋划人民路老党校、老博物馆、百官老火车站等闲置盘活。稳步实施新三年老旧小区改造项目，一体推进未来社区、现代社区建设。高质量完成资源要素盘整规划，强力推进城区滞留违章建筑“拔钉清障”攻坚行动，耕地整改率和完成速度均居全区前列。高标准推进垃圾分类，全覆盖创成76个越美小区、36条越美商业街。加速乡村全面振兴，通过强村公司、飞地抱团、片区组团等经营机制，全面消除村级集体经营性收入80万元以下行政村，新增年经营性收入100万元以上村5个。

【民生实事】 未来社区创建、现代社区创建提升、除险保安整治提升、养老服务提档升级、农村基础设施提升这5个民生项目均已在年底前基本完工；有序推进重华小学、百官小学等教育基础设施建设和百官福利院养老服务设施的提档升级。完成梁谢线农村道路改造等项目。完成振通新村老旧小区改造和电梯加装工程，做好头甲、星丰、外环南二村等9个拆迁安置小区的基础设施提升改造。推进城乡医保60岁以上老年人健康体检、肺癌及结直肠癌筛查和流感疫苗的接种工作。持续开展居家养老服务第三方运营不规范的专项整治行动，打响百官养老服务品牌。

【社会治理】 抓深做实党建引领网格智治，划细调优网格259个，“平安共同体”建设实现全覆盖。完成二甲村改社区向城市社区转型，新成立上德社区，撤销卧龙山庄社区合并设立新半山社区，完成后郭社区拆迁安置小区“人户分离”清底归零试点工作。对辖区4046家沿街商铺、350家工业企业开展安全隐患动态排查，实现应急广播全覆盖，未发生一起亡人安全生产事故。健全完善社会矛盾纠纷多元化解机制，创设“一案一策”、班子领衔、专人包干精准化解模式，全量调处各类矛盾纠纷590余起，市级以上信访积案动态清零，南丰平安共同体相关做法和经验被央视频现场直播展示。提升规范干事能力，持续规范政务公开机制，主动公开政府信息71条。接受人大和社会监督，办理街道议政会成员议案、建议58件，办结率、满意率均达到100%。工程现场抽审116次，整改问题26处、处罚金25万元。刑事治安警情、电信网络诈骗发案率实现双下降，绍兴市反诈重点街道和平安整治重点街道成功摘帽。街道本级、城南社区退役军人服务站获评省“新时代枫桥式退役军人服务站”，1人获评全国退役军人服务站优秀站长。

【“啡尝不可”——上虞区首届咖啡节举办】 10月28—29日，百官街道举办上虞区首届咖啡节，共集聚50余家咖啡品牌，覆盖精品咖啡、连锁咖啡和小众社区咖啡等各种业态，实现“一站式”打卡上虞咖啡门店、“一条龙”体验全球咖啡文化。活动累计吸引市民游客10万余人次。同日，成立上虞区咖啡行业协会，确定首批会员单位33家，起草《绍兴市上虞区咖啡行业协会章程》，绍兴市捷辉电器有限公司法人沈兴荣担任会长。活动期间，全网总阅读量达3186.4万次，互动量达1.7万次，相关话题#上虞咔尝不可等你来#、#属于绍兴人自己的咖啡记忆#话题阅读量均超1000万次，登上微博绍兴同城热搜榜第3位，爆款视频《"啡"尝不可》《上虞咖啡节等你来》观看量分别达422万次和324万次。（朱玲嫣）

曹娥街道

【概况】 曹娥街道地域面积59.5平方公里，辖区16个行政村，14个居民社区，19个拆迁村（居）。2023年，实现财政总收入26.9亿元，同口径增长11%，其中一般公共预算收入14.73亿元，同口径增长10%；规上工业增加值112.78亿元，增长8.26%；民间服务业投资7.05亿元，完成区定目标201.44%；制造业投资12.52亿元，完成区定目标125.16%。城乡居民人均可支配收入分别增长6%和7%。

2023年曹娥街道各村（居）、社区基本情况表

表12

村（居）委会/社区名称	党务负责人	户数（户）	人口（人）	耕地（亩）	园地（亩）	林地（亩）	养殖水面（亩）	村集体常年性经营收入（万元）
联丰经合社	卢国庆	583	1473	—	—	—	—	131.97
娥一经合社	杨　龙	398	981	—	—	—	—	—
娥二经合社	田　毅	432	1122	—	—	—	—	1.8
下沙经合社	朱东梁	587	1498	—	—	—	—	362
三角站经合社	范革生	697	1899	15	—	49	—	188
孝女庙经合社	丁贤晖	314	752	—	—	362	15	0.4
上沙村经合社	任振方	288	734	—	—	487	—	18.6
新建庄村	郦寿荣	723	2078	140	—	—	—	330
高田头村	周国桥	171	501	50	—	—	—	187
红星村	黄建东	352	1030	50	—	—	—	30
前村村	郦忠海	542	1484	787	—	30	200	40
茅家村	赵关坤	463	1411	495	—	—	—	65.56
国庆村	景国森	378	1228	325	—	—	—	74
沥泗村	任中华	646	1970	420	—	17	—	113.73
白米堰居委	孟新余	416	1387	345.5	—	—	—	21.44
狮子居委	宋兴富	585	1663	522	—	—	—	219
新沙居委	徐朝阳	704	2133	78	—	—	—	182
梁巷居委	梁根云	395	1304	90	—	30	70	120
越爱经合社	陈　峰	301	854	78	—	—	—	48.6

续表 12

村（居）委会/社区名称	党务负责人	户数（户）	人口（人）	耕地（亩）	园地（亩）	林地（亩）	养殖水面（亩）	村集体常年性经营收入（万元）
里睦桥居委	钱　林	315	1095	45	—	115	346.63	32.2037
徐家塘居委	徐水茂	411	1154	—	—	—	—	92.32
新楼下居委	徐建方	375	1042	—	—	—	—	132
光明经合社	徐金昌	1058	3271	—	—	—	—	400
外五甲村	倪佰芳	230	730	—	—	—	—	50.5
西湖经合社	吴吉明	190	558	—	—	—	—	117
贺盘经合社	任　美	310	827	—	—	—	—	171.6
蒿坝村	冯志康	452	1152	878.7	85.65	36	35.25	44.62
朱山头村	殷岳新	890	2517	2261	90	3100	208	142
漳汀村	王永芳	279	910	389	37	2900	30	58
蒿东村	陈其龙	1087	2931	1027	120	3922	—	168
丽樟村	沈永刚	686	1900	1038	—	—	40	83.1967
金村	金立锋	533	1413	615	—	78	—	113
董村村	姜国娟	510	1305	845.27	20.34	65	183	88.73
民丰社区	吴雪良	1246	2110	200	—	25	—	90
博文社区	杭炜良	3079	2851	—	—	—	—	—
曹娥社区	刘国军	1278	2836	—	—	—	—	—
和城社区	陆　美	2507	4610	—	—	—	—	—
银河社区	沈利琴	1813	4535	—	—	—	—	—
振兴社区	陈月娟	2111	4875	—	—	—	—	—
德济苑社区	潜金花	1479	4489	—	—	—	—	—
鸿雁社区	朱坚盛	4470	12000	—	—	—	—	—
金桂苑社区	祝祖英	1985	6893	—	—	—	—	—
舜杰社区	章梦瑶	2394	7000	—	—	—	—	—
聚英社区	包春兰	2944	6696	—	—	—	—	—
大三角社区	徐小文	3324	7400	—	—	—	—	—
万祥社区	魏燕华	2047	5211	—	—	—	—	—
兴业社区	叶玲玲	622	1457	—	—	—	—	—

【经济建设】 积极推动企业上市，新三板挂牌交易1家、上市报会1家。强化企业梯度培育力度，成功申报国家级专精特新“小巨人”企业1家、省级4家，申报国家高新技术企业13家，新增省科技型中小企业32家。新增市场主体2269家，完成个转企31家、小升规12家、下升上15家，顺利完成第五次经济普查清查工作。全省63家、全区3家省级第一批“雄鹰”企业街道入选2家（卧龙、晶盛），全省60家、全区4家省级本土民营跨国公司领航企业街道入选2家（卧龙、阳光）。2023高端装备制造高质量发展大会暨全国工商联高端装备制造与仪器仪表委员会年会在街道成功举办。

省“千项万亿”特别重大项目卧龙新能源项目1号地块实现当年拿地、当年开工、当年投产；全球顶奢品牌酒店万豪酒店运营，高端酒店数量增至2家。倾力打造一江两岸城市风貌，以“一楼一特色”“楼楼聚产业”为导向，全速推进26幢楼宇经济项目建设招商，建成10幢、在建11幢、拟建5幢，引入企业565家，实现税收1.5亿元。

【招商引智】 围绕高端装备、智能制造等产业“链主”大力推进头部招商、上门招商、精准招商，累计外出招商12次，签约100亿元以上项目1个，实现全区非化类百亿元项目零的突破，亿元以上项目8个，引进外资1568.59万美元。持续深耕人才沃土，人才工作专班化运行，积极推荐优质人才，申报国家部委人才计划数68人，国家级博士后海外引才专项4人，省海外引才计划35人，绍兴“名士之乡”英才计划16人，引进青年博士30人，数量均居全区第一。入选“鲲鹏计划”2人，总数达3人（全市仅4人），居全市第一，获绍兴市海外引才工作行政奖励集体嘉奖。累计兑现人才奖励补助171.36万元。

【城镇建设】 总投资约2.4亿元的44个政府投资项目已全部开工，有序推进投资8700万元7个老旧小区改造项目，完成投资750万元22个高层小区电梯智慧化改造工程。加快越秀农贸市场建设步伐。2个社区通过省级未来社区验收。加速实施现代社区蝶变计划，完成硬件改造提升3个，其余社区加快“示范型”“争先型”“培育型”现代社区创建，获评省级示范社区党群服务中心3个，入选全省第一批现代社区1个。

【乡村建设】 深化运用新时代“千万工程”经验，扎实推进乡村振兴工作。区级乡村振兴项目全部完成验收，投资1750万元农村道路提升和村居亮化工程、770万元美丽河湖建设项目以及35个街村振兴项目如期完工。完成2个闲置农房激活项目，每年为村集体增收20万元。行政村集体经济收入全部超过80万元，其中9个村达100万元以上。全面启动5个托管村村庄规划编制。新创共富工坊5家，其中卧龙共富工坊获评定向招工式“共富工坊”省级示范点。全力推进人居环境提升工作，投入1200万元完成16个村居的人居环境物业化外包，在市、区两级环境卫生检查中排名稳步提升。

【土地保障】 全力做好104国道改建、未来城、文旅城项目土地要素保障，完成征地1048亩，做地527亩，做好文旅项目落地推进前期工作。完成拔钉清障11户，实现历史新突破。完成四未一低消化105.07亩，完成耕地功能恢复90亩，确保耕地保有量不流失。

【民生实事】 一类镇街中率先完成越惠保全年参保任务，越惠保参保71.22%，城乡居民医保99.455%。弱势群体探访关爱率达100%，新创建市级高质量就业村社5个。完成私人建房审批30户，困难群众住房救助2户。扎实做好“无欠薪”街道建设，农民工欠薪化解率100%。严格落实残疾人“两项补贴”等补助政策，累计发放60余万元。创建省级“无障碍社区”2个，街道残疾人之家日托数稳步增长。启动孝德乐龄系列建设，新增孝德老年食堂2家，助餐服务量达6.18万次。多场景打造托育阵地，新建0~3岁婴幼儿照护服务点托位426个。培育引进“三名”教师36人、省特级教师1人，街道获区终身教育优秀组织奖。总投资1亿元的博文小学新校区投入使用，投入2500万元提升各校基础建设，有序关停“低小散”民办幼儿园。持续推动“健康浙江”各项措施落实落细，扎实推进基层卫生网点三年提升行动，完成提升改造4个，目前曹娥街道社区卫生服务中心拥有彩色B超机3台、医用X线诊断机1台、心电图机4台、全自动血液细胞分析仪1台等多台先进医疗设备。组织文化走亲、送书下乡等文化活动，向上选送文化节目获得省级大赛三等奖，市级金奖、银奖。农村文化礼堂全覆盖，创成省五星级礼堂1个。2023年全国跳绳锦标赛在街道举办，吸引24个省500余人参赛。

【社会治理】 全面深化“大综合一体化”行政执法改革，办理各类案件463件，在全市第二批30个乡镇（街道）综合行政执法队“岗位大比武”中获得全市第5、全区第1。率先完成“越美系列”创建任务，全市越美系生活垃圾分类达标率全市排名前10、全区第1。形成文明城市常态化创建机制，德济苑获评市级新时代文明实践先行示范站。对标“浙里新风 虞尚十礼”创建要求，创建“有礼小区”14个、“有礼楼道”56个。

探索城市版“枫桥经验”，区关爱之家项目按期完工，迭代升级“141基层智治系统建设平台”，有序推进市域社会治理现代化试点建设。全面推进基层“共建共治共享”，累计受理四个平台与全科网格事件14090条，办结率99%以上；有效化解初信初访，受理群众诉求1535件，同比减少15%，初信初访按时办结率100%。全域开展基层基础大排查“敲门行动”，完成护航杭州亚（残）运会任务，打造省级“枫桥式”司法所，获全省反邪教工作成绩突出先进集体、全省护航亚运先进个人和绍兴市枫桥式示范街道，基层社会治理成果考核位列全市第八、全区第一。

【平安建设】 全年累计出动7104人次，排查企业、场所9527家次，发现并整改隐患18722处。对部分发现的典型隐患定期在微信平台上累计曝光24期。办理安全生产委托执法案件10件、消防委托执法201件，办案和处罚数同比分别增长400%和137%。“百万员工安全大培训”全年通过2415人，300余名生产经营单位人员报考安全培训合格证。全力推进辖区2000余家食品安全包保工作，创评省四星级基层食安办。完成曹娥街道综合应急消防救援站建筑设施改造工程，对街道26个村居、社区义务消防队和微型消防站进行提档升级。大力推进鸿雁社区省级综合减灾示范社区建设，完成避灾安置场所规范化建设4个；开展水利设施隐患专项整治行动，累计发现隐患问题并完成整改5处，保证朱山埂、蒿坝埂、漳汀埂正常运行。严守住房保障安全红线，限时腾退城镇危房6户，解危自建房7户，完成地质灾点治理3处。全省水旱灾害防御演练现场会在街道举办。安全生产、消防安全和自然灾害形势持续稳定向好。（纪洪达）

东关街道

【概况】 东关街道地处长三角南翼，位于浙江省绍兴市上虞区西大门，与绍兴越城区紧密相接，东面与北面接曹娥街道，南连长塘镇，具有独特的区位优势，是上虞中部城区重要组成部分，素有九县通衢之称，交通十分便捷，浙东古运河（萧绍运河）、104国道穿境而过，上三高速在此设有出口，杭台高铁上虞南站于2021年建成通车。2001年撤镇设街，现有区域面积27平方公里，下辖14个行政村和2个社区，现有常住人口4.1万余人，其中新居民1.1万人。2023年，全街道财政总收入3.64亿元，同比增长62.95%；一般公共预算收入1.92亿元，同比增长55.08%；规模以上工业产值37.96亿元；规模以上工业增加值9.82亿元。

2023年东关街道行政村（社区）基本情况表

表13

村（社）	书记（主任）	户籍户数（户）	户籍人口（人）	面积（平方公里）	村级集体经济收入（万元）
东塘村	邵国新	1032	2567	1.72	105.84
马家桥村	朱宝元	327	704	0.87	412.57
彭家堰村	李卫星	285	789	0.38	110.64
联星村	项立新	772	2114	2.17	219.83
高泾村	王张明	736	2108	1.89	409.60

续表 13

村（社）	书记（主任）	户籍户数（户）	户籍人口（人）	面积（平方公里）	村级集体经济收入（万元）
大西庄村	滕兴标	516	1494	1.46	101.13
凌江村	屠志光	711	2053	1.72	187.72
金鸡山村	范建荣	651	1944	2.81	130.35
三丰村	钱忠海	481	1425	2.04	163.96
保驾山村	徐建平	597	1644	1.49	850.60
担山村	周文苗	418	1299	1.65	429.85
新丰村	丁建华	373	1041	1.95	224.96
东风村	林其良	944	2761	2.86	138.17
马山村	胡建刚	1071	2872	3.28	206.66
南阳社区	郑徐旗	1086	2192	—	—
越泉社区	张红萍	851	1738	—	—

【经济建设】 街道拥有各类工业企业 486 家，其中规上工业企业 45 家，限上服务企业 18 家，高新技术企业 38 家。黄酒、新型建材两大传统产业稳中有进，绍兴女儿红酿酒有限公司、上虞海螺水泥有限责任公司稳居区百强企业；主导培育装备制造产业迅速壮大，认定省级专精特新中小企业 13 家，思纳克科技、中建路桥科技成果先后获评省科技进步三等奖，中建路桥、智新科技拳头产品分别获评国家级、省级首台套装备。在工业全域治理背景下，街道激活闲置厂房，改造提升建成省级小微企业园 4 家，创新发展万里科创产业园，引入浙江股权服务集团运营团队进园实体化运作，成功创建省三星级小微企业园区和省级数字化示范小微企业园区。聚焦招商引资，正在推进实施亿元项目 3 个，5000 万元项目 2 个，计划总投资近 8 亿元。

【城市建设】 聚力聚焦区域性综合交通枢纽建设，谋划杭台高铁上虞南站站前广场周边区域的功能布局和业态填充，启动 104 国道改建和四环延伸线建设前期工作，做好沿线节点的策划布局。扎实开展永兴路美丽街区、集镇基础设施改造、后濠湖生态整治工程，成功创建浙江省首批城镇“污水零直排区”建设星级街道。持续深化“大综合一体化”行政执法改革，开发街道智慧城镇系统，高质量完成全国文明城市创建复评迎检工作，着力提升富有江南水乡韵味的宜居、宜业、宜游的城市品质。

【乡村振兴】 各村因地制宜促发展，投资 5000 万元的担山村“星越谷”重大文旅项目签约，保驾山村集体经济领跑全区、马家桥、新丰等村级物业厂房顺利招租，高泾、东风等村闲置农房激活项目投用，凌江村新居民服务中心项目验收完毕，村级集体经济不断壮大，村均集体经营性收入持续领跑全区各乡镇街道，2023 年度村均集体经营性收入率先突破 200 万元。始终坚持和深化新时代“千万工程”，重投入、强整治、见成效，街道被评选为浙江省和美乡村示范乡镇，大西庄村被评为全省美丽宜居示范村，凌江村被评为浙江省和美乡村特色精品村，并作为“千万工程”典范被《人民日报》报道。

【民生实事】 辖区共有中小学、幼儿园 7 所，其中高中 1 所、初中 1 所、小学 2 所、幼儿园 3 所，卫生服务 1 中心 3 站 9 室，成功创建绍兴市教育现代化街道、绍兴市教育优质均衡示范乡镇。民生实事项目有力推进，累计投资 5 亿元实施项目 60 余个，高速门户亮化、中心幼儿园易地新建、农村“四好”公路、美丽河湖建设等一大批项目建成投用、普惠民生。公共服务设施持续提升，打造“晚晴”老年食堂，接待人次超2万次，相关经验做法获《人民日报》报道；东关卫生院胃肠镜中心建成投用；中心小学体育馆初见雏形；谋划粮站改造推进“乐龄中心”项目建设。

【社会治理】 深化基层治理四平台建设，以“平安共同体”、平安建设“一单一码”“平安虞家”等创新工作为抓手，建设完成“长安驿站”平安共同体1个；加强网格人员教育培训，实行常态化教育和专项培训相结合的模式，在每月的网格员例会中，针对工作中存在的短板问题，进行平安检查标准、事件上报要求、政策法规解读等方面的培训，同时做好急救知识、防溺水等专业知识培训，不断提升网格人员的工作水平和业务技能；大规模开展“反诈全民行”宣传活动，利用警示横幅、LED屏幕、宣传手册、微信公众号、短信提醒等各种形式，有效降低辖区内电信诈骗案件发生率。司法工作成效显著提升，成功创建省级“枫桥式”司法所，积极打造系列法治阵地，担山村建成绍兴市首家乡村民法馆，担山村法治公园初步显现宣传效应。安全生产工作持续走深走实，建成绍兴市首个消防综合救援站，全省应急管理体系标准化建设试点工作现场会在东关召开。

【党建工作】 全面推动党群服务中心改造项目，实施“党建联建+市场化运营+社会组织”党群服务中心运行模式，街道本级和凌江村创成省级示范党群服务中心，党建统领“无物业小区全清零”年度考核实现全区唯一全优。持续深化党建共建，组织开展“满城都是女儿红”联建共富活动，成立“越东虞西四地联建共同体”，打造跨区域、跨产业共富链。加速未来乡村建设进程，助力担山村成功引进“星遇谷”民间文旅运营资本，凌江村被认定为2023年度省和美乡村特色精品村和省级首批“红色根脉”强基示范村。（王启明）

道墟街道

【概况】 道墟街道位于上虞区西北部，距城区所在地11公里。全境地域总面积42平方千米，辖22个村（居）委员会。年末总户数15897户，总人口41911人。2023年全街道完成工业产值77.07亿元，其中规上工业产值41.32亿元，完成财政总收入4.43亿元，农民人均可支配收入76522元。工业企业总数470家，其中规模以上企业40家。自营出口15.4亿元。

2023年道墟街道各村（居） 委会基本情况表

表14

村（居）委员会	党务负责人	村（居）委员负责人	户数（户）	人口（人）	农田（亩）	旱地（亩）	村级集体经济收入（万元）
积山村	范水龙	范水龙	837	2201	1004.442	199.6935	1222.306057
长娄村	吴五金	吴五金	458	1321	1149.3105	56.187	93.615281
云里村	宣四祥	宣四祥	466	1338	759.03	62.949	813.353197
新民主	韩桂珍	韩桂珍	588	1511	357.651	76.293	249.213213
中联村	章关金	章关金	941	2212	234.8145	254.4	455.186709
庙桥村	王朝晖	王朝晖	732	1876	875.19	23.505	98.893794
杜浦村	杜成德	杜成德	891	2516	88.281	930.4965	303.40209
称海村	谢华鑫	谢华鑫	971	2777	752.9415	836.7645	243.307809
汇联村	阮加夫	阮加夫	671	1904	342.5685	1198.2075	96.328147
联江村	谢伟德	谢伟德	806	2211	495.888	1328.034	111.359559
江协村	章灿松	章灿松	918	2549	307.1625	1568.565	90.642362
新里港村	章水标	章水标	783	2197	1127.631	241.8975	161.153083

续表 14

村（居）委员会	党务负责人	村（居）委员负责人	户数（户）	人口（人）	农田（亩）	旱地（亩）	村级集体经济收入（万元）
肖金村	张金祥	张金祥	998	2679	1888.2645	231.708	183.981282
沽渚村	沈新成	沈新成	535	1438	704.0565	157.761	271.07176
东桑村	马明祥	马明祥	600	1581	1116.3135	52.743	109.926439
大湖村	张立青	张立青	554	1535	1458.4725	76.056	337.505924
联浦村	张国强	张国强	611	1606	495.888	1328.034	311.536431
五四村	任永海	任永海	592	1670	601.6425	23.466	345.213344
韩浜村	陆建明	陆建明	492	1373	797.2035	36.2745	279.419095
新屯南村	陈国荣	陈国荣	979	2711	1391.814	29.6745	288.286768
钱上村	李明亮	李明亮	455	1316	735.4695	57.3405	109.77435
道墟社区	阮琴妹	阮琴妹	1157	1945	—	—	—

【经济建设】 以先进制造业强区“1215”专项行动为抓手，配合曹娥江经开区编制上虞智能装备生态园开发建设方案和控制性详细规划，出台化工退出地块二次开发政策，启动总投资4.3亿元的智能装备生态园产业邻里中心及一期基础设施项目，完成5万平方米厂房拆除、土壤调查和一期基础设施配套项目初步设计评审，泛道墟化工退出地块二次开发迈出实质性步伐。积极开展“爱企行动”“政企服务直通车”“益企来”专项行动，用好用足经济高质量发展“1+9”“抢开局、拼经济、稳增长12条”“民营经济31条”等惠企政策，累计兑现政策资金218万元，帮助企业解决涉企问题15个。

年内帮助企业攻克关键技术难题3个，新增授权发明专利转化8个，完成数字经济核心产业5G基站改造建设29个，累计申报高新技术企业3家，省科技型中小企业10家，培育专精特新中小企业1家，绍兴市博士创新站1家，5家企业完成数字化改造工作，引进青年博士5人，申报“名士之乡”人才5人、国家启明计划人才8人、省千人才4人。

全年新引进项目8个，其中亿元以上签约项目1个，储备100亿元、30亿元、10亿元重大项目各1个，申报智能化改造重点项目3个，有效盘活利用欣隆防腐、万叶绝缘等5宗25.74亩低效土地，新增厂房5万平方，新增投资2.57亿元，新增产值2.38亿元，为高质量发展注入强劲内生动力。全年关停淘汰低小散、落后产能企业17家，新增“个转企”14家、“小升规”2家、“下升上”7家，新增各类市场主体582家。

【农业发展】 全年农作物播种面积3962公顷，粮食总产量1.13万吨。农机总动力0.01万千瓦。村等级公路通达率100%。全年完成水利建设项目2个，投资1000万元。存栏生猪562头，出栏生猪4053头；存栏家禽13535羽，出栏家禽44894羽。

【民生实事】 有初级中学1所，小学3所，幼儿园3所。在校中学生599人，入学率100%；在校小学生1449人，入学率100%；在园幼儿673人。社区卫生服务中心1家，卫生服务站4家。全年出生184人，计划生育率99.05％。初级卫生保健率97.8%。自来水普及率100%。参加城乡居民基本养老保险9842人，参加城乡居民医疗保险19528人，参加城乡职工医疗保险19275人。最低生活保障救助人数311人。社会福利性敬老院年底供养老人16人。农户新建房屋102户，建筑面积9675.75平方米。

【绍兴市首届大学生机械创新设计竞赛举办】 6月11日，绍兴市首届大学生机械创新设计竞赛在上虞区道墟街道中联村文化礼堂举行。绍兴市文理学院副院长柳国庆、区人大常委会副主任黄梅龙、绍兴市教育局高教处副处长沈华梅、道墟街道党工委书记戴忠伟等领导出席开幕式。比赛主题为“创新先进制造，助力乡村振兴”，旨在以科技创新为推动力，促进上虞区传统产业的转型升级。共有51个来自不同高校的项目参赛，围绕着先进制造和科技强农进行作品设计，涵盖汽车整车及零部件制造质量提升、农牧渔林产品种植、养殖和加工等领域。

【六小龄童获授上虞终身文化大使称号】 10月15日，猴王馆开馆暨上虞终身文化大使授予仪式举行，著名表演艺术家、国家一级演员、1986版孙悟空扮演者六小龄童（章金莱）获“上虞终身文化大使”称号。活动当天，猴王馆在道墟开馆揭牌。（朱　芳、马德良）

小越街道

【概况】 小越街道位于上虞区东北部，南靠上虞区驿亭镇，北接上虞区谢塘镇，西连上虞主城区，东与宁波余姚相邻，是绍兴市的东大门。地理位置优越，公铁水交通便捷，沪杭甬高速、329国道横贯辖区，距杭州、宁波机场分别65公里和70公里，距铁路客运专线高铁绍兴东站15分钟车程，距嘉绍跨江大桥15公里、杭州湾跨海大桥40公里。2023年，乡村文明家庭信用管理省级基层社会治理标准化试点成功通过省级验收。小越街道倪梁村获评第九批“全国民主法治示范村”。

辖区总面积29.6平方公里。辖14个行政村、1个社区，2023年末，小越街道人口总户数为9869户，总人口为27321人，其中男性居民13537人，女性居民为13784人，城镇人口为12293人，乡村人口为15028人，全年共登记出生人口108人，死亡266人，迁入人口129人，迁出人口260人。2023年实现一般公共预算收入3.65亿元，规上工业产值91.88亿元。

2023年小越街道各行政村（社区）基本情况表

表15

村（社区）名称	党务负责人	村（社区）委会负责人	户数（户）	人口（人）	区域总面积（平方千米）	耕地面积（公顷）	山林（公顷）	村级集体经济收入（万元）
建越村	罗武平	罗武平	659	1890	1.788	53.3	7.67	136.33
小越湖村	罗荷叶	罗荷叶	629	1768	2.603	72.67	6.6	84.61
小越村	顾华军	顾华军	826	2387	3.891	77.4	29.3	186.49
越北村	王建春	王建春	494	1254	2.5	0.4	18	100.82
新宅村	陈苗根	陈苗根	658	2101	3.198	83.33	60	215.9
冯柯山村	冯羊牛	冯羊牛	632	1918	2.206	98.67	1.86	80.94
横山徐村	徐伟达	徐伟达	432	1325	1.6	88.2	14	116.69
胜桥村	周善荣	周善荣	408	1178	2.5	70	1.66	80.24
越中村	罗建刚	罗建刚	441	1286	1.505	43	5.6	81.79
罗家村	张建淼	张建淼	693	2071	2.35	95.6	10	82.16
倪梁村	倪建君	倪建君	399	1234	1.378	48.27	7.53	164.03
越东村	罗　欣	罗　欣	575	1720	2.515	113.53	17.6	88.98
双堰村	陈利华	陈利华	641	1795	1.822	87.47	—	85.64
田家村	田华军	田华军	988	2661	2.521	98.67	—	235.04
越兴社区	袁森媛	袁森媛	1426	2920	0.382	—	—	—

【经济建设】 街道现有工业企业700余家，其中规模以上企业79家、亿元以上企业23家、区综合百强企业5家。招引5亿元以上和亿元以上项目各1个，国家级领军人才吴宇平博士领衔的年产6000万平方米锂电池半固态无孔电解质隔膜项目实现当年签约当年落地当年完成设备调试。坚持绿色高质量发展理念，整治低效用地540亩，腾退提升低效企业70家，高标准通过省级第三批低（零）碳乡镇（街道）试点。入选国家引才计划人才2人、落地1人，入选绍兴市英才计划人才3人，新增就业大学生1045名；金盾智造参评国家级单项冠军企业，佑谦特种材料获国家级专精特新“小巨人”称号，浙江泰富获2023年“区长质量奖”，新增规模以上企业3家、限上企业4家、省专精特新中小企业4家、省创新型中小企业13家。

【城乡建设】 以“千万工程”为抓手，大力推进美丽乡村建设；投资750万元开展农村生活污水终端改造提升；创成绍兴市水美乡镇，打造和谐幸福“亲水圈”；实施优化环境卫生长效保洁机制，常态化运行14个建制村的垃圾分类智能化模式。完成越谢线大修工程，基本完成总投资3500万元的G329小越段，交通主干道颜值大幅提升，商贸氛围更加凸显，生活环境更加宜居。深入实施村级物业联建，用足用好物业联建政策奖补，实施小越湖、新宅，冯柯山、罗家、越东，倪梁村等物业联建项目，14个村平均年经营性收入超100万元。

【社会治理】 聚焦“一老一小”，健全婴幼儿托育、老年人就餐照料等全龄化服务。新建越中村孝德乐龄之家、越兴社区孝德乐龄驿站，建成老年食堂2家，成功打造“霓亮爱心”助餐品牌。成立绍兴首家奥运冠军“助残圆梦”工作室，帮扶全区残疾人130人次。大力发展群众文化体育事业，街道荣获全国第十四届运动会群众赛事气排球比赛亚军。圆满完成护航两会和杭州亚（残）运会等重点时段安保任务；成功化解“十大领域”信访积案1件、第三批国重件2件；乡村文明家庭信用管理省级基层社会治理标准化试点项目通过省级验收，试点成果被国家发改委公众号重点推广。抓实“越·平安”品牌建设，健全多元化矛盾纠纷化解协调机制，新创省级民主法治村1个、市级民主法治村1个。

【民生实事】 2023年1月14日，小越街道第二届议政会第二次会议上全体与会成员票选产生共富共享发展、卫生健康服务、优学善教强基、养老众扶提质、美丽河湖建设、住房安居保障、城乡交通畅行、人居环境优化、文体健身惠民和城市精细管理等十方面民生实事项目，投资总额约8000万元。至12月底，已基本完成年初既定任务。街道现有中小学校（幼儿园）7所、成人文化技术学校1所，其中，区属高级中学1所，24个教学班，在校学生890人；初级中学1所，学生611人；小学1所，学生1415人；公立（民办）幼儿园4所，入园幼儿688名；成校年培训人数占常住人口的20.3%；街道现有社区卫生服务中心1个，社区卫生服务站4个，医护人员86名，核定病床50张；完成农民健康体检任务数6284人，完成60岁以上老年人体检5991人，家庭医生签约数21102人；城乡居民基本医疗保险参保率99.704%，实现失土农民应保尽保。

【党建工作】 全面挖掘新宅村美人弄卷烟厂等红色文化基因，发行长篇纪实文学《美人弄1号》，筹备开拍电视剧；建成美人弄卷烟厂展陈馆、红色文学创作基地。打造“越”系列15个党建品牌，开展“争先夺旗、全域建强”专项行动，倪梁村获评浙江省“红色根脉强基示范村”。大力推广“浙里兴村治社”应用场景，街道获“浙里兴村治社（村社减负增效）”应用最优镇街、倪梁村喜获最好村社，整体智治水平不断提高。

【美人弄卷烟厂红色创作】 6月28日，小越街道举行长篇纪实文学《美人弄1号》首发暨“美人弄卷烟厂展陈馆”开馆、“红色艺术创作基地”授牌仪式。

6月28日，“美人弄卷烟厂展陈馆”开馆（邱忠海 摄）

【上虞新时代科创园建成】 2月1日，上虞新时代科创产业园开园。新时代科创产业园位于小越街道核心区块，总投资2500万元，改造40000平方米厂房，建设集人才、项目、科技、金融、生活配套于一体的科创园。2023年下半年街道谋划引进一批高端智造产业，盘活兴越公司存量闲置资产，以“产业+人才+基金”模式推动上虞新时代科创园筹建，引进浙江赛创未来创业投资管理有限公司，专业运作新时代科创园项目，择优落户符合小越产业发展需求的新兴产业项强链补链型上下游企业和先进装备制造、新材料、信息技目，引领小越街道经济发展转型升级，打造虞东高端装备制造业基地。年内已对接项目13个，其中，国家级领军人才项目半固态无孔电解质隔膜已落地，即将投产。 （鲁文文）

梁湖街道

【概况】 梁湖街道位于上虞城区的南大门，东邻驿亭镇，南接丰惠镇，西沿曹娥江与曹娥街道隔江相望。地域面积62.63平方千米，辖区共17个行政村（居）委会和1个社区，为国家级生态镇、全国千强镇、省级AAA级景区镇、市美丽乡村示范乡镇。2023年末户籍总数9956户，户籍人口29748人。财政总收入3.13亿元,同比增长50.49%， 其中一般公共预算收入1.75亿元，同比增长43.42%，生态环保、公共设施、水利设施、交通运输和民间投资等各类总投资达2.32亿元。全年农作物播种面积1744.86公顷，粮食产量5627吨,公交车通车里程36.63公里，村级等级公路通达率100%。全年实现规上工业产值39.17亿元，规上工业增加值同比增长14.5%，增幅稳居全区前三。

2023年梁湖街道各村（居）基本情况表

表16

村（居）	党务负责人	村（居）委会负责人	户数（户）	人口（人）	耕地面积（亩）	山林面积（亩）	村级集体经济经营性收入（万元）
拗花山村	孙章苗	孙章苗	293	931	531	3861	83.56
古里巷村	顾泉君	顾泉君	289	915	187	940	110.33
大库承委	潘国芳	潘国芳	381	1135	120	25	51.09
外梁湖村	严伟江	严伟江	667	1989	110	333	104.43
华山居委	唐建忠	唐建忠	318	1039	23	945	53.39
洪山湖居委	陈潮江	陈潮江	400	1287	800	3110	51.04
华光居委	王　军	王　军	423	1284	453	1545	66.92
华东居委	张　军	张军	346	1004	145	904	66.88
新花浦村	陈国炎	陈国炎	1003	2955	2390	6269	271.72
南穴村	陈建焕	陈建焕	528	1599	1144	2901	123.07
任庄村	葛光辉	葛光辉	333	1026	803	5048	84.22
玩石梁岙村	王永利	王永利	540	1459	1168	10894	100.08
倪家堡村	赵建平	赵建平	614	1910	932	2339	80.67
禄泽居委	项苗荣	项苗荣	359	1161	25	20	197.89
皂李湖村	莫和祥	莫和祥	1580	4969	53	2864	81.36
潘家陡村	陈云娟	陈云娟	453	1502	420	5069	100.66
西华瑶村	徐培其	徐培其	654	1993	1265	3329	80.65

【经济建设】 加快企业数字化和智能化改造，积极争创省科技型、创新型、专精特新中小企业，申报国家高新技术企业9家，规模以上企业研发经费占比超3.7%，高新技术投资同比增长25.9%。开展“政企服务面对面”、惠企大讲坛等“爱企行动”，精准承接“民营经济31条”落地，高质量完成五经普清查，培育“小升规”“下升上”各2家、“个转企”9家，新增市场主体403家，协助兑现各级惠企资金940万元。

【城乡建设】 高质量完成“城南—梁湖”城市设计，完成江山片农文旅规划和8村村规编制。顺利交地N17号地块、110千伏变电站经营性地块，保障落实114亩土地要素，配合7个区级重大项目落地推进，5个定向回购房建设加快施工。落实最严耕地保护制度，完成水稻种植8900亩，统筹管护集镇耕地3700余亩，强力推进耕地违法用地整治43宗，实现涉耕违法用地当年“零新增”。推动主城管理体制和养护机制调整落地，扎实推进最清洁城市“510”行动，合力打好全国文明城市和国家卫生城市复评攻坚战，持续强化生态环境和空气质量管控，农村人居环境多次位列全区前三。

【民生实事】 有初级中学1所，学生365人；小学2所，学生1208人；幼儿园2所，在园幼儿273人。有区中医医院1所，社区卫生服务中心1个，村级服务站9个，职业（助理）医师337名，床位605张。全年出生人口176人，参加城乡居民医疗保险14197人，参保率99.98%，最低生活保障救助188户，共226人。有金融机构网点3个，自来水用户10714户，管道燃气用户2880户，农户新建住房66户，建筑面积14735.4平方米。

统筹推进省级未来社区、现代社区和市级和美示范社区建设，高标准完成2个全域未来乡村创建，年度投资1500余万元有序开展山塘水库整治五年行动计划，投资近1亿元扎实推进城乡路网建设、四好农村公路亮化洁化工程，村（居）经营性收入突破1700万元、同比增长11.4%。优化中小学基础设施，新建“乐龄中心”“托育驿站”，城乡居民医保、越惠保征缴完成率排名全区前列，发放各类补助资金360余万元，完成街道级居家养老中心五星级创建。完成3个“智慧礼堂”建设，新增城市书吧1个，改造提升张杰事迹陈列馆，省级“家门口的青少年宫”投入运营，创成省农村文化礼堂示范乡镇。

【社会治理】 提档完善“梁辰美景”平安共同体创建，扎实推进基层基础大排查“敲门行动”，全力推进“治重化积清源”行动，化解信访积案9件，信访总量下降10%；擦亮“网格调解团”人民调解品牌，调处矛盾纠纷158件，涉及金额超1亿元，调解成功率保持在97%以上。扎实开展安全隐患大排查大整治百日攻坚集中行动、安全生产“护盘行动”，试点推进基层应急“141”管理模式，完成燃爆粉尘等重点企业、“园中园”“厂中厂”等重点区域专项整治，“百万员工”线上大培训覆盖600余人，“大综合一体化”行政执法办案376起，开展安全生产及消防安全执法174起。

【征收拔钉】 大厍、外梁湖、华山三村（居）征收完成，高效完成资金兑付和旧房拆除，获得区委主要领导批示肯定和各界称赞；情理法并重推进皂李湖区块滞留户拔钉腾空14户，完成潘家陡6户滞留户拔钉清零，潘家陡刘家自然村实现整村清零，黄潘公路实现全线贯通。

【招商引智】 成立梁湖商会，紧盯链上精准招商，深耕沪甬等地外出招商，促成10亿元投资内生项目留在上虞发展，签约9个总投资2.8亿元项目，实到外资100万美元；积极引进高层次创新人才，入选重点人才2人，新引进青年博士5人，新增就业大学生1002人。（周　菁）

7月8日，梁湖商会成立大会暨第一届商会会员大会召开（龚宇洁　摄）

崧厦街道

【概况】 崧厦街道位于杭州湾南翼、曹娥江东畔，紧邻绍兴滨海新城和杭州湾上虞经济技术开发区，是浙江省大湾区建设的前沿阵地和虞北区域发展的桥头堡。区域总面积 84.8 平方公里，下辖 37 个建制村和 4 个社区，户籍人口 10.3 万人，常住人口 12 万人。2023 年，崧厦街道实现国内生产总值 185 亿元、财政总收入 4.35 亿元，完成制造业投资 1.97 亿元，高新技术投资 1.16 亿元，环境投资 1153 万元，服务业投资 3994 万元。城乡常住居民人均可支配收入分别达到 9.1 万元和 5.7 万元。

2023 年崧厦街道各村（居）基本情况表

表 17

村（居）委会名称	党务负责人和村（居）委会负责人	户数（户）	人口（人）	村域面积（平方公里）	村集体常年性经营收入（万元）
蔡林村	朱尧龙	1695	4609	2.75	81
丁泽村	丁江辉	788	2315	1.8	57
东凌湖村	李火灿	592	1687	1.06	41
东上湖村	连沥渔	732	2272	1.4	35
福海村	沈　展	394	1101	1.1	62
港联村	夏金英	422	1100	0.67	65
共何村	费　炜	906	2583	1.5	316
杭郭村	杭金兔	614	1809	0.79	53
黄家堰村	夏高军	508	1392	1.8	45
金中村	金建平	664	1907	2.1	66
联海村	潘金尧	720	2182	0.42	51
联胜村	张军桥	709	2245	0.96	74
联塘村	陆军钢	746	2025	2.5	47
陆家村	范红波	1079	2945	1.46	82
吕家埠村	吕森龙	2212	5873	2.85	196
庙川村	潘永林	690	1880	0.27	52
内五甲村	何立江	284	870	3.2	70
潘韩村	韩红标	883	2496	1.5	172
前庄村	陈交良	844	2378	2.2	95
勤联村	王宏坤	649	1823	0.68	45
雀嘴村	王狄军	1870	4840	0.83	123
任谢村	王　江	625	1785	1.5	38
三华村	桑海军	713	2005	0.55	80
三友村	严伟东	863	2294	2.5	8
时华村	章建农	904	2500	1.68	84

续表 17

村（居）委会名称	党务负责人和村（居）委会负责人	户数（户）	人口（人）	村域面积（平方公里）	村集体常年性经营收入（万元）
双埠村	何明辉	728	1930	1.8	57
舜源村	黄君根	632	1966	3.2	212
寺前村	郑建江	964	2672	1.5	58
万湖村	俞永胜	456	1480	5.6	61
西华村	顾绍民	1520	4236	1.8	55
新光村	潘建中	732	1922	2	285
新下湖村	胡九英	1438	4226	2.27	60
严巷头村	严松桥	1484	4256	2.5	49
杨凌湖村	严建方	384	995	1	70
章家村	顾建忠	2303	6195	3.5	73
章黎村	王春雷	520	1401	0.65	39
祝温村	许亚萍	588	1674	1.7	109

【经济建设】 崧厦街道以“中国伞城”闻名全国，拥有 18 个伞业专业村和 1400 余家制伞企业，其中规上伞业企业 62 家。伞业产值超 150 亿元，被认定为“国家外贸转型升级基地（伞具）”，伞艺小镇列入省第六批特色小镇创建名单，获得省对特色小镇考核优秀等级。此外，崧厦街道还积极争创“崧厦·中国露营产品产业基地”，把握露营经济风口，培育自主中高端品牌，户外露营产业产值超 50 亿元。9 月 1 日，浙江安敏瑞热管理系统有限公司在崧厦街道与绍兴市上虞和邦精工有限公司签订定制厂房租赁协议，启动 600 万件散热模组、600 万件散热风扇、8 万台液冷项目建设。项目总投资 1.5 亿元，预计 2024 年初投入生产，年销售收入 3.27 亿元，创利税 0.5 亿元。12 月 23 日，崧厦发展大会举办，分享崧厦从小镇转变为“时尚伞城、活力崧厦”的发展道路，多个项目进行招商推介和签约。

【城乡建设】 2023 年，佳源广场局部改造，崧厦广场改造提升并于 2023 年投用，崧厦馆建成投用。12 月 16 日，崧厦馆展陈换新暨枕海书房启用仪式在滨水举行，新崧厦馆占地 1000 平方米，展品包括陶器碎片、海涂工具等，展现了崧厦 1600 年的文化。以“五星 AAA”创建为引领，持续向农村倾斜力量和资源，累计投入 5.6 亿元用于乡村基础设施提升。创新实施“乡村倍增计划”，统筹资金 2.8 亿元实施各类项目 75 个，村均集体经济收入稳定突破 100 万元，获得绍兴市乡村振兴突出贡献集体。

【民生实事】 崧厦街道辖域内现有中小学、幼儿园 9 所。全街道共有教职工 1100 余名，中小学、幼儿园学生数约 7700 余人。区级医院 1 家，社区卫生服务站 13 家。2023 年度，崧厦街道城乡居民基本医疗保险参加人数为 5.1 万人。

【社会治理】 崧厦街道深化“基层治理四平台”运行，以“最多跑一次”理念，推动社会治理领域改革。深入开展“一支队伍管执法”、宅基地改革等省市试点，形成有崧厦特色的基层治理“141”工作体系，成为省、市样板之一。

【共同富裕示范区接力直播启动】 4 月 21 日，上虞作为共同富裕示范区之一参与央视新闻的“共富行动‘县’在出发”直播。在崧厦伞艺创新中心，央视主持人孟语凡和共富观察员夏志远体验伞制作，并见证伞具测试，体验户外露营和伞具直播。

4月21日，上虞作为共同富裕示范区之一参与央视新闻的“共富行动‘县’在出发”直播（崧厦街道 提供）

【国际露营大会崧厦站举办】 5月20日，“一江两岸”崧厦分会场的国际露营节上，“跟着代表‘趣’露营”的网络直播活动成功举办，领略崧厦的自然美景和深厚的伞文化与露营文化。（孙 冬）

章镇镇

【概况】 章镇镇地处上虞南部山区，东毗余姚四明山，南邻嵊州三界镇，104国道、上三高速穿境而过，交通区位优越。全镇地域面积138.46平方千米，总人口37907人，下辖27个行政村、2个社区，耕地3873.3公顷，是上虞“北都市、南花园”总体规划中南花园的核心，也是首批省级中心镇、省级生态镇、省级园林镇、省级健康镇、国家级卫生镇。2023年获评革命老区乡镇、省“示范数字档案室”、省五星级社工站等荣誉，张村村创建为省“红色根脉”强基示范村。章镇镇加入中国旅游景区协会，樱花谷景区被授予“中国最美樱花谷”的称号。2023年实现地区总产值67.87亿元，同比增长7.1%；财政总收入2.59亿元，增长205.34%；工业投资1.37亿元；高新技术投资1.18亿元；服务业投资3225万元；限上批发和零售分别增长35%、7%；自营出口7.5亿元，增长65%；一般公共预算收入1.66亿元，增长200.48%。实现工业总产值40.6亿元，其中规模以上企业产值24.4亿元。农村常住居民人均可支配收入47900元,同比增长6.5%。

全年经济作物播种面积1913公顷，种粮面积3254公顷。水果种植面积1166.06公顷，总产量22807吨，其中葡萄种植面积220.5公顷，总产量7040吨；猕猴桃种植面积691.27公顷，总产量12266吨；茶园面积715.13公顷，总产量900吨；桃园面积105公顷，桃子总产量1475吨。

2023年章镇镇各村（居）委会基本情况表

表18

村（居）委员会	党务负责人兼主任	户数（户）	人口（人）	耕地（亩）	林地面积（亩）	村级总收入（万元）
笕桥村	王利松	492	1476	1706.7	0	268.62
花坎村	叶文华	283	772	1201.95	200	117.46
龙马村	叶志军	728	2165	2486	753	123.37
中兴村	谭华夫	374	1161	1348.35	80	147.69
新区村	景吉标	232	737	609	160	122.06
镇南村	龚水根	406	1202	2153.85	1569	118.84
章家埠村	丁林军	474	1445	1727.1	0	164.64
新江村	张明尧	532	1467	1732.2	0	186.74
灵运村	谢达仁	559	1401	2092.95	50	329.93
新南村	张海洪	665	1690	3674.55	300	447.97
泰山村	黎国良	814	2255	4448.55	2210	397.19
河浮村	金孟飞	316	895	1407.75	70	91.91
龙浦村	张 继	374	1049	2046	0	136.48

续表 18

村（居）委员会	党务负责人兼主任	户数（户）	人口（人）	耕地（亩）	林地面积（亩）	村级总收入（万元）
龙江村	董立均	537	1498	2849.85	2860	103.78
大钱村	童其炎	357	1073	2328.75	0	227.58
湾头村	景少军	301	817	1754.4	0	113.07
新三联村	陈国永	367	1014	1475.7	39	107.37
清潭村	方和军	318	827	716.55	0	94.74
秀峰村	王玲尧	428	1107	2082.6	2749	118.81
新魏家庄村	魏燕春	461	1278	2129.7	15	108.90
大勤村	王伟强	452	1094	1911.3	150	123.13
任叶村	沈富官	364	910	1215	970	113.57
陈墩村	陈军强	633	1595	3269.7	359	129.07
张村村	陈振华	985	2526	4176.9	0	450.33
建设村	丁永宣	385	1556	2787.3	1200	168.1
越星村	陈　斌	435	1176	2759.4	0	278.58
陈埠村	王泗宝	329	926	2007.45	0	125.89
章镇社区	徐军标	906	1646	—	—	—
滨笕社区	郑秀文	485	1149	—	—	—

【经济建设】 全镇有各类企业 285 家，其中有上市企业 3 家（亚厦、皇马、金盾），规上企业 25 家，基本形成了装备制造和建筑装饰两大产业。规划面积超 300 公顷的工业功能区，为上虞区重点工业功能区之一。推进节会招商、以商招商，全年赴广州、上海等地招商 10 余次，举办招商联谊会，招引南深科技总投资 3 亿元项目 4 个；加大高层次人才引进力度，完成国家部门计划申报 6 名，有海外引才 3 名、引进青年博士 4 名。亚厦装饰荣获 4 项中国建筑装饰行业科学技术奖；金盾风机建成“博士后”工作站；天行健水务新建研发大楼，让产与研更好融合，成功复评通过国家重点专精特新“小巨人”行业；上能锅炉发布“浙江制造”标准，并获评为省知识产权示范企业；汉丰、创成、鼎泰三家企业成功创建为省级专精特新中小企业。

【农业发展】 全镇粮食种植面积稳定在 2 万亩以上，恢复耕地功能 3500 亩，完成 3000 亩高标准农田改造，被评为浙江省粮功区“非粮化”整治优化先进集体；成功创建总投资 3000 万元的省现代化农业园区。与中国农科院、省农种院合作开展猕猴桃换苗周期管理和优质品种引进，与平台型果业龙头企业叶氏兄弟合作建设草莓种植基地，推动四季仙果品种、品质、口味迭代升级。

【镇村建设】 投资 19 亿元的新章镇大桥前期工作和投资 1.2 亿元的三界高铁连接线工程加快推进，投资 6.8 亿元全城排涝一期工程完成可行性研究，投资 1 亿元的 104 国道沿线形象改造工程完成工程量的 90%，投资 1600 万元的大钱村、陈埠村垃圾中转站建成投用。全域推进垃圾分类，实行商业街生活垃圾上门收运，创建“越美”生活小区 8 个、商业街 2 条。扎实推进治气治水，加大秸秆焚烧管理力度，pH 2.5 排名全区前列，全年实施“碧水行动”，区域水质达标率 100%。成功创建为省无废乡镇。

完成总投资 7500 万元实施青山埂、东山沿山渠、泠湾水库等面上水利项目 15 个；总投资 849 万元实施的 29 座农污提标改造工程基本完工，总投资 690 万元实施的建设、秀峰等农村公路提升工程完成建设。激活闲置农房 2.5 万平方米，张村村成功创建为省级未来乡村，新江村被评为省“一村万树”示范村。

【民生实事】 全镇有初级中学 1 所，在校初中学生 363 人，入学率 100%；小学 2 所，在校小学生 821 人，入学率 100%；幼儿园 1 所，在园幼儿 342 人。上虞中医院章镇分院 1 家，社区卫生服务站 6 家，村级卫生室 16 家,巡回医疗点 5 家。全年出生人口 169 人，自然增长率-0.577%。初级卫生保健普及率 100%。自来水普及率 100%。参加城乡居民基本医疗保险 37205 人，参保率为 99.89%；参加城乡居民养老保险 34410 人，参保率 99.82%。最低生活保障救助 465 户 584 人。有公建民营养护院 1 个，年底供养老人 43 人。农村新建房屋 80 户，建筑面积 8300 平方米。

投资 5000 万元的章镇中心幼儿园工程竣工。王充小学创建为浙江省现代化学校，王充史迹馆评为省级廉政教育基地，章镇中学获区考核一等奖，观杰烈士纪念馆被评为绍兴市爱国主义教育基地，新增加 1 家五星级文化礼堂，建成 1 家城市书房，13 个村形成 15 分钟品质文化圈，张村村入选绍兴市艺术乡建“三个一百”工程，建成爱奇艺电影公园、花样年华青春快闪街。健全社会保障体系，城乡居民养老、医疗保险提标扩面。提高低保、重残、特困等弱势群体帮扶力度，全年累计发放救助金 1500 余万元。打造优质老年食堂，全年接待老年人就餐 9.6 万余人次，就餐数量居全区第一，暖心大走访行动在央视报道。加强党管武装和退役军人工作，加强退役军人服务保障，为退役军人进行建档完卡和办理优待证。镇退役军人服务站获评浙江省百家红色退役军人服务站。坐落在章镇的绍兴市上虞区国防教育训练中心分批分期进行培训。

【社会治理】 建立健全党建网格智治阵地，以高压态势打击整治电信网络诈骗，全镇诈骗发生率与上年相比下降 10%。信访突出问题清零，成功调处化解矛盾 203 件。圆满完成护航两会和杭州亚（残）运等重点时段安保任务。镇南村获评省民主法治村，任叶等 11 个村和社区获评绍兴市民主法治村。

【文旅产业】 2023 年，通过线上线下相结合的方式打造猕猴桃消费新场域，采摘首日销售猕猴桃 1 万箱。开辟采摘体验基地，吸引游客实地采摘，增加果农收入。

樱花谷 AAA 级景区配套建设投用，3 月 24 日在景区成功举办长三角（上虞）户外休闲旅游节·樱花谷嘉年华，单日最高入园游客 5000 余人，日最高营收超过 20 万元，实现农户在家门口创收 320 余万元，户均创收约 3 万元的经济效益。（王维瑞、叶岳锦）

丰惠镇

【概况】 丰惠镇位于绍兴市上虞区东南部，距上虞中心城区 14 千米。地域面积 118 平方千米，辖 26 个行政村、1 个居委和 2 个社区，年末总户数 17513 户，总人口 47280 人。2023 年实现工业总产值 77.91 亿元；全年财政总收入 2.75 亿元，同比增长 96.7%。实现全社会固定资产投资 4.7 亿元，一般公共预算收入 1.68 亿元，同比增长 53.4%。规模以上企业工业总产值 42.85 亿元。

全镇耕地面积 2978.5 公顷，粮食总产量 1.93 万吨以上，农业机械化率 90%以上。年末存栏生猪 6688 头，年内出栏生猪 1005 头；年末存栏活家禽 313934 只，年内出栏活家禽 94419 只。果园面积 547.13 公顷，水果总产量 9700 吨。茶园面积 59.33 公顷，茶叶总产量 33 吨。高标准打造特色共富工坊 5 家。

2023年丰惠镇各村（社）委会基本情况表

表19

村（社）委会名称	党务、村（社）委会负责人	户数（户）	人口（人）	村常年性经营收入（万元）
渔门村	王松江	575	1523	103.87
祝家庄村	倪相伟	889	2531	225.51
南源村	倪国民	559	1687	138.47
西湖村	周焕梁	978	3000	190.02
东光村	曹培建	393	1198	97.46
后山村	许士祥	770	2029	132.12
西南门村	陈小奇	448	1368	129.29
南门村	周　翔	538	1485	175.89
通明村	陈汉军	626	1559	109.91
凤鸣村	叶炬耀	399	1245	120.72
丰南村	龚国治	434	1362	115.15
东门村	车谷雨	794	2052	143.48
五云村	张冬山	635	1693	93.49
谢桥村	叶泽军	799	2044	120.56
虞光村	贺坚兵	868	2188	133.83
夹塘村	姚伟明	934	2387	185.45
虞东村	陈　斌	473	1207	112.38
陈夏谢村	夏历史	461	1230	136.15
盛茂村	何炎华	374	1151	138.27
夏王村	贾永强	641	1746	128.19
孟尝村	董健华	371	1072	107.78
双溪村	赵　军	414	1194	91.69
三溪村	徐银山	680	1990	122.64
西溪湖村	宋力锋	627	1804	131.71
西郊村	吴建海	310	1011	96.14
永庆村	戴　国	482	1403	101.75
北门居委	谢乐安	203	473	90.48
庙弄社区	车菊敏	1034	2067	—
启文门社区	王伟平	804	1581	—

【经济建设】 工业企业总数926家，其中规模以上企业30家。新增高新技术企业3家、省科技型企业8家，规模以上工业企业研发经费9664.9万元，完成“小升规”2家、“下升上”2家、“个转企”17家，新增市场主体795个。

【镇村建设】 村等级公路通达率100%，自来水普及率100%，农村生活垃圾分类实现全覆盖，农家书屋全覆盖。完成3村16个农村污水终端改造提升，创建越美小区16个、商业街3条，辖区内“定时定点”投放清运小区全覆盖。

【民生实事】 有初级中学1所、小学4所、幼儿园4所。在校初中生695人，在校小学生1320人，入学率均为100%。有综合医院1家，社区卫生服务站7个，村卫生室7家。全年出生169人。初级卫生保健率100%。数字电视用户12896户。全年未发生一般以上安全生产事故，年度信访积案化解率100%。全年便民窗口累计办理各类服务2.8万件，办结率100%。城乡居民基本养老保险参保14628人，养老保险参保率99.36%，城乡居民基本医疗保险参保24469人，医疗保险参保率99.78%。开设11个村老年学堂。建成投用2家区域性老年食堂，累计提供惠老助餐服务7.54万人次。有养老服务中心1个，低保户491人，低保边缘户51人，特困人员33人。向困难群体发放各类补助超300万元。闲置农房激活1.7万平方米，农户新建翻建房屋91户，占地8115.05平方米，建筑面积20257.64平方米。举办古城元宵节、三溪梅花节、国庆趣丰惠、全国大学生广告艺术大赛等10余场高端赛事节会活动，全年旅游50万人次，同比增长194%。9月16日，丰惠镇首座城市书房——英台书院开馆投用，位于丰惠镇祝家庄村前龚家宴服务中心二楼，总面积720平方米。10月30日，丰惠镇新便民服务中心投用办公，位于丰惠公交站南侧（百悬线与丰三路交叉口），一楼为对外服务窗口，二三楼为内部办公用房，建筑面积4300平方米。11月17日，绍剧艺术馆正式开馆，位于丰惠老街，建筑面积328平方米。

10月30日，丰惠镇新便民服务中心投用办公（丰惠镇 提供）

【社会治理】 5月12日，丰惠镇“情暖古城”救助帮扶基金成立。该基金旨在为全镇孤寡老人、残疾人、低保底边等特殊群体提供帮扶救助，落实“五帮一”推进机制，打造山海协作共富品牌，共享共富成果。基金由浙江康隆达特种防护科技股份有限公司、浙江上风高科专风实业有限公司、浙江格派钴业新材料有限公司、浙江国祥控股有限公司4家结对企业共同筹资，计划总筹资100万元，年内先行筹资20万元。

【青梅产业发展】 丰惠镇是浙江省著名的青梅之乡，全镇种植面积近万亩，为国内最大的青梅种植基地之一，为促进青梅产业发展，年内丰惠镇开展丰惠镇政府积极开展各项活动，如组织技术交流培训会、三溪青梅节 等活动，探索青梅增收路径，优化品种布局，积极培育和扶持青梅产业，有力促进农业增效、农民增收和农村发展，并形成了较为成熟的生产—加工—销售产业链。2023年，丰惠镇青梅产量6000余吨，销售额达4000万元，实现农民增收300万元。

【孔庙遗址考古】 为配合绍兴丰惠千年古城复兴工程（一期）项目——孔庙修复工程地块建设，10月20日，由9人组成的绍兴市文物考古研究所考古队进驻该地块准备考古发掘，11月1日开始布方和发掘，12月31日结束野外发掘，转入室内整理。本次发掘面积1250平方米，揭露唐代至民国时期遗址30处，包括房屋建筑基址2处、墙基5处、桥基1处、排水设施8处、水井1口、灰坑5座、灰沟1条、河道3处、台基4处。本次发掘出土遗物丰富，其中，小件1300余件，包含12通学宫残碑、瓦当和迦陵频伽等建筑构件、战国至明清时期瓷器、400余枚历代钱币、牛羊猪等动物骨骼遗存，其他器物标本600余箱。上虞孔庙是绍兴市唯一现存大成殿的学宫建筑遗址，规模宏大，布局考究，等级较高，本次考古厘清了发掘区域地下文物埋藏状况，为上虞孔庙建筑的保护和恢复提供了直接依据，也是浙江省内学宫建筑规范化考古发掘的首次尝试。

【全民健身线上运动会·浙江省首届全民健身线上线下运动汇（线下比赛）】 11月25日，2023年全民健身线上运动会·浙江省首届全民健身线上线下运动汇（线下比赛）在丰惠镇启幕。运动采用“线上+线下”模式。线上比赛围绕“云竞赛、云参与、云展示”三大主题，借助AI技术，设置12个“小项目”，吸进近10万人报名，超400万人次参赛，累计颁发参赛证书7万余份。线下比赛为期2天，以“全民健身共享亚运 信心满怀齐奔共富”为主题，设置街舞、跳绳、八段锦三个项目，近千人报名参赛。

【“周末趣丰惠”品牌启动】 12月29日，丰惠古城元旦迎新暨“周末趣丰惠”活动在丰惠老街启动。丰惠镇主动融入文旅城建设，推动完成传统美食、网红餐饮、非遗手工等24家特色商铺入驻老街。打造“周末趣丰惠”活动品牌，加强与浙江音乐学院、姚百青工作室等高频合作，延伸“逛庙会趣丰惠”“听大戏趣丰惠”系列。“趣丰惠”系列活动期间，日均游客量超3000人次。 （陈雪芬）

上浦镇

【概况】 上浦镇位于上虞西南，距离主城区约15公里车程，东连四明余脉，西接会稽山麓。全镇地域面积86.6平方公里，辖13个行政村和1个社区，户籍人口约2.2万人，是浙江省文旅特色型美丽城镇省级样板，小城镇环境综合整治省级样板镇，同时也是省AAAA级景区镇、省级生态镇、省级美丽乡村示范镇、省级文明镇、省级卫生乡镇。2023年，上浦镇实现财政总收入1.71亿元，同比增长77.77%；一般公共预算收入9287.34万元，同比增长62.55%。全年规上工业增加值4.54亿元，同比增长8.85%；完成固定资产投资1.82亿元；完成限额以上贸易总额39.5亿元。

2023年上浦镇各村（居）委会基本情况表

表20

村名	党务负责人、村（居）委会负责人	户数（户）	人数（人）	耕地（亩）	山林（亩）	村级自主经营性收入（万元）
渔家渡村	董森锋	512	1460	1298	6989	84.77
舜江村	胡立表	774	2189	2271	4363	110.41
王湖村	王维芳	427	1190	1203	3800	88.31
四峰村	罗水昌	729	2115	1826	2009	119.39
大善小坞村	虞建森	632	1997	1671	4704	144.29
昆岙村	傅　炎	397	1031	780	2968	82.37
梅坞村	倪国鑫	339	971	745	4273	88.27
上浦村	林伟荣	350	970	278	406	83.91
东山村	应新林	1000	2749	3194	13000	240.47
九连村	夏志良	581	1571	1688	4900	109.17
戚山村	胡玉忠	612	1696	2650	2245	95.45
冯浦村	冯卫明	682	1804	2406	14060	99.73
夏家埠村	夏钦森	458	1385	1667	4916	80.31
上浦社区	陈东祥	353	477	—	—	—

【经济建设】 推进谋划实施总投资 2.5 亿元的重点项目 3 个，其中亿元以上项目 1 个、5000 万元以上 2 个。积极搭建政企联动平台，高规格成立上浦镇商会，增强企业发展信心。全年新增国家高新技术企业 1 家、省科技型中小企业 7 家、市场主体 344 家，申报“国千”和“省千”人才各 2 名，2 名博士人才成功入选绍兴“名士之乡”英才计划。

【镇村建设】 2023 年，上浦镇完成新一轮城镇控制性详规编制，新出让经营性住宅用地 34 亩，“瓷源 ·舜水”县域风貌区创成省级样板。深入实施“千万工程”，投资 5000 余万元完成大善小坞、东山村和美虞村、村域景区化提升等项目建设。积极推进部级全域土地综合整治试点，盘活消化利用“四未一低”土地 86 亩。强势推进砂石料加工行业专项整治，高标准通过省市验收。常态化长效巩固环境卫生、垃圾分类整治成果，成功创建省级高标准生活垃圾分类示范片区。全面落实“双碳”战略，加强秸秆焚烧、道路扬尘等管控，空气质量持续位居全区前列。

【民生实事】 2023 年，上浦镇投入 1800 万元加快推进象田—大岙“共富路”建设，投入 400 万元改造提升东山大桥—五婆岭及 104 国道—渔家渡徐湾段两条农村公路，新增乡村公路亮化 4.5 公里。投入 850 万元完成农村生活污水处理终端改造和机埠泵站提升改造，加快实施水库系统治理和山塘综合整治，垃圾中转站改造提升工程基本完工。聚焦“一老一小”，上浦卫生院住院部顺利投用，东山、王湖居家养老照料中心，王湖托育驿站完成建设。“青春 · 见未来”职业规划中心揭牌成立，东山教育基金增资 60 万元，浦沿小学教学点平稳撤并，镇中心幼儿园创成省一级幼儿园。各类社会保障持续提标扩面，实现农村困难群众住房救助全覆盖，成功创建省五星级社工站。

【社会治理】 2023 年，上浦镇不断完善矛盾纠纷多元化解机制，联合打造“瓷源舜心”普法工作室，健全“人民、行政、司法”三级调解联动工作体系，实现矛盾纠纷村级调处率 100%。积极推进信访积案“百日攻坚”和敲门行动，成功化解省级十大领域积案 2 件。实体化运作乡镇示范型综合信息指挥室，通过机制体制创新多管齐下推动“大综合一体化”改革工作，变“专科执法”向“全科执法”转变，累计办理普通程序案件 104 件，简易程序案件 146 件，赋权事项 48 项，累计处罚金额 34.02 万元。

【文旅产业】 2023 年，上浦镇石井水库机车露营旅游综合体亿元项目、董家山艺术家古村落 5000 万元项目签约落地，瓷源古道、东山古道等重点文旅项目全面完成。“共富路上”上浦主题摄影展、第六届“瓷源 ·莲”文化节、石井水库国际露营节等活动人气爆棚。新增“瓷源号”小火车、青荷咖啡、瓷源剧本杀、东山书房等创新业态 14 处，开展“共富密码”直播推介 20 余场。全年各级主流媒体报道上浦文旅 60 余次，其中央媒报道 4 次，累计接待游客超 50 万人次。

6 月 23 日至 7 月 18 日，“共富路上 青春上浦”主题摄影作品展在上虞城市阳台举行（上浦镇 提供）

【第六届“瓷源 · 莲”文化节】 7 月 30 日，上浦镇举办 2023 年上虞区第六届“瓷源 · 莲”文化节暨上浦镇共富“青”单发布活动。节会开幕式上，上浦镇发布五大共富“青”单：青春共富 ·新希望——“青春 ·见未来”职业规划辅导中心，青春共富 · 新力量——大善小坞村“微改造、精提升”项目，青春共富 · 新光芒——风雅东山江上激光秀，青春共富 · 新气象——大善小坞村乡村运营项目宣传推介，青春共富 · 新业态——大善小坞村新业态项目入驻签约。活动吸引游客近 1.5 万人次，带动消费超 5 万元，用文旅赋能，描绘了乡村共富新画卷。

【上浦镇商会成立】 11月14日，上浦镇商会成立暨第一届商会会员大会召开，区有关领导、上浦镇班子领导、各会员企业代表出席会议。大会审议通过《上浦镇商会章程(草案)》《上浦镇商会财务管理制度(草案)和会费收缴办法(草案)》《上浦镇商会选举办法(草案)》《上浦镇商会理事候选人名单》，选举产生绍兴市上虞区上浦镇商会第一届会长、副会长、秘书长、副秘书长。（裘良健）

汤浦镇

【概况】 汤浦镇位于上虞西南边界，与柯桥、嵊州、越城三地交界，总地域面积有61.38平方公里，下辖8个村和1个社区，现有户籍人口1.40万人，外来人口0.496万人，是一个历史悠久、风光秀丽、产业发达、包容开放的乡镇，连续三年入选省级电商镇、淘宝镇。2023年实现财政总收入3.06亿元，一般公共预算收入1.65亿元。实现规上工业总产值63.05亿元，同比增长0.61%；实现规上工业增加值14.13亿元，增长6.2%；限上零售业销售额0.84亿元，增长35.2%；限上批发业销售额3.02亿元，增长24%。

2023年汤浦镇各村（居）委会基本情况表

表21

村（社）名	党务负责人/村（社）负责人	户数（户）	人口（人）	耕地（亩）	村级集体经济总收入（万元）
汤浦村	郑敏军	780	2078	363	130.54
舜岸村	刘生军	320	874	880	205.41
霞里村	徐伟庆	437	1210	647	107.98
蒋村村	胡裕根	293	820	685	159.61
长山新村村	池苗新	435	1318	473	184.54
鹤湖村	吴晓祥	570	1721	821	234.03
霞越村	陈新利	769	2159	1100	159.61
达郭村	毛伟鑫	869	2763	1400	192.29
舜水社区	宋元兴	644	1106	—	—

【经济建设】 工业企业家数380家，其中规模以上工业企业53家。新增市场主体353家，完成“小升规”5家，“下升上”2家，省级科技型中小企业5家，股改1家。制定出台《汤浦镇促进经济高质量发展的若干政策意见》，启动企业综合服务中心建设，构建具有汤浦特色的“Tong你一起”服务品牌，深入开展“政企服务直通车”等活动，成功创建省级亲清政商关系先行建设乡镇。全年农作物播种面积0.9万亩，粮食总产量0.33万吨，年末存栏生猪180头，出栏肉猪114头；年末存栏家禽10471只，出栏家禽1297只。水果种植面积195亩，水果总产量269吨。

【镇村建设】 建成徐光宪汤浦故里景区工程，成功创建省AAA级景区镇，创成“瓷源·舜水”省级县域风貌样板区。实施霞里村“一事一议”、蒋村村新时代美丽乡村、舜岸村和美虞村等工程，全面提升农村生活污水处理设施，建成投用霞里村、舜岸村全民健身广场，改造提升下漳至越明道路、汤王线至庙塍、汤浦村至小舜江水库等农村道路4.7公里，安装路灯2公里，成功创建市级“四好农村路”示范乡镇。创成全区唯一市农村生活垃圾先进示范片区。蒋村村争创省级垃圾分类精品村。

【民生实事】 有初级中学 1 所，在校学生 113 人，入学率 100%；小学 1 所，在校学生 743 人，入学率 100%；幼儿园 1 所，在园幼儿 393 人。有社区卫生服务中心 1 家，村级卫生服务站 8 个。全年出生人数 42 人，计划生育率 97.62%。参与城乡居民基本养老保险参保人数 7213，参保率 99.9%。城乡居民基本医疗保险人数 4370，参保率 90.5%，城乡居民最低生活保障人数 158 人，供养老人 3 人。新建“共富工坊”5 家，残疾人童装电商“共富阳光坊”助力 60 余名残疾人创业就业，成功获评绍兴市首批“枫桥式”乡镇残联。推进“乐龄中心”建设，承接并挂牌区残疾人直播培训孵化基地，老年学堂实现村社全覆盖。

【社会治理】 深入开展“枫桥经验”60 周年系列纪念活动，持续发挥“老林调解室”品牌效应，创新矛盾纠纷“三级联动”化解机制，做好平安护航杭州亚运等节点维稳安保工作，成功化解信访积案 4 件，积极争创市级“枫桥式”示范乡镇。顺利完成“人民网格员”市级试点建设，网格智治模式在全区推广。

【童装产业发展】 童装文化节暨童装直播大赛首次走出汤浦，签约浙江理工科艺学院，开展设计选品、直播培训和活动走秀等合作，“童你一起”共富工坊获浙江省第一批示范共富工坊。汤浦针织童装内外贸一体化改革试点产业基地入选省第五批内外贸一体化改革试点产业基地。举办第十届上虞区童装文化艺术节暨第四届汤浦镇童装电商直播大赛，25 个参赛团队总直播销售额达 131 万元，总用户访问量超 178 万人次。12 月 6 日，“虞理共进”校地融合——汤浦童装产业提档升级合作项目授牌仪式举行。浙江理工大学科艺学院授予汤浦童装城为该院服装电商专业实践基地，揭牌浙江理工大学科艺学院“汤浦童装品牌设计中心”，并进行冬季设计作品成果展示。

11 月 3 日，第十届上虞区童装文化艺术节暨第四届汤浦镇童装电商直播大赛（汤浦镇 提供）

【上虞区童装协会五届二次全体会员大会】 12 月 21 日，上虞区童装协会召开五届二次全体会员大会，78 名协会会员参加大会。协会会长刘百松作 2023 年工作总结、部署 2024 年协会工作。会上，对新入会的会员颁发会员证书。 （徐文洋）

永和镇

【概况】 永和镇地处四明山麓，位上虞的东面，三面同宁波市余姚市交界，东面和南面连余姚兰江街道、梁弄镇，西与丰惠镇接壤，北仍与余姚兰江街道相接，定下了“连甬桥头堡，生态宜居地”的区位发展方向。全镇行政区域面积 31.32 平方千米，辖 8 个行政村，耕地面积 1.7 万亩，其中 1.2 万亩是粮食功能区，有着“虞东粮仓”的美名。2023 年永和镇实现财政收入 8050.15 万元，同比增长 164.38%。一般公共预算收入 5065.99 万元，同比增长 143.27%。规模以上企业总产值 16.25 亿元，同比增速 1.5%；规模以上工业增加值 3.84 亿元，同比增长 12.4%；限额以上批发零售总额 1.66 亿元，同比增长 17.32%；限额以上批发销售额 1.27 亿元，同比增长 30.05%。

2023年永和镇各村委会基本情况表

表22

村委会名	党务（村委会）负责人	户数（户）	人口（人）	耕地（亩）	村级集体经济收入（万元）
项家桥村	项灿森	696	1967	1625	112.84
永和村	陈立军	847	2294	2364	190.91
三桥村	戚树军	615	1450	1461.23	106.44
安家渡村	徐立新	885	2417	3168.5	115.01
青峰村	叶建明	860	2325	1887.4	130.51
新岙村	王鉴森	329	976	1374.3	100.05
朱巷村	朱大江	930	2642	2966	218.76
大墩村	刘相文	323	944	1217.54	100.00

【经济建设】 工业企业数206家，其中规模以上企业19家。高新技术投资7022万元。完成“小升规”2家、“下升上”1家、“个转企”7家，新增高新技术企业2家、省级科技型中小企业3家、省级专精特新中小企业1家，完成股份制改造1家。引进落地项目15个，其中5000万元以上项目1个，亿元以上项目1个，总投资金额6亿元。

【农业发展】 全年早稻种植面积10454亩，晚稻种植面积11099亩。肉猪出栏头数1328头，家禽出栏120250羽。水果种植面积2316亩，总产量2029吨。其中，杨梅560亩，产量438吨；葡萄412亩，产量437吨；桃235亩，产量237吨。茶园面积440亩，产量41吨。

【民生实事】 有九年一贯制学校1所，在校小学生362人，中学生163人，入学率100%。参加城乡居民医疗保险7780人，参保率99%以上。社区卫生院1家，村卫生室1个。发放低保金277.5914万元，救助困难家庭196户次。发放临时救助金21.25万元。

消化利用“四未一低”土地53.36亩，盘活工业用地70亩，新增工业用地空间100亩。村庄基础设施提升、河道整治提升、交通“舒活畅通”等50个专项提升项目全面铺开，其中麻岙湖青少年研学实践基地一期、梁朱线、青冯线改造提升、“数字永和”等20个项目均已完工。

4月22日，浙江省农村文化礼堂运动会龙舟比赛在永和镇举行，来自全省各地的15支队伍，180名选手齐聚永和，为杭州亚运会助力。9月27日，永和镇举办“明月共此时 永和正青春”双节共庆晚会暨首届广场舞表演赛。

【何云同志故居落成】 6月30日，永和镇举行何云同志故居落成仪式，有关领导出席仪式。何云同志故居总占地面积1000余平方米，整体建筑严谨对称、制作精细，带有明显江南建筑风格。展厅内设“播火故乡”“烽火足迹”“名耀太行”“儒将风骨”4个模块，真实生动地呈现了何云烈士的生平事迹、革命经历、办报历程等内容。 （章赐恩）

6月30日，永和镇举行何云同志故居落成揭幕（永和镇 提供）

驿亭镇

【概况】 驿亭镇位于上虞区东大门，东临余姚市牟山镇，西接上虞城区，因驻杭州至宁波古驿道的中心，曾设驿站而得名。全镇地域面积51.3平方公里，下辖14个行政村，户籍人口19684人，新居民2760人，耕地1.7万亩，山林3.7万亩，水域5千余亩，镇南部多山，已连片种植杨梅达2.5万亩，其中可采摘的1.8万亩左右。全年实现财政总收入1.16亿元，同比增长37.78%，其中一般公共预算收入6738万元，同比增长19.45%；规上工业产值39.34亿元，同比增长6.1%；固定资产投资2.18亿元，其中制造业投资完成1.23亿元，完成全年任务165%；制造业增加值、环境投资、水利投资、交通投资增速4项指标完成比例位列全区前三。实现限上批发5.42亿元，同比增长18.6%；限上零售1.86亿元，同比增长13.8%。引进外资51万美元。

2023年驿亭镇各村（居）委会基本情况表

表23

行政村名	党务负责人村务负责人	户数（户）	人口（人）	耕地（公顷）	园地（公顷）	林地（公顷）	村级集体经济收入（万元）
新驿亭村	李明康	610	1635	58.33	3.67	29.6	130.82
联桥村	施高祥	324	849	19.67	—	46.67	149.1
五夫村	周叠华	497	1388	30.93	1.87	81.17	198.6
西陡门村	徐建江	381	1106	57.8	1.2	44.47	89.28
春晖村	王建龙	519	1485	62.24	—	125.8	118.52
鲁溪闸村	黄冬海	525	1595	87.73	10.6	9.57	95.02
贾家村	杭信土	645	1927	118.33	110.53	221.4	113.2
五洲村	俞凤珍	410	1125	64	7.33	50.13	98.03
新横塘村	李水祥	543	1594	93.87	33.07	112	115.06
二都村	宋斌均	326	975	65.33	3	331.13	87.17
白马湖村	李国园	617	1906	106.67	—	326.67	155
杨溪村	陆澎彪	357	1067	54.73	8	170	96.31
五好村	马建明	508	1488	72.27	4	60.97	126.2
新杨梅村	张军铤	535	1544	92.67	73.8	283.33	104.13

【经济建设】 驿亭镇建有五夫工业园区1个，总面积5平方公里，落户企业130余家。其中规上企业35家，亿元以上企业总数达8家，已初步形成灯具电器、厨具家俬、新型建材三大优势特色产业。坚定不移实施招商引资“一号工程”，有效利用平台资源，全年成功招引亿元项目5个，其中5亿元1个，2个已落地建设。全力打好“腾笼换鸟、凤凰涅槃”的转型升级组合拳，全面梳理闲置厂房、存量土地等资源，实施工业园区有机更新项目8个，新增厂房10万平方米；实施总投资2.4亿元的技改项目7个；成功出让西陡门17亩工业地块，招引落地浙江西赛德精密智造有限公司年产180万套渔线轮建设项目。围绕打造“清洁园区”的目标，用足用好专项债，投资1800万元实施五夫工业园区基础设施改造一期工程，优化园区整体发展环境。高效推进“四未一低”土地消化利用，完成供而未用土地处置30.92亩，完成率167%；用而未尽完成17.92亩，完成率448%；批而未供土地完成16.34亩，低效用地再开发6.33亩。帮助8家企业抒

困解难 13 项。引进国家级海外博士 8 人并通过省级审查，申报省级海外引才计划 8 人，绍兴“名士之乡”英才计划 6 人，落地青年博士 2 人。

【文旅发展】 2023 年，联合央视农业农村频道举办第十七届上虞二都杨梅文化旅游节系列活动，实现二都杨梅在高能级平台上全方位宣传推介。开拓杨梅线上销售渠道，建立长三角（上虞）青春直播基地，百余名网红现场直播带货，杨梅线上销售超 5000 万元，销售总额超 1.7 亿元。投资 1600 多万元新建标准化杨梅数字大棚 100 亩，首批授权 11 家合作社使用“二都杨梅”国家地理标志，“二都杨梅”水晶种在首届长三角精品杨梅推介大赛中荣获银奖。驿亭镇成功创建“白马春晖”国家 AAA 级旅游景区，以名人故居带、白马湖、古运河景观带、特色农家乐、杨梅生态园等为主要节点，依托百年名校春晖中学和二都杨梅生态园辐射带动功能，努力打造集观光、采摘、旅游、研学等于一体的现代乡村文旅综合体，喊响“周末郊游去哪里 白马春晖欢迎你”口号，杨二都林花园已成为区内外市民休闲打卡的网红地。

2023 年 2 月 4 日（农历正月十四），在春晖村落地白马春晖首届“青春和美”鱼灯节活动，吸引近 5 万人次游客、本地居民游玩。4 月 15 日，2023 世界休闲日·白马春晖春行系列活动暨浙江省美丽乡村龙舟邀请赛（绍兴上虞站）活动开幕式举行。5 月 21 日，“迎亚运·‘驿’起跑”主题“精筑环保”杯 2023 年环白马湖青春酷跑活动举行。

【镇村建设】 2023 年驿亭镇编制完成《虞东联甬片区概念性规划》《白马春晖片区城市设计》《虞余运河（驿亭镇）保护区划内住宅有机更新设计导则》，完成全镇村庄规划全覆盖。精准谋划完成的“白马春晖之光”“联甬边界经济智造青创产业园”2 个重大引领性项目，成功入围全区第二届“青春之城”建设项目擂台比拼决赛，并分获三等奖和优秀奖。

总投资 68 亿元的“甘电入浙”特高压直流工程换流站项目的前期政策处理工作高效推进，短短 7 天时间完成土地承包权收归签约 81%。投资 9100 万元的区级重大基础设施配套项目虞东资源绿色综合体顺利竣工，投资 1.38 亿元的虞燃液化气储配站新建项目即将进场施工。

【民生实事】 驿亭镇目前运营中心小学及中心幼儿园各一所，共有教师 57 名，在校学生 559 名。驿亭镇卫生院位于新驿亭村，共有 40 名医护人员，可承担基本医疗、基本公共卫生服务、计划生育技术指导、社区康复、健康促进等各项服务功能,。驿亭镇城乡参保人数共 6813 人。

共建成三星级居家照料中心 1 家，二星级居家照料中心 4 家，一星级居家照料中心 6 家。投资 105 万元新设五夫片区、杨溪片区老年食堂，投资 150 万元建成全镇“残疾人之家”，完成 51 户居家养老辅助设施适老化改造、13 户困难群众住房救助。全新老年学校开课教学，获全区“终身学习活动优秀组织奖”。通过健康浙江省级实地抽查，成功创建驿亭镇未成人保护服务站。

【社会治理】 2023 年驿亭镇继续深化完善“大网小格”一网通工作机制，创建“白马春晖”文化治理共同体，完成杭州亚运会等重点时段的安保任务，全年共受理调处矛盾纠纷 192 件，调处成功率 99%以上；打击处理 4 人，化解重点积案 15 起，信访生态持续改善。深入践行和弘扬新时代“枫桥经验”，春晖村获评省级“红色根脉”强基示范村，入选全市首批新时代“枫桥经验”示范单位，深化基层司法所综合改革，成功创建市级“枫桥式”司法所，镇市监所成功创建市级“枫桥式”市场监督管理所，镇资规所成功创建市级“枫桥式”示范基层窗口。

【“上虞尚品”农产品区域公用品牌发布】 6 月 13 日，2023“上虞尚品”农产品区域公用品牌发布会暨第十七届上虞二都杨梅文化旅游节启动仪式在驿亭镇杨二都林花园餐厅举行。活动邀请央视农业农村频道、省农科院、绍兴市的有关领导、区四套班子相关领导，区各有关部门单位和乡镇相关负责人参加启动仪式。该仪式解读了“上虞尚品”品牌设计理念，为上虞区农产品区域公用品牌首批主体代表授牌，上线了白马春晖景区数字智慧导览系统，发布了青春光影党课《青春无畏》预告片。（郭泽航）

谢塘镇

【概况】 谢塘镇位于绍兴市上虞区东北部，距区政府所在地 9 千米，地域面积 24.4 平方千米，辖 14 个行政村和 1 个社区，年末总户数 8194 户，总人口 22795 人。年末有外来务工人员 14628 人。规模以上工业企业产值 27.6 亿元，完成工业投资 1.5 亿元，一般公共预算收入 9003 万元，实现财政收入 1.53 亿元，农村常驻居民人均可支配收入增长 6.5%。

全年农作物播种面积 2200 公顷，粮食总产量 1.88 万吨，农机总动力 2.02 万千瓦，公路通车里程 48 千米，村等级公路通车率达 100%。水利工程建设项目 6 个，投资 5000 余万元，存栏生猪 1457 头，出栏猪肉 8580 头，存栏家禽 2.25 万羽，出栏家禽 11.55 万羽。水产品养殖面积 135.2 公顷，水产品产量 110.5 吨、绿化造林 6.95 公顷。水果种植面积 338 公顷，水果产量 9438 吨。有工业企业 236 家，其中规模以上企业 23 家，规上企业工业产值 27.67 亿元，自营出口 14.4 亿元。

2023 年谢塘镇各村（社）委会基本情况表

表 24

村（社）委会名	党务负责人	村（社）委会负责人	户数（户）	人口（人）	耕地（亩）	村级集体经济收入（万元）
东升村	陆　春	陆　春	454	1294	1537.22	138.16
星明村	顾七二	顾七二	441	1397	1362	144.73
新章村	梁剑钟	梁剑钟	700	1899	2595.66	209.44
东闸村	郦　炯	郦　炯	638	1801	2322.4	177.00
东联村	王夏春	王夏春	432	1260	451.71	222.42
晋生村	章溢锋	章溢锋	805	2143	1817.05	237.26
建塘村	罗建成	罗建成	391	1102	1461.45	92.95
岑仓村	沈叶君	沈叶君	518	1463	2037.87	97.28
谢家塘村	周建青	周建青	524	1474	1130.25	223.78
禹峰村	戴永高	戴永高	367	1139	1160.16	147.31
丰园村	任八九	任八九	520	1545	1798.87	95.49
联民村	冯建良	冯建良	526	1567	1192.77	113.53
新戴家村	陈月文	陈月文	495	1479	1341.46	125.97
铲还湖村	郑小尧	郑小尧	585	1810	2019.26	182.21
晋润社区	王建钟	王建钟	798	1448	—	—

【经济建设】 聚焦镇域主导产业，盘存量、谋增量，扎实推进工业全域整治，加大闲置低效工业用地处置力度，顺利完成 4 家砂石料加工场整治、9 家重点企业隐患整治、4 家涂装企业腾退，累计盘整低效土地 45.8 亩、闲置厂房 4.5 万平方米。聚力优化营商环境，始终坚持以服务提升拉动招商引资，完成镇新一届商会换届，通过政企直通车、镇政府专题会议等形式协调企业解决困难问题 6 个，舜江东方产业园和金欣产业园建成新增标准厂房 6.7 万平方米，达成意向企业 5 家，全年共建成投产亿元项目 1 个，新引进落地亿元

项目1个、5000万元以上项目2个，实施服务业项目2个，完成工业投资和高新投资均超亿元。推动企业和人才高质量梯队培育建设，增强发展后劲，新增市场主体352家，新增省级科技型企业3家、高新技术企业3家，培育“小升规”5家、“下升上”3家，1名人才入选国家海外英才计划，引进博士2名、大学生362名。

【城镇建设】 完成“四未一低”土地消化28.5亩，拆除违章建筑1.5万平方米，整治违法用地21宗。以精细化标准开展城乡发展规划，完成所有行政村村规编制，金园华庭住宅小区实现当年开工当年结顶，J2商业地块完成报会待出让，集镇南配套道路和管线项目完成设计方案，镇财政投入400余万元完成集镇停车位增设、雨污和电力管道改造，新增集镇停车位140个。大力推进治水治气清废专项行动，扎实推进城乡精细化管理，积极开展垃圾分类工作，创建越美小区6个，越美商业街1条，创成省级高标准垃圾分类示范小区3个、省级高标准农村生活垃圾分类示范村2个，创成省第三批低碳乡镇试点。投资3300万元实施东排河谢塘段整治以及农污终端提标改造工程，获评省“五水共治”优秀乡镇和市级水美乡镇。

【乡村建设】 深耕“虞北粮仓”建设，完成粮食播种面积3.3万亩，申报超高产示范方2个，戴氏农场被评为浙江首批省级共富家庭农场典型，翠冠梨、红美人橘实现产销两旺，农民收入不断提高。大力推动晋生村和美乡村组团发展，投资3800万元的和美虞村项目有序实施，乡村大景区持续扩面提质。投入800余万元高标准开展“点线面”整治提升，高质量完成全国学习运用“千万工程”现场会考察检阅，累计接待省内外考察团队400余批次。“谢晋故里·晋生星片场”持续优化运营，国家AAA级景区创建顺利开展，参与承接好“上影走亲上虞”、谢晋铜像落成揭幕、谢晋小学更名、谢晋星发布等纪念谢晋诞辰100周年系列活动，累计接待游客30余万人次，文旅IP赋能乡村振兴做法得到省领导批示肯定。实施村级集体经济“组团冲百万”工程，四村联建、滨水广场完成招租，七村物业联建有序推进，全镇村级经营性收入新增200万元，7个村达到100万元以上。

【民生实事】 有初级中学1所，在校中学生307人，入学率100%；小学4所，在校学生895人，入学率100%；幼儿园1所，在园幼儿422人。有社区服务中心1家，村级卫生服务站（村级卫生室）5个。全年出生人口86人。参加城乡居民社会养老保险8899人，参加城乡居民基本医疗保险12696人，最低生活保障救助299户，353人。有社会福利性敬老院1个，年底供养五保老人13人，农户新建房屋50户，建筑面积11195平方米。全年民生支出10812万元，占一般公共预算支出的78.9%，高质量完成年度投资6400万元的乡村公路提升及亮化工程等7只民生实事项目建设。实施乡村教育品质提升工程，完成教育网点布局优化调整、谢晋小学更名，中小学改造和暑期维修项目全面完工，完成2个幼托驿站和32个幼托位报备建设。优化社会服务能力，聚焦“一老一小”需求，老年食堂运营升级，全年累计送餐1万余人次，社工站运作取得实效，新建残疾人之家1个，智慧文化礼堂2个，创成五星级乡村博物馆。

【社会治理】 2个村卫生室完成改造投用，增设2个AED除颤设施。深化新时代“四不出村+”工作法，“微网精治”行动迭代升级，平安建设、法治建设有序推进。深入开展全域安全生产排查整治，圆满完成全国两会、杭州亚（残）运会安保工作，镇综合应急消防救援站和村级微型消防站点全部完成投用，完成市交通安全隐患整治摘牌，获评第三批全国乡村治理示范镇。大综合一体化行政执法改革运行机制进一步完善，落实数字办案，不断扩大赋权事项覆盖率，执法能力持续提高，全年办理各类执法案件207件。强化权力监督制约，在全区试点开展“融督联动”，编发《谢塘督查》20期，被评为市清廉村居建设示范乡镇。

（姜金露、连安平）

盖北镇

【概况】 盖北镇地处上虞区东北部，东接余姚市，南连谢塘镇，西邻崧厦街道，北濒杭州湾经开区，因镇域极大部分处在夏盖山北面，故名为盖北。曾荣获国家AAA级旅游景区、全国休闲农业与乡村旅游示范点、全国庭院经济高效产业示范乡、中国葡萄第一镇、全国一村一品示范村镇等多项国家级荣誉称号，还被省委、省政府表彰为浙江省消除集体经济薄弱村成绩突出集体。2023年，创建省级园林城镇、省级美丽城镇、省四星级食安办等荣誉，且为全区首个村集体经营性收入全域破百万元的乡镇。作为中国葡萄之乡，盖北镇“野藤葡萄”种植面积至今超过1.2万亩，年产量超过2.5万吨。

盖北全镇区域面积22.4平方公里(除海涂地面积为16.8平方公里)，耕地面积1.4万亩，辖10个行政村、1个社区，常住人口2.4万人，登记在册新居民2.8万余人。机关干部45人(编制数为52)，其中在编行政干部26人(编制数28)，在编事业干部19人(编制数24)。2023年实现财政总收入3.15亿元，一般公共预算收入1.09亿元。完成规上工业总产值26.93亿元，规上工业增加值4.49亿元，自营出口3.27亿元。完成限上批发业销售额3.01亿元，限上零售业销售额0.71亿元，各项指标呈现企稳回升趋势。

2023年盖北镇各行政村（社区）基本情况表

表25

村（社区）名称	党务负责人	村（社区）委会负责人	户数（户）	人口（人）	耕地面积（亩）	林地面积（亩）	村级集体经济收入（万元）
镇东村	严永三	严永三	745	2245	1687.40	—	219.34
镇海村	宋金华	宋金华	567	1644	1279.39	—	210.94
丰棉村	杨建锋	杨建锋	871	2559	2420.71	—	138.36
丰富村	马伟钢	马伟钢	862	2399	1994.84	—	130.79
珠海村	马海江	马海江	478	1409	805.11	—	216.62
联合村	邵水良	邵水良	827	2425	1279.47	—	268.92
新河村	王定尧	王定尧	600	1830	813.47	—	299.72
兴海村	任苗根	任苗根	1010	2731	1870.39	70	212.18
世海村	严柏青	严柏青	1077	3151	2084.21	—	272.27
夏盖山村	陈培钢	陈培钢	917	2465	2406.85	—	130.03
盖北社区	童澎飞	童澎飞	123	287	—	—	—

【经济建设】 招商引资成果丰硕。引进投资1亿元上虞长申新材料有限公司项目1个，投资5000万元绍兴亚瑞冠品商业项目1个，引进邮政储蓄银行、君虞酒店等商贸企业2家。完成制造业投资11358万元、民间服务业投资3633万元、高新技术投资8465万元，三项指标完成率均位居全区前三。

【城乡建设】 完成杭绍甬高速连接线盖北段交地，启动329国道小三改项目建设，加快打造区域交通枢纽城镇。投资1230万元完成锦绣新城东侧停车场改造、盖北中学泵站扩容等工程，镇中路—中心横路道路提升项目完工通车，基础设施短板全面补齐。扎实推进2023J1地块征收工作，积极开展农转用及土地征收报批，高品质打造未来社区建设，成功创建省级园林城镇；有效做精城镇管理。持续推进城市精细管理“510”行动，投入617万元加强集镇大综合一体化管理，常态化整治“马路市场”，投资300万元实施盖北镇三线整治提升工程，有效破除人居环境顽疾。建成投用联合垃圾中转站、大件垃圾回收处理中心，完成嘉御景园“定时定点”垃圾房、珠海村生活垃圾资源化回收网点建设，垃圾智能分类先进做法在央视新闻报道。

【民生实事】 高标准实施年初人代会确定的盖北镇

中心幼儿园扩建、农村公路夜间隐患整治、集镇基础设施提升等8件民生实事项目。投资2200万元完成镇中心幼儿园扩建工程，为盖北幼儿提供更加优质的学前教育环境。扎实推进文化、医疗、食品安全等民生事业发展，新增“浙有善育”婴幼儿托位80个，建成并投用家宴中心2家，镇东老年食堂开启常态化运营，盖北围涂馆成功获评市级乡村文化博物馆；社会保障坚实有力。扎实开展残疾人康复、就业等暖心服务，残疾人之家开展社会化运营，成功创建省五星级乡镇社会工作站。关心关爱困难弱势群体，城乡居民医疗保险参保率达99.7%，越惠保参保率达63.76%，低保对象实现“应保尽保”，完成困难群众住房救助3户、危旧房管控11户，全年累计发放各类补助资金427.4万元。加强退役军人服务保障，成功创建省新时代枫桥式退役军人服务站。

【社会治理】 盖北镇小纵深打造“石榴红”特色品牌，成功创建全国民族团结进步示范单位、省现代化学校。盖北镇中获评市教育考试工作先进集体、枫桥式平安校园，中考重高、普高录取率再创佳绩；平安建设走深走实。迭代升级“葡天盖地”平安共同体，结合学雷锋日、禁毒宣传月、平安大篷车“五进”广场等开展反诈、反邪、禁毒等平安宣传活动10次，发放宣传资料2万余份。深入开展平安护航亚运“敲门行动”，入户走访群众5万余人，查改隐患问题510个，新增省级民主法治村（社区）1个，成功创建市“枫桥式”法治乡镇。

【党建工作】 启动“虞理共进·经在盖北”校地融合党建联建活动。签约仪式上，中共浙江理工大学科技与艺术学院经管学院（创业学院）总支部委员会与中共绍兴市上虞区盖北镇委员会签订了“虞理共进·经在盖北”战略合作框架协议。

【野藤葡萄文化旅游节】 7月18日，2023年长三角（上虞）户外休闲旅游节暨第34届野藤葡萄文化旅游节在盖北镇上虞现代农业综合服务中心甜蜜启幕。盖北镇与杭州电子科技大学计算机学院进行合作签约，盖北镇与新农都公司达成销售合作签约，盖北镇与同程旅游、中青旅合作签约，吴江教授发布葡萄新品种，萄Tie盛宴发布，人物代表何立明教授寄语家乡。

【“野藤葡萄”获首届长三角精品葡萄奖】 7月21—22日，在首届长三角精品葡萄推介活动中，“野藤”牌天工墨玉与天工翠香蜜2个葡萄样品获金奖；《组织人事报》头版报道盖北“共富果”。7月27日，《组织人事报》头版刊登盖北镇党员志愿者帮助农户采收葡萄鲜果的图片新闻。

7月22日，获首届长三角精品葡萄推介活动金奖的天工墨玉葡萄（盖北镇　提供）

【打造“枫桥经验”新居民样板启动仪式】 为坚持和发展好新时代“枫桥经验”，打造“枫桥经验”新居民样板的经验与做法。6月17日，盖北镇举行打造“枫桥经验”新居民样板暨政务服务24小时“不打烊”启动仪式。盖北镇通过设立“老乡调解室”实现高效矛盾调解，推出政务服务24小时“不打烊”，设立新居民服务专区及“办不成事”窗口。（陈　超）

6月17日，“枫桥经验”新居民样板暨政务服务24小时“不打烊”启动仪式（盖北镇　提供）

长塘镇

【概况】 长塘镇区位优异，坐落于上虞西南，东接曹娥，西临富盛，北连东关，南启会稽山脉。地域面积 39.7 平方千米，七普人口 1.2 万人，常住 1 万人，下辖 8 个行政村，有山林 3.5 万亩，耕地面积 8461 亩，淡水养殖面积 920 亩，呈“七山一水二分田”格局，是远近闻名的“竹笋之乡”，浙东唐诗之路的重要驿站。2023 年，完成一般公共预算收入 1459 万元，同口径增长 21%；规上工业产值增速 26%，全区第二；规上工业增加值增速 17%，全区第二；累计完成民间投资 1290 万元，完成率 120%；全年新增规上企业 2 家。

2023 年长塘镇各村委会基本情况表

表 26

行政村	户数(户)	人口数（人）	农村劳动力(人)	耕地面积（亩）	山林面积（亩）	水域面积（亩）
广陵村	383	979	580	749	7495	250
会篁村	516	1438	945	1020	7251	300
罗村村	353	961	662	595	3700	45
长塘村	1162	3243	550	2066	7105	75
桃园村	518	1294	898	700	4000	90
何家溇村	636	1725	995	1347	2196	20
谢憩村	619	1785	1381	1554	3350	260
湖田村	480	1275	850	976	80	500

【经济发展】 坚持科创赋能，加大企业培育力度，全年新增省科技型中小企业 3 家，完成率 150%。项目建设大干快上，稳妥推进桃花源景区前期项目开发遗留问题，同步招引投资 10 亿元的桃花源温泉度假酒店；投资额 5000 万元以上，年产 600 万平方米绿色木塑建材生产项目已顺利开工；华舜能源公司余热余压发电项目已完成设备测试，正推进京能高安屯电厂项目首台节能设备生产。要素保障不断强化。着力解决长塘新起点创投产业园一期基础配套，小微企业园已实现一期满园入驻并入选第十一批省级小微企业园；深化校地合作，畅通人才招引渠道，已申报 2 名国家级引才计划人才、2 名绍兴名士之乡英才计划人才。

【镇村建设】 优化镇域国土空间布局，完成长塘镇国土空间评审稿以及 02CTXX 单元 01 区块控制性详细规划编制，顺利完成建设用地复垦项目，共计复垦 9.84 亩；编制完成长塘镇绿地系统规划，高分通过省级园林城镇创建；完善镇域交通路网结构，高质量完成 104 国道改建工程（长塘段）土地征迁工作，完成会蒋公路（长塘段）和渡桥头—大陵山路段提升改造工程。持续推进“垃圾分类”“美丽庭院”建设，完成垃圾中转站改造提升；完成何家溇村洞桥头道路、长塘村人居环境、广陵村基础设施提升，进一步完善农村各项基础设施，桃园村被列入 2023 年和美虞村重点村创建名单并创成省级未来乡村。持续推动强村富民。有序完成“竹乡兰苑”基础建设，通过资源发包已促进村集体经济增收 15 万元；积极响应区内山海协作新路径，6 个村每村每年保底增收 25 万元。

【民生实事】 推动优质医疗资源下沉，全年开展肺癌免费筛查、健康体检各项惠民健康服务 11 次，惠及村民近万人次；积极对接教育资源，实现长塘学子入学优质城区中学；进一步完善“老有所养”阵地建设，完成谢憩村老年助餐点运营。扎实做好灵活就业人员参保、养老保险扩面覆盖、丧葬补助费受理等工作，全年累计处理各类咨询及申办代办业务 4000 余件，

2023 年度实现城乡居民基本医疗保险参保 99.85%；精准做好各类救助帮扶工作，全年累计发放资金 300 余万元；长塘社工站成功创建绍兴市“枫桥式”社工站，被评为浙江省五星级乡镇（街道）社会工作站。建好用好“15 分钟品质文化圈”，开展“阳光文化”送戏送影下乡活动 4 次；加强国学文化阵地建设，完成马一浮故居一期建设及布展工作；举办 2023 春笋节、“青春万帐”国际露营节、区第 5 届寒兰展暨竹乡兰苑启动仪式等特色节会，开展“迎亚运”全民运动会，共举办 18 个项目，参赛近 1000 人次。

【社会治理】 全面推进依法行政，自觉接受镇人大监督和群众监督，广泛听取各界意见建议，累计办理人大代表意见建议 55 件，回复率达 100%。不断完善重大行政决策程序和政府信息公开制度，累计公开政府信息 51 条。有序推进“大综合一体化”行政执法改革。积极探索集便民服务、矛盾调处、警务管理于一体的社会治理协同处置机制，完善“五节联调”机制，加强矛盾化解；深入开展基层网格智治建设，实现“1+3+N”基层网格体系全域覆盖，组织开展敲门行动，受理网格事件 300 余件，办结率达 100%。

【平安建设】 不断完善“快响直达”应急救援网，完成长塘镇综合应急消防救援站建设，组建成立 15 人的镇级应急救援队伍；做好山塘水库加固建设，投入 474 万元开展会篁溪、广陵宅岙溪、上堡岙溪整治提升工程；开展网络安全应急演练，亚运期间对全镇 32 处 LED 屏进行风险管控。严防死守安全底线。突出底线思维和风险防控能力建设，深入排查道路交通、建设施工、“园中园”、“厂中厂”、动火作业、有限空间作业、沿街店铺等重点领域的安全隐患，发现问题隐患 735 处，百分百完成整改，确保辖区内无重大安全生产事故。

【桃园村创成省级未来乡村】 2023 年 3 月 17 日，桃园村被列入 2023 年和美虞村重点村创建名单并创成省级未来乡村。年内，桃园村内外兼修，在坚持人居环境长效保洁、持续擦亮生态底色的基础上，不断推动项目落地见效，完成逸庐·竹乡驿站餐饮综合体主体建设、实现桃园花海露营基地落地运营。

【小微企业园一期满园入驻】 2023 年 7 月 6 日，小微企业园实现一期满园入驻并入选第十一批省级小微企业园。园区内有高新项目 6 个，其中绍兴“名士之乡”引才项目占据“半壁江山”。整个园区内常年工作、生活的研究生超过 20 名，本科学历以上超过 9 成，成为全区高层次人才密度最高的青春高地。

【长塘学子入学优质城区中学】 由于生源逐渐减少以及对更高教育质量的追求，决定将杜亚泉中学撤并至东关竺可桢中学和上虞外国语学校，并开通、调整公交线路，解决长塘籍学生和新居民子女初中就学的交通问题。2023 年 9 月 1 日，长塘中学生成功入学东关竺可桢中学和上虞外国语学校。（梁　军、林佳辉）

岭南乡

【概况】 岭南乡位于上虞区最南端，地处上虞、嵊州、余姚三市（区）交界处，距离主城区约 50 公里车程。全乡区域面积 57.4 平方公里，辖 8 个行政村（29 个自然村），在册户籍人口 9838 人。全乡山林面积 6.1 万亩，森林覆盖率达 71.4%，全区最高峰（海拔 861.3 米）覆卮山坐落于境内，曹娥江重要支流隐潭溪穿乡而过。2023 年先后获评省“新时代富春山居图样板区”、省健康乡镇样板等 36 项省市区荣誉，全年各级主流媒体刊登报道岭南 186 次，累计接待游客 127.3 万人次，带动旅游经济 4256 万元。2023 年实现财政总收入 5149.06 万元，同比增长 45.68%，一般公共预算收入 2549.89 万元，同比增长 34.38%。

2023 年全年农作物播种面积 1733.6 公顷，粮食总产量 3825.8 吨。有林地面积 3050.3 公顷，其中茶园面积 195.3 公顷，出产茶叶 107.86 吨。存栏生猪 66 头，出栏生猪 44 头；存栏山羊 462 只，出栏山羊 62 只；存栏家禽 8055 羽，出栏家禽 1521 羽。（范佳佳）

2023 年岭南乡各村委会基本情况

表 27

村委会名	党务负责人	村委会负责人	户数（户）	人数（人）	耕地（亩）	林地（亩）	村级经营性经济收入（万元）
龙山村	章柏会	章柏会	430	1082	843.4	3337.65	90.6876
立功村	王万中	王万中	702	1745	1492.92	4635.15	118.0557
丰树坪村	许连校	许连校	522	1301	936.65	2881.8	87.8670
泰岳村	朱堃太	陈庆华	550	1350	1351.24	4672.35	83.1741
许岙村	王金表	王金表	689	1697	1551.87	8046.15	106.2923
青山村	叶炳荣	叶炳荣	295	825	425.97	8585.25	89.7243
覆卮村	许汉城	许汉城	361	945	889.9	6991.65	108.1646
东澄村	王柏军	王柏军	366	893	1556.19	6604.5	188.9047

【经济建设】 稳步推进 30 个新建（续建）政府投资项目，全年实现有效投资 1.1 亿元，其中覆卮山景区一期项目全部投用，二期项目开工建设。不断加大税源引育奖励力度，全年兑现奖励金额增幅超 20%。全年新增市场主体 124 家、个转企 4 家，新开业（提档）民宿 8 家，数量累计达到 70 家。

【文旅发展】 举办第十三届油菜花节、第十七届攀浪节及全区第一届露营节岭南分会场活动，承接 2023 年浙江省体育社会科学专业委员会年会。创新打造夜光梯田，推出覆卮山主题夜游线路，精心布局“丁山里”落日营地，通过寻光计划夜集市、梯田音乐会、国潮皮影秀等活动，打响“不夜覆卮山”品牌。主动靠前对接“长三角（上虞）户外休闲旅游节”系列活动，开展省级摄影大赛评比，创成省摄影之乡。

【乡村建设】 坚持和深化“千万工程”，投入 800 万元完成井枫线、景区环线等 32 处节点改造，健全落实人居环境常态考核机制，投入 200 万元支持 6 个村开展人居环境提改工程，通过越美商业街市级创建核验。组织 6 个行政村投入 1500 万元参与区内山海协作“飞地”抱团共富引领项目，每村每年可平均增收 25 万元，各村集体年经营性收入首次达到 80 万元。建设“共富工坊”8 家，全年盘活闲置农房 2.15 万平方米，再度获评市级闲置农房激活先进乡镇。

【民生实事】 公路通车里程 36.048 千米，等级公路通车率 100%。有幼儿园 1 所，在园幼儿 8 人，入园率 100%。有乡级卫生服务中心 1 个，村级卫生室 2 个，卫生服务站 4 个。全年出生 53 人。初级卫生保健普及率 100%。自来水普及率 100%。参加农村新型合作医疗保险 5800 人。最低生活保障对象 189 户 251 人，最低生活保障边缘对象低收入边缘对象 33 户 69 人，特困人员 4 人，困境儿童 10 人。农村新建住房 32 户，占地面积 2723.2 平方米。

全年新增县乡道路亮化 6 条 7.3 公里，村内安装路灯 492 杆。新建上苏—煮炼村道，改建青山高山、丰树坪马家姆进村道路，均达公交通行条件，建成投用乡级公交中转站。高质量开展“乐享岭里”系列活动 12 场，受益超万人次。整合居家养老、社工站、助联体、残疾人之家等服务资源，临时救助 34 户。推动老年食堂常态化运作，累计助餐达 1.7 万人次。顺利完成岭南乡小撤并，33 名岭南学子进城接受更高质量基础教育。

【社会治理】 建成“快响直达”应急消防救援站，完成泰岳村森林防护通道建设和青山、覆卮“引水灭火”设施安装。深化“1+4+1”基层治理体系，打造以综合信息指挥室为基础的智治平台，圆满完成平安护航杭州亚（残）运会任务，以大排查大整治行动贯穿全年主线，闭环整改隐患 235 处。对全乡 2194 户农房隐患进行排查，问题整改率 100%。实质化运行“和事佬”调解室，纠纷受理率和调处成功率均达 100%。

【“诗画曹娥江·花漫覆卮山”油菜花节】 3 月 11 日，以“诗画曹娥江·花漫覆卮山”为主题的第十三届油菜花节在浙江省绍兴市上虞区岭南乡覆卮山景区举办。本次活动设有春日花花市集、“春光里”不插电音乐快闪、“花田里的艺术”大地艺术展、“万物皆春”大地艺术体验营等内容。

覆卮山景区油菜花鸟瞰（顾光平 摄）

【“今在上虞 光影覆卮”主题光影夜】 4 月 8 日，长三角（上虞）户外休闲旅游节·“今在上虞 光影覆卮”主题光影夜在上虞区岭南乡覆卮山景区举办，“全国乡村旅游重点镇（乡）”揭牌仪式和“绍兴市文化传媒产业实践基地”授牌仪式顺利举行，标志着岭南乡推动乡村旅游高质量发展、全面推进乡村振兴共同富裕取得阶段性成果。

【长三角（上虞）户外休闲旅游节·“踏浪正当燃”】 11 月 19 日上午，长三角（上虞）户外休闲旅游节·“踏浪正当燃”2023 中国·上虞第十七届攀浪节举行。首次举办“新铁人三项”赛事，吸引上百名省内外专业运动员参加。（魏 阳）

陈溪乡

【概况】 陈溪乡位于绍兴市上虞区南部，距上虞城区 37 千米。地域面积 42.7 平方千米，辖 8 个行政村。年末总户数 3073 户，总人数 7672 人。其中女性人口 3740 人，同比减少 1.29%。流动人口 60 人，同比增加 15.38%。全乡有水田 342.2 公顷，农作物播种面积 1948.83 公顷，粮食总产量 70 吨。有林地面积 2335.93 公顷，出产茶叶 50 吨。存栏生猪 598 头；存栏山羊 468 只；存栏家禽 11071 羽。财政总收入达到 538.6 万元，同比增长 29.87%，其中一般公共预算收入达到 290.5 万元，同比增长 16.02%。

2023 年陈溪乡各村委会基本情况表

表 28

村委会名	党务负责人	村委会负责人	户数（户）	人数（人）	水田（公顷）	山林（公顷）	村级集体经济收入（万元）
陈溪村	陈华灿	陈华灿	731	1845	67.66	266.87	121.02
虹溪村	陈卫江	陈卫江	355	915	44.20	412.20	85.01
干溪村	王少强	王少强	400	1019	57.07	199.80	86.30
塔溪村	王庆高	王庆高	422	1065	67.41	543.07	115.26
小陈岙村	王建中	王建中	367	881	12.00	219.00	83.60
夏家岙村	陈江芬	陈江芬	300	758	17.33	345.52	81.00
陈家岙村	胡建忠	胡建忠	235	576	39.00	67.40	82.20
太平山村	张文军	张文军	263	613	37.53	282.07	112.09

【经济建设】 工业企业 9 家，工业总产值达到 1 亿元，同比增长 5.8%。农作物种植面积 1948.83 公顷，农业总产值 2500 万元。有商业网点 422 个，其中民宿 14 家。全年到乡旅游 51 万人次。全年固定资产投资

与第三产业项目投资完成额6721万元。

【城镇建设】 投资1520万元完成建设虞南山居风情带县域风貌样板区项目，获评浙江省2023年度第一批“新时代富春山居图”样板区和城乡风貌样板区；环境卫生管理长效机制实效显著，人居环境提“颜”增“质”。

【乡村建设】 依托太平山村资源禀赋优势，以九大未来场景建设为载体，成功创建浙江省“未来乡村”。创新强村公司运营模式，围绕“仙隐太平”IP，确立三大运营方向，投资2100万元完成节点提升、风貌改造等8个重点项目建设，形成太翁茶铺、清妙香舍等重要打卡地标。创拓资源盘活路径，整村推进空间整治，盘活山林5500余亩、闲置农房41幢，激活面积8625平方米。创建产业“蜂群”矩阵，发展特色“林下经济”，创成黄精共富工坊，推动野生黄精规模化、产业化种植，带动集体经济增收90余万元，获绍兴市中草药示范基地荣誉；引进艺宿空间、谷上云栖等民宿业态，推动业态布局不断完善。聚焦“一老一少”，完成颐养安置区2287.14平方米的建筑群落建设，做优一站式生活文化服务，打造生产、生活、生态“三生融合”的幸福村落。

拓宽提升乡村公路工程（陈溪乡—庙下—大元岙），完成“浒溪线”至夏家岙公路防灾减灾能力提升工程、农村公路夜间隐患整治工程（陈黑线—珍坑—珍坑岙），乡村公路“梅花”台风水毁修复工程等项目。优化农村路网5公里。陈溪乡“太平山—雪花谷”防火巡护道与农村公路共同建设项目完成招标前各项准备。

【民生实事】 有幼儿园1所，在园幼儿15人，入园率100%。有乡级卫生服务中心1个，村级卫生服务中心8个，初级卫生保健普及率100%。全年出生42人，计划生育完成率100%。参加农村新型合作医疗保险4910人，最低生活保障救助197人，入住丰惠敬老院年底供养老人6人。

自来水普及率100%，公路通车总里程48千米。农村新建住房16户，建筑面积2880平方米。

投入2000万元实施管溪综合开发项目绿道建设工程（陈溪段），投资1500万元完成四明山最美公路“枫之谷”建设工程，按古法传统香方调制的“仙隐香礼”获第七届绍兴市旅游商品大赛铜奖；创建国家级II级旅游厕所2个；太平花境项目被评为绍兴市旅游业“微改造 精提升”示范点；雪花谷成功创建国家甲级民宿。争创“共富工坊”4个，完成2家党群服务中心省级示范培育点提升，小陈岙村获评区级年度示范型社区服务中心，太平山村获得省“红色根脉”强基示范村荣誉。

【溪流水库整治】 系统提升杜家畈、背向等山塘水库6个，完成干溪小流域整治以及石笋山翻水坝工程，周北岙山塘创成市级美丽山塘。投资2810万元启动夏家岙等6个行政村农村饮水共富提质联网扩面供水三年行动。顺利完工“梅花”台风水毁修复、地质灾害治理以及应急排险等基础工程。

【文旅发展】 打响游学品牌，成立绍兴市上虞区阳明游学研究会，创作《阳明传奇》，举办陈溪乡“知乐知学 溪见青春——纪念王阳明陈溪游学510周年暨首届‘乐学’研学季启动仪式”，提升阳明陈溪游学线路，承办阳明心学大会阳明文化周系列活动。巧打特色节会经济牌，组织竹隐陈溪“青春万帐 山野趣露营”国际露营大会，持续开展“一村一节”系列活动，太平山村传统年俗活动获央视媒体报道。

【党建工作】 与浙江理工大学科艺学院建立党建联建机制，围绕校地资源共享、优势互补，深入推进“虞理共进”党建引领校地融合发展试点工作，发挥艺设学院的青春力量和专业优势，以艺术作支点，携手打造“六个一”系列青春梦想工坊特色场景，改造提升“艺宿共享空间”“艺境展厅”等党建联建阵地，焕活太平山村，解锁发展空间，助推乡村振兴。（倪 亮）

下管镇

【概况】 下管镇位于上虞区东南隅，四明山麓，与余姚市相邻，距离区中心28千米，百悬公路自南向北贯穿全镇。全镇总面积48.5平方公里，辖9个行政村1个社区，总人口1.1万人。全镇共有36个党组织，其中1个党委，8个党总支，27个党支部，党员642人。下管山水秀丽，万年管溪、千年古道、龙角山、洙溪梅坑景致自然，物产丰富，拥有 1.3 亿立方米优质花岗岩，2.3 亿立方米沙矿资源和 0.15 亿立方米常年可利用水资源。拥有耕地面积 318 公顷，园地面积 1208.5 公顷，林地面积 2608.2 公顷。2023 年实现财政总收入 2740 万元，同比增长 58%，一般公共预算首次突破 2000 万元大关，达 2055 万元，同比增长 78%。

2023 年下管镇各村（居）委会基本情况表

表 29

村名	党务负责人、村(居)委会负责人	户数（户）	人数（人）	耕地（亩）	山林（亩）	村级自主经营性收入/万元
东里村	郭伯丁	347	978	645	13054	81.80
联新桥村	徐永昊	342	815	488.4	786	100.48
新民村	徐建园	537	1447	796	5879	90.57
振新村	娄杏芬	540	1246	859	3665	121.98
兴南村	王永田	457	1275	1043	6870	80.80
前溪岙村	桑明华	500	1301	831	11139	83.48
新庄村	徐建东	347	878	829	7590	80.72
洙凤村	董建强	537	1447	1067	10743	83.05
芦山村	张建军	356	928	721	8715	80.45
檀燕山社区	张吉权	402	575	0	0	0

【经济建设】 两项指标增速均居生态型乡镇第一；实现规上产值 1.55 亿元，增速 21%，位居全区第一；高新技术、民间服务业、环境投资等主要经济指标均位居全区前三。瞄准优势产业开展招商引资，总投资 10.8 亿元的农光互补光伏发电项目即将落地，总投资超亿元的下管“溪田厂”一体化综合种养生态示范项目正在洽谈推进，引荐总投资约 15.3 亿元的储能装备项目流转至曹娥江经开区成功落地。

【文旅发展】 串点成面全镇景点，基本形成“一溪两岸”全域旅游空间布局，打造集生态观光、农事体验、休闲度假于一体的慢生活旅游目的地。成功创建省 AAAA 级景区镇，完善“耕读管溪”国家 AAA 级景区基础建设，洙凤村获评省 AAA 级景区村，管溪驿站获评上虞区唯一一家省一级旅游驿站，山货市集入选省 14 个精品乡村市集培育名单。同时深挖七彩文化内涵，持续推动樱桃节、山货节等传统节会活动，创新打造“管溪上”乡创文化节系列活动，“绍兴有戏——非遗兴乡大巡游”活动，各类活动多次被央视、《浙江日报》、绍兴新闻联播等主流媒体和新媒体宣传报道，累计阅读量破百万，吸引游客 50 万人次，实现旅游综合收入 5000 多万元。

【农业发展】 邀请省农科院专家指导改良引种樱桃、茶叶等农副产品，与杭州市农科院达成林下中药材试验基地合作建设意向，引进试种三叶青等 10 余种药材，持续探索林下经济“菌+药”新模式，成功培育“灰树花”。深化区内“山海协作”村企党建联建，结对企业帮销樱桃、笋干菜等农副产品累计 500 万元，聚力“樱山红”校地党建联建，实现资源共享互补。践行“千万工程”，培育“共富工坊”，组建“飞地抱团”，走出乡村共富新路子。

【镇村建设】 管溪绿道建设工程（下管段）一期项目已完成，二期正在快速推进，下管首个商住房产项目“青云上府”已开盘销售，百年老街已完成修缮。完成虞南山居风情带县域风貌样板区创建并入围省 2023 年第一批“新时代富春山居样板区”和省 2023 年度第一批城乡风貌样板区名单，全国农村宅基地制度改革试点工作持续推进，一期已完成房屋主体建设，东里土地开发项目已进场施工，百悬线—红岙、新庄—大岭顶、百悬线—芦山等多条乡村公路提升工程已完成施工，联新桥和美乡村项目、涞风全域未来乡村项目已基本完成，联新桥省级未来乡村已通过验收并获评市“高品质水美乡村”。

【社会治理】 充分发挥镇村两级矛调中心作用，成功调解矛盾纠纷近60起，全年累计受理各类政务热线285件次，办结率100%，全年未发生赴京、赴省、集体信访事件。开展全镇范围内安全生产及自然灾害风险隐患大检查，全镇实现重大安全事故“零发生”。深入开展“八五”普法，树立法治理念；全面实施“大综合一体化”行政执法改革，做强“监管一体”、优化“综合一查”，全年共办理各类案件56件；持续优化合法性审查工作机制，制定“一图一清单”工作标准，提升合法性审查工作质效。2023年，联合司法所、三未律师事务所专业力量，共开展合法性审查3件、合同审查10份。

【2023年“绍兴有戏——非遗兴乡大巡游”（上虞站）】 2023年2月5日，“弘扬伟大建党精神 踔厉践行乡村振兴”主题活动暨2023年“绍兴有戏——非遗兴乡大巡游”（上虞站）在下管镇涞风村盛大启幕。相关领导和代表以及上虞区首批非遗工坊、上虞区非遗文创骨干企业、非遗主题酒店、非遗主题民宿的代表，部分省级非遗代表性传承人、市区级优秀非遗代表性传承人等参加启动仪式。

【下管“樱桃节”举办】 2023年4月21日上午，“乡约管溪 青春有你”2023年诗画曹娥江上虞下管樱桃节开摘仪式将在下管镇樱桃广场（涞风村）举行。樱桃节上，进行校地党建共建签约仪式、结对企业樱桃帮销签约仪式、果树产业培育提升合作签约仪式、下管镇樱桃示范基地授牌仪式等。

【第二届“管溪上”乡创文化节举行】 2023年4月28日，“乡约青春 共富虞城”区内山海协作推进会暨2023年第二届“管溪上”乡创文化节开幕式在下管镇东里村虞山隐隆重举行。中国工笔画协会会长冯大中，中国工艺美术大师关宝琮、徐朝兴、嵇锡贵，各个领域的艺术家，游泳世界冠军及有关领导也共同应邀出席。活动发布2023年度区内山海协作重点项目，并举行区内山海协作重点帮扶项目签约仪式，推出“管溪上”文旅品牌，并介绍管溪上”系列活动，关宝琮、徐朝兴为“管溪上”乡野艺术馆揭牌，进行了“共富基金”助力“共富工坊”建设示范项目授牌。

【管溪商会成立大会暨第一届会员大会召开】 2023年7月26日，绍兴市上虞区管溪商会成立大会暨第一届会员大会召开。有关领导和管溪商会全体成员单位负责人出席。会议表决通过了上虞区管溪商会章程和选举办法，浙江小精农机制造有限公司董事长徐岳平当选为管溪商会首任会长，投票通过管溪商会财务管理办法及会员会费收取标准。（龚立杉）

丁宅乡

【概况】 丁宅乡地处上虞东南部，属四明山边缘，距城区23千米，地域面积42.51平方千米，辖7个行政村，2023年年末总户数3501户，总人口9197人，当年出生42人（其中二胎10人）。全年农作物种植面积524公顷，粮食总产量435吨，水果种植面积454公顷。全年实现财政总收入1872.87万元，同比增长4.18%，其中规上工业产值2.43亿元，一般公共预算收入1334.80万元，同比增长17.05%。2023年获评首批国家农业产业强镇，国家AAA级旅游景区，国家卫生乡镇，浙江省AAAA级景区镇、浙江省农村文化礼堂建设工作示范乡镇。丁宅村获评省级美丽宜居示范村。

2023年丁宅乡各村委会基本情况表

表30

村委会名	党务负责人	村委会负责人	户数（户）	人口（人）	耕地（亩）	山林（亩）	村级集体经济收入（万元）
丁宅村	徐振海	徐振海	648	1582	1741	2823	209.75
上宅村	丁孝章	丁孝章	548	1395	1391	5185	197.78
下宅村	丁梓山	丁梓山	450	1144	1325	1338	94.78
新任溪村	任建立	任建立	703	1928	2220	6274	149.91
双桥村	王学忠	王学忠	413	1167	1034	7482	119.54
缸岙村	赵志坚	赵志坚	243	730	813	6842	108.90
华湾村	丁淑君	丁淑君	496	1251	1700	9700	159.36

【经济发展】 2023年，丁宅乡创建成首批国家农业产业强镇。锚定共同富裕发展主线，确立产业、生态、数字、文化、服务于一体的“仙果”+未来乡村发展之路；推进农业产业现代化，重建基层农技队伍，与省农科院，浙江农林大学等高等院校合作，建立科研基地，博士创新工作站等，投入2000万元推行杂交稻精量机插秧及全程机械化应用，服务周边农田5000余亩；投入2000万元建设“农创智谷”，本土孵化、培养“农民工匠”和“农业产业经营师”，引入创业创新团队5个。利用丁宅山水自然资源和自然风光，创建国家AAA级旅游景区和省AAAA级旅游景区，全年接待游客超90万人次。持续培育四季仙果产业，拓宽水果销售渠道，与明康汇、叶氏兄弟等名企产销合作，2023年仅水蜜桃销售17.6万斤。

【镇村建设】 投资3630万元，完成新任溪村排涝站、西庄堰坝、夏溪下游加固，湘芦、上青亭、石壁脚等6座山塘水库修建共9座水利工程。新任溪村排涝站为3个自然村，1000多亩粮田解除洪涝灾害，是近十年来全区最大新建排涝站，上青亭、石壁脚2只山塘修建后，被评为绍兴市“美丽山塘”。时年，成功创成“丁宅仙果小镇”国家AAA级旅游景区。投资2640万元的景区配套工程和投资2252万元的管溪绿道综合开发项目工程全部竣工；投资1.5亿元的桃溪欢乐云谷项目第一期工程开工；投资3500万元的上虞舜康国际赛车公园投入运营；举办高规格桃花节和桑果节；漫水桥龙鳞坝成为网红打卡点。

闻名全省的丁宅四季仙果（春有草莓、樱桃，夏有桑葚、蓝莓、水蜜桃，秋有猕猴桃、白梨桃、李子，冬有冬枣、冬桃）常年不断，种植面积达7000余亩，引来采摘游的众多游客，2023年接待游客120多万人次。

【民生实事】 有中心学校（小学）1所，专任教师12人，小学生88人，入学率100%；中心幼儿园1所，入园儿童70人，入园率100%。有社区服务中心1家，村级卫生服务站2家，初级卫生保健普及率100%。自来水普及率100%。参加城乡居民医保5419人，参加农村养老保险4676人，最低生活保障救助105户，计151人。有公共运营车站1个，行政村公路通车率100%。农贸市场1个，建造面积4575平方米。农村新建住房农户32户，建筑面积8154.44平方米。2023年，“丁赞”民生服务不断推出惠民服务措施：筹集民生公益金18万元，迭代升级民生服务1.0版、2.0版、3.0版服务机制。突出服务于“一老一小”，创立市级孝德乐龄中心，实现老年食堂全覆盖，累计就餐3.78万人次，为老年人义剪义诊等各项活动77次，服务人数6200余人次。12月，“丁赞”民生服务被列为省咨询委调研报告案例，获评省“终生学习品牌项目”。投资430万元丁宅卫生院CT机房和预防接种门诊大楼建成并投入使用；全年为2360名60周岁以上老年人提供免费体检；投资270万元的丁宅乡生活垃圾分类中心提档升级，下宅村被评为省级高标准生活垃圾分类示范村。年底，被全国爱卫会授予“国家级卫生乡镇”荣誉称号。

【上虞碑帖馆建成】 2023 年 3 月 19 日，上虞碑帖馆正式开馆。上虞碑帖馆面积 500 平方米，收集虞舜大地各类碑帖、碑刻 100 多件。该馆与绍兴兰亭书法艺术学院党建联建，并被上级有关部门定为省级乡村博物馆、省美术家协会写生创作基地。

上虞碑帖馆内部（胡一峰 摄）

【卡丁车挑战赛】 6 月 10—11 日，丁宅乡举办国内最高级别，2023RMCC 卡丁车挑战赛。来自 7 个国家地区和全国 17 个省、市、自治区的 126 名赛车爱好者参加，该次比赛在全国共设置六个分站赛，上虞站（丁宅）为第二站，也是浙江省唯一的分站赛，3000 多名观众观看比赛。赛事由绍兴市体育局、上虞区人民政府主办，上虞区体育总局、上虞区教体局、丁宅乡人民政府承办。（陈国林、史瑞丰）

人物和荣誉

上虞籍科学家院士

【徐如人】 无机化学家。1932 年 3 月 16 日生于浙江上虞。1952 年毕业于上海交通大学化学系。2003 年当选为第三世界科学院院士。任吉林大学教授。1991 年当选为中国科学院学部委员（院士）。

【钟群鹏】 1934 年 10 月 28 日出生于浙江上虞，机械（电）装备失效分析预测预防专家。1952 年考入北京航空学院（清华大学一部），1957 年北京航空学院研究生毕业（苏联专家指导）。北京航空航天大学教授、博导。1999 年当选为中国工程院院士。

【王基铭】 炼油、石油化工及工程管理专家。1942 年 6 月 10 日出生，原籍浙江上虞，1964 年毕业于华东化工学院，曾任上海石化股份公司董事长、总经理，中国石化总公司副总经理，中国石化股份公司总裁。现任中国石化股份公司副董事长。2005 年当选为中国工程院院士。

【陈润生】 生物信息学家。1941 年 6 月 18 日出生，1964 年毕业于中国科学技术大学生物物理系。2007 年当选为中国科学院院士。现为中国科学院生物物理研究所研究员、博士生导师。国际人类基因组组织（HUGO）会员。

【金　力】 进化遗传学家。复旦大学教授。1963 年 3 月 13 日出生，籍贯浙江上虞。1985 年毕业于复旦大学，1987 年获该校硕士学位，1994 年在美国德克萨斯大学获博士学位。现任复旦大学副校长。2015 年当选为中国科学院院士。

【景益鹏】 天体物理学家。上海交通大学教授。1964 年 1 月生于浙江省绍兴市，1984 年毕业于浙江大学物理系，1991 年和 1992 年在意大利高等研究生院分别获硕士和博士学位。2015 年 12 月，入选中国科学院数学物理学部院士。

【朱利中】 1959 年 10 月出生，浙江上虞人，1985 年 4 月加入中国共产党，1975 年 2 月参加工作，原杭州大学化学系分析化学专业毕业。现为浙江大学农业生命环境学部主任，浙江大学环境与资源学院教授，博士生导师。2017 年当选为中国工程院院士。

【朱诗尧】 量子光学专家。1945 年 12 月生于上海，祖籍浙江省上虞县（今绍兴市上虞区）谢塘镇。现任浙江大学物理系教授、浙江大学量子信息交叉中心首席科学家、华东师范大学荣誉教授。2015 年当选为中国科学院院士。

（何依静）

先进集体

【全国最美家庭】

阮兴祥家庭　绍兴市上虞区道墟街道

【浙江省五一劳动奖状】

卧龙控股集团有限公司

上虞新和成生物化工有限公司

【浙江省工人先锋号】

浙江安诺芳胺化学品有限公司智能控制部仪表工段

绍兴市上虞众联环保有限公司检测中心

绍兴市上虞区自然资源和不动产登记中心服务窗口
浙江华孚色纺有限公司细纱车间

【浙江省三八红旗集体】
浙江浙能燃气股份有限公司绍兴市上虞区天然气有限公司客户服务中心
绍兴市上虞区自然资源和不动产登记中心便民分中心窗口

【浙江省最美家庭】
钱福英家庭　绍兴市上虞区百官街道
陈国炎家庭　绍兴市上虞区梁湖街道

【绍兴市最美家庭】
李建苗家庭　绍兴市上虞区百官街道
刘成江家庭　绍兴市上虞区曹娥街道
陈碗珍家庭　绍兴市上虞区陈溪乡
陈添鑫家庭　绍兴市上虞区道墟街道
葛世杰家庭　绍兴市上虞区丰惠镇
韩树洋家庭　绍兴市上虞区崧厦街道
卢富军家庭　绍兴市上虞区汤浦镇
徐大勋家庭　绍兴市上虞区下管镇
李荣夫家庭　绍兴市上虞区小越街道
章彭德家庭　绍兴市上虞区谢塘镇
经遵义家庭　绍兴市上虞区驿亭镇
邢玉荣家庭　绍兴市上虞区永和镇
陈军强家庭　绍兴市上虞区章镇镇
樊新放家庭　绍兴市上虞区长塘镇

【上虞区最美家庭】
陈亚利家庭　绍兴市上虞区百官街道
叶国英家庭　绍兴市上虞区曹娥街道
王张明家庭　绍兴市上虞区东关街道
陈添鑫家庭　绍兴市上虞区道墟街道
李友良家庭　绍兴市上虞区小越街道
葛水桥家庭　绍兴市上虞区梁湖街道
韩树洋家庭　绍兴市上虞区崧厦街道
陈军强家庭　绍兴市上虞区章镇镇
葛志荣家庭　绍兴市上虞区丰惠镇
郭彬彬家庭　绍兴市上虞区上浦镇
惠孝烽家庭　绍兴市上虞区汤浦镇
吕夏莲家庭　绍兴市上虞区永和镇
王迪刚家庭　绍兴市上虞区驿亭镇
章彭德家庭　绍兴市上虞区谢塘镇
沈亚君家庭　绍兴市上虞区盖北镇
樊新放家庭　绍兴市上虞区长塘镇
朱堃太家庭　绍兴市上虞区岭南乡
陈华灿家庭　绍兴市上虞区陈溪乡
徐大勋家庭　绍兴市上虞区下管镇
孙益飞家庭　绍兴市上虞区丁宅乡

（陈梦瑶、金燕飞、蒋　莎）

先进个人

【全国五一劳动奖章】
柴立丰　卧龙电气驱动集团股份有限公司

【浙江好人】
厉成杰　上虞区中医医院副院长、普外科主任医师
倪建君　绍兴市上虞区小越街道倪梁村党总支书记
沈建栋　上虞区百官街道理发师
李银蛟　上虞区崧厦街道联胜村村民
任城龙　上虞区职业教育中心实训指导教师
许训涌　国网绍兴市上虞区供电公司下管供电所职工

【浙江好人·“千万工程”耕耘者】
陈添鑫　绍兴市上虞区道墟街道中联村党总支委员、绍兴市金禾农业有限公司总经理

【浙江省五一劳动奖章】
曹建伟　浙江晶盛机电股份有限公司
丁兴成　浙江闰土股份有限公司
连妙芬　上虞人民医院
阮华丰　浙江春晖智能控制股份有限公司

【浙江工匠】
王嘉巍　绍兴市虞舜茶业有限公司
陈正华　上虞新和成生物化工有限公司
郭　杰　浙江金科日化原料有限公司
孙　毅　卧龙电气驱动集团股份有限公司

朱建杰　绍兴市上虞区职业教育中心（上虞区技工学校）

【浙江省成绩突出共青团干部】

沈颖烨　浙江上虞农村商业银行股份有限公司团委书记

【浙江省青年岗位能手】

蒋安杰　国网浙江省电力有限公司绍兴市上虞区供电公司

【浙江省三八红旗手】

王园园　绍兴市上虞区下管镇春蕾粮食专业合作社理事长

【上虞籍军人荣立二等功及以上】

葛世杰　某部中校飞行员（一等功）

【最美绍兴人】

厉成杰　上虞区中医医院副院长、普外科主任医师

【绍兴好人】

陈立勇　浙江鼎大环境科技有限公司党支部书记、总经理
厉成杰　上虞区中医医院副院长、普外科主任医师
任城龙　上虞区职业教育中心实训指导教师
沈建栋　上虞区百官街道理发师
李银蛟　上虞区崧厦街道联胜村村民
马夏康　浙江金盾压力容器智造股份有限公司总经理
张欢西　上虞区岭南乡丰树坪村村民
阮国海　上虞区道墟街道汇联村村民
林　琴　卧龙采埃孚汽车电机有限公司样机开发车间主任
陈招娣　上虞区陈溪乡太平山村村民
秦得勤　绍兴勤峰纺织有限公司董事长
赵国生　浙江闰土股份有限公司技术副总经理
张立萍　上虞区永和镇大墩村村民

【上虞好人】

徐益江　上虞区红十字户外救援队队长
陈立勇　浙江鼎大环境科技有限公司总经理
宋赤如　上虞区梁湖街道潘家陡村村民
董长荣　上虞区税务局百官税务分局科员
赵银卫　浙江蓝能氢能科技股份有限公司人事主管
秦得勤　绍兴勤峰纺织有限公司董事长
厉成杰　上虞区中医医院副院长
朱琪琪　上虞区第二人民医院急诊护士
陈国潮　上虞区祝家庄景区管理处主任
茅国峰　上虞区红十字户外救援队队员
代　波　绍兴浩远物流有限公司驾驶员
阮国海　上虞区道墟街道汇联村村民
袁　军　上虞区供水有限公司职工
郑卫康　广西咸亨房地产开发有限公司董事长
邱忠海　上虞区野鸟保护者协会会长
秦友苗　上虞区盖北镇世海村疫情转运专职司机
沈建栋　上虞区建栋理发店理发师
任城龙　上虞区职业教育中心实训指导教师
莫毅挺　绍兴市公安局上虞区分局巡特警大队民警
马夏康　浙江金盾压力容器智造股份有限公司总经理
屠兴忠　上虞区东关街道凌江村党总支委员
林　琴　卧龙采埃孚汽车电机有限公司样机开发车间主任
张建平　上虞区岭南乡中心学校校长
赵国生　浙江闰土股份有限公司技术副总经理
章溢锋　上虞区谢塘镇晋生村党总支书记
梁秋英　上虞区岭南乡青山村村民
潘阿珍　上虞区盖北镇兴海村村民
张欢西　上虞区岭南乡丰树坪村村民
左思源　安徽煜炯电力技术有限公司董事长
陈招娣　上虞区陈溪乡太平山村村民
孙彩亚　上虞区永和镇三桥村村民
陈胜强　上虞区岭南乡丰树坪村党总支委员
张立萍　上虞区永和镇大墩村村民

【上虞区见义勇为行为确认】

阮国海　在家务农（“上虞区见义勇为勇士”、记三等功；绍兴市人民政府二等功）
方　松　湖南临湘人
高福亮　个体工商户
李明选　个体工商户
王烈锋　上虞区平安保安服务公司保安
袁　军　上虞供水有限公司
张幼林　绍兴市上虞区永和镇锦绣四明小区物业保安
汤海波　绍兴市上虞区永和镇锦绣四明小区物业保安
吴　斌　绍兴市上虞区永和镇锦绣四明小区物业保安
赵　斌　上虞区永和镇自然资源所

【上虞工匠】

欧阳卿　上虞区百官街道涵妍美容美发
潘全梅　绍兴上虞鸿发知识产权代理有限公司
严　涛　浙江华孚色纺有限公司
阮佳丽　浙江运发实业有限公司
任　焕　绍兴女儿红酿酒有限公司
金斐斐　绍兴东寸文化艺术邮箱公司
罗洪良　浙江越青堂青瓷文化有限公司
杨名普　绍兴市上虞区小一峰服饰有限公司
陈国均　浙江天行健水务有限公司
陈　坤　绍兴市上虞区丰惠靓厨坊菜馆
陈利华　绍兴市白马湖食品有限公司
胡立富　上虞金昌宝顺汽车销售服务有限公司
陈利锋　浙江正鼎汽车零部件有限公司
陈钢锋　绍兴市上虞舜东橡塑制品有限公司
夏金晶　浙江俏尔婷婷服饰有限公司
高其军　绍兴市合兴包装印刷有限公司
郑　军　浙江灏宇科技有限公司
邵柏江　上虞新和成生物化工有限公司
陈彩娥　浙江金科日化原料有限公司
王文雅　浙江鸿盛化工有限公司
程建欢　浙江特富滨特热能科技有限公司
史松伟　绍兴上虞杭协热电有限公司
张金波　浙江舜江建设集团有限公司
蒋珂璘　绍兴未蓝文化传媒有限公司
倪亮节　绍兴市上虞区职业教育中心
范铁炯　绍兴市上虞区职业中等专业学校
吴佰新　绍兴市上虞区供水有限公司
董杭杰　绍兴上虞杭杰汽车销售服务有限公司
金月明　上虞陶瓷高等研究院
章浩男　浙江泰富无缝钢管有限公司
马飞飞　绍兴上虞禾美文化传播有限公司

（陈梦瑶、章建权、宋　其、金燕飞、次仁嘎吉、蒋　莎）

逝世人物

【曹春晓】　（1934年8月6日—2023年11月23日），男，汉族，上虞人。材料科学家、钛合金专家，“973”“863”首席科学家，中国科学院院士。1956年毕业于上海交通大学机械系。曾任北京航空材料研究院研究员，中航工业北京航空材料研究院研究员、博士生导师，山西省高端基础件成形制造院士工作站进站院士。1997年当选为中国科学院院士。

附 录

组织机构及负责人名录

（2023 年 1 月至 2023 年 12 月）

上虞区党政机构及有关部门主要负责人

中共绍兴市上虞区委员会

书　记　鲁霞光（2022.07—　）
副书记　金进富（2020.06—　）
　　　　许建超（2021.11—　）
常务委员　鲁霞光（2022.07—　）
　　　　金进富（2020.06—　）
　　　　许建超（2016.11—　）
　　　　金山中（2016.12—　）
　　　　项延玳（2017.12—2023.01）
　　　　夏永江（2019.12—2023.11）
　　　　胡玲萍（女，2021.11—　）
　　　　周晓国（2022.01—　）
　　　　蔡建红（女，2022.01—　）
　　　　朱江桥（2022.01—　）
　　　　孙海明（2022.01—　）
　　　　方　伟（2023.05—　）
　　　　陈　勤（女，2023.11—　）

绍兴市上虞区人大常务委员会

主　任　陈　坚（2017.02—　）
副主任　潘立峰（2022.02—　）
　　　　徐志华（2022.02—　）
　　　　方　静（女，2017.02—　）
　　　　黄梅龙（2017.02—　）
　　　　胡宝荣（2022.02—　）
　　　　王文松（2022.02—　）
党组书记　陈　坚（2016.12—　）
党组副书记　潘立峰（2022.01—　）
成　员　徐志华（2022.01—　）
　　　　黄梅龙（2017.03—　）
　　　　胡宝荣（2022.01—　）
　　　　王文松（2022.01—　）

绍兴市上虞区人民政府

区　长　金进富（2021.01—　）
副区长　金山中（2019.12—　）
　　　　朱江桥（2022.02—　）
　　　　魏国剑（2019.02—2023.11）
　　　　黄俊毅（2021.09—　）
　　　　阮程华（2022.01—　）
　　　　孙伟琴（女，2022.02—　）
　　　　王成毅（2022.01—　）
　　　　张瑜凤（女，挂职，2022.07—2023.07）
　　　　胡天野（挂职，2023.07—　）
党组书记　金进富（2020.06—　）
副书记　金山中（2019.12—　）
成　员　朱江桥（2022.01—　）
　　　　魏国剑（2019.01—2023.11）
　　　　黄俊毅（2021.08—　）
　　　　阮程华（2022.01—　）

王成毅（2022.01— ）
郑　龑（挂职，2022.01—2023.01）
胡天野（挂职，2023.07— ）

政协绍兴市上虞区委员会

主　席　赵文中（2022.02— ）
副主席　王永表（2022.02— ）
章颖芳（女，2022.02— ）
王柏明（兼，2017.02— ）
孙云苗（2020.01— ）
范国海（2021.01— ）
倪红娣（女，2023.01— ）
党组书记　赵文中（2022.01— ）
副书记　蔡建红（女，兼，2022.02— ）
王永表（2020.07— ）
成　员　范国海（2020.12— ）

上虞区纪律检查委员会

书　记　胡玲萍（女，2021.11— ）
副书记　陶劲松（2019.01— ）
王　亮（2020.06— ）

上虞区监察委员会

主　任　胡玲萍（女，2022.01— ）
副主任　陶劲松（2019.02— ）
王　亮（2020.08— ）

上虞区委工作机构及直属部门

上虞区委办公室（党史研究室）

主　任　罗黎明（2022.02— ）
区委党史研究室主任　朱迪江（2021.05—2023.03）
区社会治理中心主任　孟　勇（2022.11— ）

上虞区委台湾工作办公室（区政府台湾事务办公室）

主　任　罗黎明（2022.02— ）

上虞区委组织部（新经济与新社会组织工作委员会、区委直属机关工作委员会）

部　长　夏永江（2019.12—2023.11）
陈　勤（女，2023.11— ）
新经济与新社会组织工作委员会书记
单樵兴（2018.02— ）
区委直属机关工作委员会书记
夏永江（2019.12—2023.11）
陈　勤（女，2023.11— ）

上虞区委宣传部

部　长　周晓国（2022.01— ）

上虞区委统战部（区政府侨务办公室）

部　长　蔡建红（女，2022.01— ）
侨务办公室主任　竺春燕（女，2022.06— ）

上虞区委政法委员会

书　记　许建超（2022.01— ）

上虞区社会治理中心

主　任　孟　勇（2022.11— ）

上虞区委全面深化改革委员会办公室

主　任　许建超（兼，2019.01— ）

上虞区委机构编制委员会办公室

主　任　王忠良（2022.02— ）

上虞区委巡察工作领导小组办公室

主　任　茅月洲（2022.02— ）

上虞区委区政府信访局

局　长　徐建刚（2022.02— ）

上虞区委老干部局

局　长　曹红心（2021.02— ）

上虞区委党校

校　长　夏永江（兼，2019.12—2023.11）
陈　勤（女，兼，2023.12— ）

上虞区人民政府工作机构及直属企事业单位

上虞区人民政府办公室（外事办公室）
党组书记、主 任 陶海强（2020.06—2023.09）
胡关炎（2023.11— ）

上虞区发展和改革局
党组书记、局 长 卢梁勇（2022.02— ）

上虞区经济和信息化局
党委书记、局 长 胡关炎（2022.02—2023.11）
冯世凯（2023.11— ）

上虞区教育体育局
党委书记、局 长 房永军（2022.02— ）

上虞区科学技术局
党组书记、局 长 徐建锋（2022.02— ）

绍兴市公安局上虞区分局
党委书记、局 长 王成毅（2022.01— ）

上虞区民政局
党组书记、局 长 丁福军（2022.02— ）

上虞区司法局
党组书记 吴自强（2021.02— ）
局 长 吴自强（2021.03—2023.09）
李 蕊（女，2023.09— ）

上虞区财政局
党委书记、局 长 杜永刚（2018.05— ）

上虞区人力资源和社会保障局
党委书记、局 长 张春育（2022.02— ）

上虞区住房和城乡建设局
党委书记、局 长 金小军（2022.11— ）

上虞区交通运输局
党委书记 俞林忠（2021.02— ）
局 长 俞林忠（2021.03— ）

上虞区水利局
党委书记 夏明尧（2021.02— ）
局 长 夏明尧（2021.03— ）

上虞区农业农村局
党委书记 任中华（2022.02— ）
局 长 任中华（2022.03— ）

上虞区商务局
党组书记 冯世凯（2022.02— ）
局 长 冯世凯（2022.02—2023.11）

上虞区文化广电旅游局
党委书记、局 长 王银苗（2022.02— ）

上虞区融媒体中心（上虞传媒集团）
党委书记、主任 孙卫国（2021.02— ）
总编辑 贾彩萍（女，2021.02— ）
董事长、总经理 孙卫国（2021.03— ）

上虞区卫生健康局
党组书记 崔苗军（2021.12— ）
局 长 崔苗军（2022.01— ）

上虞区退役军人事务局
党组书记 景春良（2021.02— ）
局 长 景春良（2021.03— ）

上虞区应急管理局
党委书记、局 长 陈 坚（2021.05— ）

上虞区审计局
党组书记、局 长 陈鑫森（2021.05— ）

上虞区市场监督管理局
党委书记、局 长 王飞军（2022.02— ）

上虞区人民政府金融工作办公室

党组书记　蒋　峰（2018.02—　）
主　　任　蒋　峰（2017.05—　）

上虞区统计局

党组书记　陈泽华（2022.02—　）
局　　长　陈泽华（2022.03—　）

上虞区综合行政执法局

党委书记　叶　涛（2022.02—　）
局　　长　叶　涛（2022.02—2023.09）
　　　　　沈娟芬（女，2023.09—　）

绍兴市自然资源和规划局上虞分局

党委书记、局　长　陈　凯（2022.02—　）

绍兴市医疗保障局上虞分局

党组书记、局　长　石洪元（2021.03—　）

绍兴市生态环境局上虞分局

党组书记、局　长　胡四海（2021.02—　）

上虞区机关事务服务中心

党组书记　胡永华（2022.02—　）
主　　任　沈娟芬（女，2020.07—2023.09）
　　　　　胡永华（2023.09—　）

上虞区便民服务中心（招标投标监督办公室）

党委书记　金山中（2019.12—　）
主　　任　许国华（2022.02—　）

上虞区投资促进中心

党组书记　金利锋（2022.02—　）
主　　任　陆俊蔚（2022.03—　）

上虞区大数据发展管理中心

党组书记　张国富（2019.01—　）
主　　任　张国富（2021.03—　）

杭州湾上虞经济技术开发区（上虞经济开发区）

党工委书记　孙海明（2022.01—　）
主　　任　蒋金祥（2019.01—　）

杭州湾综合管理办公室

党工委书记　赵伟平（2021.02—　）
主　　任　赵伟平（2021.03—　）

上虞曹娥江旅游度假区

党工委书记　朱江桥（2022.01—　）
主　　任　徐桦表（2022.11—　）

上虞曹娥江经济开发区

党工委书记　阮程华（2022.02—　）
主　　任　冯　柱（2022.02—　）

上虞区e游小镇

党工委书记　阮建东（2021.09—　）
主　　任　阮建东（2021.10—　）

上虞区档案馆

党组书记、馆　长　朱宝生（2019.01—　）

上虞区供销合作总社

党委书记、主　任　胡　升（2020.07—　）

上虞区大通集团有限公司

董事长　胡　升（2020.07—　）
总经理　何　伟（2018.09—　）

上虞区水务集团有限公司

党委书记、董事长　许潮江（2021.05—　）
总经理　张锡峰（2021.06—　）

上虞区交通集团有限公司

党委书记、董事长　茅建波（2022.03—　）
总经理　陈天麟（2022.03—　）

上虞区国有资本投资运营有限公司

董事长、总经理　倪红娣（女，2019.08—2023.09）
　　　　　　　　金权炜（2023.09—　）

绍兴市上虞城市建设集团有限公司

党委书记　龚建伟（2023.08—　）
董事长　龚建伟（2019.08—　）
总经理　周立勇（2022.03—　）

绍兴市上虞杭州湾经开区控股集团有限公司

党委书记　吴晓燕（女，2023.08—　）
董事长　吴晓燕（女，2021.06—　）
总经理　罗鹏达（2021.06—　）

绍兴市上虞文化旅游集团有限公司

党委书记　樊春苗（2023.03—　）
董事长　樊春苗（2023.04—　）
总经理　樊春苗（2023.04—2023.09）
任　峰（2023.09—　）

绍兴住房公积金管理中心上虞分中心

党组书记、主任　戴建明（2019.08—　）

上虞区群众团体

上虞区工商业联合会（总商会）

党组书记、主席、会长　孙国军（2021.02—　）

上虞区总工会

主　席　范国海（兼，2022.06—　）
党组书记　祝子龙（2022.02—　）

共青团绍兴市上虞区委员会

书　记　王炜吉（2022.02—　）

上虞区妇女联合会

党组书记　杨苗英（女，2022.02—　）
主　席　杨苗英（女，2022.04—　）

上虞区科学技术协会

党组书记　孙卫梁（2022.02—　）

上虞区文学艺术界联合会

党组书记　徐伟军（2022.02—　）
主　席　徐伟军（2022.03—　）

上虞区残疾人联合会

党组书记　金雄健（2022.06—　）
理事长　戴秀兰（女，2020.07—　）

上虞区红十字会

党组书记　余　权（2022.06—　）
会　长　黄俊毅（2022.02—　）
执委会主任　余　权（2022.06—　）

上虞区各乡镇、街道党政正职名单

百官街道

党工委书记　朱春兰（女，2022.02—　）
办事处主任　朱柏治（2019.08—2023.04）
朱迪江（2023.04—　）

曹娥街道

党工委书记　张华尧（2022.02—　）
办事处主任　任　峰（2022.03—2023.09）
朱　克（2023.09—　）

东关街道

党工委书记　单建权（2023.03—　）
办事处主任　单建权（2021.03—2023.04）
王　凉（2023.04—　）

道墟街道

党工委书记　戴忠伟（2021.02—　）
办事处主任　陈　波（2021.03—　）

小越街道

党工委书记　张军宇（2022.06—　）
办事处主任　朱真辉（2022.03—　）

梁湖街道

党工委书记　魏雪刚（2022.02—　）
办事处主任　冯永奇（2020.10—　）

崧厦街道

党工委书记　陈圆圆（女，2021.09—　）
办事处主任　赵建军（2022.11—　）

章镇镇

党委书记　王　敬（2022.11—　）
人民政府镇长　夏炎军（2022.01—　）

丰惠镇

党委书记　傅飞军（2023.03—　）
人民政府镇长　徐　钱（2023.01—　）

上浦镇

党委书记　傅飞军（2021.02—2023.03）
　　朱柏治（2023.03—　）
人民政府镇长　骆晶晶（女，2020.07—　）

汤浦镇

党委书记　朱春起（2021.02—　）
人民政府镇长　潘书丽（女，2021.09—　）

永和镇

党委书记　金　琳（女，2021.02—　）
人民政府镇长　倪诚成（2021.09—　）

驿亭镇

党委书记　马百根（2021.09—　）
人民政府镇长　郑　镔（2023.01—　）

谢塘镇

党委书记　倪水乔（2021.09—　）
人民政府镇长　谢潜程（2021.09—　）

盖北镇

党委书记　吕　彭（2021.09—　）
人民政府镇长　陈立林（2020.08—　）

长塘镇

党委书记　沈　璐（女，2021.09—　）
人民政府镇长　张　橹（2021.07—　）

岭南乡

党委书记　王　凯（2021.02—　）
人民政府乡长　朱嗣杰（2021.09—　）

陈溪乡

党委书记　郑哲军（2021.02—　）
人民政府乡长　蔡　明（2021.07—　）

下管镇

党委书记　潘建青（2021.09—　）
人民政府镇长　郑伟钦（2021.02—　）

丁宅乡

党委书记　陈才华（2020.09—　）
人民政府乡长　胡银洲（2020.08—　）

上虞区政法机关

绍兴市公安局上虞区分局

党委书记、局　长　王成毅（2022.01—　）

上虞区司法局

党组书记　吴自强（2021.02—　）
局　　长　吴自强（2021.03—2023.09）
　　李　蕊（女，2023.09—　）

上虞区人民法院

院　长　朱淼蛟（2022.02—　）
常务副院长　章天天（2022.06—　）
副院长　薛荣辉（2018.05—　）
　　李运福（2022.07—　）
　　张剑波（女，2022.07—　）
党组书记　朱淼蛟（2021.11—　）

上虞区人民检察院

检察长　何　红（女，2022.02—　）
常务副检察长　钱　国（2022.06—　）
副检察长　周高军（2018.05—　）
　　李雪明（女，2018.07—　）
党组书记　何　红（女，2021.11—　）

文件选编

中共绍兴市上虞区委　绍兴市上虞区人民政府 关于深入学习贯彻党的二十大精神 全面建设“青春之城”的行动方案（2023—2026年）

为深入学习贯彻党的二十大和习近平总书记关于科技、人才、创新以及青年工作的重要论述精神，全面建设朝气蓬勃、近悦远来的“青春之城”，引领推动上虞高质量发展、竞争力提升、现代化先行，制定本行动方案。

一、总体要求

高举习近平新时代中国特色社会主义思想伟大旗帜，深入学习贯彻党的二十大精神，对标“两个先行”、奋进“五个率先”，全面融入高水平网络大城市建设，全力锻造“五张高质量发展金名片”，坚持以全生命周期、全年龄段的人的年轻化青春化为发展导向，坚持面向未来城市的发展模式，以“科创+产业”为主抓手，以“一江两岸三城多片区”为主平台，大力推进年轻化、时尚化、运动化、国际化、便捷化、品质化、数字化、组织化发展，着力建设创新、活力、有为、开放、舒适、有爱的青年发展型、全龄友好型、生态宜居型、文化包容型“青春之城”，打造中国最具幸福感城市，奋力走好中国式现代化上虞高质量发展之路。

二、目标定位

以打造中国青春城市发展样板区、长三角“新智造”协同创新示范区、大湾区美好生活引领区为主要目标，按照“一年出成效，两年大变样，四年成典范”的要求，到2023年，全面融入高水平网络大城市建设，搭建形成“青春之城”的“四梁八柱”，细化完善全域协同的目标体系、工作体系、政策体系、评价体系，启动建设一批示范性功能载体和项目，重要核心区块“青春气质”初步彰显。到2024年，对标“两个先行”“五个率先”，高质量完成一批重大标志性项目建设和重要节点打造，全领域、全生命周期“青春之城”布局逐步完善、功能日益凸显，科技创新“主引擎”作用更加彰显，城市能级品质全面提升，综合竞争力和现代化水平显著提高。到2026年，城市气质、城市活力、城市温度、城市颜值在长三角区县市中脱颖而出，对青年的吸引力、凝聚力、承载力有效增强，GDP达到1500亿元，一般公共预算收入达到120亿元以上，城市综合实力进入全国百强区前30位，创新创业、宜居乐居、时尚活力、大爱有为的“青春之城”基本建成，在对标“两个先行”、奋进“五个率先”中取得更多突破性进展、标志性成果，成为走好中国式现代化高质量发展之路的区县典范。

——**青春产业大提档。**产业结构不断优化，产业平台体系更加完善，创新链产业链深度融合，产业数字化、数字产业化水平显著提升，发展动能有效激发，成为全省打造全球先进制造业基地和绍兴打造先进制造业强市的引领区，争夺“浙江制造天工鼎”金鼎。到2026年，工业增加值达到1000亿元，战略性新兴产业增加值增速高于规上工业平均增速，数字经济核心产业增加值占GDP比重达9.2%，累计新增市场主体4.8万家，年均新增上市企业3家以上。

——**青春人才大汇集。**科创体系更加完备，高端创新要素的配置能力有效提升，人才队伍规模、质量不断提升，人才引留政策体系迭代升级，人口结构持续优化，城市居民更富朝气活力。到2026年，15～35

周岁青年人口占比达22%，累计新增就业大学生9.25万名，R&D经费支出占GDP比重达3.55%、市级以上孵化器（众创空间）达到38家。

——青春社会大发展。人民群众享有更加优质均衡的教育、医疗、养老、社保等公共服务，城市数字化智慧化转型加快，城市治理现代化水平不断提升，实现从管理城市到经营城市的跃升。到2026年，青年人群登记结婚率升至93%，城镇调查失业率控制在5.5%以内，全民参保率达99.5%，平安指数达96.2，争创二星平安金鼎，力争入选中国最具幸福感城市和中国社会治理百强县（市区）。

——青春文化大繁荣。上虞城市精神、城市品牌进一步打响，文化产业实现更高质量发展，时尚与传统、动感与沉静巧妙糅合的城市形象进一步凸显。到2026年，文化产业增加值占GDP比重达7.8%，年举办省级以上文体赛事12场次以上、开展特色青春文化活动100场（次）以上，居民综合阅读率达93%。

——青春环境大提升。城市更加高效便捷、开放包容，城市网络环境、生活环境、营商环境进一步优化，对青年人群、梦想人群的吸引力大幅提升。到2026年，年新建未来社区2个以上、年新增省级未来乡村3个以上，空气质量指数（AQI）优良率达88%，争创国家级全域旅游示范区。

——青春党建大提质。各领域青年群体党建和群团工作覆盖率持续提升，加快探索形成一批凝聚青年群体、培育青年党员、发挥先锋模范的新抓手、新模式，力争打造"全省红色根脉强基示范区"等更有辨识度、更有影响力、更具青春感的党建金名片。到2026年，创成"红色根脉"强基示范乡镇（街道）8个、省级以上清廉示范点10个以上，建成"共富工坊"300个、省级以上理论宣讲研修基地4个、青年社群活动阵地10个。

三、空间格局

坚持"拥江而立、向湾而兴"，整合优化城市空间、产业空间、创新空间、生态空间，加快构建"一江两岸三城多片区"的"青春之城"空间布局。

1.一江做活。坚持"唐诗之河、幸福之河"的定位，高质量推进曹娥江科创、文创走廊建设，做深做活"水上、岸上、晚上、山上"文章，打造曹娥江悦动青春活力带，成为上虞引留新青年的城市封面、靓丽名片。

2.两岸做优。优化曹娥江东西两岸城市功能布局和产业发展布局，树立市场化运营理念，引进国内一流团队和新型业态，统筹经营"一江两岸"优质资源，建成"近者悦、远者来"的国际范青春城市和宜业宜居的新时代生态人文画廊。

3.三城驱动。未来城聚焦"产城人文景"深度融合发展，重点打造以滨江CBD为核心的"娥江科创湾"，以e游小镇为核心的"运河数创谷"，以大型公共服务设施为主体的"青春动感湖区"，以大学路站为基点的"综合型TOD站点"，形成西岸高端智造集聚区、东岸高铁TOD城市综合社区两个板块，构建"一湾、一谷、一湖、一站、两区"的整体格局，加快引育和建设一批面向未来的高端智造、未来科教、文化展览、商业商务、智慧交通、青春社区等新项目新业态新场景，以更多"第一唯一"打造"青春之城"样板区、产城融合示范区。活力城重点以百官街道、曹娥街道城区片为主体，以滨江提质扩容、产业转型升级、社区有机更新为重点，打造城市活力集聚地、市民公共活动中心。滨江"CAZ"核心区重点推进总部楼宇集聚提升，丰富业态布局，加快建设现代服务业集聚区；百官工业园等产业园区加快"退二优二""退二进三"，打造高品质智造园区；推进城区社区微更新、微改造，着力提升人居环境和群众获得感。文旅城依托曹娥江文化休闲旅游区、皂李湖休闲度假区、浙东古运河山水文化休闲带，联动中华孝德园、龙山城南组团等，串联城乡资源、辐射虞南山区，打造成为产城共兴、景文共美的品质新城，山水相依、鱼跃鸟鸣的生态家园，宜业宜居、休闲健康的人居典范。

4.多片区提升。结合全区重大平台、重要业态、重点场景分布情况和市高水平网络大城市建设节点培育要求，明确14+X个"青春之城"建设重点片区。拥江西进城市功能片区（东至杭甬运河，南至运河故水道，西至运河故水道，北至江西路）聚焦打造"青春之城"样板区、产城融合示范区、拥江西进先行区和绍兴网络大城市的首发节点。一江两岸核心段城市风貌片区（东至鸿雁路，南至五星路，西至杭甬运河，北至江西路）重点打造上虞城市高端活动聚集地，市民公共活动中心区，引领形成城市中央商务活动和核心地标景观的集聚发展带。曹娥老区大运河风貌提升片区（东依曹娥江畔，南邻中华孝德园，西接春晖工业大道，北至渡江路）重点打造古韵活力风貌区、蓝绿交融生态居住区。绿色化工转型承接片区（东至上虞边界，南至拓展西路，西至进港公路，北至康阳大道）聚焦建设绍兴市化工产业集聚提升区。新兴化工产业集聚片区（东至上虞边界，南至康阳大道，西至进港公路，北至滨海大道）作为世界级大湾区新兴化工产业预留区谋划建设。杭州湾经开区未来小城片区（东至长海公路，南临杭绍甬高速公路，西至中直河，北临纬一东路）聚焦打造专业特色示范区、共享服务承载地、智慧宜居未来城。曹娥江度假区城乡融合共富片区（东至皂李湖东侧500米山体，南至百丰公路，西至黄潘公路、石空山与石山间东侧山脚，北至蓬好尖、虎叉口山顶）按照“休闲之湖、科创之湖”的发展定位，集中打造长三角诗意美学度假目的地。丰惠古镇文化复兴片区（东至丰三东路、街河及其支流，南至横三路，西至西泾畈村西侧河道，北至百丰公路）围绕丰惠新引擎和古镇宜居地的定位重点谋划建设。章镇嵊新城市副中心片区（东至城市支路，南至三环线，西至峰山南路，北至章丰公路）重点打造绍兴网络大城市三级战略片区、浙东唐诗之路发祥地和产城融合智造星城。城南城市更新扩容提升片区（东至上源路，南至杭甬运河，西至曹娥江，北至博学路）重点打造引领未来全新生活理念的山水花园新村和城南文旅新区。一江两岸商务总部拓展片区（东至滨江河，南至虞舜大道，西临曹娥江，北至观山路）按照站城一体、公服集聚的建设要求，打造“TOD”城市综合社区。高铁南站城乡文旅双创片区（东至104国道，南至康家湖，西至杭绍台高铁线，北至规划104国道）重点打造上虞西南门户客厅、交通综合集散地。泛百官中心区城市有机更新发展片区（东至凤鸣路，南至江环路，西至峰山南路，北至虞舜大道）以推进产业升级为重点，培育数字应用产业，打造城市有机更新、深化产城融合的核心样板区。泛道墟产业提升更新片区（东至上三高速，南临杭甬高铁，西至称山，北至杭甬高速）积极打造田园生态交融的协同创新智汇区、产业区域协同升级示范区。X片区根据发展实际，坚持片区化、协同化、项目化原则，推动未来城—崧厦融合发展片区、小越—驿亭—永和虞东联甬片区、盖北—谢塘协同服务发展片区、岭南—陈溪—下管—丁宅虞南山居片区、上浦—汤浦双旅片区等重点片区建设，全域推进“青春之城”建设。

四、重点任务

（一）实施青春产业蝶变提档工程

坚持以产兴城、以业留人，全面做优做强适宜青年和创新创业人群发展的产业平台体系，加快推进产业集群发展、转型发展，实现青春产业精彩蝶变。

1.加快打造平台体系。以建设更高质量、更有品质、更具影响的国家级开发区为目标，加快推进杭州湾经开区“二次创业”，加速“未来小城”建设，完善城市配套、丰富服务于制造业发展的城市功能场景，积极建设新材料产业园、半导体产业园、高端装备产业园、新能源汽车及零部件产业园和生物医药创新园等“五园十区”，争创全省制造业高质量发展示范园区。以泛百官泛道墟区块改造提升为重点，加快曹娥江经开区转型升级，积极推进智创青春谷、智能装备生态园等项目，打造制造业“腾笼换鸟、凤凰涅槃”省级示范区。加快曹娥江度假区核心区块建设，着力把皂李湖打造成为“休闲之湖、科创之湖”，推进孝德文化小镇建设，创建国家级旅游度假区，打造国家级夜间经济集聚区。加快e游小镇3.0版建设，推动特色小镇赋能提升，探索产教融合模式、完善细分赛道布局、推进未来园区建设，形成“数字文创+信息技术”双轮驱动产业格局，打造以青春为底色的长三角数字文化创意产业中心、全省领先的数字产业化基地。实施小微企业园2.0版建设，推进小微企业园、产业园等园区提质发展，打造一批具有青春特色、更具朝气活力的小微园区。

2.加快培育产业集群。以“四季仙果”全产业链建设为主线，聚焦茶叶、水稻、鲜果等主导产业，建立“1+N”区域公用品牌发展模式，推进杭州湾、梁湖省级现代农业园区能级提升，加快农创智谷、数字植物工厂建设，启动区现代化农事服务中心建设，争创国家农村产业融合发展示范园、国家农业现代化示范区。全面对标省“415X”先进制造业集群、市“4151”行动计划，实施区“1215”专项行动，做大做强新材料、高端装备两大千亿级主导产业集群，细分推动精细化工、高端新材料、生物医药等五大战略性新兴产业，聚焦人工智能、前沿新材料、先进能源等未来产业，构筑“2+5+X”产业格局，争取精细化工、半导体装备分别纳入全省先进制造业集群核心区、协同区，争夺“浙江制造天工鼎”金鼎。聚焦“一江两岸”核心区，谋划建设鲲鹏总部芯、瞪羚动力谷等总部楼宇，引导头部企业总部入驻、人物回归，发展首店经济、楼宇经济、商务经济、数字经济、科创文创、金融服务等新经济业态，培育一批重点服务业集聚区和特色平台，打造高端服务业集聚带，打响“一江两岸”城市经济新名片。

3.加快推进数智转型。大力推进数字经济“一号发展工程”，加快5G等新型基础设施建设，构建覆盖5G核心器件、终端产品和商业应用的5G产业链，打造全省5G产业发展应用先行区。以中小企业数字化改造省级试点为契机，加快电机、风机、照明等传统产业改造，布局建设行业级、区域级、企业级工业互联网平台，提升全产业链资源配置效率，到2026年培育未来工厂3家，实现规上工业企业数字化改造全覆盖。打造化工智慧园区3.0版，基于数字孪生园区理念，依托已有物联网与智能应用，整合安监、环保、能耗、消防、特种设备等专业数据资源，建设产业结构可视化、安全生产可视化、环境保护可视化等应用场景，切实加快数字化转型步伐。探索以高端服务为先导的“数字+服务”新业态新模式，推进跨境电子商务创新发展，发展动漫、游戏等数字商品贸易，加快数字农业、农村电子商务发展，拓展智慧旅游服务，催生个性化定制、网络化协同、服务型制造等新模式、新业态，争创省级服务型制造企业（平台）3家以上。

4.加快壮大市场主体。实施“凤凰行动·凤舞娥江版”、上市企业数量五年倍增计划、“雄鹰行动”和制造业企业“长高长壮”行动，培育国家产业链领航企业、省级雄鹰企业、省级及以上“链主”企业，招引“链主”企业落户，力争到2026年累计新培育销售收入超100亿元龙头企业5家、超10亿元骨干企业40家。按照“单项冠军—专精特新‘小巨人’—隐形冠军—创新型中小企业”培育链，深化科技企业“双倍增”行动，到2026年，力争培育专精特新企业60家、国家高新技术企业600家以上。支持“链主”企业组建产业链上下游企业共同体，聚焦新兴领域加快布局建设产业联盟，带动一批产业链供应链关键伙伴企业发展，优化提升产业链分工协作体系。推进新生代企业家“常春藤计划”“春笋计划”等系列培育行动，全面拓展提升企业家战略思维和创新能力。

（二）实施青春人才赋能提级工程

大力实施人才强区首位战略，加快创新链、产业链深度融合，着力构建“人才+”引领创新的全域创新模式，建设新时代“名士之乡”人才高地和高水平创新强区。

1.构筑集成式、融合型区域创新体系。主动参与长三角创新共同体建设，加强与杭州城西科创大走廊、宁波甬江科创大走廊的合作交流，主动融入G60科创走廊，推动曹娥江科创走廊成为区域科技创新的引领者和创新网络的重要节点。以省级可持续发展创新示范区为目标，打造未来城中央科创集聚区、皂李湖科创湖等核心科创区块，推进曹娥江实验室创建省技术创新中心，规划建设绍兴院士港，探索大学研究院“一院一园一基金”发展模式，推动大学研究院差异化发展道路。加强与浙江大学、复旦大学、中国美院等高校科研院所合作设立研究院（创新中心），推进新工科、卓越工程师等高层次复合型人才培养基地建设，引导企业建设技术研究院和博士后工作站，重点支持卧龙中央研究院、龙盛研究院、晶盛研究院等项目建设。

2.建设示范型、活力型创新创业基地。以应用型大学产教深度融合和中职名校建设为特色，高水平建设浙江理工大学科艺学院、浙江建设职业技术学院上虞校区等产教融合平台，建设省级产教融合示范基地，积极争创国家现代产业学院，推进产教融合走在全国前列。推动半导体装备、染料产业基础再造和高分子聚醚新材料等3家创新联合体建设，每年新增市级以上科技企业孵化器（众创空间）3个以上。加快推动高创园总园建设，打造集“创新研发、成果转化、项目孵化、金融扶持、公共服务、生活配套”于一体的省级高层次人才创新创业服务综合体，构建高层次人才创业园平台体系，到2026年，建成1个总园、5个以上分园。积极打造以产业为基础、融入城市功能生活的“产业社区”，构建产、研、商、住一体化的城市社区生态圈。鼓励有条件的乡镇（街道）、园区、企业建设一批青年大学生创业基地和众创空间，完善创业扶持政策，支持青年农创客、文创客创业。

3.组建高水平、专业化人才发展队伍。开展顶尖人才引进攻坚行动，“一人一策”引进、“一事一议”保障，加快引进具有全球影响力的“灵魂人物”，到2026年力争引进顶尖人才6名以上。创新海外引才方式，拓展赛事引才、资本引才、以才引才、中介引才渠道，丰富引才形式，到2026年新引进国家和省级引才计划、省级海外工程师等省级以上领军人才120名以上。建立高层次人才梯队培养机制，培引新时代“三乡人才”，推动虞籍文化名家、名师、名医、名教练员回归，加大规划、管理、文旅等方面紧缺人才引进力度，做大做强本土人才。加强高校毕业生就业招引，大力开展“引智强企”活动，实施虞籍毕业生“留虞”计划，更大规模引进大学生、研究生、留学生，年新增就业大学生2万名以上。实施上虞工匠倍增计划，深入实施“金蓝领”倍增计划三年行动，建设技师学院，建立大工匠、杰出工匠、工匠、青年工匠梯队，年新增高技能人才5000名以上。

4.建立多元化、创新性人才活跃机制。聚焦城市引才竞争力和青创上虞辨识度，高质量办好人才发展大会、人才科技周、“万亩千亿”新产业平台人才全球创业大赛、曹娥江高端装备制造产业人才发展高峰论坛、曹娥江绿色医药创新论坛等系列活动，打响“尚才之地、虞梦同行”品牌。深化职称制度改革，探索职技融通改革，争取高职院校与技工院校之间开展学分互认试点，发挥用人单位、行业协会、人力资源机构等多元主体评价作用，建立健全以创新价值、能力、贡献为导向的人才评价体系。制定出台青年人才公寓租赁办法，探索推出“零元入住”人才公寓，推进“青年人才之家”建设，加快人才工作数字化改革，升级青创卡服务，拓展延伸“人才码”相关优惠服务，打造人才新磁场。

（三）实施青春社会强基提效工程

围绕教育、医疗、婚育、就业、社保、医保、居住、养老、治理等重点领域，全链式、全方位、全员化布局，打造中国最具幸福感城市，使上虞成为人们心生向往、情感归属的梦想之城。

1.构建全周期、全天候的社会服务体系。擦亮春晖、竺可桢、活教育等品牌，实施全域优校计划，谋划建设竺可桢未来学校，争创全国义务教育优质均衡发展区。推进建设实小集团康居路校区、职业教育园区等项目，落实部分城区学校扩容增位改建，稳步推进薄弱学校撤并计划，依托金融街杭州湾学校等提供优质高端国际化教育服务，建设全面融合、多方互动的“校区”。深化现代学徒制培养，建设省高水平职业学校，创建高素质技能人才集聚示范区。实施“名医名科名院”工程，建设“互联网+医疗健康”示范区，创建国家慢性病综合防控示范区，扎实推进邵逸夫医院绍兴院区建设，推进区级医院强院提能和镇村医疗服务升级，促进区域医疗水平整体提升。打造AAAAA级婚姻服务场景，提供“婚姻咨询—婚前协议—财产公证—登记结婚—生育政策”一站式服务，培育发展全链条婚庆产业，建设“亲青恋”服务平台，拓宽青年交友渠道。

2.构建有力度、有温度的社会保障体系。优化户籍服务，健全来虞人口市民化奖励机制，逐步放开外地来虞配偶及家属等落户限制。全面提升“购、租、补”三位一体人才住房保障体系和其他青年群体的住房保障力度，面向符合条件的区内和稳定就业的非区内户籍家庭，探索推出共有产权保障房，努力实现“来了就是上虞人，人到上虞有房住”。优化就业优先政策，加强困难群体就业兜底帮扶，完善城乡居民基本医疗、养老保险制度，深化惠民型商业补充医疗保险发展，探索提高在虞员工社保地方性补贴，落实跨省异地就医直接结算，推进社保提质扩面。促进低保低边提标、临时救助扩面，建设区级助联体，推进残疾人共富工程，加大“线上+线下”救助力度，筹建区级社会组织服务中心，推广建设民生综合服务中心。打造“娥江晚情”养老服务品牌，实施居家社区养老服务提质工程，建立智慧养老服务平台。落实优化生育政策，加快建立“5+X”多元化托育服务体系，谋划推进婴幼儿养育照护指导、儿童健康管理、托育综合服务“三中心”建设，探索将社区婴幼儿照护服务站与养老服务站相结合，一体化解决“顾老看小”难题。

3.构建网格化、现代化的社会治理体系。坚持和发展新时代“枫桥经验”，争取国家级城乡治理和服务创新实验区试点，争创中国社会治理百强县（市区），以“城市大脑”为龙头，加快建设大数据、云计算、区块链等新基建平台，构建区、镇、村（社区）、基础网格、单元网格层层推进的网格化管理体系，打造共建共享共融的治理场景。探索“互联网+社会治理”新模式，构建社区、小区、楼栋三级圈层交流体系，建立党组织领导下的线上线下互通的听证会、协调会、评议会等社区民主协商制度，建立党代表、人大代表、政协委员、团代表联系社区制度，畅通居民沟通与诉求表达渠道，走好新时代网上群众路线。加强对青少年的权益保护和法律服务，鼓励动员更多青年加入公益性社会组织，强化社会各界参与基层治理，推进社区、社会团体、社会工作专业人员“三社联动”，重点引进、孵化并培育一批社区治理运营机构、城市合伙人等，推动青年社工在基层治理中创新作为。

（四）实施青春文化激活提能工程

聚焦增强文化自信、扛起文化担当，弘扬传承优秀文化基因，以文润城塑造青春城市精神气质，系统集成打造青春城市形象。

1.提升传统文化青春感。深挖宋韵文化、阳明文化等上虞基因，推进省级“王充与浙学”研究基地建设，深入开展文化基因解码、理论走心和社科研读工程，充分发掘孝德、青瓷、东山、春晖等文化的时代价值，不断丰富时代内涵。深化地域传统文化的传承弘扬与活化转化，深入践行“明德尚贤、创变笃行”新时代上虞精神，塑造青春城市风骨，打响“今在上虞、遇见未来”城市品牌口号。开展“上虞吉象”城市 IP 形象等宣传推广行动，打响“浙里新风·虞尚十里”等文明实践特色品牌，积极组织青年群体参与城市精神宣讲活动。推动上虞文化多元出海，开发“青年码”等数智平台，充分展示充满时代感、正能量、向上向善、蓬勃活力的上虞城市形象。

2.提升文化产业青春度。实施文化产业倍增、提质计划，依托曹娥江文创走廊，加快招引一批有青春味、创新力的优质文产项目，持续推动“文漫影游”联动发展，用好“谢晋 IP”建设影视产业基地项目，强化文化产业全产业链运营，助力创建省级文化和旅游消费试点城市。以建设“赛事之城”为目标，常态化承办国家级体育竞赛，持续打响曹娥江传统赛事品牌，以“健康型社会”凝聚活力青年，争创国家体育产业示范基地。聚焦青年“8 小时”外，迭代升级孝文化节等传统节会活动，举办艺术文化节、音乐节、脱口秀大会等青春系列活动，营造城市青春文化活力氛围。支持和发展街头文化，探索以政府公益活动撬动商业文化运营，打造曹娥江“一江两岸”文化客厅。优化系列特色旅游产品和精品线路，擦亮“诗画曹娥江”“诗源东山”“瓷之源”等文旅品牌，争创省 AAAAA 级景区城。

3.提升文化事业青春力。高质量建设“魅力文化共同体”，实施公共文化服务提升工程，争创省级公共文化服务现代化先行区，启动建设曹娥江文化艺术中心，打造一批专业场馆、文化阵地、文化设施，充分利用 VR、AR 等数字文旅技术，塑造青春时尚动感的城市生活场景。开展“文艺星火赋美”工程，在社区街头、广场公园等开展常态化艺术展演和推广活动，打造城市艺术景观。实施“文化润景”计划和文旅融合“五百五千”工程，打造一批“微改造、精提升”示范点和省、市“百县千碗”体验店。探索艺术乡建品牌，建设文化艺术村落和青春文化展示长廊，推动区域文艺生态园区建设。依托未来社区和未来乡村，打造一批能够吸引青年、留住青年的网红景点、特色民宿。开展社区服务阵地提升行动，迭代升级现代城市社区，打造青年发展空间。创新举办“青蓝工程”，营造青年学习向上氛围，打造“书香型社会”，提升青春城市文明品位。

（五）实施青春环境优化提升工程

以数字化、智能化为手段，畅通内外循环、完善软硬服务、打造绿色生态，建设更具活力、更加时尚、更为精致的青春城市。

1.打造开放协作高地。优化城市综合交通体系，启动建设绍兴轨道交通 2 号线上虞段，建成杭绍甬智慧高速，推进 104 国道绍兴东湖至蒿坝（上虞段）、329 国道上虞盖北至道墟段改建工程等项目，加快建设一体衔接的铁路轨道网、广覆深达的现代公路网、通江达海的海河联运网、高效衔接的客运枢纽网、品质共享的美丽通道网，实现“10 分钟上高架、15 分钟上高速、30 分钟联杭甬”。畅通接轨大上海、融入杭甬都市圈发展通道，探索设立“园中园”等多种合作模式，深化与上海、杭州、宁波等高能级产业平台合作，争创长三角产业协同创新示范基地。积极推动与长三角中心城市在教育文化、医疗卫生、社会保障等领域的对接合作，实施一批跨区合作重点项目，提升上虞品质生活服务能级。加强国际交流合作，主动参与“一带一路”合作建设，积极对接上海自贸区、浙江自贸区，推进伞业跨境电商发展省级试点，照明产业争创国家级外贸转型升级基地。建立杭州湾经开区企业出海服务平台，支持企业拓展国际市场，推动有条件的企业在境外设立生产基地、功能性总部等机构。依托龙头企业建设海外并购产业园，鼓励企业开展跨国并购、境外融资，推进产业国际化发展。

2.打造青春时尚城市。聚焦未来城、活力城、文旅城“三城”定位，建设开放包容的“城区”。加快青春公寓、青春家园建设，依托鸿雁、南丰、前江等未来社区建设，探索“城市大脑+未来社区”智慧化运营模式，建设若干个青春“社区”，2026 年前分批打造青春公寓 5000 套。建设网游、动漫、元宇宙等各具特色的主题街区，建设“谢晋故里·晋生星片场”，启动 e 游 PARK 项目，积极拓展“体验经济”，打造魅力四射的青春“街区”。建设一批出门即入的口袋公园和快闪公园，加快建设曹娥江城市人行桥，建造充满活力的青春公园。开发曹娥江等特色水道，建设城市入口花园等青春时尚标志性建筑，塑造丰富多彩的青春场景。打造深夜食堂，推广 24 小时便利店，实施曹娥江“一江两岸”夜景提升工程，点亮热闹有序的青春“潮区”。全面实施城市精细管理“510”行动，以“优化、洁化、美化、彩化、序化”为目标，抓好“一路一街一广场”高标示范区域创建工作，积极打造“席地可坐”的“最清洁城市”。

3.打造最优营商环境。大力实施营商环境“一号改革工程”，深化“最多跑一次”改革，推动政务服务“智办、快办、好办、易办”，实现标准型社区便民中心全覆盖，推进便民服务高频事项下沉镇街村社。深化营商环境观察员制度和政企服务直通车机制，全面落实省“8+4”、市“1+9”稳进提质系列政策，探索打造涉企事项“极简审批”“智慧审批”，推进电子营业执照和电子证照互通共享应用，优化富余排污权指标租赁机制，建立知识产权保护“直通车”和“红黑名单”制度，全力打造营商环境最优区。深入推进数字化改革，注重实战实效、强化多跨协同、推动制度重塑，谋划实施和迭代升级行业产业大脑、危化品监管“一件事”等特色场景应用，打造具有上虞辨识度的最佳应用。推进“平安共同体”建设，常态化推进扫黑除恶，严厉打击各类经济犯罪，完善多元、快速的纠纷化解机制，构建“亲”“清”新型政商关系，强化政府与企业家常态化沟通联系，提升城市包容度，激发企业青春活力。

4.打造优美宜居生态。深化“千万工程”建设新时代美丽乡村，推进区内山海协作，联动共同富裕美丽示范带、特色精品村、乡村振兴先行村建设，打造一批有生机活力、独特魅力、内生动力的未来乡村，争创省新时代美丽乡村示范县。充分利用曹娥江、皂李湖和白马湖等美丽河湖资源，加快青春“湖区”建设。依托虞南山区山水资源打造运动休闲、文旅融合的青春“山区”，持续拓宽美丽经济转化通道，串珠成链、连线成片打造“浙东唐诗之路”重要节点，创成全国“两山”实践创新基地。强化生态保护红线刚性约束，巩固提升省级“山水林田湖草”生态保护修复试点成果，持续打好“蓝天、碧水、净土、清废、治塑”攻坚战，实施“风光倍增工程”和国土绿化五年行动，力争列入第一批省级“全域幸福河湖”创建区，夺取省五水共治大禹鼎。深化省级低碳试点县（市区）建设，科学有序推进碳达峰碳中和，试点开展生态系统生产总值核算，建设一批低碳试点企业和低碳示范园区。

（六）实施青春党建聚势提质工程

聚焦铸魂夯基育人，有效激发基层党组织和广大党员干部的青春和活力，以高质量的青春党建全面护航“青春之城”建设。

1.立根铸魂锚定青春方向。全面开展党的二十大精神学习贯彻和“沿着总书记的足迹学思想”系列活动，深化青年理论学习提升工程，依托虞商学堂、红色革命教育基地等载体全面培养青年党员先知先觉、先思先悟的先锋意识，推出红色剧本杀、红色快闪等沉浸式宣教项目，进一步打响“青春唱响、虞声嘹亮”宣讲品牌。结合青年特点，创新意识形态工作理念思路、方法手段，强化机关青年干部应对突发公共事件的心理预警，积极抢占网络意识形态制高点，守牢意识形态阵地。深入实施“虞青向上”品牌建设工程，加快推进青年发展型县域试点建设，实施校地联动“合伙人”、青年社团“培育师”、青年英才“摆渡人”等青春计划，开展青年党员志愿服务队伍建设，提升青年党员的身份意识、参与意识。加强党对统战工作的集中统一领导，加强年轻党外干部的培养使用，加强对新生代企业家的政治引领，充分发挥 e 游小镇作为新的社会阶层人士实践创新基地省级试点作用，建立“e 游红色联盟”，团结凝聚党外青年人士。

2.固本强基建强青春堡垒。开展“评星晋级、全域争先”活动，把青春支部建设作为重要内容，力争创建成“全省红色根脉强基示范区”。以建设共治、乐享、颐养、善育、青创、有礼等“6 大幸福图景”为重点，推进“上统下分、强街优社”“强社惠民”集成等改革试点任务，全面开展省首批现代社区创建，打造“睦邻社·青春之城”现代社区。变革创新党组织设置模式，聚焦小微园区、众创空间、商圈楼宇和大学研究院等青年集聚领域，不断加强组织建设，全方位构建一核引领、多元参与、融合善治的工作体系。统筹建设“虞商之家”民营企业综合服务平台，推进新生代企业家“青蓝传承”接续培养。抓好青年领域清廉建设，统筹推进机关、学校、企业、医院、站所、社会组织等各领域清廉单元建设，推动清廉建设全线共进、全域共建，绘就新时代“虞舜清风图”。

3.赋能增效打造青年队伍。探索优秀年轻干部提级管理、递进培养、动态储备、一线历练等机制，实施新一轮名校优生集聚计划，开展中层干部制度性常态化交流，加速年轻干部培育。建强“虞青书记”领雁方阵，加大选拔各级兴村治社名师、担当作为好支书力度，启动实施村级后备干部梯队培养三年行动计划。深入开展村社干部赛作风比争先意识、赛发展比增收实绩、赛项目比建设进度、赛服务比群众满意、赛帮扶比联建成效等“五赛五比”活动，营造比学赶超浓厚氛围。加大在高知群体、社会组织中发展年轻党员力度，积极搭建青年党员实战建功平台，采取争先赛、实绩比拼、示范岗（先锋岗）创建等形式，在不同领域推动青年党员亮身份、争先进，引领带动青年群体共建“青春之城”。完善党建指导员选派工作，进一步拓展延伸选派范围，有针对性指导青春党建开展。落实严管厚爱，创设“青廉平台”强化年轻干部教育管理，推动完善年轻干部培养、选拔、使用的全过程全链条全方位监督管理闭环，引导年轻干部扣好廉洁从政“第一粒扣子”。

五、工作要求

1.强化组织领导。成立由区委、区政府主要领导为组长，区委副书记和常务副区长为第一副组长，区相关四套班子领导为副组长，各相关部门单位、乡镇（街道）主要领导为成员的“青春之城”建设工作领导小组，加强组织领导和统筹协调，建立常态化沟通协调、工作推进、多维分析、科学奖惩等机制，切实发挥好决策参谋、综合协调、督促检查等作用，推动各项工作全面落实。完善“未来城”开发建设体制机制，建立权责清晰、创变笃行、执行高效的组织体系，力争早出形象、早见成效。

2.强化变革重塑。推进“青春之城”各领域工作创新，争取形成更多上虞经验和典型案例，打造国内青年发展型城市建设样板。坚持统筹规划、片区开发，突出问题导向、效果导向，针对要素制约问题、政策规划衔接、资金投入保障等方面痛点、难点、堵点，加大体制机制改革，建立定期会商、专题解难等工作制度，及时打通“青春之城”建设“中梗阻”。综合“青创码”“人才码”“青年码”等数字应用，集成建设“青春之城”数字化应用场景和驾驶舱，实现重点青春项目、重要青春指数、重大青春场景一屏集成、实时可查、集中展现，有效提升上虞“青春之城”的青春度、创新性、未来感。

3.强化赛比督考。以“青春之城”项目建设为重点，聚焦谋划、推进、落实等重点环节，通过交流会、擂台赛等形式，形成你追我赶、百舸争流的良好势头，督促重点项目早落地、早开工、早出形象。常态化实施“月交流、季晾赛、年考核”等工作推进机制，确保项目完成一批、案例形成一批、品牌打响一批。完善督考体系和评价办法，建立健全责任落实、激励奖励、问责惩戒等配套机制，强化督考结果运用，以精准督考推动“青春之城”建设提速提质。

4.强化氛围营造。强化舆论宣传、凝聚社会共识，充分发挥主流媒体和新媒体作用，打造多元化立体式宣传矩阵，掀起全社会参与“青春之城”建设的热潮。通过组织开展“青春之城”建设成果发布会、青年高峰论坛、优秀新青年表彰激励等活动，凝练“青春之城 ”特色 IP，进一步打响上虞“青春之城”的城市品牌。充分激发全社会参与“青春之城”建设的积极性和创造性，弘扬勇担使命、砥砺奋进的精神，把“青春之城”建设转化为全社会共同行动，团结奋斗共创中国式现代化美好图景。

重要文件目录

区委（区委办）文件目录

【区委文件目录】

区委〔2023〕1号	关于深入学习贯彻党的二十大精神坚定捍卫“两个确立”坚决做到“两个维护”对标“两个先行”“五个率先”全面建设“青春之城”走好中国式现代化上虞高质量发展之路的决定
区委〔2023〕2号	关于深入学习贯彻党的二十大精神 全面建设“青春之城”的行动方案（2023–2026年）
区委〔2023〕4号	关于对2022年度先进集体、先进个人进行表彰奖励、通报表扬的决定
区委〔2023〕6号	关于印发《关于明确未来城开发建设体制机制的若干意见》的通知
区委〔2023〕9号	关于绍兴市上虞文旅集团有限公司提档升级工作的若干意见
区委〔2023〕10号	关于印发《“虞理共进”党建引领校地融合发展试点方案》的通知
区委〔2023〕11号	关于批转《绍兴市上虞区人大常委会2023年工作要点》的通知
区委〔2023〕12号	关于批转《政协绍兴市上虞区委员会2023年工作要点》的通知
区委〔2023〕18号	关于调整部分区委常委、政府部门与民主党派、工商联、无党派人士、新的社会阶层人士对口联系制度的通知
区委〔2023〕19号	关于印发《关于新时代支持党校事业高质量发展的实施意见》的通知
区委〔2023〕20号	关于成立区委考核工作委员会的通知
区委〔2023〕21号	关于表彰奖励2022年度优秀公务员和先进工作者的决定
区委〔2023〕26号	关于坚定不移深入实施“八八战略”图强争先全面建设“青春之城”走深走实中国式现代化上虞高质量发展之路的决议
区委〔2023〕27号	关于印发上虞区打造教育科技人才一体化平台体系赋能新材料产业高质量发展实施方案的通知
区委〔2023〕28号	关于印发上虞区建设教育科技人才“三位一体”高质量示范区实施方案的通知
区委〔2023〕29号	关于印发《绍兴市上虞区综合考核办法（试行）》的通知
区委〔2023〕33号	关于转发《中共绍兴市上虞区人大常委会党组关于深入践行全过程人民民主进一步加强新时代乡镇街道和开发区人大工作的意见》的通知

【区委办文件目录】

区委办〔2023〕1号	关于印发鲁霞光同志在区委二届三次全体（扩大）会议暨区委经济工作会议上的报告的通知
区委办〔2023〕2号	关于印发《“青春之城”建设宣传工作方案》的通知
区委办〔2023〕3号	印发《关于实施“1855”行动 推进服务业高质量发展的实施意见（2023—2027年）》的通知
区委办〔2023〕4号	印发修订后的《关于进一步促进经济高质量发展的若干意见》等4个政策文件的通知
区委办〔2023〕9号	关于进一步改进作风大抓落实的若干措施
区委办〔2023〕10号	关于公布2023年度区级领导“八个一”联系点名单的通知
区委办〔2023〕11号	关于开展“项目攻坚提速年”活动的实施意见
区委办〔2023〕12号	关于开展“科创赋能提质年”活动的实施意见
区委办〔2023〕13号	关于开展“全域党建提升年”活动的实施意见
区委办〔2023〕15号	关于印发《2023年党风廉政建设和反腐败工作组织领导与责任分工》的通知
区委办〔2023〕16号	关于印发《关于进一步强化组织担当激励干部担当的实施意见》的通知
区委办〔2023〕17号	关于印发《关于加强干部队伍专业化建设服务保障“青春之城”建设的意见》的通知
区委办〔2023〕19号	关于印发《2023年度区委区政府重点工作清单》的通知
区委办〔2023〕20号	关于印发《区委财经委员会会议制度》的通知
区委办〔2023〕23号	印发《关于大兴调查研究 进一步提升调查研究实效性科学性规范性的工作方案》的通知
区委办〔2023〕26号	关于印发鲁霞光同志在区委二届四次全体（扩大）会议上的报告的通知
区委办〔2023〕27号	印发《关于开展“十大青春化行动”进一步加快青年发展型城市建设的实施方案》的通知
区委办〔2023〕28号	关于印发《2023年绍兴市上虞区高水平推进乡村全面振兴重点任务》的通知
区委办〔2023〕31号	关于印发《区委二届四次全体（扩大）会议报告重要工作分工方案》的通知
区委办〔2023〕39号	关于印发上虞区落实浙江省统计督察反馈问题整改方案的通知
区委办〔2022〕43号	关于推进未来城开发建设的实施意见

（游泽南）

区政府（区府办）文件目录

【区政府文件目录】

虞政发〔2023〕1号	绍兴市上虞区人民政府关于给予相关集体及个人记三等功和嘉奖的决定
虞政发〔2023〕2号	绍兴市上虞区人民政府 关于印发上虞区“绿水青山就是金山银山”实践创新基地建设实施方案的通知
虞政发〔2023〕3号	绍兴市上虞区人民政府关于命名表彰2022年上虞区区长质量奖获奖企业的通知

虞政发〔2023〕4 号	绍兴市上虞区人民政府关于给予吴介月等 15 名同志记个人三等功和魏松岳等 30 名同志嘉奖的决定
虞政发〔2023〕5 号	绍兴市上虞区人民政府关于明确区政府领导工作分工的通知
虞政发〔2023〕6 号	绍兴市上虞区人民政府关于印发《绍兴市上虞区农产品区域公用品牌建设五年行动方案》的通知
虞政发〔2023〕7 号	绍兴市上虞区人民政府关于印发上虞区打造最清洁城市“510 行动”实施方案（2023—2025 年）的通知
虞政发〔2023〕8 号	绍兴市上虞区人民政府关于开展第五次经济普查的通知
虞政发〔2023〕9 号	绍兴市上虞区人民政府关于印发浙江省绍兴市上虞区矿产资源规划（2021-2025 年）的通知
虞政发〔2023〕10 号	绍兴市上虞区人民政府关于印发上虞区“315”科技创新体系建设 行动方案（2023-2027 年）的通知
虞政发〔2023〕11 号	绍兴市上虞区人民政府关于为阮国海同志记三等功并授予绍兴市上虞区见义勇为勇士的决定
虞政发〔2023〕12 号	绍兴市上虞区人民政府关于给予章梁等 30 位同志嘉奖的决定
虞政发〔2023〕13 号	绍兴市上虞区人民政府关于同意梁湖街道、小越街道部分林地保护等级的批复
虞政发〔2023〕14 号	绍兴市上虞区人民政府关于重新公布绍兴市上虞区征地区片综合地价的通知
虞政发〔2023〕15 号	绍兴市上虞区人民政府关于同意百官街道办事处部分社区规模调整的批复
虞政发〔2023〕16 号	绍兴市上虞区人民政府关于命名表彰 2023 年上虞区区长质量奖获奖企业的通知

【区府办文件目录】

虞政办发〔2023〕1 号	绍兴市上虞区人民政府办公室关于印发《上虞区全域幸福河湖建设规划》的通知
虞政办发〔2023〕2 号	绍兴市上虞区人民政府办公室关于同意公开出让杭州湾上虞经济技术开发区[2020]G18-3 号工业地块国有建设用地使用权的批复
虞政办发〔2023〕3 号	绍兴市上虞区人民政府办公室关于同意公开出让杭州湾上虞经济技术开发区[2022]G16 号工业地块国有建设用地使用权的批复
虞政办发〔2023〕4 号	绍兴市上虞区人民政府办公室关于同意公开出让上虞经济开发区[2022]G3-3 号工业地块国有建设用地使用权的批复
虞政办发〔2023〕5 号	绍兴市上虞区人民政府办公室关于同意公开出让杭州湾上虞经济技术开发区[2021]G42 号工业地块国有建设用地使用权的批复
虞政办发〔2023〕6 号	绍兴市上虞区人民政府办公室关于同意公开出让杭州湾上虞经济技术开发区[2022]G22 号工业地块国有建设用地使用权的批复
虞政办发〔2023〕7 号	绍兴市上虞区人民政府办公室关于同意公开出让杭州湾上虞经济技术开发区[2023]G2 号工业地块国有建设用地使用权的批复
虞政办发〔2023〕8 号	绍兴市上虞区人民政府办公室关于同意公开出让杭州湾上虞经济技术开发区[2022]G4-2 号工业地块国有建设用地使用权的批复
虞政办发〔2023〕9 号	绍兴市上虞区人民政府办公室关于同意公开出让杭州湾上虞经济技术开发区[2021]G2-2 号工业地块国有建设用地使用权的批复

虞政办发〔2023〕10 号	绍兴市上虞区人民政府办公室关于印发上虞区“抢开局、拼经济、稳增长”若干意见的通知
虞政办发〔2023〕11 号	绍兴市上虞区人民政府办公室关于公布第十一批区级文物保护单位的通知
虞政办发〔2023〕12 号	绍兴市上虞区人民政府办公室关于同意公开出让上虞区城东 86 号(F-03、F-04-A、F-05-A、F-06)地块国有建设用地使用权的批复
虞政办发〔2023〕13 号	绍兴市上虞区人民政府办公室关于印发 2023 年政府工作报告重点工作责任分解的通知
虞政办发〔2023〕14 号	绍兴市上虞区人民政府办公室关于印发关于进一步加强村级工程审计工作的实施意见的通知
虞政办发〔2023〕15 号	绍兴市上虞区人民政府办公室关于同意公开出让上虞经济开发区[2022]J1 号(NWA-MB-05C)地块国有建设用地使用权的批复
虞政办发〔2023〕16 号	绍兴市上虞区人民政府办公室关于同意公开出让上虞经济开发区[2022]J2 号(NWA-B1B2-02)地块国有建设用地使用权的批复
虞政办发〔2023〕17 号	绍兴市上虞区人民政府办公室关于同意公开出让上虞区高铁新城 J11 号（ZX06-A-75b）地块国有建设用地使用权的批复
虞政办发〔2023〕18 号	绍兴市上虞区人民政府办公室关于进一步规范招商引资工作流程管理的实施意见
虞政办发〔2023〕19 号	绍兴市上虞区人民政府办公室关于印发加快工业经济高质量发展的若干政策等六个政策的通知
虞政办发〔2023〕20 号	绍兴市上虞区人民政府办公室关于同意公开出让上虞区城南 N17 号（ZX14-01-02-07）地块国有建设用地使用权的批复
虞政办发〔2023〕21 号	绍兴市上虞区人民政府办公室关于同意公开出让上虞区城北 37-1-B 号（城北新区 D1-6A-1）等 2 宗地块国有建设用地使用权的批复
虞政办发〔2023〕22 号	绍兴市上虞区人民政府办公室关于印发上虞区农村饮水共富提质三年行动计划实施意见的通知
虞政办发〔2023〕23 号	绍兴市上虞区人民政府办公室关于印发上虞区政府（国有）投资项目资金管理办法的通知
虞政办发〔2023〕24 号	绍兴市上虞区人民政府办公室关于公布 2023 年区政府重大行政决策事项目录的通知
虞政办发〔2023〕25 号	绍兴市上虞区人民政府办公室关于同意公开出让上虞经济开发区[2019]G17 号工业地块国有建设用地使用权的批复
虞政办发〔2023〕26 号	绍兴市上虞区人民政府办公室关于同意公开出让杭州湾上虞经济技术开发区[2021]G6-2 号工业地块国有建设用地使用权的批复
虞政办发〔2023〕27 号	绍兴市上虞区人民政府办公室关于同意公开出让上虞区章镇镇[2020]J1 号地块国有建设用地使用权的批复
虞政办发〔2023〕28 号	绍兴市上虞区人民政府办公室关于同意公开出让上虞区曹娥街道[2022]G2 号工业地块国有建设用地使用权的批复
虞政办发〔2023〕29 号	绍兴市上虞区人民政府办公室关于印发上虞区节余排污权租赁管理办法(试行)的通知
虞政办发〔2023〕30 号	绍兴市上虞区人民政府办公室关于印发上虞区县城承载能力提升和深化“千村示范、万村整治”工程实施方案（2023—2027 年）的通知

虞政办发〔2023〕31号	绍兴市上虞区人民政府办公室关于同意公开出让杭州湾上虞经济技术开发区[2021]G9-2号工业地块国有建设用地使用权的批复
虞政办发〔2023〕32号	绍兴市上虞区人民政府办公室关于同意公开出让杭州湾上虞经济技术开发区[2021]G1-2号工业地块国有建设用地使用权的批复
虞政办发〔2023〕33号	绍兴市上虞区人民政府办公室关于促进建筑业高质量发展政策的补充意见
虞政办发〔2023〕34号	绍兴市上虞区人民政府办公室关于印发上虞区构建因病致贫返贫防范长效机制实施方案（2023—2025年）的通知
虞政办发〔2023〕35号	绍兴市上虞区人民政府办公室关于修订《进一步加强污水纳管管理工作的实施意见》的通知
虞政办发〔2023〕36号	绍兴市上虞区人民政府办公室关于印发上虞区体系化推进“十项重大工程”工作总体方案的通知
虞政办发〔2023〕37号	绍兴市上虞区人民政府办公室关于印发上虞区重大项目“赛马晾晒 攻坚比拼”专项行动实施方案（2023—2027年）的通知
虞政办发〔2023〕38号	绍兴市上虞区人民政府办公室关于印发上虞区能源绿色低碳发展和保供稳价工程实施方案的通知
虞政办发〔2023〕39号	绍兴市上虞区人民政府办公室关于印发上虞区公共服务“七优享”工程实施方案（2023—2027年）的通知
虞政办发〔2023〕40号	绍兴市上虞区人民政府办公室关于同意公开出让上虞区丰惠镇[2022]G1号工业地块国有建设用地使用权的批复
虞政办发〔2023〕41号	绍兴市上虞区人民政府办公室关于印发上虞区文旅深度融合高质量发展实施方案（2023-2027年）的通知
虞政办发〔2023〕42号	绍兴市上虞区人民政府办公室关于同意公开出让上虞区城北6号（ZX16-03-01、ZX16-03-02）地块国有建设用地使用权的批复
虞政办发〔2023〕43号	绍兴市上虞区人民政府办公室关于同意公开出让杭州湾上虞经济技术开发区[2021]G21-2号工业地块国有建设用地使用权的批复
虞政办发〔2023〕44号	绍兴市上虞区人民政府办公室关于印发上虞区2023年地质灾害防治方案的通知
虞政办发〔2023〕45号	绍兴市上虞区人民政府办公室关于同意公开出让上虞区章镇镇[2022]G2号工业地块国有建设用地使用权的批复
虞政办发〔2023〕46号	绍兴市上虞区人民政府办公室关于印发上虞区农产品区域公用品牌建设扶持政策的通知
虞政办发〔2023〕47号	绍兴市上虞区人民政府办公室关于加强财源建设优化乡镇财政体制的实施意见
虞政办发〔2023〕48号	绍兴市上虞区人民政府办公室关于同意公开出让杭州湾上虞经济技术开发区[2023]G4号工业地块国有建设用地使用权的批复
虞政办发〔2023〕49号	绍兴市上虞区人民政府办公室关于同意公开出让杭州湾上虞经济技术开发区[2023]G6号工业地块国有建设用地使用权的批复
虞政办发〔2023〕50号	绍兴市上虞区人民政府办公室关于同意公开出让杭州湾上虞经济技术开发区[2023]G8号工业地块国有建设用地使用权的批复
虞政办发〔2023〕51号	绍兴市上虞区人民政府办公室关于同意公开出让上虞区孝德文化小镇[2019]2号（ZX13-2-A-20、ZX13-2-A-21）地块国有建设用地使用权的批复

虞政办发〔2023〕52 号	绍兴市上虞区人民政府办公室关于同意公开出让杭州湾上虞经济技术开发区[2023]G7 号工业地块国有建设用地使用权的批复
虞政办发〔2023〕53 号	绍兴市上虞区人民政府办公室关于印发上虞区水库移民项目资金扶持管理实施细则的通知
虞政办发〔2023〕54 号	绍兴市上虞区人民政府办公室关于印发上虞区不可移动文物（古建筑类）修缮五年（2023—2027 年）计划的通知
虞政办发〔2023〕55 号	绍兴市上虞区人民政府办公室关于 2023 年度促进道路运输行业高质量发展的补充意见
虞政办发〔2023〕56 号	绍兴市上虞区人民政府办公室关于同意公开出让上虞经济开发区[2023]G2 号工业地块国有建设用地使用权的批复
虞政办发〔2023〕57 号	绍兴市上虞区人民政府办公室关于同意公开出让上虞区章镇镇中心区 D6-1 地块国有建设用地使用权的批复
虞政办发〔2023〕58 号	绍兴市上虞区人民政府办公室关于印发上虞区永久基本农田集中连片整治工作实施方案的通知
虞政办发〔2023〕59 号	绍兴市上虞区人民政府办公室关于调整耕地保护补偿（以奖代补）政策的通知
虞政办发〔2023〕60 号	绍兴市上虞区人民政府办公室关于同意公开出让上虞区丰惠镇[2020]G1 号工业地块国有建设用地使用权的批复
虞政办发〔2023〕61 号	绍兴市上虞区人民政府办公室关于印发绍兴市上虞区山洪灾害防御应急预案的通知
虞政办发〔2023〕62 号	绍兴市上虞区人民政府办公室关于印发上虞区扶持民办博物馆实施办法的通知
虞政办发〔2023〕63 号	绍兴市上虞区人民政府办公室关于同意公开出让上虞区章镇镇[2020]G1 号工业地块国有建设用地使用权的批复
虞政办发〔2023〕64 号	绍兴市上虞区人民政府办公室关于推进上虞教育高质量发展全面赋能“青春之城”建设的实施意见（2023—2027 年）
虞政办发〔2023〕65 号	绍兴市上虞区人民政府办公室关于同意公开出让杭州湾上虞经济技术开发区[2019]J11 号地块国有建设用地使用权的批复
虞政办发〔2023〕66 号	绍兴市上虞区人民政府办公室关于同意公开出让杭州湾上虞经济技术 开发区[2023]J2 号（A-01-13）地块国有建设用地使用权的批复
虞政办发〔2023〕67 号	绍兴市上虞区人民政府办公室关于同意公开出让上虞区上浦镇[2019]J1 号（中心片区 1-5-A）地块国有建设用地使用权的批复
虞政办发〔2023〕68 号	绍兴市上虞区人民政府办公室关于同意公开出让上虞区城北 38-1-C 号(城北新区 D4-3A)地块国有建设用地使用权的批复
虞政办发〔2023〕69 号	绍兴市上虞区人民政府办公室关于同意公开出让上虞经济开发区[2022]G1 号工业地块国有建设用地使用权的批复
虞政办发〔2023〕70 号	绍兴市上虞区人民政府办公室关于印发上虞区区级救灾物资储备管理实施细则的通知
虞政办发〔2023〕71 号	绍兴市上虞区人民政府办公室关于印发建设上虞区未来产业社区（工业）的政策意见的通知
虞政办发〔2023〕72 号	绍兴市上虞区人民政府办公室关于印发上虞区未来产业社区（工业）建设实施方案（试行）（2023—2025 年）的通知

虞政办发〔2023〕74号	绍兴市上虞区人民政府办公室关于公布上虞区第一批一般湿地名录的通知
虞政办发〔2023〕75号	绍兴市上虞区人民政府办公室关于高质量推进城镇老旧小区改造工作实施意见的通知
虞政办发〔2023〕76号	绍兴市上虞区人民政府办公室关于同意公开出让杭州湾上虞经济技术开发区[2023]G13号工业地块国有建设用地使用权的批复
虞政办发〔2023〕77号	绍兴市上虞区人民政府办公室关于同意公开出让杭州湾上虞经济技术开发区[2022]G15号工业地块国有建设用地使用权的批复
虞政办发〔2023〕78号	绍兴市上虞区人民政府办公室关于上虞区防火巡护道和农村公路共建实施方案的通知
虞政办发〔2023〕79号	绍兴市上虞区人民政府办公室印发《关于促进3岁以下婴幼儿照护服务高质量发展的实施意见（2023—2027年）》的通知
虞政办发〔2023〕80号	绍兴市上虞区人民政府办公室关于同意公开出让上虞区崧厦街道[2023]G2号工业地块国有建设用地使用权的批复
虞政办发〔2023〕81号	绍兴市上虞区人民政府办公室关于同意公开出让上虞区汤浦镇[2023]G1号工业地块国有建设用地使用权的批复
虞政办发〔2023〕82号	绍兴市上虞区人民政府办公室关于印发绍兴市上虞区卫生健康现代化建设实施方案的通知
虞政办发〔2023〕83号	绍兴市上虞区人民政府办公室关于印发上虞区加快推进气象高质量发展行动方案的通知
虞政办发〔2023〕84号	绍兴市上虞区人民政府办公室关于废止上虞区国有投资建设项目招标投标管理暂行办法等4个行政规范性文件的通知
虞政办发〔2023〕85号	绍兴市上虞区人民政府办公室关于同意公开出让上虞区曹娥江经济开发区[2023]G1号工业地块国有建设用地使用权的批复
虞政办发〔2023〕86号	绍兴市上虞区人民政府办公室关于同意公开出让杭州湾上虞经济技术开发区[2023]G3号工业地块国有建设用地使用权的批复
虞政办发〔2023〕87号	绍兴市上虞区人民政府办公室关于同意公开出让上虞区道墟街道[2021]G2号工业地块国有建设用地使用权的批复
虞政办发〔2023〕88号	绍兴市上虞区人民政府办公室关于印发上虞区突发环境事件应急预案等4个预案的通知
虞政办发〔2023〕89号	绍兴市上虞区人民政府办公室关于印发上虞区粮食安全应急预案的通知
虞政办发〔2023〕90号	绍兴市上虞区人民政府办公室关于印发绍兴市上虞区标准创新贡献奖管理办法的通知
虞政办发〔2023〕91号	绍兴市上虞区人民政府办公室关于印发绍兴市上虞区基本养老服务清单的通知
虞政办发〔2023〕92号	绍兴市上虞区人民政府办公室关于同意公开出让上虞区小越街道[2021]G3号工业地块国有建设用地使用权的批复
虞政办发〔2023〕93号	绍兴市上虞区人民政府办公室关于同意公开出让上虞区驿亭镇[2023]G1号工业地块国有建设用地使用权的批复
虞政办发〔2023〕94号	绍兴市上虞区人民政府办公室关于印发杭州湾上虞经济技术开发区（上虞高新技术产业园区）和浙江上虞曹娥江经济开发区“区域能评+区块标准”实施方案的通知

（沈万军）

2023 年绍兴市上虞区国民经济和社会发展统计公报

2023 年是全面贯彻落实党的二十大精神的开局之年，是实施“十四五”规划承上启下的关键之年。全区上下坚持以习近平新时代中国特色社会主义思想为指导，认真贯彻党的二十大精神，坚决落实中央和省市决策部署，坚持稳中求进工作总基调，完整、准确、全面贯彻新发展理念，加快构建新发展格局，扎实推动高质量发展，青春之城加速崛起。

上虞经济社会发展主要指标

表 31

指标名称	单位	2023年	增幅（%）
年末户籍人口	万人	71.04	–0.5
地区生产总值（GDP）	亿元	1317.72	7.6
规模以上工业增加值	亿元	515.66	10.1
社会消费品零售总额	亿元	446.76	7.4
自营出口	亿元	409.50	0.0
实际利用外资	万美元	27946	41.9
一般公共预算收入	亿元	97.67	7.3
#税收收入	亿元	77.24	6.4
金融机构本外币存款余额（本外币）	亿元	2429.85	13.8
金融机构本外币贷款余额（本外币）	亿元	2184.85	17.0
全社会用电量	亿千瓦时	84.80	3.8
#工业用电量	亿千瓦时	63.19	3.8
城镇常住居民人均可支配收入	元	81366	4.5
农村常住居民人均可支配收入	元	47567	5.8

一、综合

综合实力稳步迈进。综合实力首次闯入 30 强，位列 29 位，比上年上升 4 位。据初步核算，2023 年我区实现地区生产总值 1317.72 亿元，按可比价计算增长 7.6%。按户籍人口计算，人均生产总值 184995 元，增长 8.1%，按年平均汇率（7.0467）计算，人均生产总值达 26253 美元。从三大产业看：第一产业实现增加值 54.52 亿元，增长 4.0%；第二产业实现增加值 678.89 亿元，增长 7.7%。其中工业增加值 571.20 亿元，增长 7.1%；第三产业实现增加值 584.30 亿元，增长 7.9%。三次产业占地区生产总值的比重由上年的 4.3：52.1：43.7 演变为 4.1：51.5：44.3。

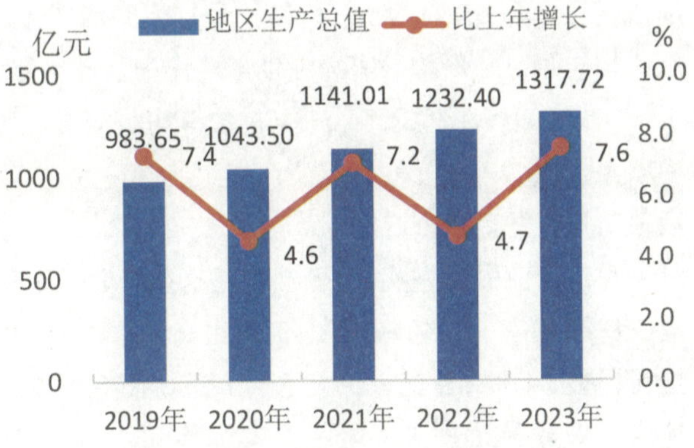

2019—2023 年地区生产总值及增长速度

二、农业

农业经济总体向好。2023 年我区实现农林牧渔业总产值 80.45 亿元，按可比价计算增长 4.0%。其中农业产值 58.98 亿元，增长 5.3%；林业产值 5.25 亿元，增长 2.6%；牧业产值 3.27 亿元，下降 14.5%；渔业产值 11.38 亿元，增长 6.2%；农林牧渔服务业产值 1.57 亿元，增长 3.8%。年内生猪出栏 9.22 万头，下降 6.9%；牛出栏 92 头，下降 41.0%；羊出栏 2.18 万头，增长 21.8%；猪肉总产量 0.77 万吨，下降 9.4%；禽肉总产量 0.15 万吨，增长 7.1%；蔬菜产量 56.35 万吨，增长 3.9%；瓜果产量 5.29 万吨，增长 3.3%；园林水果产量 12.57 万吨，增长 14.0%；茶叶产量 1835.86 吨，增长 11.1%；水产品产量 2.50 万吨，增长 5.6%。

现代农业提质增效。成功列入第三批国家农业现代化示范区创建名单、浙江省创意农业试点县名单、浙江省农业双强先进集体、2023 年县城承载能力提升和深化“千村示范、万村整治”工程试点县名单，连续三年获评浙江省产粮大县，荣获浙江省第四届“河姆渡杯”粮食生产先进县（市、区）。丁宅乡创成首批国家农业产业强镇，章镇创成全区首个省级现代农业园区，谢塘镇晋生村入选全国学习运用“千万工程”经验现场推进会考察点。“双强”行动深化推进，建成农创智谷智慧无人农场，成功入选农业农村部 2023 年数字农业农村新技术新产品新模式优秀项目。全年粮食播种面积 48.18 万亩、总产量 4.02 亿斤。超级稻“舜达 135”列入 2023 年省主导品种，年推广面积 10 余万亩，亩均增产 10%以上。新建省级水稻千亩高产创建示范区 5 个、区级百亩高产创建示范区 11 个，总面积达 6643 亩。农产品质量安全抽检合格率在 98%以上。公用品牌精准破题，创设“上虞尚品”农产品区域公用品牌，带动优质农产品溢价 25%，“上虞翠茗”茶叶区域公用品牌带动茶叶总产值增长 13.3%。

乡村振兴蓄势赋能。全区财政对农林水事务投入 15.03 亿元，增长 37.6%，连续四年获评省实施乡村振兴战略实绩考核优秀，获评浙江省美丽乡村示范县、2023 年度全省深化新时代“千万工程”建设宜居宜业和美乡村（农村人居环境提升）工作优胜县。“千万工程”迭代深化，在全省率先实现村集体经济年经营性收入 50 万元以上行政村占比 100%，巩固行政村年经营性收入 80 万元以上。上浦镇大善小坞村、陈溪乡太平山村等 8 个村创成省第三批未来乡村，创设“和美虞村”品牌，虞南山居风情带和“瓷源·舜水”2 个县域风貌区列入省级样板区。共同富裕扎实推进，打造共富工坊 161 个，解决 1.3 万名群众家门口就业，全区村集体经济总收入达到 7.09 亿元、经营性收入 4.13 亿元；激活闲置农房 5796 幢，面积 221.7 万平方米，带动农户增收 7946 万元，带动村集体增收 4225.7 万元；新增农创客 401 名，开展农民培训 1.42 万人次。

三、工业和建筑业

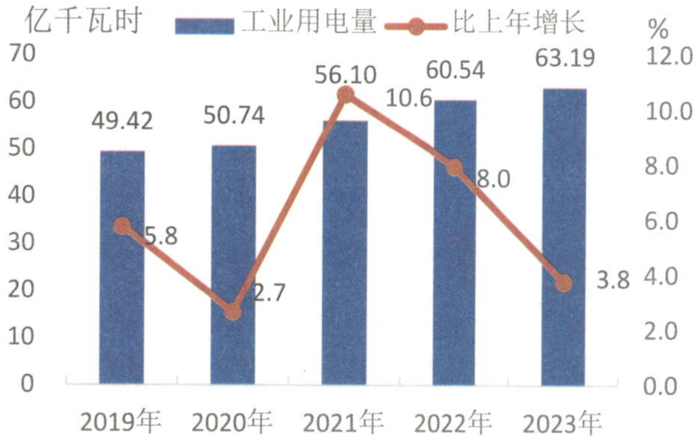

2019—2023 年工业用电量及增长速度

工业生产恢复加快。实现规模以上工业总产值2144.55 亿元，销售产值为 1995.08 亿元，产销率为93.0%。从轻重工业看，规模以上轻工业实现产值448.62 亿元，规模以上重工业实现产值 1695.93 亿元。实现规模以上工业增加值 515.66 亿元，增长 10.1%。全区 33 个工业行业大类中 22 个行业实现增长，增长面为 66.7%。全年实现工业用电量 63.19 亿千瓦时，增长 3.8%。

数智赋能向新发展。全年实现规模以上新产品产值 953.37 亿元，新产品产值率为 44.5%。规模以上高新技术产业、战略性新兴产业、数字经济核心产业制造业、装备制造业等行业增加值分别为 348.52 亿元、166.59 亿元、66.65 亿元、180.20 亿元，增长 5.2%、5.6%、-0.5%、7.8%，总量均居全市前两位。精细化工、集成电路产业分别入选省级特色产业集群核心区、协同区，新增国家级专精特新“小巨人”企业 5 家，入选全省首批“雄鹰”企业 3 家，获省政府质量管理创新奖，获评全市唯一的省小微企业三年成长计划优秀县（市、区），夺取首批“浙江制造天工鼎”。

企业效益延续修复。规上工业亏损企业 250 家，亏损面为 28.6%。规模以上工业企业实现营业收入1859.00 亿元，下降 5.9%；利税总额 179.39 亿元，下降 25.7%；利润总额 137.97 亿元，下降 29.5%。营业收入利润率为 7.4%，每百元营业收入中的成本费用总额为 93.5 元。

大型企业势头良好。全区共有规模以上工业企业873 家，其中年营业收入 100 亿元以上 1 家，50 亿～100 亿元企业 2 家，10 亿–50 亿元企业 36 家，5 亿–10 亿元企业 42 家，1 亿–5 亿元企业 189 家。营业收入亿元以上企业实现产值 1816.75 亿元，下降 0.8%，营业收入 1622.49 亿元，下降 4.7%，利润总额 134.15 亿元，下降 28.5%，占规模以上工业企业的比重分别达 84.7%、87.3%、97.2%。94 家大中型企业领跑全区，产值、营业收入、利润总额分别占全区规模以上工业的 51.6%、47.0%和 71.9%。重大平台能级持续提扩，杭州湾上虞经济技术开发区连续两年获评省制造业五星示范园区，先进高分子材料“万亩千亿”新产业平台跻身全省第7，综合实力跃升至全国化工园区第 9。

节能降碳实效显现。全年规模以上工业企业综合能耗 197.15 万吨标准煤，万元产值能耗 0.0919 吨标准煤/万元；规上工业能耗增长 4.3%，规上工业单位增加值能耗下降 5.3%，比全市平均低 1.7 和 0.9 个百分点，均居第二。新增国家级绿色工厂 1 家、省级绿色工厂 1 家、市级绿色工厂 14 家，数量均居全市前列，中欣氟材成功入选 2024 年浙江省生产制造方式转型示范项目（绿色化方向）。

建筑产业做深做实。全区共有建筑业企业 806 家，其中特级 7 家，一级 94 家，实现建筑业总产值 1305亿元，增长 4.0%；建筑业税收 12.4 亿元，下降 16.8%。建筑工业化持续推进，全区共实施装配式建筑面积200.4 万平方米，新开工钢结构装配式住宅 12.8 万平方米；新开工民用建筑项目 216.4 万平方米，装配式建筑占比 64%，实现新建公建项目 100%实施装配式建造。节能建筑加快发展，完成可再生能源应用建筑面积 132 万平方米，其中高比例可再生能源建筑应用面积 6.3 万平方米。积极推广“政府采购支持绿色建材促进建筑品质提升试点”，9 家企业建材获中国绿色建材产品认证。创优夺杯成果丰硕，获全国性奖项 27项、省市级奖项 66 项，其中获鲁班奖 5 项、詹天佑奖1 项、国优工程奖 7 项、全国满意用户工程 1 项、全国优秀建筑工程装饰奖 13 项等。

四、固定资产投资和房地产

投资规模有效扩大。全年完成固定资产投资362.24 亿元，增长 20.0%，比绍兴平均高 10 个百分点居首位。其中交通能源和水利投资、高新技术产业投资、制造业投资分别增长 41.4%、19.2%、21.4%。建安投资 198.63 亿元，增长 12.4%，比绍兴平均高 9.0 个百分点居首位；房地产投资 148.17 亿元，增长 15.9%；制造业投资和民间投资占比分别为 29.7%和 61.2%。引进 10 亿元以上项目 14 个，其中 100 亿元以上 2 个，单年招引落地数历史最多，获全省“招大引强”十强县（市、区）。

房产销售回归理性。坚持“稳预期、稳地价、稳房价”不动摇，出台房地产“7+2”政策及 20 条新政，全年实现商品房销售面积 91.87 万平方米，下降 2.7%，比全市平均高 4.5 个百分点居首位；商品房销售额 161.62 亿元，增长 27.2%；房屋施工面积 696.57 万平方米，增长 6.8%，其中新开工 135.51 万平方米，增长 83.6%；年末待售面积 36.98 万平方米，增长 32.2%。

五、城市建设

城乡建设提档升级。以全域视野编制完成“一江两岸三城多片区”城市设计，未来城开发办挂牌运行，战略规划正式发布，科学划定“一湾两区三谷”空间布局，谋划生成总投资 150 亿元的 21 个项目。住房保障全面推进，标准翻番改造老旧小区 37 万平方米，房屋征收 80 万平方米；完成排查城乡自建房 31.5 万幢，累计鉴定出 C、D 级危房 266 处；开工建设保障性租赁住房 962 套（间）、人才租赁租房 1671 套，发放保障性租赁住房补贴 10501 人。城乡品质有效改善，虞南山居风情带县域风貌区入选 2023 年度首批省级城乡风貌样板区、首批“新时代富春山居图样板区”；开展 14 个省级未来社区创建、8 个市级未来社区创建。基础设施稳步提升，市政污水管网新建 10 公里、改造 5.9 公里；供水管网新建 6 公里、改造 6 公里，完成农村生活污水处理设施建设 6 处；停车位新建 3118 个，新改建口袋公园 10 个，城市道路新增 5.3 公里，绿道建设完成 10 公里，鸿雁未来社区全面建成，曹娥江人行景观桥成为城市新地标。扎实推进最清洁城市“510”、迎亚运城市文明大提升行动，改造提升城市驿站 10 个，创成越美小区 176 个、越美商业街 120 条，连续三年获省生活垃圾分类工作优秀县（市、区）。

六、国内外贸易

市场销售增长加快。实现社会消费品零售总额 446.76 亿元，增长 7.4%，其中限上社会消费品零售总额 130.19 亿元，增长 10.2%。限上批、零、住、餐销售额（营业额）分别为 777.83 亿元、117.48 亿元、7.79 亿元、8.77 亿元，增长 37.4%、13.4%、7.5%、15.1%。举办“百团千企拓市场抢订单”“汽车家电畅购”等系列活动，累计拉动消费 9 亿元，列入省首批国际营销体系创新试点，获评省夜间经济特色城市、省数字贸易示范区。成功创建省级内外贸一体化基地 2 个、企业 18 家。

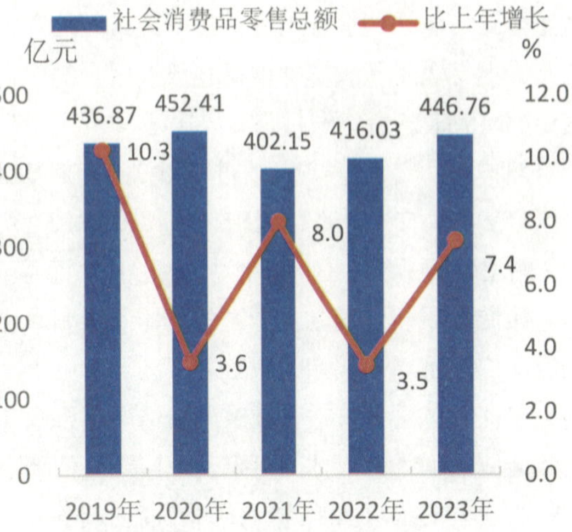

2019—2023 年社会消费品零售总额及增长速度

外资实绩领跑全市。新办外商投资企业 19 家，新批外商增资项目 9 个。实际利用外资 2.79 亿美元，位列全市首位，增长 41.9%。实质性对接韩国 SK、德国易福门、新加坡联峰等世界 500 强及行业龙头企业。

对外贸易稳中提质。全区实现进出口总额 449.53 亿元，下降 2.9%，其中进口总额 40.03 亿元，下降 24.9%；出口总额 409.50 亿元，与上年持平，出口总额占全国比重为 17.23‱，同比提高 0.14 个万分点。全区有贸易往来国家（地区）达 203 个，其中出口超亿元的国家（地区）51 个，出口总量居前五位的国家（地区）依次为美国、印度、越南、韩国和巴西；对“一带一路”沿线国家出口 157.11 亿元，增长 8.6%；出口超亿元的企业 116 家。从出口方式看，一般贸易出口 371.77 亿元，增长 5.5%；加工贸易出口 13.34 亿元，增长 3.8%。从出口产品结构看，机电产品出口 137.56 亿元，增长 8.7%；化工产品出口 98.84 亿元，下降 21.4%；纺织服装类产品出口 42.26 亿元，增长 9.9%。高新技术产品出口 34.63 亿元，下降 2.1%。开放水平不断提升，组织 120 家重点外贸企业赴粤港澳大湾区参展，签订订单达 7.82 亿元。

外经合作稳步发展。今年4家企业列入全省本土跨国经营榜单企业。全年新批境外投资项目17个，实现境外投资额 5782 万美元。全区累计拥有境外企业183家，总投资额27.87亿美元，其中中方投资额25.04亿美元。

七、交通和旅游

交通事业提速攻坚。公路网络持续扩展，杭绍甬高速公路、新东线公路工程、经开区拓展扩容区配套道路一期等大批重大交通项目建成投用。优化新增公交线路 19 条，新建农村公交候车亭 40 个，完成 13 个自然村通公交，在实现行政村“村村通公交”基础上，全区自然村公交通达率达到97.3%。资金保障全力落实，全年新增融资146.03亿元，其中净增31.62亿元。

旅游发展朝气蓬勃。全区旅游体制机制优化调整，形成文广旅游局、曹娥江旅游度假区、文旅集团“三驾马车”一体融合推进全域旅游新格局，曹娥江旅游度假区成功加入世界休闲组织，白马春晖、仙果小镇、伞艺小镇创成国家AAA级旅游景区。创成全省一级旅游驿站2个，二级旅游驿站5个。雪花谷·隐山获评国家甲级民宿，东澄村创成全省首批金AAA村，里直街市集、青创市集、文化旅游风情街夜市入选全省重点培育文旅市集，12家采摘基地命名为“浙江省采摘旅游体验基地”。成功创建省级“微改造、精提升”示范点26个，市级“百县千碗”体验店5家，市红色旅游教育基地1家。全区共有五星级饭店1家，品质旅行社4家，其中四星级2家、三星级2家。

八、财政和金融

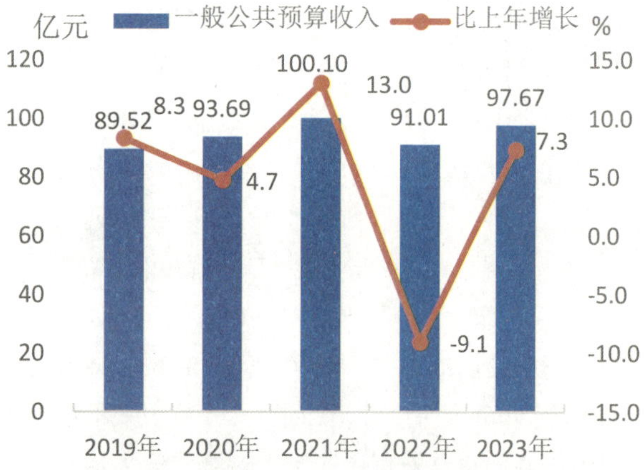

2019—2023年一般公共预算收入及增长速度

财政收支稳定增长。全年实现一般公共预算收入97.67亿元，同比增长7.3%。税收收入77.24亿元，增长6.4%，其中增值税增长84.3%，企业所得税下降3.3%，个人所得税下降13.5%。税收收入占一般公共预算收入的比重为79.1%。民生支出全力保障，全年完成一般公共预算支出137.50亿元，增长0.2%，其中民生领域支出111.03亿元，增长6.1%，占一般公共预算支出的80.7%。惠企政策直达快享，全年累计兑现各类惠企政策资金20.9亿元。

金融市场稳健运行。年末金融机构本外币存贷款余额4614.71亿元，增长15.3%，本年新增610.73亿元。本外币存款余额2429.85亿元，增长13.8%，本年新增294.08亿元。其中住户存款1331.16亿元，增长18.5%；本外币贷款余额2184.85亿元，增长17.0%，本年新增316.65亿元。其中短期贷款797.76亿元，增长8.8%，中长期贷款1282.33亿元，增长25.5%。

资本市场强势发力。深入实施“凤凰行动”上虞计划2.0版，入选浙江证监局拟上市公司口碑声誉评价工作试点县（市、区）。新增上市（过会）企业3家、报会及辅导企业7家次，居绍兴市第1位。境内A股上市公司累计达20家，总市值达2332.45亿元，占全市的32.4%。全年新增股份制企业27家，重点拟上市企业达38家。深入推进区域性股权市场创新省级试点，在浙股交设立上虞特色板块——“凤舞娥江板”，累计入板培育企业32家。产业基金做大做强，推动设立规模50亿元的杭州湾中曜基金和规模5亿元的青创投人才基金，成功招引落户规模1.02亿元的绍兴市级产业基金。营商环境持续优化，杭州湾上虞经济技术开发区产业金融协同发展改革试点成功获省级批复。新引进1家银行，2家证券机构，全区累计银行业金融机构27家、证券省级分公司1家，证券期货营业部11家、保险公司29家、小额贷款公司4家、民融中心1家、担保公司2家、典当行5家。

九、科学技术和教育

科技创新引领发展。连续3年获评省党政领导科技进步目标责任制考核优秀单位，蝉联省科技创新鼎。加快创新深化改革探索，上虞“三位一体”做法获卢山副省长批示，列入第一批省级创新深化试点；中试基地工作列入省高质量发展建设共同富裕示范区第三批试点。科创活力持续激发，新设立浙大上虞半导体材料联合创新中心、复旦曹娥江创新中心。全年培育众创空间5家，市级以上累计达31家，运营面积近6.7万平方米，累计孵化企业828家，创业人员约4000人。新增科技“小巨人”企业2家，新增高新技术企业99家、省科技型中小企业184家；新认定省级重点企业研究院1家，省级企业研究院3家、省级高新技术企业研究开发中心12家；晶盛机电已申报首批全省重点实验室。列入国家重点研发计划项目1项、省“尖兵”“领雁”科研项目3项，市“揭榜挂帅”项目8项。产学研用融合发展，各大学研究院累计引进专家团队114个，与企业共建研发中心15个，孵化培育科技型企业76家；推进天大“卓越工程师（研究生）联合培养基地”建设，现有博士后工作站在站博士13人。人才引育卓有成效，入选国家引才计划1人、国家特支计划2人、市海外工程师9人、市领军型团队4个、市科技拔尖人才5人。科技成果加快转换，完成登记科技成果379项，列入省重大创新成果4项，获省科技奖6项、全市第一。

学有优教品牌提升。高分通过全国义务教育优质均衡发展区创建省级复评和全国学前教育普及普惠区创建省级评估。全区共有小学40所，在校学生42461人；普通中学32所，在校学生28554人；中等职业学校2所，在校学生6235人；幼儿园89所，在园幼儿18214人。九年制义务教育对象入学率100%。接收义务教育阶段新居民子女入学18688人，入学率达100%，占全区义教段学生总数的31.3%。名优师资引育有力，招录北大毕业生1人、双一流高校毕业生35人，知名高校研究生32人，签约博士、博士后3人；新增“浙江工匠”1人、“浙江青年工匠”4人、省教坛新秀3人。教育质量再创新高，1名学生进入全省前50名，690分以上高分段学生数和飞行员招录数全市第一。考入清华大学3人、“双一流”大学231人。1个课题荣获国家基础教育成果二等奖，1人次荣获全国数奥金牌。8位教师代表绍兴市参加浙江省教学评审活动，荣获3个省一等奖，5个省二等奖。获评浙江省先进教研集体。优质均衡阔步迈进，新（扩）建中小学、幼儿园12所，新增优质学位2970个。创成省现代化学校8所，新增省一级、省二级幼儿园8所。社会培训持续扩面，全年完成各类社会培训2.58万人次。

十、文化、卫生和体育

文化事业提能升级。文博事业发展水平跃升至全省第11位。公共服务有效提升，新建“十五分钟品质文化圈”66个、城市书房5家、天香书吧10家。完成文化下乡演出350场、文化走亲10场、非遗特色活动10场，送电影下乡4500场，送书下乡7万册，新增应急广播终端1436套，虹蚌公园天香楼书院获评首批浙江省“最美公共文化空间”，图书馆在文旅游部第七次全国公共图书馆评估定级中获评“一级图书馆”，文化馆入选浙江省云端美育试点单位。文艺原创勇攀高峰，《祝家庄里的年轻人》获评浙江省第十五届戏剧节“兰花奖·新剧目大奖”。活化利用水平攀升，入选全省“非遗助力共同富裕”试点县（区），“谢晋故里·乡村电影博物馆”被评为浙江省五星级乡村博物馆，设立古陶瓷科学研究国家文物局重点科研基地上虞工作站，举办首届上虞窑“开窑节”，“越窑青瓷”非遗工坊入选首批省级非遗工坊名单，6家非遗工坊入选绍兴市首批非遗工坊名单。全区现有国家级非遗项目2个、省级非遗项目11个、市级非遗项目45个、区级非遗项目173个。全区公共图书馆总藏量140.35万册，年末数字电视用户达17.6万户。

卫健事业提速发展。健康浙江考核优秀，高分通过国家卫生城市复审评估。优质资源扩容提质，新建名医专家工作站（室）7个，上虞妇保院挂牌成立浙江大学医学院附属儿童医院上虞区儿童中心，两家医共体共下沉专家4658人次，邵逸夫医院绍兴院区已招聘人员525人。民生实事扎实推进，参保城乡居民健康体检14.9万人，完成3家三级公立医院托育机构备案并开始收托、15个未来社区（现代社区）托育服务设施全覆盖。全区村级医疗卫生服务覆盖率为98.2%，规划内村卫生室规范化率97.8%，“15分钟医疗急救圈”基本形成。

体育事业蹄疾步稳。赛事之城青春潮涌，亚运会、市十运会取得历史最好成绩，举办全国首届田径接力锦标赛等高规格赛事15场次，创成省首批赛事集聚县。舜康国际赛车公园成功运营，吸引游客10万人次。体教融合共促成长，组织全区中小学阳光体育系列赛事20场次，参与学生达1.2万人次。新开设特色体育课程30个，中小学生体质健康合格率达98%以上。全民健身热情高涨，全年累计举办全民健身活动 300 余场，开展科学健身讲座 20 余场次；新建省级基层体育场地设施 16 个，全区人均体育场地面积达 3.08 平方米，获评全省公共体育服务场馆大提升优胜单位。

十一、生态环境

生态建设再上台阶。首次获得全省“五水共治”“大禹鼎”银鼎，连续三年获得美丽浙江建设、美丽绍兴建设考核优秀，通过全省全域“无废城市”建设三星级标准评估，再次获得“清源杯”，被列入全国首批产业园区减污减碳协同创新试点名单，省级园区水污染多级防控体系试点通过验收，杭州湾上虞经济技术开发区创成首批省星级工业园区“污水零直排区”，东关街道创成首批省城镇“污水零直排区”建设星级镇（街道）。生态环境公众满意度连续 9 年保持提升。

环境质量持续改善。全区 AQI 优良天数比例为 90.7%，同比提升 7.1 个百分点，改善幅度全市第一；$PM_{2.5}$浓度 29.08 微克/立方米，同比上升 2.8 微克/立方米，22 个县控及以上断面Ⅰ～Ⅲ类水比例和功能区达标率均保持 100%；重点建设用地安全利用率 100%，城市区域环境平均噪声昼间 54.7 分贝、夜间 46.8 分贝，符合功能区要求。

十二、人口、居民生活和社会保障

人口规模保持稳定。据公安局人口年报统计，2023 年全区总户数 26.64 万户，户籍人口 71.04 万人，其中男性人口 34.89 万人，女性人口 36.16 万人，分别占总人口的 49.1%和 50.9%。全年出生 3157 人，人口出生率为 4.43‰；死亡 6250 人，人口死亡率为 8.77‰，人口自然增长率为-4.34‰。2023 年全区流动人口 27.43 万人。

居民收支稳步提升。全年居民人均可支配收入 66700 元，增长 5.1%。分城乡看，城镇常住居民人均可支配收入 81366 元，增长 4.5%；人均生活消费支出 48082 元，增长 6.9%；城镇恩格尔系数为 29.4%，比上年下降 0.2 个百分点；城镇居民人均住房建筑面积 51.5 平方米。农村常住居民人均可支配收入 47567 元，增长 5.8%；人均生活消费支出 31655 元，增长 8.5%；农村恩格尔系数为 31.4%，比上年下降 0.1 个百分点；农村居民人均住房建筑面积 67.4 平方米。随着收入分配结构的改善，城乡收入差距进一步缩小，全年城乡居民人均收入比为 1.71，比上年收窄 0.02。

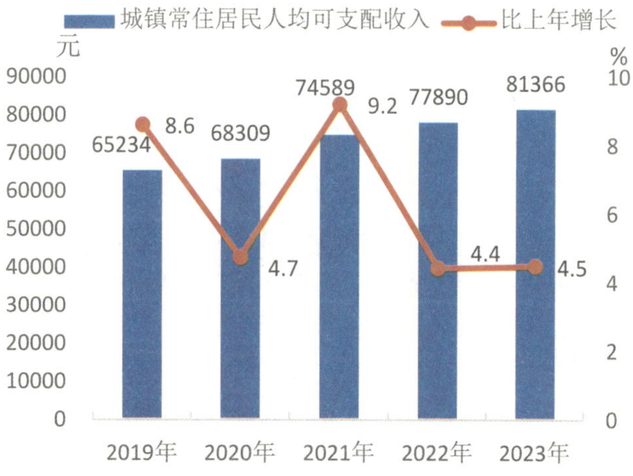

2019—2023 年城镇常住居民人均可支配收入及增长速度

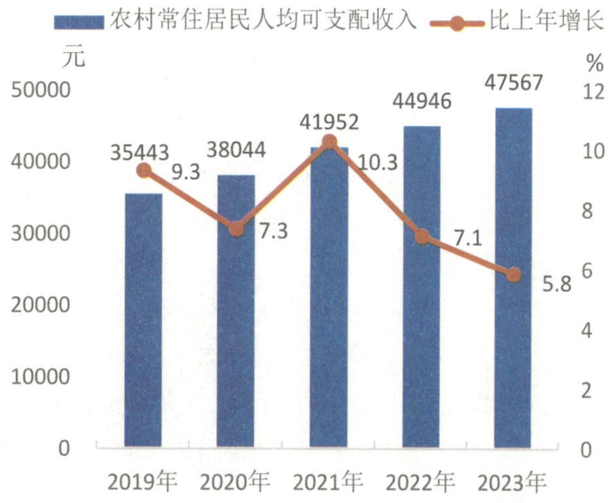

2019—2023 年农村常住居民人均可支配收入及增长速度

就业形势稳中加固。全区新增城镇就业 1.63 万人，实现下岗失业人员就业 0.39 万人，其中就业困难人员 0.23 万人。发放各类补贴 1.54 亿元，惠及单位 1000 余家、职工 6 万人。建成 3 家零工市场并投入使用，线上线下达成零工求职意向 877 人次。青年创业破圈出彩，吸引优质创业主体 60 个，发放创业补贴 70.4 万元、创业贷款 645 万元。人才引育卓有成效，新引进鲲鹏人才 2 名、连续 3 年保持全市第一，新增市级以上领军人才 125 名，新增青年大学生 2.67 万人、就业博士 224 人。开展职业技能培训 2.75 万人，创办技能大师工作室 8 家，新增高技能人才 5012 人。

社会保障扩面提质。至年末全区职工基本养老保险参保 44.16 万人，城乡居民社会养老保险参保 15.60 万人；职工基本医疗保险参保 37.21 万人，城乡居民基本医疗保险参保 35.41 万人；工伤保险参保 29.43 万人，失业保险参保 21.79 万人。率先在全市实现跨省异地就医直接结算全覆盖，基本养老保险、医疗保险参保率居全市前列。开展社保政策进万家系列活动 14 场，现场接收咨询 5000 余人次，新增社保卡 1.9 万张，办理第三代社保卡 13 万张。

民政服务持续优化。至年末全区共有最低生活保障家庭 5069 户 6363 人，其中城镇 819 户 985 人，农村 4250 户 5378 人。全年最低生活保障资金支出 7458.8 万元，其中城镇 1115.6 万元，农村 6343.2 万元，低保标准提升至 1134 元/人·月，全年低保 6363 人，低边 1161 人，特困 268 人，累计发放各类救助、慈善资金 1.41 亿元。老有康养全力实施，新增 10 家晚晴食堂，全年累计助餐 69.4 万人次，“乐龄中心”4 家，总投资 2.7 亿元的康养中心一期主体结顶，医养结合“健康管家”服务工作入选全省共同富裕实践观察点。现代社区强化建设，打造全省首批智慧社区服务综合体，新增持证社工 816 人，2 人获评市级社会工作拔尖人才。慈善公益大力推动，新增 9 家慈善组织，全年发放各类慈善资金累计 3774 万元，销售各类福利彩票 1.73 亿元。

说明：

1. 本公报所列各项数据为年度初步统计数据。

2. 全区生产总值、各产业增加值绝对数是按当年价格计算，增长速度按可比价计算。三次产业划分执行国家统计局 2012 年制定的《三次产业划分规定》。

第一产业是指农、林、牧、渔业（不含农、林、牧、渔专业及辅助性活动）；

第二产业是指采矿业（不含开采专业及辅助性活动），制造业（不含金属制品、机械和设备修理业），电力、热力、燃气及水生产和供应业，建筑业；

第三产业即服务业，是指除第一产业、第二产业以外的其他行业。

3. 规模以上工业企业指年主营业务收入在 2000 万元及以上的工业企业。限额以上批零住餐企业指批发业年主营业务收入 2000 万元以上、零售业年主营业务收入 500 万元以上、住宿业年主营业务收入 200 万元以上、餐饮业年主营业务收入 200 万元以上的法人单位及个体户。

4. 图表中地区生产总值和社会消费品零售总额历年数已按第四次经济普查结果修订。

5. 部分数据因四舍五入，存在与分项合计不等的情况。

（统计局 丁柳青）

统计资料

（说明：2023 年统计资料数据为统计快报数）

统计图

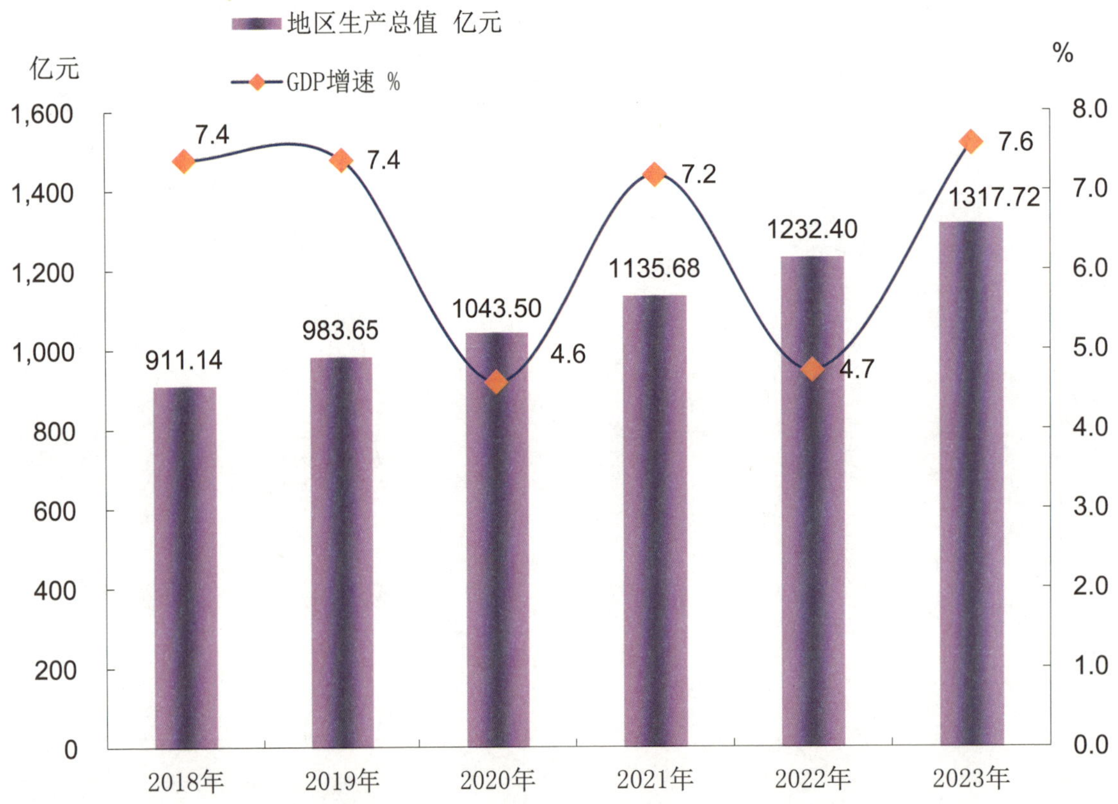

2018—2023 年上虞区地区生产总值

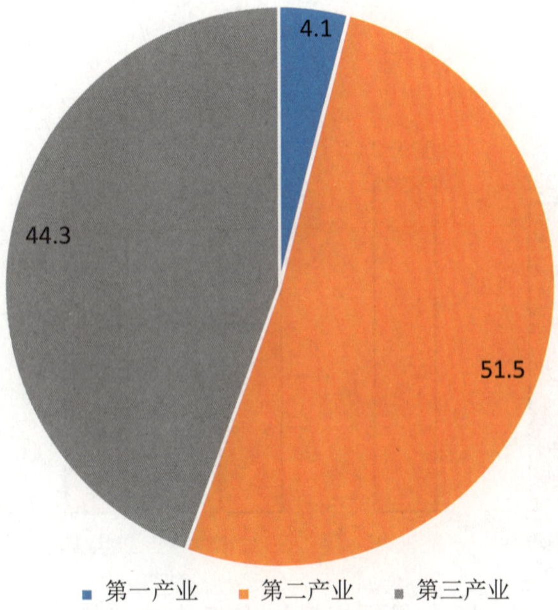

2023 年上虞区三次产业比重

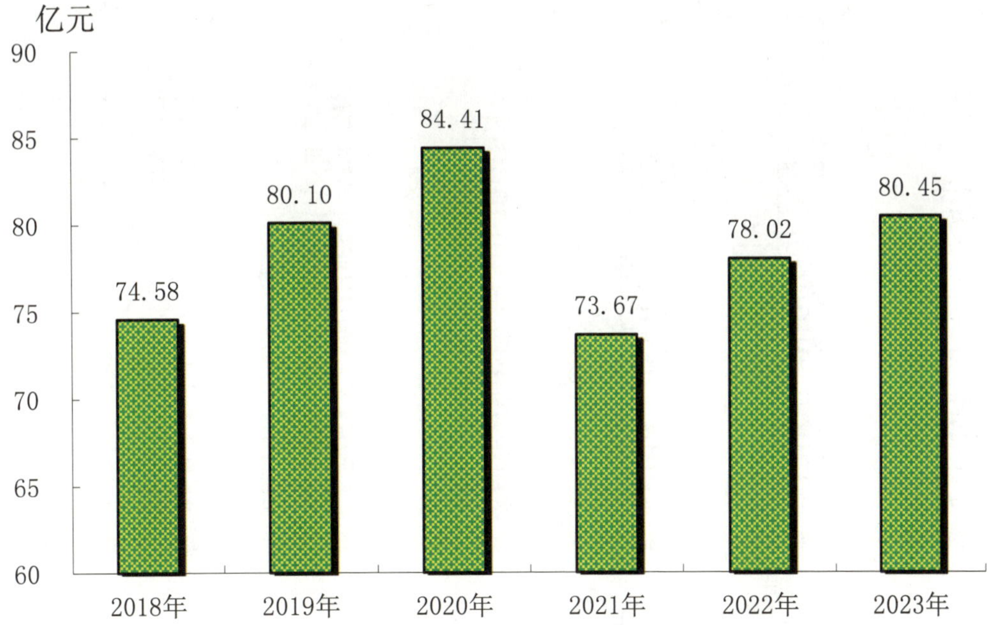

2018—2023 年上虞区农林牧渔业总产值

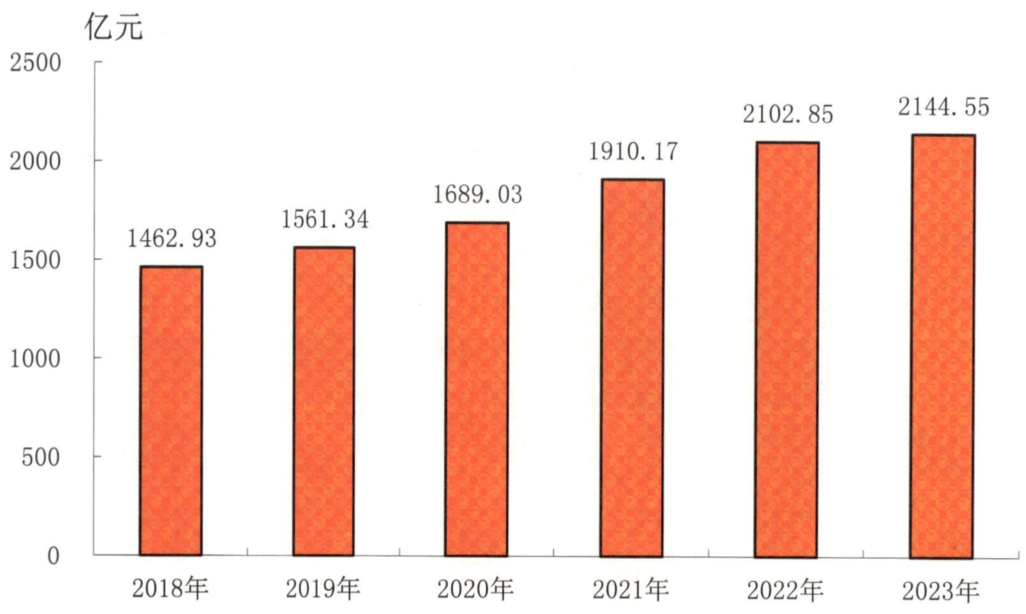

2018—2023 年上虞区规模以上工业总产值

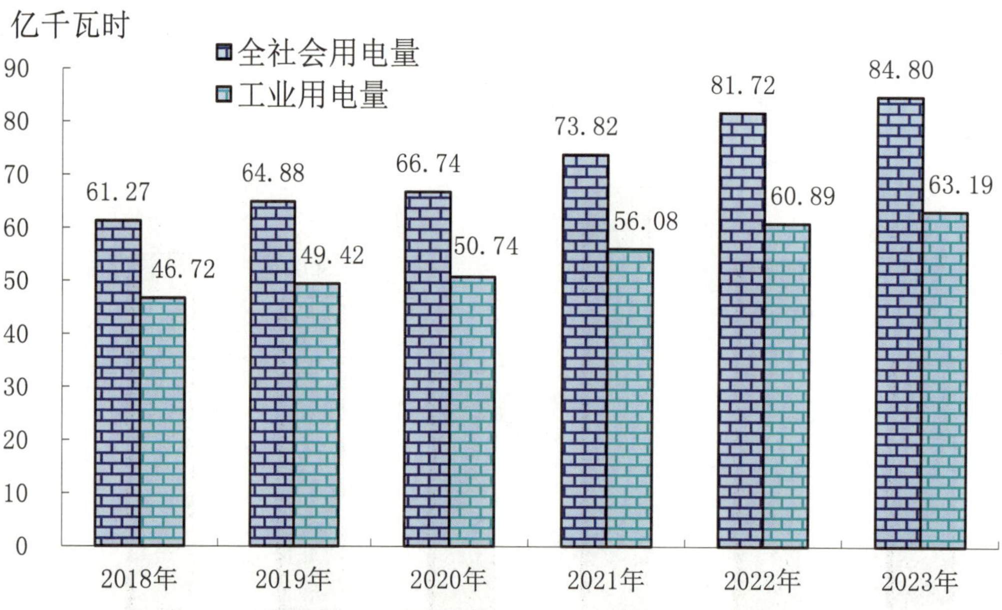

2018—2023 年上虞区全社会、工业用电量

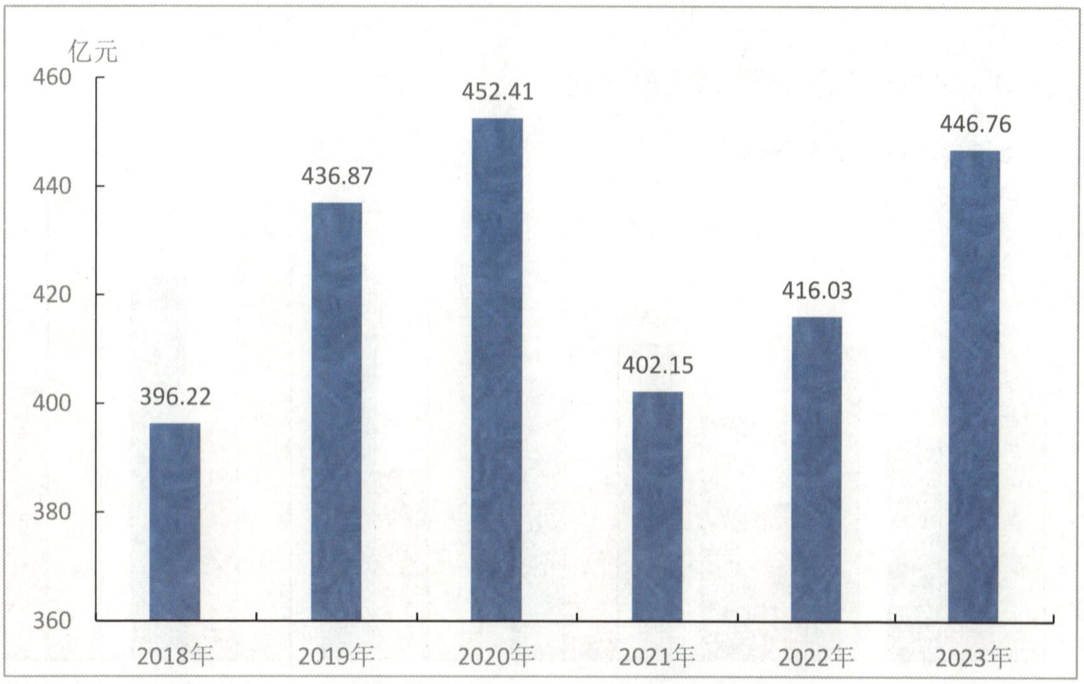

2018—2023 年上虞区社会消费品零售总额

2018—2023 年上虞区一般公共预算收入

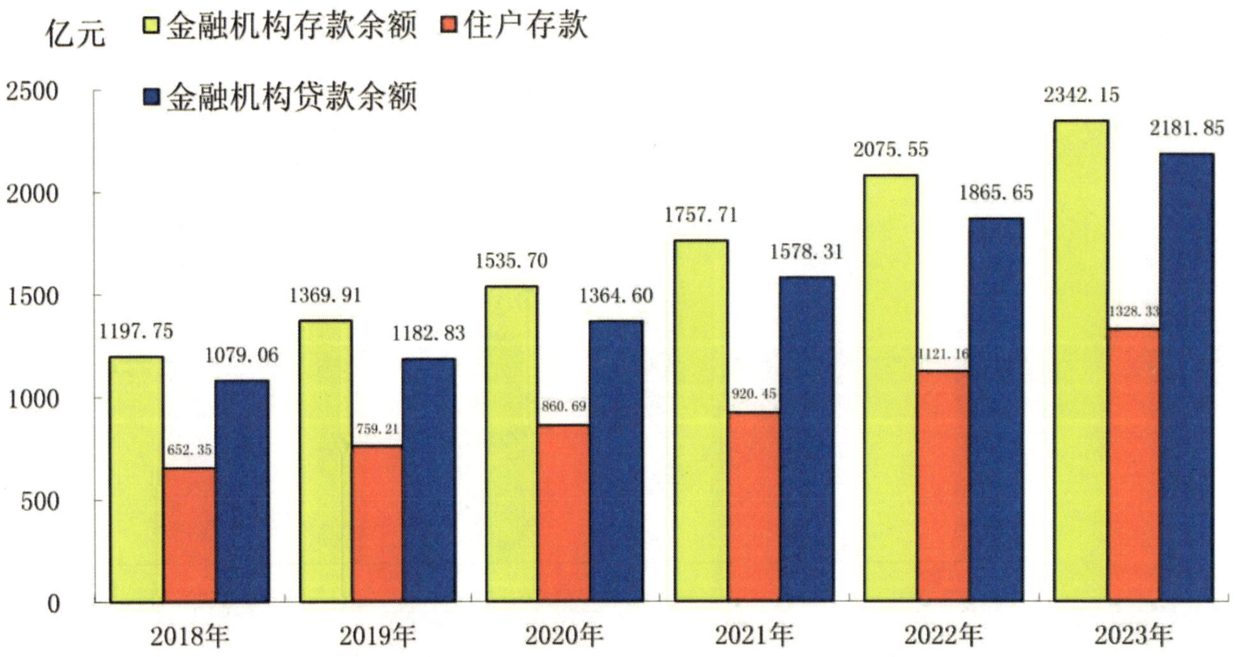

2018—2023 年上虞区金融机构存贷款余额（人民币口径）

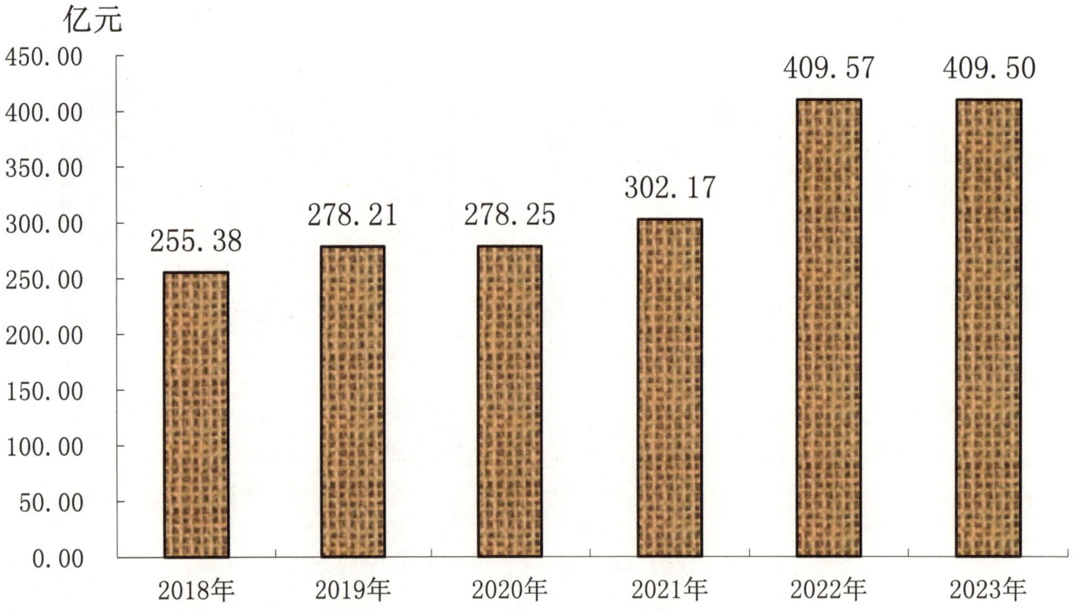

2018—2023 年上虞区出口总额

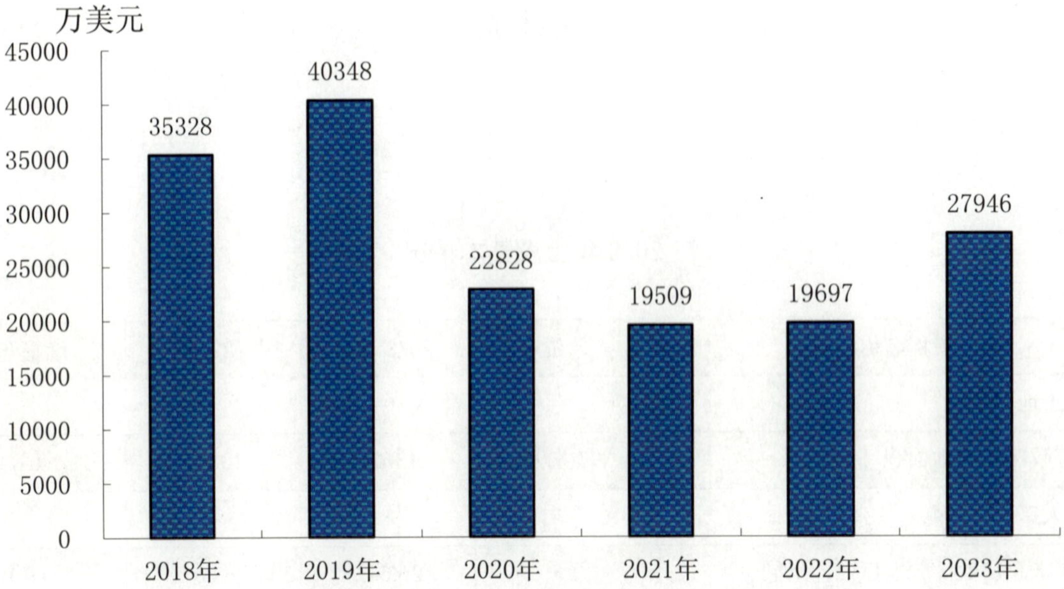

2018—2023 年上虞区实际利用外资额

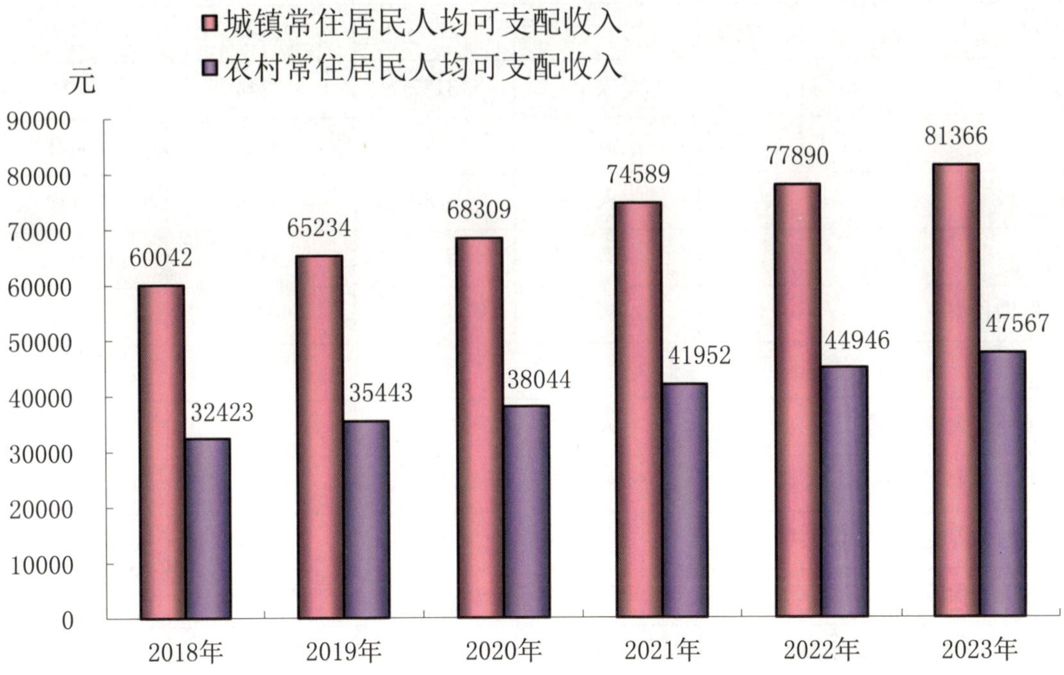

2018—2023 年上虞区城乡居民收入

统计表

2023 年上虞基本情况

表 32

指标名称	单位	2023 年	2022 年	增幅 (%)
一、土地面积				
行政区域土地面积	平方公里	1362	1362	0.0
二、人口				
年末总户数（公安口径，下同）	万户	26.64	26.66	−0.1
年末总人口（户籍）	万人	71.04	71.42	−0.5
#女性	万人	36.16	36.31	−0.4
年平均人数	万人	71.23	71.56	−0.5
流动人口	万人	27.43	25.48	7.7
年出生人口	人	3157	3243	−2.7
出生率	‰	4.43	4.53	−0.1
年死亡人口	人	6250	5788	8.0
死亡率	‰	8.77	8.09	0.7
人口自然增长率	‰	−4.34	−3.56	−0.8
三、就业				
年末城镇登记失业人员数	人	5999	4152	44.5
城镇职工基本养老保险参保人数	万人	44.16	43.22	2.2
城乡居民社会养老保险参保人数	万人	15.60	15.94	−2.1
职工基本医疗保险参保人数	万人	37.21	36.06	3.2
城乡居民基本医疗保险参保人数	万人	35.41	36.32	−2.5
失业保险参保人数	万人	21.79	21.74	0.2
工伤保险参保人数	万人	29.43	28.91	1.8

说明：2020 年开始生育保险与职工基本医疗保险合并缴费。

地区生产总值

表 33

指标名称	单位	2023 年	2022 年	增幅(%)
地区生产总值（GDP）	亿元	1317.72	1232.40	7.6
按三次产业分：				
第一产业	亿元	54.52	52.61	4.0
第二产业	亿元	678.89	641.61	7.7
第三产业	亿元	584.30	538.17	7.9
按行业分：				
农林牧渔业	亿元	55.39	53.46	4.0
工业	亿元	571.20	543.62	7.1
建筑业	亿元	107.89	98.15	10.9
批发和零售业	亿元	196.47	175.71	10.4
交通运输、仓储和邮政业	亿元	44.77	37.45	14.4
住宿餐饮业	亿元	18.24	16.29	9.9
金融业	亿元	64.74	60.10	11.6
房地产业	亿元	53.95	53.41	0.5
营利性服务业	亿元	93.31	88.55	5.9
非营利性服务业	亿元	111.76	105.65	4.5
人均地区生产总值（按户籍人口）	元	184995	172216	8.1
人均地区生产总值（折合美元）	美元	26253	25604	—
人均地区生产总值（按常住人口）	元	164612	154726	7.1
人均地区生产总值（折合美元）	美元	23360	23004	—
全国 GDP	亿元	1260582	1204724	5.2
浙江省 GDP	亿元	82553	77715	6.0
绍兴市 GDP	亿元	7791	7341	7.8

说明：2023 年 GDP 是初步数，增幅按可比价计算；2023 年汇率按 7.0467 计算，2022 年汇率按 6.7261 计算；三次产业按最新《三次产业划分规定》划分。

农业生产情况

表 34

指标名称	单位	2023 年	2022 年	增幅（%）
一、农林牧渔业总产值	亿元	80.45	78.02	4.0
#农业产值	亿元	58.98	56.07	5.3
林业产值	亿元	5.25	5.19	2.6
牧业产值	亿元	3.27	4.36	-14.5
渔业产值	亿元	11.38	10.90	6.2
农林牧渔专业及辅助性活动产值	亿元	1.57	1.50	3.8
二、农林牧渔业生产情况				
农作物播种面积	亩	778880	776674	0.3
#粮食作物播种面积	亩	481764	488182	-1.3
经济作物播种面积	亩	297116	288493	3.0
粮食总产量	吨	200942	195076	3.0
生猪出栏数	万头	9.22	9.91	-6.9
家禽出栏数	万只	87.28	74.73	16.8
猪肉总产量	吨	7686	8174	-6.0
禽肉总产量	吨	1503	1344	11.8
水产品总产量	吨	24974	23652	5.6
#淡水产品	吨	24974	23652	5.6

说明：农业总产值按现价计算，增幅按可比价计算。

工业生产情况

表 35

指标名称	单位	2023 年	2022 年	增幅（%）
一、规模以上工业增加值	亿元	515.66		10.1
其中：高新技术产业增加值	亿元	348.52		5.2
装备制造业增加值	亿元	180.20		7.8
战略性新兴产业增加值	亿元	166.59		5.6
数字经济核心产业制造业增加值	亿元	66.65		-0.5
二、规模以上工业总产值	亿元	2144.55	2189.52	-2.1
1.轻工业	亿元	448.62	464.42	-3.4
重工业	亿元	1695.93	1725.11	-1.7
2.新产品产值	亿元	953.37	1038.65	-8.2
3.高新技术产业产值	亿元	1374.58	1447.37	-5.0
4.新兴产业产值	亿元	621.61	649.68	-4.3
其中：新一代信息技术产业	亿元	180.44	183.37	-1.6
高端装备制造业	亿元	6.59	7.34	-10.2
新材料产业	亿元	224.90	220.91	1.8
生物产业	亿元	114.80	123.81	-7.3
新能源汽车产业	亿元	8.35	13.10	-36.3
新能源产业	亿元	1.11	0.91	22.0
节能环保产业	亿元	85.42	100.24	-14.8
5.大中型企业	亿元	1106.96	1132.06	-2.2
小型企业	亿元	1037.59	1057.46	-1.9
6.国有企业	亿元	3.19	2.56	24.6
有限责任公司	亿元	353.26	343.46	2.9
股份有限公司	亿元	323.71	329.74	-1.8
私营企业	亿元	1068.72	1120.56	-4.6
港澳台投资企业	亿元	273.59	269.52	1.5
外商投资企业	亿元	122.07	123.68	-1.3
三、规模以上工业销售产值	亿元	1995.08	2088.63	-4.5
其中：出口交货值	亿元	221.24	250.88	-11.8
四、规模以上工业综合能源消费量	吨标准煤	1971527	1911071	3.2
万元产值综合能耗	吨标准煤/万元	0.0919	0.0873	5.3

说明：规模以上工业口径为年主营业务收入 2000 万元以上工业企业，规上工业增加值增幅按可比价计算。

规模以上工业主要经济指标

表 36

指标名称	单位	2023 年	2022 年	增幅 (%)
企业单位数	个	873	873	0.0
其中：亏损企业	个	250	208	20.2
营业收入	亿元	1859.00	1975.76	-5.9
营业成本	亿元	1573.95	1639.59	-4.0
销售费用	亿元	35.16	35.06	0.3
管理费用	亿元	70.28	67.55	4.0
研发费用	亿元	57.82	60.46	-4.4
财务费用	亿元	1.75	5.31	-67.0
利税总额	亿元	179.39	241.46	-25.7
其中：利润总额	亿元	137.97	195.64	-29.5
税金及附加	亿元	8.17	7.56	8.1
应交增值税	亿元	33.25	38.26	-13.1
应付职工薪酬	亿元	125.93	119.19	5.7
亏损企业亏损额	亿元	26.61	17.34	53.5
资产总计	亿元	3182.06	3020.97	5.3
流动资产合计	亿元	1855.34	1777.02	4.4
其中：应收账款	亿元	350.12	348.88	0.4
产成品存货	亿元	367.61	298.67	23.1
负债合计	亿元	1756.24	1668.54	5.3
平均用工人数	人	120934	121836	-0.7

固定资产投资和房地产开发情况

表 37

指标名称	单位	2023 年	2022 年	增幅（%）
固定资产投资完成额	万元			20.0
其中：第一产业投资	万元			–38.2
第二产业投资	万元			23.8
第三产业投资	万元			18.4
其中：民间投资	万元			6.0
其中：交通、能源和水利投资	万元			41.4
其中：高新技术产业投资	万元			19.2
其中：制造业投资	万元			21.4
其中：工业投资	万元			23.8
#技改投资	万元			5.8
其中：基础设施投资	万元			26.1
其中：房地产开发投资	万元			15.9
商品房销售面积	万平方米			–2.7
商品房销售额	万元			27.2
房屋施工面积	万平方米	696.57	652.33	6.8
#新开工	万平方米	135.51	73.80	83.6
待售面积	万平方米	36.98	27.97	32.2

国内贸易情况统计

表 38

指标名称	单位	2023 年	2022 年	增幅（%）
社会消费品零售总额	亿元	446.76	416.03	7.4
#限额以上消费品零售总额	亿元	130.19	116.69	10.2
批发业销售额	亿元			30.1
#限额以上批发业销售额	亿元	777.83	566.11	37.4
零售业销售额	亿元			12.1
#限额以上零售业销售额	亿元	117.48	103.58	13.4
住宿业营业额	亿元			12.4
#限额以上住宿业营业额	亿元	7.79	7.24	7.5
餐饮业营业额	亿元			16.4
#限额以上餐饮业营业额	亿元	8.77	7.62	15.1

对外经济情况统计

表 39

指标名称	单位	2023 年	2022 年	增幅 (%)
一、对外贸易				
进出口总额	亿元	449.53	462.91	-2.9
#进口总额	亿元	40.03	53.34	-24.9
出口总额	亿元	409.50	409.57	0.0
#一般贸易出口	亿元	371.77	352.62	5.5
加工贸易出口	亿元	13.34	12.85	3.8
二、利用外资				
本年新批外资企业数	个	19	23	-17.4
增资企业数	个	9	11	-18.2
总投资	万美元	22246	36508	-39.1
注册资本	万美元	19531	37429	-47.8
合同利用外资	万美元	20795	58254	-64.3
实际利用外资	万美元	27946	19697	41.9
三、外经合作				
境外承包劳务营业额	万美元	0	6006	-100.0
新批境外企业	个	17	14	21.4
新批境外企业投资额	万美元	5782	8160	-29.1

交通、电力、供水情况统计

表 40

指标名称	单位	2023 年	2022 年	增幅 (%)
一、交通				
公路客运量	万人次	146	56	158.2
公路旅客周转量	万人公里	9612	2665	260.7
公路货运量	万吨	5852	5080	15.2
公路货物周转量	万吨公里	529833	449392	17.9
年末公路通车里程	公里	1410	1483	-4.9
民用汽车拥有量（车管所）	辆	246686	242802	1.6
二、电力				
全社会用电量	万千瓦时	848011	817220	3.8
#工业用电量	万千瓦时	631947	—	3.8
居民生活用电	万千瓦时	95517	—	-3.7
三、供水				
全社会用水量	万立方米	10157	10212	-0.5
#居民生活用水	万立方米	3473	3442	0.9

财政收支情况

表 41

指标名称	单位	2023 年	2022 年	增幅(%)
一、一般公共预算收入	万元	976724	910102	7.3
#税收收入	万元	772363	726100	6.4
增值税	万元	341010	185022	84.3
个人所得税	万元	46148	53338	-13.5
企业所得税	万元	148859	153900	-3.3
其他工商税收	万元	208888	224192	-6.8
契税和耕占税	万元	27458	109648	-75.0
二、一般公共预算支出	万元	1375022	1372878	0.2
#一般公共服务支出	万元	131367	133087	-1.3
公共安全支出	万元	71131	80623	-11.8
教育支出	万元	264411	258322	2.4
科学技术支出	万元	96408	83696	15.2
文化体育与传媒支出	万元	21622	23044	-6.2
社会保障和就业支出	万元	211695	219612	-3.6
卫生健康支出	万元	135458	152587	-11.2
节能环保支出	万元	12226	22266	-45.1
城乡社区支出	万元	147070	97008	51.6
农林水支出	万元	150297	109231	37.6
交通运输支出	万元	32075	52029	-38.4
住房保障支出	万元	6508	6835	-4.8

金融业

表 42

指标名称	单位	2023 年	2022 年	增幅 (%)
年末存款余额（本外币）	亿元	2429.85	2135.78	13.8
#住户存款	亿元	1331.16	1123.80	18.5
企事业单位存款	亿元	1041.40	957.23	8.8
年末贷款余额（本外币）	亿元	2184.85	1868.20	16.9
#短期贷款	亿元	797.76	733.09	8.8
中长期贷款	亿元	1282.33	1021.63	25.5
票据融资	亿元	104.42	113.17	-7.7
存贷比率（本外币）	%	89.92	87.47	2.45
年末存款余额（人民币）	亿元	2342.15	2075.55	12.8
#住户存款	亿元	1328.33	1121.16	18.5
企事业单位存款	亿元	967.45	906.63	6.7
年末贷款余额（人民币）	亿元	2181.85	1865.65	16.9

城乡居民生活

表 43

指标名称	单位	2023 年	2022 年	增幅 (%)
一、农村居民生活				
农村常住居民人均可支配收入	元	47567	44946	5.8
#工资性收入	元	32707	31212	4.8
经营净收入	元	10091	9300	8.5
农村常住居民人均生活消费支出	元	31655	29179	8.5
#食品烟酒支出	元	9947	9190	8.2
恩格尔系数	%	31.42	31.50	-0.07
人均居住住房面积	平方米	67.4	60.8	10.9
二、城镇居民生活				
城镇常住居民人均可支配收入	元	81366	77890	4.5
#工资性收入	元	54303	52480	3.5
经营净收入	元	12044	11162	7.9
城镇常住居民人均生活消费支出	元	48082	44965	6.9
#食品烟酒支出	元	14138	13313	6.2
恩格尔系数	%	29.40	29.61	-0.20
人均居住使用面积	平方米	51.5	53.8	-4.3

文化、教育基本情况

表 44

指标名称	单位	2023 年	2022 年	增幅（%）
一、文化				
越剧团演出场次	场	215	113	90.3
国内演出观众人次	千人次	17.2	23.1	–25.5
图书馆图书总藏量	万册	140.35	133.35	5.2
图书馆总流通人次	千人次	1806	1469	23.0
书刊外借册次	千册次	931	777	19.9
剧院演出场次	场	81	23	252.2
剧院观众人次	千人次	31.1	6.9	350.7
二、教育				
各类学校数（含幼儿园）	个	163	168	–3.0
#普通中学	个	32	33	–3.0
小学	个	40	43	–7.0
在校学生数	人	95464	95650	–0.2
#普通中学	人	28554	28502	0.2
小学	人	42461	40172	5.7
教职工数	人	9237	9378	–1.5
#普通中学	人	3236	3321	–2.6
小学	人	2626	2497	5.2
专任教师数	人	7610	7633	–0.3
#普通中学	人	3026	3103	–2.5
小学	人	2556	2413	5.9
小学毕业生升学率	%	100	100	0.0
初中毕业生升学率	%	100	100	0.0

说明：学校不含电大进修和少体校。

卫生、福利基本情况

表 45

指标名称	单位	2023 年	2022 年	增幅 (%)
一、卫生				
卫生机构数	个	53	46	15.2
#医院（含妇幼保健机构）	个	15	15	0.0
卫生机构床位数	个	4814	4308	11.7
#医院（含妇幼保健机构）	张	4325	3829	13.0
卫生技术人员数	人	6556	5808	12.9
#医生	人	2750	2473	11.2
注册护士数	人	2680	2359	13.6
二、社会福利				
提供住宿的社会工作机构数	个	18	17	5.9
提供住宿的社会工作机构床位数	张	3172	2983	6.3
城镇居民最低生活保障线人数	人	985	1017	–3.1
农村居民最低生活保障线人数	人	5378	5502	–2.3
农村五保供养人数	人	209	218	–4.1

旅游经济基本情况

表 46

指标名称	单位	2023 年	2022 年	增幅 (%)
一、旅游总收入	亿元	65.78	—	1.8
#国内旅游收入	亿元	65.75	—	1.8
二、接待游客人数	万人次	461.15	—	16.7
#国内旅游人数	万人次	461.05	—	16.7
三、星级饭店总数	家	1	1	0.0
#五星级	家	1	1	0.0
星级饭店客房总数	间	195	195	0.0
四、旅行社数	家	20	19	5.3

（统计局 朱佳玲）

索 引

说 明

1. 索引分正文索引和正文表索引。按标引词首字汉语拼写（同声字按声调）顺序排列，首字相同按照第二字排列，以下依此类推。

2. 正文索引仅限具体分目、条目，条目中的“概况”“综述”不作索引。

3. 标引词后的阿拉伯数字仅表现页码。

4. 特载、大事记、附录类目及彩页未编索引。

正文索引

0–9

A

B

C

D

E

F

G

H

J

K

L

M

N

P

Q

R

S

T

W

X

Y

Z

正文表索引